Wissenschaftliche Untersuchungen
zum Neuen Testament · 2. Reihe

Herausgeber / Editor
Jörg Frey (Zürich)

Mitherausgeber / Associate Editors
Friedrich Avemarie (Marburg)
Markus Bockmuehl (Oxford)
James A. Kelhoffer (Uppsala)
Hans-Josef Klauck (Chicago, IL)

322

Anke Inselmann

Die Freude im Lukasevangelium

Ein Beitrag zur psychologischen Exegese

Mohr Siebeck

ANKE INSELMANN, geboren 1974; Studium der ev. Theologie, Germanistik, Politikwissenschaften und Pädagogik in Stuttgart, Hamburg und Heidelberg; seit 2003 wissenschaftliche Mitarbeiterin am Institut für ev. Theologie mit Schwerpunkt biblische Theologie an der Universität Augsburg; 2008 Promotion; seit 2009 Akademische Rätin der Universität Augsburg.

ISBN 978-3-16-150313-9

ISSN 0340-9570 (Wissenschaftliche Untersuchungen zum Neuen Testament, 2. Reihe)

Die Deutsche Nationalbibliothek verzeichnet diese Publikation in der Deutschen Nationalbibliographie; detaillierte bibliographische Daten sind im Internet über *http://dnb.d-nb.de* abrufbar.

© 2012 Mohr Siebeck Tübingen.

Das Buch wurde von Laupp & Göbel in Nehren auf alterungsbeständiges Werkdruckpapier gedruckt und von der Buchbinderei Nädele in Nehren gebunden.

Meiner Mutter
Rosemarie-Rosalie Inselmann

Vorwort

Die hier vorliegende Studie ist eine überarbeitete Fassung meiner Dissertation mit dem Titel „Die Freude im Lukasevangelium. Ein Beitrag zur psychologischen Exegese", die ich unter Betreuung von Prof. Dr. Dr. h.c. mult. Gerd Theißen verfasst habe und die im Wintersemester 2008/2009 von der Theologischen Fakultät an der Ruperto-Carola in Heidelberg angenommen worden ist. Für die Publikation wurden die Kapitel zur Freude bei Platon und im Werk des Philo von Alexandrien ergänzt; die anderen Kapitel wurden geringfügig überarbeitet und gekürzt.

Meinem Doktorvater bin ich zu größtem Dank verpflichtet: Er begeisterte mich bereits in den ersten Studiensemestern für die neutestamentliche Exegese und leitete mich in der Promotionsphase behutsam und aufmunternd, indem er mir viele Freiheiten für methodische und gedankliche Experimente ließ. Mit großem Optimismus hatte ich zunächst erwogen, die unterschiedlichen Konzepte der Freude in den neutestamentlichen Schriften zu erarbeiten und miteinander zu vergleichen. Doch zeigte sich bald deutlich, welch außerordentliche Relevanz das Freude-Thema im Lukasevangelium erfährt, sodass eine eigenständige intensive Auseinandersetzung mit diesem Themenschwerpunkt angebracht erschien. Die Frage nach dem Erleben und Ausdrücken des Glaubens und seiner Außenwirkung – gerade auch in Krisenzeiten – erscheint mir auch gegenwärtig von großer Aktualität, gerade da zu beobachten ist, dass sich in Europa viele christliche Kirchen zu leeren scheinen. Die Untersuchung eines Affekts in einem Evangelium, vor dem Hintergrund antiker Affekttheorien, stellte mich vor besondere Herausforderungen: Denn die historisch-kritisch reflektierte psychologische Exegese steckt erst in den Kinderschuhen; der Versuch, zusätzlich zu den „klassischen" Methoden den psychologischen Zugang zur Texterschließung heranzuziehen, gestaltete sich als Experiment. Zum anderen ist das Motiv der Freude über längere Zeit exegetisch aus dem Blickfeld geraten, in mehrerer Hinsicht war insofern Neuland zu betreten. Prof. Dr. Theißen zeigte sich stets für meine Anfragen ansprechbar und förderte mich trotz der räumlichen Distanz mit schnellen Rückmeldungen und wertvollen Hinweisen – darüber hinaus danke ich ihm für das Gutachten der Arbeit im Promotionsverfahren, ebenso wie Dr. habil. István Czachesz für sein Zweitgutachten.

Die Arbeit wurde in Heidelberg betreut – aber zum überwiegenden Teil in Augsburg geschrieben. Ganz besonders bedanke ich mich daher bei Prof. Dr. Petra von Gemünden, die mir durch das Angebot, für sie als wissenschaftliche Mitarbeiterin zu arbeiten, die Finanzierung der Promotion und mehrjährige Unterrichtserfahrung in der alttestamentlichen und neutestamentlichen Disziplin ermöglicht hat. Durch das gemeinsame Interesse an urchristlicher Psychologie kam es immer wieder zu Synergieeffekten: Die Auseinandersetzung mit ihren Arbeiten und die angeregten Diskussionen mit ihr über antike psychologische Konzeptionen, über das antike Erleben und Reflektieren beispielsweise von Trauer und Zorn, haben mich im Hinblick auf die Fragestellung der Freude immer wieder sehr bereichert. Auch hat sie mich während einer längeren und leider unproduktiven Krankheitsphase nach einem Unfall immer wieder ermutigt und stets unterstützt.

Prof. Dr. Dr. h.c. mult Gerd Theißen und Prof. Dr. Petra von Gemünden ermöglichten mir zudem die Teilnahme an einem Symposium des Heidelberger Altertumswissenschaftlichen Kollegs zur „Psychologie der urchristlichen Religion", in dessen Rahmen ich meine Überlegungen zur Affektdarstellung und zum Affektwandel in Lk 15 vortragen und vor einem breiteren interdisziplinären Adressatenkreis zur Diskussion stellen konnte. Die beim Symposion angeregten Rückmeldungen waren insgesamt sehr positiv und hilfreich für mich, so möchte ich auch gegenüber Prof. Dr. Takashi Onuki aus Tokio meinen Dank ausdrücken, der zum antik-christlichen Verständnis des Neids gearbeitet hat und mit mir darüber in Kontakt geblieben ist. Bei Prof. Theißen und Prof. von Gemünden möchte ich mich ferner für die Aufnahme meines Referats in den von ihnen herausgegebenen Sammelband zum Symposion des Altertumswissenschaftlichen Kollegs „Erkennen und Erleben. Beiträge zur psychologischen Erforschung des frühen Christentums" bedanken, aus dem in leicht überarbeiteter Form das hier vorliegende Kapitel 11 zu Lk 15,11–32 hervorgegangen ist.

Viele wertvolle Rückmeldungen und fachliche Anregungen habe ich in München erhalten, im Rahmen des regelmäßig stattfindenden Münchner Neutestamentlichen Kolloquiums, in das ich von Prof. Dr. Jörg Frey und Prof. Alexander Wedderburn eingeladen worden bin und in dem ich meine Thesen zum Gruß der Freude (Kap. 8) referieren und kritisch diskutieren durfte. Allen, die mich in diesem Rahmen regelmäßig unterstützt und begleitet haben, fühle ich mich in Dankbarkeit verbunden, besonders aber Prof. Dr. Jörg Frey, für sein Interesse an meinem Thema und seine engagierten, wertvollen Rückmeldungen. Er hat dieses Buch als Herausgeber für die Aufnahme in die 2. Reihe der Wissenschaftlichen Untersuchungen zum Neuen Testament (WUNT) vorgeschlagen und in diesem Zusammenhang die Aufnahme des Kapitels zu Philo von Alexandrien angeregt – auch dafür bin ich ihm zu herzlichem Dank verpflichtet. An dieser Stelle möchte ich auch die Arbeit des Verlags Mohr Siebeck und seiner Mitarbeiter besonders würdigen. Dr. Henning Ziebritzki hat als Cheflektor für Theologie und Judaistik die Veröffentlichung kompetent betreut und Tanja Idler hat mit geduldigen Hilfestellungen die Publikation unterstützt, sodass das Projekt der vorliegenden Untersuchung der Freude im Lukasevangelium nun zu einem erfolgreichen Abschluss finden kann.

Das Verfassen und Veröffentlichen der Arbeit wäre nicht möglich gewesen ohne die Hilfe meines Augsburger Umfelds. Dabei ist das Engagement von Rosemarie Dorn-Wiedenmann besonders anzuerkennen. Sie hat alle Kapitel vor Abschluss der Dissertationsphase in kürzesten Fristen wohlwollend aber kritisch für mich gelesen, hat mit mir über inhaltliche Aspekte und sprachliche Details engagiert und intensiv diskutiert und mir dabei viele gut überlegte Vorschläge zur Verbesserung gemacht. Auch Dr. Peter Roth, Akademischer Direktor für Griechisch und Latein an der Katholischen Fakultät der Uni Augsburg, hat mich insbesondere mit seinen Hinweisen zum Griechischen und mit seinen inhaltlichen Vorschlägen durch die kritische Lektüre der Kapitel zum Verständnis der Freude bei Platon und in der Stoa äußerst kompetent und freundlich unterstützt. Vor der abschließenden Publikation hat Kathrin Siemers die überarbeiteten Kapitel im Gesamtzusammenhang für mich sorgsam gelesen. Frau lic. theol. Barbara Wolf-Dahm hat mich als Ansprechpartnerin in der Augsburger Universitätsbibliothek stets hilfsbereit unterstützt, auch die Hiwis Natalie Argast, Eva Bartkowski, Julia Herzog und Nadja Reile haben mir geholfen. Ihnen sei stellvertretend für alle diejenigen nicht Genannten gedankt, von denen ich freundliche Unterstützung erfahren durfte, weil sie mich und meine Arbeit in den letzten Jahren freundlich und kritisch begleitet haben.

Ganz besonders dankbar bin ich aber meiner Familie. Meine Mutter, Rosemarie-Rosalie Inselmann, hat mir auch als sie krank war Verständnis für meine Zeitknappheit entgegengebracht, sie hat mir wie bereits im Studium immer geduldig zugehört und mich stets unterstützt. Mein Mann, Daniel Inselmann, der zuerst von meinen Beobachtungen und Ideen erfahren und sie mit mir intensiv reflektiert hat, dämpfte mich im Überschwang und munterte mich in anstrengenden Phasen auf. Er hat aus meinen handschriftlichen Skizzen übersichtliche Computergrafiken erstellt und bei der Formatierung und Arbeit an den Registern geholfen. Vor allem aber hat er sich gerade in der Abschlussphase ganz zurückgenommen, hat mich mit sehr viel Zeit, Geduld und Verständnis unterstützt und mir dadurch die Fertigstellung dieser umfangreichen Arbeit ermöglicht, die ohne ihn nicht dieselbe wäre.

Augsburg, im Dezember 2011 Anke Inselmann

Inhaltsverzeichnis

Zur Freude im Lukasevangelium: Ausgangslage, Forschungsstand und Fragestellung der Arbeit

A. Die Freude im Lukasevangelium – Befund und Ausgangslage

> „Freude ist nicht einfach ein Zustand oder ein Gefühl,
> sondern eine Weise des Offenbarmachens der Welt."[1]

So beschreibt Hans Georg Gadamer die Freude in seinem Beitrag zu Platons dialektischer Ethik im Philebos. Auch wenn sich dieses Zitat nicht auf die neutestamentlichen Schriften bezieht, bringt es sehr gut zum Ausdruck, was die ersten Christen bezeugt haben. Das Lukasevangelium belegt dies herausragend und klar. Beispielhaft ist die Verheißung des Engels an das Hirtenvolk in der Weihnachtsgeschichte Lk 2,10: „Fürchtet euch nicht! Siehe, ich verkündige euch große Freude!". Offensichtlich charakterisiert der Engel Gabriel seine Verkündigung selbst als χαρὰν μεγάλην, als eine große Freude, die sich auf das Wirken Gottes, die Geburt Jesu und seine Bedeutung als Heiland bezieht – wie ein Glaubensbekenntnis wirken diese Engelsaussagen mit höchster Autorität und stimmen die Leser und Hörer so auf das „εὐαγγέλιον" ein. Das Phänomen ‚Freude' wird im Lukasevangelium ausführlich genug behandelt, um eine Auseinandersetzung mit ihr auf wissenschaftlicher Grundlage zu fordern. Denn kein anderes Evangelium ist so zentral vom Motiv der Freude bestimmt wie das Werk des Lukasevangelisten.[2] Von den Freudenbotschaften und Ankündigungen der Kindheitsgeschichten über die Gipfelaussagen der zentralen Gleichnisse in Lukas 15, in denen aus mehreren Perspektiven die Freude über das Verlorene dargestellt wird, spannt sich diese urchristliche Auseinandersetzung mit dem Inhalt der Freude wie ein roter Faden bis zum abschließenden Ausblick des Evangeliums: Selbst der letzte Satz drückt dezidiert die Freude der ersten Zeugen aus.[3]

---

[1] GADAMER, Ethik, 131.

[2] Für G. Braulik ist der Lukasevangelist sogar der „Evangelist der Freude", BRAULIK, Art. Freude (II), 705.

[3] Das Wortfeld ‚Freude' befindet sich erwartungsgemäß im Zusammenhang mit der Verkündigung in der Vorgeschichte (Lk 1,14; 2,10), in den Gleichnissen vom Verlorenen

Als zentraler sprachlicher Ausdruck für die Freude wird vor allem das griechische Substantiv χαρά verwendet.[4] Die lukanische Präferenz des Wortfeldes zeigt sich deutlich, wenn man das Auftreten des Verbs χαίρειν synoptisch vergleicht: Mit zwölf Belegen gebraucht Lukas den Verbstamm doppelt so häufig wie Matthäus, während Markus als Quelle gar nur zwei Belegstellen bietet. Hinzu kommen sieben Belegstellen der Verbform in der Apostelgeschichte, die das Verb als lukanisches Vorzugsvokabular ausweisen. Der statistische Befund und diese Streuung der Belegstellen werfen theologische Fragen auf. Denn gerade angesichts der komplexen Existenz der ersten christlichen Generationen, die von Abgrenzungsproblemen, äußeren Bedrohungen und inneren Auseinandersetzungen bestimmt war, mag die hohe Frequenz der Freudenaufrufe überraschen. Zwar konfrontiert das Lukasevangelium seine Leser und Leserinnen auch immer wieder mit Unheilsandrohungen und apokalyptischen Szenarien. Dennoch ist der Grundton des Evangeliums unüberhörbar und vielversprechend freudig gestimmt: Dieses Motiv ist mehr als nur ein Topos, der kompositorisch dazu dient, die Rahmenhandlung abzurunden. Das Thema der Freude wird einer Reflexion unterworfen, deren Schwerpunkt im lukanischen Sondergut liegt. Angesichts dieses eindeutigen Befundes überrascht es, dass das Thema der Freude im Lukasevangelium in der wissenschaftlichen Exegese bisher nicht differenzierter behandelt und gewürdigt worden ist. Zwar existieren einige Arbeiten, die überblickend das Phänomen der Freude im Neuen Testament vergleichen – und dabei auch das Lukasevangelium einschließen. Aber eine Vertiefung der Thematik, die sich auch kritisch mit den methodischen exegetischen Möglichkeiten auf neuem Stand auseinandersetzt, steht bislang aus.

B. Hinweise zum forschungsgeschichtlichen Stand

Zwei neuere Arbeiten weisen auf das Desiderat und die theologische Notwendigkeit hin, die lukanische Konzeption der Freude eingehender zu un-

---

(Lk 15,7.10) und am Ende des Lukasevangeliums (Lk 24,41.52). Des Weiteren erscheint das Nomen im Zusammenhang mit der rechten Annahme des Wortes (Lk 8,13) und als Freudenausdruck der 72 Jünger über exorzistische Fähigkeiten (Lk 10,17), was Jesus mit einem Hinweis auf die ‚richtige Freude' (Lk 10,17–21) im Kontext seines Jubelrufes über die Vision des Satanssturzes korrigiert. In der Zachäuserzählung begegnet Freude, aber auch beim Einzug Jesu nach Jerusalem und innerhalb des lukanischen Passionsberichts im Zusammenhang mit Jesu Gegnern (Lk 22,5) und Herodes (Lk 23,8).

[4] Zwar können auch andere Wörter ‚Freude' umschreiben, doch kein Ausdruck, der die Freude in den neutestamentlichen Schriften vermittelt wie ἀγαλλίασις (Frohlocken, Jubel) oder εὐφροσύνη (Frohsinn, Freude, Lustbarkeit), enthält eine entsprechende Qualität als Schlüsselbegriff wie die Wortfamilie um χαρά, vgl. MICHEL, Art. Freude, 350.

tersuchen. So hat Eduard Lohse im Jahr 2007 einen kleinen Band über die Freude im Neuen Testament veröffentlicht, worin er unter anderem kritisiert, dass in Theologie und Kirche zu selten mit Nachdruck und Kraft von der Freude gesprochen und nach ihr gelebt werde. Tatsächlich habe man Mühe, in den Theologien des Neuen Testaments Hinweise auf die Freude des Glaubens zu finden![5] Hans Klein weist ebenfalls in seinen Lukasstudien, die er im Zusammenhang mit seinem aktuellen Lukaskommentar erarbeitet hat, bedauernd darauf hin, dass selbst in den einschlägigen und häufig rezipierten Wörterbuchartikeln zur Freude „weder bei Berger (...) noch bei Conzelmann (...) eine gesonderte Darstellung der Sicht des Lk zu finden" sei.[6] Es scheint, als ob die neutestamentliche Exegese die lukanische Freude zu lange aus dem Blickfeld verloren hat.

Dabei ist in den frühen vierziger Jahren des letzten Jahrhunderts eine vielversprechende Arbeit von *E.G. Gulin* in Helsinki erschienen, der versuchte, den Fokus auf die neutestamentliche und urchristliche Freude zu lenken.[7] Zuvor wurden lediglich kürzere Beiträge veröffentlicht, die allerdings äußerst knapp oder vorrangig von dogmatischem und nicht von exegetischem Interesse geleitet waren.[8] Den umfangreichsten Teil seiner Arbeit widmet Gulin der Theologie des Paulus und der Johannesschriften, doch beginnt er seine Abhandlung mit einer Betrachtung der Freude im Zusammenhang mit Jesus. Gulin arbeitet vor allem formgeschichtlich. Im Gegensatz zur vorliegenden Untersuchung lehnt er es a priori ab, „Jesus als Lehrer zu klassifizieren"[9]. Damit schließt er sich einer theologischen Sicht an, wonach die Evangelien nicht die Lebensgeschichte Jesu tradieren, sondern vor allem den erschienenen Messias – „oder anders ausgedrückt die Epiphanie des Gottessohnes" bewahrt haben.[10] Weil Gulin stark vom Denken der dialektischen Theologie geprägt ist, hält er es – unter Berufung auf Bultmann – für unzulässig, „psychologische Kategorien" zu verwenden, selbst bei der Untersuchung eines Affekts: Jesus habe zur Entscheidung gerufen, nicht zur Innerlichkeit![11] Interessanterweise argumentiert Gulin

---

[5] LOHSE, Freude, 7.
[6] KLEIN, Lukasstudien, 209, bezieht sich auf CONZELMANN, Art. χαίρω κτλ., 350–362 und BERGER, Art. χαίρω κτλ., 1087–1090.
[7] GULIN, Freude I; DERS., Freude II.
[8] Vgl. den Aufsatz von DÜSTERDIECK, Freude, 191–204; BEVAN, Paradox, 157–179; TITIUS, Lehre; Auch bei A. von Harnack findet sich ein kurzer Exkurs über Lukas und die Freude in VON HARNACK, Beiträge, 207ff.
[9] GULIN, Freude I, 3; mit diesem Axiom leitet Gulin seine Arbeit sogar ein.
[10] Ebd., 5.
[11] Ebd., 5f, bezieht sich auf BULTMANN, Jesus, 46.

dennoch gelegentlich mit alltagspsychologisch geprägter Wortwahl.[12] Die synoptische Freude wird summarisch und thematisch behandelt.[13] Die Stärke der Arbeit ist zugleich ihre Schwäche: Angesichts der Breite der Darstellung wird die Auswahl des biblischen Materials sowie die Interpretation von paraphrasierend dargestellten Affekten nicht näher begründet.

Während des Zweiten Weltkriegs war das Thema der Freude offenbar exegetisch tabuisiert. Allerdings veröffentlichte *Hans Gollwitzer* im Jahr 1940 eine Einleitung in das Lukasevangelium, der er den Titel „Die Freude Gottes" gab. Sie erschien in mehrfacher Auflage – allerdings richtete sich das Buch vorwiegend an „Nichttheologen", sodass es Gollwitzer weniger um neue systematische Erkenntnisse des Affekts Freude ging.[14]

In der folgenden Zeit ist das Thema der Freude nicht näher untersucht worden, wohl auch, weil das Lukasevangelium grundsätzlich einer harschen theologischen Kritik ausgesetzt war. Einflussreiche Theologen wie F. Overbeck, R. Bultmann, E. Käsemann und P. Vielhauer kritisierten die lukanische Soteriologie sowie das lukanische Geschichtsverständnis: Die Freude verdränge als ‚theologia gloriae' die eigentliche Verkündigung der ‚theologia crucis'.[15] Bultmann pointiert das, wenn er in seiner Theologie gar von einer „Preisgabe des Kerygmas" im dritten Evangelium spricht.[16] Auch der Vorwurf des ‚Frühkatholizismus' ist dem Lukasevangelium gemacht worden, denn der Evangelist stehe „mit den Voraussetzungen seiner

---

[12] „Psychologisch angesehen ist Jesus in erster Linie kein Mann des Verstandes und des Gefühls, sondern des Willens und der Handlung. (...) Dieses bedeutet, dass er seines seelischen Aufbaus nach gesund war, und dass man ihn nicht zu den Vertretern des ekstatischen Frömmigkeitstypus zählen darf", GULIN, Freude I, 6f, vgl. auch 8, Anm. 1, über den Humor: „Wenn wir ihn bei Jesus in verschiedenen Augenblickssituationen festlegen können, bezeugt er eine innerlich befreite Persönlichkeit."

[13] Gulin behandelt die Freude im Zusammenhang mit den Motiven Hochzeit, Reich Gottes, Kampf, Heilsbesitz, Gottesnähe, Freiheit, Sündenvergebung, Triumph und im Hinblick auf das Urchristentum.

[14] Vgl. seinen Anspruch im Vorwort, GOLLWITZER, Freude, 5f.

[15] KÄSEMANN, Amt, 130f.133. Der Sühnetodgedanke Jesu werde zu wenig betont, ja beinahe vermieden. Lukas habe die Naherwartungshoffnung aufgegeben und schreibe über das Leben Jesu wie eine Historie. Damit habe er die „Heilsgeschichte erfunden", um die Parusieverzögerung zu bewältigen. Tatsächlich zeigen Perikopen wie Lk 19,1–10, eine starke redaktionelle Bearbeitung aufweisen, das besondere lukanische Profil. Nicht allein das Leiden und Sterben Jesu (Mk 10,45), sondern „sein Erdenweg insgesamt schafft Heil, das dem ganzen Volk gilt (2,10)", vgl. ECKEY, Lukasevangelium II, 788. Die Abwertung des Lk. Doppelwerkes geht auf eine ältere Tradition zurück. Vgl. beispielsweise zur Kritik des Lukasevangelisten, dessen Hinzufügung einer Apostelgeschichte zum Evangelium als „Taktlosigkeit von welthistorischen Dimensionen" gebrandmarkt wird, OVERBECK, Christentum, 78.

[16] BULTMANN, Theologie, 469.

Geschichtsschreibung nicht im Urchristentum, sondern in der werdenden frühkatholischen Kirche!"[17]

Als 1963 eine Fribourger Dissertation über die neutestamentliche Freude erschien, wurde die im Lukasevangelium dargestellte Freude entsprechend polemisch gegenüber anderen neutestamentlichen Affektkonzepten abgewertet. R.E. Backherms stellte in dieser Arbeit Tendenzen der neutestamentlichen Freude unter thematischen Aspekten zusammen. In seiner äußerst knappen Methodik lehnte er psychologische und andere Zugänge außer der historisch-kritischen Methodik ab. Backherms begnügte sich mit seinem knappen Ergebnis, dass die Überschwänglichkeit der bei Lukas dargestellten Freude lediglich durch seinen hellenistischen Hintergrund und seine anfängliche vorschnelle Bekehrungseuphorie zu erklären sei.[18]

Schon zwei Jahre später folgte eine weitere Dissertation. Der Südafrikaner A.B. du Toit promovierte an der Universität Basel über „Aspekte der Freude im urchristlichen Abendmahl". Zunächst ging er von den Wortfeldern für die Freude im AT und NT aus, problematisierte aber selbst eine Beschränkung auf explizite Belegstellen, da „eine Situation, eine Aussprache (...) oft randgefüllt mit Freude sein [könne, Ergänzung A. Inselmann], ohne dass das betreffende Wort einmal vorkommt."[19] Du Toit zeigte sich gegenüber der lukanischen Darstellung der Freude weniger voreingenommen. Nach einem Überblick über die alttestamentlichen Konzepte und Wortfelder untersuchte er unter anderem auch Mahlszenen im lukanischen Corpus, insbesondere in der Apostelgeschichte. Schwierig erscheint allerdings sein Axiom, dass die Wortfamilie εὐφραίνω/εὐφροσύνη im neutestamentlichen Kontext fast ausschließlich zur Darstellung von Festfreude verwendet werde. Auf du Toit geht auch der Artikel über die Freude im Neuen Testament in der TRE[2] zurück.[20]

Den bislang forschungsgeschichtlich einflussreichsten Beitrag zur neutestamentlichen χαρά hat *Hans Conzelmann* 1973 im THWNT verfasst.[21]

---

[17] Jesu Leben werde durch die heilsgeschichtliche Konzeption des Lukas zur Vergangenheit, zu der nur die Tradition einen entsprechenden Zugang verschaffen könne. Somit werde die Kirche zum eigentlichen Ziel dieser Geschichtsphase und der ursprüngliche Enthusiasmus gebremst. VIELHAUER, Paulinismus, 1–15, der damit den Lukasevangelisten vom urchristlichen Mainstream unterscheiden will. Vgl. zum kritischen Diskurs und zum Vorwurf des Frühkatholizismus, wonach erst Lukas das apostolische Amt in seiner Bedeutsamkeit gefördert habe, auch KÜMMEL, Lukas, 422.

[18] BACKHERMS, Joy, 153: „If others' joy is calmer and richer and never exterior, it is because of the newness of Luke's faith urged him on the contrary to be always quick to seize the next coin offered from his Lord's spiritual treasure, without care nor time to sit back and add up this wealth."

[19] DU TOIT, Aspekt, 25.

[20] DU TOIT, Art. Freude I, 584–586.

[21] CONZELMANN, Art. χαίρω κτλ., 350–362.

Darin wird unter anderem die enge Verwobenheit des Wortfelds χαίρω/ ἀγαλλιάομαι/εὐφραίνομαι demonstriert, die konventionelle Verwendung des Lexems χαίρω in der griechischen Briefgrußformel aufgezeigt und darauf hingewiesen, dass die Verbgruppe im synoptischen Vergleich bei Lukas am stärksten vertreten ist. Dennoch ist der Abschnitt über die lukanische Konzeption der Freude überschaubar kurz geblieben, wobei Conzelmann deutlich werden lässt, wie problematisch auch ihm eine semantische Bestimmung des Komplexes erscheint, der sich aus der Vielfalt möglicher Objektbezüge ergibt. So liege die „besondere Bedeutung des Verbums und des Substantivs nicht im Wortsinn als solchem, sondern in den Sachzusammenhängen, in denen *Freude* auftaucht."[22] Im Rahmen eines Artikels sind keine methodischen Überlegungen zum Aufspüren und Beschreiben von Affektbegriffen in antiken Texten zu erwarten, aber Conzelmann skizzierte wie Gulin die These, dass die Freude nicht nur an den zentralen Belegstellen zu finden sei. Die in der Vorgeschichte Lk 1–2 vermittelte Grundstimmung, die an die „intensive Freudenstimmung der hellenistischen σωτήρ-Religiosität" anlehne, ziehe sich „dann durch das ganze Buch hindurch als Freude über Jesu Taten".[23] Leider wird diese Überlegung im Rahmen des Artikels nicht weiter begründet. Als Schlussakzent der Freude wird in diesem Beitrag die χαρά der Jünger gewertet, als sie nach Jerusalem zurückkehren (Lk 24,52). Interessant ist die Kritik Conzelmanns an bestimmten Aspekten des Entwurfes von Gulin. Denn während jener die soteriologische Freude in der Apostelgeschichte vermisste,[24] versuchte Conzelmann das Phänomen durch sein Verständnis der lukanischen Komposition zu erklären: Ausgehend von seiner Habilitation über „Die Mitte der Zeit" werden verschiedene heilsgeschichtliche Perioden differenziert.[25] Die Apostelgeschichte beschreibe als Zeit der Kirche auch die Zeit des Leids, sodass das Motiv einer „Freude im Leiden", wie es im ersten Petrusbrief besonders entwickelt wird, in der Apostelgeschichte sogar als „Freude über das Leiden" (Apg 5,41) zugespitzt werden könne.[26] Conzelmann betonte, dass in paulinischer Literatur – abgesehen vom Briefformular – die Freude (χαρά) nie als profane Grundstimmung erscheine.[27] Sie stehe häufig im Wortfeld mit der Hoffnung (ἐλπίς) und dem Frieden (εἰρήνη), woran ihr eschatologischer und paradoxer Charakter erkennbar sei. Im Zusammen-

---

[22] CONZELMANN, Art. χαίρω κτλ., 357f, Kursivdruck Conzelmann.

[23] Ebd., 358, verweist Conzelmann auf Lk 13,17 und 19,6; als Stimmung des Volks auf Lk 18,43 und 19,37, ansonsten kann er ihm Rahmen des ThWNT-Artikels seine These nicht weiter begründen.

[24] GULIN, Freude I, 121: „Die soteriologische Freude des dritten Evangeliums suchen wir in der Apostelgeschichte vergeblich."

[25] CONZELMANN, Mitte, 5f, u.a.

[26] CONZELMANN, Art. χαίρω κτλ., 359.

[27] Ebd., 359.

hang mit der paulinischen Freude wird außer dem theologischen Gehalt auch die soziale Funktion der Freude festgestellt: „Die Freude ist ein wesentlicher Faktor im Verhältnis von Apostel und Gemeinde," wobei diese Freude gegenseitig und wechselseitig sei.[28] Ein ebenfalls weitaus längerer Abschnitt kommt dem Motiv der „vollkommenen Freude" in den Johanneischen Schriften zu. Darin werde χαίρω von ἀγαλλιάομαι unterschieden: Beides sei auf Jesus bezogen, aber der Jubel sei nur der Vorgriff dessen, was durch die χαρά erfüllt werde (Joh 8,56). Während bei Paulus und seiner Schule besonders die Bedrängung, die θλῖψις antonym zur Freude (χαρά) stehe (2 Kor 7,4–16 vgl. Phlm 7; 1 Thess 1,6; u.a.), werde in Johanneischer Tradition die Trauer bzw. der Schmerz (λύπη) als oppositionelles Konzept vertreten (Joh 16,20ff). Sie zeige theologisch, dass „durch die Auferstehung der Tod nicht annuliert, sondern zur Heilstat gemacht wird."[29] Die Freude sah Conzelmann demnach im Johannesschrifttum eschatologisch bestimmt. Antonyme zur Freude in den lukanischen Schriften stellte Conzelmann dagegen nicht vor. Es wird zu zeigen sein, ob und wie sie definiert werden können.

Mit dem Artikel Conzelmanns zeigte sich kurzfristig wieder ein verstärktes Interesse an der Freude. Schon 1977 erschien eine weitere Arbeit zu diesem Themenkomplex. E. Otto und T. Schramm näherten sich in ihrem Taschenbuch dem Bereich „Fest und Freude", indem sie kultische und rituelle Aspekte der Freude im Alten Testament mit Tendenzen der Jesustradition verglichen.[30] Im Hinblick auf das Lukasevangelium sind insbesondere die eschatologischen Merkmale der neutestamentlichen Freude hervorgehoben. Die knappen Beiträge von P.J. Bernadicou zur Freude im Lukasevangelium machen vor allem deutlich, dass hier ein weiterer Forschungsbedarf besteht.[31] Als weitere Übersichtsmonographie erschien 1984 die Arbeit des Amerikaners W.G. Morrice über die Freude im Neuen Testament.[32] Allerdings wurde er zu Recht von W. Fenske dafür kritisiert, eine zu große Breite der Darstellung gewählt zu haben, sodass wesentliche Ergebnisse übersehen worden sind.[33]

Inzwischen heben neuere Arbeiten aus verschiedenen Fachgebieten hervor, dass Affekte – und insbesondere die Freude – ein wesentliches theologi-

---

[28] CONZELMANN, Art. χαίρω κτλ., 360.
[29] Ebd., 361.
[30] OTTO/SCHRAMM, Fest.
[31] BERNADICOU, Theology, 77–98; DERS., Joy, 328–336; DERS., Theology (revisited), 57–80.
[32] MORRICE, Joy.
[33] FENSKE, Freude, 222, Anm. 4.

sches Thema sind.[34] Außerdem erscheint auch eine Aufarbeitung der Thematik aus interdisziplinärer Perspektive und mit neuen methodischen Zugängen als wünschenswert und notwendig. Petra von Gemünden hat sich in verschiedenen Beiträgen mit Affektphänomenen im Neuen Testament beschäftigt.[35] Gerd Theißen hat in seinem Buch über das Erleben und Verhalten der ersten Christen eine Psychologie des Urchristentums erarbeitet.[36] Er versteht sein Werk als Beitrag zur historischen Religionspsychologie und widmet dabei auch der religiösen Freude ein eigenes Unterkapitel.[37] Neu ist sein Vorgehen, auch lerntheoretische, psychodynamische und kognitive Ansätze einzubeziehen. Grundsätzlich unterscheidet Theißen Formen von moderater und extremer religiöser Freude. Innerhalb eines Kontinuums geschehe das religiöse Erleben und Verhalten zwischen diesen zwei Polen, zwischen alltagsnahen Grunderfahrungen und Grenzerfahrungen, die den Alltag durchbrechen können.[38] Die große Freude des Urchristentums erklärt Theißen als gelungene Überwindung des Gegenaffekts, der Angst: „Weil die eschatologische Gerichtsangst eine außergewöhnliche Steigerung erfahren hatte, wurde ihre Überwindung zur frohen Botschaft."[39] Entsprechend wird die Freude im Lukasevangelium in erster Linie als Umkehr- und Bekehrungsfreude beschrieben, mit der eine Umkehr durch Angst überlagert worden sei.[40] Mit der Umkehr sieht Theißen im Lukasevangelium auch den Aspekt der Begegnung verbunden, beide Momente kennzeichneten den Eintritt in die urchristliche Gemeinschaft und damit die urchristliche Gemeinschaftsfreude.

---

[34] Vgl. den systematischen Beitrag von STOCK, Grundlegung, 146–159. Zur Freude in paulinischer Theologie vgl. FENSKE, Freude, 221–244.

[35] Zur Methodik und den einzelnen Beiträgen v. Gemündens vgl. die Ausführungen in Kapitel 2, 32f.

[36] THEISSEN, Erleben.

[37] Ebd., 176–188. Bei seiner Untersuchung arbeitet Theißen mit fünf Leitgedanken, vgl. ebd., 32ff: der Annahme, dass sich in der frühen Antike das religiöse Erleben und Verhalten ausdifferenziert hat, dass Erfahrung, Mythos, Ritus und Ethos vier Faktoren der Religiosität bilden, dass es eine Normalreligiosität und extreme Grenzerfahrungen gibt, dass sich zwei extremreligiöse Richtungen im Urchristentum entwickeln konnten, nämlich einen prophetischen Radikalismus und eine mystische Gnosis, und dass die verschiedenen Varianten des religiösen Erlebens und Verhaltens christologisch integriert worden sind.

[38] THEISSEN, Erleben, 36f.

[39] Ebd., 176.

[40] Ebd., 182.

C. Fragestellung der Arbeit

Schon Gulin und Conzelmann haben die entscheidende Problematik erkannt: Affekte sind offensichtlich schwer zu beschreibende Phänomene. Denn sie beziehen sich auf das Innerliche, auf komplexe Prozesse der individuellen Wahrnehmung und Informationsverarbeitung. Gerade angesichts des großen zeitlichen und kulturellen Abstands, der zwischen der Entstehung biblischer Texte und der heutigen Rezeption steht, ist zu fragen, ob wir überhaupt einen Zugang zu neutestamentlichen Affekten erschließen können. Denn das ist notwendig.

Zwei Indizien sprechen dafür, dass Affekte wie die Freude theologisch reflektiert und relevant sind: Zum einen haben alle bisherigen Studien ergeben, dass im Vergleich der einzelnen Schriftcorpora des NT unterschiedliche Konzepte der Freude deutlich werden. Dieser semantische Facettenreichtum lässt darauf schließen, dass es im frühchristlichen Diskurs die Möglichkeit gab, Freude in unterschiedlichen Verwendungszusammenhängen und mit verschiedenem Gehalt zu vermitteln. Zum anderen ist der Belegstellenbefund für das Wortfeld der Freude, in deren Zentrum der Begriff der χαρά steht, im dritten Evangelium offenbar außerordentlich. Beides weist darauf hin, dass die Freude im Lukasevangelium einen wesentlichen Stellenwert hat und bewusst und gezielt vermittelt werden sollte. Deshalb sind die Affektdarstellungen genau auf ihren Informationsgehalt zu hinterfragen.

Drei Ziele werden mit der Herangehensweise dieser Arbeit hauptsächlich verfolgt: Die Freude soll zunächst *literarisch* als Leitmotiv des Lukasevangeliums nachgewiesen werden. Welche Funktionen erfüllen die Belegstellen für Freude im unmittelbaren wie im weiteren Erzählverlauf? Dabei wird Freude nicht nur explizit erwähnt, sondern kann auch implizit geschildert werden. Um zu untersuchen, ob die lukanische Redaktion das Motiv der Freude bewusst gestaltet und verarbeitet hat, muss auch der kompositorische Ort der Texte (am Anfang, in der Mitte und am Ende des Evangeliums) berücksichtigt werden. Spannend ist außerdem die Frage, ob die einzelnen Darstellungen der Freude unabhängig voneinander stehen oder aufeinander aufbauen bzw. einander vertiefen. Strukturelle intratextuelle Bezüge sind bei einer kohärenten Konzeption der Freude zu erwarten. Zeigen sich Entwicklungsprozesse im dynamischen Verlauf der Erzählung? Die Freude soll *psychologisch* mithilfe antiker und moderner Theorien untersucht werden. Dabei deuten Konvergenzen der antiken Affekttheorien mit den modernen emotionspsychologischen Annahmen auf Ähnlichkeiten zwischen dem antiken Affektverständnis und dem modernen Emotionserleben hin. Mithilfe der psychologischen Analyse soll aufgezeigt werden, inwiefern die lukanische Redaktion auf das Affektverhalten ihres Leserkreises einwirken und dieses konstruktiv beeinflussen und gestalten will.

Die Arbeit will *historisch* zeigen, dass die lukanische Redaktion ein besonderes Interesse verfolgte, als sie die Freude zu einem Leitmotiv entwickelte. Die umfangreichsten Belegstellen für die Freude stammen aus dem Sondergut. Im Verhältnis zum Markusevangelium und Q ist das Motiv der Freude quantitativ und qualitativ stark erweitert worden. Es ist zu prüfen, ob und inwiefern literarische Vorlagen im Hinblick auf die lukanische Konzeption überarbeitet worden sind. Welche Konsequenzen könnte die Konzeption der Freude für die Theologie und die Dynamik der lukanischen Adressatengemeinden bedeutet haben? Möglicherweise reagiert das Lukasevangelium damit auf situationsbedingte urchristliche Anliegen und Fragestellungen – oder auf konkurrierende Tendenzen seiner Zeit. Angesichts einer zunehmenden äußeren und inneren Bedrohungen könnte zum einen die Stärkung der Gemeinden im Glauben beabsichtigt worden sein. Zum anderen könnte die Betonung angemessener Freude auch eine missionarische Intention beinhalten, aus christlicher Sicht positiv und attraktiv auf die Umwelt zu wirken.

D. Vorgehen

Angesichts des derzeitigen Forschungsstands und der bestehenden exegetischen Praxis sollen zunächst die methodischen Möglichkeiten diskutiert werden, um Affektkonzepte wie das der Freude zu erschließen. Insofern hat diese Arbeit einen experimentellen Charakter: Neuere Untersuchungen aus der Psycholinguistik zeigen, wie komplex das Verhältnis von Sprache und Gefühl zu verstehen ist. Historische und empirische Psychologie stehen im modernen wissenschaftlichen Diskurs zumeist in Konkurrenz, sodass nach den Möglichkeiten und Grenzen einer konstruktiven methodischen Zusammenarbeit zu fragen ist: Wie kann sich die psychologische Exegese gegen moderne Anachronismen schützen?

Um eine (anachronisierende) Überinterpretation durch die psychologische Betrachtung zu vermeiden, ist das antike zeitgenössische Affektverständnis – mit besonderem Blick auf die Freude – zu hinterfragen und einzubeziehen. Das Konzept der Freude, wie es im Lukasevangelium begegnet, soll im Rahmen der hellenistischen Affektdiskurse nachvollziehbar gemacht werden. Dazu werden zwei richtungsweisende Schulen exemplarisch auf ihr Verständnis der Freude untersucht. Sowohl die Schriften Platons als auch die Werke der Stoiker haben den Diskurs zur Zeit der lukanischen Tradition und Redaktion maßgeblich geprägt – eine Untersuchung ihrer Psychologien lohnt sich zudem, da sie im Hinblick auf das antike

Konzept der Freude sehr ergiebig sind. Bei der Einordnung und Wertung von psychosomatischen Phänomenen, von Körper und Geist, unterscheiden sie sich bereits in wesentlichen Axiomen; in einigen Punkten erscheinen ihre Ansätze sogar gegensätzlich. Es stellt sich dabei die Frage, wo Affekte körperlich angesiedelt worden sind, ob und inwiefern sie als körperliche Phänomene, als eigenständige innere Kräfte oder aber als zu therapierende psychische Krankheiten verstanden werden konnten. Wie ist die Freude im übergeordneten System der Affekte zu werten? Halten die Philosophen Affekte – auch die Freude – für kulturell vermittelt und damit für beeinflussbar? Kann man zur Freude erzogen werden? Gibt es Ansätze zur Affektregulation und damit zur Selbstkontrolle? Da die Hinweise auf Affekte im Textbestand des Lukasevangeliums einer historisch-psychologischen Einordnung und Deutung bedürfen, soll eine Vorstellung dieser zeitgenössisch bekannten und stark rezipierten philosophischen Strömungen den Ausgangspunkt der Untersuchung bilden. Da die textpsychologische Exegese in der gesamten Altertumsforschung noch nicht etabliert ist, darf es nicht verwundern, dass eine entsprechend vertiefte psychologische Untersuchung der Freude ($\chi\alpha\rho\acute{\alpha}$) meines Wissens noch nicht vorliegt – daher werden die Kapitel zum Verständnis der Freude in antik-philosophischem Kontext als Voraussetzung der folgenden lukanischen Exegese umfangreicher ausfallen.

An vielen Stellen wird deutlich, dass das Lukasevangelium eng an alttestamentliche Traditionen und Vorstellungen anknüpft. Aus theologischer Sicht verweisen bereits die ersten beiden Kapitel auf die heilsgeschichtliche Konzeption jüdischer Schriften, Erfüllungszitate im Verlauf des Evangeliums können diese enge Beziehung weiter ausweisen. Deshalb sind auch die alttestamentlichen Voraussetzungen für das Motiv der Freude zu klären – vier herausragende Aspekte der alttestamentlichen Konzeption der Freude sollen in diesem Zusammenhang vorgestellt werden, die für das Lukasevangelium eine besondere Relevanz entfaltet haben können.

Wie andere Verfasser des ersten Jahrhunderts nach Christus mit der Affektthematik umgingen, kann das Werk Philos von Alexandrien exemplarisch demonstrieren. Seine Hinterlassenschaft ist weitaus umfangreicher als die lukanische Überlieferung. Philos Schriften erscheinen für die vorliegende Fragestellung besonders interessant, weil er sein Affektverständnis nicht nur auf der Meta-Ebene diskutiert, sondern auch in erzählerischen Zusammenhängen verschiedene Umgangsweisen mit Affekten reflektiert und würdigt. In Philos Werk verbinden sich die antiken Affekttheorien mit der biblischen Tradition. Dabei bezieht sich Philo nicht nur auf eine einzige philosophische Schule, sondern integriert verschiedene psychologische Ansätze in seine Deutungen. Die Auseinandersetzung mit Philo von Alexandrien soll aufzeigen, welcher Umgang mit Affekten zur Zeit der Entstehung des Lukasevangeliums in einem vergleichbaren traditionsgeschichtlichen Spannungsfeld zwischen biblischer Tradition und nichtbiblischem hellenistischen Kontext denkbar war. Zwar gibt es keine literarische Beziehung zwischen dem Werk Philos und dem Lukasevangelium, aber eine Betrachtung des philonischen Affektverständnisses kann helfen, die lukanischen Besonderheiten besser zu erfassen. Leider liegen auch zur herausragenden Deutung der Freude bei Philo von Alexandrien bislang noch keine intensiveren exegetischen Auseinandersetzungen vor, sodass eine etwas ausführlichere Betrachtung seines Verständnisses der Freude in diesem Rahmen notwendig erscheint.

Im Lukasevangelium wird nicht ausdrücklich erklärt, welches grundlegende Affektverständnis darin vorauszusetzen ist. Allerdings bietet die Erzählung über das Leben und Wirken Jesu aus lukanischer Sicht wichtige Indizien, die Rückschlüsse auf die zugrunde liegende historische Psychologie zulassen. Deshalb sind die einzelnen Darstellungen der Freude in ihrem jeweiligen kontextuellen Bezugssystem genau zu untersuchen. Lassen sich die vorgestellten Thesen an den einzelnen lukanischen Belegen überprüfen? Die Darstellung und Funktionalität der χαρά sowie der Affektwandel, der mit ihr verbunden ist, sollen im Verlauf der Arbeit zu einem besseren Verständnis der Lehre beitragen, die Lukas als ‚Evangelist der Freude‘ an zentralen Stellen seines Evangeliums vermittelt. In einem abschließenden Kapitel sollen die aus den einzelnen Analysen gewonnen Erkenntnisse deshalb systematisiert zusammengeführt und diskutiert werden. Nur so kann festgestellt werden, ob und welche Konzeption das Lukasevangelium mit seiner besonderen Akzentuierung der Freude verfolgt.

Kapitel 2

Über die Möglichkeiten und Grenzen einer
Untersuchung der ‚Freude' im Lukasevangelium

A. Grundlegende Probleme und Perspektiven bei der
Untersuchung eines Gefühlsbegriffs

Will man das Phänomen der Freude im Lukasevangelium untersuchen, stößt man unweigerlich auf zwei unüberwindbar wirkende Probleme: Zum einen scheint es, als seien Gefühle – im Gegensatz zu Konkreta – mit sprachlichen Mitteln kaum zu beschreiben,[1] weil durch sie niemals die Empfindungsqualität ausgedrückt werden kann.[2] Erschwerend trennt uns zusätzlich zu den Problemen der synchronen Analyse der historische Abstand von den neutestamentlichen Schriften. Hier ist umstritten, inwiefern zeitgenössisches Wissen übertragbar ist, wenn man Gefühlswörter in antiken Quellen betrachtet: Gibt es anthropologische Konstanten, unveränderliche Faktoren der Psyche, die den Menschen letztlich trotz aller geschichtlichen und sozialen Entwicklungen determinieren? Oder gibt es auch dann einen Zugang zur ‚Freude' in antiken Texten, wenn man davon ausgeht, dass „das seelische Innere des Menschen wie die Auffassungen von ihm einem tiefgreifenden Wandel unterworfen" sein können?[3] Gibt es überzeugende Wege, die historische Distanz zur neutestamentlichen ‚Freude' mit hermeneutisch überzeugenden Mitteln zu überwinden?

Wie schwer es ist, das Phänomen der Freude so umfassend wie möglich zu erfassen, zeigt sich mit Blick auf diverse Lexika und Wörterbucherklärungen der verschiedenen Bezugswissenschaften. Die gebotenen Artikel sind sehr allgemein gehalten, was nicht nur mit der hochgradigen Komplexität des zu beschreibenden Begriffs ‚Freude' speziell zusammenhängt, sondern

---

[1] Vgl. KONSTANTINIDOU, Sprache, 18ff, zur Problematik in der Relation von Sprache und Emotion.

[2] Weiter gehen die Vertreter des radikalen Konstruktivismus, nach denen die Bedeutung grundsätzlich nur als „kontextuelle Relation" betrachtet werden muss und die Realität als eine „Fiktion des rein deskriptiven Bereichs" gilt, die erst durch zeichengebrauchende Menschen als „beschreibende Systeme" konstruiert wird. Vgl. SCHMIDT, Diskurs, 30.64.

[3] BERGER, Psychologie, 17.

an der Schwierigkeit überhaupt, sich einem Gefühlsbereich semantisch anzunähern.[4]

Die Schwierigkeiten der linguistischen Methodik bei der Arbeit mit Gefühlswörtern spiegeln sich auch in einem terminologischen Durcheinander wider:[5] So gibt es keinen verbindlichen Vorschlag aus linguistischer Sicht, in welchem Verhältnis die deutschen Beschreibungsgrößen ‚Gefühl' und ‚Emotion' fachsprachlich einander zuzuordnen sind. In neueren sprachwissenschaftlichen Arbeiten zur Emotivität findet man beide Verwendungen synonym nebeneinander, oder hyperonym zu Nachbarkonzepten wie denen der ‚Liebe', ‚Freude' oder der ‚Hoffnung'. Anders in der kommunikationswissenschaftlichen Forschung: Hier kann zwischen ‚Gefühl' und ‚Emotion' klar getrennt werden. In diesem Fall werden Gefühle als ‚rein erlebnismäßige Komponenten von Emotionen' aufgefasst, während Emotionen als die Gesamtheit des Verhaltens definiert werden.[6] In der historischen Semantik selbst scheint dagegen keine Differenzierung vorherrschend zu sein, was den Tendenzen in der Emotionspsychologie entspricht.[7] Stattdessen werden Gefühl, Emotion, Gemüt, Gemütsbewegung, Empfindung, Affekt usw. nebeneinander verwendet. Darüber hinaus ergeben sich im mehrsprachigen Diskurs häufig Übersetzungsprobleme.[8] In dieser Arbeit wird eine eigenständige Unterscheidung getroffen: Es erscheint mir sinnvoll, zur besseren Transparenz zwischen ‚Affekten' (als Ausdruck für das antike Erleben von Gefühlen und Gefühlszuständen) und ‚Emotionen' (als Ausdruck im Zusammenhang mit fachwissenschaftlich emotionspsychologischem Bezug) zu differenzieren.[9] Auf diese Weise soll methodisch unterscheidbar bleiben, auf welche Gefühlsbegriffe sich der jeweilige Ausdruck bezieht.

---

[4] Stellvertretend seien nur LINK, Wörterbuch, und DNP Bd. 4 genannt, in denen Artikel zur Freude ganz ausgelassen sind, obwohl beispielsweise Abstrakta wie ‚Friede' bzw. ‚Freundschaft' im Unterschied zu Emotionen als Lemmata erfasst wurden.

[5] Zur Problematik einer Definitionsfindung vgl. SCHWARZ-FRIESEL, Sprache, 43ff. In der folgenden skizzenhaften Darstellung beziehe ich mich auf RÖSSLER, Freude, 61–63.

[6] Vgl. MEES, Forschungsstand, 116.

[7] CIOMPI, Grundlagen, 62f. Allerdings gibt es auch in der Emotionspsychologie Ansätze, die die Unterscheidung der kommunikationswissenschaftlichen Forschung übernehmen, vgl. MEES, Emotion, 341f. Kritisch merkt Mees zu diesem Definitionsvorschlag an, dass die von außen beobachtbaren Merkmale, die Komponenten, die gemeinsam eine Emotion bilden, unter denen die Gefühle eingeordnet werden können, nicht gleichwertig sind: So weist er auf die Bedeutung der Intensität eines Gefühls hin, ohne die man nicht von einer Emotion sprechen könne.

[8] Vgl. hierzu den Überblick bei FITZGERALD, Passions, 2–5, der zusätzlich zur Übersetzungsproblematik auf diachrone Bedeutungswandel verweist.

[9] Näheres in Kapitel 3, 37ff.

Es ist weiterhin evident, dass Gefühlswörter im Verhältnis zu anderen Le-
xemklassen, wie den Konkreta, schwerer zu beschreiben sind. Sprachge-
meinschaften scheinen sich einfacher auf ein gemeinsames Verständnis von
konkreten Bezugsobjekten und deren sprachliches Zuordnungzeichen einigen zu können, da diese über Referenzen einfacher zu kommunizieren
sind. Außerdem ist der Begriff ‚Freude‘ besonders vielschichtig, weil er
nicht nur einen individualpsychologisch relevanten Sachverhalt bezeichnet, sondern außerdem einen Schlüsselbegriff im allgemeinen anthropologischen, kulturellen, philosophischen und theologischen Diskurs darstellt.[10] Die semantische Komplexität ergibt sich ferner aus der engen Ver-
flechtung der ‚Freude‘ mit anderen Ethik- und Emotionswörtern, die sich
als Nachbarkonzepte zum Teil gegenseitig erhellen, gleichzeitig aber eine
genaue Abgrenzung zur Freude erschweren. Dass dies bei mangelnder Differenzierung zu voreiligen Gleichsetzungen führen kann, zeigt das Beispiel
Bernadicous, der die Teilbedeutung des Lexems ‚Freude‘ neutestamentlich
mit dem Lexem ‚Frieden‘ pauschal gleichsetzt, ohne die Überschneidungen der Bedeutungsfelder am Text genau zu belegen, beziehungsweise ohne sie klar gegeneinander abzugrenzen.[11] Gerda Rössler führt eine solche
Form der sprachlichen Verwirrung auf die Polysemie der Gefühlswörter
zurück.[12] Außerdem ist zu berücksichtigen, dass ‚Freude‘ einerseits *explizit*
ausgedrückt werden kann („Sie freuten sich sehr!"), andererseits häufig
auch *deskriptiv* dargestellt wird, beispielsweise durch Kosenamen, Inter-
jektionen, durch Mimik und Gestik.[13] Ein Beispiel für die deskriptive Un-

---

[10] ‚Freude‘ ist nicht nur in der antiken Affektlehre ein fundamentaler Schlüsselbegriff, sondern auch in der Affektlehre des Thomas von Aquin. Sie wird bis zur Neuzeit in
einzelnen philosophischen Darstellungen hinterfragt, vgl. nur beispielsweise die komplexen Ansätze bei Baruch Spinoza (DE SPINOZA, Abhandlung, 72f [2. Teil, Kap 7, „Von
Freude und Trauer"]), Edmund Husserl (HUSSERL, Werke) und Karl Jaspers Hauptwerk
‚Von der Wahrheit.‘ (JASPERS, Wahrheit). Zentral ist die Freude auch im Bereich der
Sprach- und Kommunikationswissenschaften bei der Pragmasemiotik, zur Hinterfragung
der Emotionssoziologie, kulturwissenschaftlich in der Mentalitätsgeschichte, den Litera-
turwissenschaften, in der theologischen Anthropologie und der Ethik etc.

[11] BERNADICOU, Gospel, 17.

[12] RÖSSLER, Freude, 63. Zu ihnen rechnet sie alle Lexeme, deren Funktion darin besteht, entweder darstellend oder bezeichnend Emotionen, Gefühlserlebnisse oder mit Gefühlen verbundene Wirklichkeitsausschnitte auszudrücken. Auf diese Weise gelingt es
ihr, die Klasse der Gefühlswörter nicht nur von den Konkreta, sondern auch von Wert-
und Ordnungsbegriffen sowie Abstrakta abzugrenzen. Diese Limitierung ist auch in historischem Kontext sinnvoll; insgesamt ist aber zu berücksichtigen, dass unter den Ge-
fühlswortschatz auch Lexeme fallen, die starke emotive Bedeutungsanteile haben, selbst
wenn sie Emotionen nicht explizit benennen.

[13] Unter einer expliziten Darstellung wird in dieser Arbeit die Aktualisierung und
Thematisierung eines Lexems verstanden, unter einer deskriptiven Darstellung der paraphrasierende Ausdruck eines Affekts (beispielsweise durch die Beschreibung der Gestik).

terstützung der auch explizit beschriebenen Freude ist die Bewegung des Täufers im Leib seiner Mutter Elisabeth, die nach Lk 1,41 auf die schwangere Maria trifft. Die gerade vorgenommene Unterscheidung mag zunächst trivial wirken – methodisch hat sie jedoch zur Folge, dass im Unterschied zu älteren Untersuchungen nicht nur nach Textstellen im Corpus des Neuen Testaments zu suchen ist, in denen die Freude ausdrücklich artikuliert wird.[14] Vielmehr müssen auch Stellen in die Betrachtung einbezogen werden, in denen Freude umschreibend dargestellt ist. Der Gesamtbereich der Konnotationen ist bei Wörtern mit ‚emotiven Bedeutungsanteilen' ebenfalls mit einzubeziehen, um sinnvolle Wortfelder aufzubauen. Auch sachliche Äußerungen können theoretisch emotional interpretiert werden![15] Im Übrigen wird in neueren kognitionswissenschaftlichen Arbeiten über Emotionen der Standpunkt vertreten, dass „jede Äußerungsbedeutung einer sprachlichen Äußerung eine emotionale Komponente aufweist".[16] Doch ob dies für die historische Semantik auswertbar ist, erscheint mir fraglich.

In dieser Arbeit werde ich mich daher zunächst auf diejenigen Belegstellen konzentrieren, in denen das Lexem der χαρά als Ausdruck der Freude aktualisiert ist. Im Lukasevangelium betrifft das besonders die Anteile aus dem Sondergut, also Evangelienmaterial, das nicht im Markus- oder Matthäusevangelium nachgewiesen werden kann. In der Zusammenschau dieser Stellen, in denen das Motiv der Freude konzentriert begegnet, wird das Profil der lukanischen Arbeit besonders deutlich. Selbstverständlich sollen aber auch die (wenigen) synoptischen Vergleichsstellen wie Lk 6,12/Mt 5,12 oder Lk 15,4–7/Mt 18,12–14 (das Gleichnis vom verlorenen bzw. verirrten Schaf) in die Betrachtung einbezogen werden. Im Umfeld der Belegstellen, die explizite Freude (χαρά) ausdrücken, soll auch nach deskriptiven Paraphrasierungen des Phänomens gesucht werden. Es bestünde die Gefahr einer unzulässigen Applikation, auch dort Umschreibungen der Freude zu unterstellen, wo sich aus dem Wortfeld keine expliziten Hinweise darauf ergeben. Der Schwerpunkt dieser Arbeit liegt auf der Analyse des 15. Kapitels. Denn darin liegt die Affektdarstellung mit der höchsten Dichte vor, wobei die Freude in den drei Gleichnissen von Lk 15 zentral und nachdrücklich behandelt wird. Der eigenständige Komplex der Seligpreisungen kann im Rahmen dieser Arbeit dagegen leider nicht näher

---

[14] Allerdings weist bereits GULIN, Freude I, 2, darauf hin, dass eine Untersuchung der Freude, die sich auf die Untersuchung der Lexeme beschränken würde, leichter auszuführen wäre, aber oberflächlich verbliebe: „Denn die Freude scheint im N.T. an vielen Stellen auch dort eine Rolle zu spielen, wo sie nicht ausdrücklich bei Namen genannt wird."

[15] RÖSSLER, Freude, 12: „Eine Proposition kann, obwohl kognitiv und konzeptuell kodiert (z.B. ein Gerichtsurteil), – oft unbeabsichtigt – eine mehr oder minder starke emotionale Bedeutung erhalten."

[16] FRIES, Emotionen, 140.

berücksichtigt werden. Zum einen liegt bei den Makarismen ein anderes Wort- und Begriffsfeld vor, zum anderen sind Makarismen nicht als Affekte in die philosophische Affektsystematik einzuordnen. Es würde sich anbieten, diese Thematik eigenständig zu untersuchen. Dafür sollen in dieser Arbeit auch pragmatische Faktoren in die Bedeutungsbeschreibungen einbezogen werden. Besonders interessant ist dabei, wie das Erfahren von Freude auf die sie rezipierende Persönlichkeit wirken kann: „Positive Gefühlsregungen" haben „verhaltenssteuernde, bewertungsorientierende und einstellungsverändernde Funktionen"[17] – dies ist möglich, gilt aber nicht generell. Hält man diese Funktionen für historisch übertragbar, kann man in ihnen die Motivationsquelle für frühchristliche Freudenaussagen sehen: Die dargestellte freudige Erfahrung in den Quellen,[18] der Zuspruch der Freude[19] sowie die Zeugnisse der Freudenerfahrung der ersten Christen[20] spiegeln nicht nur wider, wie die Botschaft vom Reich Gottes aufgenommen worden ist und was das Evangelium an Menschen bewirkt hat. Sie können auch selbst Anlass zur eigenen Erfahrung mit dem Wort Gottes sein, also zur Beschäftigung mit der Botschaft anregen, weil die Aussicht lockt, selbst von ‚wahrer Freude' ergriffen zu werden. Eine didaktische Absicht könnte also durchaus gegeben sein: Es ist zu prüfen, ob und inwiefern Freude zum Mittel und zur zentralen Botschaft der Mission werden konnte.

Welche Faktoren sollten bei einer systematischen semantischen Beschreibung von Gefühlswörtern außerdem beachtet werden? Das Corpus der zu untersuchenden Texte müsste, wenn möglich, verschiedene Textsorten und Diskurstypen beinhalten. Das ist im Lukasevangelium der Fall. Auch lässt sich einerseits eine religiöse ‚Fachsprache' erkennen,[21] andererseits ist beispielsweise das Gleichnis vom verlorenen Groschen (Lk 15,8–10) der alltagssprachlichen Redeweise nachempfunden.[22] Schließlich ist es zur semantischen Einschätzung wichtig, die Nachbar- und Gegenkonzepte des Begriffs anzuordnen und in ein Verhältnis zu setzen. Die ‚Freude' muss deshalb einerseits vor dem Hintergrund der antiken Affektkonzeptionen gesehen werden. Andererseits müssen intra- und intertextuelle Bezüge her-

---

[17] RÖSSLER, Freude, 148.

[18] Vgl. die Gleichnisse über die Freude des Wiedergefundenen in Lk 15.

[19] Vgl. die Seligpreisungen Mt 5,3–12; Lk 6,20–23; aber auch Joh 16,22; Röm 15,13.

[20] Vgl. beispielsweise aus der Fülle der Epiphaniezeugnisse Lk 24,41 und 24,52.

[21] Der fachsprachliche Bezug wird noch deutlicher im Prolog des Lukasevangeliums, wenn der Verfasser auf die Form der Diegese anspielt und sein Einleitungsformular entsprechend ausrichtet, vgl. Lk 1,1–4.

[22] LEINER, Psychologie, 39, verweist darauf, dass das Neue Testament „die alltagspsychologische Sprache seiner Zeit" spricht.

gestellt werden, um nachbarschaftliche oder oppositionelle Konzepte im Zusammenhang mit der ‚Freude' werten zu können.

Innerhalb des Lukasevangeliums sollen die unterschiedlichen Vorkommensweisen der Freude untersucht werden.[23] In diesem Zusammenhang muss das komplexe Affektgeschehen analysiert werden. Welche Aspekte und Ebenen der Freude werden gestreift, wenn bestimmte Lexeme in einem Text eingesetzt werden? Was löst Freude aus, wie manifestiert sie sich? Ist ihre Beschaffenheit erkennbar? Werden Reaktionen oder die Wirkung der Freude dargestellt? Ein Affektgeschehen birgt also verschiedene Phasen als Konstanten, jedoch müssen nicht alle im selben Zusammenhang materialisiert werden. Es ist zu prüfen, ob zwischen den lukanischen Belegtexten intertextuelle Grundmuster ausgewertet und möglicherweise auch entsprechenden Bearbeitungsschichten zugeordnet werden können, die auf ein charakteristisches Konzept der Freude verweisen.

Da die Freude einen Gefühlswert darstellt, der sich auf das Erleben und Verhalten bezieht, klingt es zunächst naheliegend, die Methoden der historisch-kritischen Exegese um zuträgliche Aspekte aus der Psychologie zu bereichern, wo auch die linguistische Semantik an ihre Grenzen stößt: Denn gerade die psychologische Wissenschaft ist darum bemüht, das Erle-

---

[23] Die Suche nach semantischen Charakteristika eines Gefühlswortes im Neuen Testament erweist sich als besonders problematisch. Gerda Rössler hat in ihrer linguistischen Arbeit zum Begriff der Freude gezeigt, dass die herkömmlichen Methoden (Prototypensemantik, Frame-Semantik und andere traditionelle Merkmalstheorien) nicht geeignet sind, um die Bedeutung von Gefühlswörtern herauszuarbeiten, vgl. RÖSSLER, Freude, 55–58. Vgl. auch RÖSSLER, Verfahren, 274f. Dieser Kritikpunkt führte zur Ausarbeitung der Explikativsemantik, die versucht, auch Abstrakta, Gefühlswörter und den Gesamtbereich der Konnotationen in die semantische Analyse einzubeziehen. Dieses Semantikmodell befindet sich allerdings noch in seinen experimentellen Ansätzen, weswegen Theorie und Methode noch nicht ausgefeilt genug sind, um beispielsweise eine einheitliche Nomenklatur der Beschreibungseinheiten und Explikativmengen geben zu können, die sich auf die Gefühlswörter beziehen, vgl. ebd., 109. Unter diesen sogenannten „Explikativen" versteht die linguistische Mannheimer Schule lexikographisch dokumentierte und literarisch verschlüsselte Merkmale, aus denen ein überprüfbarer Zugang zu Emotionswörtern geschaffen werden kann. Das Interesse der Explikativsemantik geht über die Zielrichtung der Typensemantiker hinaus, die vor allem die kategorialen, mentalen und paradigmatischen Bezüge eines Lexems erforschen. Es geht der Explikativsemantik weniger darum, ob ein Wort in eine bezeichnete Kategorie eingeordnet werden kann oder muss, was einer horizontalen Einordnung entspricht. Eine solche Fragestellung wäre in Bezug auf unser Thema beispielsweise, welcher Repräsentant in den lukanischen Texten der beste Vertreter der ‚Freude' wäre. Die Explikativuntersuchungen sind zusätzlich syntagmatisch orientiert, d.h. sie stellen neben den typensemantisch wichtigen Aspekten auch die pragmatisch-semantischen und konnotativen Merkmale zusammen.

ben und Verhalten des Menschen zu erfassen.[24] Das erscheint besonders
deshalb möglich, da der Methodenkanon der historischen Kritik zwar
Ansätze aufweist, die mittlerweile als klassische Grundlagen der Exegese
gelten können[25] – gleichzeitig aber einen unabgeschlossenen und damit
offenen Charakter birgt.[26] Das liegt am hohen Anspruch der historisch-
kritischen Exegese: Ihr Ziel ist es, die biblischen Texte aus ihrem Lebens-
zusammenhang heraus verständlich zu machen.[27] Daher kann neutestamentliche Wissenschaft als eine Vielfalt von Zugangsformen gelten, die
allerdings den wissenschaftlichen Standards genügen müssen, um damit
die biblischen Texte mit angegebenen Methoden beschreiben, verstehen
und auswerten zu können.[28] Entsprechend groß ist die Mannigfaltigkeit der
Bemühungen, die bisher renommierten Methoden um neue Zugänge zu erweitern. Die erkenntnisleitenden Interessen sind hierbei vielfältig. Besonders gut konnten sich die Anregungen aus den Teilgebieten der modernen
Sprachwissenschaft, wie strukturalistische Betrachtungsweise, Narratologie,[29] Semantik, Textlinguistik sowie Pragmatik in den exegetischen Me-

---

[24] Auch ein soziologisches Hinterfragen der Freude verspricht einen Erkenntnisgewinn, kann im Rahmen dieser Arbeit aber nicht wie die textpsychologische Analyse vertieft werden. Im zusammenfassenden Kapitel werden einige Überlegungen zu soziologischen Aspekten als Ausblick skizziert.

[25] Vgl. beispielsweise die Darstellung der klassischen Methoden und ihres Zusam-
menhanges bei ADAM/KAISER/KÜMMEL u.a., Einführung. Bezeichnend ist auch das Vorwort Siegfried Kreuzers zum Methodenbuch: MEISER/KÜHNEWEG/LEEB u.a., Proseminar
II, 5: „Neben die klassischen exegetischen und kirchengeschichtlichen Fragestellungen
und Arbeitsweisen treten ergänzende und alternative Methoden. Ergänzende Methoden
sind solche, die ebenfalls historisch arbeiten, aber von anderen Fachgebieten herkommen.
Solche Fachgebiete sind etwa die Archäologie oder die Soziologie und die Sprachwissenschaft. (...) Daneben verstehen sich jene Methoden und Zugänge, die vor allem die aktuelle Relevanz oder das zeitlose Verstehen betonen, häufig als Alternativen zur angeblich
‚distanzierten‘ und scheinbar wenig relevanten historischen Forschung.“ Bereits in der
Einführung zum Methodenbuch wird die polemische Frontstellung der forschungsgeschichtlich jüngeren Methoden zueinander hervorgehoben.

[26] Gegen die sich lange Zeit durchsetzende Auffassung, der historisch-kritische Ka-
non sei eine abgeschlossene Größe, da sich nach der Einbeziehung der formgeschichtli-
chen Methode zwischen 1920 und 1960 außer der redaktionsgeschichtlichen Methode
kein neuer Ansatz in der historisch-kritischen Exegese etablieren konnte, forderte PAN-
NENBERG, Wissenschaftstheorie, 392, eine „kritische Diskussion und Interpretation des
gegenwärtigen Standes der Entwicklung der historischen Methoden“, um sich ihrer
„Unabgeschlossenheit“ bewusst zu werden. Mittlerweile hat sich die Einsicht durchge-
setzt, dass die historisch-kritischen Methoden ergänzungsbedürftig sind.

[27] Nach THEISSEN, Aspekte, 38.

[28] Diese Definition folgt dem Vorschlag LEINER, Psychologie, 202.318.

[29] Im Rahmen dieser Arbeit können die stark divergierenden narratologischen Ent-
würfe (vor allem von Genette, Bal, Chatman, Rimmon-Kenan) nicht in ihrer Differenzierung berücksichtigt werden. U.E. EISEN, Poetik hat in ihrer Habilitationsschrift eine beispielhafte systematisch durchdachte ‚Erzählgrammatik‘ erarbeitet. Bei der Betrachtung

thodenkanon einbringen. Gemeinsam ist diesen vorwiegend linguistischen Methoden allerdings vor allem, dass sie sich den biblischen Texten unter synchroner Perspektive annähern wollen.

Andere ‚neuere' Zugänge müssen dagegen stärker um ihre Anerkennung kämpfen.[30] Das betrifft auch den psychologischen Zugang, der besonders im Hinblick auf Affektbegriffe interessant ist. Im Zusammenhang mit der Vorherrschaft der dialektischen Theologie seit 1920 gerieten die ersten Ansätze einer psychologischen Bibelauslegung in das Kreuzfeuer der Kritik und verschwanden aus der exegetischen Forschung bis zur Wiederentdeckung der tiefenpsychologisch ausgerichteten Fragestellung. Aber erst seit Beginn der Achtzigerjahre, seit Beginn des ‚third approach to psychological exegesis', stabilisiert sich das Interesse an dieser fachübergreifenden Methodik zusehends.[31] Soziologische Ansätze werden ebenfalls noch nicht grundsätzlich in der Exegese angewendet, wenngleich soziologische Überlegungen wie das Hinterfragen des sogenannten ‚Sitzes im Leben' einer Gattung längst in die exegetische Forschung integriert wurden. Daher kommt soziologischen Methoden in der Exegese eine Sonderstellung zu: Einerseits werden sie immer noch als möglicher neuer Zugang zu antiken Texten diskutiert, während einzelne Elemente und soziologisches Alltagswissen schon lange wie selbstverständlich in die Exegese eingeflossen sind.[32] Ebenso ergeht es den psychologischen Annäherungen. Während unter Exegeten häufig ein Rechtfertigungsbedarf besteht,[33] wenn Ergebnisse

---

der Freude soll der Schwerpunkt dieser Arbeit auf der textpsychologischen Exegese liegen. Deshalb werden die narratologischen Fachtermini in der Form vorausgesetzt, wie sie bei SCHMITZ, Literaturtheorie, allgemein für antike Texte und exemplarisch bei EBNER/HEININGER, Exegese, 57–130, für die neutestamentliche Exegese fruchtbar gemacht worden sind. Die vom dort vertretenen Modell abweichenden Kategorisierungen und Terminologien werden in den Fußnoten zu den jeweiligen Textstellen definiert und richten sich, wenn nicht anders vermerkt, nach FLUDERNIK, Einführung.

[30] Das betrifft beispielsweise auch die politische und materialistische Hermeneutik oder die feministische Exegese. Vgl. die Vorstellung kritisch diskutierter Methoden bei STUHLMACHER, Verstehen, 227–238.

[31] Zur Forschungsgeschichte der psychologischen Bibelauslegung seit dem 19. Jh. vgl. LEINER, Psychologie, 41–76.

[32] Während WEDER, Hermeneutik, 5, die soziologische Exegese noch als eine neue Methode diskutiert, zählt THEISSEN, Studien, 3, die soziologische Fragestellung seit Langem zur historischen Methode: „Sie ist kein Neuansatz".

[33] Vgl. die ersten Sätze in THEISSEN, Aspekte, 11, in denen der Verfasser die gängigsten Vorurteile gegenüber psychologischer Exegese zusammenfasst: „Jeder Exeget hat gelernt: Eine psychologische Exegese ist eine schlechte Exegese. Sie interpoliert zwischen den Zeilen, was niemand wissen kann. Sie trägt moderne Kategorien in antike Texte ein. Sie läßt den Text nicht zu Wort kommen, weil sie an persönlichen Problemen hinter dem Text interessiert ist. Vor allem aber relativiert sie seinen theologischen Anspruch durch Menschliches-Allzumenschliches."

psychologischer Forschungen oder wissenschaftlich-psychologische Begrifflichkeit in die Exegese einfließen, werden alltagspsychologische Erkenntnisse meist unreflektiert übernommen.[34] Inwiefern können aber moderne, beispielsweise psychologische Ansätze das anhand der klassischen
historisch-kritischen Methoden zu erarbeitende Verständnis des Konzepts
der Freude im Neuen Testament ergänzen? Schon Gulin hatte bei seiner
Untersuchung der neutestamentlichen Freude im Jahr 1932 ein Problembewusstsein dafür entwickelt, dass das „Nachfühlen und Nachempfinden
(...) immer die grössten Versuchungen zu leicht irrtümlicher Subjektivität"
in sich trägt.[35] Umso dringender stellt sich die Frage, ob nicht Wissen-
schaften mit einem vorwiegend naturwissenschaftlich geprägten Selbstverständnis etwas zur Exegese antiker literarischer Texte beitragen können.

B. Zum Forschungsstand der textpsychologischen Exegese – Bisherige Ansätze, methodische Kritik und Perspektiven

Selbst in neueren Überlegungen zur exegetischen Methodik auf historisch-
kritischem Fundament treten psychologische Ansätze erstaunlich zurück.[36]
Sie werden immer noch überwiegend kritisch aufgenommen. Martin Leiner
stellt in seiner Dissertation über das Verhältnis von Psychologie und Exegese deshalb die Frage, was wissenschaftlich über die Erlebnisse, Motive,
Gefühle oder Charakterzüge der Menschen in der Bibel gesagt werden
kann.[37] Im Besonderen geht es ihm um einen Beitrag der Psychologie, auch
Aussagen über eine Psychologie des Urchristentums machen zu können.
Diese soll „eine bisher wenig erhellte Seite des NT zum Thema machen:
das Verhalten und Erleben der ersten Christen. Die Unterschiedenheit und
Ähnlichkeit dieser Menschen zu den Menschen der Gegenwart ist heraus-

---

[34] Das liegt unter anderem auch daran, dass die psychologische Begrifflichkeit zu
großen Teilen in die Alltagssprache eingegangen ist: Mittlerweile ist psychologische
Sprache ein wichtiger Bestandteil der Gegenwartssprache, vgl. THEISSEN, Aspekte, 51:
„Gerade die Grundbegriffe psychodynamischer Theorien gehören heute zur psychologischen Koine des gebildeten Menschen. Keine andere Strömung in der Psychologie hat so
nachhaltig das vorwissenschaftliche menschliche Selbstverständnis geprägt wie tiefenpsychologische Ansätze."
[35] GULIN, Freude I, 2.
[36] Vgl. PRATSCHER, Tiefenpsychologie, 178–188. In diesem ansonsten ausführlichen
Methodenbuch wird die kurze Darstellung einer psychologischen Exegese auf die tiefenpsychologische Schriftinterpretation beschränkt. Wie groß der Rechtfertigungsdruck bei
einer tiefenpsychologischen Exegese ist, zeigt darin W. Pratschers abschließende, mehr-
seitige Argumentation zu „Bedeutung und Grenzen" dieses Ansatzes.
[37] LEINER, Psychologie, 22.

zuarbeiten."[38] Gerd Theißen bestimmt die Fragestellung einer „Psychologie der urchristlichen Religion" in seiner Beschreibung der psychologischen Aspekte paulinischer Theologie darüber hinaus: Zusätzlich zu den Unterschieden, die zwischen dem Erleben und Verhalten der ersten Christen und den modern zeitgenössischen Menschen erarbeitet werden können, rückt die Frage in den Blick, welche Erlebens- und Verhaltensmuster des Urchristentums im Vergleich zu ihrer Umwelt neu aufgetreten sind.[39] Diese Fragestellungen sind eng miteinander verknüpft. Denn das Verständnis der neutestamentlichen ‚Freude' erschließt sich nur in seinem antiken Kontext; erst durch eine traditionsgeschichtliche Verortung der biblischen Aussagen wird ihr besonderes Profil deutlich. Und erst darauf aufbauend kann nach der Vergleichbarkeit des neutestamentlichen Begriffs von ‚Freude' mit unserem Wirklichkeitsverständnis von ‚Freude' gefragt werden. Ohne die Arbeitsschritte der historisch-kritischen Exegese läuft eine psychologische Interpretation der biblischen Texte Gefahr, ihre modernen Theorien auf die antiken Texte zu projizieren.

Psychologische Annäherungen an die biblischen Texte können allerdings verschieden vorgenommen werden: Grundsätzlich muss zwischen zwei unterschiedlichen psychologischen Vorgehensweisen unterschieden werden. Moderne, vorwiegend naturwissenschaftlich ausgerichtete Psychologen arbeiten unter anderen Voraussetzungen als die in wissenschaftlich-psychologischen Kreisen als Außenseitergruppe wirkenden ‚historischen Psychologen'.[40] Beide Richtungen sollen deshalb nach ihrer wissenschaftlichen Ergiebigkeit zur Untersuchung der Freude im Neuen Testament befragt werden.

Definiert man wissenschaftliche Psychologie in Analogie zur Definition der neutestamentlichen Exegese als die „Bezeichnung für eine Mannigfaltigkeit von Forschungsprogrammen, die gewissen, sogenannten wissenschaftlichen Standards genügen und das Verhalten und Erleben des Individuums (...) zu verstehen, zu erklären, zu beschreiben und wenn möglich zu quantifizieren und vorauszusagen sucht",[41] kann man davon noch die All-

---

[38] LEINER, Psychologie, 253.

[39] THEISSEN, Aspekte, 20.

[40] Vgl. dazu Gerd Jüttemanns Beitrag über Akademische und Historische Psychologie in JÜTTEMANN, Anmerkungen, 11: „Historische Psychologie stellt nicht einfach ein etabliertes Fach *innerhalb* der universitären Psychologie dar, sondern bildet einstweilen noch eine geradezu *alternative* Arbeitsrichtung, die zugleich auf eine noch wenig verbreitete Auffassung zum Gegenstand der Psychologie und dessen angemessener Erforschung verweist" (Hervorhebungen von G. Jüttemann).

[41] LEINER, Psychologie, 152.317. In die Definition Leiners fließen als Mittel der wissenschaftlichen Psychologie die freie und standardisierte Selbst- und Fremdbeobachtung, Befragungen, Messungen und Experimente ein. Damit unterscheidet Leiner die wissen-

tagspsychologie abgrenzen, in der methodische Überprüfungen, systematische Ordnung, hypothetischer Charakter und Verallgemeinerung, also die Annahmen, Erkenntnisse, Überzeugungen und Theorien nicht gezielt geprüft werden.[42] Bei einer psychologischen Exegese entfallen Messungen, Statistiken und Vorhersagen; stattdessen müsste aufgrund der Quellenlage aus biblischen Texten auf das Erleben und Verhalten der Menschen im Urchristentum geschlossen werden. Das geschieht durch die Texte auf zweierlei Weise: Zum einen wird in den urchristlichen Zeugnissen das Fühlen, Werten, Handeln und das Selbstverständnis der ersten Christen thematisiert. Zum anderen stellen die Textformen selbst ‚psychische Akte' dar, die eine Wirkung auf den Leserkreis erzielen wollen.[43]

---

schaftliche Psychologie von anderen Formen des psychologischen Umgangs mit Texten wie Selbsterfahrung mit der Bibel, meditative Bibellektüre, therapeutische Verwendung der Bibeltexte, homiletische psychologische Bibelauslegung oder empirische Bibelpsychologie nach Anton Bucher, vgl. 313 sowie die Definitionen Leiners zu diesen genannten biblisch-psychologischen Arbeitsformen, 204–207. Etwas anders klingt der Versuch einer Selbstbestimmung: Psychologen sind sich zumeist selbst darüber im Klaren, dass es schwer ist, den Gegenstand und die Aufgabenbeschreibung einer wissenschaftlichen Psychologie festzulegen. So hat die „Definition der Psychologie – entweder begrifflich oder berufsbezogen – (...) zu keinem Zeitpunkt im Verlaufe ihrer ersten hundert Jahre Stabilität erlangt", so KOCH, Creature, 26. An dieser Entwicklung hat sich seither nicht viel geändert: Die Psychologie schlechthin im Sinne eines Bereiches von klar definierten Gegenständen, unstrittigen Methoden und Fragestellungen, die eindeutig abgrenzbar und unwandelbar wären, gibt es nicht, weshalb D. Ulich den Ausdruck ‚Psychologie' vor allem als Sammelbegriff verstanden wissen will. In diesem Zusammenhang verweist er auf die Mannigfaltigkeit der wissenschaftlichen Versuche, menschliches Verhalten und Erleben adäquat zu erfassen, auf die unterschiedlichen Gegenstandsbestimmungen, Methoden und Fragestellungen, die auch in der Psychologie einem historischen Wandel unterliegen und der schwierigen Abgrenzbarkeit der Psychologie zu anderen wissenschaftlichen Disziplinen, die sich auch um Aussagen über den ‚Menschen' bemühen, vgl. ULICH, Einführung, 29. Nach dieser allgemeinen Beschreibung der definitorischen Diskussion schlägt Ulich seinen eigenen Ansatz vor, der den empirischen Charakter der Disziplin und ihre Begründung durch den institutionellen Charakter und Praxisbezug hervorhebt, vgl. S. 31– 33, darin 33: „Die Psychologie ist eine Einrichtung zur systematischen und kontrollierten Gewinnung, Vermittlung und Anwendung von Kenntnissen über Erlebens- und Verhaltensweisen, psychische Vorgänge und Zustände, *deren Zusammenhänge, Bedingungen und Folgen*, sowie (eine Einrichtung) zur Entwicklung und Anwendung von Verfahren zur Erfassung und Veränderung der *genannten* Sachverhalte" (Hervorhebung Ulich).

[42] Vgl. ebd., 34–45. Diese Alltagspsychologie ist allerdings von einer Psychologie des Alltags zu unterscheiden, die das Alltagsverhalten und -erleben psychologisch beschreibt, vgl. LEINER, Psychologie, 114, Anm. 317.

[43] Vgl. THEISSEN, Aspekte, 11: „Unter psychologischer Exegese fassen wir alle Versuche zusammen, Texte als Ausdruck und Vollzug menschlichen Erlebens und Verhaltens zu deuten."

Leiner gelangt zu dem Schluss, dass ein textpsychologisches Programm auf wissenschaftlicher Grundlage durchaus entworfen werden kann.[44] Die Möglichkeiten der psychologischen Exegese beantwortet er somit unter gewissen Prämissen positiv: Die herangezogenen psychologischen Theorien müssen empirisch und phänomenologisch bestätigt sein,[45] und die problematischen Tendenzen psychologischer Theorien müssen relativiert werden.[46] Wenn es im Anschluss daran gelingt, die Übertragbarkeit der psychologischen Theorien auf die ersten Christen zu begründen, sind die Einwände gegen eine psychologische Bibelauslegung nach Leiner unbegründet.[47]

Gerade das ist aber unter historisch-kritisch arbeitenden Exegeten umstritten. Diejenigen, die sich gegen eine Erweiterung der Methodik um moderne, psychologische Aspekte aussprechen, haben ein schlagendes Argument auf ihrer Seite: Sie begründen ihre Kritik damit, dass die vorwiegend naturwissenschaftlich orientierten Ansätze der Psychologie, die erst im 20. Jahrhundert entwickelt wurden, sich nur auf Menschen der Moderne beziehen. Die Übertragbarkeit der modernen psychologischen Kategorien auf die Antike wird damit infrage gestellt. Hiermit geht die Kritik an sogenannten ‚anthropologischen Konstanten'[48] oder auch ‚anthropologischen

---

[44] Forschungsgeschichtlich gab es durchaus Zweifel an der Angemessenheit einer psychologischen Exegese an biblischen Texten, besonders seit Aufkommen der Psychologie mit wissenschaftlichem Anspruch. Die strittigen Punkte, die bereits von K. Barth, R. Bultmann oder E. Brunner angeführt wurden, wurden seither methodenkritisch vertieft und werden immer noch diskutiert, vgl. zur Forschungsgeschichte LEINER, Psychologie, 41–76.

[45] LEINER, Psychologie, 313. Hinzu muss berücksichtigt werden, dass jede Richtung der Psychologie von eigenen Prämissen im Menschenbild, Wirklichkeitsverständnis, Selbstverständnis und unterschiedlichen Herangehensweisen in der Methodik sowie von einer besonderen funktionalen Bestimmung ausgehen kann. Vor diesem Hintergrund muss hinterfragt werden, inwiefern eine psychologische Richtung zur psychologischen Exegese geeignet erscheint, vgl. ebd., 141.

[46] Vgl. die Darstellung im Kapitel zur Forschungsgeschichte zur ‚Freude' über problematische Tendenzen des Selbstverständnisses der Psychologie. Leiner kritisiert als Punkte, in denen die Psychologie kritisch hinterfragt und relativiert werden muss, die Probleme eines Psychologismus, Determinismus und Objektivismus, außerdem einseitige Lösungen des Leib-Seele-Problems, das häufige Übersehen der Geschichtlichkeit von Erleben und Verhalten sowie die positivistische Leugnung des hermeneutischen Elementes in psychologischen Forschungen, vgl. ebd., 123.312 u.a.

[47] Ebd., vgl. die Kapitel zur analytischen Hermeneutik (Teil V), 206–234, und zum textpsychologischen Programm (Teil VI), 235–258.

[48] Vor allem BULTMANN, Theologie, 193, und CONZELMANN, Heiden, 1, gelten als neutestamentliche Vertreter des 20. Jh., die von einer „Eigenart des menschlichen Seins" (R. Bultmann, ebd.) beziehungsweise von einer „substantiellen Konstanz" des Menschseins ausgehen, „weil ja das Menschsein durch alle Geschichte eine Konstanz hat. Ohne

Universalien'[49] einher, das heißt an angeblich grundlegenden Emotionen und Verhaltensweisen, die Menschen überzeitlich und kulturübergreifend bestimmen und prägen. Stattdessen wird das Erleben und Verhalten eines Menschen primär im Kontext seiner historischen Verortung betrachtet. So geht beispielsweise Klaus Berger strikt davon aus, dass „sowohl das (...) seelische Innere des Menschen wie die Auffassungen von ihm tiefgreifendem geschichtlichen Wandel unterworfen sind."[50] Aus dieser Voraussetzung folgert er, es sei zu riskant, sich den Fragestellungen und Kategorien der modernen Humanwissenschaften anzuvertrauen, da hier zu viel Modernes in die Texte eingetragen werde.[51]

Nun sind Vorsicht und Respekt gegenüber einem antiken Text sicherlich angebracht. Selbstverständlich sollten bei keiner Exegese der zeitliche Abstand und die damit veränderbaren Rahmenbedingungen des Menschseins unberücksichtigt bleiben. Es muss ebenso hinterfragt werden, welche Aussageintentionen und welches Wirklichkeitsverständnis vom Textproduzenten zu erwarten sind, um die Quelle nicht mit fremdem Denken zu überdeuten. Die Skepsis, moderne psychologische Theorien könnten einer Perspektive entsprechen, die den antiken Quellen nicht eigen ist, erscheint durchaus berechtigt, besonders, wenn sich tiefenpsychologisch orientierte Applikationen als Beitrag zur Exegese verstehen.[52] Wer sich aber rationalen Zugangsmöglichkeiten – wie den psychologischen und soziologischen Argumentationen – von vornherein und grundsätzlich entzieht und ihre Aussagekraft für biblische Texte leugnet, muss sich fragen, wie man dann grundsätzlich von einer ‚Verständnismöglichkeit' eines zeitlich zurückliegenden Textes ausgehen kann. Ist überhaupt an das heranzukommen, was hinter einem ‚Wort' steht?[53] Ist es nicht von vornherein aussichtslos, wenn

---

sie ist geschichtliche Erkenntnis unmöglich." (H. Conzelmann, ebd.). Zum Begriff der „anthropologischen Universalien" vgl. GÜNTHER, Sprache, 36.

[49] Während die Redeweisen von den ‚anthropologischen Konstanten' oder auch ‚anthropologischen Universalien' besonders in der theologischen bzw. der historisch-psychologischen Diskussion bevorzugt werden, wird in der Psychologie in Analogie zu den sprachlichen Universalien hier vor allem von ‚emotionalen Universalien' gesprochen. Vgl. hierzu CIOMPI, Grundlagen, 63.

[50] BERGER, Psychologie, 17.

[51] Ebd., 19.

[52] Vgl. zu den in dieser Arbeit verhandelten Texten beispielsweise TOLBERT, Son, 1– 20; SCHMITZ, Menschen (zu Lk 15,11–31 und Lk 19,1–10).

[53] Das ist bereits in extremer Form in der konstruktivistischen Schule bestritten worden. Tatsächlich entfallen außerdem bei antiken Texten die in Gegenwartssprachen möglichen repräsentativen Befragungserhebungen und Statistiken, um ein konventionelles Verständnis eines Wortgebrauchs zu erschließen. Der Rückgriff auf überlieferte historische Quellen birgt die Gefahr, dass das Wort nicht in den üblichen fach- und alltagssprachlichen Zusammenhängen geboten wird, sodass wir die Konnotationen, die sich bei

schon das Verständnis einzelner Begriffe fraglich erscheint, die Aussageabsicht antiker Textzusammenhänge erschließen zu wollen? Der Ausschluss
moderner wissenschaftlicher Methoden von vornherein führt die Exegese
in einen Elfenbeinturm und verschließt den Dialog zu anderen Wissen-
schaften. Schlimmer aber ist: Das Eingangstor auf dem Weg zu neuen Erkenntnissen über die Texte wird versperrt. Besser wäre es stattdessen, sich
für den fremden Weg mit einer sinnvollen Hermeneutik auszurüsten, um
ihn beim Erkunden genau prüfen zu können.

Wird Psychologie wie oben als die Wissenschaft definiert, die das Verhalten und Erleben von Menschen mit entsprechender Methodik erforscht,[54] wird schnell deutlich, dass es „keine Exegese ohne Psychologie"
geben kann:[55] Denn in jeder wissenschaftlichen Auslegung werden Aussagen über das Erleben und Verhalten biblischer Personen gemacht – Psychologie ist also immer auf gewisse Weise impliziert, ob sie sich dabei an
(psychologischer) Fachsprache orientiert oder nicht. Jede Interpretation
trägt bereits eine Psychologisierung in sich. Martin Leiner hat in seiner Arbeit gezeigt, dass die klassischen historisch-kritischen Methoden eine Reihe vorwissenschaftlicher psychologischer Annahmen beinhalten.[56] Auch ist
bekannt, dass die psychologischen Elemente in einer Exegese nicht nur auf
die Methodik zurückzuführen sind, sondern ebenso von der individuellen
Verfassung des Exegeten abhängen. Das hat bereits Carl Schneider 1933
bemerkt; auch moderne Methodendarstellungen weisen auf den nicht zu
unterschätzenden Faktor persönlicher Affiziertheit hin. Ein Text lässt sich
mit historisch-kritischer Reflexion immer nur dann erschließen, wenn der
Exeget sein jeweiliges Vorverständnis in die Auslegung einbringt.[57]

R. Bultmann illustriert das am Beispiel des johanneischen Begriffs von
der Freude, der χαρά:

„Verheißen ist ‚Freude‘, aber eine Freude, die Jesu Freude ist, und die die ‚Welt‘ nicht
kennt. Was ist das für eine Freude? Man kennt sie nicht, und doch hat man offenbar ein
Vorverständnis von ihr; sonst würde man den Satz überhaupt nicht verstehen. Ein Ver-
gnügt- und Zufriedensein ist es offenbar nicht; denn das kennt die Welt ja auch. Und

---

der Wortverwendung bei Menschen der Antike eingestellt haben, nicht mehr rekonstruieren können.

[54] LISCHKE, Psychologie, 28.

[55] LEINER, Psychologie, 32–40, hier: 32.

[56] Ebd., 34. Leiner verweist als Beispiel auf den engen Zusammenhang zwischen den
Regeln der Textkritik und vorwissenschaftlichen psychologischen Annahmen, die im
Großen und Ganzen von der wissenschaftlichen Psychologie bestätigt werden.

[57] BULTMANN, Bedeutung, 63: „Offenbar kann ich einen solchen Text nur dann verstehen, wenn ich schon ein *Vorverständnis* von den Sachverhalten mitbringe, von denen
er redet. Ich muß also z.B., um zu verstehen, was in einem Texte Tod und Leben bedeutet, schon ein Vorwissen davon haben, was der Tod und das Leben ist" (Kursivdruck
R. Bultmann).

doch muss die Freude der Welt schon die Möglichkeit jener überweltlichen Freude in sich tragen."[58]

Was aber macht diese Freude aus, die verstanden werden will? Eine Überlegung aus der theologischen Anthropologie „Was ist der Mensch?" von Edith Stein kann dies aus Rezipientensicht weiter verdeutlichen:

„Wenn ich es dem andern ansehe, daß er sich freut, so verstehe ich seine Freude noch nicht, und die unverstandene Freude ist auch eine unvollständig erkannte. Verstanden ist die Freude erst, wenn ich weiß, worüber er sich freut, und warum er sich darüber freut und gerade so und nicht anders freut. Das ist aber nur möglich, wenn ich ihn und seine ganze Erlebnissituation kenne (...). Und solches Mit- und Nachvollziehen bedeutet eine eigentümliche Lebenseinigung (...) rückhaltloses Sichanvertrauen ist nur möglich aus einem restlosen Vertrauen heraus, das seinerseits die Frucht der Liebe ist."[59]

Edith Stein geht es um eine angemessene Hermeneutik der Freude, die sich ihres Erachtens nur ergeben kann, wenn man sich einer menschlichen Äußerung, wie ihn beispielsweise ein Text überliefern kann, ganz öffnet. Ein solches liebendes, restloses Vertrauen als Grundlage für das Verstehen und Mitempfinden von Freude setzt allerdings ein *Empathievermögen* voraus, das weitgehend von der eigenen Persönlichkeitsstruktur abhängig ist. Nur wenn mein Inneres heil genug ist, um sich nicht in egozentrischer Eigenbetrachtung zu verfangen, kann ich mich anderen gegenüber öffnen und deren Erfahrungen zulassen. Die Fähigkeit, Freude zu verstehen, setzt daher voraus, dass ein Mensch bereits eigene Erfahrungen mit dieser Emotion gemacht hat, um die Erfahrungsbeschreibungen anderer nachvollziehen und in sein eigenes Erfahrungsspektrum einordnen zu können. Es muss also auf *Referenzen der persönlichen Erfahrung* zurückgegriffen werden können.

Ist das Verstehen eines Textes und entsprechend das Verstehen eines Gefühlswortes nur möglich, wenn der Leser die Bereitschaft mitbringt, sich vom Text affizieren zu lassen und eigene Erfahrungen, also letztlich immer subjektive Momente, in die Lektüre einzubringen, lässt sich daraus umgekehrt schließen, dass es grundsätzlich und trotz aller selbstkritischen Bemühungen unmöglich ist, sich einem Text verstehend und ‚objektiv' anzunähern. Dennoch oder gerade deshalb ist der Rückgriff auf historisch-kritische Methoden unerlässlich, um einen Text intersubjektiv zu erörtern.

Unter diesem hermeneutischen Gesichtspunkt ist eine psychologische Exegese nie zu vermeiden, ja sie ist sogar eine Voraussetzung der wissenschaftlichen Textbetrachtung, solange sie reflektiert geschieht. Liegt es da nicht nahe, das Gegebene zu nutzen und nach der Einbindung der psychologischen Ergebnisse in die neutestamentliche Methodik zu fragen?

---

[58] BULTMANN, Bedeutung, 128.
[59] STEIN, Anthropologie, 50f.

„Wer grundsätzlich bestreitet, daß moderne psychologische Kategorien in der antiken Welt unanwendbar sind, hat die Selbstauslegung antiker Autoren gegen sich", so Gerd Theißen, der auf die zahlreichen Reflexionen antiker Denker verweist, die als Vorläufer der modernen psychologischen Kategorien gelten können.[60] Theißen weist zudem auf zwei weitere wesentliche Argumente hin: Eine Interpretation durch unser Verständnis scheint auch deshalb möglich, da unser Vorverständnis selbst geschichtlich bedingt ist – und seither wesentlich durch das antike Denken geprägt. Kann man daraus ableitend nicht sogar behaupten, dass das antike Denken in unserem kulturellen kollektiven Unterbewusstsein überliefert worden ist? Daraus lässt sich zwar auch nicht auf eine absolute Übertragbarkeit der Begriffe schließen, aber eine völlige Unzugänglichkeit zu den Texten scheint ebenso unwahrscheinlich, da viele moderne Strukturen auf antikem Erbe aufbauen.

Theißens zweites Argument bezieht sich ebenfalls auf die historische Abhängigkeit der Erlebens- und Verhaltensmuster: „Es könnte auch sein, daß sich manche Strukturen menschlichen Erlebens und Verhaltens erst in der Antike herausgebildet haben, ja, daß das moderne Subjekt in ihr seinen historischen Ursprung hat."[61] Wenn dem so ist, ist es besonders wichtig, sich auf die Suche nach dem antiken und urchristlichen Verständnis der Freude zu machen und herauszufinden, inwiefern diese Freude, die die ersten Christen erfahren durften und weitervermitteln wollten, für uns noch nachvollzogen werden kann.

Nicht übersehen werden darf schließlich der Selbstanspruch der biblischen Zeugnisse: Die Evangelien und Briefe des Neuen Testaments sollen als Glaubenszeugnisse eine überzeitliche Substanz ‚transportieren‘, sie sollen als Zielgruppe Menschen verschiedener Kulturen erreichen, und mehr noch: Sie sollen die Menschen das Evangelium erfahren lassen, um sie für den Glauben zu missionieren. Die Evangelisten und Briefeschreiber des Neuen Testaments hatten sich aus diesem Grund die christliche Mission und Integration von Heiden als Ziel gesetzt. Dem widerspricht nicht, dass die einzelnen Texte jeweils in einer einzigartigen historischen Situation geschrieben und an bestimmte Adressaten gerichtet worden sind. Ob wir es vermögen, mit unserer großen historischen Distanz von knapp 2000 Jahren den Text ‚richtig‘ zu interpretieren, ist etwas anderes: Allerdings sind die urchristlichen Texte so konzipiert, dass sie von sich behaupten können, das

---

[60] THEISSEN, Aspekte, 53. So gelten ihm Krition und Platon als antike Wegbereiter der lerntheoretischen Deutung, Epiktet habe bereits zentrale Elemente moderner kognitiver Theorien erkannt, Anfänge psychodynamischer Religionstheorien fänden sich bei Augustinus, ebd., 52f.
[61] Ebd., 53.

Wesentliche sorgfältig überliefert zu haben, wie es im Prolog des Lukasevangeliums ausdrücklich als Information für den kritischen Leser angemerkt wird.[62] Damit kennzeichnen sich die Quellen selbst als ‚rezeptionierbar'. Sie wollen viele Menschen überzeugen. Entsprechend wertet das Johannesevangelium sein Ziel und seine Funktion: Nach Joh 20,30 wurden die Zeichen Jesu überliefert, „damit ihr glaubt, dass Jesus der Christus ist, der Sohn Gottes, und damit ihr durch den Glauben das Leben habt in seinem Namen."[63] Die Evangelien geben weitere Hinweise darauf, dass sie es für möglich und wünschenswert halten, ihre Hörerschaft individuell zu erreichen: Viele appellative Elemente sorgen für den direkt ansprechenden Charakter der Texte.[64] Das deutlichste Beispiel sind die Makarismen und Wehrufe, deren pragmatische Funktion über die textinternen Zusammenhänge hinausweist und die Leser als Rezipienten der Botschaft als Zielgruppe einbezieht. Es muss also differenziert werden, dass ein Text eine innertextuelle Aussage hat, die in situativem und historischem Zusammenhang betrachtet werden muss, dass der gleiche Text aber von seinem Verfasser bereits daraufhin konzipiert worden sein kann, darüber hinaus eine pragmatische Wirkung auf die Leser auszuüben. Unter den Urchristen erhielten diese Zeugnisse einen entsprechend hohen Stellenwert, weil der Selbstanspruch der Texte sich mit seiner Wirkung unter den zeitgenössischen Christen deckte: Sie wurden nur überlieferungswürdig, weil sie ‚verständlich' erschienen.

Wenn in diesen tradierten Texten die ‚Freude' als zentraler Begriff aufgenommen und thematisiert wurde, gingen die Verfasser zumindest von einer Verständlichkeit des Begriffs unter ihren Zeitgenossen aus. Die Vergleichsstellen ermöglichen eine Diskussion dieses textinternen Verständnisses und zeigen, wie diese Freude definiert werden kann.

Im Anschluss an diese Thesen kann das wichtigste Argument dagegen vorgebracht werden, dass eine Exegese auf historisch-kritischer Grundlage mit Elementen der wissenschaftlichen Psychologie die biblischen Texte überfremde: Eine Betrachtung der Freude im Neuen Testament ist nichts, das von außen an den Text herangetragen wird! Auch wenn der Begriff der Freude im Neuen Testament forschungsgeschichtlich keine entsprechende Würdigung erfahren hat – seine Zentralität ist nicht zu leugnen, weder in den Evangelienschriften noch in der frühchristlichen Briefliteratur.[65]

---

62 Vgl. Lk 1,1–4.

63 Joh 20,30 nach der Lutherübersetzung, Stuttgart 1999.

64 So sind die Reden Jesu an das Volk und an die Jünger (beispielsweise die Feldrede oder Bergpredigt) häufig in der 2. Person Singular oder Plural formuliert.

65 Auch wenn die Freude in den anderen kanonischen Evangelien nicht derart umfangreich diskutiert wird wie bei Lukas, so ist sie doch auch in ihnen unverkennbar prä-

Verschiedene neuere Arbeiten haben in letzter Zeit ein gesteigertes Interesse an einem psychologischen Zugang zu biblischen Texten und frühchristlicher Psychologie erkennen lassen.

Gerd Theißens Arbeiten, besonders seine Beobachtungen aus dem Jahr 2007 zum Erleben und Verhalten der ersten Christen, worin auch der Freude im Urchristentum ein Kapitel gewidmet ist, sowie der im selben Jahr von ihm herausgegebene Symposienband ‚Erkennen und Erleben‘[66] lassen auf eine weitere methodische Entwicklung und Diskussion für eine urchristliche Psychologie als auch für die Textpsychologie nach dem vorgelegten methodischen Verständnis hoffen. Insofern versteht sich diese Arbeit als experimenteller Beitrag: Es ist zu prüfen, ob und inwiefern der textpsychologische Zugang die historisch-kritische Exegese unterstützen oder sogar bereichern kann, wenn Affekte analysiert werden sollen.

C. Textpsychologische Exegese als historische Psychologie

Innerhalb des breiten Spektrums an psychologischen Disziplinen dürfte der Zugang der ‚*Historischen Psychologie*‘ für die biblische Exegese am wenigsten problematisch sein. Ihre Vertreter sind bestrebt, Veränderungen des Psychischen in der Geschichte zu untersuchen. Doch während die historische Psychologie ursprünglich die psychologische Disziplin mitbegründete, hat sie sich innerhalb der zeitgenössischen Psychologie auf eine kleine alternative Bewegung reduziert. Bereits zu Beginn der neunziger Jahre versuchten einige ihrer Vertreter, die lange erstarrten Strukturen eines wissenschaftlichen Psychologieselbstverständnisses, das sich in seiner Methodik auf rein naturwissenschaftliche Möglichkeiten beschränkt, aufzubrechen. Zunächst erlebte die historische Psychologie eine kurze Renaissance,[67] konnte sich jedoch innerhalb der Psychologie nicht durchsetzen. Während die historische Psychologie entsprechend in verschiedenen geistesgeschichtlichen Disziplinen rezipiert und positiv gewürdigt worden ist,[68]

---

sent. Dass sie auch in paulinischer Literatur eine nicht zu unterschätzende Rolle spielt, demonstriert FENSKE, Freude, 221–244.

[66] THEISSEN, Erleben, 176–188. Vergleiche hierzu auch das einleitende Kapitel; DERS., Argumente, 23–49; DERS., Aspekte.

[67] JÜTTEMANN, Art. Historische Psychologie, 11, geht von einer weiterhin anhaltenden Dominanz des einseitigen naturwissenschaftlichen Denkens in der Psychologie aus: „Die gegenwärtige zeitgeschichtliche Phase ist im übrigen für eine Änderung der Verhältnisse in der Psychologie nicht günstig".

[68] Vgl. auch die Rezeption des Ansatzes in theologischen Erscheinungen, z.B. die Monographie von BERGER, Psychologie, oder aktuell VON GEMÜNDEN, Überlegungen, 86–102, siehe dazu unten.

wird sie in der Schulpsychologie immer noch verdrängt.[69] Das überrascht nicht, da die Vertreter dieser alternativ arbeitenden Gruppe sogar weite Strömungen der naturwissenschaftlichen Psychologie infrage stellten. Historisch orientierte Psychologen forderten nicht weniger als einen ‚Identitätswandel' der gesamten akademischen Psychologie.[70] Sie kritisieren die Basispostulate des strukturalistisch-naturwissenschaftlichen Mainstreams, der davon ausgeht, dass wesentliche Ausprägungsformen des Seelischen angeboren sind und deshalb universelle, vergleich- und übertragbare Strukturen aufweisen. Während die allgemeine Psychologie postuliert, dass das menschliche Erleben und Verhalten in vergleichbaren Situationen berechenbar sei (= Situationstaxonomie) und dass sich die menschliche Psyche vor allem in einem *biologischen Reifungsprozess* entwickele, betont die historische Psychologie, dass der Mensch vor allem *kulturell geprägt* und letztlich sogar kulturell ‚produziert' ist. Sie begreift die Psychogenese des Menschen vor allem als einen Sozialisationsprozess in kultureller Tradition.[71]

Die historische Psychologie versteht sich vor allem als Grundlagenwissenschaft. Sie strebt nicht nur eine Wissenschaftsgeschichte der Psychologie an, sondern versucht, durch ihre Wissenschaftskritik eine Reflexion der psychologischen Methodik anzuregen. Durch eine Rekonstruktion des historischen Wandels, der sich im Erleben und Verhalten ereignet hat, versucht sie außerdem, auf künftige Entwicklungsmöglichkeiten und -tendenzen hinzuweisen. Bezieht man die Fremdheit und Andersartigkeit im Seelenleben von Menschen vergangener Zeiten in die Reflexion ein, ergibt sich die Chance, auf Unterschiede und Gemeinsamkeiten achten zu können und durch das Erklären der gewachsenen Differenzen einen neuen Zugang zu den Quellenaussagen zu gewinnen. Man kann nicht die Augen davor verschließen, dass wir durch unsere zeitgenössische ‚Brille' immer eine Fremdbetrachtung an die Texte anlegen und sie in ihrem ursprünglichen Verständnis nie ganz begreifen können. Viele kollektive Konnotationen sind nicht mehr rückwirkend zu erschließen.[72] Wenn wir den antiken Texten dennoch eine Aussagekraft zusprechen wollen, müssen wir sie in ihrer Zeitgebundenheit ernst nehmen, um uns ihnen annähern zu können. Das begründet, weshalb es in einer Arbeit über die lukanische Konzeption der

---

[69] Vgl. die Übersichtswerke von ZIMBARDO, Psychologie, 3–44; ATKINSON/ATKINSON/SMITH, u.a., Einführung; SCHÜTZ/SELG/LAUTENBACH, Psychologie.

[70] So JÜTTEMANN, Anmerkungen, 23.

[71] Psychogenese wird in der historischen Psychologie in enger Abhängigkeit zur Sozial- und Sozialisationsgeschichte gesehen und meint die Rekonstruktion von historischen psychischen Veränderungsvorgängen, vgl. JÜTTEMANN, Art. Historische Psychologie, 292.

[72] Das gilt selbstverständlich auch für die aktualisierten kontextuellen Konnotationen, das näher auszuführen, würde in dieser Argumentation allerdings zu weit führen.

Freude unbedingt notwendig ist, die Anfragen der Historischen Psychologie aufzunehmen, um dem Textverständnis im Bewusstsein unserer begrenzten Möglichkeiten gerecht zu werden.

Die historische Psychologie hat ihre Arbeit vorwiegend auf Quellen aus der abendländischen Kulturgeschichte der letzten Jahrhunderte konzentriert. Neutestamentliche Zeugnisse greifen historisch noch weiter zurück, in einen uns noch fremderen Lebenskontext vor knapp zweitausend Jahren. Der geographische, kulturelle und zeitliche Abstand erfordert, dass die Methoden der Historischen Psychologie entsprechend weiter überarbeitet und ausgebaut werden müssen. Neuere Arbeiten auch aus der Theologie haben die Ansätze der Historischen Psychologie aufgegriffen und arbeiten daran, das Methodeninventar entsprechend zu prüfen, zu erweitern und anzuwenden.[73] Ein aktuelles Beispiel ist die Arbeit Petra von Gemündens, die anhand des Themenkomplexes der ‚Trauer' erörtert, welche methodischen Ansatzpunkte es für eine historisch-psychologische Forschung überhaupt geben kann.[74] Sie orientiert sich zunächst an typischen sprachwissenschaftlichen Zugängen wie der linguistischen Wortsemantik und den Gattungsbestimmungen der Literaturwissenschaft, führt darauf aufbauend aber auch religionswissenschaftliche und historisch-kulturell argumentierende Wege der Untersuchung ein, beispielsweise ritualwissenschaftliche und ethnologische Forschungen.[75] Selbst Vergleiche aus der Ikonographie können die Exegese unterstützen.[76] Auch von Gemünden sieht den ‚klassischen Methodenkanon' nicht als abgeschlossen an und zeigt sich offen für weitere Zugänge in der neutestamentlichen Exegese auf historisch-kriti-

---

[73] Vgl. auch den methodischen Beitrag bei JANOWSKI, Mensch, 143–175, und die Beiträge aus dem Buch von THEISSEN/VON GEMÜNDEN, Erkennen.

[74] Vgl. VON GEMÜNDEN, Überlegungen, 86–102. Die Verfasserin beschäftigt sich auch in weiteren Beiträgen mit neutestamentlichen Affekten, vgl. DIES., culture, 335–348; DIES., Image, 31–49; DIES., Taufe, 115–136; DIES., Einsicht, 365–378; DIES., gestion, 19–45; DIES., Wertung, 97–119; DIES., Affekte, 249–270. Ein Buch von ihr über den Zorn im Neuen Testament und seiner Umwelt ist in Bearbeitung.

[75] So kann es möglich sein, dass soziale, politische oder religiöse Konventionen das Zeigen von Gefühlen erzwingen. Moderne, leicht nachzuvollziehende Beispiele hierfür sind ein freundlicher Gesichtsausdruck beim Grüßen bekannter Mitmenschen, Staatstrauer oder die Wahl schwarzer Trauerkleidung anlässlich von Beerdigungen in Europa. Mit anderen Worten: Gerade vor einem historischen Hintergrund sind die Riten und Konventionen der Zeit zu berücksichtigen, sofern sie, wenn nötig, mit Hilfe der Ethnologie und Ritualwissenschaft aufgezeigt werden können.

[76] P. von Gemünden demonstriert am Beispiel von antiken Artefakten, wie Terrakotten und ikonographischen Darstellungen, die Trauerszenen darstellen, dass literarische und ikonographische Überlieferung parallel und unabhängig voneinander den Wandel im Trauerverhalten dokumentieren, vgl. VON GEMÜNDEN, Überlegungen, 96f.

scher Grundlage.[77] Weil auch das Konzept der ‚Trauer' die Emotivität betrifft, bezieht sie Aussagen der „Diskursgeschichte der Ideen und Reflexionen über das zu untersuchende Erleben und Verhalten"[78] ein, also zeitgenössische Aussagen über die Trauer aus dem Umfeld der historischen Textproduktion. Inhaltlich richtet sich ihr Fokus ebenso auf moderne Fragestellungen, d.h. auf Informationen, die dem Text mitgegeben sind, auch wenn sie nicht der primären Aussageabsicht des Verfassers entsprechen. Dazu zählen sowohl soziologische Befragungen der Texte als auch Betrachtungen der Genderforschung. Allerdings ist nicht jeder Zugang gleich ergiebig, wenn Affekte in ihrer Geschichtlichkeit betrachtet werden sollen.

Vorliegende Arbeit zur Freude kann es sich daher nicht zum Ziel setzten, alle Aspekte und Ansätze gleichwertig einzubeziehen, denn das könnte nur auf Kosten der Tiefe dieser Betrachtung geschehen. Außerdem muss eine Exegese bei der Auswertung mit demjenigen ‚Material' vorliebnehmen, das ihr überliefert ist und an das sich Anknüpfungspunkte ergeben. Eine historisch-psychologische Untersuchung der Freude im Lukasevangelium muss den psychologischen antiken Diskurs berücksichtigen. Zwei Kapitel sind deshalb der philosophischen Affekttheorie gewidmet, wobei vor allem die platonische und die stoische Lehre wegen ihrer Relevanz für die lukanische Affektkonzeption vorgestellt werden.[79] Auch alttestamentliche Voraussetzungen werden kurz vorgestellt. Als jüdischer Zeitzeuge des Lukasevangelisten, der sich in Alexandria, einem hellenistisch geprägten Kontext, ebenfalls mit Affekten auseinandersetzt und diese vor allem anhand der alttestamentlichen Texte allegorisch deutet, sollen Philo von Alexandrien und seine Konzeption der Freude vorgestellt werden. Seine synkretistische Arbeitsweise belegt, wie ausdifferenziert der Affektdiskurs zur Zeit des Lukas war und dass sich für den Evangelisten auch alternative Deutungsmuster und Auslegungsmethoden angeboten hätten. Vor diesem antik-historischen Hintergrund soll das Profil des Lukasevangelisten im Umgang mit der Freude herausgearbeitet werden.

---

[77] VON GEMÜNDEN, Überlegungen, 100, Anm. 76: Von Gemünden verweist auf mögliche Beiträge der Archäologie, auf die Wirtschafts- und Produktionsgeschichte, die Geographie und die Klimatologie bei der Erörterung des Themenkomplexes der Trauer.

[78] Ebd., 90.

[79] Leider kann im Rahmen dieser Arbeit nur eine Auswahl an Freudenkonzepten aus der Vielfalt der philosophischen Strömungen vorgestellt werden. Eine einschlägige Abhandlung über die Freude in der Antike liegt meines Wissens noch nicht vor. Da der platonische und der stoische Ansatz unterschiedlich und teilweise gegensätzlich argumentieren, außerdem beide in der zeitgenössischen Debatte vorausgesetzt werden müssen – das zeigt auch die Aufnahme dieser Konzepte bei Philo von Alexandrien – werden sie in diese Arbeit aufgenommen.

Im Gegensatz zu dieser diachron betrachtenden Perspektive arbeitet die nomologische Psychologie daran, nachvollziehbare Strukturen und Abläufe zu erkennen, um generelle Aussagen über das menschliche Erleben und Verhalten machen zu können. Damit schließen sich beide Ansätze letztlich nicht aus, wenn sie unterschiedliche Schwerpunkte und Herangehensweisen wählen – die eine Richtung nimmt synchrone Analysen mit naturwissenschaftlich-experimenteller Methodik zum Gegenstand, auch dazu begegnet in der Arbeit ein eigenes Kapitel, und die andere Ausrichtung bereichert diese Ergebnisse um die diachrone Perspektive. Beide Strömungen untersuchen, was wissenschaftlich fundiert über die menschliche Psyche gesagt werden kann. Beides ist wichtig, wenn man emotionale Zusammenhänge ‚verstehen‘ will und was sie für das menschliche Innenleben und die damit in einem Verhältnis stehenden sozialen Beziehungen bedeuten. Denn Unterschiede zwischen den historisch weit entfernten Aussagen und dem zeitgenössischen Verständnis über die Freude können meines Erachtens nur herausgearbeitet werden, wenn auch das eigene kollektive Emotionswissen systematisch reflektiert wird.

Nur wenn wir meinen, etwas nachvollziehen zu können, wird ein Text für uns lebendig; das oben angesprochene Vorverständnis weckt unser Interesse, ist erkenntnisleitend und erkenntnisbeeinflussend, kann uns aber andererseits schnell auf falsche Fährten führen.[80] Es ist tatsächlich gefährlich, Erfahrungen unreflektiert zu übertragen, die in zeitgenössischen Lebenswelten gemacht wurden, also vor einem speziellen kulturellen Hintergrund, der die neuzeitliche Lebensanschauung spiegelt. Nomologische und historische Psychologie müssen bei der Betrachtung von Texten von und über Menschen aus vergangenen Zeiten miteinander in den Dialog treten und sich konstruktiv kritisieren.

---

[80] Es besteht die Gefahr eines Anachronismus, der sich unbewusst einstellen kann, wenn Menschen ihre Erfahrungen auf historische Texte projizieren, um diese anschließend aus den Texten wieder herauszulesen – und erwartungsgemäß zu postulieren, dass der Mensch immer gleich bleibe, vgl. den Anachronismus-Vorwurf bei FEBVRE, Geschichte, 86.

Kapitel 3

Die moderne Emotionspsychologie und die Freude

A. Die Komplexität des Affektdiskurses

Der antike Diskurs über Affekte ist äußerst differenziert, da in den unterschiedlichen philosophischen Richtungen verschiedene Vorstellungen vom Menschen, seiner Seele und ihren inneren Kräften miteinander konkurrieren, die zu verschiedenen Affektvorstellungen führen.[1] Platon hat in seinen wirkungsgeschichtlich bedeutsamen Dialogen verschiedene Möglichkeiten erwogen, mit Affekten umzugehen. Philosophisch gebildete, starke Menschen könnten ihre Affekte mittels Vernunft kontrollieren und überwinden. Er beschreibt aber auch den Weg einer Integration der Affekte, also die Möglichkeit eines ‚vernünftigen' Umgangs mit ihnen. In der ausgefeilten Lehre der stoischen Schule ist dieser Ansatz radikalisiert worden. Affekte wurden nicht mehr als Bestandteile der menschlichen Seele verstanden, sondern als falsche Meinungen gedeutet, die ausgerottet werden müssten. Hinsichtlich der Freude differenzierten die Stoiker: Die χαρά wurde als rational kontrolliertes, inneres Geschehen, als innere positive Grundhaltung den Eupatheiai zugeordnet, wie sie von gereiften Philosophen erlebt werden können. Als kurzzeitige lustbedingte Erheiterung, als ἡδονή, galt sie jedoch als einer der schädlichen Affekte.

Die philosophiegeschichtlichen, linguistischen und psychologischen Diskurse der Neuzeit werden wie die antiken Traditionen ebenfalls kontrovers und unter Voraussetzung unterschiedlichster Axiome und mit unterschiedlichen Intentionen geführt. In der Neuzeit bemühen sich allerdings verschiedene Disziplinen um das Verstehen von Emotionen, besonders die Psychologie, die Philosophie, aber auch die Linguistik, während die antiken Diskurse noch nicht derart getrennt voneinander aufgetreten sind. Mo-

---

[1] Der antike Pathos-Begriff vermittelt, dass Gefühle mit Krankheiten und Schmerzen verbunden bzw. identisch sind. In platonischer Anthropologie werden sie dem niederen, dem leiblichen Seelenanteil zugeordnet, denen ein vernünftiger Teil, das Hegemonikon, übergeordnet ist. Zwei innere Anteile stehen sich nach diesem Seelenkonzept gegenüber: Während die Vernunft positiv als männlich, überlegen und aktiv konnotiert wird, sind Affekte gegenteilig dem Weiblichen, der Unterlegenheit und der Passivität zugeordnet. Vergleiche hierzu die Kapitel 4 und 5 zum antiken Affektverständnis in dieser Arbeit.

derne interdisziplinäre, systematische oder chronologisch ausgerichtete Zugänge wären zwar wünschenswert, sind aber bislang eher selten.[2] Hinsichtlich der Freude ist meines Wissens noch kein eigenständiger Beitrag erschienen.

Interessanterweise setzt sich das Verständnis vieler einzelner Aspekte des Affektphänomens traditionsgeschichtlich fort. So hat zum Beispiel die neuzeitliche Philosophie das antike, pathologisch geprägte Verständnis der Affekte zumeist übernommen. Noch Kant deutet die Affekte als Rausch oder gar Wahnsinn, da sie die geistige Klarheit trübten. In dieser Hinsicht befindet er sich ganz in stoischer Tradition: „Affekten und Leidenschaften unterworfen zu sein, ist wohl immer Krankheit des Gemüts, weil beides die Herrschaft der Vernunft ausschließt."[3] Erst in der humanistischen Renaissance werden die Affekte in der Wertung der abendländischen Philosophie rehabilitiert. Eine Traditions- und Entwicklungsgeschichte des Affektverständnisses kann in diesem Rahmen nicht gegeben werden, zu differenziert sind die Voraussetzungen, Konzeptionen und Auseinandersetzungen dieses weit verzweigten Diskurses.[4] Allerdings ist darauf hinzuweisen, dass das moderne und insbesondere alltagswissenschaftliche Affektverständnis der Neuzeit stark durch diejenigen Strömungen geprägt worden ist, die Gefühle positiver würdigen, sie gar zu fundamentaler Bedeutung erheben. So sei beispielsweise auf die Rolle der angelsächsischen moral-sense-Philosophie des 18. Jahrhunderts verwiesen.[5] Aber auch Pascal und Rousseau würdigten das Fühlen gegenüber dem Denken neu.[6] Schließlich wurde das Primat

---

[2] Vgl. beispielsweise FINK-EITEL/LOHMANN, Philosophie. Dieser Sammelband ist zu einem Symposion des Philosophischen Instituts der Freien Universität Berlin 1990 zum Themenkomplex Affektivität und Personsein erschienen und diskutiert philosophisch-anthropologische, phänomenologische, sprachanalytische, moralische, soziologische und politische Aspekte der Emotionalität, aber auch psychopathologische Aspekte aus psychologischer und psychiatrischer Sicht.

[3] KANT, Anthropologie, §73, 169 [251]. Kant argumentiert auch im Folgenden mit medizinisch-metaphorischen Wortfeldern: „Beide sind auch gleich heftig dem Grade nach; aber was ihre Qualität betrifft, so sind sie wesentlich voneinander unterschieden, sowohl in der Vorbeugungs- als in der Heilmethode, die der Seelenarzt dabei anzuwenden hätte." Kant unterscheidet den Affekt durch seinen Überraschungsmoment als Unbesonnenheit von Leidenschaften, die langfristig und gezielt das Innere prägen und den Menschen dadurch in seiner Freiheit einschränkten: „Der Affekt wirkt auf die Gesundheit wie ein Schlagfluß, die Leidenschaft wie eine Schwindsucht oder Abzehrung", ebd. 170 [252]. Ausdrücklich bezieht sich Kant würdigend auf die stoische Affektlehre und das Apathieideal in § 75, 172 [253].

[4] Vgl. hierzu FINK-EITEL, Affekte, 521ff.

[5] Die wesentlichen Vertreter der moral-sense-Philosophie wie Shaftesbury, Hutcheson und Hume begründeten Moralität nicht rein rational, sondern in moralischen Gefühlen.

[6] Blaise PASCAL, Pensées, Série II, 423, unterscheidet die Logik des Verstands von der des Herzens: „Le cœur a ses raisons que la raison ne connaît pas.", ROUSSEAU, Ab-

des Denkens über das Fühlen, wie es die Aufklärung vertreten hatte, in der Romantik des 19. Jahrhunderts umgekehrt.[7] Innerhalb des philosophischen Diskurses wurden Gefühle vor allem im existenzphilosophischen Kontext behandelt, Ernst Bloch und Martin Heidegger beispielsweise verstanden ‚Stimmungen' als Grundlage, das menschliche Selbst- und Weltverhältnis zu bestimmen.[8]

Erst gegen Ende des 19. Jahrhunderts hat sich die psychologische Disziplin zu einer eigenständigen Forschungsrichtung entwickelt, die sich seither nicht länger geisteswissenschaftlich einordnet, sondern sich im Gegensatz zur historischen Psychologie als nomologisch ausgerichtete Wissenschaft im naturwissenschaftlichen Umfeld versteht.[9] Durch die parallelen und unterschiedlichen Diskurse zeigt sich, dass die Bestimmung des Verhältnisses von Denken und Fühlen in der Neuzeit ähnlich umstritten bleibt wie schon in der Antike. Dabei geht es weiterhin nicht allein um die Wertung von Gefühlen oder Emotionen: Selbst die grundlegende Frage darüber, was Emotionen überhaupt sind, steht weiter zur Debatte, sowohl im philosophischen als auch im psychologischen Zusammenhang.

B. Die Begriffe Affekt und Emotion

Im *psychologischen* Diskurs über Emotionen wird deutlich, dass es auch innerhalb einer Disziplin verschiedene Perspektiven, Vorgehensweisen und Konzeptionen geben kann, um Emotionen zu betrachten und Informationen über sie zu gewinnen. Leider gibt es weder im Vergleich der übergeordneten Disziplinen noch im Vergleich der einzelnen innerdisziplinären Ansätze einen Konsens über die *Definition* von Emotionen. Auch die komplexen Mechanismen der Aktualgenese und Ontogenese von Emotionen sowie die Möglichkeiten ihrer Entwicklung und Regulation sind umstritten. Traditio-

---

handlung, 218, unterschied eine reine, praktische Vernunft von einem prärationalen, moralbegründeten Mitleid; siehe auch FINK-EITEL/LOHMANN, Einleitung, 9.

[7] SCHILLER, Anmut, 123; NOVALIS, Schriften I, 96.

[8] BLOCH, Prinzip, 116ff.121ff; HEIDEGGER, Sein, § 29, 134–140; vgl. auch 139 mit dem Hinweis auf die Rhetorik des Aristoteles und dessen Untersuchung der πάθη.

[9] Als historisch einschneidend gilt das Jahr 1879, indem Wilhelm Wundt in Leipzig das erste psychologische Labor in einer Universität einrichtete. Einen besonders großen Einfluss auf die junge psychologische Richtung hatten die Fortschritte im chemischen und physikalischen Bereich. Zu den ersten psychologischen Schulen zählen Strukturalismus, Funktionalismus, Behaviorismus, Gestaltpsychologie und Psychoanalyse, während Informationsverarbeitungstheorien, Psycholinguistik und die Neuropsychologie jüngere Bearbeitungsfelder sind, vgl. ATKINSON/ATKINSON/SMITH u.a., Einführung, 7f.27. Zur historischen Psychologie vgl. Kapitel 2, 30–34, über die Möglichkeiten und die Grenzen einer Untersuchung der Freude im Lukasevangelium.

nell weitergeführt wird beispielsweise die Kontroverse zwischen Nativismus und Empirismus, wobei diskutiert wird, inwiefern sich Vererbung und Erziehung auf die emotionale Reife einer Person auswirken.[10] Eine einvernehmliche Verständigung darüber ist auch in Zukunft nicht zu erwarten, häufig werden einzelne, unterschiedliche Aspekte der Emotionalität in den jeweiligen Definitionsansätzen hervorgehoben.

Dieser Befund ist für fachübergreifende Arbeiten problematisch. Eine einheitliche Nomenklatur ist für die biblische Exegese notwendig, um psychologischen Modelle und Ergebnisse nutzen zu können, da in textpsychologischen Arbeiten auf ein einheitliches Referenzsystem geachtet werden muss. Deshalb soll in dieser Arbeit eine eigenständige, grundlegende Differenzierung zwischen den Begriffen ,Affekt' und ,Emotion' vorgeschlagen und angewendet werden, um Missverständnissen vorzubeugen.[11] Im Folgenden reserviere ich den Begriff ,Affekt' für das psychische Erleben, wie es im antiken Diskurs dargestellt und klassifiziert wird.[12] Der Emotionsbegriff soll dagegen auf das Gefühlskonzept nach modernen psychologischen Ansätzen verweisen.[13]

Wie nahezu jeder Zentralbegriff der psychologischen Forschung ist auch das Verständnis von Emotionen zum Gegenstand der Auseinandersetzung geworden.[14] Exemplarisch für die akademisch-naturwissenschaftlich geprägte Psychologie ist die Definition von Ulrich Mees, der Gefühle als „Bewertungsreaktionen auf Ereignisse, auf das Tun und Lassen von Urhebern oder auf Personen/Objekte von bestimmter Intensität des Erlebens bestimmt."[15] Auch auf die Definition einer Emotion nach Hilgards Einführung in die Psychologie soll verwiesen werden: „Eine Emotion ist ein Gefühl: eine komplexe Befindlichkeit, die als Reaktion auf ein bestimmtes affektiv getöntes Erlebnis entsteht."[16] Beide Überlegungen können in dieser Arbeit als Bestimmung einer Emotion vertreten werden.

---

[10] Zur ,nature-nurture'-Debatte, der sogenannten Erbe-Umwelt-Diskussion, vgl. ATKINSON/ATKINSON/SMITH u.a., Einführung, 6.

[11] Siehe Kapitel 2, 14.

[12] Dabei ist zu beachten, dass in der Antike verschiedene Affektklassifikationen und Definitionen vorliegen, auf die sich der hier verwendete Gebrauch des Affektausdrucks beziehen kann. Vergleiche Kapitel 4 und 5 über die Freude im philosophischen Diskurs.

[13] Diese Differenzierung entbindet selbstverständlich nicht einer Kontextbetrachtung im Einzelfall, da, wie gerade gezeigt, weder im antiken noch neuzeitlichen Diskurs eine einvernehmliche Verwendungsweise vorauszusetzen ist.

[14] Die Debatte über ein psychologisches Emotionsverständnis wird äußerst kontrovers geführt, abhängig jeweils vom bestimmenden Erkenntnisinteresse, den methodischen Zugangsweisen und den vorausgesetzten Theorietraditionen.

[15] MEES, Emotion, 340.

[16] ATKINSON/ATKINSON/SMITH u.a., Einführung, 382.

In diesem Zusammenhang ist auch auf die analytische Gefühlstheorie Anthony Kennys hinzuweisen.[17] Kenny unterscheidet zwischen Körperempfindungen und Emotionen. Die letzteren sind nach Kenny durch einen propositionalen Gehalt gekennzeichnet: Sie bestehen nicht allein aus Schmerz oder Lust, sondern weisen sich durch eine gewisse Intentionalität aus, d.h. sie haben einen Objektbezug, sind motiviert und zielgerichtet und mit einem körperlichen Ausdrucksverhalten verbunden. Auf diese Weise werden Emotionen in einem kommunikativen Kontext betrachtet. Sie haben eine intersubjektive Bedeutung, und es ist nur ein kleiner Schritt dahin, den sozialen und kulturellen Kontext einzubeziehen, um Emotionen zu verstehen.

Die meisten Beschreibungsversuche betonen übereinstimmend die Vielschichtigkeit der Einflüsse, der Faktoren und der Entwicklungen, die im Zusammenhang mit Emotionen zu beobachten sind. Wichtig scheint auch die subjektive Einschätzung eines Geschehens für die emotional betroffene Person zu sein. Zusätzlich werden häufig die kommunikative Funktion und das handlungsregulierende Moment in emotional geprägten Prozessen als wesentlich bestimmt.[18] Im Rahmen dieser Arbeit kann kein grundlegender Überblick über die vielfältigen Richtungen und internen Diskurse der emotionspsychologischen Methodik dargeboten werden. Der folgende Überblick soll sich deshalb auf die Vorstellung derjenigen Ansätze beschränken, die sich meines Erachtens für die Untersuchung der Freude im Lukasevangelium als fruchtbar erweisen können.

C. Emotionsforschung mit strukturalistischem Ansatz

Die Emotionspsychologie hat sich erst relativ spät zu einem eigenständigen Forschungszweig in der modernen Psychologie entwickelt. Ausgehend von einem rein strukturalistischen Interesse, auf empirische Weise Ausdrucksphänomene und physiologische Muster zu untersuchen und zu systematisieren, hat sie sich in der zweiten Hälfte des 20. Jahrhunderts zunehmend zu einer interdisziplinären Ausrichtung entwickelt.

Die allgemeine Psychologie versteht es als ihre Aufgabe, übertragbare Emotionsklassifikationen zu erstellen und aufgrund von typischen auslö-

---

[17] KENNY, Action.

[18] ULICH, Kapitel 10: Emotion, 188. ULICH/MAYRING, Psychologie, 52, definieren darüber hinaus ,Emotion' als Oberbegriff für Affekt, Stimmung und Ähnliches, während in dieser Arbeit durch die Differenzierung von Emotion und Affekt dem Phänomen Rechnung getragen werden soll, dass sich Modelle zum Fühlen und Erleben geschichtlich verändern konnten.

senden Situationen Taxonomien zu unterscheiden.[19] Methodisch können eine proximater und eine ultimater Ansatz unterschieden werden – also einerseits die Frage nach der Genese von Emotionen durch biochemische, neurologische, erbbiologische, zentralnervöse und soziale Faktoren, andererseits die Untersuchung nach der Funktion und dem Wirken des emotionalen Erlebens und Verhaltens in übergeordneten Kontexten.[20]

Aus emotionspsychologischer Perspektive sind an der Entstehung und dem Erleben von Freude sowohl *biologische* als auch *psychische* und *soziale* Ebenen beteiligt. Die biologischen Voraussetzungen der Emotionen gelten als *evolutionsbiologische* Passungen. Sie werden also als anthropologischen Konstanten verstanden, die nicht kulturell geprägt sind und insofern auch im antiken Kontext vorausgesetzt werden können.[21] Stark vereinfacht ausgedrückt lassen sich die Funktionen und Prozesse des menschlichen Stammhirns, des Zwischenhirns und des limbischen Systems sowie die Aufgaben des Großhirns voneinander unterscheiden.[22] Die basalen hormonellen und biochemischen Prozesse auf der vegetativen, basalen Körperebene betreffen insbesondere das Stammhirn und seine Funktionen, während dem Zwischenhirn und dem limbischen System die Gefühlsqualität, das vorbewusste Erleben, die motorischen Prozesse, Haltung, Gestik, Mimik usw. zuzuordnen sind. Im Großhirn wird dagegen das bewusste Emotionserleben verortet, also die Bereiche der Emotionskontrolle, der emotionalen Intelligenz, der Sozialkompetenz usw. Die Differenzierung der verschiedenen Gehirnbereiche und ihrer Funktionen auf der biologischen Ebene kann insofern für die psychologische Arbeit mit antiken Texten interessant und relevant werden, da es auch in der antiken Affektlehre Ansätze gibt, verschiedene Bereiche des Gehirns vorauszusetzen, die das Erleben und die Kontrolle der Affekte zu steuern vermögen.[23]

Der emotionale Komplex der *Freude* stellt in der psychologischen Forschung immer noch einen weitgehend blinden Fleck dar.[24] Wie in der Anti-

---

[19] ULICH, Begriffsbestimmung, 33.

[20] HÜLSHOFF, Emotionen, 16.

[21] Sie können in diesem Rahmen nicht differenziert vorgestellt werden, vgl. aber HÜLSHOFF, Emotionen, 17ff; 32–57.

[22] Zum Folgenden auch HALLSCHMID/BORN, Psychologie, darin Kapitel 5, 84–105; zur Anatomie des Nervensystems 88–93.

[23] Vergleiche hierzu die Darstellung zu den Seelen- und Körperkonzeptionen in den Kapiteln 4 und 5 zum antiken Affektverständnis. Auch in Lk 15,11–32 lässt sich ein differenziertes Konzept von Körper und Seele feststellen, vgl. Kapitel 10, 255ff.

[24] Vermutlich widmen sich die meisten Arbeiten thematisch bislang vor allem den Emotionen Wut, Angst und Traurigkeit, weil diese ‚negativen' Emotionen zu pathologischen Problemen führen können. ‚Positivere' Emotionen wie Freude/Mitfreude werden

ke treten differenzierte Behandlungen von positiven Affekten weitestge-
hend hinter die Diskussionen der problematischeren Affekte zurück.[25] Es
lässt sich aber sagen, dass die strukturalistisch geprägte psychologische
Forschung grundsätzlich von einer kulturübergreifenden Funktion der
Freude und ihrer Gestalten ausgeht. Das soziale Lächeln könnte sich beispielsweise aus dem Furchtgrinsen der Tiere entwickelt haben.[26] Inzwischen werde das Lächeln „universell als Ausdruck von Freude verstanden
und löst beim Gegenüber seinerseits in der Regel freundlich-freudiges Verhalten aus. Wer uns anlächelt, wird uns sympathisch, wir suchen Kontakt:
dies ist auch der Grund dafür, daß Lächeln in Politik und Werbung eine so
große Rolle spielt."[27] Mit anderen Worten: Freude macht attraktiv.

Elektroreizversuche und Untersuchungen von Patienten mit einge-
schränkten Hirnfunktionen haben ergeben, dass Lust und Freude basal im
limbischen System verankert sind: Für das Erleben freudiger Emotionen
sind vereinfacht wahrscheinlich die Septumkerne, das mediale Vorderhirn-
bündel, der damit verknüpfte Hypothalamus und seitliche Bezirke des
Mandelkerns zuständig.[28] Eine Biochemie der Freude ist trotzdem nicht
sinnvoll zu entwerfen: Durch das komplexe Zusammenwirken mit neuro-
nalen Strukturen wie beispielsweise dem als ‚Bindungshormon‘ bekannten
Oxytocin oder den Endorphinen, auch Dopamin und Noradrenalin, sei es
nach dem Neurophysiologen John C. Eccles vollkommen vergeblich, „einen bestimmten emotionalen Zustand mit der Aktivität eines oder mehrerer
biogener Amine erklären zu wollen."[29] Interessant erscheint allerdings die
Beobachtung, dass sich im Laufe der Evolution das Septum innerhalb des
limbischen Systems stark vergrößert hat, das mit dem freudigen Erleben
verbunden wird. Im Vergleich zu Primaten seien die mit Aggression und
Wut verbundenen Komponenten dagegen verhältnismäßig unterentwickelt
geblieben. Daraus kann abgeleitet werden, dass die Freude entwicklungs-

---

dagegen zumeist nur am Rande thematisch gestreift, obwohl auch sie von vielen Emoti-
onsforschern durchaus als zentrale oder ‚Primäremotionen‘ gewürdigt worden sind, vgl.
VESTER, Emotion, 173f, der als mögliche Erklärung dafür auf eine „therapeutische"
Grundeinstellung weiter Teile der Psychologie, aber auch der Soziologie verweist. Der
untergeordneten Bedeutung von Freude entspräche der Mangel an Ansätzen und Instru-
menten zur Bestimmung dieser Emotion. Zu Tendenzen der Glücksforschung siehe
BELLEBAUM (Hg.), Glücksforschung; darin Beiträge von HUFNAGEL, Philosophie, 59–78,
und BELLEBAUM, Glück, 13–42. Siehe auch THIERBACH, Weg.
[25] BEN-ZE'EV, Aristotle, 115, über Aristoteles: „His lack of detailed discussion of
positive emotions may due to the fact that Greek culture was less interested in these emotions. It should be noticed, however, that in our culture too, negative emotions are more
differentiated than positive emotions."
[26] HÜLSHOFF, Emotionen, 110.
[27] Ebd., 109.
[28] Ebd., 111f.
[29] ECCLES, Evolution, 174.

biologisch von Vorteil gewesen ist – möglicherweise konnten neue Beziehungen durch sie leichter entstehen oder bestehende familiäre und soziale Bindungen verstärkt werden, außerdem scheint das Empfinden von Freude das Immunsystem zu stärken.[30] Es gibt weitere mögliche Antworten auf die ultimativ orientierte Fragestellung: Durch das gleichzeitige Erleben von Freude können Schmerzen subjektiv als weniger stark empfunden werden; auch andere Emotionen wie Angst, Wut oder Trauer lassen sich unter Umständen auf diese Weise regulieren.[31] So sind starke Wechselwirkungen von Emotionen bekannt, die unter anderem in einem starken Zusammenhang mit dem *Selbstwertgefühl* einer Person stehen.[32] Freudiges Erleben wird häufig mit dem Gefühl von Stärke und Lebensmut verbunden.[33] Positive Erfahrungen haben oft rückkoppelnde Effekte, Freude kann gerade in Freundschaften und Bindungen positiv verstärkend wirken und ermöglicht Toleranz: „In der Freude sind wir offen für anderes und andere. Wer sich selbst akzeptiert, kann auch andere in ihrem Anderssein akzeptieren."[34] Das gilt auch auf *spiritueller Ebene.* Freude begründet häufig die Bereitschaft zu einer Offenheit, die transzendierende Erfahrungen ermöglichen kann.[35]

Auch die *Ausdrucksmöglichkeiten* der Freude werden im strukturalistischen Forschungsbereich untersucht. Sprachliche, mimische und visuelle positive Signale werden ihr überkulturell zugeordnet. Eine gesteigerte motorische Aktivität kann auf ein freudiges Erleben und ein daraus resultierendes Mitteilungsbedürfnis verweisen. So signalisiert beispielsweise der Augengruß durch kurzes Anheben der Augenbrauen mit anschließendem Lächeln häufig die Einleitung einer freudigen Begegnung.[36]
Dabei können innerhalb einer Emotionskonzeption verschiedene Phänomene differenziert und klassifiziert werden. Carroll E. Izard unterschei-

---

[30] HÜLSHOFF, Emotionen, 113ff: „Das Gefühl der Freude ist evolutionär so sehr von Vorteil gewesen, daß es in den Dienst familiärer und sozialer Bindung sowie erhöhter individueller Leistungsbereitschaft gestellt werden konnte. Auf Zwischenhirnebene (…) finden wir auch genetisch verankerte Verhaltens-, Ausdrucks- und Wahrnehmungsdispositionen, die mit der Emotion der Freude verknüpft sind und zum Teil kulturell überformt werden können."

[31] Ebd., 114.

[32] Ebd., 120. Tendenzen zeigt auch der alttestamentliche Diskurs über Affekte, vgl. Spr 12,25: „Sorge im Herzen bedrückt den Menschen, aber ein freundliches Wort erfreut ihn."

[33] Umgekehrt können sich Emotionen wie erfahrene Aggression und Scham aber auch negativ auf das Selbstbewusstsein auswirken.

[34] HÜLSHOFF, Emotionen, 122.

[35] Ebd.

[36] EIBL-EIBESFELDT, Biologie, 565f und 570–574; HÜLSHOFF, Emotionen, 113f.

det beispielsweise eine eher aktive, überschwängliche Freude, die auch durch motorische Äußerungen erkenntlich ist, von einem zurückhaltenden Ausdruck, der maßvoll und dadurch im Vergleich eher passiv erscheint und doch durch innere Zufriedenheit gekennzeichnet sein kann und somit ebenfalls auf das Empfinden von Freude verweist.[37]

Zugleich ist auch der strukturalistischen Forschung bewusst, dass das Erleben von Emotionen einerseits anthropologische Vergleichbarkeiten bietet, dass andererseits aber immer spezifische kulturelle Ausprägungen zu berücksichtigen sind. Auch wie Freude ausgedrückt wird, „findet also epochal spezifische Ausdrucksmöglichkeiten" – beispielsweise in Musik und Tanz. Doch diesen Aspekten widmet sich eine andere Richtung innerhalb der Psychologie, die kontextualistische Forschung, die an späterer Stelle skizziert werden soll.

Im Hinblick auf die Untersuchung der Freude im Lukasevangelium ist zu überlegen, dass dieses neutestamentliche Textkorpus in seinem Umfang äußerst beschränkt ist. Es bietet daher keine Basis für eine eigenständige Auswertung, zudem wurde es nicht unter dem Gesichtspunkt der sprachlichen und emotionalen Repräsentativität konzipiert. Die knapp dargelegten Erkenntnisse dieses modernen psychologischen Ansatzes können aber unter Umständen helfen, die literarischen Affektdarstellungen zu hinterfragen – und möglicherweise können überzeitliche Erlebnis- und Verhaltensmuster aufgenommen und kritisch diskutiert werden, um die lukanischen Aussagen etwas weiter zu erhellen.

D. Emotionsforschung mit funktionalistischem Ansatz

Durch den beträchtlichen Einfluss der Kognitionsforschung hat sich auch in der Psychologie die Frage nach dem Zusammenhang von Emotionen und Kognitionen als Schwerpunkt des Diskurses herauskristallisiert.[38] Daran hat sich unter anderem eine funktionalistisch orientierte Forschung angeschlossen.[39] Emotionen gelten demnach nicht mehr lediglich als angeborene Reaktionsmuster auf passiv erlebte Widerfahrnisse. Vielmehr wird betont, dass der Mensch im Laufe seiner Ontogenese eine emotionale

---

[37] IZARD, Emotionen, 272f.

[38] Vgl. den Überblick bei SCHERMER, Emotion, 138–178. Ebenso ULICH, Kapitel 10: Emotion, 189.

[39] Zwar gab es schon seit den 60er Jahren funktionalistisch orientierte Emotionstheorien, doch gelang die Trendwende erst in den 80er Jahren, vor allem ausgelöst durch die Arbeit von FRIJDA, Emotions.

Kompetenz entwickeln kann.[40] Darauf weisen besonders Indizien der emotionalen anthropologischen Entwicklung hin: Zwar nehmen die Häufigkeit und Intensität des Emotionsausdrucks mit zunehmendem Alter ab, dafür wird das Erleben aber differenzierter, weil Emotionen wie Mitgefühl, Schuld und Stolz erst in einem Reifeprozess entwickelt werden.[41] Dieses Phänomen kann damit erklärt werden, dass Emotionen wichtige *Signale* sowohl für die eigene Person als auch für die soziale Umwelt sind, die helfen, das eigene Verhalten und das der Interaktionspartner zu regulieren.[42] Aus dieser funktionalistischen Sicht können Emotionen mit Nico H. Frijda als *Veränderungen der Handlungsbereitschaft* („changes in action readiness") definiert werden,[43] denn Emotionen lösen die Suche nach geeigneten Bewältigungshandlungen aus, die flexibel auf die Situation abgestimmt werden können. Emotionen erfüllen insofern eine Funktion im System der *Verhaltensregulation.* Sie sind das Ergebnis von vorauslaufenden Bewertungsprozessen, bei denen ein Ereignis bewusst oder unbewusst unter Berücksichtigung der Anliegen und Ziele einer Person eingeschätzt wird. Bei erwartungsgemäßen Gegebenheiten wird eine Routinehandlung ausgelöst; Emotionen können im Gegensatz dazu darauf hinweisen, dass ein Ereignis von der erlebenden Person als außerordentlich und wichtig wahrgenommen wird. Durch diese funktionalistische Definition wird betont, dass Emotionen nicht passiv erfahren werden, sondern ein *aktives Potential* beinhalten, das zu *Handlungskonsequenzen* mobilisiert. In der vorliegenden Arbeit soll das appraisal-orientierte Modell von Richard S. Lazarus als funktionalisti-

---

[40] Vor allem die Thesen in GOLEMAN, Intelligenz, haben eine rege Diskussion über die gesellschaftliche Bedeutung und Lernbarkeit von Emotionen ausgelöst.

[41] HOLODYNSKI/FRIEDLMEIER, Entwicklung, 2.

[42] Das wird besonders deutlich in der Eltern-Säuglings-Kommunikation. Das emotionale Ausdrucksverhalten des Kindes motiviert Eltern zu einem entsprechenden Verhalten, um beim Kind positive Emotionen hervorzulocken und negative zu vermeiden. Umgekehrt setzen auch die Eltern ihrerseits emotionale Ausdrucksmuster ein, um das kindliche Verhalten zu steuern. So wird das Kind für erwünschtes Verhalten mit einem positiven Emotionsausdruck belohnt oder kann mit einem negativen Emotionsausdruck bestraft werden, um sein Verhalten zu korrigieren, PAPOUŠEK/PAPOUŠEK, Symbolbildung, 150. Diese Handlungsrelationen, die über die emotionale Ausdrucksfähigkeit und Eindrucksfähigkeit zwischen den Eltern und dem Säugling vermittelt werden, sollen im Verlauf der kindlichen Entwicklung vom Kind zur Selbstregulation übernommen werden, vgl. HOLODYNSKI, Handlungsregulation, 44. Zur psychischen und sozialen Bedeutung von Emotionen vgl. allgemein HÜLSHOFF, Emotionen, 20ff.

[43] FRIJDA, Emotions, 71: „Emotions, then, can be defined as modes of relational action readiness, either in the form of tendencies to establish, maintain, or disrupt a relationship with the environment or in the form of mode of relational readiness as such." Ebd., 371: „Emotions are action readiness changes in response to events relevant to the individual's concerns."

scher Ansatz in die textpsychologische Exegese einbezogen werden.[44] Es ist darin besonders deutlich zu erkennen, in welch engem Zusammenhang Emotionen sowohl mit vorauslaufenden Bewertungsprozessen (appraisals) als auch mit nachfolgenden Bewältigungshandlungen (copings) zu betrachten sind. Diese Konsequenzen können weiter differenziert werden: Nach Lazarus/Folkman können sich die Bewältigungsstrategien zum einen auf die Veränderung der problematischen Ausgangslage konzentrieren, wobei man von einem problembezogenen (problem-focused) Coping sprechen kann. Alternativ ist als Bewältigungsmöglichkeit allerdings auch ein emotionsbezogenes (emotion-focused) Coping wählbar.[45] Dabei werden die eigenen Emotionen umgedeutet, indem die vorausgegangenen Bewertungsprozesse modifiziert werden. Beim problembezogenen Coping wird versucht, die Umwelt zu beeinflussen, beim emotionsbezogenen Coping wird dagegen die eigene Emotion manipuliert.

Vereinfachtes Schema der Handlungsregulation

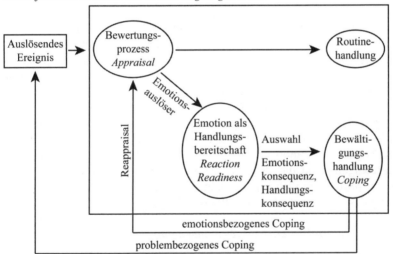

In dieser Arbeit soll anhand verschiedener Textstellen diskutiert werden, ob und inwiefern entsprechende Mechanismen auch im Umgang mit Affekten zu erkennen sind. In verschiedenen lukanischen Perikopen kann die Berücksichtigung dieses Modells dazu beitragen, die Handlungsmotivationen der betroffenen Figuren zu hinterfragen und dadurch nachvollziehbarer zu machen.

---

[44] Lazarus/Folkman, Stress; Lazarus, Emotion. Das Modell wird im Zusammenhang mit den konkreten Textanalysen (Lk 10,17ff; 15,11–32) näher vorgestellt.

[45] Lazarus/Folkman, Stress, 150 (Lit!).

E. Emotionsforschung mit kontextualistischem Ansatz

Wie die Emotionsregulation im Einzelnen umgesetzt wird, ist schließlich kulturell bedingt.[46] Denn das emotionale Kulturgut wird durch Lernen ‚vererbt' und kann sowohl biologische als auch individuelle Faktoren überlagern.[47] Diese Beobachtung entspringt einem weiteren Paradigma der Emotionspsychologie, der *kontextualistischen* Forschung. Auch emotionale Ausdrucksweisen, Funktionen und Regulationsmechanismen werden demnach im Zusammenhang mit kulturell geprägten Wertvorstellungen gelernt. Im Gegensatz zur strukturalistisch orientierten Forschung sucht die kulturpsychologische Forschung also nicht nach universellen Aussagen über das Emotionsverhalten, weil sie das emotional geprägte Erleben und Handeln vor allem in Abhängigkeit vom jeweiligen kulturellen und sozialen Kontext versteht. Sie berücksichtigt, dass in gesellschaftlichen Systemen Normen, Einstellungen und Verhaltensweisen vermittelt werden,[48] die von den einzelnen Personen in ein persönliches Bedeutungssystem integriert werden müssen.[49]

Im Hinblick auf die Exegese antiker Zeugnisse ist insofern das traditionsgeschichtliche Moment wesentlich. Aus dieser psychologischen Forschungsrichtung ergibt sich darüber hinaus die Anregung, dass auch antike Affekte wie die Freude in Lehr- und Lernprozessen vermittelt und gelernt worden sein können. Deshalb ist darauf zu achten, ob und inwiefern auch dem Lernen der Freude im Lukasevangelium lerntheoretische Konzeptionen zugrunde liegen. Außerdem ist die Freude aus emotionspsychologischer Sicht auch selbst von lernthematisch zentraler Bedeutung, da Freude als lernbegleitende Emotion sowohl die Lernmotivation als auch die Leistungserbringung und die Persönlichkeitsentwicklung beeinflussen kann.[50] Es ist zu prüfen, ob sich dieses Phänomen auch in der literarischen Vermittlung des Lukasevangeliums aufzeigen lässt.

Emotionen im lerntheoretischen Zusammenhang

Emotionen müssen nicht nur selbst erst erlernt werden, sie sind darüber hinaus auch Bestandteile von komplexen Lernprozessen. Vor allem beim instrumentellen Konditionieren spielen Emotionen eine bedeutende Rolle.

---

[46] Nach GORDON, Sociology, 562, sind Emotionen sozial konstruiert.

[47] RATNER, Analyse, 244.

[48] HOLODYNSKI/FRIEDLMEIER, Entwicklung, 16f.

[49] In dieser Hinsicht stimmt sie mit der *differentiellen* Emotionsforschung überein, die als Persönlichkeitsforschung allerdings die spezifischen Charakteristika und Entwicklungsbedingungen untersucht und darüber hinaus prüft, welche Relevanz bestimmte Emotionen für eine Person in ihrem Umfeld haben. Vgl. ULICH, Art. Emotion, 131.

[50] HOFMANN/PEKRUN, Emotionen, 117f.

Diese Lerntheorie stützt sich auf die Annahme eines ‚adaptiven Hedonismus' – der Mensch lernt, weil er bei allen Handlungen das Vergnügen sucht und Schmerzen vermeiden will. Während Aristoteles bereits darauf hingewiesen hat, dass der Zorn (ὀργή) als ein Streben gegen den Schmerz (ὄρεξις ἀντιλυπήσεως) gedacht werden muss,[51] hat Platon die Entstehungsgründe für Schmerz und Lust differenzierter gesehen. Weil er als seelische Ursache die angenehmen oder unangenehmen Erwartungen in Bezug auf ein lust- oder schmerzbringendes Objekt annimmt,[52] kann er als Vorläufer der instrumentellen Konditionierung gelten, die sich für den Zusammenhang zwischen Verhalten und seinen erfahrenen Konsequenzen interessiert.

Das klassische Modell des *operanten Konditionierens* von Burrhus F. Skinner sieht zwei grundsätzliche Möglichkeiten des Lernens vor: Verstärkung und Bestrafung.[53] Bei der ‚positiven Verstärkung' folgt eine Belohnung, bei der ‚negativen Verstärkung' wird dagegen etwas Unangenehmes nach einem erwünschten Verhalten entfernt. ‚Positive Bestrafung' liegt dann vor, wenn ein unerwünschtes Verhalten durch einen aversiven Reiz bestraft wird. Unter ‚negativer Bestrafung' wird dagegen der Entzug eines angenehmen Reizes aufgrund eines unerwünschten Verhaltens verstanden. Allen Typen der Verstärkung und Bestrafung ist gemeinsam, dass sie bei regelmäßiger und widerspruchsfreier Anwendung *Kontingenzerwartungen* auslösen.

Erzieherische Maßstäbe werden außerdem durch den jeweiligen kulturellen und religiösen Kontext geprägt. So gilt Strenge in alttestamentlicher Weisheit durchaus als erfolgversprechende Erziehungsmethode. Auch aversive Reize, also körperliche Züchtigung als Bestrafung, werden als notwendig gerechtfertigt, um den Nachwuchs auf den rechten Weg zu bringen.[54] Entsprechend sollte auch ein gottferner und unreiner Lebenswandel nach alttestamentlicher Vorstellung beide Formen der Bestrafung nach sich ziehen.[55] Gleichzeitig prägen die Vorstellungen von Güte und Barmherzig-

---

[51] Damit entspricht Aristot. eth. Nic. 1105b 21–23; 19–21. den psychologischen Vorstellungen der klassischen Konditionierung.

[52] In diesem Beitrag werden die Begriffe des instrumentellen und operanten Konditionierens synonym und im Gegensatz zur klassischen Konditionierung verwendet.

[53] Werden Verstärker- und Bestrafungsprozesse weiter differenziert, unterscheidet sich die psychologische Begrifflichkeit erheblich. Die folgende Begrifflichkeit orientiert sich an ATKINSON/ATKINSON/SMITH u.a., Einführung, 242.

[54] Vgl. Spr 15,10; 19,18; 22,15; 29,15; 29,17 u.a.

[55] Die Bestrafung des Frevlers kann in Gottesferne bestehen, also im Entzug der Nähe zu Gott als Form der negativen Bestrafung (Ps 31,18; zur Bedeutung der Gemeinschaft mit Gott vgl. Ps 27; 16,10; Ps 30 u.a.), aber auch im direkten Erleiden von Übel als Form der positiven Bestrafung, wie es die Gerichtspsalmen belegen, z.B. Ps 11; 28,4f; 31,18ff; 34,22ff u.a.

keit (Gottes) die biblische Literatur,[56] das Gottesbild wird bereits im Alten Testament unter anderem mithilfe der Vatermetaphorik präsentiert.[57]

Es überrascht daher nicht, dass das Konzept der Freude in den pädagogischen Konzepten der altorientalischen Weisheit begegnet. Sie steht nicht nur im zu erwartenden Zusammenhang mit dem Lernenden selbst,[58] auch die Pädagogen können von ihr erfüllt sein. Aus Sicht der Eltern und Erzieher ist Freude mit folgsamem und verständigem Nachwuchs verbunden, nicht dagegen mit einem lasterhaften Kind![59]

Biblische Texte sind nicht nur durch die altorientalische Weisheitstradition beziehungsweise durch die hellenistischen Kontexte geprägt, sie haben auch selbst eine wirkungsgeschichtliche Funktion, indem sie als autoritative Zeugnisse oder anregende Lektüre in pädagogischer Hinsicht Maßstäbe setzen oder diese infrage stellen können. Als Teil eines religiösen, sprachlich kodierten Bedeutungssystems müssen Affekte deshalb auch auf ihren pädagogischen Gehalt hin untersucht werden.

Emotionen in der differenziellen Forschung

Ein herausragender Vertreter der *differenziellen* Emotionsforschung, die auch als Persönlichkeitsforschung bestimmt werden kann, ist Dieter Ulich. Seine Kritik gründet unter anderem darauf, dass sich die vor allem funktionalistisch ausgerichteten Emotionstheorien nicht mit den allgemeinen *Alltagserfahrungen* deckten. Deshalb fordert er eine Überarbeitung der emotionspsychologischen Methodik. Sie müsse stärker ‚lebensweltbezogen‘ sein und wesentliche Faktoren berücksichtigen, die in der nomologisch ausgerichteten Forschung in den Hintergrund getreten seien: Das emotionale Erleben sei ein *ganzheitliches* Phänomen, es besitze einen *Prozesscharakter*, und es sei geprägt durch *biographische* (dispositionelle) und *soziokulturelle* Bedingungen. Wenn Ulich Gefühle demnach als personengebundene Zuständlichkeiten definiert, die „eine – mit anderen Menschen und der Gesellschaft verbundene – Geschichte haben und auch aus dieser Geschichte verstanden werden müssen",[60] geht er allerdings lediglich von einer soziokulturellen Einbettung des individuellen Emotionserlebens und -verhaltens und nicht von einer historischen Kontextualisierung

---

[56] Vgl. Ps 19,13; 25,6–7 usw.

[57] BÖCKLER, Gott, 1, u.a.

[58] Vgl. Spr 13,1ff. Nur bedingt lässt sich hierzu die Freude des Betenden an den Weisungen Gottes heranziehen, wie es Ps 119 repräsentiert. Auf die Bedeutung der Simchat Tora wird in Kapitel 7, 142 ff, zur alttestamentlichen Konzeptionen der Freude näher eingegangen.

[59] Spr 10,1: „Ein verständiger Sohn macht seinen Eltern Freude, aber ein uneinsichtiger kann sie zur Verzweiflung bringen.", vgl. auch Spr 15,20; 17,21.25; 10,28; 29,3; 23,15.

[60] ULICH, Art. Emotion, 129.

aus. ,Geschichte' ist bei ihm die Geschichte des Einzelnen.[61] Es sei problematisch, aus einem einheitlichen psychischen Geschehen einzelne emotive Teilkomponenten herauszulösen und gesondert zu betrachten.

Dieter Ulich verweist auf die *Schema*-Theorie, die ebenfalls in der textpsychologischen Exegese zur Freude im Lukasevangelium Verwendung finden soll: Die Aktualgenese von Emotionen ist demnach zumeist von der entwickelten Disposition einer Person abhängig. Nicht nur der Ausdruck und die Regulation von Gefühlen, sondern auch *das Fühlen selbst* ist folglich ein Lerngegenstand! Der persönlichen Emotionskompetenz liege ein langfristiger unbewusster Verarbeitungsprozess zugrunde.

Den Einfluss von Erfahrungen hat zwar bislang keine Emotionstheorie geleugnet, aber die wenigsten haben versucht, dies systematisch zu erfassen.[62] Die schemaorientierte Forschung setzt voraus, dass automatisierte, rasche Reaktionen hervorgerufen werden können, wenn die eingehenden Informationen mit verarbeiteten Erfahrungen verbunden werden. Unbewusste dispositionelle Schemata können helfen, Ereignisse vorzustrukturieren, sie zu bewerten und zu ordnen:[63] „Schemata vereinfachen den Umgang mit der Welt, indem sie aus Verschiedenem immer wieder Gleiches machen. Schemata stellen den Niederschlag aus Erfahrungen dar."[64] Diese Überlegung ist aus der psychologischen Gedächtnisforschung übernommen worden. Unter dem sogenannten ,*Priming*' ist zu verstehen, dass im ,impliziten Gedächtnis' Bahnungen angelegt sind, die innere Prozesse erleichtern und beschleunigen sollen.[65] Die Schema-Forschung versucht, dieses psychische System als Geflecht von Substrukturen zu begreifen, die sich gegenseitig ergänzen. Dabei sind nach Dieter Ulich, Jutta Kienbaum und Cordelia Volland Gefühlstypen[66], kulturelle Gefühlsschablonen[67], emotio-

---

[61] Auf den naheliegenden historisch-genetischen Aspekt der Emotivität bezieht sich Ulich zwar nicht, wenn er auf den erwähnten sogenannten „Prozesscharakter" der Emotivität hinweist, aber seine Kritik bietet Ansatzmöglichkeiten, um psychologische Kriterien und Fragestellungen auch auf historische Texte anwendbar zu machen, vgl. ULICH, Art. Emotion, 130.

[62] ULICH/KIENBAUM/VOLLAND, Schemata, 56.

[63] WALDMANN, Schema, 17ff; 52ff; Überblick über moderne Schematheorien: 6–50; HERRMANN, Psychologie, 73–163: Überblick über die Ordnungsfunktion von Schemata.

[64] FLAMMER, Entwicklungstheorien, 136.

[65] In der Gedächtnisforschung werden neben dem expliziten Erinnern verschiedene Formen des impliziten Gedächtnisses unterschieden, vgl. PERRIG/WIPPRICH/PERRIG-CHIELLO, Informationsverarbeitung, 40–46.

[66] Die Kategorisierung von ,Gefühlstypen' betrifft den Aspekt der Kompetenz des emotionalen Erlebens.

[67] Kulturelle Gefühlsschablonen betreffen die kulturspezifischen Relevanzkriterien und Erwartungshaltungen, die das Erleben und Ausdrücken von Emotionen beeinflussen können.

nale Wertbindungen[68] und Gewohnheitsstärken[69] zu unterscheiden, die den Prozess der individuellen Schematisierung beeinflussen können.[70] Sowohl das funktionalistische Modell als auch die Schema-Theorien sind der *entwicklungspsychologischen* Forschung zuzuordnen. Diese Teildisziplin untersucht, wie und warum sich Menschen, besonders Kinder, entwickeln.[71] Der wesentliche Unterschied der Schema-Theorie zum oben skizzierten funktionalistischen Modell der Verhaltensregulation besteht darin, dass die Appraisal-Theorie Emotionen als außerordentliche Handlungsbereitschaften definiert, die in Abgrenzung zu Routineprozessen einsetzen, während die Schemaforschung zusätzlich davon ausgeht, dass Emotionen selbst Prozessen der Gewohnheitsbildung unterliegen. Aus dieser Sicht werden sie als „allgemeine Eigenschaft der Selbstorganisation psychischer Prozesse" betrachtet.[72]

Es bleibt zu beachten, dass die textpsychologische Exegese erst am Anfang ihrer Entwicklung steht. Ihr methodisches Instrumentarium muss weiterhin kritisiert, verfeinert und verbessert werden. Das gilt insbesondere für die zugrunde gelegten Axiome, gerade weil sie in der wissenschaftlichen Psychologie, wie gezeigt, nicht einheitlich vertreten werden. In historischen Texten scheiden natürlich die üblichen empirischen Betrachtungsmöglichkeiten als Auswertungsgrundlage aus.[73] Da die biblischen Texte keinen

---

[68] Emotionale Wertbindungen beziehen sich auf individuelle, gefühlsrelevante Wertpräferenzen, die das Ausmaß der persönlichen Involviertheit betreffen.

[69] Emotionale Gewohnheitsstärken resultieren aus der Frequenz von erlebten Emotionsaktualisierungen. Bei einem niedrigen Aktiviertheitsgrad und einer gleichzeitig hohen Reaktionsbereitschaft ist mit einer ebenfalls hohen ‚Gewohnheitsstärke' zu rechnen.

[70] ULICH/KIENBAUM/VOLLAND, Schemata, 58f.

[71] In der Entwicklungspsychologie stand lange primär die kindliche Entwicklung im Vordergrund, erst seit Mitte der sechziger Jahre wurde die gesamte Lebensspanne eines Menschen entwicklungspsychologisch umfasst. ‚Entwicklung' soll dabei heißen, dass sich eine Person durch Umwelteinflüsse, durch Reifung und Lernen im weitesten Sinne verändert, sodass sich daraus relativ überdauernde neue Erlebnis- und Verhaltensweisen ergeben, vgl. ULICH, Einführung, 183. Diese ‚Veränderungen' sollen langfristigen Charakter haben und gleichzeitig systematisch erklärbar sein, sich also nicht auf zufällige Veränderungen bei einer Person beziehen. Entwicklung schließt aber gleichzeitig eine ‚Kontinuität im Wandel' ein, also die Identität und Einheit der Person und ihrer Lebensgeschichten. Es geht dieser Forschungsrichtung darum, einen Zusammenhang darüber herzustellen, welche Ereignisse, Erfahrungen, Verarbeitungen und Veränderungen in den Lebensgeschichten dazu führen, dass Personen bestimmte Bereitschaften für Erfahrungen, Handlungen, Gefühlsregungen usw. entwickeln.

[72] ULICH/KIENBAUM/VOLLAND, Schemata, 56.

[73] Die psychologische Fragestellung bezüglich des Erlebens und Verhaltens zielt häufig darauf, gesetzmäßige Zusammenhänge zwischen spezifischen Reaktionen und deren Auslösungsbedingungen und Folgen zu erfassen. Dies beruht auf der lange verbreiteten Annahme, Emotionen seien lediglich „adaptive Reaktionsmuster". Als gängige Verfahren

biographischen Anspruch und Charakter aufweisen, können entsprechende persönlichkeitsbezogene Faktoren nicht rekonstruiert und berücksichtigt werden. Viele Informationen sind nicht gegeben, die für die kulturpsychologische oder für die differentielle Emotionsforschung notwendig sind. Dennoch sind im Lukasevangelium verschiedene Daten in Erzählungen eingebettet, sodass die Affekte vor allem in Bezug auf die dargestellten Figuren ausgewertet werden können. Die durch den narrativen Charakter der Texte zu erwartenden Informationen werden selektiv präsentiert. Wie im methodischen Kapitel gezeigt, muss mit expliziten, aber vor allem mit deskriptiven Affektbeschreibungen gerechnet werden. Experimentell soll im Rahmen der vorliegenden Arbeit vor allem an den Beispielen in Lk 10,17ff. und Lk 15,11–32 geprüft werden, ob die ausgewählten modernen psychologischen Paradigmen auch auf eine Untersuchung von antiken religiösen Quellen transferiert werden können.

F. Moderne Emotionstheorie und antike Affektlehre

Die kurze Vorstellung der unterschiedlichen innerpsychologischen Disziplinen und ihrer Schwerpunkte im Hinblick auf Emotionen hat deutlich werden lassen, wie differenziert das Phänomen der Freude mittlerweile zu bewerten ist. Die Beobachtungen der dargelegten Forschungsrichtungen können sich konstruktiv ergänzen. Nur einige Aspekte seien zusammenfassend hervorgehoben: Der strukturalistische Ansatz untersucht menschliche Emotionen als natürliche Reaktionen, die als universell vergleichbar gelten, selbst wenn sie unterschiedliche kulturelle Ausprägungen erfahren. Grundsätzlich werden anthropologische Konstanten vorausgesetzt, sie werden evolutionsbiologisch und durch die körperlichen Gegebenheiten erklärt. Funktionalistische Ansätze interessieren sich besonders für die Aufgaben, die Emotionen in sozialen und kommunikativen Kontexten übernehmen. Sie sollen sowohl bei der erlebenden Person als auch im Umfeld Aufmerksamkeit erregen, die dann zu unterschiedlichen Formen von Handlungsbereitschaft führen kann. Sie helfen damit, Handlungen zu regulieren, sie also zu korrigieren oder auch zu verstärken. Da Emotionen in kommunikativen Kontexten begegnen, muss es eine gemeinsame ‚Sprache‘, also

---

wurden in Laborexperimenten künstliche Situationen hergestellt (Induktion) und Beobachtungsverfahren entwickelt, um universelle Ausdrucksverfahren festzustellen. Zudem sollten mittels Fragebögen und Einschätzungsskalen eine Auswertungsgrundlage erhoben werden (retrospektive Erhebungen, Emotionsskalen, Eigenschaftswörterlisten, Fragebogenmethodik, offene Interviewtechniken, graphische Methoden, Sprachinhaltsanalysen u.a.) Dieser Zugang muss aber infrage gestellt werden, wenn Emotionen nicht mehr als universelle adaptive Reaktionsmuster betrachtet werden, sondern vielmehr von ihrer kulturellen und historischen Abhängigkeit ausgegangen wird.

Konventionen einer Sprachgemeinschaft geben, damit Emotionen ausgedrückt und verstanden werden können. Emotionen sind deshalb als kulturell erlernte Reaktionen und Handlungsbereitschaften zu verstehen, wie es der kontextualistisch ausgerichtete Forschungszweig der Entwicklungspsychologie hervorhebt. Interessant sind im vorliegenden Zusammenhang auch Beobachtungen über Lernmechanismen – wie das Lernen durch Konditionierung oder die modellarische Vermittlung anhand von Vorbildern und Traditionen. Schließlich sind Emotionen durch innere, individuelle Schemata geprägte ganzheitliche Reaktionen. Dabei ordnet die differenzielle Psychologie beziehungsweise eine schematheoretische Emotionspsychologie der Verknüpfung von Auslösern und emotionalen Reaktionen verschiedene Personentypen zu.

Vergleicht man die modernen psychologischen Ansätze mit den antiken Vorstellungen, zeigen sich einige interessante Übereinstimmungen und Unterschiede. Antike Philosophie und moderne Psychologie untersuchen gemeinsam mithilfe eines Systems von Theorien das Erleben und Verhalten von Menschen. Unterschiedlich sind allerdings die methodischen Begründungen dieser Zugänge: Die antiken Affekttheorien sind als Moralpsychologie zu verstehen. Die psychologische Reflexion dient in diesem Sinn vor allem der Verwirklichung eines ethischen Ideals, der inneren tugendhaften Vervollkommnung. Die moderne Emotionspsychologie versucht dagegen nomologisch und wertfrei zu sein, wobei durchaus implizite Abhängigkeiten von Wertungen begegnen können.[74] Aussagen werden nicht nur wie in der Philosophie auf logische Widerspruchsfreiheit untersucht, sondern auch möglichst empirisch valide überprüft. Dabei stützt sich die moderne Psychologie, die sich selbst vor allem als naturwissenschaftliche Disziplin verstehen will, nicht vorrangig auf die Auswertung überlieferter Quellentexte, sondern arbeitet zur Datenerhebung am liebsten mit kontrollierbaren und nachvollziehbaren Untersuchungsbedingungen, um möglichst ‚objektiv‘ zu erscheinen.[75]

Dennoch – inhaltlich erscheint vieles nicht ganz neu. Nach Errol Bedford knüpft die von Wittgenstein ausgehende moderne Emotionsdiskussion durchaus an ältere Traditionen an, Gefühle als Werturteile zu verstehen und das Affektive dem Kognitiven unterzuordnen.[76] Antike und moderne Theorien stimmen tatsächlich darin überein, dass sie die Bedeutung der *kognitiven Zustimmung* (der ‚Synkatathesis‘, des ‚appraisal‘) zu den Affekt- be-

---

[74] So gibt es auch in der psychologischen Forschung ethische Prinzipien, vgl. ATKINSON/ATKINSON/SMITH u.a., Einführung, 24ff.

[75] SELG/DÖRNER, Psychologie, 29; RENKEWITZ/SEDLMEIER, Forschungsmethoden, darin Kapitel 3, 40–62.

[76] BEDFORD, Emotionen, 34ff, vgl. FINK-EITEL/LOHMANN, Einleitung, 11.

ziehungsweise Emotionsimpulsen betonen. In der Antike wie in der Neuzeit besteht ein Wissen darüber, dass Affekte als *Handlungsbereitschaften* eine äußerst motivierende Kraft implizieren. Dabei ist zwischen dem Affekt/der Emotion und der eigentlichen Handlung zu differenzieren, wobei vermittelnde kognitive Akte immer vorausgesetzt werden müssen.

Außerdem ist vergleichbar, dass Affekte und Emotionen mit körperlichen Phänomenen verbunden werden – bereits in der Antike begegnen Überlegungen zur physiologischen Grundlage, beispielsweise in der stoischen Lehre von der Wohlgestimmtheit, der Eutonia. Auch das Wissen um psychosomatische Zusammenhänge, das an die Affekte und Emotionen gekoppelte Ausdrucksverhalten und seine kommunikativen Funktionen zeigt Analogien.

In der Antike wie in der gegenwärtigen Forschung bestand und besteht der *Anspruch*, Affekte und Emotionen zu untersuchen, um eine zeitlose *Klassifikation* aufstellen zu können, die eine gewisse Einordnung und Transparenz der Phänomene ermöglichen soll – diese Versuche einer Affektsystematik können allerdings in den internen antiken Diskursen und in den verschiedenen neuzeitlichen Modellen zu äußerst unterschiedlichen Ergebnissen führen. Die Differenziertheit der jeweiligen zeitgenössischen Auseinandersetzungen bestätigt letztlich die Komplexität des zugrunde liegenden Phänomens. Die nicht zu leugnenden konvergierenden Elemente in der Reflexion über Affekte und Emotionen lassen erwarten, dass antike und moderne Welt sich durchaus verstehen können und einander nicht völlig fremd gegenüberstehen. Allerdings bleibt bislang fraglich, ob die modernen psychologischen Ansätze lediglich terminologisch hilfreich sind, oder ob sie tatsächlich einen Erkenntnisgewinn bei der Betrachtung antiker Texte ermöglichen können.[77]

---

[77] LEINER, Exegese, 153, äußert sich skeptisch darüber, dass psychologische Exegese zu einem größere Erkenntnisgewinn beitragen kann: „Was bleibt und was in einer interessanten und aufschlussreichen Weise mit dem Neuen Testament verbunden werden kann, ist nicht besonders viel. (...)." Doch wenngleich keine dramatischen Entdeckungen zu erwarten seien, erwägt er die Möglichkeit, dass psychologische Exegese „als logische Weiterentwicklung historisch-kritischer Methoden und literaturwissenschaftlicher Forschung" zu einem Erkenntnisfortschritt führen könne.

Kapitel 4

Die Freude in antiken philosophischen
Affektkonzeptionen: Platon

In den philosophischen Strömungen der Antike, die zur Zeit des Lukasevangeliums als geistesgeschichtlicher Hintergrund vorausgesetzt werden
können, gibt es kein einheitliches Modell der Affekte und entsprechend
kein übereinstimmendes Konzept der Freude. Stattdessen erschließt sich
ausgehend von Platon und Aristoteles, aber auch den späteren philosophischen Schulen und Strömungen eine erstaunliche Pluralität der Affektver-
ständnisse, die sich stetig weiterentwickelt hat.[1] Selbst innerhalb einer
Denkrichtung, wie beispielsweise bei einzelnen Vertretern der Stoa, konnte
es gegenüber den ursprünglichen Schulgründern zu Modifikationen oder
Weiterentwicklungen der Affektüberlegungen kommen.[2] Dass die einzelnen Paradigmen daher inkohärent, wenn nicht gar widersprüchlich erscheinen, ist bereits im antiken Diskurs problematisiert worden.[3] Erschwerend
kommt hinzu, dass viele wichtige Quellen verloren sind und nur aus sekundären Zeugnissen rekonstruiert werden können.[4] Allerdings ist bei derartigen indirekten antiken Darstellungen unter Umständen mit verzerrender
Polemik zu rechnen, besonders wenn ein anderes Affektverständnis als das
Eigene vertreten wird. Der sachliche Zugang zu den lediglich indirekt
überlieferten Affekttheorien wird durch entsprechende Tendenzen stark erschwert.[5]

---

[1] KNUUTTILA/SIHVOLA, Analysis, 1–19, vertreten in ihrem Beitrag die These, dass die
ersten philosophischen Auseinandersetzungen mit Affekten auf Platon und Aristoteles
zurückgehen, die die daran anschließende Diskussion maßgeblich geprägt haben.

[2] Vgl. hierzu den Überblick bei SORABJI, Chrysippus, 149–169.

[3] Vgl. Galens Zeugnis über Poseidonius und seinen Vorwurf, die stoischen Aussagen
über die Affekte seien uneinheitlich und widersprüchlich, Gal. PHP 4.2.8 (SVF III.462),
4.4.5; 5.4 (SVF III.476); 4.5.42–43; cf. 4.6.27 (SVF III.475); 2.12 (SVF III.462); 2.25;
4.17 (SVF III.476), 4.2.12 (SVF III.476); 5.4.12; 4.20; 4.21; 4.23 (SVF III.476) vgl.
SORABJI, Chrysippus – Posidonius – Seneca, 152.166; HALBIG, Affektenlehre, 32.

[4] So sind beispielsweise die vier stoischen Bücher über die πάθη von Chrysipp nicht
mehr erhalten.

[5] Vgl. die Diskussion über die Glaubwürdigkeit und Motivation von Galens Vorwürfen gegenüber der stoischen Affektlehre bei SORABJI, Chrysippus, 152; ANNAS, Philosophy, 118–120; COOPER, Posidonius, 71–111.

Auch die unterschiedliche Form ist zu berücksichtigen, in der Affektdarstellungen und Auseinandersetzungen mit dem Affektdiskurs begegnen: Einerseits werden Affektkonzepte als reflektierte Abhandlungen präsentiert, andererseits können Affekte funktional im Rahmen der Rhetorik betrachtet werden. Aber auch deskriptive Präsentationsformen, wie Theaterstücke oder Briefliteratur, in denen Affekte dargestellt werden, müssten berücksichtigt werden, um ein repräsentatives Bild antiker Affektvorstellungen zu erhalten. Neuere philosophische Arbeiten lassen ein wachsendes Interesse an diesem komplexen Gebiet erkennen, wobei das Konzept der Freude (χαρά) meines Wissens noch nicht ausführlich beziehungsweise systematisch untersucht worden ist.[6]

Da sich diese Arbeit auf das lukanische Verständnis der Freude konzentriert, können im Folgenden nur diejenigen philosophischen Ansätze exemplarisch gestreift werden, die das lukanische Affektverständnis besonders geprägt haben. Vor allem sind das meines Erachtens die platonische Konzeption sowie die stoische Vorstellung von der Seele und den Affekten. Wo (weitere) philosophische Positionen (insbesondere der Ansatz des Aristoteles) für die historisch-psychologische Exegese relevant erscheinen, werden sie im direkten Zusammenhang der Textbetrachtung näher ausgeführt.

A. Platonische Seelen- und Affektvorstellungen

In der Antike gibt es keine einheitliche Vorstellung von der menschlichen Seele. Weil die Seele häufig als ein Ort gilt, an dem das Denken und Fühlen geschieht – die Seele als Ort der Affekte – ist es notwendig, die einzelnen Seelenmodelle der zu behandelnden Philosophen als Voraussetzung ihrer Affektvorstellungen in die folgende kurze Darstellung einzubeziehen.

Bei Homer erscheint die anthropologische Seelenvorstellung noch nicht deutlich ausgeprägt. In den epischen Texten erscheint die Seele noch nicht als persönliches Zentrum des ‚Handelns, Denkens, Hoffens‘. Das Handeln und entsprechend auch das Fühlen eines Menschen wirken vielmehr göttlich beeinflusst beziehungsweise motiviert.[7] Erst in späteren Konzeptionen wird zunehmend zwischen Leib und Seele (-nteilen) differenziert. Das Seelenverständnis wird komplexer und damit entwickelt sich ein intensiver Diskurs über das Verhältnis der einzelnen Komponenten, die der Seele zuzuordnen sind – über Vernunft und Lust, über das Spannungsverhältnis der verschiedenen inneren Antriebe, über die (Un-) Sterblichkeit der Seelenteile, aber auch über die Einflüsse des Denkens und Fühlens aufeinander.

---

[6] Das zeigt beispielsweise der von U. RENZ/H. LANDWEER unter Mitarbeit von A. BRUNGS herausgegebene Band über Klassische Emotionstheorien, Berlin 2008 (Lit!).

[7] Vgl. SNELL, Entdeckung, 52.

Der antike Affektdiskurs ist maßgeblich von der platonischen Affektlehre geprägt.[8] Allerdings hat Platon keine kohärente, systematische Abhandlung über sein Affektverständnis geschrieben. Daher bleibt umstritten, ob er letztlich ein dualistisches oder dreiteiliges Seelenmodell als Voraussetzung seiner Affektvorstellungen vertreten hat, ob seinem Gesamtwerk überhaupt eine einheitliche Affektsystematik zugrunde liegt oder ob zudem möglicherweise von Entwicklungsphasen in seinem Werk auszugehen ist.[9] Weder im Philebosdialog noch in den Überlegungen zum Staat werden beispielsweise Aussagen getroffen, die sich in dieser Hinsicht eindeutig interpretieren lassen, denn die Affekte stehen in diesen Texten nicht im Vordergrund.[10] Sie werden aber in verschiedenen Zusammenhängen argumentativ integriert, wenn es beispielsweise um die Bestimmung von Tugenden geht, um die Unsterblichkeit der Seele oder das Glück des Menschen.[11] Die Kontexte sind vielfältig, und vergleicht man die einzelnen Diskurse, wirken die platonischen Aussagen über Affekte „nicht immer kompatibel, bisweilen sogar widersprüchlich", wobei „unterschiedliche Nuancierungen möglicherweise dem jeweiligen argumentativen Kontext geschuldet sind".[12] Die Deutung der platonischen Psychologie wird zusätzlich durch unterschiedliche Bezeichnungen und Beschreibungen der einzelnen Seelenteile und ihrer Qualitäten erheblich erschwert.[13] Daher erscheint es mir sinnvoll, die Betrachtung im Rahmen dieser Arbeit nach einem kurzen Überblick auf zwei Texte zu konzentrieren, in denen das Affektverständnis Platons besonders deutlich zutage tritt.

Nach Platon wird derjenige Seelenteil als Logistikon (λογιστικόν) bezeichnet, dessen Lust im Streben nach dem Wahren und im Lernen von theoretischem Wissen besteht. Deshalb kann im Staat dieser durch Vernunft gekennzeichnete Teil der Seele als das „Lernbegierige" oder „Weis-

---

[8] BRINKER, Art. Seele, 257f (Lit!).

[9] Während einerseits davon ausgegangen wird, dass die psychologische Vermögenslehre nicht kohärent vorliegt bzw. dargestellt ist, so GÖRGEMANNS, Platon, 137f; BAUMGARTEN, Handlungstheorie, 168–170, könnten die unterschiedlichen Tendenzen der Dialoge auch auf verschiedene Entwicklungsphasen im Werk Platons hinweisen, z.B. GRAESER, Probleme, 107–110. Andererseits wird versucht, ein psychologisches Gesamtmodell zu rekonstruieren, so BÜTTNER, Literaturtheorie, 18–130; SCHMITT, Moderne, 283–306. BRINKER, Art. Seele, 255, referiert den differenzierten Forschungsstand (Lit!).

[10] Vgl. hierzu FORTENBAUGH, Aristotle, 23–44, der auch die aristotelische Weiterentwicklung der platonischen Überlegungen darstellt.

[11] ERLER, Platon, 21.

[12] Ebd., 21.

[13] BRINKER, Art. Seele, 255, weist darauf hin, dass auch die unterschiedlichen Argumentationskontexte zu berücksichtigen sind, in denen Aussagen über die Seele getroffen werden.

heitsliebende" im Menschen bezeichnet werden.[14] Daneben wird in diesem
Zusammenhang die Existenz von zwei weiteren Seelenteilen (ἐπιθυμητι-
κόν und θυμοειδές) beschrieben.[15] Im Timaios gelten sie als sterblich,[16]
wobei sie in diesem Dialog auch körperlich lokalisiert werden: der für
Männlichkeit und Mut zuständige Seelenteil (Thymoeides) in der Brust,
nahe dem Logistikon; im Bauch – genauer zwischen Zwerchfell und Nabel
– der Teil der Seele, der für die Begierden zuständig ist (Epithymetikon).[17]
Das platonische Seelenmodell kann aufgrund der inkohärenten Darstellung
in den einzelnen Dialogen zumindest vorsichtig als „Bündel oder Zentrum
unterschiedlicher mentaler Akte" umschrieben werden,[18] wobei alle Elemente zu Lebzeiten eines Menschen in einem einheitlichen Organismus
miteinander verbunden sind.[19] Dabei sind die Affekte nicht einem Seelenteil allein zuzuordnen: Vielmehr unterscheiden sich die einzelnen Seelenteile durch ihren jeweiligen Erkenntniszugang, aus denen unterschiedliche
Formen der Lust und Unlust und auch der Affekte resultieren.[20]

Das *Epithymetikon* gilt Platon als derjenige Seelenteil, der aus der Erkenntnis der Wahrnehmung entspringt und die sinnliche, körperbezogene
Befriedigung als Lust anstrebt, beispielsweise durch Essen, Trinken oder
Fortpflanzung. Als *Thymoeides* wird dagegen der Seelenteil bezeichnet,
dessen Erkenntnis sich aus Meinungen speist. Er gewinnt seine Lust durch
mannigfaltige Einzeldinge, beispielsweise technische und praktische, die
nach ihrer Tugend zu beurteilen sind. Mithilfe dieses Teils der Seele kann
sich ein Mensch mit anderen vergleichen, er kann eine Lust daran entwickeln, mutig zu sein (θυμοειδές) und nach Ansehen und Ehre zu streben.

Wahrnehmendes und urteilendes Erkennen sind der vernünftigen Erkenntnis, dem *Logistikon*, unterzuordnen. Denn nur die Vernunft strebt
nach dem ‚Guten und Schönen' an sich. Nur wenn sich ein Mensch in seinem Streben an den Entscheidungen des Logistikon orientiert, können negative Charakterqualitäten, zu denen beispielsweise Neid und Schadenfreude zu zählen sind, unterdrückt und kontrolliert werden. Auf diese Weise kann ein Mensch zu einem gerechten, philanthropen Wesen mit richtiger
Selbsteinschätzung erzogen werden.

Dem Logistikon, also dem vernünftigen Anteil im Menschen, kommt
daher nach Platon eine gewisse Vorrangstellung zu, auch wenn das platoni-

---

[14] Plat. Pol. 580d ff.

[15] Platon unterscheidet in seiner Abhandlung über den Staat Plat. Pol. 435a–441c.
insb. 439d.440e.441a die drei Strebevermögen Logistikon, Thymoeides und Epithymetikon in Anlehnung an das Staatsmodell des Sokrates.

[16] Plat. Tim. 69c–d.89d–90d.

[17] Plat. Tim. 70a.d.e.

[18] MARTENS, Platon, 109.

[19] Plat. Tim. 73b; BRINKER, Art. Seele, 255.

[20] Plat. Tim. 47d–e.69c–72d.80b.88a–b.90b–d; Plat. Pol. 580d ff.474c ff.

sche Konzept insgesamt umfassend ausgerichtet ist.[21] Denn nach der Ideenlehre können grundsätzlich sowohl körperliche, charakterliche als auch intellektuelle Erfahrungen des Schönen zur *Erkenntnis des Schönen selbst* führen,[22] das nach klassischem griechischen Denken in Symmetrie und in geordneten Eigenschaften sowie dem Ausgleich der Extreme besteht.[23] Ein ausgeglichener Mensch ist demnach einer, bei dem alle Seelenteile harmonieren. So wird die Idee der Liebe (Ἔρως) in Platons Symposion zu einem ganzheitlichen Konzept, zur ‚schönen' Einheit von Leib, Geist und Seele.[24] Dieses *Ideal des Schönen*, das geordnet, symmetrisch und ausgeglichen ist, wird zum philosophischen Ziel, „denn die Weisheit gehört zu dem Schönsten, und Eros ist Liebe zu dem Schönen, so daß Eros notwendig weisheitliebend ist."[25] Als Weisheit wird die Schönheit auf das Verständnis des Kosmos übertragen, auf die Politik und auch auf die Seelenlehre.[26] Im Philebos wird das besonders deutlich artikuliert: Dort gilt diejenige Lebensweise als ideal, bei der Lust, Vernunft und Einsicht eine harmonische Mischung bilden.[27]

Bekannt ist ein eindrückliches Bild, das in Phaidros, 246a–247e geschildert wird: Platon beschreibt dort einen *Seelenwagen*, bei dem die personifizierte „Vernunft" als Wagenlenkerin geschildert wird, die durch „gute und edle" (καλός τε καὶ ἀγαθός) Pferde diejenigen Pferde im Gespann zügeln kann, die von entgegengesetzter Abstammung und Beschaffenheit sind. So kann es gelingen, den gesamten Seelenwagen zur Welt der Ideen,

---

[21] Die Hochschätzung des Verstandes wird von Platon als Lehre des Anaxagoras gewürdigt, in dessen argumentative Tradition sich die Figur Sokrates in Plat. Phaid. 97c stellt. Nach Anaxagoras sei die Vernunft als ordnendes Prinzip zu verstehen, insofern auch als Ursache von allem. Ordnung wird in diesem Kontext als das Beste, „das für alles insgesamt Gute" verstanden, Plat. Phaid. 98b.

[22] Selbst die konkrete Liebe zu einem schönen Knaben könne letztlich zur Vollendung führen, wenn sich diese Liebe als Liebe zu allen schönen Gestalten, zum Schönen an sich entwickle. Denn das einzelne Schöne sei Abbild der Idee des Schönen und habe an ihr Anteil, Plat. symp. 210a–212c.

[23] Das zeigt sich im Gastmahl an der mythischen Herkunft des Eros: Als Mittler steht er zwischen den Extremen, dargestellt durch seine Eltern, Poros und Penia. Seine ausgleichende, mittige Position zeigt sich in seiner Weisheitsliebe: Eros ist weisheitsliebend, weil er zwischen Weisheit und Unverstand steht und das Schöne liebt. Plat. symp. 203a–204c, insb. 203e.

[24] MARTENS, Platon, 112. Die Einheit des Schönen in Leib und Geist stellt sich beim Symposion in 209b dar; demnach richtet sich die Liebe als Eros insbesondere denjenigen Menschen zu, bei denen sowohl Leib als auch Seele schön sind.

[25] Plat. symp. 204b, nach der Übersetzung von Friedrich Schleiermacher.

[26] Plat. symp. 209a; Die schönste Weisheit zeigt sich in einem geordneten Staatswesen und Haushalt, die durch Besonnenheit und Gerechtigkeit charakterisiert werden; Schönheit wird in 209b mit einer schönen, edlen und wohlgebildeten Seele in Verbindung gebracht, vgl. die in Plat. Gorg. 506c ff dargestellte Ordnung der Seelenteile.

[27] Plat. Phil. 22a, siehe unten.

also zum schönen geordneten Prinzip, hinzuleiten, mit dem in Phaidros 247d unter anderem der Begriff der *Besonnenheit* (σωφροσύνη) assoziiert wird. In 246b wird zuvor die Schwierigkeit der Lenkung betont, also die Problematik, die auseinandertreibenden Kräfte in eine gemeinsame Richtung zu zwingen, die von der Vernunft vorgegeben wird. Trotzdem ist meines Erachtens bei Platon nicht von völlig separierten, eigenständigen inneren Seelenteilen auszugehen. Denn alle inneren Kräfte, die affektgeleiteten wie die vernunftorientierten, sind derselben Lenkerin untergeordnet! Das Gleichnis betont daher vor allem, dass die Prozesse des Denkens und Fühlens als äußerst komplexe und miteinander verwobene Vorgänge vorgestellt werden müssen, die sich gegenseitig beeinflussen können, wenngleich die sprachlichen Bilder in dieser Hinsicht etwas didaktisch reduziert erscheinen. Affekte gehören in diesem Modell zur ganzheitlichen Existenz des Menschen: Kognitiv-Rationales und Affektiv-Leibliches verbinden sich im Wagenbild zu einem anthropologischen Gesamtkonzept. Solange die Vernunft das menschliche System kontrollierend und regulierend lenkt, können die Affekte als innere Kräfte zur Motivation genutzt werden. Wenn man das Modell vom Seelenwagen auf diese Weise interpretiert, sind Affekte nicht per se als schädlich zu betrachten.

B. Affektausdruck und Affektverständnis im Phaidondialog

Im Phaidon wird das Verständnis der Seele und der Affekte besonders intensiv diskutiert.[28] Phaidon und Echekrates[29] unterhalten sich in diesem Dialog darüber, wie Sokrates im Kreise seiner Angehörigen und Freunde die Hinrichtung erwartet hat. Das von Sokrates berichtete letzte Gespräch

---

[28] Deshalb konzentriert sich die folgende Darstellung zunächst auf die dort dargelegte Konzeption der Seele und der Affekte als mögliche platonische Argumentationsgrundlage. Allerdings ist zu beachten, dass Platon den fiktiven Erzähler seines Dialogs, Phaidon, nach einer historischen Person gestaltet hat, die auch im zeitgenössischen Adressatenkreis des Platonwerks bekannt gewesen sein dürfte. Die diskutierten Thesen und Argumente könnten daher eine starke phaidonische Färbung aufweisen und nur bedingt repräsentativ für Platon sein, zumal der größte Teil des Dialogs als Binnenrede der Phaidon-Figur firmiert. Denn nirgends sonst im Werk Platons werden Leib und Seele derart streng unterschieden wie hier, und der historische Phaidon aus Elis soll für seine Philosophie der ‚Leibfeindlichkeit‘ und der ‚Lustabwehr‘ bekannt gewesen sein. Vgl. SCHÄFER, Vorwort, 15f.

[29] Echekrates, der Gesprächspartner der Rahmenhandlung, kann der pythagoreischen Philosophierichtung zugeordnet werden. Denn Echekrates verhält sich skeptisch gegenüber der Kraft von Argumenten, er bekennt sich zu der von Simmias referierten Lehre, nach der die Seele als Harmonie zu verstehen ist (88d), und er wünscht eine gründlichere Überzeugung dafür, dass die Seele beim Tod des Menschen nicht ebenfalls stirbt (88c–d), EBERT, Kommentar, 297.

soll davon überzeugen, dass der Tod nicht zu fürchten ist. In diesem übergeordneten Zusammenhang begegnet die Darstellung und Diskussion von verschiedenen menschlichen Affekten, insbesondere von Angst und Trauer. Der Phaidondialog ist nicht nur geeignet, Grundlegendes über das platonische Affektverständnis zu vermitteln, es wird zudem der Umgang mit denjenigen Affekten besonders reflektiert, die im Lukasevangelium als semantische Oppositionen zum Konzept der Freude begegnen.

Das im Phaidon-Dialog vertretene Affektideal zeigt sich besonders deutlich an der Figur des Sokrates. Aber auch das weitere Personal der Szene ist zu berücksichtigen, denn an ihm demonstriert Platon, dass es nicht nur verschiedene Charaktere gibt, sondern auch verschiedene Möglichkeiten des Umgangs mit Affekten – die er kennt und respektiert, da alle männlichen Figuren im Zusammenhang des Dialogs positiv dargestellt sind.[30]

Erzählerisch liegt wegen der Rahmenerzählung kein direkter, dramatischer Dialog vor, allerdings wird der gegebene Bericht (in Form einer Figurenrede des Phaidon) nur zweimal durchbrochen (88c–89a; 102a).[31] Phaidon, der den größten Redeanteil bestreitet, tritt als Augenzeuge auf, der dem Geschehen bis zum Ende beigewohnt haben will. Das letzte Gespräch des Sokrates soll von der Bedeutung des Sterbens für einen Philosophen gehandelt haben – genauer: von der Seele, ihrer Unsterblichkeit und ihren unterschiedlichen Kompetenzen.[32] Von den Gesprächspartnern, insbesondere von Simmias und Kebes, werden im Gesprächsverlauf Einwände und Überlegungen vorgetragen. Sie demonstrieren unter anderem, wie unter-

---

[30] Die Figuren des Gesprächs dienen nicht nur als Folie zur Verdeutlichung der Position des Sokrates. Zwar ist Sokrates zu Beginn dominierend und gesprächsführend innerhalb der dialektischen Argumentation, aber ab 84c vertreten Simmias und Kebes eigene gewichtige Argumente gegenüber der zunächst pythagoreisch geprägten Argumentation, vgl. hierzu auch EBERT, Kommentar, 281.300 und den Ansatz M. ERLERS, Platon, 22ff, der zur Untersuchung der Affekte dafür plädiert, „neben der argumentativen die performative Ebene der Dialoge und neben Sokrates auch das andere Personal zu berücksichtigen."

[31] Platon könnte diese Form aus zwei Gründen gewählt haben: Zum einen ist das Sterben einer Person im direkten Dialog nur schwer darzustellen. Auch im griechischen Drama wird vermieden, das Sterben auf der Bühne zu zeigen. Zum anderen lässt sich das Verhalten der betroffenen Figuren, besonders in Verbindung mit ihren affektiven Reaktionen, um die es in der vorliegenden Betrachtung geht, besser in einem Bericht mitteilen. EBERT, Kommentar, 95f, nennt als weiteres Argument, dass sich durch die Berichtform auch die Diskrepanz zwischen Erzählzeit und erzählter Zeit erklären lasse.

[32] Diese Thematik ist bereits in der pythagoreischen Lehre zentral, EBERT, Kommentar, 298.

schiedlich die zeitgenössisch vertretenen Seelenmodelle im Zusammenhang mit Affekten waren.[33]

Sokrates geht davon aus, dass die Seele unsterblich ist – dies wird im Gespräch mehrfach bewiesen – und er deutet den Tod als philosophisch erstrebenswert, da erst das Ablegen des Leibes den Philosophen zur reinen Erkenntnis der Seele führen könne.[34] Um dies zu erklären, wird im Phaidon-Dialog das Modell einer Seele beschrieben, die dem Leib übergeordnet ist.[35] Stirbt ein Philosoph, trennen sich Körper und Seele, der Körper vergeht, die edle Seele gelangt zu den Göttern beziehungsweise dorthin, wohin Gott es will.[36] Der sichtbare, sterbliche Leib eines Menschen wird

---

[33] So gelten Simmias und Kebes als Schüler des einflussreichen Pythagoreers Philolaos aus Kroton, Plat. Phaid. 61e. Diskutiert werden im Phaidon konkurrierende zeitgenössische philosophische Überlegungen über die Seele, unter anderem, ob die Seele nach dem Tod vom Leib getrennt werde und in die Unterwelt gelange, oder ob sie wie Rauch verfliege und vergehe (70a/77b), ob die Seele als Harmonie beziehungsweise als Spannung zu denken sei (86a ff, 92c) und ob die Verbindung der Seele mit dem Leib bereits als Anfang ihres Untergangs zu werten sei (95a–e). Wenn Simmias die Seele als ἁρμονία und als κρᾶσις, d.h. als Spannung, versteht, korrespondiert das mit der aristotelischen Differenzierungsweise, EBERT, Kommentar, 286. Ebd., 298: „Es gibt in den Dialogen Platons wenige Stellen, an denen mit solcher Deutlichkeit klar wird, daß Platon seine Dialoge auch als Vehikel einer Diskussion mit zeitgenössischen Philosophen, hier mit den Pythagoreern seiner Zeit, verstanden hat und verstanden wissen will." Vgl. zu Platons Beziehungen zu den Pythagoreern DÖRRIE, Platonismus, 20–37. Denn nicht nur Echekrates ist als Gesprächspartner in der Rahmenhandlung der pythagoreischen Schule zuzurechnen, auch die Gesprächspartner des Sokrates, Simmias und Kebes, können durch ihre Argumentation dieser Richtung zugeordnet werden, SCHÄFER, Vorwort, 14.

[34] Plat. Phaid. 64a–76a, insb. 66e, siehe auch unten. Nach MERTENS, Platon, 109, versteht der platonische Sokrates Leib und Seele als gelebte Einheit und überwindet damit die pythagoreische Position, die zwischen Leib und Seele trennt (χωρισμός). Dazu wird auf 67a–d verwiesen. Dies gilt für das menschliche Leben. Ob aber aufgrund der vorliegenden Darstellung einer Aporie auf eine „Überwindung" des pythagoreischen Ansatzes geschlossen werden darf, mag dahingestellt bleiben. Aspekte zur sokratischen Seelenvorstellung werden auch in weiteren Büchern behandelt, beispielsweise wird im Gespräch mit Plat. Tht. 186b diskutiert, dass die Wahrnehmung durch den Körper auf die Seele geschieht.

[35] Plat. Phaid. 94b zur Überordnung der (vernünftigen) Seele über den Leib; 94d–95a zur Überordnung der Seele über die Begierden, den Zorn, die Furcht u.a. Daran ist interessant, dass sich der platonische Sokrates bei seiner Argumentation mit einem wörtlichen Zitat auf Hom. Od. XX,17f beruft, worin Odysseus in einem inneren Dialog mit seinem Herzen spricht und es zum Dulden auffordert. Aus diesem Monolog des Odysseus folgert Sokrates ein differenziertes Leib-Seele-Verständnis des Homer, wonach die Seele mit dem Leib kommunizieren und ihn entsprechend motivieren oder kontrollieren könne. In Plat. Phaid. 80a–e wird die unsichtbare, vernünftige Seele mit dem Göttlichen, dem Unauflöslichen und Bleibenden in Verbindung gebracht – und sie kann Sokrates durch diese Analogie als unsterblich gelten.

[36] Plat. Phaid. 81a.80d.

dagegen unter anderem mit dem Luststreben, den Begierden, den Affekten in Verbindung gebracht.[37] Er muss nach dem Tod vergehen.[38] Bereits die Pythagoreer haben den Körper als Gefängnis der Seele gedeutet.[39] Misst ein Mensch dem Körperlichen während seiner Lebenszeit zu große Bedeutung bei, muss er den Tod fürchten, der das Leibliche beendet. Eine in dieser Hinsicht unvernünftige, ungebildete Seele wird auch nach dem Tod nicht zur Erkenntnis gelangen. Sie ist vom Körperlichen gleichsam durchzogen „wegen des ununterbrochenen Zusammenseins und der Sorge um ihn" und wird sich auch nach dem Tod nicht völlig vom Körperlichen lösen können, sondern dem Sterblichen verhaftet bleiben.[40] War die vernünftige, nach Erkenntnis strebende Seele dem Philosophen zugeordnet, werden die gerade dargestellten körperorientierten Seeleneigenschaften den „schlechten Menschen" (τὰς τῶν φαύλων) zugeteilt.[41] Die Vorstellung im Phaidon, dass diese Seelen post mortem als Schattenbilder umherirren und herumgeistern, die sich schließlich sogar in den verschiedensten Tierarten wiedereinkörpern können, weil sie von der Begierde an Körperliches gebunden sind, verweist ebenfalls auf pythagoreische Ideen.[42]

Dennoch: Für Philosophen ist der Tod nach dieser Vorstellung etwas Positives, eine Chance der Seele auf reine Erkenntnis. Weil auch Sokrates davon ausgeht, wirbt er in der gegebenen Situation argumentativ für *Selbstbeherrschung*. Selbst im Angesicht des eigenen Sterbens verzichtet der philosophische Lehrer Sokrates ausdrücklich darauf, mit rhetorischen Strategien auf das Mitleid – und damit auf die Affekte – der Anwesenden zu zielen.[43] Seine Figur wird damit zur Personifikation und zum Modell eines kognitiv äußerst kontrollierten Weisen. Es ist auffällig, dass dieser platonische Philosoph stets „rein rational, adressatenbezogen und ergebnisorientiert" argumentiert und sich auf diese Weise ganz entgegengesetzt zu den klassischen Helden der Tragödie verhält, die sich ihren Affekten

---

[37] Plat. Phaid. 66b.c.

[38] Plat. Phaid. 80c.d.

[39] EBERT, Kommentar, 273, verweist auf Clemens von Alexandrien (Strom. 3.17), der diese religiösen Vorstellungen Philolaos zuschreibe, während sie der peripatetische Philosoph Klearchos von Soloi (ap. Athen. 157c) Euxitheos zuordne.

[40] Plat. Phaid., 81b.c, Zitat 81c.

[41] Plat. Phaid. 81d.

[42] Plat. Phaid. 81d: ἐπιθυμίᾳ πάλιν ἐνδεθῶσιν εἰς σῶμα. So wird in diesem Modell beschrieben, dass sich die Seele von Menschen, die der Schlemmerei, Geilheit und Trunksucht verfallen, in Esel und ähnliche Arten von Tieren begeben könne; ungerechte, herrschsüchtige und räuberische Menschentypen dagegen in die Körper von Wölfen, Falken und Geiern gebunden würden (81e.82a). Nach EBERT, Kommentar, 273, Anmerkung 11 (Lit), verweist das Motiv der Seelenwanderung allein auf pythagoreisches Gut, nicht aber auf orphische Elemente.

[43] Plat. apol. 35b u.a.

und damit ihrem eigenen Leiden häufig hemmungslos und klagend hingeben.[44]

Sokrates bleibt auch in der eigenen Todesstunde ein scheinbar affektfreier Mensch und damit glücklich.[45] In seinen letzten Stunden, so berichtet es Phaidon, ist er nur von Freunden und Schülern umgeben, mit denen ein intellektueller Austausch gelingen kann. Er verdrängt das Sterben und den Tod nicht, sondern sucht die reflektierte philosophische Auseinandersetzung mit seiner Umgebung. Dabei diskutiert er über die anzunehmende Unsterblichkeit der Seele und beschäftigt sich mit seinem eigenen, persönlichen Tod angesichts der dramatischen Situation vor allem auf abstrakter Ebene.[46]

Aus narratologischer Sicht ist zu berücksichtigen, dass das rational kontrollierte Verhalten und Fühlen des Sokrates nur aus der Perspektive seines Schülers Phaidon dargestellt ist. Der Philosoph wird nicht direkt als affektfrei charakterisiert und kein innerer Monolog präsentiert sein tatsächliches Innenleben. Platon beschreibt also lediglich die *Wirkung* des Sokrates auf die Figur des Phaidon, der dessen Verhalten als affektfrei, rational beherrscht und sogar glücklich angesichts des Sterbens deutet.[47]

---

[44] Vgl. Plat. Pol. 387d–388c, dort klagt Zeus über den Tod seines Sohnes Sarpedon bei den Göttern. Hinweise auf klassische Tragödien oder Epen, in denen das Leiden der Helden dargestellt wird, bei ERLER, Platon, 26f.

[45] Diese antitragische Haltung Platons wurde im jüngeren affektphilosophischen Diskurs auch kritisiert, z.B. bei NUSSBAUM, Fragility, 385.

[46] Eine Verbindung von philosophischer Debatte und Sorge um die persönliche Seele wird in Plat. Phaid. 88b angedeutet, wonach sich jeder zu fragen habe, ob seine Seele nach der Trennung vom Körper unsterblichen Anteil habe oder nicht. Phaidon berichtet in diesem Zusammenhang, dass der Bezug auf die konkrete Situation des Sokrates und auf das eigene Sterben zur Verstimmung im Philosophenkreis geführt habe.

[47] In der Rahmenhandlung wird Sokrates durch die Figur des Phaidon (zu Beginn und am Ende des Gesprächs) erzählerisch indirekt charakterisiert und damit ausdrücklich gewürdigt, Plat. Phaid. 58e.118a. Auch innerhalb der Darstellung Phaidons wird Sokrates erzählerisch indirekt charakterisiert, nämlich durch sein Sprechen und Handeln. Über das tatsächliche Empfinden der Figur Sokrates erfährt der platonische Leser nichts. Folgt man allerdings der sokratischen Argumentation, dann ist die vollendete Erkenntnis erst nach dem Tod möglich: „Denn wenn es nicht möglich ist, mit dem Leibe irgendetwas rein zu erkennen, so können wir nur eines von beiden, entweder niemals zum Verständnis gelangen, oder nach dem Tode. Denn alsdann wird die Seele für sich allein sein, abgesondert vom Leibe, vorher aber nicht", Plat. Phaid. 66d.e, Übersetzung F. Schleiermacher. Indem der platonische Sokrates Körper und Seele als Einheit versteht, die erst durch den Tod aufgelöst werden kann, folgt daraus logisch, dass er sich aufgrund seiner Körperlichkeit zu Lebzeiten *noch nicht* als *vollendeter* weiser Philosoph sehen kann. Folglich ist er gemäß seiner eigenen Argumentation auch nicht als *affektfreier* Weiser zu deuten, sondern vielmehr als eine Figur mit ausgeprägten kognitiven Mechanismen der Selbstkontrolle.

Affekte gehören zum Menschsein.[48] Sie sind häufig negativ konnotiert, wenn sie den Menschen am Philosophieren, also am Streben nach dem Wahren hindern.[49] Ob Affekte auch förderlich sein können, wird im vorliegenden Kontext nicht in Erwägung gezogen.[50] Erst wenn der Mensch seine Körperlichkeit verliert, also nach dem Tod, kann er sich endgültig von ihnen befreien. Aber immerhin erscheint es unter Umständen möglich, sie bereits zu Lebzeiten mit dem Verstand zu kontrollieren. An den Figuren im Phaidonbuch wird deutlich, dass Affekte und ihre Auslöser *erklärt* werden können. Sie resultieren aus Meinungen, Einschätzungen oder (Vor-) Urteilen und gelten im Phaidon als kognitiv begründet.[51] Werden diese angstauslösenden Sachzusammenhänge – beispielsweise in der Auseinandersetzung mit dem Phänomen des Sterbens – dann argumentativ über den Verstand entkräftet, kann eine *kognitive Umstrukturierung* ausgelöst werden. Durch diesen Prozess können Affekte selbst in existenziellen Situationen gelöst werden, um das innere Erleben neu zu gestalten.[52] Zur Affektregulation wird daher die argumentative Auseinandersetzung mit dem auslösenden Problem propagiert.[53] Diese psychologische Methodik wird während des Gesprächs nicht nur diskutiert, sondern auch demonstriert: zum einen modellhaft an der Figur des Sokrates und zum anderen an den Lernprozessen seiner Schüler.

Da es selbst einem Philosophen wie Sokrates wegen seiner Leibgebundenheit nicht möglich ist, bereits zu Lebzeiten zur völligen seelischen Ein-

---

[48] Die Vorstellung, dass der Mensch durch seine Körperlichkeit mit „sexuellen Gelüsten, mit Begierden und Ängsten, mit allen möglichen Phantasien und unzähligen Nichtigkeiten" erfüllt ist, ist als anthropologisch grundlegende Aussage zu verstehen. Darauf verweist unter anderem die Formulierung in der 1. Person Plural, auch im Kontext. Auch die aus der Leiblichkeit folgende Konsequenz ist allgemein formuliert: „daß wir, um die Wahrheit zu sagen, unter seinem Einfluß tatsächlich niemals zu irgendeiner Einsicht kommen. Denn zu Kriegen, Aufständen und Kämpfen sind nur der Leib und seine Begierden der Anlaß", Plat. Phaid. 66b, Übersetzung von EBERT, Kommentar, 24, vgl. auch Plat. Phaid. 66de.

[49] Plat. Phaid. 83d.

[50] ERLER, Platon, 24.

[51] Auf diese kognitive Grundlegung der Affekte weisen auch Beiträge im Philebosdialog hin, auf den später eingegangen wird. So gehören Trieb und Begierde nach Plat. Phil. 35d.41c zur Seele, weil sie über *Erinnerungen* ausgelöst werden, sodass sie anschließend vom Körper aufgenommen werden könnten. In der Diskussion des Plat. Phil. 37c–38a.39a argumentiert Sokrates verdeutlichend zur kognitiven Voraussetzung der Affekte, dass die Lust aus *Vorstellungen* resultiert, die aus *Wahrnehmung* und *Gedächtnisleistung* entstehen (Ἡ μνήμη ταῖς αἰσθήσεσι συμπίπτουσα). Seien diese Vorstellungen fehlerhaft, könnten in der Folge fehlerhafte Affekte ausgelöst werden.

[52] In der modernen, funktionalistischen Psychologie wird das Phänomen als emotionsbezogenes Coping bezeichnet, vgl. Kapitel 3, 43ff.

[53] Plat. Phaid. 77e.78a.

sicht und absoluten Affektfreiheit zu gelangen, ist als erreichbares Ziel ein besonnenes Verhalten (σωφροσύνη) anzustreben. *Besonnenheit* wird in diesem Zusammenhang als eine innere Fähigkeit definiert, sich von Begierden nicht fortreißen zu lassen, sondern sich ihnen gegenüber gleichgültig zu verhalten.[54] Der psychologische und ethische Stellenwert dieses Ideals ist im platonischen Modell nicht zu unterschätzen: Besonnenheit wird als spezifischer „Schmuck der Seele" des Weisen gewürdigt, und in der Reihung der verschiedenen edlen Attribute der Psyche eines Philosophen sogar der Gerechtigkeit, der Tapferkeit, dem Edelmut und der Wahrheit vorgeordnet.[55] Allerdings wird dieses besonnene Regulationsvermögen nicht allen Menschen zugetraut, sondern nur denen, „die den Leib gering schätzen und in der Liebe zur Weisheit leben" (ἐν φιλοσοφίᾳ ζῶσιν), also der *Elite gereifter Philosophen*.[56] Als Gegenteil der anzustrebenden Besonnenheit wird zügelloses Verhalten (ἀκολασία) benannt.[57] *Zügellosigkeit* bedeutet, von der Lust beherrscht zu werden (ὑπὸ τῶν ἡδονῶν ἄρχεσθαι) – den Affekten, dem inneren Drang nachzugeben, und ihm letztlich sogar ausgeliefert zu sein.[58]

Das Ausleben von Affekten (wie beispielweise der Lust) aber auch affektiv unkontrolliertes Verhalten verweisen insofern auf unreife Personen. Dass *Frauen* diesem Personenkreis zugerechnet werden, demonstriert der Text exemplarisch an Xanthippe.[59] Phaidon kommentiert ihr trauerndes Verhalten als typisch für Frauen.[60] Er erinnert sich daran, dass Sokrates darum gebeten hat, die völlig aufgelöste Xanthippe wegzugeleiten (60a), um seine letzten Stunden in ruhiger Stimmung, nämlich lediglich in philosophischem Umfeld, verbringen zu können.

Im Kreise seiner Freunde und Schüler ist die Position des *Phaidon* herausragend.[61] Phaidon bekennt sich grundsätzlich zu seinen Affekten – erst

---

[54] Plat. Phaid. 68c.
[55] Plat. Phaid. 114e.
[56] Plat. Phaid. 68c.
[57] Plat. Phaid. 68e.
[58] Plat. Phaid. 68e.
[59] Plat. Phaid. 60a,116b. Die anwesende, philosophisch nicht gebildete Frau leidet und jammert über das bevorstehende Ableben des Sokrates – sie versinkt in ihren Affekten, in Trauer und Abschiedsschmerz und verhält sich dadurch scheinbar unreif.
[60] Plat. Phaid. 60a: Ξανθίππη, ἀνευφήμησέ τε καὶ τοιαῦτ᾽ ἄττα εἶπεν οἷα δὴ εἰώθασιν αἱ γυναῖκες.
[61] Die im Text dargestellten Reaktionen auf den bevorstehenden Tod sind äußerst unterschiedlich: Die Frauen klagen und leiden. Die Wächter haben ebenfalls kein Verständnis für das Verhalten des Sokrates – denn sie haben am philosophischen Gespräch nicht teilgenommen. Selbst gebildete, der Philosophie nahestehende Gesprächspartner wie Kriton, Kebes und Simmias, die sich von der Argumentation des Sokrates rational überzeugen lassen, können nicht so entschieden wie Sokrates selbst mit der Situation umgehen.

recht angesichts der erwarteten Hinrichtung des Sokrates.[62] Er weiß darum,
dass er sich selbst in einem psychischen Ausnahmezustand befindet.[63] Sein
inneres Erleben summiert er gegenüber Echekrates als eine ungewohnte
Mischung aus Schmerz und Lust: der Schmerz erscheint ausgelöst durch
den erwarteten Verlust des Freundes, die seelische Lust dagegen aus der
Zuversicht, dass der Tod kein Unglück darstellt.[64] Beide Affekte werden
kognitiv erklärt! Phaidon durchdenkt somit die Ursache seiner Affektim-
pulse, relativiert deren Bedeutung und kann sich dadurch auf die gegebene
und nicht zu ändernde Situation einstellen.[65] Während Sokrates das Zulassen von Affekten generell kritisiert, weil sie den Menschen am Streben
nach Erkenntnis hindern, beurteilt Phaidon die Affekte qualitativ. Gewertet
werden der jeweilige Auslöser, die Art des Mischungsverhältnisses aus
Schmerz und Lust, sowie das Zielobjekt des inneren Erlebens.[66] Insofern
stellt diese Figur ein alternatives Modell zum sokratischen Umgang mit
Affekten dar. Phaidon kann dem Typus eines *„anständigen Menschen"*
(ἀνήρ ἐπιεικής) zugeordnet werden, der sich um einen kontrollierten Umgang mit Affekten bemüht und dessen Verhalten maßvoll, besonnen und
damit angemessen erscheint.[67] Affekte können also unter gewissen Umständen durch Reflexion reguliert werden.

Als der Zeitpunkt von Sokrates Hinrichtung näherrückt, steigert sich die
extreme seelische Belastung, der die Freunde ausgesetzt sind. Phaidon be-

---

[62] Plat. Phaid. 59a.117d: Phaidon empfindet Trauer, kann auch Tränen nicht zurückhalten, hat gemischte Gefühle aus Schmerz und Lust. Allerdings gelingt es ihm an dieser
Stelle, seine Affekte rational zu kontrollieren.

[63] Dieser Zustand wird von ihm als natürlich sonderbarer Zustand beschrieben
(„ἀτεχνῶς ἄτοπόν τί..."), bei dem Lust und Schmerz zugleich empfunden worden
sind, Plat. Phaid. 59a.

[64] Plat. Phaid. 59a. Phaidons Begründungen der Affekte werden im Zusammenhang
mit dem Erleben der anderen Freunde und Schüler im Folgenden differenzierter untersucht.

[65] Zur Zuordnung Phaidons zum Typus des „rechtschaffenen Menschen" siehe ERLER,
Platon, 31f.

[66] Zu dieser Einschätzung v.a. hinsichtlich der Dialoge Phaidon und Philebos gelangt
ERLER, Platon, 38ff: „Anlass und Inhalt der Affekte werden zu Kriterien für ihre differenzierte Bewertung."

[67] ERLER, Platon, 32, ordnet Phaidon diesem in Plat. Pol. 603e von Sokrates beschriebenen Typ zu, der beispielsweise Trauer angesichts des Todes empfinden mag, dem es
aber zugleich gelingt, diesen Schmerz rational zu zügeln – durch Gewöhnung, Maß, Vernunft, Übung und Situationsanalyse. Zu ergänzen ist, was Phaidon von den meisten Schülern und Freunden des Sokrates, die bei seinem Sterben anwesend waren, berichtet. In
Plat. Phaid. 117c werden die meisten von ihnen mit dem Begriff ἐπιεικῶς als imstande
bezeichnet, sich zu beherrschen und nicht zu weinen. Die Selbstbeherrschung gelingt
aber nur, bis Sokrates den Schierlingsbecher ausgetrunken hat, danach versinken auch sie
allerdings in ihren Affekten.

schreibt nicht nur den Ausnahmezustand, in dem sich seine eigene Psyche befindet. Er glaubt zu wissen, dass es auch den anderen entsprechend ergangen sei (οὕτω διεκείμεθα).[68] Damit zieht er einen *Analogieschluss*, bei dem er von seinem eigenen inneren Erleben ausgeht. Das wird nicht nur mit seinen Eindrücken aus dem Gesprächsverlauf und der Extremsituation begründet, die von allen Beteiligten gemeinsam durchlebt wird. Phaidon traut sich auch die Kompetenz zu, von der äußerlichen Gefühlsdemonstration anderer Personen auf deren psychische Konstitution schließen zu können. Affekten wird an dieser Stelle eine *kommunikative Signalfunktion* zuerkannt. Von den Anwesenden kann nur Sokrates selbst die Affekte angesichts der Todesbedrohung völlig unter Kontrolle halten – am Ende kommt es unter den Philosophen zu einer leidvollen affektiven Eskalation.[69] Sie „blieben also und redeten untereinander über das Gesagte und überdachten es noch einmal" – bei dieser Aussage wird der außerordentliche kognitive Reflexionsgrad betont – „dann aber *klagten auch wir* über *unser* Unglück, welches *uns getroffen* hätte."[70] Die Affekte der Männer werden durch die Relevanz des Geschehens für ihr eigenes Ergehen erklärt. Während sie mit Sokrates philosophisch-abstrakt und konzentriert darüber diskutiert haben, welche Bedeutung Philosophen dem Tod grundsätzlich beimessen sollten, ist es den Beteiligten gelungen, das Denken vernünftig zu lenken.[71] Sobald aber die *persönliche Betroffenheit*, das heißt die Konsequenzen des Geschehens für die eigene Person, bewusst wird, brechen Affekte hervor. Affekte können demnach bei Platon unter anderem demonstrieren, welche Bedeutung ein gewisser Inhalt für das Subjekt hat, das die Gefühle erlebt. Sie funktionieren im Phaidon daher *subjektreferenziell*, denn sie vermitteln nicht nur etwas über das Objekt, das die Affekte auslöst, sondern kommunizieren zugleich Informationen über die Person, die die Affekte erlebt. Interessant ist dabei, dass diejenigen, die ihre Affekte deutlich kommunizieren, als abschreckendes Vorbild angesehen werden sollen. Das lässt sich mit der Darstellung in Phaidon 117d vergleichen. Dort verweist Sokrates beim überschwänglichen affektiven Ausbruch seiner Freunde angesichts seines Sterbens auf das Jammern und Klagen der Frauen, das insofern ebenfalls als abschreckend zu sehen ist.

---

[68] Plat. Phaid. 59a.

[69] Plat. Phaid. 60a,116b.

[70] Plat. Phaid. 116a, Übersetzung F. Schleiermacher, Hervorhebung Inselmann. Die innere Affektbetroffenheit der philosophischen Schüler äußert sich in einer Kombination verschiedener Ausdrucksmechanismen, zum Beispiel durch Weinen, Jammern und Klagen.

[71] Die kognitive Auseinandersetzung mit dem Problem begründet in diesem Zusammenhang insofern ein ‚emotionsbezogenes Coping', wie es die moderne, funktionalistische Psychologie bezeichnet, also ein affektbezogenes Bewältigungsverhalten.

Die Bildebene spiegelt den komplexen inneren Konflikt auf der Sachebene: In den Schülern *Simmias* und *Kebes* schwelt der innere Konflikt besonders stark. Sie bedürfen der ‚Überredungskunst' anscheinend am dringendsten, Sokrates führt den größten Teil des Gesprächs direkt mit ihnen.[72] Denn während in der Figur des Phaidon anscheinend nur die Argumente der Vernunft mit denen der Affekte ringen, sind die beiden Schüler zudem kognitiv verunsichert. Ihre Furcht bekennen sie zumindest indirekt, nämlich innerhalb der Metapher vom „Kind im Mann",[73] was an eine zumindest partielle innere *Unreife* denken lässt. Sie vermitteln ihren inneren, kognitiven Konflikt durch die wiederholten und differenzierten Einwände, mit denen sie die philosophische Erörterung im Gesprächsverlauf bereichern. Bis zum Schluss bewahren sie sich einen gewissen „Unglauben".[74] Dieser innere Zustand wird von Simmias als „menschliche Schwäche" (ἀνθρωπίνη ἀσθένεια) näherbestimmt: Was kann in menschlicher Befangenheit vor dem Tod über die Unsterblichkeit der Seele gesagt werden?[75] Diese Verunsicherung scheint ebenso ansteckend zu sein wie die ‚Überredungskunst' des Sokrates: Auf die argumentativen Einwände und die dargelegten Affekte des Simmias und Kebes reagieren die anderen Schüler des Sokrates ebenso verstört – zumindest vorübergehend. Sie reflektieren ihren Zustand dabei als Verstimmtheit, Unruhe und Ungewissheit.[76] Schließlich stellen sie sogar ihre eigene vernünftige Urteilsfähigkeit an diesem Punkt infrage.[77] Wie reagiert Sokrates darauf?

Sokrates verordnet seinen Schülern gegen ihre Verunsicherung das Heilmittel der *Philosophie*. Er fordert sie auf, die Erörterung zu vertiefen, um die aufgekommenen Zweifel ausräumen zu können.[78] Eine vernünftige

---

[72] Zunächst ist Sokrates als Gesprächsführer der dialektischen Argumentationen zu bestimmen, ab Plat. Phaid. 84c vertreten Simmias und Kebes eigene Argumente zum Beweisthema, was ihre Bedeutung im Dialog steigert, denn dadurch angeregt diskutiert Sokrates die pythagoreischen Positionen im Folgenden kritisch. Erst die Diskussion über das Schicksal der Seelen in der Unterwelt fußt wieder auf pythagoreischer Grundlage, vgl. EBERT, Kommentar, 281.

[73] Plat. Phaid. 77e.

[74] Plat. Phaid. 107a.b: ἀπιστίαν (...) ἔχειν.

[75] In Plat. Phaid. 107a wird dies mit der Größe der Gegenstände begründet, auf die sich die Reden beziehen (τοῦ μεγέθους περὶ ὧν οἱ λόγοι εἰσίν...). Dies kann als Respektsbekundung gegenüber der Komplexität der Thematik verstanden werden.

[76] Plat. Phaid. 88c: ἐδόκουν ἀναταράξαι καὶ εἰς ἀπιστίαν καταβαλεῖν. Zum Gespräch mit Phaidon über die Misologie in 89c–91c siehe EBERT, Kommentar, 301–305.

[77] Plat. Phaid. 88c.

[78] Gegenüber seinem Gesprächspartner Echekrates würdigt Phaidon das Verhalten des Sokrates, der seine Schüler stets angemessen eingeschätzt habe und sie in der dargestellten Situation durch seine Menschenkenntnis gut habe heilen können, Plat. Phaid. 89a: ἔπειτα ὡς εὖ ἡμᾶς ἰσατο. Auffällig ist das Vokabular aus dem medizinischen Bereich,

Auseinandersetzung mit den Ursachen ist nach Sokrates der anzustrebende und erfolgversprechende Weg, um innere Konflikte zu beheben.

Die letzten Minuten des Sokrates werden von Phaidon dramatisch und anschaulich beschrieben. Nur die philosophischen Freunde sind noch zugegen, als Sokrates den Schierlingsbecher austrinkt. Bis dahin bewahren die meisten der Anwesenden die Fassung, doch in Anbetracht seines Sterbens fließen die Tränen unaufhaltsam. Apollodorus habe „schon vorher dauernd geweint; jetzt aber klagte er lauthals und jammerte, und unter den Anwesenden war keiner, den er nicht zum Weinen brachte, außer eben Sokrates selber."[79] Der *Affektausdruck* steigert sich qualitativ und quantitativ im Moment des Abschieds. Das zeigt, dass sich die Krise auf ihrem Höhepunkt befindet. In dieser Situation wirkt das Weinen, mit dem Apollodoros seinen Affekt ausdrückt, auf die anderen äußerst *ansteckend*. Nach Phaidons Bericht reagieren alle darauf stark betroffen, also empathisch.[80] Außer Sokrates gelingt es nach Phaidons Schilderung keinem, sich angesichts der Situation dem infizierenden Charakter des Affektausdrucks zu entziehen.[81] Vom Sterbenden wird aber berichtet, wie er seine Freunde ein letztes Mal, auf dreierlei Weise, zur Selbstbeherrschung und Affektregulation motiviert hat: Zum einen durch sein *Vorbild*,[82] zum anderen durch seine explizite, verstärkende *Aufforderung zur Ruhe* und Tapferkeit.[83] Und drittens durch die *Konfrontation* mit *weiblichem Affektverhalten*, das Sokrates zu meiden

---

denn dadurch klingt der zu therapierende innere Konflikt wie ein pathologisches Syndrom.

[79] Plat. Phaid. 117d, Übersetzung EBERT, Kommentar, 84.

[80] Plat. Phaid. 117c. So kann als nächstes Kriton die Tränen nicht länger zurückhalten, schließlich verliert Phaidon selbst die Beherrschung und seine Tränen fließen so stark, dass er sich zum Weinen verhüllen muss.

[81] EBERT, Kommentar, 459, deutet die emotionale Reaktion seiner „Freunde, die nun alle in Tränen ausbrechen", als „Folie für die Schilderung der Gelassenheit, mit der Sokrates selber seinem physischen Ende entgegengeht."

[82] Platon berichtet vom Erstickungstod durch Schierling, der bei vollem Bewusstsein durch Lähmung der Zwerchfellmuskulatur eintritt, sodass die Atmung aussetzt, nicht mit voller Symptomatik (u.a. Schwindel, Lähmungserscheinungen, starker Speichelfluss, Erbrechen, Durchfall, Krämpfe u.a. der Gesichtsmuskulatur). EBERT, Kommentar, 461: „Platon hat uns den Tod des Sokrates so schildern wollen, daß er dem Bild des philosophischen Todes entspricht. Der historische Sokrates starb wohl einen anderen Tod." Nur so konnte meines Erachtens die Modellfunktion bezüglich der Affekte erzählerisch gewahrt werden. Auf diese Weise passt die Beschreibung des Sterbens auch zum Abschluss des Phaidonbuchs. Plat. Phaid. 118a schließt mit einer Würdigung des Sokrates, der am Ende von Phaidon u.a. als φρονιμώτατος und δικαιότατος, als der Einsichtigste und Redlichste, Gesetzestreueste, bezeichnet wird. Zu dieser Übersetzung EBERT, Kommentar, 462.

[83] Plat. Phaid. 117d.

versucht: Er habe die Frauen weggeschickt, um ihren Affektäußerungen zu entgehen![84] Der anzustrebende pythagoreische Anspruch, der Philosoph solle dem Tod in „stiller Andacht" entgegentreten (ἐν εὐφημίᾳ), lässt die Einschätzung zu, dass Sokrates von Platon an dieser Stelle wiederum in pythagoreischer Tradition verortet wird.[85] Erst später gelingt es den philosophischen Schülern, im Weinen innezuhalten und die sie überwältigenden Affekte wieder zu kontrollieren, wobei sie sich schämen (ᾐσχύνθημέν τε καὶ ἐπέσχομεν τοῦ δακρύειν)![86] Affekte können also ansteckend wirken, wenn sie in einer extremen Belastungssituation kommuniziert werden. Vernünftige Menschen können nach Platon allerdings lernen, etwaige aufkommende Affekte selbst in extremen Situationen durch kognitive Prozesse zu regulieren.

Es zeigt sich daher, dass Platon die *Philosophie* bei jeder Form eines inneren Konflikts, auch wenn er durch das Auftreten von Affekten gekennzeichnet ist, für geeignet hält, um (wieder) zur Besonnenheit zu gelangen. Insofern kann das Phaidonbuch im Hinblick auf die Affekte als antike Form einer ‚*Gesprächstherapie*' gelesen werden. Nicht nur das auslösende Problem, auch das Affekterleben selbst wird dabei thematisiert.[87] Die Suche nach dem Wahren, der Erkenntnis, wird zur bevorzugten Bewältigungsstrategie. Die Philosophie wird selbst zur Medizin, zum Mittel und zum Zweck, sie ist aber nicht jedem als Therapie möglich.[88]

C. Affekte und das Phänomen der Freude im Philebosdialog

Die Figurenbeschreibungen und die Darstellung der Affektdynamik im Bericht des Phaidon haben bereits einen Eindruck über das Verständnis der Affekte und ihrer Regulationsmöglichkeiten nach Platon vermitteln kön-

---

[84] Plat. Phaid. 117d.

[85] EBERT, Kommentar, 459. Nach Iambl. vita Pyth. §234 waren die Pythagoreer bestrebt, das Jammern und Weinen zu vermeiden.

[86] Plat. Phaid. 117e.

[87] Von Sokrates aktiviert und angeleitet werden verschiedene Argumentationen entfaltet und diskutiert, sodass durch die Beschäftigung mit der Philosophie das Argumentationsvermögen, aber auch abstraktes und rationales Denken gefördert werden. Entsprechend können sich auch die Mechanismen der Affektkontrolle bei den Schülern entwickeln.

[88] Zum Philosophieren ist ein bestimmtes Seelenpotenzial notwendig. Sokrates und seine Schüler verstehen (philosophisches) Lernen grundsätzlich als aktives Wiedererinnern, das voraussetzt, dass die Seele bereits vor der Menschwerdung präexistiert. Der Mensch kann sich also durch erinnerndes Lernen entwickeln, allerdings nur, wie es ihm seine seelische Veranlagung erlaubt, Plat. Phaid. 72e–76d.

nen.[89] Nun soll der Philebos als weiterer Dialog herangezogen werden, weil darin die Affekte etwas abweichend behandelt werden.[90]

Platon lässt Sokrates im Philebos über den vortrefflichsten Umgang mit Affekten, über das Verhältnis von Lust und Vernunft, über die Entstehung und Bedeutung von gemischten Gefühlen diskutieren, aber auch, inwiefern Theaterstücke zur Affektbildung anregen und wie vielfältig die Möglichkeiten sind, Affekte auszudrücken. Während im Phaidon vor allem Angst und Trauer im Vordergrund der Affektdiskussion stehen, werden im Philebos auch Phänomene der Freude (χαρά), beispielsweise Vorfreude und Schadenfreude, ausdrücklich behandelt. Im Folgenden werde ich mich auf entsprechende Aspekte im Philebos konzentrieren.

Das Konzept der Freude (χαρά) wird im Philebos leider nicht eigenständig untersucht, aber das Wortfeld begegnet regelmäßig im Zusammenhang mit dem Lust-Konzept (ἡδονή). An verschiedenen Stellen stehen beide Ausdrücke nebeneinander.[91] Das lässt sich bereits an der Ausgangsthese der Philebosfigur zeigen: Dieser Philosophenschüler behauptet, dass Lust, Vergnügen und Freude (ἡδονὴν καὶ τέρψιν καὶ χαρὰν) und alles, was es dergleichen gibt, das Vortrefflichste für den Menschen seien.[92] Anders ausgedrückt: Das Gute besteht aus Sicht des Philebos für alle Menschen darin, lustvoll zu leben.[93] Sokrates wird dagegen im Verlauf des Gesprächs erarbeiten, dass Vernunft und Erkenntnis gegenüber einem undifferenzierten

---

[89] Es ist bereits oben darauf hingewiesen worden, dass im Werk Platons keine einheitliche beziehungsweise systematische Psychologie vorausgesetzt werden kann, ebenso, dass die Psychologie im Phaidon möglicherweise nicht repräsentativ für das Werk Platons ist, sondern von Platon an die Argumentationsweise des historischen Phaidon angelehnt sein könnte. Aber selbst wenn die Reden des Sokrates im Phaidon nicht vom Erzähler präsentiert werden, sondern als Figurenrede des Phaidon vorliegen, kann meines Erachtens nicht davon ausgegangen werden, dass Platon die Wiedergabe des Sokrates durch Phaidon völlig verzerrt haben sollte.

[90] Zwar lassen sich auch viele Analogien finden. Aber im Gegensatz zum Phaidon bettet Platon die Thematik diesmal in einen direkten Dialog ein. Einige Aspekte werden vertieft, in einigen Punkten aber auch anders dargestellt, sodass die Lektüre des Philebosdialogs dazu beitragen kann, einen deutlicheren Eindruck vom Affektverständnis Platons zu erhalten. Allerdings tritt die Thematik der Affektregulation in diesem Zusammenhang zurück, die für den Vergleich mit der Affektvorstellung im Lukasevangelium besonders interessant ist.

[91] Plat. Phil. 19c.21b u.a.

[92] Plat. Phil. 19c.

[93] In diesem Buch präsentiert Platon einen direkten Dialog, indem er Sokrates mit verschiedenen Gesprächspartnern über sein Verständnis des Guten diskutieren lässt. Philebos und Protarchos vertreten die Ausgangsthese, dass das Gute für alle Menschen in der Lust liegt, während Sokrates im Verlauf des Gesprächs demonstriert, dass Vernunft und Erkenntnis gegenüber dem Lustgewinn als überlegen zu gelten haben.

Lustbegriff als überlegen zu betrachten sind.[94] Dabei wird die Lust an sich von der Figur des Sokrates zunächst weder a priori gewürdigt oder verurteilt.[95] Dieser Trieb und das mit ihm verbundene innere Erleben werden als äußerst komplex verstanden: Als Konsequenz unterscheidet Sokrates die Lust eines zügellosen, ausschweifenden Menschen vom Lusterleben eines besonnenen, vernünftigen Menschen.[96] Nicht der Affektausdruck wird an dieser Stelle zum Wertungskriterium, sondern die jeweilige *Persönlichkeitsstruktur*! Grundsätzlich unterscheiden die beiden Gesprächspartner Sokrates und Protarchos Menschen, die eine gerechte, fromme, gute Verhaltensdisposition besitzen, von ungerechten, durch und durch schlechten, als deren Gegenteil.[97] Das differenzierte Verständnis des Lusterlebens wird in diesem Zusammenhang erkenntnistheoretisch begründet:[98] Die guten Menschen hätten größtenteils das Wahre in sich und könnten daher auch ‚richtige‘ Lust empfinden, wenn die der Lust zugrunde liegenden Vorstellungen, entstanden aus Wahrnehmung und Erinnerung, richtig seien. Vorstellungen können aber auch unrichtig sein. Daraus wird abgeleitet, dass bei schlechten Menschen, die dem Ideal des Guten, Schönen und Gerechten nicht entsprächen, davon ausgegangen werden müsse, dass aufgrund ihrer falschen Vorstellungen auch ihre Lust und Freude ‚falsch‘ sei.[99] Affekte gelten bei Platon also als Endprodukte eines auch kognitiven, vielschichtigen inneren Prozesses.[100] Dabei sind Fehler aufgrund von Fehleinschätzungen möglich, selbst wenn das erlebende Subjekt dies nicht erkennt. Weil das Lusterleben untrennbar mit der Entwicklung von Vorstellungen verbunden ist, geht Sokrates bereits zu Beginn des Gesprächs davon aus, „manche Lust der anderen entgegengesetzt" finden zu können.[101]

Entsprechend erscheint es dem Philosophen folgerichtig, das angemessene und erstrebenswerte Lustempfinden allein demjenigen Menschentyp

---

[94] Nach Plat. Phil. 19d hält Sokrates Vernunft, Erkenntnis, Verstand und Kunst für ein besseres Gut als die Lust.

[95] Pejorativ dagegen im Plat. Tim. 69d: Darin werden die Lust als „des Schlechten stärkster Köder" und die Hoffnung als leicht zu narren bezeichnet. Platons Konzept der Hoffnung steht dem der Vorfreude sehr nahe, vgl. unten.

[96] Plat. Phil. 12cd.

[97] Plat. Phil. 39e.

[98] Sokrates überträgt das Phänomen „falscher" Lust in Plat. Phil. 40e auf Affekte allgemein: „Οὐκοῦν ὁ αὐτὸς λόγος ἂν εἴη περὶ φόβων γε καὶ θυμῶν καὶ πάντων τῶν τοιούτων, ὡς ἔστι καὶ ψευδῆ πάντα τὰ τοιαῦτα ἐνίοτε."

[99] Plat. Phil. 37e.38a.40cd.

[100] Die verschiedenen Faktoren dieses Prozesses müssen berücksichtigt werden, um den Charakter der Lust beziehungsweise der Affekte näher bestimmen und kritisieren zu können: Auslösendes Objekt, Wahrnehmung, Verarbeitung der Eindrücke, zugrunde liegende Vorstellungen, die jeweilige innere Ausrichtung der Person, die durch bestimmte innere Strebungen gekennzeichnet ist usw.

[101] Plat. Phil. 13a: φοβοῦμαι δὲ μή τινας ἡδονὰς ἡδοναῖς εὑρήσομεν ἐναντίας.

zuzuordnen, der sich um Weisheit, also um Vernunft und Einsicht bemüht: also den *Philosophen* selbst.[102] Die ausgeglichene Lebensweise eines Philosophen wird sogar als die göttlichste (θειότατος) bezeichnet.[103] Als Ideal wird bestimmt, wenn sich *Lust, Vernunft* und *Einsicht* mischen.[104] Platon lässt diese Überlegungen von seiner Figur Sokrates begründen. Einsicht sei zum Erleben von Freude und Lust notwendig, da man sonst gar nicht wissen könne, ob und worüber man sich freue.[105] Um sich *angemessen* zu freuen, wird demnach ein kognitives Reflexions- und Urteilsvermögen benötigt. Durch diese Einsicht wird der *Objektbezug* der anzustrebenden Lust gesichert.[106] Diese Aussage hat Grundsatzcharakter und ist auf das allgemeine, anzustrebende Affekterleben übertragbar. Zeichnet sich eine Lebensweise dagegen durch unreflektiertes, ausschweifendes und zügelloses Luststreben aus, ist sie aus Sicht des Sokrates abzulehnen.[107] Mithilfe der Vernunft, die als übergreifendes Ordnungsprinzip gilt, könne die Lust begrenzt werden, um Übermut und Schlechtigkeit zu vermeiden.[108] Aber auch Einsicht ohne Lustgewinn gilt den Philosophen des Philebos als nicht erstrebenswert![109] Ausdrücklich wird wie im Phaidondialog ein *besonnenes Verhalten* (σωφρονεῖν) als idealer Maßstab gewürdigt.[110]

An welchen Symptomen ist diese unrichtige Lust phänomenologisch zu erkennen? Eine derartige ‚*falsche Lust*' sei der wahren nur ins Lächerliche nachgebildet, und auffällig sei an ihr, dass sie häufig im Zusammenhang

---

[102] Diese These wird zu Beginn des Philebosgesprächs vertreten und auch am Ende wieder aufgenommen und verdeutlicht: Plat. Phil. 22a.21e.27d.33a.59cd.61cd.63e u.a.

[103] Eine andere Position wird in Plat. Phil. 33b referiert. Demnach werde es für unwahrscheinlich und unziemlich gehalten, würden Götter sich freuen (χαίρειν) oder das Gegenteil davon empfinden. Protarchos fragt, ob auch der Weise weder froh noch traurig sei: Τὸν τοῦ μὴ χαίρειν μηδὲ λυπεῖσθαι λέγεις; Sokrates antwortet, es sei gesagt worden, wer sich für die Vernunft und Einsicht entschieden habe, habe weder große noch kleine Freude, μήτε μέγα μήτε σμικρὸν χαίρειν.

[104] Protarchos fragt Sokrates nach der idealen, anzustrebenden Lebensweise als Mischung aus Lust, Vernunft und Einsicht: Ἡδονῆς λέγεις καὶ νοῦ καὶ φρονήσεως; Plat. Phil. 22a.27d.

[105] Diese Überlegung wird in Plat. Phil. 21c ausdrücklich am Beispiel des Freuens (χαίρειν) belegt.

[106] ERLER, Platon, 39, der sich auf den Philebos-Dialog bezieht: „Um sie beurteilen zu können, muss der jeweilige Gehalt, die Art der Mischung und das jeweilige Objekt der Affekte untersucht werden... Anlass und Inhalt der Affekte werden zu Kriterien für ihre differenzierte Bewertung."

[107] Bereits in 12cd wird diese Form der Lust beschrieben, die der besonnenen, vernünftigen Lust entgegengesetzt ist. In Plat. Phil. 27e wird eine unbegrenzte Lust negativ beurteilt; sie solle durch Vernunft, Erkenntnis und Einsicht nach Plat. Phil. 28a begrenzt werden.

[108] Plat. Phil. 26b.

[109] Plat. Phil. 21de.

[110] Plat. Phil. 63e, vgl. Plat. Phaid. 68c.

mit anderer Schlechtigkeit begegne.[111] Zwar präsentiert dieser Dialog noch keine Systematik, aber dennoch wird die Komplexität der Prozesse deutlich, die im Zusammenhang mit der Genese von Lust stehen.[112] In Philebos 39a zeigen sich erste Ansätze einer *Lerntheorie*, wonach *Erfahrungen* den Reifeprozess einer Person besonders maßgeblich prägen. In der Seele bilden sich *Strukturen*, indem Erfahrungen in sie eingeschrieben und „eingemalt" werden, die aus der Wahrnehmung, dem Gedächtnis, aber auch aus dem Erleben und Erinnern von Affekten (παθήματα) resultieren.[113] Die Persönlichkeitsstrukturen eines Menschen werden also langfristig durch Erfahrungen gefestigt und bedingen wiederum die Wahrnehmung und diejenigen Vorstellungen einer Person, die für das situative Lusterleben entscheidend sind.[114]

Das lässt für die Genese und die Regulation von Affekten zwei wichtige Schlüsse zu: *Langfristige Lernprozesse* ermöglichen Persönlichkeitsentwicklungen, sofern ein Mensch neue Erfahrungen verarbeitet, die die Strukturen der Seele umprägen, in Worten des Sokrates: „umschreiben" beziehungsweise „ummalen". Eine derart gereifte Persönlichkeit zeichnet sich schließlich durch besonnenes Verhalten (σωφρονεῖν) aus, also durch angemessenes Luststreben und Umgehen mit den Affekten.[115] Aber selbst Menschen mit einer (noch) ungünstigen inneren Disposition wird die Möglichkeit einer Affektbewältigung *situativ* zugestanden, wenn die Affekte eine kognitive Rückbindung an die Seele aufweisen. Wird das auslösende Objekt in einem Verarbeitungs- und Lernprozess nämlich rational neu bewertet, können Affekte beeinflusst und somit reguliert werden.

Nicht nur die Genese der Affekte ist komplex, die Affekte selbst sind es nach Platon ebenfalls. Wichtig erscheint die Differenzierung ihrer Qualität, insbesondere der Affektstärke, der temporale Aspekt im Erleben, verschie-

---

[111] Plat. Phil. 41a. Die von Protarchos vorgetragene Überlegung, dass falsche innere Lust gemeinsam mit anderen problematischen Phänomenen auftritt, erklärt die genannte Persönlichkeitstypologie (guter Mensch/schlechter Mensch), wie sie u.a. in Plat. Phaid. 81d angedeutet wird.

[112] Aristoteles hat die Vorstellung von Affekt- und Verhaltensclustern, die eine Persönlichkeit formen und definieren, weiter ausgearbeitet, Arist. rhet. 1386b,29–1387a,3; vgl. hierzu auch die Ausführung im Zusammenhang mit der schematheoretischen Betrachtung in Kapitel 11, 271ff zu Lk 15,11–32.

[113] Die moderne Lerntheorie hat ausgehend von der prägenden Bedeutung der Erinnerung verschiedene Typen der Konditionierung untersucht. Zum entwicklungspsychologischen Ansatz der Schematheorie vgl. Kapitel 3.

[114] Trieb und Begierde werden insofern der Seele zugeordnet, als sie an Erinnerungsleistungen gekoppelt sind. Die so ausgelösten Affekte werden vom Körper aufgenommen, Plat. Phil. 35d.41c.

[115] Plat. Phil. 45d.e: Protarchos verweist in Plat. Phil. 45e auf das zeitgenössisch bekannte Sprichwort des „nichts zuviel", μηδὲν ἄγαν, im Umgang mit der Lust, an welchem sich besonnene Menschen zu orientieren pflegen.

dene Typen des inneren Erlebens und das Phänomen von gemischten Gefühlen, die aus Lust und Unlust zugleich bestehen.

Die unterschiedliche *Stärke eines Affektausbruchs* steht in Relation zur Selbstkontrolle der betroffenen Person: Während besonnene Menschen imstande seien, das rechte Maß im Umgang mit Affekten zu erlangen, könnten „unsinnige" und „übermütige" Menschen bis zum Wahnsinn (μέχρι μανίας) ihren Affekten erliegen.[116] Wie im Phaidon bilden Besonnenheit und Zügellosigkeit zwei gegensätzliche Pole. Starke Affekte können sich demnach, je nach Qualität, in einem besonders *extremen Ausdrucksverhalten* äußern: Große Lust führt zu auffälligem Verhalten, das sich gestisch durch Springen, außergewöhnliches Atmen, durch großes Entzücken, aber auch verbal durch Geschrei usw. äußern kann.[117] Problematisch an den starken Affekten ist ihre Unbegrenztheit. Nur mit der Vernunft, die auch als Ordnungsprinzip des gesamten Kosmos gilt, lassen sich Affekte zügeln und somit kontrollieren, um das angemessene Maß im Affekterleben zu finden.[118]

Auch der *temporale Aspekt* ist zur Beurteilung eines Affekts wesentlich. So führt die menschliche Zeitkompetenz dazu, dass nicht nur aktuelle Wahrnehmungen verarbeitet werden, sondern dass auch Affekterlebnisse der Vergangenheit erinnert werden können. Aber auch in der Zukunft Liegendes kann im Voraus antizipiert werden, wobei unangenehme Erwartungen bei diesem ‚Vorgefühl der Seele' zu Angst und Leid führen. Derselbe Prozess ermöglicht aber auch das Phänomen der *Vorfreude*, das ebenfalls auf eine kognitive Erinnerungsleistung zurückzuführen ist. Vorgefühle geschehen allein im Bereich der Seele, durch das Denken, sie betreffen das Körperliche nicht.[119] Im Zusammenhang des Philebos wird das Phänomen der Vorfreude mit den griechischen Begriffen der Lust (ἡδονή) oder der Freude (χαρά) wiedergegeben. [120] Sie wird als positive *Erwartungshaltung*, als fröhliches *Hoffen* verstanden, sodass der sie erlebende Mensch vor dem Angenehmen ermutigt wird.[121] Die reine Vorfreude gilt als unvermischte Lust,[122] doch kann sie auch in Situationen erlebt werden, in denen zugleich Schmerz erfahren wird. Das ermöglicht eine Relativierung des aktuellen schmerzvollen Erlebens, aber zugleich ist zu berücksichtigen,

---

[116] Plat. Phil. 45de.

[117] Plat. Phil. 47a.

[118] Plat. Phil. 28ae.52c. In Plat. Phaidr. 246a–247e wird diese Vorstellung von Platon mit dem Modell des Seelenwagens dargestellt, bei dem die personifizierte „Vernunft" als Wagenlenkerin geschildert wird, die durch „mutige" Pferde die „wilden" Pferde, also die Affekte, zügeln kann.

[119] Plat. Phil. 36b.32b.

[120] Plat. Phil. 36ab.47c.

[121] Plat. Phil. 32c.

[122] Plat. Phil. 39d.

dass Vorfreude aufgrund falscher Vorstellungen auch ‚falsch' sein kann, wenn das Erhoffte schließlich doch nicht eintrifft.[123]

Dieses Phänomen *gemischter Gefühle* wird im Philebos neben dem Ideal *reiner Lust* ausführlich vorgestellt.[124] Affekte treten demnach beim Großteil der Menschen ambivalent auf, als Mischungen von Lust und Unlust.[125] Dabei unterscheidet Sokrates verschiedene Typen des inneren Erlebens,[126] bevor er sich in einem längeren Diskurs den innerseelischen Spannungen zuwendet, die als besonders problematisch erachtet werden.[127] Dieses Phänomen wird auf *verdorbene Seelenstrukturen* zurückgeführt.[128] Die innerseelischen Mischgefühle demonstriert Sokrates anhand der Affekte, die bei Theaterbesuchen beim Publikum ausgelöst werden (sollen).[129] Sokrates verdeutlicht seine Überlegungen am Neid: Der Neid (φθόνος) wird wie der Zorn (ὀργή), die Furcht (φόβος), das Verlangen (πόθος), wie Wehmut (θρῆνος), Liebeskummer (ἔρως) und Eifersucht (ζῆλος) der seelischen *Unlust* (τῆς ψυχῆς λύπας) zugeordnet.[130] Mit dem Neid korreliert aber nach Sokrates das Empfinden von *Schadenfreude* als Lust, denn wer neide, werde sich auch über das Unglück des Nächsten *erfreut zeigen*.[131] In der folgenden näheren Bestimmung wird für den Begriff der Schadenfreude sowohl das Wortfeld der Lust (ἡδονή) als auch das der Freude (χαρά, χαίρειν) verwendet. Als Antonym ist der Begriff für Schmerz und Trau-

---

[123] Plat. Phil. 37e.39de.

[124] Plat. Phil.51b.52ab beschreibt das Erleben reiner, ungemischter Lust als Lust an Farben, Gestalten, Gerüchen, Tönen, aber auch als Lust an Einsicht und Philosophie.

[125] Darauf verweist die Bemerkung des Protarchos in Plat. Phil.47b.

[126] In Plat. Phil.46bc werden Mischungen, die auf das körperliche Erleben begrenzt sind, von solchen unterschieden, die innerhalb der Seele auftreten. Aber auch zwischen Körper und Seele kann es der Argumentation folgend zu Mischungen kommen. Mischungen, an denen das Leibliche Anteil hat, ergeben sich insbesondere, wenn eine Störung behoben beziehungsweise ein Mangelzustand zum Naturzustand zurückgeführt wird. Sokrates demonstriert das in Plat. Phil. 46cd am Beispiel eines Frierenden, der sich erwärmt, oder eines Erhitzten, der sich abkühlt, vgl. auch Plat. Phil. 31e. In diesen Situationen erleiden beide einen Mangel als Unlust, genießen aber zugleich dessen Aufhebung als Lust. Die moderne operante Konditionierungspsychologie bezeichnet den Entzug eines unerwünschten Reizes als ‚negative Verstärkung' eines Verhaltens, vgl. Zimbardo, Psychologie, 281. Nach Plat. Phil. 36b wird allen Lebewesen zugetraut, diese innere Spannung aus Lust (Sehnsucht) und Unlust (Leid, Schmerz) in sich erleben zu können.

[127] Plat. Phil. 47d ff.

[128] Plat. Phil. 45e.46a.

[129] Plat. Phil. 48b; in 49a wird scherzhafter Neid als παιδικὸν φθόνον bezeichnet.

[130] Plat. Phil. 47e.50a. Diese Auflistung ist nicht als vollständig zu verstehen. Sokrates erwähnt, dass es dergleichen Affekte mehr gibt.

[131] Plat. Phil. 48b. Sokrates:Ἀλλὰ μὴν ὁ φθονῶν γε ἐπὶ κακοῖς τοῖς πέλας ἡδόμενος ἀναφανήσεται. Vgl. hierzu das Dispositionsmodell bei Arist. rhet. 1388a,24–27, auf das in Kapitel 11 zu Affektdarstellung und Affektwandel in der Parabel vom Vater und seinen Söhnen (Lk 15,11–32), 285f, eingegangen wird.

rigkeit (λύπη) zu bestimmen.[132] Das Lachen (γελάω), das als Affektausdruck auf Schadenfreude verweist, ist in diesem Zusammenhang negativ
konnotiert.[133] Es scheint sogar, als ob die Schadenfreude auch selbst als
das Lächerliche bezeichnet werden kann (τὸ γελοῖον).[134] Im Verlauf des
Gesprächs diskutieren die Freunde, ob zwischen der Schadenfreude gegenüber Freund und Feind zu unterscheiden ist, also ob Schadenfreude grundsätzlich kritikwürdig ist oder auch situativ gerechtfertigt sein kann.[135] Sie
ist nach Sokrates zu vermeiden, denn sie hat die Schwachheit anderer zum
Objekt und wird ausgelöst, wenn vorhandenem Neid Lust beigemischt
wird.[136] Allein durch die Art des Mischungsverhältnisses von Lust und Unlust lassen sich nach dieser Argumentation die Mechanismen von Komödien und Tragödien unterscheiden.[137]

Sokrates verallgemeinert die exemplarische Argumentation, die sich auf
Mischgefühle im Kontext des Theaters bezieht, abschließend auf beacht-
liche Weise. Er deutet an, dass das Leben von vielen Menschen insgesamt
als eine Art Trauerspiel oder Lustspiel erlebt werde.[138] Mit diesem tragischen Phänomen demonstriert Platon, dass die meisten Menschen einen
wenig erfolgreichen Umgang mit Affekten, insbesondere mit Mischgefüh-
len pflegen. Schmerz und Lust sind für sie feste Bestandteile im Leben: Sie
leiden und sind zornig, sind erwartungsvoll, froh oder traurig, häufig vieles
zugleich. Affekte bestimmen das Leben dieser Menschen, sodass es unmöglich für sie ist, die Glückseligkeit innerer Ausgeglichenheit und Ruhe
zu erlangen. Nur Vernunft und Einsicht werden im Gegensatz zu affekti-
vem Erleben dem wahrhaft Seienden zugeordnet.[139] Insofern fungieren
Affekte wie im Phaidon als „Störfaktoren"[140], denn sie führen zu inneren
Konflikten gegenüber Argumenten der Vernunft und lenken damit vom
wahren Charakter der Dinge ab, zu denen man allein über die Vernunft
vordringen kann.[141] Die unvermischte Lust an Einsicht und Verstand bleibt

---

[132] Plat. Phil. 49e.50a. Sokrates: Χαίρομεν δὲ ἢ λυπούμεθα, ὅταν ἐπ᾽ αὐτῇ γελῶ-
μεν; Protarchos: Δῆλον ὅτι χαίρομεν.

[133] Plat. Phil. 49e.

[134] Plat. Phil. 48c.49c.50a usw. Beispielsweise lässt Sokrates in 48c die Natur des Lä-
cherlichen prüfen, das im Verlauf der sich anschließenden Diskussion als komplementä-
res Gegenstück zum Neid bestimmt wird.

[135] Plat. Phil.49c.

[136] Plat. Phil. 49e.50a.

[137] Mit beiden werden die Zuschauer zwar unterhalten (Lustgewinn), und ihre Seele
wird sowohl durch Lust als auch Schmerz bewegt, aber während in Komödien das Lust-
volle überwiegt, soll mit Tragödien abschließend Betroffenheit als Schmerz ausgelöst
werden, Plat. Phil. 48a.

[138] Plat. Phil. 50b.

[139] Plat. Phil. 59cd.

[140] ERLER, Platon, 23.

[141] Plat. Phaid. 83d.

nur einer kleinen Elite vorbehalten; sie ist „keineswegs für die Menge der Menschen, sondern nur für ganz wenige" zugänglich.[142]

Die vorliegende Darstellung der Affektkonzeptionen im Philebos- und Phaidondialog erhebt weder einen Anspruch auf Vollständigkeit noch gibt sie vor, in allen Punkten für das Gesamtwerk Platons repräsentativ zu sein. Umso deutlicher zeigt sich, dass die Komplexität der platonischen Psychologie nicht zu unterschätzen ist, auch wenn Platon sie nicht selbst systematisiert hinterlassen hat.

---

[142] Plat. Phil.52b: (...) οὐδαμῶς τῶν πολλῶν ἀνθρώπων ἀλλὰ τῶν σφόδρα ὀλί-γων. In Plat. Pol. 431bc wird das Gegenteil zur philosophischen Lebensform im Hinblick auf die Affekte (Begierden und Lüste) insbesondere dem weiblichen Geschlecht und dem Gesinde zugeordnet, außerdem unter den sogenannten Freien dem gemeinen großen Haufen.

Kapitel 5

Die Diskussion und Differenziertheit
der stoischen Affektlehre

Auch von den Stoikern wird das Konzept der Freude im Zusammenhang mit den Affekten behandelt. Dabei gilt die stoische Lehre von den Affekten als umstrittenster Bestandteil der stoischen Theorien überhaupt: Nach Galens Zeugnis sollen die innerstoischen Differenzen über das angemessene Verständnis der Leidenschaften möglicherweise bereits auf den Schulgründer Zenon und auf Chrysipp zurückreichen,[1] wenngleich dieser Dissens in der neueren philosophischen Forschung, zumindest in seiner Tragweite, nicht mehr als gesichert gilt.[2] Die Ursache dafür liegt unter anderem darin, dass die vier Bücher mit der frühen stoischen Theorie über die Leidenschaften (πάθη), die Chrysipp verfasst hat, verloren sind. Da die Lehre Chrysipps deshalb nur aus fragmentarischen, sekundären Bemerkungen rekonstruiert werden kann, wird sich dieser Konflikt nicht mehr mit Sicherheit klären lassen. Auch andere stoische Schriften sind nur bruchstückhaft überliefert – und häufig missverständlich durch aristotelisch-peripatetische Lehren ergänzt worden.[3]

Kritik erhielt die stoische Seelen- und Affektlehre bereits aus den eigenen Reihen – innerhalb der mittleren Stoa ragt Posidonius (135–151 v.Chr.) als Hauptkritiker hervor, der im Anschluss an Platon insbesondere die monistische Seelenauffassung Chrysipps angreift, stattdessen wieder irrationale Seelenteile voraussetzt, und daraus abgeleitet wie die Peripate-

---

[1] Danach besteht der Dissens nach Gal. PHP 5,1.4 (= SVF III,461) darin, dass Zenon von Kition Affekte (πάθή) als Reaktionen auf Urteile verstand und damit Urteile als kausal notwendige Bedingung für Affekte definierte, während Chrysipp eine Identitätsrelation zwischen Affekten und Urteilen herstellte, vgl. zu Zenon auch SVF I,205–215. Das Zeugnis des Galen ist jedoch äußert umstritten und möglicherweise polemisch gefärbt, vgl. HALBIG, Affektenlehre, 32.

[2] Während Pohlenz, Sorabji und Nussbaum mit unterschiedlichen Akzenten von Differenzen in der Affektlehre ausgehen, stützen Forschner, Inwood und Vogt die These von grundsätzlicher Einheitlichkeit der Lehre mit tendenzieller Ausdifferenzierung bei Chrysipp, vgl. POHLENZ, Stoa, 143; SORABJI, Emotion, 63–65; NUSSBAUM, Therapy, 371f; FORSCHNER, Ethik, 138f; INWOOD, Ethics, 130f; VOGT, Theorie, 69.

[3] WHITE, Indifferenz, 181. White erklärt diese Missverständnisse durch die Verwendung gleicher Wörter für unterschiedliche Begriffsfelder in den verschiedenen philosophischen Lehrsystemen.

tiker die Metriopathie als Ziel des tugendhaften Menschen fordert.[4] Doch auch Chrysipps Position ist im Laufe der stoischen Entwicklung aufgearbeitet worden: Vor allem Seneca bildete den altstoischen Ansatz fort und präzisierte ihn. Vermutlich lösten auch die Vorwürfe von außen eine Entwicklung aus, die kritisierten, dass die stoische Lehre im Umgang mit den Affekten unmenschlich sei.[5] Die Stoiker reagierten durch rechtfertigende Beteuerungen[6] und zwei konkretisierende Ansätze der Affektlehre, die weiter unten vorgestellt werden: Erstens durch die Theorie von den ersten Gefühlsregungen (προπαθείαι), die den Affekten vorausgehen.[7] Zweitens sorgte die Kritik für die Ausbildung der Lehre von den guten Gefühlszuständen (εὐπάθειαι-Theorie).[8] Erst in diesem Zusammenhang erhielt die Freude, wenn auch in spezieller Definition, einen herausragenden Stellenwert in der stoischen Affektsystematik. Doch auch diese Lehre fand ihre (externen) Kritiker wie Plutarch, der hinter dieser Ausdifferenzierung keine Weiterentwicklung, sondern lediglich eine Umetikettierung der bekannten stoischen Phänomene vermutete.[9]

Die intensive philosophische Diskussion und Kritik der stoischen Affektlehre erweist sich als äußerst lebendig und problematisch zugleich: Um dieses spezielle Verständnis von den Leidenschaften und den guten Gefühlszuständen zu verdeutlichen, müssen deshalb zunächst das Seelenmodell, die Handlungstheorie und die Lehre von der Glückseligkeit als Axiome für den stoischen Begriff des Affekts (πάθος) vorgestellt werden. Erst nach Hinweisen auf die Entwicklung der Lehre kann ich auf das stoische Konzept der Freude eingehen, da es sich erst im Kontext der Lehre von den „guten Gefühlszuständen" (εὐπάθειαι) erschließen lässt, wie sie vor allem von Seneca geprägt und überliefert ist. Das Verständnis der stoischen

---

[4] Posidonius Argumente sind überliefert bei Gal., PHP. Allerdings ergeben sich auch aus der Absicht Galens, Posidonius als Gewährsmann für das eigene Verständnis der Seelenlehre anzubringen, hermeneutische Probleme, vgl. HALBIG, Affektenlehre, 52; SORABJI, Emotion, 99f; vgl. zu Posidonius Affektverständnis auch COOPER, Posidonius, 71–111; SORABJI, Chrysippus, 150–153.

[5] IRWIN, Inhumanity, 220f.238 präsentiert beispielsweise Lact. inst. (CSEL 19) 6.10.11; 6.15.2. (vgl. SVF III,450) als Kritiker der stoischen Inhumanität. Irwin präzisiert diese Kritik: Da Verletzungen anderer kein Mitgefühl in einem stoischen Weisen auslösen, könne der Weise auch deren Situation nicht objektiv erfassen.

[6] D.L., VII.117 (SVF III,448): der Weise sei ἀπαθής, aber nicht σκληρός und ἄτεγκτος; Sen. epist. 71,27; Epikt. III,2,4 u.a.

[7] Es kann derzeit nicht mehr genau rekonstruiert werden, auf wen die Lehre von den ersten Gefühlsbewegungen zurückzuführen ist. Als Urheber der Propatheia-Lehre werden sowohl der ältere Stoiker Zenon, aber auch Posidonius und Seneca diskutiert, vgl. HALBIG, Affektenlehre, 57; INWOOD, Ethics, 175–181.

[8] KNUUTTILA/SIHVOLA, Analysis, 17.

[9] Plut. De virtute morali, 449AB.

Freude soll auf diese Weise helfen, ein weiteres Licht auf die Fragestellungen der biblischen Texte zu werfen.

A. Das monistische Seelenverständnis und die Handlungstheorie der Stoa

Während Platon im Staat neben der Vernunft (λογιστικόν) noch die Existenz von zwei weiteren irrationalen Seelenteilen angenommen hat,[10] gehen die frühen Stoiker von der grundsätzlichen Einheitlichkeit der Seele, d.h. von einem psychologischen Monismus aus. Die menschliche Seele ist demnach unteilbar, beinhaltet aber acht Vermögen: die fünf Sinne, das Sprachvermögen, die Fortpflanzungsfähigkeit und das Hegemonikon (ἡγεμονικόν) als leitendes Prinzip.[11] Diese Seelenlehre hat einen ausgeprägten kognitiven Akzent: Denn die Seele wird zwar körperlich gedacht und im Herzen lokalisiert,[12] das Hegemonikon (ἡγεμονικόν) als „Schaltzentrale und Informationszentrum"[13], das häufig auch mit der „Seele" gleichgesetzt wird, gilt aber in ausgeglichenem Zustand (εὐτονία) als rational und ohne selbstständige irrationale Anteile.[14] Alle Informationen, die auf den Menschen einwirken, werden an das Hegemonikon weitergeleitet, selektiert, aufeinander bezogen und interpretiert.[15] Weil dieses zentrale Seelenvermögen einheitlich ist, kann es aus stoischer Sicht – im Gegensatz zur Seelenlehre des Aristoteles und der Metaphorik bei Platon – keine inneren Konflikte zwischen dem Fühlen, Wollen und Denken einer Person geben.[16] Es ist nur konsequent, dass Tieren und Kindern das rationale Han-

---

[10] Ob Platon ein dualistisches oder dreiteiliges Seelenmodell vertreten hat, ist umstritten, weil weder im Philebus noch im Staat eindeutige Aussagen getroffen werden. Vgl. hierzu FORTENBAUGH, Aristotle, 23–44, der auch die aristotelische Weiterentwicklung der platonischen Überlegungen darstellt. Vgl. hierzu Kapitel 4 dieser Arbeit.

[11] Vgl. hierzu ANNAS, Philosophy, insbesondere Kapitel 4. Siehe z.B.: Aët., Doxographi Graeci, 4.21.1–4 (teilw. SVF II,836; FDS 441).

[12] VOGT, Theorie, 91f. Nach Werner STEMPEL, Therapie, 18.130, lokalisieren die Stoiker das Hegemonikon als Zentralorgan der Seele im Herzen, aus Pneuma bestehend, das unter einer Spannung, dem τόνος, steht. Vernünftige Dominanz bestehe im Zustand der εὐτονία, vgl. Sen. De ira I,8.2. Die Affekte werden ebenfalls im Herzen lokalisiert, wenn das ἡγεμονικόν erregt ist, vgl. beispielsweise zur Lokalisierung des Zornes Sen. De ira II,19.

[13] GUCKES, Akrasia, 99.

[14] Zur Bedeutung des Hegemonikons vgl. OKSENBERG RORTY, Besänftigung, 174.

[15] Vgl. Sext.Emp., adv.math. 220 (teilw. SVF II,879).

[16] BRENNAN, Theory, 25; HALBIG, Affektenlehre, 36. Vgl. dagegen den Beitrag von GUCKES, Akrasia. Zur Bedeutung der συγκατάθεσις für den stoischen Monismus siehe LONG, Psychology, 572ff. STRIKER, Emotions, besonders 294ff, vergleicht das aristotelische mit dem stoischen Affektverständnis.

deln abgesprochen wird, weil sie keinen ausreichend entwickelnden Verstand besitzen.[17] Ungefähr mit dem 14. Lebensjahr sollte der Logos eines Menschen jedoch so weit entwickelt sein, dass jedes intentionale Handeln über den Verstand bestimmt wird und kontrollierbar ist. Wie das vor sich gehen soll, zeigt ein kurzer Blick auf die Handlungstheorie.

Die Stoiker differenzieren drei grundlegende Kategorien. Zunächst entstehen im Hegemonikon durch äußere Eindrücke Vorstellungen (φαντα-σίαι), die die spontane Einschätzung eines Sachverhalts enthalten.[18] Schon diese Vorstellung ist mit einem ersten Impuls verbunden, der allerdings noch nicht wirksam ist. Denn Vorstellungen erhalten erst eine Bedeutung, wenn der Mensch ihnen mit seinem Verstand, dem Logos, zustimmt. Diese Zustimmung (συγκατάθεσις) ist das eigentlich Entscheidende: Sie richtet sich zum einen beipflichtend auf den Gehalt der Vorstellung, führt aber gleichzeitig bei praktischen Vorstellungen zu einem Handlungsimpuls (ὁρμή) und einer daraus hervorgehenden Handlung.[19] In umgekehrter Perspektive zeigt sich, dass jedes Verhalten und jede Einstellung ein rationales Urteil implizieren. An dieser Stelle grenzt sich das stoische Denken klar von dem des Aristoteles ab.[20] Die stoische Handlungstheorie legt ihr Gewicht auf eine Anthropologie, die den Menschen nicht passiv ungewissen selbstständigen und irrationalen Kräften ausgeliefert sieht. Weil der Mensch grundsätzlich frei ist und immer das anstreben kann, was sein Verstand als gut beurteilt, betonen die Stoiker die Möglichkeit und damit die Verantwortung des Menschen zur Selbstkontrolle.[21] Der stoische Fokus richtet sich also nicht in erster Linie auf die Psychologie, sondern auf die Ethik:[22] Deswegen erhält der Tugendbegriff einen herausragenden Stellenwert in der stoischen Argumentation.

---

[17] HALBIG, Affektenlehre, 50.

[18] Da Vorstellungen einen propositionalen Gehalt haben, wird auch die Seele in der Stoa als durch und durch rational gedacht, vgl. GUCKES, Akrasia, 99.

[19] HALBIG, Affektenlehre, 36, verweist auf Stob. Ecl. II,86,17 (=SVF III,169) und ebd. 88,1(=SVF III,171). Vgl. auch Plutarch, De Stoicorum repugnantiis, 47,1057A (teilw. SVF III,177). Da die Seele einheitlich gedacht wird, sind Zustimmung und Handlungsimpuls so eng miteinander verbunden, dass sie gelegentlich miteinander identifiziert werden. Vgl. Stob. Ecl. II.88,2–6 (SVF III,171).

[20] Im Gegensatz zum aristotelischen Modell ist aus stoischer Sicht kein akratisches Handeln möglich, vgl. HALBIG, Affektenlehre, 36.

[21] Dabei vertreten die Stoiker gleichzeitig einen Determinismus, was von Plutarch als Widerspruch zur These von der menschlichen Verantwortlichkeit kritisiert worden ist. Nach JEDAN, Chrysipp, 148ff liegt jedoch kein Widerspruch vor. Denn die Stoiker kennen unterschiedliche Schicksalsvorstellungen. Neben der stärkeren gibt es auch eine schwächere Deutung des Fatums, die sich mit dem Anspruch der Kontrolle des Akteurs über seine Handlungen in Einklang bringen lässt.

[22] BRENNAN, Theory, 33.

Tugend ist begründet auf Wahrheit und Konsistenz, und sie ist vom Menschen grundsätzlich rational erfassbar und anzustreben. Die Stoiker haben die gesamte Philosophie als Streben nach Tugend definieren können, weil sie unter der Weisheit hauptsächlich die praktische Lebensführung verstanden.[23] Im weiteren Kontext verweist die Tugend auf das Göttliche im Menschen, auf das umfassende und ebenfalls rational gedachte kosmische Prinzip.[24] Im Handeln des Weisen spiegelt sich demnach die kosmische, vollendete Vernunft.[25] Weil nach stoischer Naturlehre der Geist des Menschen Teil des kosmischen Geistes ist, besteht die Tugend des Weisen darin, dem Ganzen mit seinem Wissen (ἐπιστήμη) und seinen Fertigkeiten (τέχνη) zu dienen, anstelle primär egozentrische Interessen zu verfolgen.[26] Das zu vermeidende ‚Schlechte‘ liegt entsprechend in der Kehrseite der Tugend, also in jedem unvernünftigen Verhalten, das den Menschen von seiner naturgemäßen Bestimmung entfernt, die im Einklang mit der göttlichen, rationalen Vorsehung zu sehen ist. Dass dieses hohe ethische Ideal nur von den Wenigsten erreicht wird, räumen die Stoiker durchaus ein.[27]

Doch dieses Problem der verschwindenden Quantität von Weisen ist nicht der einzige angreifbare Aspekt der stoischen Affektlehre. Wie sollen beispielsweise die heftigen Gefühlsregungen, von denen sich Menschen angesichts von Freude, Liebe, Angst oder Not überwältigt fühlen, in dieses übergreifende System der Seele und des Handelns eingefügt werden? Sprengen sie nicht das gerade vorgestellte, rationale Modell? Ist die Forderung von Apathie, realistisch betrachtet, nicht unmenschlich und damit unnatürlich?[28] Mit diesen Fragen konfrontiert, reagierten die Vertreter der Stoa unterschiedlich. Die folgende Darstellung orientiert sich zunächst an den Schulen der alten und jüngeren Stoa.[29]

---

[23] BONHÖFFER, Epictet, 1, verweist auf Sen. epist. 89,5; Musonius bei Stob. Flor. II.275. Das Streben nach Tugend sei gleichbedeutend mit dem Streben nach Weisheit, da die Stoiker zur Tugend das praktische und intellektuelle Verhalten zugleich zählten.

[24] BRENNAN, Theory, 22f, 37; OKSENBERG RORTY, Besänftigung, v.a. 172–175. HALBIG, Affektenlehre, 37, definiert die stoische Tugend als „Vollendung der Vernunft im Einklang mit dem *logos*, der jedes Ereignis im Kosmos im Sinne der göttlichen Vorsehung bestimmt" (Hervorhebung Halbig).

[25] BRENNAN, Theory, 22.34: Die Stoiker unterscheiden daher im Rationalitätsbegriff zwischen dem Rationalitätsaspekt der Handlungstheorie, nachdem alle Handlungen eines Erwachsenen rational gesteuert sind und dem Aspekt der göttlichen Rationalität, wie sie nur in seltenen Fällen einem Weisen zuzuordnen ist.

[26] OKSENBERG RORTY, Besänftigung, 175.

[27] HALBIG, Affektenlehre, 61–64.

[28] IRWIN, Inhumanity, 219–241, beschreibt in seinem Aufsatz die antiken Vorwürfe und Missverständnisse bezüglich der stoischen Affektlehre.

[29] Oben wurde bereits darauf hingewiesen, dass Vertreter der mittleren Stoa in ihre Seelenlehre, Handlungstheorie und Affekttheorie platonische oder peripatetische Gedan-

B. Affekte, Adiaphora und die stoische Vorstellung vom Glück

Die stoischen Affektvorstellungen können nicht von ihrem systematischen Theoriehintergrund isoliert werden. Auch wenn die Stoiker einen großen Wert auf grundlegende phänomenologische Beobachtungen legen und in weiten Bereichen mit dem Common Sense übereinstimmen, ist ihrer Affektlehre ein gewisser ‚Systemzwang' nicht abzusprechen.[30] Im Zusammenhang mit der stoischen Seelenvorstellung und der Handlungstheorie scheint es gleichwohl angebracht, auch bei der Affektvorstellung die kognitiven Aspekte hervorzuheben.[31] Denn in der älteren und neueren Stoa werden Affekte in die Handlungstheorie eingeordnet und daher als Form beziehungsweise Folge des menschlichen Urteilsvermögens gesehen.[32] Das entspricht in gewisser Weise der modernen funktionalistischen Emotionspsychologie, die Emotionen ebenfalls als Bestandteile des menschlichen Verhaltens auffasst.[33] Der Unterschied zur antiken Stoa ist dennoch offensichtlich: Während nach modernen psychologischen Paradigmen Emotionen grundsätzliche menschliche Mittel zum Kommunizieren und zur Verhaltensregulation sind – und auch Aristoteles beschreibt sie als anthropologisches Phänomen[34] – differenzieren die Stoiker verschiedene Qualitäten von Gefühlen: Affekte als Leidenschaften (πάθη) werden nur dem gewöhnlichen Menschen zugeordnet. Der stoische Weise ist von ihnen befreit.

Hinter der Affektlehre steht die stoische Erkenntnistheorie, verbunden mit der Vorstellung von der Glückseligkeit (εὐδαιμονία) des Menschen. Was

---

ken aufnahmen, während die Werke der lateinischen Stoa als eklektisch zu beurteilen sind und die Thesen der älteren Stoa wieder aufnahmen, vgl. GUCKES, Ethik, 8.

[30] Es wird dabei gelegentlich sogar die extreme Position vertreten, die stoische Affektlehre sei nur durch ihren innerstoischen Affektzwang erklärbar, vgl. diese Argumentation und ihre Gegenposition bei HALBIG, Affektenlehre, 34.68.

[31] Vgl. BRENNAN, Theory, 22ff zur „Rationalität" – Ambivalenz sowie HALBIG, Affektenlehre, 35.39f, zur kognitivistischen Deutung der Affekte als Werturteile aus innerem Systemzwang.

[32] Den engen Zusammenhang von Kognition und Affekt haben bereits Platon und Aristoteles gesehen, aber während Platon deren Verhältnis im Philebus noch nicht näher bestimmt, vertieft Aristoteles insbesondere in seiner Rhetorik die platonischen Überlegungen, vgl. FORTENBAUGH, Aristotle, 9–12.

[33] Zum stoischen Verständnis der Affekte als Verhalten vgl. FORSCHNER, Ethik, 115; HALBIG, Affektenlehre, 35. Zur funktionalistischen Emotionstheorie vgl. HOLODYNSKI/ FRIEDLMEIER, Entwicklung. In der funktionalistischen Emotionspsychologie war vor allem die Definition von FRIJDA, Emotions, 71.371 wegweisend, der Emotionen als Veränderungen der Handlungsbereitschaft („changes in action readiness") definierte. Vgl. hierzu Kapitel 3 zur Emotionspsychologie in dieser Arbeit.

[34] Vgl. STRIKER, Emotions, 296.

für diese Seligkeit irrelevant ist, zählt aus stoischer Sicht zu den Adiaphora (ἀδιάφορα).[35] Werden diese letztlich gleichgültigen Sachverhalte für einen Menschen zu wichtig, wird er sich entsprechende ‚Meinungen' über sie bilden. Dabei sind diese Meinungen im Unterschied zu Urteilen durch mangelnde kognitive Reflexion bestimmt: Die Zustimmung (συγκατά-θεσις) zu den spontanen Vorstellungen (φαντασίαι) findet voreilig statt, sodass Adiaphora als gut oder schlecht gewertet werden, obwohl ihnen keine Bedeutung für das Glück des Menschen zukommt. Damit sind Meinungen in jedem Fall defizitäre Annahmen. Auch instabile ‚schwache Meinungen' sind in diesem Sinn falsche, wenngleich erfassende Zustimmungen, weil sie nicht auf einer sicheren Grundlage basieren.[36]

In Tradition von Platon und Aristoteles werden Affekte also aus stoischer Sicht grundsätzlich als ‚Meinungen' charakterisiert. Die Stoiker erklären sie aus dem mangelhaften Urteilsvermögen eines gewöhnlichen, nicht weisen Menschen.[37] Denn die Leidenschaften (πάθη) resultierten aus zweifachem Fehlverhalten:[38] Würden die Wertvorstellungen, die sich durch die spontanen Eindrücke (φαντασίαι) aufdrängen, unkritisch übernommen und die affektive Reaktion darauf außerdem für angemessen gehalten, folge der Ausbruch einer jeweiligen Leidenschaft. Affekte sind demnach für die stoischen Verfechter der Rationalität (im Gegensatz zur akademischen Schule[39]) per definitionem negativ. Aristoteles, der den platonischen An-

---

[35] Zum Unterschied von stoischer und aristotelisch-peripatetischer Ethik vgl. WHITE, Indifferenz. Im Unterschied zur peripatetischen Lehre, nach der alles Naturgemäße gut ist, berücksichtigen die Stoiker, dass der Mensch auch Dinge von Natur aus erstrebt, die nicht per se gut sind, sondern erst durch ihren Kontext einen Wert erlangen. Diese Adiaphora betreffen also auch zu bevorzugende und angemessene Dinge mit relativierbarem Wert, z.B. Gesundheit oder Reichtum. Gut sind dagegen nur die Tugend und der Kosmos, weil sie in nicht relativierbare Zusammenhänge eingebettet sind.

[36] Vgl. Stob. Ecl.II.111,18–112,8 (teilw. SVF III,548; teilw. FDS 89; LS 41 G); Sext.Emp. adv.math. 7.151–157, siehe auch den Beitrag von GUCKES, Akrasia, 101; dagegen VOGT, Theorie, 86ff, die darauf verweist, dass die stoischen Beispiele, die sich auf affektive Meinungen beziehen, von Indifferentem handeln. Sie präzisiert daraus folgernd, dass die kognitiven Fähigkeiten des Nicht-Weisen nicht im Sinne der Tugend ausgebildet sind, sodass dieser Mensch nicht erfassenden oder erfassenden Vorstellungen zwar zustimmen könne. Diese Zustimmung sei jedoch immer so, wie es dem kognitiven Potential eines einfachen Menschen entspräche und damit „schwach".

[37] Vgl. Plat. Lach. 195b5; Plat. Prot. 358b; Plat. leg. 644cd und Aristot. eth.Nic. 1115a9 und Aristot. rhet. 1382a21.

[38] Mit der Differenzierung, dass jedem Affekt letztlich zwei Fehleinschätzungen zugrunde liegen, schließe ich mich SORABJI, Emotion, 29, an. FORSCHNER, Ethik, 119, wertet die zusätzliche Beurteilung lediglich als Hinweis darauf, dass hier ein praktisches Urteil vorliege; vgl. zur Diskussion auch HALBIG, Affektenlehre, 38.

[39] Vgl. VIANO, Passions, 237. Aristoteles würdige Affekte beispielsweise als „mobiles de l'acte injuste" (Aristot. rhet. 1368f) sowie als das Urteilsvermögen beeinflussende Kräfte (Aristot. rhet. 1378–1388), deren Kenntnis rhetorisch nutzbar gemacht werden

satz weiterentwickelte, hatte Affekte als normale und natürliche Erscheinungen gewertet, als Teil der menschlichen Erfahrung und Existenz. In seinen ethischen Ansätzen vertritt er das Ideal der *Metriopathie*, d.h. er fordert einen kontrollierten Umgang mit Affekten, der zu Mäßigung und Besonnenheit führt, da Affekte das Urteilsvermögen beeinflussen und zum Wohl des Menschen wirken könnten.[40]

Dagegen grenzen sich die Stoiker deutlich ab: Sie halten Affekte für schädlich und betrachten sie im Gegensatz zur metriopathischen Lehre als Krankheiten, die geheilt werden müssen. Diese Metapher verbildlicht die stoische Affekttheorie treffend, weil die Leidenschaften (πάθη) tatsächlich als körperliche Phänomene gelten. Ausgelöst durch mangelndes Urteilsvermögen äußern sie sich als physiologisch messbare Zusammenziehungen und Ausdehnungen, Hebungen und Senkungen der Seele in der Herzgegend (θυμός). Der Charakter eines Menschen ist organisch davon abhängig, welches der vier Elemente Feuer, Wasser, Luft oder Erde in ihm überwiegt.[41] Schwer einzuordnen ist diese Überlegung einer natürlichen Veranlagung, wie sie bei Seneca gegeben ist,[42] im weiteren Kontext der Affektlehre. Allerdings wertet Seneca diese Disposition nur als eine von vielen Ursachen, die Affekte auslösen: Am schlimmsten seien schlechte Gewohnheiten für die Ausbildung der pathologischen Gefühle.[43]

Mit Affekten entstehen exzessive *Handlungsimpulse* (ὁρμὴ πλεονά-ζουσα)[44], wenn das ausgelöste Streben oder Meiden vorbehaltlos ist und der Impuls zu stark wird: Der Mensch verliert dann die Kontrolle über sich

---

kann. In seiner Ethik ordnet Aristoteles die Affekte dem Schmerz/dem Lustempfinden zu (Aristot. eth.Nic. 1105b 19).

[40] Vgl. STRIKER, Emotions, 293ff zum näheren Vergleich des aristotelischen und des stoischen Affektkonzepts. Zum natürlichen Charakter der Affekte nach Aristoteles vgl. nur Aristot. eth.Nic. II,5.1105b–1106a. Der Philosoph verlangt, dass Affekte vom Verstand dominiert und kontrolliert werden sollten. Er vertritt das Ideal der Metriopathie, fordert also einen maßvollen Umgang mit den natürlich veranlagten Affekten, vgl. Aristot. eth.Nic. II,7,1107b22–1108a1. So sei beispielsweise zwischen Lust und Unlust die Besonnenheit die ,rechte Mitte'. Dieser Begriff des Ideals zwischen zwei Extremen begegnet das erste Mal im 14. Kapitel der Rhetorik, vgl. KÖNIG, Einführung, 183. Gewisse Affekte, die eindeutig negativ verstanden werden, beispielsweise die ,Schadenfreude', werden von den metriopathischen Überlegungen allerdings ausgeschlossen. Aristoteles sieht Affekte auch im Zusammenhang mit der Tugendhaftigkeit, vgl. WITTMANN, Ethik, 144ff; DILLON, Metriopatheia, 508f.

[41] Sen. De ira II,19,1; danach ist beispielsweise für den Jähzorn das Feuer im Menschen die treibende Kraft.

[42] Sen. De ira II,20; III,1,2.

[43] Sen. De ira II,20; III,1,2.: „Sed omnia istia initia causaeque sunt; plurimum potest consuetudino, quae sic grauis est alit uitium."

[44] Stob. Ecl. II,888,8.

selbst.[45] Nach Galen vergleicht Chrysipp einen Affektkranken mit einem schnellen Läufer, der im spurtenden Bewegungsablauf nicht in der Lage ist, sofort anzuhalten und kontrolliert die Richtung zu wechseln.[46]

Der *Weise* verliert dagegen nie die Selbstkontrolle. Er bleibt kontinuierlich rational gesteuert. Wie jedem Menschen drängen sich gemäß der oben dargestellten Handlungstheorie zwar auch ihm spontane Vorstellungen (φαντασίαι) auf, doch aufgrund seines gefestigten Wissens (ἐπιστήμη) prüft er sie kritisch und verweigert ihnen gegebenenfalls die Zustimmung (συγκατάθεσις). Alles, was nicht zur Tugend beiträgt, erkennt der Weise als indifferent für die Glückseligkeit. So kann er sich in jeder Situation ein angemessenes, sicheres Urteil bilden beziehungsweise sich klug eines voreiligen Urteils enthalten[47] und erliegt keinen Meinungen.[48]

Entsprechend sollte das stoische Ideal der ‚*Apathie*'[49] nicht missverstanden werden: Auch der Weise soll und wird sich um vorzuziehende Adiaphora bemühen.[50] Denn auch materielle Güter wie Geld, Ruhm, Gesundheit und das Leben selbst gelten als wertvoll. Sie sind aber letztlich verzichtbar, weil sie keinen Schlüssel zur Glückseligkeit bereithalten.[51] Deshalb dürfen diese Adiaphora nur angestrebt werden, solange sie nicht mit der Tugend in Konflikt geraten.[52] Der Weise muss also immer in der Lage sein, sicher zwischen kurzfristigen Operationszielen und dem langfristigen Ziel der Glückseligkeit (εὐδαιμονία) zu unterscheiden.[53] Das kann folgendes Beispiel verdeutlichen: Auch ein Weiser kann Luxus genießen, weiß aber um dessen Irrelevanz. Wer dagegen am Luxus hängt, empfindet aus stoischer Sicht beim Konsum keine „Freude" (χαρά), sondern den Affekt der „Lust" (ἡδονή). Und weil diese Lust den Verstand des

---

[45] GUCKES, Akrasia, 103.

[46] Gal. PHP, 4.2.10–18 (teilw. SVF III,462).

[47] Zur Urteilsenthaltung des Weisen vgl. Cic. ac. II,57 und Sext.Emp. adv.math. 7.151–157 (LS 40J und 41 C).

[48] Zur erkenntnistheoretischen Unterscheidung von Meinungen und Erkenntnissen siehe VOGT, Theorie, 85ff. Dass Meinungen in den Bereich des Nicht-Wissens fallen, zeigt Cic. ac. I,41–43 (teilw. SVF I,60, teilw. FDS 256, LS 41B).

[49] In der frühen Stoa wird der Begriff nicht verwendet, jedoch inhaltlich vertreten, so VOGT, Theorie, 72.

[50] Auch Adiaphora können gewürdigt werden, vgl. D.L.VII,104; vgl. auch Gal. PHP 5.6.10 (LS 641); Plut. De communibus notitiis adversus Stoicos 1071 A (LS 64 C), vgl. IRWIN, Inhumanity, 232.

[51] WHITE, Indifferenz, 187.

[52] IRWIN, Inhumanity, 232, verweist auf einen Verweis bei Aug.civ.D.9.4. und ein Chrysippsches Fragment bei Plut. De Stoicorum repugnantiis 1048 A (LS 58).

[53] IRWIN, Inhumanity, 231. Zum komplexen intellektuellen und umfassenden Verständnis der Eudaimonia in aristotelischer Tradition vgl. NAGEL, Aristotle.

Menschen verwirrt, weil sie ihn vom vernünftigen, tugendhaften Streben abhält, ist sie zu vermeiden und auszurotten.[54]

Mit dieser strengen Vorstellung vom Glück unterscheiden sich die Stoiker von den vorangegangenen philosophischen Schulen. Sie setzen sich damit insbesondere von Aristoteles ab, der auch äußeren Gütern eine Bedeutung für die Glückseligkeit zuerkennt, wenngleich er die Tugend überordnet.[55] Wenn die Stoiker die Tugend dagegen von einer bloßen Einzelprämisse zur entscheidenden Bedingung für die Glückseligkeit (εὐδαιμονία) machen, wollen sie vor der Fehleinschätzung schützen, das Glück des Menschen sei von äußeren Ereignissen oder Gütern abhängig.

C. Die stoische Affektsystematik

Außer der Lust gibt es drei weitere Grundaffekte: Begierde, Furcht und Schmerz.[56] Von ihnen lassen sich alle anderen verwerflichen Seelenbewegungen ableiten. Diese Grundaffekte und ihre Derivate werden wie die Seele körperlich spürbar gedacht. Sie werden wie gezeigt in der Herzgegend (θυμός) verortet, die ebenfalls Sitz des Lebens und des Verstandes ist. Dort können sie als physiologische Expansionen oder Kontraktionen des seelischen Atemstroms (πνεῦμα)[57] das Leben beeinträchtigen und damit das rationale Denken stören.

Die Affektsystematik ergibt sich aus drei Unterscheidungskriterien:[58] erstens aus dem physiologischen Zustand des Pneumas, zweitens dem zeitlichen Bezug auf etwas Gegenwärtiges oder Zukünftiges und drittens dem Werturteil über Gut oder Schlecht, das dem jeweiligen Affekt zugrunde liegt.

---

[54] Allerdings bestehen bei der Einordnung der Lust innerstoische Differenzen: Im Einklang mit der stoischen Affekttheorie, wie sie hier dargestellt ist, befinden sich D.L. VII.104–5 u.a.; Stob. Ecl. II,80,22 u.a.. Es gibt aber die abweichende Wertungen der Lust als vorzuziehende Adiaphora bei D.L. VII.102, zu dieser Diskussion VOGT, Theorie, 74.

[55] HALBIG, Affektenlehre, 67. Allerdings ist die Tugend auch aus aristotelischer Sicht für das Glück maßgeblich, vgl. Aristot. eth.Nic. 1166a 29. IRWIN, Inhumanity, 229–234, wertet die stoische Differenzierung von Operationszielen und einem Endziel, denen Adiaphora und Tugend zugeordnet werden, als konsequente Weiterentwicklung des aristotelischen Ansatzes in Übereinstimmung mit den aristotelischen Axiomen.

[56] Zur Differenzierung dieses sogenannten Tetrachords des Aristos von Chios vgl. BRENNAN, Theory, 30f und NUSSBAUM, Therapy, 386.

[57] VOGT, Theorie, 91f.

[58] BRENNAN, Theory, 30, bestimmt die Kategorien „time" und „value" zur näheren Bestimmung eines Affekts. Die resultierende physiologische Bewegung ordnet er lediglich nach.

„Lust" (ἡδονή) bezeichnet eine Ausdehnung des Pneumas, wenn etwas Gegenwärtiges als gut eingeschätzt und erstrebt wird. „Schmerz"/„Trauer" (λύπη) steht als Gegensatz dazu für das Zusammenziehen der Seele, wenn etwas Gegenwärtiges als schlecht gilt. Diesen beiden Affekten korrespondieren entgegengesetzte Spannungszustände des seelischen Pneumas. Auch den beiden anderen Grundaffekten Begierde (ἐπιθυμία) und Furcht (φόβος) entsprechen bestimmte physiologische Zustände, die allerdings in den stoischen Überlieferungen nicht ausdrücklich genannt werden.[59] Beide Affekte sind Reaktionen auf zukünftig erwartete Geschehen. Die Begierde wird als Bewegung des Anstrebens charakterisiert, wenn etwas Gutes erwartet wird. Sie ist damit als ‚führender Affekt' der Lust zeitlich vorgeordnet. Die Seelenbewegung der Furcht drückt dagegen die konträre Bewegung der Abwendung aus. Sie ist mit einem Handlungsimpuls (ὁρμή) verbunden, der zukünftig Schlechtes zu vermeiden sucht. Beim Eintreffen des Erwarteten kann Furcht zu Schmerz transformiert werden.[60] Da Affekte nie bloß theoretische Urteile sind, gehen von ihnen immer bestimmte Handlungsimpulse (ὁρμή) aus, die zumeist vorbehaltlos sind. Gleichzeitig gilt bei allen Affekten, dass sich die Seele nicht mehr in ausgeglichener Spannung (εὐτονία) befindet, um rational arbeiten zu können.

Die stoische *Affektsystematik* ist sehr elaboriert: Jedem der vier Grundaffekte werden nach Stobaeus weitere Affektderivate zugeordnet.[61] Die Freude zählt zwar selbst nicht zu den verwerflichen Affekten, doch zeigt ein Blick auf die stoischen Affektzusammenhänge, dass vor allem die generischen Affekte Begierde und Lust, beides expandierende Seelenbewegungen, Affektderivate aufweisen, die in einem engen Verhältnis zum Konzept der Freude stehen. So sind der Begierde auch die Liebe, die Vergnügungssucht, Ehrsucht, usw. zugeordnet, deren Symptome schnell mit denen des Freude-Phänomens verwechselt werden können. Das gilt auch für die Leidenschaft der *Schadenfreude*, die der Lust zugeordnet ist: Sie wird als Lust über das Unglück des anderen definiert. Auch Zufriedenheit, Gaukelei und dergleichen müssen aus stoischer Sicht klar den verwerflichen Affekten zugeordnet werden. Auch diese Derivate weisen zwar sogenannte ‚Familienähnlichkeiten' zum Konzept der Freude auf, sind aber

---

[59] GUCKES, Ethik, 28.

[60] Zur stoischen Affektsystematik Stob. Ecl. II.88ff (teilw. SVF III,378.389), der Begierde und Furcht als führende Affekte, Lust und Schmerz als nachfolgende Affekte versteht. Vgl. außerdem Ps.-Andronicus, De passionibus I (teilw. SVF III,391); Gal. PHP, 4.2.1–6.

[61] Leider ist die Affektsystematik bei Stob. Ecl. II.90,19–91,9 (LS 65E) nicht auf Vollständigkeit hin angelegt. Zur Definition der einzelnen Affekte siehe auch SVF III, 397.401.409.414; Cic. Tusc. IV,14–22; D.L. VII,110–114.

dennoch klar als Affekte (πάθη) definiert, weil sie der Tugend abträglich sind.

Interessant wird die Affektlehre für das Konzept der Freude auch da, wo sich semantische Oppositionen aufweisen lassen. Die Entgegenstellung von Freude (χαρά/laetitia/gaudium) mit Zorn (ὀργή /ira)[62], aber auch mit Furcht (φόβος/metus)[63] begegnet explizit. Dabei soll an dieser Stelle noch einmal betont werden, dass die älteren Stoiker Affekte grundsätzlich als krankhafte, verzerrende Bewegungen des seelischen Pneumas verstehen, zu denen es keine positiven, wertzuschätzenden Affekte als Antonyme geben kann. Es gilt daher: Das Ideal eines gesunden Weisen mit ausgeglichener Affektspannung zeigt sich in stetiger Urteilsfähigkeit und daraus resultierender Apathie.

D. Prophylaxe und Therapie der Affekte

Weil der Affektwandel an zentralen Stellen des lukanischen Werks vorausgesetzt und auch im Zusammenhang mit der Freude ausführlich behandelt wird (Lk 10; Lk 15), sollen im Folgenden die stoischen Überlegungen zur Prophylaxe und Therapie der Affekte vorgestellt werden.

Überlegungen zur Affekttherapie nehmen neben der Systematik einen großen Teil der stoischen psychologischen Auseinandersetzungen ein, und bereits Chrysipp hat eigens ein inzwischen leider verlorengegangenes Buch zum *Umgang mit Affekten* verfasst.[64] Daran anknüpfend hat sich in der Stoa ein differenzierter Diskurs über die Diagnose- und Therapiemöglichkeiten entwickelt, der ebenso komplex erscheint wie die stoische Affektlehre überhaupt.

Die älteren Stoiker vertreten eine rigorose Lehre, die konsequent aus den oben genannten Axiomen der Erkenntnis- und Handlungstheorie abgeleitet ist: Leidenschaften sind nicht nur zu mäßigen, sondern abzutöten.[65] Das Ziel liegt also nicht mehr in der Metriopathie, wie es die Peripatetiker anstrebten, sondern in der vollkommenen *Apathie*.[66] Ist der Mensch den Affekten aber erst einmal verfallen, ist ein sofortiger Affektwandel unmöglich, wie Chrysipp an der Sprintermetapher verdeutlicht hat. Denn die Af-

---

[62] Den Zorn rechneten die Stoiker vor allem unter die Begierden (ἐπιθυμίας), vgl. BONHÖFFER, Epictet, 265. Vgl. zum oppositionellen Auftreten der Konzepte beispielsweise Sen. De ira II, 6.1.

[63] Vgl. nur Sen. De ira II, 31,5: „Ubi maxime gaudebis maxime metues" (Wo du dich am meisten freust, wirst du am meisten dich zu fürchten haben).

[64] SVF III,457.

[65] Vgl. auch beim jüngeren römischen Stoiker Sen. De ira III, 42, 1f.

[66] Vgl. INWOOD, Ethics, Kap. 14; HALBIG, Affektenlehre, 60.

fekte bewirken eine Störung der rationalen Selbstkontrolle. Die seelische Substanz (πνεῦμα) befindet sich nicht mehr im Zustand einer ausgeglichenen Spannung (εὐτονία), sondern ist, wie oben dargestellt, je nach Affekt ausgedehnt oder zusammengezogen. Deshalb ist es im akuten Erregungszustand schwer, einen Menschen zum Affektwandel durch rationale Einsicht zu motivieren.

Gleichwohl führt nach Chrysipp der einzige Weg zur Therapie der Leidenschaften über den Verstand des Menschen. Denn Affekte sind im weiten Sinne rational, im engeren Sinne jedoch unvernünftig.[67] Christoph Halbig hat darauf hingewiesen, dass es nach stoischem Verständnis nicht möglich ist, Affekte isoliert zu therapieren. Denn schon ein einzelner Affekt verweise auf das grundsätzliche kognitive Defizit eines Menschen, der keine Urteile fällen könne, sondern nur Meinungen zu bilden imstande sei.[68] Folglich kann es für alle Stoiker nur eine nachhaltige Therapie geben: *kontinuierliche* Überzeugungsarbeit.

So gesehen, ist eine *Prophylaxe* tatsächlich die wirksamste Hilfe gegen Affekte.[69] Sie kann und soll erreicht werden durch eine regelmäßige Beschäftigung mit der Philosophie und durch eine Erziehung, die zur Selbstkontrolle anleitet.[70] Der angehende Philosoph muss zuerst seinen Standpunkt des Meinens in Frage stellen und seine bisherige, darauf aufbauende Lebensführung kritisch verurteilen. Er muss lernen, durch wissenschaftliches Denken, also durch theoretisches Lernen, den wahren Gehalt der Dinge zu begreifen.[71] Diese Bildung ist Mittel zum Zweck, denn schließlich muss das Gelernte in die Tat umgesetzt werden können, um das leitende Prinzip (ἡγεμονικόν) sittlich zu erneuern.[72] Nur in einem langen, ringenden Prozess kann der angehende Weise durch die Philosophie wahre Frei-

---

[67] GUCKES, Akrasia, 106. Eine Person, die aus einem Affekt heraus handelt, entscheidet dieses Verhalten also nach stoischer Sicht aus schlechten statt aus guten Gründen, nicht angetrieben von vernunftlosen inneren Kräften, wie bei Platon vorausgesetzt.

[68] HALBIG, Affektenlehre, 52, begründet dies mit „Fehlurteilen über Wert und Unwert", aus denen die Affekte bestünden. Im vorliegenden Kontext werden Urteile jeder Art aber nur dem Weisen vorbehalten, sodass nach Definition in dieser Arbeit von Meinungen zu sprechen ist.

[69] STEMPEL, Therapie, 18.

[70] BONHÖFFER, Epictet, 3ff.

[71] Epiktet betont nachdrücklich, dass diese Aneignung der richtigen Dogmata im Gegensatz zu den Meinungen eine lange Zeit und ein anstrengendes Studium erfordern, vgl. BONHÖFFER, Epictet, 6 mit Verweis auf Epikt. I,11,40; III,9,11; I,20,13; vgl. auch Sen. epist. 111,4.

[72] BONHÖFFER, Epictet, 9, mit Verweis auf Musonius in Stob. Flor. II.13; Stob. Ecl. II,193f; Epikt. ench. 51 vgl. Stob. Ecl. II,104; Epikt. ench. 46; Epikt. diatr. II,17,13; III,21,3; III,26,13; I,26,3 u.a.

heit, dauerndes Glück und inneren Frieden erlangen, wenn er von den Affekten (πάθη) befreit ist.[73]

Kleanthes vertritt die extremste Position innerhalb der älteren Stoa: Als einzige Therapie empfiehlt er, die Affektbetroffenen davon zu überzeugen, dass bei genauer Betrachtung gar kein Anlass zum Leiden bestehe. Wenn der erregte Mensch daraufhin seinen Irrtum erkenne, werde der Affekt (πάθος) automatisch verschwinden.[74] Dem schlossen sich spätere Stoiker wie Epiktet an.[75] Chrysipp dagegen argumentierte schonender. Cicero berichtet von dessen Empfehlung, die Trauernden zu unterweisen, dass es nicht ihre Pflicht sei, ihrem Affekt nachzugeben.[76] Also hielt auch Chrysipp die Belehrung über angemessene Reaktionen auf vermeintliches Unglück für das sinnvollste Heilmittel gegen Leidenschaften.[77] Er hielt es für unangemessen und wenig Erfolg versprechend, einen Menschen im ersten, frischen Affekt therapieren zu wollen.[78] Dabei liegt nur auf den ersten Blick ein Widerspruch vor: Denn sowohl Kleanthes als auch Chrysipp verstehen unter der Heilung von den Leidenschaften eine tiefgreifende Änderung der Lebensanschauung, also eine intrinsische Motivation[79], die nie schnell zu erreichen ist, wie es sich im Zusammenhang mit der Affektprophylaxe bereits gezeigt hat. Dass dazu nur die wenigsten Menschen ausreichend bereit und begabt sind, setzten die Stoiker voraus.[80] Was können sie deshalb im Umgang mit den gewöhnlichen Menschen raten, die immer wieder den Affekten erliegen?

Die Stoiker überlegten sich viele kleine Schritte auf dem Weg zur Apathie. Denn ihre Affektlehre sollte sich nicht darauf beschränken, Teil eines einen philosophischen Diskurses zu sein, sondern als ‚praktische Philosophie' helfen, das Leben der Menschen zu gestalten.[81] Allein in Senecas Schrift

---

[73] Epikt. III,13,11; III,14,8; IV,8,6; vgl. BONHÖFFER, Epictet, 5.

[74] Dies wird bei Cic. Tusc. III,76f überliefert und kritisiert.

[75] BONHÖFFER, Epictet, 283; vgl. Epikt. I,28,8; II,18,8.

[76] Cic. Tusc. III,76.

[77] BONHÖFFER, Epictet, 282; HALBIG, Affektenlehre, 38, spricht von einer „kognitiven Therapie" als einer Korrektur verfehlter Werturteile.

[78] SVF III,474,484; Cic. Tusc. IV,63. Diese Argumentation hängt mit dem Phänomen einer δόξα πρόσφατον zusammen, sodass Affekte in der Anfangsphase am stärksten sind und sich in vielen Fällen anschließend sukzessiv beruhigen. Posidonius hielt dagegen eine Heilung innerhalb der Affektbesessenheit durch eine Stärkung der ratio für möglich, Seneca und Cicero schlossen sich ihm an, vgl. STEMPEL, Therapie, 50.

[79] SCHIEFELE, Motivation, 159, zu den Formen extrinsischer und intrinsischer Regulation und Motivation.

[80] HALBIG, Affektenlehre, 61–64.

[81] OKSENBERG RORTY, Besänftigung, 178, sieht alle denkenden Menschen als Zielgruppe der Affektlehre, weil jedes Individuum als Teil der kosmischen Seele einen vernünftigen Anteil in sich trägt: „Unter günstigen Bedingungen sollte jedoch jeder Geist

„De ira" ist das Spektrum der Therapieangebote so vielfältig, dass es in diesem Rahmen nicht erschöpfend beschrieben werden kann. Dabei wird zugrunde gelegt, dass jeder Affekt spezielle Heilmittel erfordert.[82] Gleichwohl gibt Seneca praktische, allgemeine Ratschläge: Beispielsweise soll es im Moment des eigentlichen Kontrollverlustes hilfreich sein, sich selbst im Spiegel zu beobachten.[83] Weil Seneca auch eine körperliche, genetische Disposition für Affekte vermutet,[84] empfiehlt er bei entsprechender Veranlagung den Verzicht auf Alkohol.[85] Körperliche Betätigung und maßvolles Vergnügen soll helfen, die Seelen „in Heiterkeit zu versetzen".[86] Probleme und körperliche Beeinträchtigungen sollten dagegen vermieden werden.[87] Gewohnheit und ständige Aufmerksamkeit können die unvermeidlichen Vor-Affekte immerhin mindern, wenn sie auch einer völligen Kontrolle entzogen sind.[88] Das therapeutisch leitende Prinzip des Philosophen ist dabei offensichtlich: Seneca überlegt verschiedene Maßnahmen, die eine kognitive Auseinandersetzung mit dem Affektphänomen, also mit den Ursachen, Grundlagen und Folgen der Leidenschaften für den Betroffenen, fördern sollen. Deshalb gilt Aufschub im Moment des Zorns – der als stärkste Leidenschaft angesehen wird[89] – als bestes Gegenmittel, um die dem Affekt zugrunde liegende Meinung überdenken zu können.[90] Den außenstehenden Betroffenen rät Seneca dagegen zu Verhaltensmaßnahmen, die auf den Charakter des Affektkranken zugeschnitten sind.[91]

Auch Cicero bemüht sich um komplexe Trostverfahren.[92] Er kombiniert ebenfalls verschiedene Argumente zur Stärkung der Ratio: Verschiedene

---

fähig sein, wenigstens die Bedeutung der stoischen Ratschläge vage zu erahnen; und wenn die Wahrheit (...) ein in sich kohärentes und wechselseitig abhängiges Gefüge bildet, sollte diese Einsicht weitere Einsichten nach sich ziehen."

[82] Sen. De ira II,20,4.

[83] Sen. De ira II,36,1–2.

[84] Sen. De ira II,20; III,1,2.

[85] Sen. De ira II,20,2 schließt sich hierbei an die Pädagogik Platons, leg. 666a, an, der den Knaben Wein verbietet.

[86] Sen. De ira II,20,4: Dazu zählen nach Sen. De ira III,9 beispielsweise die Lektüre von Gedichten, Geschichtsschreibung, besänftigende Musik, die Betrachtung beruhigender Farben.

[87] Sen. De ira III,9 beschreibt, dass körperliche Erschöpfung, beispielsweise durch Hunger, Durst, Krankheit oder Überanstrengung, die Seele entzünden könnten und deshalb zu meiden sind.

[88] Sen. De ira III,4,2.

[89] Sen. De ira II,36,6: „Nullus affectus est in quem non ira dominetur" (Keine Leidenschaft gibt es, gegen die sich nicht der Zorn als Herr erweist.)

[90] Sen. De ira II,29.

[91] Sen. De ira III,1,2. Während ein Mensch mit Bitten beeinflusst werden könne, nütze beim anderen nur Einschüchterung usw.

[92] Cic. Tusc. III, vgl. Stengel, Therapie, 50f.

Belehrungsansätze und der Verweis auf allgemeine Lebensbedingungen sollen dem Leidenden die Einsicht vermitteln, dass Affekte nutzlos und zu verarbeiten sind. Sogar das Modell-Lernen anhand von historischen und mythologischen Vorbildern gilt bei Seneca und Cicero als Bestandteil der Affekttherapie.[93] Dieses Beispiellernen hilft, sich auf Krisen und Übel im Leben einzustellen. Aber auch wenn ein Umstand eintritt, der von einem Menschen als Schicksalsschlag gewertet wird, ist die Gewöhnung an das Übel eine konkrete, bewährte Maßnahme zur Affektbekämpfung.[94]

Bei der Behandlung konkreter Affekte sahen sich schon die älteren Stoiker mit einem schwer von der Hand zu weisenden Phänomen konfrontiert: Dass die Zeit viele Wunden heilt, ist sprichwörtlich bekannt. Dabei muss sich allerdings nicht unbedingt etwas an der zugrunde liegenden Meinung ändern, die den Affekt ausgelöst hat. Gerät die stoische Affektlehre hier in einen Widerspruch, wenn sie Affekte und Meinungen in einen kausalen und konsekutiven Zusammenhang stellt? Schon Chrysipp hat diese Schwierigkeit erkannt. Er stellt fest, dass die „Frische der Meinung" (δόξα πρόσφατον) in Relation zur Stärke des Affekts steht. Deshalb müssten alle Versuche fehlschlagen, frisch entflammte Leidenschaften zu beruhigen.[95] Die Meinungsfrische und der ihr untergeordnete Überraschungsfaktor beim Eintreffen neuer Umstände gelten als Katalysator für die Intensität einer Leidenschaft.[96] Hilfreich sei es deshalb, sich im Voraus auf entsprechende affektauslösende Vorstellungen und Krisenszenarien vorzubereiten (Praemeaeditatio) und sie hypothetisch durchzuspielen, um ihnen im ‚Ernstfall' gewachsen zu sein.[97] Dieses Vorgehen kann mit modernen Ansätzen emotionalen Copings verglichen werden.[98] Mit den stoischen Überlegungen zur Prophylaxe und Therapie von Leidenschaften wird der Zeitfaktor in die Affektdefinition eingebracht. Nach Galens Überlieferung hat Chrysipp verschiedene Erklärungen für diese Phänomene in Erwägung gezogen, um die monistische Seelenauffassung zu rechtfertigen.[99] Doch diese wurden selbst von Vertretern der mittleren Stoa als unzureichend

---

[93] Sen. De ira II,21,9f wählt ein Beispiel mit Platon als erzieherischem Vorbild; Stempel, Therapie, 51f.

[94] Vgl. beispielsweise Cic. Tusc. III,58; III,30f; Senecas Trostbriefe; Sen. De ira III,28 u.a.

[95] SVF III,474.484.

[96] Vgl. Stempel, Therapie, 124.

[97] Halbig, Affektenlehre, 63.

[98] Siehe hierzu Kapitel 3,43ff.

[99] Gal. PHP 4,7,13ff. Das Nachlassen der Leidenschaft trotz beibehaltener Meinung liege am Erschlaffen des kontrahierten oder expandierten Seelenpneumas, möglicherweise lasse es sich auch durch eine Ablenkung der Aufmerksamkeit durch andere Vorstellungen erklären.

empfunden.[100] So kritisierte Posidonius verschiedene Aspekte der älteren Affektlehre vehement, beispielsweise die rein kognitive Behandlung von Affekten bei den ersten Stoikern. Mit Verweis auf die platonische Seelenlehre und unter Annahme von irrationalen Seelenanteilen riet er zu einer Heilbehandlung der krankhaften Leidenschaften durch Gewöhnung[101] und durch Musik. Die Rolle der musischen Kunst für die Affekte, die Affekttherapie und die Eupatheiai überhaupt wird in verschiedenen philosophischen Zeugnissen gewürdigt:[102] Mit ihrer Hilfe könnten Leidende beruhigt und ausgeglichen werden, weil sich hier ein Zugang zu den irrationalen Seelenteilen erschließe.[103] Auch spätere Stoiker wie Cicero[104] kritisierten die Therapieansätze der stoischen Gründerväter, reagierten aber auf die vorliegenden Probleme, indem sie das ursprüngliche stoische Affektmodell weiterentwickelten und differenzierten.

E. Entwicklungstendenzen der jüngeren stoischen Affektlehre

Das stoische Konzept der Freude wurde also maßgeblich von Stoikern der jüngeren Generation entwickelt, die vor allem auf externe und interne Kritik an der ursprünglich orthodoxen Affektlehre reagierten. Diese Kritik beschränkte sich nicht nur auf die rein kognitiven Möglichkeiten der Therapie. Der Vorwurf bestand vor allem darin, dass das stoische Ideal der Apathie unmenschlich sei und unerreichbar zudem.[105]

Ist es einleuchtend, Weisen alle Affekte abzusprechen? Gibt es nicht spontane Regungen, die schneller einsetzen, als die Zustimmung des Verstandes sie verhindern kann? Ist beispielsweise ein spontanes Erröten in einer

---

[100] SORABJI, Emotion, 98; vgl. darin insgesamt Kap. 7 und 8. So kritisierte Posidonius ferner, dass sich Affekte nicht zwangsläufig einstellten, wenn etwas theoretisch als Übel erkannt sei – als weiteres Argument gegen die enge Verbindung von Meinungsbildung und Affekt. Bei bildlichen Vorstellungen (phantasiai) reagierten Menschen häufiger mit Leidenschaft. Auch seien Kinder und Tiere durchaus zu Affekten in der Lage. Bekannt sei außerdem das Problem der inneren Zerrissenheit, dass Menschen gegen ihren Willen weinten, Gal. PHP 4,7,37; vgl. auch 4,7,16, die eine Zustimmung des Verstandes zur Vorstellung abwegig machten. Gegen diese Einwände richtet sich Senecas Modifizierung des altstoischen Modells durch die These von den Vor-Affekten, wie sie im Folgenden dargestellt wird.

[101] Gal. PHP 5,5,35, vgl. KIDD, Posidonius, 208.

[102] Vgl. SORABJI, Chrysippus, 161f.168 (Lit !)

[103] Gal. PHP 5,6.20ff; vgl. HALBIG, Affektenlehre, 53.56.

[104] Cic. Tusc. IV,9 (SVF III,483) kritisiert an den älteren Stoikern, dass sie zu viel Mühe in die Affeksystematik und zu wenig Zeit in die Überlegungen zur Affekttherapie investiert hätten, vgl. auch HALBIG, Affektenlehre, 51.

[105] IRWIN, Inhumanity; HALBIG, Affektenlehre, 64.

Überraschungssituation wirklich ein Hinweis auf mangelnde rationale Selbstkontrolle?

Die Stoiker reagierten auf diese Einwände durch zwei wesentliche Modifikationen ihrer Lehre: Sie akzeptierten zum einen, dass es natürliche Regungen gibt, die nicht verhindert werden können, weil sie einsetzen, bevor eine Zustimmung zu der zugrunde liegenden Vorstellung erfolgt. Sinnliche Gefühle wie Hunger, Durst, Erröten und andere dürfen folglich nicht als Ausdruck eines Affekts betrachtet werden.[106] Auch die Leidenschaften Lust und Schmerz sind nicht mit körperlichen Empfindungen zu verwechseln, auch wenn die Stoiker dies in ihrer Terminologie selbst nicht unterscheiden: In beiden Fällen werden jeweils dieselben Begriffe (ἡδονή und λύπη) verwendet.[107]

Zum anderen gehen viele Stoiker von einem äußerst komplexen Prozess der Affektgenese aus. Sie wissen, dass alle Menschen, also auch die Weisen, mit den unterschiedlichsten Vorstellungen konfrontiert werden. Dadurch werden automatisch Impulse ausgelöst, die sich dem Handelnden aufdrängen: Nach Seneca gelten diese unaufhaltsamen, ersten *Impulse* als *Propatheiai* (προπαθείαι), wenn sie besonders stark sind.[108] Gefährlich ist an ihnen, dass sie die Aufmerksamkeit des Handelnden auf die zugrunde liegende Vorstellung lenken und eine starke Neigung in ihm entstehen lassen, diese vorbehaltlos anzunehmen.[109] Deshalb können aus diesen Vor-Affekten, wenn ihnen nicht bewusst die Zustimmung (συγκατάθεσις) verweigert wird, schnell die problematischen Affekte (πάθη) werden.[110] Den Weisen werden durch diese Differenzierung also nicht zu verhindern-

---

[106] Die sinnlichen Gefühle werden von den Stoikern nicht dem Bereich der Seele, sondern dem Bereich des Körperlichen zugewiesen. Dass also auch der Weise körperliche Schmerzen empfinden kann, haben die Stoiker nicht geleugnet. Sinnliche Schmerz- oder Unlustgefühle gelten jedoch als naturgemäß (κατὰ φύσιν). Dennoch können einzelne Stoiker wie Epiktet auch die sinnlichen Gefühle πάθη nennen, vgl. BONHÖFFER, Epictet, 311ff, mit Verweis auf Aët. plac 4.22 und 4.8.28.

[107] HALBIG, Affektenlehre, 51; INWOOD, Ethics, 145. Ein Bewusstsein für die Semantik des Lustbegriffs zeigt sich bei Ciceros Übersetzungsproblematik in Cic. fin. III,3, wo er ἡδονη als aegritudo (Affekt) beziehungsweise als dolor (körperlicher Schmerz) überträgt. Vgl. auch BONHÖFFER, Epictet, 294: „Die ἡδονή als sinnliches Lustgefühl ist folglich noch kein πάθος, sondern wird es erst, wenn die Seele dasselbe für ein Gut hält und sich desselben freut (ἐπαίρεται ἐπ᾿ αὐτῇ)."

[108] Vgl. ABEL, Propatheia-Theorem. Ob Seneca tatsächlich der erste Vertreter der Propatheiai-Lehre ist oder ob sie auf andere Stoiker zurückgeht, ist umstritten, auch Zenon und Posidonius werden als Urheber diskutiert, vgl. HALBIG, Affektenlehre, 57, Anm. 91 (Lit!).

[109] GUCKES, Akrasia, 103.

[110] Sen. De ira II,3,1: „Also ist Leidenschaft nicht, wenn sich Vorstellungen von Dingen bieten, sich zu erregen, sondern sich ihnen hinzugeben und dieser zufälligen Regung zu folgen."

de, spontane Gefühlsimpulse zugestanden. Sichtbare, spontane Phänomene wie unwillkürliches Zusammenzucken beim Erschrecken oder Reaktionen auf Musik werden damit auch bei ihnen erklärbar.[111] Dennoch bleibt das rationale Prinzip des ursprünglichen stoischen Handlungsmodells gewahrt, da Weise durch Wissen und eine reflektierende Grundhaltung die ansonsten resultierenden Affekte jederzeit vermeiden können.[112]

Aus dem Verständnis von natürlichen Gefühlen, vor allem von Vor-Affekten ergeben sich weitreichende Konsequenzen für die Therapie:[113] Wenn ein Mensch die ersten Anzeichen des Errötens oder Zitterns an sich bemerkt, darf er sich keinesfalls hilflos dem Affekt ausgeliefert fühlen. Denn diese Symptome können in vielen Fällen den natürlichen Gefühlen oder den Vor-Affekten zugeschrieben werden. Durch Distanzierung und Reflexion bei den ersten Hinweisen auf eine Bewegung des Seelenstroms kann es gelingen, sich die Kontrollmöglichkeit über das eigene Verhalten zu vergegenwärtigen. Handelt es sich um einen Vor-Affekt, so ist dieser beherrschbar, und der eigentliche, weil krankhafte Affekt kann vermieden werden.[114] Senecas Affektdefinition ist also durchaus mit der Theorie Chrysipps vereinbar. Es gelingt ihm durch die Ausgliederung der Propatheiai, den altstoischen Affektbegriff noch enger zu fassen. Doch auch diese Argumentation führte im antiken Diskurs zu gespaltener Resonanz.[115]

Die Bedeutung der hier nur skizzierten Weiterentwicklung der stoischen Affektlehre lässt sich im Hinblick auf die Freude wie folgt zusammenfassen: Durch die Überlegungen zu den Vor-Affekten (προπαθείαι) und zur Urteilsfrische (δόξα πρόσφατος) wird die temporale Qualität eines Gefühls zur wesentlichen Kategorie für die stoische Affektdefinition und Diagnose. Der weise Philosoph ist nunmehr keinesfalls gefühlsarm und entgeht damit dem Vorwurf der Unmenschlichkeit, obwohl er keine Affekte zulässt.[116]

---

[111] Sen. De ira II,2–3; III,4.

[112] HALBIG, Affektenlehre, 57, betrachtet im Anschluss an SORABJI, Ethics, Kap. 4, Senecas Propatheiai-Modifizierung als Verteidigung der chrysippschen Lehre gegenüber den Einwänden des Posidonius. Dagegen COOPER, Posidonius, 71–111, hier: 99, der Senecas Problembewusstsein eher als Anlehnung an Posidonius deutet. Vgl. hierzu INWOOD, Ethics, Kap. 5, insb. 146ff zur Kritik des Posidonius an Chrysipps These der Urteilsfrische; zu den Propatheiai ebd., 175–180.

[113] HALBIG, Affektenlehre, 59.

[114] Sen. De ira II,3,2 verwendet zur Illustration das bekannt gewordene Beispiel eines Soldaten, der das Schlottern seiner Knie bemerkt und durch Distanzierung und anschließende Reflexion in der Lage ist, das Eintreten des eigentlichen Affekts zu vermeiden und trotz seiner Symptome tapfer in die Schlacht zu ziehen.

[115] Vgl. Plut. De virtute morali 449AB.

[116] GUCKES, Akrasia, 105.

Außer Gefühlsimpulsen und natürlichen Trieben beschreiben die jüngeren Stoiker eine weitere Klasse von Gefühlen, die dem Wissen des Weisen angemessen sind: die Eupatheiai (εὐπάθειαι). Im Gegensatz zu den pathologischen Leidenschaften werden sie als Zustimmungen zu Urteilen gebildet und gehen nicht auf Meinungen zurück. Auch mit dieser neuen Klasse der ‚guten Affekte', zu denen die Freude zählt, gelingt es, das bei Chrysipp, Kleanthes und Zenon angelegte Affektsystem zu stabilisieren, indem die grundlegenden stoischen Axiome der Handlungstheorie bewahrt werden. Gleichzeitig wird der Vorwurf, apathische Philosophen seien hart und gefühllos, zurückgewiesen.[117] Ich möchte das im Folgenden anhand der Freude (χαρά) verdeutlichen.

F. Die Freude des Weisen

Die Persönlichkeit eines Weisen ist wie gezeigt unter anderem dadurch gekennzeichnet, dass ein solcher Mensch nicht unter pathologischen Affekten (πάθη) leidet. Dennoch kann er ein intensives Gefühlsleben entwickeln. Auch wenn es auf den ersten Blick so scheinen mag, liegt hier kein Widerspruch zu dem Anspruch der Stoiker vor, der Mensch solle stets rational dominiert und selbstkontrolliert leben: Denn die Eupatheiai (εὐπάθειαι) gelten als vernünftiger Ersatz für die abzulehnenden Affekte. Nur der Weise kann aufgrund seiner rationalen Steuerung Gefühle erleben, die sein Vernunftvermögen nicht beeinflussen und insofern auch nicht schädlich für ihn sein können.

Auffällig ist die systematische Korrespondenz von Affekten und Eupatheiai. Den vier generischen Grundaffekten Lust, Begierde, Furcht und Schmerz sind drei Klassen der guten Gefühle zugeordnet: die Freude (χαρά), die Vorsicht (εὐλάβεια) und das Wünschen (βούλησις).[118] Lediglich zum Schmerz gibt es keine Entsprechung. Jeder Klasse werden wiederum Unterarten zugeteilt.[119] Nach Diogenes Laertius und Pseudo-Andronicus lassen sich von dieser Freude die Befriedigung, Fröhlichkeit und der Frohsinn ableiten.[120] Diese freudigen Gefühle des Weisen ersetzen den Affekt der Lust mit seinen Derivaten, wie sie dem gemeinen Menschen zuge-

---

[117] Vgl. D.L. VII,117; HALBIG, Affektenlehre 64f.

[118] D.L. VII,116; Ps.-Andronicus, περὶ παθῶν; Plut. De virtute morali 9 ; Cic. Tusc. IV,12.

[119] VOGT, Theorie, 76f.

[120] D.L. VII.115 (SVF III,431; LS 65F). Als Derivate der Freude (χαρά) werden von Diogenes Laertius und Ps.-Andronicus, περὶ παθῶν, VI (SVF III,432), Vergnügen/Befriedigung (τέρψις), Frohsinn/Fröhlichkeit (εὐφροσύνη) und Frohsinn/guter Mut (εὐθυμία) genannt.

schrieben werden.[121] Innerhalb der Eupatheiai hält Adolf F. Bonhöffer die Freude (χαρά) für das einzige eigentliche Gefühl; die beiden anderen Eupatheiai ordnet er in die Kategorie des Wollens ein.[122] Dabei sind für das Konzept der Freude vor allem die Derivate des Wünschens interessant: Das affektive Begehren wird ersetzt durch Wohlwollen, Freundlichkeit, Herzlichkeit und Liebe.[123] Auch diese Gefühle stehen per definitionem nur dem Weisen zu; sie werden gemeinsam mit Freude auftreten, wenn sie ihr auch nicht direkt zuzurechnen sind. Ein weiser Mensch ist also am Zusammenspiel verschiedener charakterlicher Eigenschaften und Gefühle zu erkennen. Wenn Christoph Halbig darauf hingewiesen hat, dass Affekte im Kontext des stoischen Systems nicht isoliert therapiert werden können, weil bereits ein einzelner Affekt auf das grundsätzliche kognitive Defizit eines Menschen verweise, so müssen meines Erachtens entsprechende Folgerungen auch für die Eupatheiai (εὐπάθειαι) gezogen werden: Aus der Fülle der Gefühlseigenschaften des Weisen ist gemäß dem stoischen System kein Phänomen zu isolieren, weil jede der Eupatheiai für sich bereits auf die notwendige Disposition des Weisen verweist. Logisch lässt sich folgende Äquivalenzrelation aufzeigen: Wer angemessene Freude empfindet, ist automatisch als Weiser definiert, denn nur er ist dazu in der Lage. Gleichzeitig kann die Relation der guten Gefühle Freude, Vorsicht, Wünschen als interdependent beschrieben werden:

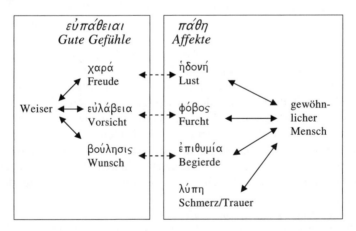

---

[121] D.L. VII.115 (SVF III,431; LS 65F); Ps.-Andronicus, περι παθῶν. Nach BON-HÖFFER, Epictet, 293, kann der Begriff der Lust (ἡδονή) allerdings gelegentlich auch als Synonym oder Hypernym der „Freude" verwendet werden, vgl. Epikt. III,7.

[122] BONHÖFFER, Epictet, 261.285.

[123] Die griechischen Begriffe sind εὔνοια, εὐμένεια, ἀσπασμός und ἀγάπησις.

Die Freude ist in dieses stoische Modell fest eingebunden. Zusätzlich sind auch explizite stoische Definitionen über die Freude überliefert. Dabei können die Stoiker unterschiedliche Betrachtungsweisen wählen: Wie die Affekte können auch die Eupatheiai mit Blick auf den Handlungsbezug, als Perspektive der Erkenntnistheorie, als Bewegung der Vernunft oder als physiologisches Phänomen in der körperlich gedachten Seele beschrieben werden.[124] Die unterschiedlichen Definitionsversuche widersprechen sich nicht, sondern ergänzen sich gegenseitig. Nach Überlieferung des Pseudo-Andronicus in der Schrift περὶ παθῶν wird die Freude (χαρά) beispielsweise als physiologisches Phänomen, genauer als vernünftiges Anschwellen (εὔλογος ἔπαρσις), beschrieben.[125] Anschließend erläutert der Verfasser die drei Unterformen dieser Freude näher: Freude besteht im Vergnügen/Befriedigung/Nutzen (τέρψις) an den Dingen, die man hat, Frohsinn/Fröhlichkeit (εὐφροσύνη) ist Freude an den Werken oder Taten eines besonnenen Menschen und Frohsinn/guter Mut/gute Laune (εὐθυμία) ist die Freude über den Fortschritt und die Selbstgenügsamkeit des Universums.[126]

Worauf sich diese Aspekte der Freude beziehen sollen, ist in der jüngeren philosophischen Diskussion allerdings umstritten:[127] Kann sich Freude auch auf Adiaphora richten, die vorzuziehen sind – beispielsweise als Freude an der Gesundheit oder am Leben? Oder soll sich ihr Objekt im Wesentlichen auf das reduzieren, was der Weise als gut erkennt, also auf die Tugend bei sich und bei anderen?

Martha Nussbaum plädiert dafür, Eupatheiai wie die Freude im stoischen Kontext auch auf indifferente Dinge zu beziehen.[128] Sie orientiert sich an Diogenes Laertius Definition der Vorsicht, die im Gegensatz zur Furcht als begründetes Vermeiden in jeglicher Situation geschildert wird. Denn es heißt dort, dass der Weise sich niemals fürchte, dagegen aber vorsichtig sei.[129] Stimmt die oben gemachte Beobachtung, dass alle Eupatheiai nach der stoischen Systematik parallel strukturiert sind und darüber hinaus in einem wechselseitigen Zusammenhang stehen, so müsste diese auf die Furcht bezogene Aussage des Diogenes Laertius auch auf die Freude über-

---

[124] Für die Pathosdefinition siehe VOGT, Theorie, 70.

[125] Ps.-Andronicus, περὶ παθῶν, VI (p.20 Kreuttner) (SVF III,432). Der Begriff der Bewegung des Anschwellens (ἔπαρσις) wird von Stoikern auch für Affekte verwendet, allerdings nicht mit der Charakterisierung als vernünftig (εὔλογος).

[126] Vgl. auch BRENNAN, Theory, 55.

[127] Ich folge hierbei und im Folgenden VOGT, Theorie, 77ff, die diese Fragestellungen für den Bereich aller Eupatheiai vorstellt (Lit!).

[128] NUSSBAUM, Therapy, 399: „and finally, if good externals arrive ... [the sage feels] a certain sort of joy."

[129] D.L. VII.115 (SVF III,431; LS 65F).

tragen werden können. Nach Diogenes Laertius ist die Freude aus stoischer Sicht auch auf Adiaphora zu beziehen. Der oben beschriebene Bericht mit den Unterarten der Freude bei Pseudo-Andronicus legt dagegen die letztere Überlegung nahe, sie auf Tugendhaftes zu beschränken. Auch die dritte Möglichkeit, so Katja Maria Vogt, beide Relationen zuzulassen, könne aufgrund der schwierigen Quellenlage nicht ausgeschlossen werden, denn beide Bezugsmöglichkeiten seien in das Gesamtgefüge der stoischen Ethik integrierbar.[130] Die differenzierte Auseinandersetzung des Weisen mit Adiaphora weise darauf hin, dass auch die indifferenten Dinge Gefühle in ihm auslösen könnten. Denn sie sind, wie oben dargestellt, so lange zu erstreben oder zu meiden, wie sie nicht mit der Tugend und damit dem Ziel der Glückseligkeit in Konflikt geraten. Deshalb sei nicht klar, weshalb sich die Eupatheiai nicht auch auf Adiaphora beziehen sollten, wie es die Affekte tun. Diese These ist zu bedenken: Immerhin wird die Freude bei Pseudo-Andronicus als vernünftiges Anschwellen der Seele gedeutet, also als physiologisch beschreibbares Phänomen des Strebens und damit als eine rationale Motivation, die mit den irrationalen Handlungsimpulsen der Affekte vergleichbar sein könnte. Dennoch ist diese Überlegung problematisch: Interessanterweise gibt Vogt selbst zu, dass sich diese These zwar für die Eupatheiai des Wunsches und der Vorsicht anschaulich verdeutlichen lasset, nicht aber im Zusammenhang mit der Freude! Wie soll man sich etwa die Freude eines Weisen über Gesundheit oder Reichtum vorstellen, wenn er diese Dinge als gleichgültig beurteilt? Obwohl der Weise Gesundheit anstrebt und anderen wünschen kann, und auch wenn er sich bemüht, Krankheiten vorsichtig zu vermeiden, bleiben diese Adiaphora letztlich doch irrelevant. Die Überlegung, die Eupatheiai des Weisen mit Nussbaum auf Adiaphora zu beziehen, könnte schnell zu einem Widerspruch mit den stoischen Grundaxiomen führen.[131] Das enge Verhältnis von Freude und Tugend ist dagegen auch in stoischer Überlieferung klar belegt. Beispielhaft schreibt Seneca: „Heiter und froh zu sein ist eine charakteristische und wesenhafte Eigenschaft der sittlichen Vollkommenheit".[132] Nach Diogenes Laertius gelten die Freude (χαρά) und das ihr zugeordnete Derivat der Fröhlichkeit (εὐφροσύνη) als Ergebnisse (ἐπιγεννήματα) der Tugend.[133]

---

[130] VOGT, Theorie, 78.

[131] So auch VOGT, Theorie, 78: „Wollte man behaupten, der Weise freue sich mäßig über den Erhalt seiner Gesundheit, so würde man nicht nur der Theorie des Indifferenten, sondern auch der der Emotionen widersprechen: In der Konzeption der guten Gefühle soll es gerade nicht um angemessene oder gemäßigte Versionen der Emotionen gehen." Vogt verwendet ‚Emotion' im gleichen Sinn, wie ‚Affekt' in der vorliegenden Arbeit definiert ist.

[132] Sen. De ira II,6.2: „Gaudere laetarique proprium et naturale uirtutis est".

[133] D.L. 94; vgl. BONHÖFFER, Epictet, 294.296.

Und schließlich ist bei Marc Aurel der Gedanke zentral, dass aus der Tugend allein die wahre Freude stamme.[134]

Brad Inwood unterscheidet, dass der Weise zwar Ausdehnungen der Seele gegenüber vorzuziehenden Adiaphora kenne, sich die Eupatheia der Freude dennoch lediglich auf echte Güter, die im Zusammenhang mit der Tugend stehen, beziehen könne.[135]

Es ist wiederum zu bedenken, dass gemäß der stoischen Affektsystematik und Handlungslehre alle Eupatheiai in einem äquivalenten Verhältnis zum Verhalten des Weisen stehen: Wenn es problematisch ist, die Freude des Weisen auf adiaphore Objekte zu beziehen, so sollte meines Erachtens Entsprechendes auch für den Wunsch und die Vorsicht des Weisen gelten. Auch sie sollten aus stoischer Sicht – in Abgrenzung zu den Affekten – auf die Tugend mit dem Blick auf das Ziel der Glückseligkeit hin ausgerichtet sein, während Adiaphora den Weisen der Definition entsprechend mit apathischer Gleichgültigkeit erfüllen.[136]

Des Weiteren stellt sich angesichts des stoischen Konzepts der Freude (χαρά) die Frage nach der Beschaffenheit dieser Eupatheia: Ist sie eine spontane Gefühlsreaktion oder eine stetige Charakterhaltung des Weisen?[137] Es hat sich bereits im Zusammenhang mit den Affekten gezeigt, dass die temporale Qualität eines Gefühls in der jüngeren Stoa zu einem bestimmenden Merkmal geworden ist. Deshalb liegt hier auch ein Vergleich mit den Affekten nahe: Wie gezeigt, gelten Affekte als Phänomene, die auf die grundlegende Disposition des gewöhnlichen Menschen hindeuten. Wenn umgekehrt die guten Gefühle auf die kognitive Reife, die Urteilskraft und die stetige Ausgeglichenheit des weisen Menschen verweisen, ist auch bei der Freude primär von einer beständigen Charaktereigenschaft auszugehen.[138] Gleichzeitig sind nach der stoischen Handlungstheo-

---

[134] M. Aur VIII,26; IV,24; VIII,43; VI,7; X,33 u.a., vgl. BONHÖFFER, Epictet, 297.

[135] INWOOD, Ethics, 175: „Nothing in Seneca's discussion rules out the possibility that the joy of a sage might include a reserved impulse to expansion for the presence of something which is merely preferred ... Joy is a response to genuine goods, and so can only be felt for virtue or that which partakes virtue." BRENNAN, Theory, 57, schließt sich Inwood zwar an, dass sich die Freude lediglich auf Tugendhaftes beziehen könne, unterstellt dem Weisen aber gleichzeitig, gegenüber Adiaphora jeder Art nichts zu empfinden.

[136] Ebenso BRENNAN, Theory, 57. Anders dagegen VOGT, Theorie, 78f, die zwischen den Eupatheiai differenziert. Sie bezieht die Freude zwar ebenfalls nur auf Objekte der Tugend, den Wunsch und die Vorsicht dagegen sowohl auf Gutes und Schlechtes im Urteil des Weisen als auch auf adiaphore Objekte.

[137] Vgl. zum Stand der gegenwärtigen Diskussion BRENNAN, Theory, 43f. Ich schließe mich VOGT, Theorie, 80, an, die beide Optionen für möglich hält, jedoch mit abweichender Begründung.

[138] Vgl. BONHÖFFER, Epictet, 297f: „wenigstens beim Weisen, der beständig tugendhaft lebt und handelt, muss die Freude als beständige, gleichmässig andauernde gedacht

rie aber Meinungen wie Urteile auf Objekte, d.h. genauer auf Vorstellungen von Objekten, zu beziehen. Demnach ist Freude als Ausdruck für eine Zustimmung (συγκατάθεσις) und insofern als spontane Gefühlsreaktion auf eine Vorstellung zu sehen, die der Weise durch seine Charakterbildung, durch langfristige philosophische Erziehung, mit sicherer und stetiger Urteilskraft deuten kann.

Lassen sich weitere aussagekräftige Momente aus den Affektlehren der Stoa für die Beschaffenheit der Freude übertragbar machen? Die Stoiker beschreiben Affekte ferner als seelische Erregung, genauer als exzessive, übermäßige Impulse (ὁρμὴ πλεονάζουσα)[139]. Affekte sind also intensive Gefühle. Die Stärke des Affekts ist nach stoischer Beschreibung vom Moment der Meinungsfrische (δόξα πρόσφατος) und vom Grad der Überraschtheit des Affektbetroffenen abhängig. Treffen diese Maßstäbe auch auf die Eupatheiai zu? Könnte es darüber hinaus eine ‚vorbehaltlose Freude‘ geben? Das letztere ist am leichtesten auszuschließen. Freude ist aus stoischer Sicht nie vorbehaltlos wie die Affekte, weil der Weise stets rational gesteuert ist und diese Selbstkontrolle nicht verliert. Zudem steht die Freude an Tugendhaftem ja im Einklang mit seinen Urteilen. Sie ist ein vernünftiges Verlangen und keine unwillkürliche seelische Regung.[140] Deshalb kann sie auch nicht als ein übermäßiger Impuls (ὁρμὴ πλεονάζουσα) gedacht werden, der die Seelenruhe des Weisen aus dem Gleichgewicht bringen könnte. Die Seele des Weisen befindet sich vielmehr in einem guten Spannungszustand (εὐτονία), sodass er jederzeit zu kognitiven Prozessen in der Lage ist, die ihn zur Selbstkontrolle anleiten und seine Handlungen regulieren. Wie lässt sich aber dann die Intensität der Freude bestimmen?

Auch die Frische des Urteils scheint als relationale Größe an dieser Stelle nicht wirksam zu sein, greift doch der gebildete Weise auf sichere und beständige Erkenntnisse zurück: Der Weise irrt sich nie in seiner Urteilsbildung.[141] Auch der Überraschungsfaktor überzeugt nicht bei der Begründung der Gefühlsintensität von Eupatheiai. Denn der Weise hat in einem langen Prozess der Selbsterziehung gelernt, verschiedene Szenarien zu inszenieren, um sich an die Möglichkeiten seines Lebens vorbereitend

---

werden" mit Verweis auf Sen. epist. 59,16. Bei D.L. 98 liege dagegen ein anderes Verständnis vor, wenn er die χαρά nicht zu den permanenten, sondern nur zu den zeitweiligen Gütern zähle.

[139] Vgl. Stob. Ecl. II,888,8.

[140] Sen. De ira II,4.1 beschreibt ein Modell mit drei Entwicklungsstadien eines Gefühls. Die Freude zählt nicht zu den unwillkürlichen seelischen Regungen, den Vor-Affekten, weil bei ihr eine Zustimmung des Verstandes zur zugrunde liegenden Vorstellung (φαντασία) vorausgesetzt ist.

[141] Die Urteilsbildung ist allerdings unabhängig von den Konsequenzen des Urteils selbst.

zu gewöhnen. Wer so weit gekommen ist, dass er mit dem menschlichen Vermögen die Tugend erkennt und mit dem rational gedachten göttlichen Prinzip im Einklang lebt, verwirklicht mit seinem Verhalten die vollendete Vernunft. Er weiß, dass der gesamte Kosmos sinnvoll strukturiert ist. Ein solcher Mensch wird von dem, was er als gut erfasst, schwerlich zu überraschen sein. Schlüssiger ist die Annahme, dass der weise Philosoph mit einem gleichmäßig ausgewogenen seelischen Haushalt lebt: Er besitzt inneren Frieden und ist ausgeglichen. Er lebt stets in Freude, weil er über ein beständiges Wissen über den Kosmos verfügt, den er als rational durchdrungen erkennt: Die *beständige Freude* ist ein Merkmal der stoischen Vorstellung von der Glückseligkeit (εὐδαιμονία).[142] Seneca begründet sie auch durch die Freiheit des Weisen von den Affekten, insbesondere vom Zorn.[143] Die Freude des Weisen ist deshalb weder schwach noch schwankend, sondern begründet, sicher und richtig.[144] Damit zeigt sich, dass sich zwischen den Affekten und den Eupatheiai durch den wechselseitigen Zusammenhang in der Systematik, in der Physiologie, aber auch im Handlungsbezug vergleichbare Parallelen ergeben haben – in unserem Fall insbesondere zwischen Lust und Freude – dass sich die guten und die krankhaften Gefühle in ihrer Beschaffenheit dafür aber grundsätzlich unterscheiden.

G. Zusammenfassung: Das Konzept der Freude in der Stoa

Zwar scheint die Behandlung der Freude im Rahmen der stoischen Affektlehre nur ein thematisch spätes Randphänomen zu sein, doch hat die Entwicklung des Konzepts eine wesentliche Funktion im philosophischen Diskurs: Mit seiner Hilfe ist es den Stoikern möglich, sich gegen den Vorwurf der Unmenschlichkeit zu verteidigen, der vor allem im Zusammenhang mit dem stoischen Ideal der Apathie vorgebracht worden ist. Allerdings unterliegt diese Rechtfertigung einer wesentlichen quantitativen Einschränkung: Da die Freude nur weisen Menschen zugeschrieben wird, ist sie nur einer kleinen Elite vorbehalten. Tiere und Kinder sind durch ihre seelische Disposition grundsätzlich von der Freude ausgeschlossen, weil ihr Logos nicht hinreichend ausgebildet ist; aber auch bei den rational veranlagten Erwachsenen wird ein derart hoher Reflexionsgrad durch philosophische Reife vorausgesetzt, dass nur die wenigsten eine Freude empfinden können, wie sie dem stoischen Begriff gerecht wird. Die Einschrän-

---

[142] BONHÖFFER, Epictet, 297.

[143] Sen. De constantia sapientis IX,3.

[144] GUCKES, Akrasia, 105. Auch OKSENBERG RORTY, Besänftigung, 168, hält den Stabilitätsfaktor bei der Eupatheia-Definition für wesentlich.

kung der Gruppe von Menschen, die zur Freude fähig sind, ist im hohen ethischen Anspruch begründet, der mit den Eupatheiai verbunden wird: Nach stoischem Verständnis hat die angemessene Freude keinen beliebigen propositionalen Gehalt, sondern ist immer mit der Tugend und Tugendhaftigkeit verbunden, zu deren Erkenntnis nur ein urteilsfähiger und damit weiser Mensch in der Lage ist. Diese Tugendhaftigkeit ist an einen beständigen Charakter gebunden; entsprechend muss auch die Freude eine stabile charakterliche Disposition und Erkenntnis voraussetzen. Damit impliziert dieses Konzept, dass der Freude empfindende Mensch einen langen Lern- und Reifeprozess in Theorie und Praxis erfahren hat. Weil sich daher immer auf eine gereifte Disposition schließen lässt, steht die Freude auch mit den anderen Eupatheiai, die sich beim Weisen konsequent entwickeln, in einem wechselseitigen Zusammenhang. Wer weise ist, wird sich an der Tugend freuen, wird vorsichtig Schlechtes vermeiden und Gutes wünschen. Diese Eupatheiai hindern den Weisen nicht daran, Urteile zu treffen: Seine Seele befindet sich stets in einer ausgeglichenen Spannung. Die Freude ist in der Stoa damit klar definiert. Die Voraussetzungen für dieses Gefühl sind nach stoischer Vorstellung so anspruchsvoll, weil die beständige Freude ein Merkmal der stoischen Vorstellung von der Glückseligkeit (εὐδαιμονία) ist.[145]

---

[145] BONHÖFFER, Epictet, 297.

Kapitel 6

Freude bei Philo von Alexandrien

A. Die Relevanz der Schriften des Philo von Alexandrien für das lukanische Affektverständnis

Philo von Alexandrien gilt nicht nur als „Prototyp der gesamten spätantiken Religiosität", sondern zugleich als ein Religionsphilosoph, der die „Eigenart des hellenistischen Judentums in weitem Umfange überliefert und an der Ausbildung und Differenzierung seiner Begriffswelt maßgebend mitgearbeitet hat."[1] Die Philo-Überlieferung stellt das größte exegetische Einzelwerk eines jüdischen Verfassers aus der Zeit des zweiten Tempels dar.[2] Weil Philo ein Zeitgenosse Jesu war, ist die Beschäftigung mit seinen Schriften für die neutestamentliche Exegese besonders interessant.[3] Er

---

[1] COLPE, Art. Philo von Alexandria, 345f; VON GEMÜNDEN, Figure, 359, wertet ihn sogar als „l`auteur le plus important du judaïsme hellénistique", vergleichbar ist die Wertung bei HELFERICH, Geschichte, 66. Philo wurde im Judentum forschungsgeschichtlich unterschiedlich verortet. So argumentiert Martin Hengel, dass palästinisches und hellenistisches Judentum nicht derart klar zu differenzieren seien. Auch im jüdischen Palästina und in Galiläa habe es zweisprachig kompetente Menschen gegeben und es sei zu fragen, „ob die Zweisprachigkeit nicht bis in den unmittelbaren Jüngerkreis Jesu hineinging", vgl. HENGEL, Judentum, 192f. Dabei muss berücksichtigt werden, dass nach STERLING, Judaism, und STERLING, Place, 27f, mit bestehenden Differenzen zwischen der jüdischen Gemeinde in Alexandria und in Jerusalem in ihrem jeweiligen kulturellen Kontext zu rechnen ist. Große Zustimmung erhalten derzeit insbesondere die Arbeiten BORGEN, Reviewing, 37–53; DERS., Exegete, der die Verortung Philos im Judentum und seine Bedeutung darin trotz dessen starker zeitgenössischer philosophischer Beeinflussung betont. Zu Philos Lebenshintergrund und der Situation der ägyptischen Juden in Alexandria vgl. BÖHM, Rezeption, 38–59.

[2] STERLING, Place, 23f.

[3] Philo von Alexandrien lebte vermutlich zwischen 20 oder 13 v. Chr. bis ca. 45/50 n. Chr. und ist damit nicht nur ein Zeitgenosse Jesu, sondern auch einer des Paulus, des Rabbi Hillel und des Flavius Josephus gewesen. Vgl. SELAND, Violence, 75; NICKELSBURG, Philo, 54. DANIELOU, Philon, 13ff, insbes. S. 15, bestimmt 13 v. Chr. als Geburtsjahr Philos und schließt sich damit SCHWARTZ, Note, 595f, an. Dagegen wird zumeist 20 v. Chr. als Geburtsjahr Philos überlegt, vgl. auch CHRISTIANSEN, Technik, 1. Als historisch gesichert gilt nur, dass Philo im Winter 39/40 n. Chr. als (älterer?) Mann eine fünfköpfige Gesandtschaft nach Rom zum Kaiser Caligula anführte, um sich für die Juden

schrieb außerdem wie der lukanische Redaktor in einem hellenistisch geprägten Raum, vermutlich ebenfalls im Großstadtmilieu[4], und beide reagierten auf das Weltgeschehen ihrer Zeit.[5] Vergleichbar ist außerdem, dass
sich beide nicht als professionelle Historiker, sondern als Theologen verstanden, die durch ihre Geschichten und ihr religiös geprägtes Geschichtsverständnis eine Glaubensbotschaft vermitteln oder erklären wollten.[6] Beide Verfasser befanden sich also in gewisser Weise in einer (wenngleich unterschiedlichen) politischen und theologischen Übergangssituation. Unabhängig voneinander versuchten sie, ihre jeweilige Religion gegenüber dem
Römischen Reich als loyal und positiv zu zeichnen,[7] unterschieden sich
dabei aber sowohl durch ihre Motivation als auch durch ihr Geschichtsverständnis: Der eine, Philo, trat gegen eine existentielle politische und kulturelle Bedrohung der alexandrinischen Juden im Römischen Reich an und
versuchte, die jüdische Tradition mit der antik-philosophischen Weltsicht
zu vereinbaren und dadurch zu verteidigen.[8] Der andere, ‚Lukas', begriff

---

von Alexandrien gegen den ägyptischen Präfekten Flaccus einzusetzen, vgl. NICKELS-
BURG, Philo, 57; BÖHM, Rezeption, 54.

[4] ECKEY, Lukasevangelium I,51.

[5] Philo verfügte über direkte (Verwandtschafts-) Verbindungen zum römischen Hof
und hatte möglicherweise sogar persönlichen Kontakt zu Agrippa I. (Flacc. 102–3). Denn
Marcus, der Sohn seines Bruders Alexander, heiratete die Tochter König Agrippas, vgl.
NICKELSBURG, Philo, 54. Als geistiger Führer der Juden in Alexandria vertrat er seine
Glaubensangehörigen zudem in zahlreichen Schriften. Einige apologetische Schriften
wiesen einen Bezug zu historischen Ereignissen auf, z.B. Phil., Legat, Flacc u.a., so VAN
DER HORST, Flaccum, 96ff; SCHWARTZ, Agrippa I; KUSHNIR-STEIN, Visit, 227–242. Das
geschichtliche Interesse des ‚Lukas' spiegelt sich in der Konzeption seiner Schriften,
wenngleich einige seiner historischen Einordnungen wie die Datierung der Geburt Jesu
historisch problematisch sind. Auch Lukas bezieht sich in der Apostelgeschichte auf
Agrippa I, den er als Personifikation der ersten Christenverfolgung darstellt (Apg 12,2f).
Vgl. hierzu auch AVEMARIE, Flaccum, 108–126. Zum Vergleich der Lebenswelten des
Philo und des Lukas zur Zeit des Römischen Imperiums unter Einbezug des politischen,
sozialen und kulturellen Hintergrunds siehe SELAND, Violence, 85ff.

[6] Vgl. VAN DER HORST, Flaccum, 95.

[7] Aus diesem analogen Grund würden sie alle offensichtlichen Konflikte entweder
abweichenden, schlechten Menschen oder aber Missverständnissen zuordnen, so VAN DER
HORST, Flaccum, 96.

[8] Die Juden hatten Julius Caesar bei der Einnahme Alexandrias unterstützt und vermutlich in diesem Zusammenhang rechtliche Privilegien erhalten. Um 24/23 v. Chr. wurde in Alexandria jedoch das römische Steuersystem eingeführt, das die Bürger nach eth-
nischem Status unterschiedlich belastete. Die jüdische Einwohnerschaft Alexandrias wurde formalsteuerrechtlich als Fremdbevölkerung (peregrini) der Stadt eingestuft und musste die erhobene Kopfsteuer voll zahlen. Der Verlust des einstigen Sozialstatus konnte nur
im individuellen Fall durch Beschluss der Vollbürger oder durch kaiserlichen Erlass ausgeglichen werden. Außerdem konnten Juden über den Besuch des Gymnasiums als ‚Kul-
turgriechen' zu administrativen Diensten gelangen. Weil viele Juden anscheinend nicht
bereit waren, von ihren Glaubenspraktiken zugunsten der städtisch-griechischen Kultur

im Gegensatz dazu die Jesusoffenbarung mit ihrer Öffnung für die ‚Heidenmission' als konsequente Fortsetzung der jüdischen Heilsgeschichte und diesen Glauben wollte er im Kontext des Römischen Reiches für die Christen nachvollziehbar und lebbar gestalten.[9] Wenngleich keine unmittelbare Verbindung zwischen den Schriften des Neuen Testaments und dem Werk Philos nachweisbar ist, lebten diese Denker dennoch in vergleichbaren Kontexten.[10] Im Folgenden sollen Philos Vorstellungen zur ‚Freude' skizziert werden, um zu zeigen, wie dieses Thema in einem vergleichbaren traditionsgeschichtlichen Spannungsfeld bearbeitet werden konnte.[11]

---

abzurücken, verschärften sich die Spannungen zur griechischen Bevölkerung Alexandrias. Zurzeit Philos versuchten jüdische Oberschichtmitglieder, bei den Römern und Griechen als kultivierte Bürger Anerkennung zu finden und sich dabei von der ägyptischen Bevölkerung abzugrenzen. Das wohlwollende Verhältnis zu den Römern wurde aber durch die repressive Politik Gaius Caligulas in Frage gestellt. 38 n. Chr. bekamen die Juden ihre Rechte in Alexandria aberkannt. Es folgte ein Pogrom, vgl. Phil. Flacc 53f, das vom römischen Präfekten Flaccus geduldet wurde und an dem wohl alle anderen Bevölkerungsgruppen beteiligt waren. Die Gesandtschaft alexandrinischer Juden, denen Philo vorstand, setzte sich vor Caligula gegen die Übergriffe auf die jüdische Bevölkerung ein. Erst nach dem Tod Caligulas 41 n. Chr. bestätigte Kaiser Claudius die religiösen und zivilen Rechte der alexandrinischen Juden. Die Spannungen zwischen den Bevölkerungsschichten der Stadt blieben latent bestehen – und traten unter Nero wieder offen zu Tage, vgl. Ios. bell.Iud. II,490ff. Dass ausgerechnet Philos Neffe Tiberius Iulius Alexander als römischer Präfekt im Jahr 66 n. Chr. mit Hilfe römischer Legionen mit äußerster Gewalt gegen die jüdischen Bevölkerungsschichten vorging, was nach Ios. bell.Iud. II,489–498 etwa 50000 Juden das Leben kostete, hat Philo wohl nicht mehr erleben müssen; so Böhm, Rezeption, 38–59.

[9] Der Verfasser des Lukasevangeliums beschreibt in der Apostelgeschichte die problematische und bisweilen lebensgefährliche Lage der ersten Christen im Römischen Reich. Der Erzähler verhält sich in der Bewertung der römischen Staatsmacht und ihrer Vertreter ambivalent. Zu Lukas und seinem Verhältnis zu den Römern vgl. MEISER, Lukas, 185, wonach die divergierende lukanische Darstellung der Römer als korrupt oder korrekt dem Leser textpragmatisch die Verbindung zu unterschiedlichen Erfahrungen ermöglichen solle; anders dagegen MOLTHAGEN, Rom, 132, wonach die Apostelgeschichte die Korrektheit der römischen Repräsentanten betone und diese „im Ergebnis als Beschützer der Christen" darstelle.

[10] Die präzisen Beziehungen zwischen dem NT und den Schriften Philos erscheinen derart komplex und ungesichert, dass hier weiterer Diskussionsbedarf besteht, NICKELSBURG, Philo, 69. HURTADO, Philo, 73–79.

[11] Es gibt womöglich noch weitere nicht zu unterschätzende Gemeinsamkeiten, die Lukas und Philo von Alexandrien miteinander verbinden: Bei beiden fällt eine herausragende Sprachgewandtheit im Griechischen auf, vgl. hierzu COLPE, Art. Philo von Alexandria, 345. Nach BORGEN/FUGLSETH/SKARSTEN, Philo, verwendete Philo einen umfangreichen Wortschatz mit nahezu 11827 verschiedenen Wörtern! Beide verfügten außerdem über eine äußerst sublime Kenntnis der jüdischen Schriften, wobei Philo nach HEINEMANN, Bildung, 526, allerdings nicht die sich thematisch zur Ergänzung seiner gesetzlichen Bestimmungen anbietenden Propheten und Hagiographen herangezogen hat. Vgl. hierzu auch den Absatz über „Philon und die Schriftpropheten" im Aufsatz von

B. Voraussetzungen der philonischen Affektüberlegungen

Das Besondere an Philo von Alexandrien ist seine Bemühung, Vernunft und Offenbarungsglaube, also zwei radikal verschiedene Zugänge zur Welt, miteinander vereinbaren zu wollen.[12] Deswegen kommt es in seinen Arbeiten beinahe zwangsläufig zu fast unüberbrückbaren Spannungen, denn er stellt sich in die jüdische und griechische Denktradition zugleich.[13] Hin- und hergerissen zwischen den Kulturen ist Philo von einer tiefen Frömmigkeit getragen. In seiner Beschäftigung mit der Schrift konzentriert er sich ganz auf die Tora: Denn diese biblischen Weisungen gelten Philo als Offenbarungen, die dem Menschen den Weg zur Vollkommenheit er- schließen können.[14] Zu konkreten Fragestellungen kann er allerdings un-

---

SIEGERT, Inspiration, 218–219. Ebd., 221, erklärt Siegert den geringen Befund an Zitaten aus dem Werk der Schriftprophetie bei Philo rezeptionskritisch: „Die Freude Philons, wenn er seinen Mose las, hat sich den Christen insbesondere an Jesaja und den Psalmen wiederholt, was rein quantitativ schon an der Häufigkeit ihres Zitiertwerdens im Neuen Testament ablesbar ist." Zur Bedeutung und Verwendung des Alten Testaments bei Lu- kas siehe RUSAM, Testament. Sowohl in Philos Werk als auch im lukanischen Material liegt überwiegend die LXX der Textarbeit zugrunde. Beide gelten außerdem als umfas- send gebildet, vgl. zu Philo HENGEL, Judentum, 127, mit Verweis auf Phil. Spec II,230; Somn I,69.129ff.57ff; MENDELSON, Education, 26ff; BÖHM, Rezeption, 55. Zumindest berücksichtigen beide in ihren Schriften gebildete Adressaten, denen zugetraut wird, beispielsweise die dargestellten Krankheitssymptome und Heilungsindizien zuordnen zu können und über medizinisches Erfahrungswissen bezüglich der Behandlungsmöglichkei- ten und Therapiechancen von Krankheiten zu verfügen. Ihnen wird vermittelt, dass die in den Texten dargestellten Heilungsphänomene nur auf göttliches Machtwirken zurückzu- führen sind, was die Patienten aus der Todessphäre zurück in die lebendige Gemeinschaft bringt. Vgl. auch WEISSENRIEDER, Images. Außerdem haben beide Verfasser einen Bezug zu Jerusalem, wobei zumindest Philo in seinem Leben selbst auch einmal dort gewesen ist, vgl. Phil. Prov Frgm. 2,64.

[12] COLPE, Art. Philo von Alexandria, 345.

[13] Mittlerweile ist das Bewusstsein in der Philorezeption dafür gewachsen, dass Philo aus einem reichhaltigen Fundus jüdischer allegorischer Auslegung schöpfen konnte. Vgl. HAMERTON-KELLY, Sources, 16; HAY, References 41–75; MACK, Philo, 231f; GOULET, Philosophie, 22.28; TOBIN, Creation, 5–8; CALVERT, Use, 461. Ob die einzelnen Traditi- onsabschnitte und Quellen jedoch literarkritisch rekonstruiert werden können, wie es Hamerton-Kelly vorgeschlagen hat, ist umstritten, vgl. MACK, Traditions, 75; BORGEN, Philo, 132; SELAND, Violence, 79f. Aus der Aufnahme traditionellen (alexandrinischen?) Materials könnten sich einige ‚Widersprüche' im philonischen Werk erklären lassen. BÖHM, Rezeption, 83–89, weist darauf hin, dass Philo in regem Diskurs mit seinen Kol- legen stand, auch wenn diese in seinem Werk nirgends namentlich erwähnt werden.

[14] Beispielsweise drückt nach Philo auch der Dekalog einen universalen Anspruch aus, weil die Gebote als natürliches Gesetz verstanden werden, das allen Menschen als vernünftig zu empfehlen ist, vgl. COLPE, Art. Philo von Alexandria, 344. Nach VELTRI, Art. Philo von Alexandrien, 1287, gehe Philo vom Grundsatz aus, dass „alles, was von

terschiedliche Antworten finden. Denn der Religionsphilosoph deutet die Tora mit der hermeneutischen und zeitgenössisch weit verbreiteten Methode der Allegorie.[15] Einerseits liest er die Texte im wörtlichen Sinn wie einen historischen Faktenbericht.[16] Andererseits werden die Inhalte des Gesetzes zu Symbolen, hinter denen sich versteckte Wahrheiten verbergen.[17] Die biblischen Figuren werden als personalisierte Begriffe der geläufigen zeitgenössischen philosophischen Strömungen gedeutet.[18] Philo versucht auf diese Weise, seinem jüdischen Glauben philosophischen Gehalt zu verleihen. Dabei begegnet in Philos Werk immer wieder die Vorstellung, dass diese menschliche Entwicklung zur Selbsterkenntnis, verbunden mit Tugendhaftigkeit, Weisheit und Glückseligkeit, langwierig und auf *verschiedenen Wegen* möglich ist.

Metriopathisches und apathisches Ideal
in der Affektkonzeption Philos von Alexandrien

Philo von Alexandrien gilt als stark beeinflusst von der platonischen Schule, insofern kann auch die Nähe seines Verständnisses zu Affektkonzepten anderer Platoniker dieser Zeit nicht überraschen. Doch nicht nur platonisch-aristotelisches Erbe ist bei ihm nachzuweisen,[19] auch eine Nähe zur stoischen Affektlehre und ihren zentralen Begriffen zeigt sich in seinen Schriften.[20] Leider ist eine Schrift Philos, die sich eigens mit Affekten be-

---

der griechischen Philosophie gelehrt wurde, auch in der Tora enthalten" sei. Vgl. auch BÖHM, Rezeption, 67f.

[15] Zum differenzierten Verständnis der allegorischen Methode im Judentum des Hellenismus, insbesondere bei Philo und seinem Umfeld, siehe DILLON, Structure, 77–87; HAY, Allegory, 55–68; DILLON, Tradition, 69–80.

[16] BÖHM, Rezeption, 61, spricht von der „vordergründigen Bedeutung auf der Literalsinnebene", siehe auch ebd. 71–83. Vgl. auch SIEGERT, Sara, 109.

[17] Phil. Spec III,178. Philo unterscheidet nicht zwischen den Termini ,Allegorie' und ,Symbol', vgl. Phil. Abr 68.99; Contempl 78; Migr 89ff, wo „Symbol"/„symbolisch" die allegorische Auslegung bezeichnet, vgl. SELLIN, Allegorese, 131.

[18] Zur Hermeneutik Philos vgl. SIEGERT, Interpretation, darin zu Philo: 162–189.

[19] Beispielsweise ist Philos Kenntnis von Platons Timaios nachweisbar. Philo verwendet mehrfach zur Beschreibung der Affekte im Verhältnis zum Verstand das Bild des Wagenlenkers (Verstand) und seiner Pferde (Leidenschaften), die gezügelt werden können und sollen, wie es auch dort überliefert ist, vgl. Phil. Leg III,128.134.136 u.a.

[20] Vermutlich bezieht sich Philo v.a. auf den Mittelplatoniker Poseidonius. Einzelne Berührungen zu Cicero (Somnium Scipionis), Seneca, Plutarch und ein indirekter Einfluss auf die Hermetica werden aktuell diskutiert, vgl. GRAVER, Philo, 300–325. Teilweise liegen sogar wörtliche Übereinstimmungen zur Überlieferung der älteren Stoiker, beispielsweise Chrysipp, vor, vgl. Phil. Leg III,123 und Chrysipp in SVF III, 390 (Arnim). Allerdings muss beachtet werden, dass sich Philo gleichermaßen scharf von der stoischen Lehre abzugrenzen weiß, s.u.

schäftigt haben soll, verloren gegangen.[21] Bislang zeichnet sich in der gegenwärtigen Philo-Diskussion noch kein Konsens darüber ab, wie Philos Rezeption philosophischer Quellen und Traditionen zu würdigen ist.[22] Nachweisbar ist jedenfalls, dass Philo zentrale Momente verschiedener Affektkonzeptionen aufnimmt und diese synkretistisch und inkohärent nebeneinander verwendet.[23] Er wirkt dabei vor allem als synthetischer Denker,[24] dem eine Tendenz zum Eklektizismus in fast allen Fragen eigen ist.[25] Die Begriffe und Modelle der verschiedenen philosophischen Ansätze setzt er im Dienste seiner Toraallegorisierung ein und nimmt eine Verfremdung des eigentlichen Gedankenguts dabei in Kauf. Das zeigt sich unter anderem bei seiner Darstellung der biblischen Glaubensväter. Philo beschreibt verschiedene *Typen und Vorbilder* (Enos, Henoch, Noah/Abraham, Isaak, Jakob), die sich sowohl durch ihre *Veranlagungen* als auch durch ihre *Reifegrade* (von Seth bis Mose) voneinander unterscheiden. Mose steht beispielsweise für einen idealtypischen vollendeten Weisen, während Aaron hinter Mose den zweiten Rang einnimmt und noch eines entsprechenden Fortschritts bedarf.[26]

Aus diesen Weisheitsmodellen und Entwicklungskompetenzen werden konsequent unterschiedliche Affektideale abgeleitet: Philo ordnet das Ideal der *Metriopathie* als ideale Orientierung beispielsweise denjenigen zu, die sich wie Aaron noch in einem inneren Reifeprozess (προκοπή) befinden.[27]

---

[21] WINSTON, Philo, 201, verweist auf Phil. Leg III,139. Er hält es auch für eine Möglichkeit, dass es Philo nicht gelang, dieses Buchprojekt auszuführen.

[22] Wie Plutarch, Taurus, Albinus und Apuleius scheint Philo verschiedene Positionen zu rezipieren, sie dabei allerdings nicht in ihrer Tiefe, Komplexität und Konsequenz nachvollziehen zu wollen, so DILLON, Metriopatheia, 515: „We find (...) a remarkable unwillingness or inability to comprehend what the Stoic position was". Wohlwollender wertet Walther Völker. Er beschreibt Philo als einen Denker, der in einer Übergangszeit lebte und „sich vielen Strömungen zugleich öffnen konnte", VÖLKER, Fortschritt, 89. Eine besondere Wertschätzung erfährt Philo in der Würdigung Winstons, er sei ein „keen student of Greek philosophy and possessed a detailed and accurate knowledge of stoic theory, was a great admirer of their conception of the sage and passionless virtue", WINSTON, Philo, 203.

[23] Vgl. auch VON GEMÜNDEN, culture, 339f.

[24] DAWSON, Readers, 113, beurteilt Philos Arbeitsweise sogar als „not a synthesis, but a usurpation". Vgl. zu dieser Fragestellung auch BIRNBAUM, Interpretation, insbes. 308.328f.

[25] MANSFELD, Philosophy, 70–102, bietet eine vertiefte Diskussion von Philos Methodik.

[26] Phil. Leg III,128.140 u.a.

[27] Philo beschreibt die Metriopathie insbesondere in Phil. Leg III,129–132.140 als Vorstufe zur Apathie: „So siehst du, wie der Vollkommene (ὁ τέλειος) vollkommene Leidenschaftslosigkeit (τελείαν ἀπάθειαν) allezeit betätigt. Dagegen übt der Nächststehende (δεύτερος), der Vorwärtsstrebende (προκόπτων), Aaron, wie wir erklärt haben, Mässigung der Leidenschaften (μετριοπάθειαν (...) ἀσκεῖ), denn beseitigen kann er die

Daneben beschreibt Philo das Ideal der Apathie, und zwar als charakterliche Eigenschaft eines gereiften Weisen,[28] wie es dem Typ des Mose entspricht.[29] Auf diese Weise greift Philo gleichzeitig aristotelische und stoische Theorieelemente auf. Überraschend ist, dass er es wagt, diese miteinander in einen spannungsreichen Kontext zu stellen.[30]

Andernorts setzt Philo von Alexandrien diese beiden als klassisch geltenden philosophischen Affektkonzepte in ein anderes Verhältnis: In seiner Schrift über Abraham lobt er den Stammvater beispielsweise für dessen Affektverhalten. Denn als dieser seine Frau Sara verliert, reagiert er nach Philos Beschreibung angemessen, indem er sich weder über die Maßen grämt, noch ein vollständiges Fehlen an Affekten aufweist, sondern anstelle der Extreme die Mitte wählt und versucht, seine Affekte zu kontrollieren.[31] Zunächst ist festzuhalten, dass der weise Abraham nach Philo nicht apathisch beschrieben wird.[32] Während Philo über Mose geschrieben hat, er habe sich die Aufwallung völlig aus der Seele herausgeschnitten und entfernt – denn der Weise liebe gerade nicht die Mäßigung der Leidenschaft, sondern die Leidenschaftslosigkeit – [33] wird die Trauer dem Abraham als natürlich wie angemessen zugestanden. Wichtig ist zu sehen, dass es Philo in Abr 256–257 maßgeblich auf die qualitative Affektregulation ankommt: Abraham versinkt nicht in maßloser Trauer, sondern reagiert auf seinen Schmerz durch eine Stärkung des Verstands. Er wählt damit eine kognitive Affektbewältigungsstrategie. Nach der Beschreibung von Abrahams Trauer scheinen Affekte grundsätzlich regulierbar zu sein, nämlich

---

(...) Aufwallung nicht", Phil., Leg III,131f. Zur Unterordnung des Aaron unter Mose vgl. Phil. Leg III,128.137 u.a. Ein nach Weisheit Strebender, wie Aaron, befinde sich im Gegensatz zum Weisen ethisch auf einem Niveau, auf dem ‚nur' ein ausgeglichener Umgang mit Affekten möglich sei.

[28] VON GEMÜNDEN, Culture, 342, weist darauf hin, dass das höchste Ideal Philos nicht in Apathie bestehe. Die Apathie solle den Menschen nur auf die höchste Seelenekstase vorbereiten, vgl. Phil. Her 263ff.

[29] COLPE, Art. Philo von Alexandria, 344, differenziert an dieser Stelle nicht und ordnet auch dem Vollkommenen nach Philos Verständnis das Vermögen der Metriopathie zu: „Der Vollkommene oder Weise, der die pistis hat, vereinigt in sich alle Tugenden, ist aber nicht sündlos; seine Leidenschaften sind nicht vernichtet, sondern sollen beherrscht werden (Euthymie, nicht Ataraxie!)". Zum Ideal der vollkommenen Apathie in Philos Mosedarstellung vgl. Phil. Leg III,129ff, vgl. WINSTON, Sage, 823.

[30] Vgl. Phil. Leg III,128–138.

[31] Phil. Abr 256–257 nach DILLON, Metriopatheia, 517: „He praises Abraham (...) for neither fretting beyond measure, nor showing a complete lack of emotion, but choosing the mean rather than extremes, and trying to moderate his passions".

[32] Angesichts des Todes seiner geliebten Frau und Gefährtin Sara „bezwang er wie ein Held die Trauer (τῆς λύπης), die sich seiner bemächtigen wollte und in seiner Seele kämpfte", Phil. Abr 255f.

[33] Phil. Leg III,129.

mithilfe des Verstandes als einer natürlichen ‚Gegnerin der Gefühle'.[34] An dieser Stelle lobt Philo allerdings ein an der *Metriopathie* orientiertes Verhalten gemäß der aristotelischen Lehre![35] Gleichzeitig kritisiert er explizit die ‚apathische' Verhaltensoption im Sinne von Leg III,129–132, die im Fall des Moses wie oben beschrieben als vorbildliche Ethik vertreten worden ist.[36] Dieses Ideal der Affektmäßigung ist mit der Anschauung Plutarchs vergleichbar. Dieser setzt sich vor allem in seiner Schrift über die Moral mit dem Affektdiskurs auseinander und zitiert dabei die stoische Position, während er selbst die aristotelische metriopathische Auffassung vertritt.

Die idealtypischen Beispiele des Abraham und des Mose lassen nicht auf eine systematische Affektlehre Philos schließen, wenngleich es einige konstante Argumentationsweisen gibt. Vergleichbar und typisch für Philo sind beispielsweise die grundlegende Hochschätzung der Vernunft sowie die religiöse Einbindung derselben durch die letztliche Rückführung der Weisheit auf Gott.[37] Beide Glaubensväter gelten als ‚Weise'. Deshalb weicht ihr Verhalten in beiden Fällen vorbildlich vom konventionellen Verhaltensmuster ab: Wie außerordentlich Philo die überlegene Apathie des Mose wertet, ist daran erkennbar, dass er sich selbst trotz eifrigen Strebens auf die Seite der noch Fortschreitenden zählt;[38] dass ihm allerdings auch ein angemessenes metriopathisches Verhalten nach dem Vorbild Abrahams deviant und vorbildlich zugleich erscheint, zeigt Philos Hinweis auf das

---

[34] Phil. Abr 256. Zumindest einem Weisen ist demnach ein bewusster und kontrollierter Umgang mit Gefühlen zuzutrauen.

[35] Philo beschreibt die Vernunft in diesem Zusammenhang als eigenständige Kraft, wie es am ehesten der platonisch geprägten Seelenlehre (im Gegensatz zur stoischen Doktrin von der seelischen Integrität) zu entsprechen scheint. Denn Abraham bekomme von seinem Verstand das „Beste und Nützlichste" geraten, wie Philo das Folgende kommentiert: „Ihr Rat aber ging dahin, weder übermässig zu jammern (...) noch ganz empfindungslos zu bleiben (...), sondern den Mittelweg statt der Extreme zu wählen und zu versuchen, den Schmerz zu mässigen (...), das Geschehene ruhig und gelassen zu ertragen", Phil. Abr 257.

[36] So erhält Abraham von seinem Verstand den Rat, nicht „ganz empfindungslos zu bleiben, als ob nichts Schmerzliches sich ereignet hätte", vgl. Phil. Abr 257. Allerdings liegt der argumentatorische Schwerpunkt im Folgenden eindeutig nicht auf der Kritik eines apathischen Verhaltens, sondern auf dem Lob des devianten maßvollen Verhaltens Abrahams gegenüber übermäßiger Trauer.

[37] Wie Philo bei Mose die Weisheit auf Gott zurückführt, erfolgt der Hinweis auch im Zusammenhang der Abrahamauslegung, dass das „Königtum des Weisen" von Gott verliehen werde, Phil. Abr 261.

[38] Vgl. Phil. Leg III,155–157, hier 156: Philo beschreibt darin die maßvolle Regulierung der Leidenschaften mithilfe der Vernunft im Anschluss an das Vorbild des Aaron aus „mehrfacher eigener Erfahrung".

Staunen und Lob im gesellschaftlichen Umfeld dieses Glaubensvaters.[39] Es ist daher zweierlei festhalten: Der Religionsphilosoph kennt zwar die zentralen Konzepte der überlieferten philosophischen Affekttraditionen, insbesondere die wirkungsgeschichtlich relevanten Theorien der platonisch-aristotelischen und stoischen Schule. Allerdings neigt er dazu, die philosophisch definierten Begriffe nicht präzise, sondern heterogen zu verwenden und er hat im Interesse seiner Schriftauslegung keine Bedenken, sich nach argumentatorischem Bedarf der Elemente aus verschiedenen Affektvorstellungen parallel zu bedienen.[40] Gleichzeitig setzt Philo trotz aller nachweisbaren Inkohärenzen seine eigenen, religiös motivierten und entsprechend auch zusammenhängenden Schwerpunkte. Vergleichbar vielfältig ist Philos Begriff der Freude in seinen Schriftkommentaren.

Die Seelenlehre und das damit verbundene Körperkonzept
des Philo von Alexandrien

Philo von Alexandrien vertritt nicht nur die Ideale der Metriopathie und der Apathie nebeneinander, in den verschiedenen Kontexten seines Werks lassen sich auch unterschiedliche Seelenmodelle in Anlehnung an die klassischen philosophischen Schulen rekonstruieren.[41] Häufig schließt er sich einem Modell an, das in platonischer Tradition drei Seelenteile annimmt,[42] und er unterscheidet entsprechend „einen denkenden, einen mutvoll strebenden und einen begehrenden Teil",[43] wobei die beiden letzteren, irratio-

---

[39] Phil. Abr 260 beschreibt die typischen Elemente des konventionellen Trauerritus sowie das als positiv gewürdigte deviante Verhalten Abrahams, das nach Philo auch in der Menge Anerkennung findet. Es werden Würdenträger beschrieben, die sich, wie üblich, an der Trauer beteiligen wollen. Als sie jedoch „nichts von alldem sahen, was in ihrer Mitte bei Trauerfällen üblich war, kein Jammern, keine Totenklage, kein Schlagen an die Brust, weder von Männern noch von Weibern, sondern nur stille und massvolle Trauer des ganzen Hause, wunderten sie sich nicht wenig (...)."

[40] DILLON, Philo, 223: „The question of Philo' s relationship with Hellenistic Platonism, as opposed to either Stoicism, Neopythagoreanism, or Alexandrian Platonism (Eudorus), is by no means an easy one, since all of these influences are closely interwoven in his work."

[41] Phil. Leg III,115.

[42] Im Anschluss an Plat. Tim. 69–70 arbeitet Philo mit einem dreiteiligen Seelenmodell, wobei die Seelenteile in unterschiedlichen Körperteilen lokalisiert werden. Vgl. Phil. Her 55, in diesem Zusammenhang betrachtet Philo das Blut als Teil der ganzen Seele, den göttlichen Atem oder Geist dagegen als Teile des dominanten rationalen Seelenteils (Spec IV,122), vgl. T. SELAND, Moderate Life, 246; WINSTON, Philo, 202.

[43] Phil. Leg III,115. Heinemann merkt in seiner deutschen Übersetzung der philonischen allegorischen Erklärung des heiligen Gesetzbuches, Buch I–III, in: Philo von Alexandrien, Die Werke in deutscher Übersetzung, Bd.III, hg. v. L. Cohen, I. Heinemann, M. Adler, W. Theiler, 2. Aufl. Berlin 1962, 3–165, hier: 122, an, dass Philo sich insbesondere auf Platon und Poseidonius beziehe mit dem Verweis auf Gal. PHP, 432,

nalen Seelenteile wiederum in sieben Bereiche unterteilt werden.[44] Allerdings begegnet auch das Modell einer zweigeteilten Seele immer wieder, die aus einem rationalen und einem irrationalen Teil besteht, was dem Verstand auf der einen Seite und den Begierden auf der anderen Seite entspricht.[45] Philo profiliert sich, indem er das rationale Prinzip, das Denken, zwar im Kopf verortet, die Leidenschaften (τὰ πάθη) aber mit dem jeweiligen Entscheidungsprozess (κρίσις) in die „irrationalen" Seelenteile (μέρη τοῦ ἀλόγου) verlegt.[46] Die ‚Sinneslust' ist nach Philo in der Brust und vor allem im Bauch zu finden.[47]

Wenn Philo den Kopf als Ort des Verstandes reserviert und die Affekte den anderen Körperteilen zuordnet, schließt er sich der platonisch-aristotelischen Affekttheorie an.[48] Aber auf die Kategorisierung der Affekte durch diese Zuordnungen beschränkt er sich nicht. Wie die ihm bekannten Philosophien wagt er gleichfalls eine ‚Affektsystematik', d.h. eine theoretische Erörterung über die Zusammenhänge und Beziehungen der Affekte zueinander. Auch hierbei steht die Lust (ἡδονή) im Zentrum seiner Überlegun-

---

wonach es die Vorstellung von drei Seelenvermögen auch bei Aristoteles und Poseidonius gebe. Doch nur bei Platon und Hippokrates seien eine verschiedene Herkunft und Wesensart der einzelnen Seelenteile belegbar. Vgl. auch die philonischen Belegstellen Conf 21; Her 132; Leg I,63–73; QG I,13. Die Philo bekannte Theorie scheint das Denken jedenfalls im Kopf zu verorten, das Irrationale dagegen in der Brust und die Begierde in Bauch und Unterleib, Phil. Leg III,115, vgl. auch Phil. Agr 38; Mos II,23; Gig 18. So lokalisiert auch Philo in Leg III,116 die Lust (ἡδονή) in den beiden unteren Körperregionen und damit ausdrücklich nicht „im Bezirke des Kopfes, wo der denkende Teil sitzt".

[44] Phil. Opif 117; Her 225; vgl. RUNIA, Philo, 301–318.

[45] RUNIA, Philo, 305, hält das zweigeteilte Seelenmodell bei Philo für zentral. In Phil. Her 232–233 und Phil. Opif 117 wird die an Platons Timaios angelehnte Seelenlehre (wie sie sich ebenfalls bei Poseidonius findet), die von rationalen und irrationalen Bestandteilen der Seele ausgeht, mit dem klassischen stoischen Modell verknüpft, wonach das ἡγεμονικόν und seine instrumentellen Funktionen (sinnliche Wahrnehmung, Sprach- und Reproduktionsvermögen) unterschieden werden, vgl. REYDAMS-SCHILS, Readings, 460. Vgl. auch Philos differenzierte Seelendisposition, charakterisiert durch zwei sich widerstrebende Seelenteile, wie sie bei Phil. Migr 148–175 allegorisch durch die Verbindung von Abraham (für die unvergängliche, stetige Tugend) und Lot (für die schwankende menschliche Natur) dargestellt ist. Eine entsprechende Fusion der Seelenmodelle begegnet bei den Mittelplatonikern häufiger, zu Belegstellen siehe WINSTON, Philo, 202, der u.a. auf den Mittelplatonismus, Cic. Tusc. IV,10–11 und spätere Schriften wie Stob. usw. verweist.

[46] Phil. Leg III,116.

[47] Die Leidenschaften werden von Philo auch in weiteren körperlichen Regionen verortet. Alle Glieder und Organe des Unterleibs können von Affekten beherrscht werden und die Leidenschaften dadurch entsprechend repräsentieren. Vgl. auch Phil. Leg III, 128.131.132.138 u.a. ...

[48] REYDAMS-SCHILS, Philo, 169–195, differenziert die Belegstellen für die unterschiedlichen Körper- und Seelenkonzeptionen im Werk Philos nach stoischem und platonischem Ideal, auch sofern sie mit Affekten in Verbindung stehen.

gen.[49] Philo wertet das in den unteren Körperregionen beheimatete Streben als die Schlimmste von allen Stimmungen, weil sie „fast allen als Anfang oder Grundstein zu Grunde" liege.[50] Alle anderen Affekte stehen demnach systematisch mit der Lust in Verbindung: Gemäß Philo ist die Begierde (ἐπιθυμία)[51], die vor allem in der Bauchregion hervorgerufen wird, als Verlangen nach einem Sinnesgenuss definiert, wogegen der Schmerz (λύπη) sich einstellt, wenn der Genuss entzogen wird. Unter Furcht (φόβος) versteht Philo die Sorge eines Menschen vor einer Abwesenheit von Lust.[52] Nun verwendet Philo von Alexandrien die Termini der klassischen stoischen Affektsystematik![53] Weiter folgt Philo bei seiner Einteilung der Affekte an dieser Stelle zumindest zwei stoischen Unterscheidungskriterien[54], nämlich erstens der Unterscheidung des *zeitlichen Bezugs* eines Affekts auf etwas Gegenwärtiges oder Zukünftiges, und zweitens dem jeweiligen *Werturteil* über Gut oder Schlecht, das einem Affekt zugrunde gelegt wird: Lust und Schmerz sind auf Gegenwärtiges bezogene Affekte, während Furcht als Sorge und Begierde als Verlangen auf ein zukünftiges Gut oder Geschehen verweisen. Alle Affekte, die mit der Lust verbunden sind, sollen nach Philo vom vorwärtsstrebenden Weisheitssuchenden (προκόπτων) gezügelt und gebändigt oder im besten Fall beim vollkommenen Weisen (τέλειος σοφός) sogar eliminiert werden – weil sie letztlich doch wie die Lust[55] verurteilt werden müssten: Sowohl das höchste Ideal des vollkommenen, apathischen Mose als auch die vielfältigen Askeseaufforderungen könnten dies verdeutlichen, außerdem der Vergleich der Affekte mit wilden, bedrohlichen Tieren und die im Hinblick auf die Affekte verwendete Krankheitsmetaphorik in Philos Schriften.[56]

---

[49] Phil. Leg III,113.116.

[50] Phil. Leg III,113.

[51] Sie ist die Quelle alles Bösen (Phil. Spec IV,84; Virt 110) und zerstört die Seele (Phil. Spec IV,95).

[52] Phil. Leg III,113.

[53] Vgl. die Darstellungen von Philos Affektkonzeptionen mit den vier Affekten Lust, Begierde, Furcht und Schmerz/Trauer in Phil. Det 119f, Abr 236, Agr 83.

[54] Das dritte stoische Unterscheidungskriterium, die Frage nach dem physiologischen Zustand des Pneuma, wird in diesem Kontext nicht behandelt.

[55] Vgl. Phil. Leg III,68: „Aber die Schlange, die Lust, ist an und für sich schlecht; deshalb ist sie dem Weisen überhaupt nicht vorhanden, nur der Schlechte hat Genuss von ihr." Vgl. auch ebd.,76: Die Schlange „ist ein verderbenbringendes, von Natur mordlustiges Geschöpf. (...) Deshalb wurde die Schlange als Bild der Lust betrachtet."

[56] Zum Vergleich der Affekte mit Tieren vgl. Phil. Leg III,111–113, aber auch den direkten Vergleich der Lust mit einer Schlange in 76 u.a. Der verallgemeinernde Hinweis, die seelischen Leidenschaften (τὰ πάθη τῆς ψυχῆς) könnten den Verstand (νοῦς) verwunden oder gar zerreißen (Phil. Leg III,113),[56] erinnert an die stoische Krankheitsmetaphorik, die Philo auch explizit aufgreift (Phil. Leg III, vgl. 118 u.a.)

C. Formen der Freude (χαρά) bei Philo von Alexandrien

Im Folgenden sollen einige wesentliche Aspekte des Affektkonzepts bei Philo von Alexandrien vorgestellt werden.[57]

Das Wortfeld der Freude/die Wertung des Lachens

Ausgehend von der Thematik der Kindesverheißung an Abraham beschäftigt sich Philo in Leg III,86f mit der Frage, weshalb dem angekündigten Sohn ausgerechnet der Name ‚Isaak' zugesprochen wird. Diesen hebräischen Namen übersetzt Philo paraphrasierend als „Lachen der Seele (γέλως τῆς ψυχῆς), Freude (χαρά) und Heiterkeit (εὐφροσύνη)".[58] Diese drei Begriffe bilden ein Wortfeld, durch das sie in ein synonymes beziehungsweise in ein synthetisches Verhältnis zueinander gesetzt werden. Im Zusammenhang mit diesen anderen freudigen Charakteristika ist das Lachen positiv konnotiert, dieses Phänomen wird an späterer Stelle im Zusammenhang mit den Ausdrucksmöglichkeiten der Freude untersucht werden. Die umschreibende etymologisierende Erklärung des Namens Isaak bildet den Höhepunkt einer Argumentation, die durch einen exkursartigen Abschnitt über Philos Verständnis der Freude im Allgemeinen und mit Bezug auf seine Auslegung zu Gen 17,17f im Besonderen vorbereitet ist.

Philo kennt und beschreibt auch verschiedene psychische Zustände und innere Bewegungen, die das Empfinden menschlicher Freude gefährden können oder gar in Opposition zu ihr stehen. So können *Furcht* und *Schmerz* die Freude mindern.[59] Grundsätzlich gelten aber auch *Lust* (Leidenschaft) und *Zorn* als bedrohlich und der Freude entgegengesetzt.[60] So sei die Lust (ἡδονή) als Leidenschaft (πάθος) zwar zu verfluchen, weil sie die tugendhafte Seele verführen könne. Die Freude müsse dagegen wün-

---

[57] Im Rahmen dieser Arbeit zur Freude im Lukasevangelium kann nicht der Anspruch erhoben werden, das Konzept der Freude im Werk Philos von Alexandrien umfassend aufarbeiten zu können – zudem da wie gezeigt mit einer intertextuellen heterogenen Argumentation bei Philo gerechnet werden muss.

[58] Phil. Leg III,87f. Die meisten Philoforscher gehen davon aus (s.o.), dass Philo selbst kein Hebräisch verstand oder gar sprechen konnte. Das etymologische bzw. ätiologisch geprägte Verständnis des Namens ‚Isaak' kann ihm traditionell vermittelt worden sein, sodass diese Übersetzung bzw. Paraphrasierung keinen zwingenden Rückschluss auf bestehende Hebräischkenntnisse Philos zulässt.

[59] Zu Schmerz und Furcht als Oppositionen der Freude vgl. auch Phil. Spec II,48f.

[60] Phil. Abr 151ff beschreibt, dass sich die unterschiedlichen Gefühle und Affekte (Freude, Trauer, Furcht, Zorn, Sorge usw.) auch im mimischen Ausdrucksverhalten eines Menschen zeigen können, insbesondere an den Augen. Zur Opposition von Freude und Lust vgl. Phil. Sacr 30; Leg III,107; zum Zorn als entgegengesetztem Affekt Phil. Somn II,179.

schenswert sein.[61] Ganz klar liegt hier ein Werturteil vor, wie es der stoischen Affektlehre entspricht. Zudem wird die Freude (χαρά) ausdrücklich als Gut (χαρὰ (...) ἀγαθόν ἐστιν)[62] definiert und mit den abzulehnenden, schädlichen Leidenschaften kontrastiert. In Philos Hierarchie der Güter (ἀγαθά) steht sie ganz oben, und durch ihre flexible Funktionalität wird ihr sogar ein Vorrang vor anderen eingeräumt.[63] Da sich Philo wie gezeigt sowohl an Begriffe der stoischen Affektsystematik anlehnt als in Teilen auch der platonisch-aristotelischen Seelenlehre zu folgen scheint, verwundert seine Einschätzung nicht. Im Gegensatz zu philosophischen Konzeptionen können Affekte bei Philo sogar der Gottheit zugeordnet werden, dies beruht auf biblischer Grundlage – besonders ausgeprägt ist die Vorstellung vom Zorn Gottes, die der göttlichen Freude entgegensteht. Wo philosophische Theorie und Glaubenszeugnis nicht miteinander zu vereinbaren sind, scheint Philo mit den daraus resultierenden Spannungen leben zu können.

Die temporale Qualität der Freude bei Philo von Alexandrien

Immer wieder weist Philo darauf hin, dass sich die Freude nach seinem Verständnis zum einen auf erfülltes Glück bezieht, zum anderen aber auch die Erwartung des Glücks beinhaltet. Dieser Zusammenhang ist nicht zu trennen.[64] Damit werden die Konzepte der *Freude* und der *Hoffnung* als spezifische Form der Vorfreude sehr eng miteinander verknüpft. Philo verdeutlicht das ausdrücklich, wenn er das Seelenleben und die Begleiterscheinungen des Urteilens erklärt: „Ist das Gute da, ist die *Freude* sein Begleiter, steht es zu erwarten, *Hoffnung*".[65] Aber auch in seiner praktischen Auslegungsarbeit tritt diese Tendenz immer wieder hervor.[66] Obwohl die Phase der Hoffnung derjenigen der erfüllten Freude, die sich auf Eingetroffenes bezieht, zeitlich vorgeordnet ist, wird sie in das Konzept der Freude (χαρά) einbezogen.[67]

---

[61] Phil. Leg III,107.

[62] Phil. Leg III,86.

[63] Phil. Leg III,86: ἐξαίρετον γὰρ καὶ τοῦτ᾽ ἔχει.

[64] Phil. Mos II,288.

[65] Phil. Mut 163, Hervorhebung A. Inselmann.

[66] Vgl. Phil. Leg III,86; ebd. 218: Philo deutet das Lachen Abrahams zunächst als ‚Vorfreude' in der Erwartung, die Glückseligkeit, den Isaak, zu erzeugen. Im Anschluss an die Geburt des Isaak (Leg III,219) wird das Lachen der Sara als ‚erfüllte Freude' über ihren Sohn gedeutet. In Phil. Det 120 wird darüber hinaus hervorgehoben, dass die der Freude vorausgehende Erwartungshaltung auch zu edlen Taten motiviert.

[67] Noch einmal soll an dieser Stelle die stoische Affektsystematik bemüht werden. Philo übernimmt grundsätzlich das stoisch bekannte Schema der Affekte, vgl. SVF III, 378ff und definiert Furcht als Leid vor dem Leid, wie Hoffnung Freude vor Freude, vgl. Phil. Mut 163, allerdings wird in diesem Fall die Begierde von der Hoffnung ersetzt, vgl. Phil. Leg III,113. Vgl. hierzu auch Phil. Praem 161.

Wahre Freude muss nach Ansicht Philos außerdem beständig sein. Aus-
drücklich‚ schreibt der alexandrinische Religionsphilosoph, dass sich die
Seele des Weisen *den größten Teil ihrer Lebenszeit* erfreuen und erheitern
solle.[68] An anderer Stelle fordert Philo vom weisen Menschen, dass *kein
Augenblick des Lebens* ohne Glücksgefühl bleiben solle, sodass der ganze
Kreislauf des Jahres ein Fest bilde.[69] Die wahre hoffende Freude und die
Freude an Erfülltem sind aber nur dann vollkommen, wenn sich die Seele
auch eine entsprechende Erinnerung bewahrt. Philo verweist in seinen
Schriften auf ein die Zeit übergreifendes Bewusstsein, das den Weisen ver-
vollkommnet.[70] Philos Zeitverständnis zeigt sich wie oben dargestellt deutlich in Leg III,100, wenn er Mose als Weisen mit vollkommener und reiner
Geistesrichtung darstellt, der „in die großen Geheimnisse eingeweiht ist"
und dadurch sowohl das Gewordene, das Bleibende wie das, was noch
nicht geworden ist, begreifen kann.[71]

Grundsätzlich spielt die temporale Qualität der Freude nicht nur vor
diesem großen Horizont, sondern auch im Detail eine wesentliche Rolle in
Philos Konzeption der Freude. Gerade die zeitliche Verortung, der Zeitpunkt des Eintreffens und ihre Dauer prägen sein Konzept dieses Gefühls-
begriffs. Darüber hinaus kennt Philo nachweislich auch die stoischen Lehren der Eupatheiai (εὐπάθειαι) und der Propatheiai (προπαθείαι).[72]

Überraschende, unverhoffte Freude gilt Philo als „das Beste der Hochgefühle"[73]. Sie übertrifft sogar alle freudigen Hoffnungen, also alle Arten
der Vorfreude! Philo demonstriert diese Überlegung anhand des Phäno-

---

[68] Phil. Abr 207: „(...)τὸν πλείω χρόνον τοῦ βίου γήθειν καὶ εὐφραίνεσθαι."

[69] Phil. Spec II,48.

[70] Dieses mystisch anmutende Konzept hat Philo nach Bernhard Heininger mit hoher
Wahrscheinlichkeit und trotz aller Unterschiede der platonischen Vorstellung einer en-
thusiastischen Mysterienschau zu verdanken, wie sie im Phaidros überliefert ist, obwohl
Philo auch Alternativen aus apokalyptischer Literatur mit entsprechenden visionären
Kommunikationsmustern kannte, vgl. Plat. Phaidr. 249c–d. Siehe hierzu den Kommentar
in HEITSCH, Phaidros, 109–121. Die Unterschiede zwischen Platon und Philons Platonre-
zeption in Phil. Spec III,1f und Phil. Opif 71 analysiert HEININGER, Paulus, 201–203.
Zum mythischen und mystischen Verständnis Philos, der pagane Kulte streng ablehnte
und die mystische Terminologie stattdessen für eigene Zwecke verwendet hat, vgl. BAER
JR., Use, 8–11.

[71] Phil. Leg III,100: „Es gibt aber noch eine vollkommenere und reinere Geistesrichtung, die in die grossen Geheimnisse eingeweiht ist: diese erkennt nicht aus den gewor-
denen Dingen die Ursache, wie aus dem Schatten das Bleibende, sie überspringt vielmehr
das Gewordene und empfängt einen deutlichen Eindruck von dem Ungewordenen, sodass
sie durch diesen sowohl ihn selbst wie seinen Schatten, das heißt die (göttliche) Vernunft
und diese Welt begreifen kann." (Übersetzung I. Heinemann)

[72] Vgl. den Aufsatz von GRAVER, Philo, 300–325, die sowohl explizite Belege als
auch Paraphrasierungen diskutiert, die auf entsprechende Konzepte verweisen.

[73] Phil. Migr 157.

mens plötzlicher und unerwarteter Gottesbegegnungen, die auch einsame Seelen mit außerordentlicher Freude erfüllen könnten.[74] Dadurch wird aber nicht sein grundsätzliches Axiom betroffen, das die Freude mit der „Festigkeit der Seele", also mit einer dauerhaften psychischen Stabilität, verbindet.[75]

Es ist bereits anschaulich geworden, dass Philo von Alexandrien ein äußerst komplexes Konzept der Freude vertritt. Deshalb muss an dieser Stelle weiter differenziert werden: Die Qualität der Freude hängt auch stark von den *Voraussetzungen* des Subjekts ab, das sie erfährt.[76] Die Freude Gottes, die Freude des Weisen und des Fortschreitenden sowie die törichte Freude werden im Folgenden kurz vorgestellt. Im Anschluss soll noch darauf eingegangen werden, wie Freude nach Philo ausgedrückt werden kann, denn dies ist im Hinblick auf die Konzeption der Freude im Lukasevangelium besonders interessant.

Die Freude Gottes

Das Freuen komme allein Gott zu, das betont Philo mehrfach.[77] Das Wesen Gottes sei ohne Schmerz oder Trauer (ἄλυπος), ohne Angst (ἄφοβος) und ohne alle Affekte (καὶ παντὸς πάθους ἀμέτοχος), denn es besitze allein die vollkommene Heiterkeit und Glückseligkeit (εὐδαιμονίας καὶ μακαριότητος παντελοῦς μόνη μετέχουσα).[78] Man kann mit David Winston sogar sagen, dass Freude der einzige rationale Gefühlszustand ist, der Gott von Philo zugestanden wird.[79] Schon die Sprachwahl, wie Philo die Freude Gottes beschreibt, kann Assoziationen zur griechischen Philosophie auslösen. Tatsächlich ist das frohe und heitere Lachen bereits seit Homer das typische Kennzeichen des antiken Göttlichen.[80] Der antike Religionsphilosoph beschreibt Gottes Gefühlsqualität, wie es dem Ideal des vollkommenen stoischen Weisen entspricht. Mit dem sprachlichen Mittel eines inneren Monologs lässt er Gott sogar zu sich selbst sprechen, um zu veranschaulichen, dass dieser seine Freude auf sich selbst beschränken könnte,

---

[74] Phil. Somn I,71.

[75] Phil. Cher 13.

[76] Dass es unterschiedliche charakterliche Veranlagungen und Reifegrade gibt, nehmen bereits die älteren Stoiker an, so Zeno nach Cic. fin. IV,56, Winston, Philo, 202.

[77] Phil. Abr 202ff: τὸ χαίρειν μόνῳ θεῷ οἰκειότατόν ἐστιν . Verdeutlicht wird das auch in Saras beschämter Reflektion ihres Lachens in Abr 206; Spec II,54ff. Vgl. auch Her 121, Cher 86. ....

[78] Phil. Abr 202f, Übersetzung A. Inselmann; vgl. auch Phil. Spec II (Über den Sabbat), 53. Vgl. auch Gross, Zorn, zu Philo 201, Anm. 11 mit Verweis auf Phil. Deus 52.

[79] Winston, Sage, 824: „(...) it is very likely that the only rational emotion Philo allows God is joy."

[80] Rengstorf, Art. γελάω, καταγελάω, γέλως, 658, verweist auf Hom. Od. IX,362; Plin. nat. VII,15,72; Verg. ecl. 4,60 u.a.

dies aber nicht tue: Freude soll vielmehr auch all denen zuteil werden, die es wert sind, diese auch zu genießen. So schließt eine entsprechende Figurenrede im Abrahamkommentar.[81] Die Freude Gottes besteht also darin, seine Freude mit würdigen Menschen zu teilen, sodass der Weise diese Gaben dankbar annehmen dürfe.[82] Philo geht es um das Phänomen einer *Mitfreude*, die Gott dem Weisen ermöglicht. Allerdings ist diese ‚Freude‘ des Weisen letztlich doch immer in der Qualität von derjenigen Gottes zu unterscheiden: Philo begrenzt die reine, ungetrübte Freude ausdrücklich auf die göttliche, himmlische Sphäre – und relativiert die von Gott gegebene Freude des Weisen im Anschluss als eine „gemischte Freude"[83].

Worin besteht nun das Objekt der göttlichen Freude? Gott freut sich nach Philo über den frommen und gesetzestreuen Menschen. Damit kann Philo an das philosophische Ideal der Tugendhaftigkeit des Weisen anschließen.[84] Während aber ein solcher tugendhafter Mensch die Freude Gottes erregen kann, reagiert Gott auf lasterhaftes menschliches Verhalten oppositionell mit Zorn.[85] Theologisch interessant ist mit Blick auf diese Aspekte, dass dieses Verhältnis bei Philo wechselseitig wirkt: Einerseits soll die vorausgehende Freude Gottes den Menschen zu frommem und tugendhaftem Verhalten motivieren, andererseits wirkt das menschliche Verhalten auch dynamisch auf das innere Erleben der Gottheit zurück (Freude/Zorn).

Aber wie stellt Philo sich die *Freude Gottes* vor? Sie wird von Philo als ein Fest beschrieben, als Schwelgen in der „Betrachtung der Welt und der Dinge", als eine Kenntnis der Natur und als das Genießen „der harmonischen Beziehungen der Gedanken und Werke zueinander".[86] Die Freude des Weisen steht diesem Konzept sehr nahe.

Die Freude des Weisen

Gott ist nach Philo in zweifacher Weise für die Freude des Weisen verantwortlich: Erstens dadurch, dass er alle Güter geschaffen hat, die Freude auslösen können und die dem Weisen gegeben sind,[87] andererseits aber

---

[81] Phil. Abr 204.

[82] Phil. Somn II,176.

[83] Phil. Abr 205; In Spec II,55, bezieht sich diese von Gott dem weisen Menschen gegebene Freude auf Saras Lachen.

[84] Phil. Somn II,175–180.

[85] Phil. Somn II,177–180.

[86] Eine Einheit von Eudaimonie und Athanasie, soweit der Mensch sie erreichen kann, ist nach Platon nur vom Philosophen erreichbar, vgl. Plat. Tim. 90bc; Epin. 992b3–8; vgl. symp. 212ab. Phil. Spec. II,52, schließt damit wohl an platonisches Traditionsgut an, vgl. auch Plat. Pol. 443d ff; Epin. 992b6; siehe Sier, Rede, 196.

[87] Phil. Somn II,176, Phil. Det 124.

auch dadurch, dass die Freude und das Lachen selbst eine *Schöpfung Gottes* sind,[88] was Philo auf mosaische Überlieferungen zurückführt.[89]

Folgerichtig stellt die fromme Freude die einzig angemessene Form eines weisen Verhaltens dar, weil Gott nach Philo allein „Stützpunkt und Freude" des Menschen ist.[90] Philo würdigt alle Formen der Freude, die an die *Tugend* gekoppelt sind,[91] worunter er selbstverständlich die Freude des frommen, vollkommenen Weisen wie Abraham, andererseits sogar die fortgeschrittene Freude der Sara oder der Lea versteht, deren Namen Philo mehrfach sogar allegorisch als „Tugend" überträgt.[92] Die beiden Begriffe Tugend (ἀρετή) und Frömmigkeit (εὐσέβεια) hat Philo wahrscheinlich nicht aus den übersetzten Teilen der LXX übernommen, denn darin sind sie selten belegt.[93] Auch sie dürften aus dem antiken philosophischen Diskurs entlehnt sein.[94] Eine solche würdige Freude soll den Weisen den größten Teil seines Lebens erfreuen, sie ist ein „Preis der Tugend"[95] und hat daher

---

[88] Phil. Mut 157, Phil. Det 124.

[89] Phil. Mut 168.

[90] Phil. Mut 156.

[91] Phil. Mut 167,261f; Leg I,45; Leg III,107.217f.247; Cher 12f; Det 120.140; Her 3; Congr 36; in Det 137 steht der Tugend vergleichbar der Hinweis auf „Güter der Seele", worin der Weise die echte und unverfälschte Freude finden könne. Über die Ablehnung von Adiaphora als Objekte der Freude vgl. ebd. 135f. In Phil. Praem 27.31 wird darüber hinaus die Tugend als Preis der Freude bezeichnet. Vgl. Phil. Spec II,46ff. Auch die Stoiker würdigten die Tugend eines Weisen entsprechend. Im frühjüdischen Diskurs finden sich die umfangreichsten Befunde zur Tugendterminologie bei Philo, nur vereinzelt bei Josephus; Mit Ausnahme von Hiob 3,3 ist der Begriff der ἀρετή in den biblischen Weisheitsschriften (Ijob, Spr, Koh, Sir) nicht belegt, vgl. VON LIPS, Weisheit, 30f.

[92] Phil. Mut 166 beschreibt das Lachen beider Erzeltern unter Hinweis auf ihre Tugendhaftigkeit, vgl. auch Leg III,217–219. Allerdings kann der Name Saras auch als ‚meine Herrschaft' von Philo gedeutet werden, vgl. Phil. Cher 5, Abr 99. In Cher 7 wird diese Herrschaft wiederum mit der Tugend in beständiger Qualität in Verbindung gebracht: Der Namenswandel von Sarai zu Sara bedeute so viel wie „aus der einzelnen, vergänglichen Tugend wurde sie zur allgemeinen, unvergänglichen." Dass Philo sich in seinen Interpretationen vor allem mit der Tugend (ἀρετή) beschäftigt, die er sowohl ethisch als auch religiös versteht, um dem Menschen den Weg zu Gottes Nähe zu beschreiben, wertet HAY, Anthropology, 137.

[93] Zum Ausdruck der Tugend vgl. die vorletzte Fußnote; nach VON LIPS, Weisheit, 57, wird auch das Wort für Frömmigkeit lediglich fünfmal in der griechischen Übersetzung der hebräischen Bibel verwendet. Erst in den original griechischen Schriften der LXX findet es breite Verwendung, vor allem in 2–4 Makk.

[94] Philo von Alexandrien lehnt sich bei seinem Modell eines Weisen an das stoische Ideal an, so auch WINSTON, Philo, 202.

[95] Das Konzept der Väterdeutung ist in den Quaestiones noch nicht so weit ausgeformt wie in den beiden anderen Schriftreihen Philos. Die darin bekannte Korrelation von Lernen, Begabung und Übung, denen die Tugendpreise Glauben, Freude und Gottesschau entsprechen, ist in den Quaestiones nach BÖHM, Abraham, 392, nicht vorzufinden.

einen langfristig angelegten und keinen situativen Charakter,[96] da die Weisheit immer wieder Freude hervorbringt.[97]

Woran und wie kann der Weise seine Freude finden? Sie resultiert nicht nur aus der beschriebenen tiefen Frömmigkeit und Tugendhaftigkeit allein. Der weise Mensch muss sich selbstverständlich auch durch einen klaren *Verstand* auszeichnen.[98] Denn erst durch die Koppelung dieser Voraussetzungen ist es möglich, die Offenbarung zu erfassen und zur Glückseligkeit (εὐδαιμονία) zu gelangen.[99] Daher kann die Freude nach Philo situativ bedingt durchaus auf viele einzelne tugendverbundene *Objekte* bezogen werden, wie beispielsweise auf die verschiedenen Wunder der Welt,[100] hinter denen der wahrhaft Weise immer den Schöpfer und sein gutes Handeln erkennt. An anderer Stelle argumentiert Philo, dass der wahrhaft Weise seine Freude immer in sich selbst finden kann – da die echte, unverfälschte Freude in den Gütern der Seele allein zu suchen ist.[101] Dies widerspricht dem bislang Gesagten nicht. Denn Philo verweist in diesem Kontext (Det 135–138) vor allem darauf, dass sich ein weiser Mensch nicht an Gütern erfreuen soll, welche als angenehm, aber belanglos für das Erreichen der Glückseligkeit zu betrachten sind – Stoiker würden diese wie dargestellt als Adiaphora bezeichnen. Es geht Philo wiederholt darum, einen *gefestigten Gottesbezug* zu befürworten, der sich vor allem durch Tugendhaftigkeit äußert.[102] Er geht davon aus, dass sich dies auch auf die soziale Umwelt

---

[96] Phil. Abr 207; vgl. Plant 169f, darin die allegorische Deutung des Namens Rebekka als ,Ausdauer', sodass Philo den Vers Gen 26,8, wonach Abimelech Isaak mit Rebekka scherzen sah, als Freude des Weisen mit der Ausdauer zum Guten deutet.

[97] Phil. Mut 264 bezieht dies allegorisch auf die Ankündigung einer Geburt an Abraham: „Zu dieser Zeit wird dir gebären (...) die Weisheit Freude."

[98] Vgl. Phil. Det 129ff; Leg III,247 nennt unter anderem ebenfalls die Einsicht als Auslöser der Freude. Dass Weisheit voll Fröhlichkeit und Lachen sei, schreibt Philo in Phil. Plant 167. Die Hochschätzung des Verstandes ist grundlegend in der klassischen antiken Philosophie.

[99] Exemplarisch Phil. Opif 172; vgl. auch HAY, Anthropology, hier: 137f.

[100] Phil. Abr 207; zur Objektflexibilität der Freude vgl. auch Phil. Praem 32.

[101] Phil. Det 137.

[102] Problematisch erscheint in diesem Kontext die Deutung von Phil. Spec II,185, wonach Freude zwar eine vernünftige Erhebung der Seele sei, der Mensch sich aber über nichts so sehr freue „wie über Reichtum und Überfluss an Lebensbedarf". Daraus erwachse die Verpflichtung zum Dank, „indem wir für die unsichtbare Freude unseres Inneren die gesäuerten Brote als sichtbares Dankeszeichen weihen". Ich deute diesen Befund so, dass Philo hier nicht die Freude des Weisen beschreibt, sondern sich auf die Freude derer bezieht, die im gläubigen Fortschritt begriffen sind. Denn dass es sich beim beschriebenen Personenkreis um gläubige Juden handelt, ist offensichtlich; dass Philo sich selbst dieser Personengruppe zurechnet und wie die Philosophen die Anzahl der Weisen überhaupt für äußerst begrenzt hält (vgl. Phil. Spec II,47), wurde oben bereits angegeben.

positiv auswirken kann, sodass der Weise als Mittler zwischen Gott und Mensch zu denken ist.[103]

Mitfreude ist auch im zwischenmenschlichen Bereich wirksam. Dazu zitiert Philo Sara nach Gen 21,6 (LXX): „Lachen hat mir Gott geschaffen, wer das hört, muss sich mit mir freuen".[104] Interessanterweise wird hierbei konsequent eine mehrfache Mitfreude demonstriert: Denn Saras Freude ist selbst bereits Anteilnahme an der Freude Gottes.[105] Dass auch die tugendhafte Freude ansteckend sein kann, demonstriert Philo am Beispiel des Mose. Auf ihn führt er die Lehre zurück, wonach die Freude nicht nur ein wesentliches Charakter- und Erkenntnismerkmal des tugendhaften Weisen ist, sondern auch derer, mit denen der Weise zusammentrifft.[106]

Und wie sieht diese Freude eines Weisen nach Philo aus? Sie äußert sich analog zur Freude Gottes als Festfreude,[107] denn die Weisheit ist selbst „heiter und freundlich, voll Fröhlichkeit und Freude" – verbunden mit geistreichem Humor aus Scherzen und Lachen.[108] Diese Art von Freude soll mit der Würde des Weisen harmonieren.[109] Um Weisheit und würdige Freude zu erlangen, gibt es aus der Sicht Philos unterschiedliche Möglichkeiten. Anhand von Abraham, Isaak und Jakob werden verschiedene Wege zur tugendhaften Weisheit und damit zur Vervollkommnung beschrieben:[110] Der erste Glaubensvater steht für einen Zugang durch das Lernen (διδακτῆς). Der mit dem Lachen verbundene Isaak symbolisiert dagegen wie oben beschrieben die natürliche, angeborene Weisheit (φυσικῆς), während Jakob als dritten Weg die praktische Askese (ἀσκητικῆς) vertritt. In diesem Zusammenhang bietet David Winston eine überlegenswerte Inter-

---

[103] BÖHM, Rezeption, 274.

[104] Phil. Leg III,219; Det 123–125. Vgl. hierzu auch den später folgenden Abschnitt über die Ausdrucksmöglichkeiten der Freude bei Philo, worin der Übersetzungshintergrund Philos zu dieser Stelle vorgestellt wird.

[105] Phil. Abr 204 zeigt, dass Gott seine Freude mit dem würdigen Menschen teilen will, was in Abr 206 ausdrücklich auf das Beispiel der Freude Saras angewendet wird. In diesem Kontext wird Sara anders als in Philo QG IV wie eine Weise behandelt.

[106] Phil. Mut 168.

[107] Phil. Spec II,46ff: Weise könnten ihr ganzes Leben als Fest verbringen; vgl. ebd. 48: Die Weisen seien „erfüllt von dem, was Freude und Behagen stiftet, sodass kein Augenblick des Lebens ohne Glücksgefühl bliebe und der ganze Kreislauf des Jahres ein einziges Fest bilde."

[108] Phil. Plant 168.

[109] Phil. Plant 167 beschreibt dies mit dem Bild einer „wohlgestimmten Leier", die aus ernsten und heiteren Tönen harmonische Akkorde bildet.

[110] Phil. Mos I,76, vgl. BÖHM, Rezeption, 255 mit Verweis auf Sacr 17; Deus 92; Agr 42; Plant 44; Ebr 48; Conf 74.181; Migr V,38; Congr. 69f; Mut 255; Somn I,45ff;168f u.a.

pretation an.[111] Mose werde als ein „Super-Sage" dargestellt, der alle ansonsten bei Philo vertretenen Konzepte eines weisen Menschen übertreffe. Auf diese Weise versucht Winston die Spannung in Leg III,129–132 aufzulösen, die durch die nebeneinander auftretenden Idealvorstellungen der Metriopathie und der Apathie bei Philo gegeben ist. Das Ausschlag gebende Unterscheidungsmerkmal für die Weisheitsqualität stellt für Winston ausgerechnet die Freude (χαρά) dar. Denn so wie die göttliche Freude ewig und erregungslos sei („eternal and elationless"[112]), müsse auch der Gefühlszustand des Mose als kontinuierlich frei von irrationalen Komponenten vorgestellt werden, da der göttliche Geist stets beim Glaubensvater gewesen sei.[113] Mose ist insofern als eine Ausnahmeerscheinung den „großen Naturen" zuzurechnen.[114] Im späteren Verlauf wird er von Philo sogar „der Heiligste alles Geborenen", also aller geborenen Menschen, genannt (ὁσιώτατον τῶν πώποτε γενομένον) – ein superlativischer Titel![115]

Die Freude des Törichten

Im Gegensatz zum weisen Phänomen der Freude kennt und beschreibt Philo aber auch eine niedrige, unvernünftige Form, die er als „falsche Freude" (ψευδώμος χαρὰ)[116] bezeichnet. Dabei geht es um das scheinbar frohe Erleben törichter Menschen. Zwar feiern auch sie – aber nur, „um sich in weitere Sünden zu stürzen"[117] – mit vernunftlosem, kindischem Benehmen.[118] Diese Art der Festfreude ist der göttlichen und weisheitlichen (Fest-) Freude entgegengesetzt,[119] aber auch sie äußert sich mit Scherzen und Lachen. Philo kennt diese „halbwüchsige, jugendliche und noch unreife Fröhlichkeit" besonders von jungen Menschen. Gelegentlich führe sie

---

[111] WINSTON, Sage, 815–824.

[112] Ebd., 824.

[113] Ebd.

[114] Phil. Mos I,22.

[115] Phil. Mos II,192. Mit superlativischen Eigenschaften wird Mose auch zu Beginn in Mos I,1 von Philo eingeführt: Er ist der größte und vollendetste Mensch (ἀνδρὸς τὰ πάντα μεγίστου καὶ τελειοτάτου).

[116] Phil. Mut 175.

[117] Phil. Plant 166.

[118] Phil. Plant 168 verwendet die Form παιδία, die für kindliches Benehmen steht, vgl. Arist. eth.Nic. 1176b33.

[119] In Phil. Spec II,49; Leg III,247, geht Philo sogar sprachlich so weit, den törichten Menschen die Festfreude völlig abzusprechen – ein schlechter Mensch feiere auch nicht einen kurzen Augenblick, weil er durch das Bewusstsein seiner Sünde gequält würde und im Herzen daher betrübt sei, „mag sein Antlitz auch noch so sehr die Maske der Heiterkeit tragen". Philo dürfte bei dieser Stellungnahme die wahrhafte Festfreude meinen, zu der ein törichter Mensch als nicht fähig gilt, weil er zuvor und im Anschluss die ständige, tugendgebundene Festfreude des Weisen bespricht.

auch zu Raufereien und übermütigen Wettkämpfen – was Philo vor allem
mit ungezügeltem und häufigem Alkoholkonsum begründet.[120] Die vorbildliche Freude des Weisen solle deshalb für alle noch nicht so weit gereiften
Menschen beschämend wirken, wobei sich Philo in die letzte Personengruppe erzählerisch bescheiden mit einbezieht.[121]

Ausdrucksmöglichkeiten der Freude

Philo beschreibt verschiedene Möglichkeiten, wie Freude ausgedrückt
werden kann. Denn die eigentliche innere Erregung ist selbst unsichtbar,
wie er immer wieder betont[122] – und muss daher mithilfe von Mimik, Gestik und Akustik vermittelt werden.[123] Törichte Freude könne sich gestisch
beispielsweise als ein Umhergehen mit „stolz erhobenem Nacken" äußern.[124] Doch die meisten Belege über das äußere Erscheinungsbild der
Freude findet man bei Philo im Hinblick auf den weisen Menschen. So
kann Philo das Lachen auch als „ein vom Körper gegebenes *sichtbares
Zeichen* der unsichtbaren Freude des Herzens" bezeichnen.[125] An anderer
Stelle erklärt er dieses Verhalten als natürlichen, *onomatopoietischen Ausruf*, durch den die Freude kommunikativ ausgedrückt werden kann.[126] Das
Lachen wird demnach sowohl mit dem Sehsinn als auch mit dem Gehör
wahrgenommen. Und es integriert beide Sinne, sodass diese sich gegenseitig verstärken. Das ist wichtig, weil Philo andernorts eine Hierarchie der
Sinneswahrnehmung beschreibt, wonach das Sehen dem Hören überlegen
ist – das Gehör lasse sich leichter täuschen als das Auge.[127] Während der

---

[120] Phil. Plant 160ff.

[121] Phil. Mut 154.

[122] Phil. Spec II,185; Praem 31f u.a.

[123] Es ist schon im 1. Jhd. v. Chr. mehrfach belegbar, dass mimische und gestische
Äußerungen auf die unsichtbaren inneren Zustände eines Menschen schließen lassen.
Einer der ersten Belege findet sich in einem Lehrbuch der Rhetorik, beim sogenannten
Auctor ad Herennium II 5,8, das vermutlich zwischen 88 und 85 v. Chr. entstanden ist,
entsprechende Äußerungen folgen bei den Lateinern von Cicero bis Sallust. Psychosoma-
tische Äußerungen wie Erröten, Erbleichen oder Stammeln sollen danach als Zeichen
eines schlechten Gewissens gedeutet werden. Vgl. SCHÖNLEIN, Entstehung, 300; Nach
KLAUCK, Richter, 33.51, ragen im griechischsprachigen Bereich vor allem Philo und
Paulus bei der Behandlung des Gewissenskonzepts heraus.

[124] Phil. Mut 154–157.

[125] Phil. Det 31f, Übersetzung A. Inselmann.

[126] Phil. Mut 261f nennt analog, dass auch die komplementären Affekte wie Schmerz
und Furcht eigene den Affekt imitierende Ausrufe hätten.

[127] Philo arbeitet sogar eine Hierarchie der Sinneswahrnehmungen in seiner Schrift de
fuga et inventione (Fug 208, vgl. QG III,32 zu Gen 16,11 [LXX]) allegorisch aus, wenn
er Isaak dem Gesichtssinn, Ismael dagegen dem Hörvermögen zuordnet. Auf allegorischer Ebene steht Ismael nicht nur für einen Sophisten, sondern für einen Hörenden, der
die Fähigkeit des Schauens noch nicht erreicht hat, vgl. BÖHM, Rezeption, 303f.371.

Name ‚Ismael' immerhin als der Gott Hörende (ἀκοὴ θεοῦ) übersetzt wird,[128] steht sein Bruder Isaak für einen Menschentyp, der mit den Augen der Seele die höheren und himmlischen Dinge sehen kann.[129] Dahinter steht vermutlich die Vorstellung einer Ekstase (μετάρσιος φέρεσθαι) Isaaks, einer Vereinigung und Teilhabe am göttlichen Sein.[130] Denn Isaak steht für die höchste Stufe der menschlichen Weisheit durch intuitive Gotteserkenntnis, die nur von Mose übertroffen wird.[131] Diese Vorstellung wird bei Philo mit dem Wesen des Lachens verbunden, das bei Philo, wie bereits mehrfach gezeigt, äußerst positiv konnotiert ist. Das ist insofern erstaunlich, da das Lachen in der Septuaginta tendenziell vermieden wird und sogar mit einem Ausdruck aus dem Wortfeld der Freude umschrieben werden kann.[132]

Gesten, die Affekte kommunizieren, können sich auch ergänzen und verstärken: Abraham lacht nicht nur, er wirft sich gestisch auch zur Proskynese nieder, als ihm der Sohn verheißen wird. Dadurch wird eindeutig geklärt, dass es sich bei Abrahams Reaktion um ein frommes Lachen handeln muss. Philo bezeichnet es als „Seelenlachen" mit dem äußerlichen Ausdruck eines finsteren Gesichts, während das Gemüt gleichzeitig von innerer Heiterkeit durchdrungen sei.[133] Eine Kopplung von Gesten ist besonders interessant, weil nonverbale Signale – wie beispielsweise das Lachen – semantisch häufig polyvalent sind und deshalb jeweils im Rahmen einer jeweiligen Kommunikation von den Gesprächspartnern pragmatisch gedeutet werden müssen. Deutlich wird das bei Philo, wenn er die Reaktion der Erzeltern Abraham und Sara auf die Verheißung beschreibt, dass sie trotz ihres fortgeschrittenen Alters ein Kind empfangen werden. In Leg

---

[128] Vgl. Phil. QG III,32; IV,147.245.

[129] Vgl. Phil. QG III, 32; Fug 208.

[130] KÜHN, ΥΨΟΣ, 60f. Die Verbindung von Ekstase, Affekten als starken Gemütsbewegungen und körperlichen Reaktionen beschreibt HÖLSCHER, Profeten, 4ff. Ebd., 11ff deutet er den Zusammenhang von Wein und kultischer Ekstase im Kontext des AT und in den clementinischen Homilien (Clem. hom. III,13).

[131] BÖHM, Rezeption, 267f,306f verweist auf Phil. Sacr 7f und COHN/HEINEMANN, Werke III,232, Anm. 2. Dort wird Isaak als der „Allweise" bezeichnet, da er „der höchsten Stufe der Wissenschaft, der intuitiven Erkenntnis Gottes, gewürdigt wurde und durch natürliche Anlage (φύσει) das Wissen und die Tugend besass".

[132] Das betrifft beide hebräischen Wurzeln für das Lachen, פחשׂ und פחצ. Beide sind nicht immer mit dem üblichen griechischen Ausdruck des Lachens γέλως übertragen worden, sondern konnten mit dem der Freude χαρά in die LXX übersetzt werden, vgl. Ps 126,2; Gen 21,6, vgl. RENGSTORF, Art. γελάω, καταγελάω, γέλως, 657.660.

[133] Phil. Mut 154f. Im folgenden Paragraphen beschreibt Philo dagegen das Lachen als Folge, nachdem Gott die leidende, finstere Kreatur aufgerichtet hat – da dieser die einzige Freude sei und bringe, während die Kreatur an sich naturgemäß haltlos und leidvoll sei.

III,85–87 interpretiert Philo das Lachen Abrahams als ironischen Ausdruck der *Hoffnungslosigkeit*, denn Abraham kommentiert die an ihn gerichtete Prophezeiung mit dem Hinweis auf sein hohes Alter. Abraham, „der nicht hofft (οὐκ ἐλπίσαντι), dass er der Vater eines solchen Sprösslings werden könne, sondern *sogar lacht* (γελάσαντι)"[134], signalisiert durch dieses Verhalten seine *tiefe Verzweiflung.* Auch in QG III,55 beschreibt und kommentiert Philo dieselbe Reaktion Abrahams auf die Verheißung. Diesmal aber wertet er dessen Lachen völlig anders, nämlich als Ausdruck der *glücklichen Freude* („jure autem risit exsultans de promissione")![135] Im Gegensatz zu Leg III,85 ist diese Freude in der ausgelösten *Hoffnung* begründet („quod expectata perficerentur") und durch die gläubige Disposition Abrahams („qui stat semper constans") näher bestimmt. Philo interpretiert das in Gen 17,17 dargestellte Lachen in seinen Schriften also nicht kohärent, sondern schreibt dieselbe Verhaltensäußerung zwei unterschiedlichen und außerdem entgegengesetzten inneren Zuständen zu. Abhängig von der kommunikativen Situation und von der Einschätzung der Gesprächspartner kann das *Lachen* sogar bei der Auslegung derselben Szene von Philo unterschiedlich gewertet und verwendet werden.[136] Entsprechendes gilt für die Deutung des Lachens bei der Ahnmutter Sara.[137]

Der Objektbezug der Freude und ein Beispiel für Affektregulation bei Philo von Alexandrien

Was die Freude nach Philo ferner auszeichnet, ist ihr vielfältiger Objektbezug. Sie kann in sich selbst begründet sein und damit ohne Objektverbindung als selbstständiges Gut (ἴδιον ἀγαθόν) stehen, andererseits ist die Freude (χαρά) nach Philo aber flexibel und vielfältig mit anderen Gütern zu verknüpfen: Sowohl körperliche (Gesundheit, Stärke u.a.) als auch ma-

---

[134] Phil. Leg III,85 (Übersetzung und Hervorhebung A. Inselmann).

[135] Phil. QG III,55 (Gen 17,17) nach der Ausgabe Quaestiones et Solutiones en Genesim III–IV–V–VI e versione armeniaca, 129. Zur Betrachtung dieses Verses in seinem Kontext siehe unten.

[136] Die verschiedenen Schattierungen des Lachens (γέλως), das harmlos, froh, schadenfroh, höhnisch oder auch spöttisch sein kann, sind im paganen Bereich bereits seit Homer belegbar, in der LXX ist der Bedeutungsspielraum dagegen eingeschränkter und dient der Beschreibung „wirklicher oder scheinbarer Überlegenheit über das Gegenüber", vgl. RENGSTORF, Art. γελάω, καταγελάω, γέλως, 656f.

[137] Siehe auch Phil. Mut 166, wo Saras Lachen ebenfalls kontextuell mit ihrer Frömmigkeit verbunden ist. Nach Phil. Abr 111f lacht Sara aus *Ungläubigkeit* oder *Unverständnis*, weil sie in diesem Moment noch nicht den Offenbarungscharakter der Verheißung erkannt hat. In Spec II,54 wird Saras Lachen dagegen anders begründet: Dieser Stelle zufolge lacht sie nicht aus Ungläubigkeit, sondern aus *Freude*, weil die Affekte sie verlassen haben und „Freude ihren Bauch" füllt! Bei beiden Erzeltern kann das Lachen in Leg III,85 *Unverständnis* oder wie in QG III,55 auch *glückliche Freude* kommunizieren.

terielle (Reichtum, Herrschaft u.a.) und soziale Güter (Freiheit, Ehre, Lob u.a.) benennt Philo als potenzielle Auslöser der Freude.[138] Die auf den Wissenserwerb bezogene Freude wird von Philo in Bezug auf das Maß beziehungsweise auf die Dauer näher qualifiziert: Wenn sich die Hoffnung auf Erkenntnis einstellt, „freuen wir uns nicht mäßig" (οὐ μετρίως), so schreibt er in Leg III,87. Was also diese Form der Freude (χαρά) angeht, scheint Philo ausdrücklich kein metriopathisches Ideal zu vertreten, weil es sich hierbei aus seiner Sicht nicht um einen Affekt, also um eine die Seele verletzende Leidenschaft, sondern um eine *Eupatheia* handelt, die eine bereits in Erwartung befindliche Seele erfrischt (ἀναχεῖ) und erheitert (εὐφραίνει).

D. Affektregulation mit Blick auf die Freude

Philo geht also von verschiedenen potenziellen Objekten aus, die zur Freude einer Person führen können, wobei er wie gezeigt eine reife charakterliche Disposition für das angemessene innere Erleben voraussetzt. Davon unberührt weiß Philo um die Wandelbarkeit von Affekten und wünschenswerten Gefühlen – nicht nur von denen des Toren, sondern auch von denen des Fortschreitenden oder Weisen. Dieses Phänomen soll im Folgenden betrachtet werden.

Charakteristisch ist für Philo die Überzeugung, dass pathologische Leidenschaften (πάθη) durch einen gesunden und heilen Verstand (νοῦς) zu den hochwertigen Eupatheiai (εἰς εὐπάθειαν) umgeformt werden können[139] – da die inneren Gefühlsregungen und ihre Regulationsmechanismen demnach aus der Urteilsbildung resultieren, könnte man dafür auch den Terminus des kognitiven Copings verwenden, wie er in der modernen Emotionspsychologie vertreten wird. Da Philo unterschiedliche Ideale im Umgang mit den Affekten benennt – ein metriopathisches für Fortschreitende und ein apathisches Affektideal für weise Menschen – kann es nicht erstaunen, dass Philo auch beim Regulationsverhalten zwischen den Möglichkeiten Fortschreitender und Weiser differenziert. Das möchte ich wiederum am Beispiel von Abraham und Sara verdeutlichen, wobei Sara im System Philos für die fortschreitende Weise und Abraham für einen bereits entwickelten Weisen steht.[140]

---

[138] Phil. Leg III,87.

[139] Phil. Migr 119.

[140] SELLIN, Allegorese, 131, hat darauf hingewiesen, dass sich Philos Begriff eines ‚Symbols' maßgeblich von dem der Tiefenpsychologie unterscheidet: Philo arbeite nicht mit manifesten Symbolen, die etwas Selbstverständliches ausdrückten, sondern verstehe sie als „zugleich indizierende und verbergende Zeichen", als Allegorie.

Sara, die fromme Ahnmutter, lacht erst in Freude über die Kindesverheißung. Später aber leugnet sie ihr fröhliches Verhalten aus Angst, eine Res-
pektlosigkeit gegenüber Gott begangen zu haben.[141] Im Nachhinein hält
Sara ihre Freude für eine Reaktion aus kognitiver Fehleinschätzung.[142] Philo zeigt an diesem Beispiel, dass nicht einmal die Freude der Fortschreitenden davor sicher ist, sich durch und in Furcht zu wandeln. Interessanterweise bleibt der eigentliche *Auslöser* der Freude für Sara weiterhin bestehen: Sie hat die Zusage erhalten, trotz fortgeschrittenen Alters ein Kind
zu empfangen. Trotz dieses Versprechens scheint der aus der *Umwertung*
der Situation resultierende Affekt der Angst größer oder dringlicher zu
werden als die primäre Freude, sodass diese von der Angst abgelöst werden kann.[143] In dieser Situation erfährt Sara nach Philo den Zuspruch Gottes: „Fürchte dich nicht, du hast wirklich gelacht und du hast Anspruch auf
Freude". Die zweite Motivation zum Affektwandel erfährt Sara also von
außen. Der Affekt der Angst wird reguliert, indem er wieder rückgängig
gemacht wird – durch eine *weitere Neueinschätzung* der Situation. Der
Auslöser der Freude bleibt wieder konsequent bestehen, eine Änderung
wird auch nicht in Erwägung gezogen. Philo beschreibt in diesem Zusammenhang also ein kognitives, aber kein objektbezogenes Coping. Sara versucht in ihrer Angst nicht, Gott zu beeinflussen. Gott, dessen mögliche
Reaktion hier als das eigentliche angstauslösende Objekt in Saras Affekterleben bestimmt werden kann, wird vielmehr selbst aktiv und reguliert von
außen, sodass sie in ihrer ersten Einschätzung bestätigt wird und ihre ursprüngliche Freude wieder mit ruhigem Gewissen genießen kann. Für die
Qualität des Affektwandels ist in diesem Zusammenhang entscheidend,
dass Saras Fühlen klar aus ihrem *situativen* Denken und Urteilen resultiert.
Als Fortschreitende ist sie in ihrem Fühlen ihrer jeweiligen momentanen
Einschätzung ausgeliefert.

Auch vom weisen Abraham berichtet Philo mehrfach über erfolgreiche
Affektwandel. Im vorausgegangenen Kapitel über die metriopathischen
und apathischen Tendenzen wurde bereits auf Abr 256–257 hingewiesen,
worin Abraham die in ihm aufkeimenden, angemessenen(!) Affekte maßvoll reguliert, indem er seinen Verstand stärkt. Eine andere Copingtechnik
begegnet im Zusammenhang mit der Prüfung, die das Opfer des Isaak von

---

[141] Phil. Abr 206, vgl. auch Spec. II,55, wonach Gott Sara von ihrer Furcht befreit.

[142] Die neue Erkenntnis Saras entspricht Philos Theorie, der die wahre Freude allein
Gott zuerkennt, welcher sie jedoch nach eigenem Ermessen mit dem Weisen teilen möchte.

[143] Diese Argumentation muss unbedingt von der in Phil. QG IV,15 unterschieden
werden, wonach Saras Angst ausgelöst wird, weil in ihr trotz ihrer fortgeschrittenen Disposition noch weibliche Leidenschaften aktiv werden können.

ihm verlangt.[144] Dazu kommentiert Philo, dass Abrahams Schmerz über den Verlust seines Kindes (ausgelöst durch das Erstlingsopfer) durch die Freude am verbleibenden lebendigen Nachwuchs gelindert oder getröstet werden kann.[145] Zum blutigen Opfer kommt es am Ende glücklicherweise nicht.[146] Interessant ist aber der in diesem Zusammenhang beschriebene Regulationsmechanismus: Wie Sara zuvor versucht auch Abraham *nicht*, die Schmerz auslösende Situation zu beeinflussen, beispielsweise durch Klagen, Gebete oder Gespräche mit Gott. Eine entsprechende Reaktion wäre aber durchaus naheliegend gewesen: Man denke beispielsweise an die Verhandlungen Abrahams angesichts des drohenden Untergangs von Sodom und Gomorra (Gen 18,16–33)! Außerdem heilt Gott Abimelech und dessen Frauen, sodass sie wieder Kinder bekommen können – durch ein Gebet Abrahams in Gen. 20,17ff! Philo beschreibt ausdrücklich die unbedingte Nähe und Freundschaft Abrahams mit Gott, die eine geeignete Grundlage für entsprechende Regulationsversuche hätte bedeuten können.[147]

An dieser Stelle wird von Philo stattdessen ein Regulationsmuster vorgestellt, das die moderne Psychologie als typischen Verdrängungsmechanismus bezeichnen könnte. ‚Verdrängung‘ ist in diesem Sinn als ein grundlegender psychischer Prozess definiert, der stattfindet, um eine Person davor zu schützen, von bedrohlichen Vorstellungen überwältigt zu werden. Dabei werden Gedanken oder Gefühle, wie im vorliegenden Fall, aus dem Bewusstsein ausgeschlossen.[148] Abrahams Leid soll durch die Konzentration auf andere kognitive Objekte, nämlich auf die Existenz seiner lebenden Kinder, gelindert werden. Philo empfiehlt also ein kognitives Management, das bestimmte Gefühlszustände erinnert und wachruft, um aktuelle Affekte durch Verdrängung zu manipulieren. Abraham soll seine Affekte bewusst durch eine direkte kognitive Steuerung regulieren, nicht indem er die Situ-

---

[144] Nach einem mündlichen Hinweis P. von Gemündens ist diese Stelle allerdings eine Ausnahme.

[145] Phil. Abr 196. Eine ähnliche Affektregulation könnte in Gen, 24,64–67 vorliegen, wo Isaak durch die Liebe an der lebendigen Rebekka über den Tod seiner Mutter getröstet wird. Allerdings wird hier keine bewusste, situative Affektmanipulation dargestellt. Auch sollte ein Trost durch andere Menschen/Affekte/Objekte nicht automatisch als ‚Verdrängung‘ etikettiert werden.

[146] Vgl. den expliziten Hinweis in Phil. Migr 140.

[147] Phil. Sobr 55f.

[148] Die Vorstellung der ‚Verdrängung‘ geht auf Sigmund Freud zurück. Seine psychodynamische Persönlichkeitstheorie geht grundsätzlich davon aus, dass ein Mensch von starken inneren Kräften geformt wird, die auch das Verhalten und Fühlen motivieren, vgl. ZIMBARDO/GERRIG, Psychologie, 614–620.

ation oder seine Situationseinschätzung beeinflusst.[149] Dass aus diesem Bewältigungsmuster langfristig psychische und körperliche Probleme resultieren können, ist in der Moderne mittlerweile allgemein anerkannt.[150] Interessant ist das aktuelle Ergebnis einer Studie, wonach Personen, die sich noch in der Identitätsentwicklung befinden, bei Angst mit größerer Wahrscheinlichkeit zu Abwehrmechanismen neigen, als diejenigen, die eine ausgereifte, stabile Identität erreicht haben.[151] Philo wertet hingegen umgekehrt: Gerade für den Weisen besteht demnach ein angemessener Umgang mit Affekten in ihrer Verdrängung. Mithilfe der beiden aufgezeigten Vorgehensweisen (Abr 196; 256–257) soll der weise Mensch, für den Abraham steht, nach Philo auch in Anbetracht von Leid seine eupathische Stimmung und Apathie, bzw. seine metriopathische Ausgeglichenheit, konstant bewahren und stabilisieren können.

E. Zusammenfassung: Philos Würdigung der Freude

Weil die wahre Freude für Philo an Tugend (ἀρετή) und Frömmigkeit (εὐσέβεια)[152] orientiert ist, zählt sie nicht zu den Affekten – und ist vielmehr das Beste der Hochgefühle.[153] Mehrfach würdigt Philo die weise Freude des Menschen als herausragendste und schönste der wohltuenden Empfindungen[154] und kann sie deshalb nur als wünschenswert beschreiben.[155] Isaak, der ‚Lachende', gilt dabei als Symbol der Freude – und wird

---

[149] Im Gegensatz zu Saras oben beschriebener Disposition erscheint Abrahams Gefühlsleben nicht von situativen Urteilen abhängig. In der derzeitigen wissenschaftlichen Psychologie werden Verdrängungsmechanismen, wie sie in Phil. Abr 196 vorgeführt werden, äußerst kritisch diskutiert. Während Freuds psychologische Theorie innerhalb der psychologischen Forschung im Ganzen stark kritisiert worden ist, sind die von ihm charakterisierten Abwehrmechanismen inzwischen eingehend erforscht und bestätigt, vgl. HENTSCHEL/SMITH/EHLERS u.a. (Hg.), concept. Aus psychologischer Sicht gibt es auch Verdrängungsmechanismen, bei denen auch der Verdrängungsprozess an sich dem Ich des Menschen verborgen bleibt, vgl. ZIMBARDO/GERRIG, Psychologie, 618.

[150] PETRIE/BOOTH/PENNEBAKER, Effects, 1264–1272; PENNEBAKER, Power; ZIMBARDO/GERRIG, Psychologie, 620.

[151] CRAMER, Identity, 58–77; ZIMBARDO/GERRIG, Psychologie, 620.

[152] Die Tugend ist bei Philo kein rein ethischer, zwischenmenschlicher Begriff, sondern stets an die Frömmigkeit gebunden, sodass sie die Beziehung des Menschen zu Gott einschließt, vgl. HAHN, Gestalt, 208f. Vgl. auch KAUFMANN-BÜHLER, Art. Eusebeia, zu Philo 1020–1023.

[153] Phil. Migr 157.

[154] Phil. Praem 391.

[155] Phil. Leg III,107.

von Philo als erstrahlender „Stern der Glückseligkeit" bezeichnet.[156] Diese Freude ist vernünftig[157] und damit das Gegenteil der verurteilungswürdigen Lust, welche die Seele manipuliert und um ihre Selbstbeherrschung bringen kann.[158] Die Freude hat einen derart hohen Stellenwert, dass sie von Philo sogar wie gezeigt Gott selbst zugeschrieben wird – selbstverständlich aber nur in einer differenzierten, definierten Weise, als spirituelle, reine Freude, die sich von menschlichem Empfinden grundlegend unterscheidet.[159]

Sowohl im Werk Philos als auch im Lukasevangelium spielt das Konzept der Freude also eine außerordentliche Rolle, deren Betrachtung bislang vernachlässigt worden ist. Die Unterschiede, die dabei festgestellt werden konnten, sind nur im Rahmen der jeweiligen übergeordneten Affektkonzepte und Theologien zu erklären. Letztlich sind sie das Ergebnis einer unterschiedlichen Anthropologie trotz vergleichbarer traditioneller und theologischer Heimat sowie vergleichbarer philosophischer Bezüge.

---

[156] Phil. Cher 7f; Die anschließende Stelle, wonach dazu das Absterben der Empfindungen von Freude und Wohlbehagen ($\chi\alpha\rho\tilde{\alpha}\varsigma$ $\kappa\alpha\grave{\iota}$ $\varepsilon\grave{\upsilon}\phi\rho\sigma\acute{\upsilon}\nu\eta$) vorauszusetzen sei, wird als verderbt diskutiert (vgl. Übersetzungsanmerkung in der deutschen Philoausgabe).

[157] Phil. Spec II,185 beschreibt die Freude als „vernünftige Erhebung der Seele" ($\chi\alpha\rho\grave{\alpha}$ $\delta\grave{\epsilon}$ $\psi\upsilon\chi\tilde{\eta}\varsigma$ $\dot{\epsilon}\sigma\tau\iota\nu$ $\epsilon\ddot{\upsilon}\lambda\sigma\gamma\sigma\varsigma$ $\ddot{\epsilon}\pi\alpha\rho\sigma\iota\varsigma$).

[158] Phil. Leg III,107–110, vgl. auch Phil. Cher 12.

[159] Phil. Abr 206; Spec II,53.55.

Kapitel 7

Alttestamentliche Konzeptionen der Freude und die Freude im Lukasevangelium

Man könne „nicht von der Freude, die das Neue Testament verkündet, sprechen, ohne mit dem Alten Testament anzuheben", hat schon Julius Schniewind betont.[1] Leider gibt es bis auf wenige aktuelle Ausnahmen noch keine systematischen Untersuchungen alttestamentlicher Affekte.[2] Das Verhältnis von Sprache, Gefühl und Affekt ist in alttestamentlichen Grammatiken, Lehrbüchern, Lexika und Bibliographien zum Hebräischen und zum Alten Testament bislang nicht gesondert behandelt worden.[3]

Im Folgenden sollen daher wesentliche Aspekte der alttestamentlichen Freude skizziert werden, die mit dem Konzept der Freude im Lukasevangelium verbunden werden können.

A. Wortfelder für die Freude

Während es in der Septuaginta einen überschaubaren Wortschatz gibt, mit dem die Freude im Alten Testament ausgedrückt wird,[4] ist das zugrunde liegende hebräische Wortfeld wesentlich differenzierter. Bei A.B. du Toit sind die hebräischen Ausdrücke für Freude tabellarisch zusammen gestellt:[5]

---

[1] SCHNIEWIND, Freude, 72.

[2] So WAGNER, Emotionen, 27f. Neuere Arbeiten zeigen eine Tendenz, sich auch mit Affekten im AT und dem altorientalischen Affektverständnis auseinanderzusetzen, vgl. exemplarisch JANOWSKI, Mensch, 143–175 und die Arbeiten von Kruger: KRUGER, Emotions, 213–228; DERS., Gefühle, 243–262; DERS., Face, 385–400.

[3] WAGNER, Emotionen, 25ff.

[4] Bereits in der LXX begegnen die drei Wortfamilien um χαρά, ἀγαλλίασις und εὐφροσύνη. Beispielsweise steht das hebr. גיל (sich umdrehen, jauchzen) dem Verb ἀγάλλομαι in der LXX nahe, wobei es forschungsgeschichtlich unterschiedliche etymologische Erklärungen gibt, vgl. die Diskussion bei DU TOIT, Aspekt, 25.

[5] DU TOIT, Aspekt, 9.

Wortstamm	Vorkommen	Bedeutung	LXX Übersetzung
1. śamāḥ	267mal	von Freude erfüllt, froh sein	χαίρειν, εὐφραίνειν
2. ranăn	77mal	(rufen), jauchzen	ἀγαλλιᾶσθαι, εὐφραίνειν
3. śîś śûś	65mal	sich freuen	stark wechselnd
4. gîl	54mal	(umdrehen), jauchzen	ἀγαλλιᾶσθαι
5. 'alăz	24mal	jubeln	
6. 'alăṣ	9mal	frohlocken	
7. tôb leb	7mal	guter Dinge, froh sein	
8. paṣāḥ	7mal	heiter sein	
9. ḥadā	6mal	sich freuen	
10. ṣahăl	5mal	(wiehern), jauchzen	
11. 'alăs	3mal	sich freuen	
12. biqqer	1mal	Freude haben an[6]	

Du Toit berücksichtigt in seiner Untersuchung damit explizite und deskriptive Ausdrucksmöglichkeiten. Im Lukasevangelium drücken die drei Wortfamilien der χαρά, ἀγαλλίασις und der εὐφροσύνη wie in der LXX explizit die Freude aus, zusätzlich ist ebenfalls mit Paraphrasierungen der Freude zu rechnen.[7]

B. Mit der Freude im Herzen:
Affekte und das alttestamentliche Körperkonzept

„Ich habe den Herrn allzeit vor Augen. (...) Darum freut sich mein Herz und meine Seele ist fröhlich, auch mein Leib wird sicher liegen." (Ps 16,8f)

Eine antike systematische Behandlung des alttestamentlichen Affektverständnisses ist nicht überliefert. Die Freude wird im alttestamentlichen Kontext vor allem im Herzen lokalisiert, wobei die heutige Symbolkraft des Herzens deutlich vom altorientalischen Körperkonzept zu unterscheiden ist. Denn wie bei den meisten antiken Philosophen[8] ist auch in alttestamentlicher Tradition das Herz und nicht der Kopf der Sitz des Verstandes und der Vernunft. Das Herz ist also im Alten Testament nicht primär ein Sitz der Gefühle, es ist eher ein „Symbol des inneren Menschen"[9], des Zentrums der Person. Erst in der Literatur des Neuen Testaments wird das Herz tendenziell auch mit Formen der ‚Irrationalität' verbunden, da es im

---

[6] Du Toit nennt ferner Ps 27,4: hed = Freudenschrei (8mal): hillûlîm = Festjubel (2mal) u.ä.

[7] Zur Arbeit du Toits Kap. 1, 5f; zur Behandlung von Gefühlsbegriffen vgl. Kap. 2.

[8] Während Homer, Hesiod, Aristoteles und die Stoiker das Denken im Herzen verorten, gibt es bei Platon Tendenzen, die Denkkraft im Gehirn anzusiedeln, vgl. SCHROER/STAUBLI, Körpersymbolik, 35, sowie die Kapitel 4; 5 dieses Buchs und Kapitel 11, 255ff.

[9] SCHROER/STAUBLI, Körpersymbolik, 33.

Griechischen einen eigenen Begriff für den Verstand ($\nu o \hat{u}\varsigma$) gibt.[10] Wenn die Freude des Menschen Herz erfüllt, betrifft sie den Menschen ganzheitlich: Sie durchdringt nach alttestamentlichem Verständnis seinen ganzen Leib, ja sein gesamtes Sein. Das hat auch psychosomatische Konsequenzen, wie der Hinweis auf die Affektdarstellung in Spr 15,13 zeigt: „Ein fröhliches Herz macht das Antlitz heiter, doch Herzenskummer schlägt den Lebensmut nieder". Noch deutlicher wird das Verhältnis der Freude zum Körperkonzept, wenn in Spr 17,22 ein oppositioneller Kausalzusammenhang zwischen der Affektbetroffenheit und dem Gesundheitszustand hergestellt wird: „Ein fröhliches Herz fördert die Gesundheit, doch ein gedrücktes Gemüt zehrt den Körper aus."[11] Wie auch das Eingangszitat aus Ps 16,8f belegt, ist das Affektempfinden also eng an die inneren Organe gebunden, wobei verschiedene Körperorgane und Organseelen parallel zueinander genannt werden können, ohne dass wesentliche Unterschiede festzustellen sind.[12]

Auch nach lukanischer Konzeption ist die Freude im Herzen lokalisiert. Nach Apg 14,17 kann Gott beispielsweise die Herzen der Menschen mit Freude erfüllen. Ebenso zeigen sich Affekte in Lk 15,11–32 als psychosomatisch wirksame Phänomene. Die Affekte, die im Gleichnis vom Vater und seinen Söhnen dargestellt werden, sind wie die alttestamentliche ‚Freude im Herzen' kognitiv begründet. Allerdings fällt auf, dass im Lukasevangelium mehrfach irrational anmutende, spontane und überschwängliche Handlungskonsequenzen auf das Erleben von Freude folgen, die gemeinschaftsstiftende bzw. eine gemeinschaftsfördernde Funktion haben. Dieser Aspekt der Freude ist im Lukasevangelium außerordentlich betont. Gemeinsam ist den semantischen Feldern des Alten Testaments und des Lukasevangeliums, dass die Freude über Gott mit einem jubelnden Lobpreisgebet oder einem bekennenden Gesang ausgedrückt werden kann.[13]

C. Auslöser der Freude

Auch nach alttestamentlichem Affektverständnis kann Freude von verschiedenen Bezugsobjekten ausgelöst werden. Dabei ist grundsätzlich zwischen zwei Ausrichtungen der Freude zu unterscheiden: Es gibt die Le-

---

[10] THEISSEN, Erleben, 58, Anm. 25.

[11] WOLFF, Anthropologie, 75.

[12] THEISSEN, Erleben, 57ff. Diese „biomorphen Seelenbezeichnungen" meinen immer den Menschen als Ganzes, aber unter verschiedenen Aspekten.

[13] Vgl. die Psalmen und Gebete in Lk 1,46–55; 68–80; 10,21ff u.a.

bensfreude[14], wie sie besonders eindrücklich bei Kohelet vorgestellt wird, und eine theologisch konnotierte Freude, die ihren Sitz im Leben vor allem im Ritus oder dem Kult hat. Im Folgenden sollen aus der Vielfalt der semantischen Konzepte, die mit der Freude verbunden sein können, lediglich vier vorgestellt werden.[15] Sie sind meines Erachtens besonders repräsentativ für das alttestamentliche Verständnis von Freude und erscheinen außerdem zum Verständnis des lukanischen Konzepts der Freude relevant.

Begegnungsfreude

„Als ihn aber der Vater der jungen Frau sah, wurde er froh und ging ihm entgegen.‟ (Ri 19,3)

Begegnungen können starke Affekte auslösen, besonders, wenn sie unerwartet eintreffen oder nach langer Trennung erfolgen. Im Richterbuch 19,3 ist ausdrücklich von der Freude eines Mannes die Rede, der überraschenden Besuch von seinem Schwiegersohn erhält. Allerdings wird der Affekt, der im Zusammenhang mit einer außerordentlichen Begegnung steht, im Alten Testament häufig durch Weinen ausgedrückt.[16] Das ist im Lukasevangelium anders. Bereits in den ersten einleitenden Kapiteln werden dort sowohl die Freude über zwischenmenschliche Begegnungen als auch Furcht und Freude bei Begegnungen mit dem Göttlichen dargestellt. Dabei äußert sich der Affekt nicht als Weinen, sondern zeigt sich im Streben nach Gemeinschaft und an außerordentlichen Handlungskonsequenzen. Freude, die durch transzendente Erlebnisse ausgelöst ist, führt nach lukanischem Ideal zu Lobpreisgebeten. Auffällig unterschiedlich ist die Bedeutung des Phänomens in den jeweiligen Corpora: Im Alten Testament werden Affekte, die im Zusammenhang mit Begegnungen stehen, verhältnismäßig selten dargestellt. Im Lukasevangelium ist diese Form der Freude dagegen ein wesentlicher Bestandteil im Konzept der Freude; das werden die Untersuchung des Motivs im Rahmen der Geburtsgeschichten (Lk 1–2, beachte beispielsweise die Freude in der Begegnung der beiden werdenden Mütter Elisabeth und Maria in Lk 1,39–45) und die Analyse der Begegnung in der Erzählung vom Vater und seinem zurückkehrenden Sohn (Lk 15,11–32) zeigen.

---

[14] Gemeint ist hier, dass sich die Freude auf Objekte der Lebenswelt konzentriert, z.B. Freude über und an Weinkonsum, an Musik, anlässlich von Hochzeitsfesten u.a.

[15] Unter der theologisch konzentrierten Freude begegnet beispielsweise die Freude über die Schöpfung und ihren Schöpfer, Freude über Gottes kriegerische Triumphe für sein Volk, religiös geprägte Freudenfeste wie das Passa- und das Laubhüttenfest, Freude am Gesetz u.a.

[16] vgl. Gen. 29,11; 33,4; 45,2.14f; 46,29 u.a.

Lebensfreude

„Da merkte ich, dass es nichts Besseres dabei gibt als fröhlich sein und sich gütlich tun im Leben." (Koh 3,12)

Der Prediger Salomo (Kohelet) schätzt die Freude am Leben. Zwar klingt in seinem Erbe ein deutlich pessimistischer Grundton an, wenn er die Ei-telkeit und die Vergänglichkeit alles Irdischen wie einen Orgelpunkt stetig wiederholt. Aber die Vergänglichkeit ist dem Menschen von Gott gegeben worden wie die Freude, und als Gabe Gottes darf und soll der Mensch auch diese annehmen: „Ist's nun nicht besser für den Menschen, dass er esse und trinke und seine Seele guter Dinge sei bei seinem Mühen? Doch dies sah ich auch, dass es von Gottes Hand kommt. Denn wer kann fröhlich essen und genießen ohne ihn? Denn dem Menschen, der ihm gefällt, gibt er Weisheit, Verstand und Freude" (חָכְמָה וְדַעַת וְשִׂמְחָה, Koh 2,26ff). Diese Aus-sagen sind für die Theologie bei Kohelet programmatisch. Denn Lebens-freude wird beim Prediger keinesfalls ‚profan' verstanden![17] Gott ist der Adressant, der Schenker der Freude; Kohelet führt die Freude im und am Leben direkt auf Gott zurück.[18] Sie gehört zur anthropologischen Existenz ebenso wie die tägliche Arbeit.[19] Wie im späteren Werk Philos von Ale-xandrien kann Freude verschiedene Qualitäten aufweisen.[20] Hier ist die geschätzte Freude dargestellt, die der Weisheit und dem Verstand zugeord-net ist. Sie ist also bewusst und reflektiert. Kohelets Konzept der Lebens-freude weist insofern auch einige Analogien zur stoischen Lehre von den Adiaphora auf: Die Freuden des alltäglichen Lebens soll auch der philoso-phisch Weise genießen, aber der Genuss von Luxusgütern trägt nichts zur Glückseligkeit bei.[21] Daher sind die Freuden letztlich ‚eitel', müssen aber nicht vermieden werden. Allerdings ist die Freude, die Kohelet würdigt, ein Affekt von Menschen, die Gott als Schöpfer und Herrn anerkennen und sich dankbar vergegenwärtigen, dass sie auf Gott angewiesen sind. Die Lebensfreude ist also auch bei Kohelet eine Beziehungsfreude und unter-scheidet sich insofern vom vergleichbaren philosophischen Konzept.[22] Der Affekt vor religiösem Horizont wird von Kohelet nicht nur gerechtfertigt, sondern sogar verlangt, während törichte Freude, die mit einem selbstver-

---

[17] Der Begriff des Profanen ist problematisch und wird hier vermieden, da er ein neu-zeitliches Weltverständnis voraussetzt, das nicht auf altorientalische Kulturen übertragen werden kann.

[18] Vgl. auch Koh 3,13f. Auch diese Herleitung findet sich bei Philo von Alexandrien, vgl. Kapitel 6.

[19] Koh 3,22; 5,17f; 8,15; 9,9.

[20] Vgl. Kapitel 6.

[21] Vgl. Kapitel 5.

[22] Gott ist der Schöpfer und Geber der Freude, und der fromme Mensch weiß davon beim Erleben des Affekts, vgl. Koh 5,18.

gessenen Lebensstil verbunden ist, kritisiert und gerügt wird.[23] Verschiedene Momente können aus alttestamentlicher Sicht eine Aktualgenese von Freude auslösen: gute Nachrichten,[24] guter Rat,[25] Essen und Trinken,[26] besondere Feste als Gemeinschaftserlebnisse mit Liedern, Harfen und Pauken,[27] auch Reichtum, Güter und Erfüllung bei der Arbeit.[28] Der Wein ist übrigens in diesem Zusammenhang als ambivalentes Phänomen zu betrachten. Ihm kommt wie später bei Philo von Alexandrien ein besonderer Stellenwert zu.[29] Grundsätzlich kann Weingenuss des Menschen Herz erfreuen.[30] Aber es gibt in der weisheitlichen Literatur des Alten Testaments gleichzeitig ein Bewusstsein für die Tragik, dass bei ‚elenden Menschen‘ diese Freude im Verdrängen der Lebensumstände besteht.[31] Diese Funktion wird beim Prediger nicht auf den Weinkonsum beschränkt, sondern als allgemeine Wirkungsweise der Lebensfreude verstanden. Das ist nach Kohelet das eigentliche Geschenk Gottes: Wer das Leben genießt, denkt nach Kohelet „nicht viel an die Kürze seines Lebens, weil Gott sein Herz erfreut."[32] Die Freude wird also in Kohelets Lehre gewürdigt, aber immer haftet ihr ein Schatten des Tragischen an.

Auch der Lukasevangelist kennt sowohl die Freude des Alltags als auch eine Freude bei festlichen Anlässen. Allerdings wird sie keiner besonderen Reflexion unterworfen. Sie begegnet in Gleichnissen, wo Motive des alltäglichen Lebens aufgegriffen werden, um abstraktere Theologie zu vermitteln. In den Bildfeldern der drei Gleichnisse, die von der Freude handeln (Lk 15), begegnen erwartungsgemäß auch verschiedene Formen der Lebensfreude: Durch das Finden des Schafes erfährt der Hirte Freude bei seiner Arbeit. Die Mühe der Frau, die ihre Drachme sucht, führt zu Erfolg und Freude zugleich. Wird die Freude mitgeteilt, können Affekte im Um-

---

[23] Vgl. nur Koh 6,4ff: „Das Herz der Weisen ist dort, wo man trauert, aber das Herz des Toren dort, wo man sich freut. Es ist besser, das Schelten des Weisen zu hören als den Gesang der Toren. Denn wie das Krachen der Dornen unter den Töpfen, so ist das Lachen der Toren; auch das ist eitel."

[24] 1 Sam 11,9.

[25] Spr 12,20.

[26] Koh 3,12f; 5,17 u.a.

[27] Gen 31,27. Auch der Hochzeitstag kann als „Tag der Freude des Herzens" bezeichnet werden, vgl. WOLFF, Anthropologie, 75.

[28] Koh 5,18.

[29] Vgl. Phil. Plant 149–173.

[30] Ps 104,15; Sach 10,7; Ri 9,13.

[31] Kohelet betont vor allem das genießende Trinken, bei dem die Seele guter Dinge ist (Koh 2,24f), vgl. auch Koh 5,17f, wogegen in den Worten an Lemuel das Trinken zur Verdrängung funktionalisiert wird: „Gebt starkes Getränk denen, die am Umkommen sind, und Wein den betrübten Seelen, dass sie trinken und ihres Elends vergessen und ihres Unglücks nicht mehr gedenken" (Spr 31,6f).

[32] Koh 5,19.

feld potenziert werden. Im Gleichnis vom Vater und seinen beiden Söhnen (Lk 15,11–32) richtet der Vater seinem jüngeren Kind aus Freude über seine Heimkehr ein Fest aus. Wie in alttestamentlicher Tradition ist die Freude in diesem Rahmen mit einem guten Essen und einem Fest inklusive Gesang und Musik verbunden.

Kultische Festfreude

„Und seid nicht bekümmert, denn die Freude des Herrn (חדות יהוה) ist eure Stärke. Und die Leviten trösteten alles Volk und sprachen: Seid still, denn der Tag ist heilig, seid nicht bekümmert! Und alles Volk ging hin, um zu essen, zu trinken und davon auszuteilen und ein großes Freudenfest (שמחה גדולה) zu machen". (Neh 8,10–12)

Die gerade beschriebenen Formen (Begegnungsfreude und Lebensfreude) stellen in der alttestamentlichen Literatur nur einen relativ geringen Anteil der beschriebenen Freude dar. Freude ist im Alten Testament an erster Stelle kultische Festfreude.[33] So artikuliert beispielsweise Nehemia das Selbstverständnis der rekonstituierten jüdischen Glaubensgemeinschaft. Dabei geht es im Kontext des oberen Zitats um einen Affektwandel: Der Prophet fordert das Volk auf, anlässlich der feierlichen Toralesung nicht länger zu weinen und stattdessen ein Freudenfest zu feiern. Auch die Freude beim Wochenfest und beim Laubhüttenfest ist obligatorisch: „Du sollst nur fröhlich sein!" fordern deuteronomische Schriften zum Laubhüttenfest neben den üblichen Mahnungen zur Freude.[34] Damit sind wahrscheinlich auch ursprünglich überschwängliches Jauchzen, Händeklatschen, Musik und Tanz verbunden gewesen.[35] Feste haben die Funktion, die „echte Lust des Lebens" zu stabilisieren.[36] Entsprechend hat auch später Johannes Chrysostomus den Charakter eines Fests verstanden: „Fest ist Freude und nichts sonst."[37] Auch wenn dabei soziale Aspekte und materielle körperliche Genüsse wie das Essen und Trinken bedeutsam sind – in den kultischen Festen gibt es zumeist Opfermähler – ist der Affekt im frommen Vertrauen auf Gott begründet.[38] Entsprechend wird das erste Laubhüttenfest als „eine sehr große Freude" erinnert.[39] Die alttestamentliche kultische Festfreude wird durch die großen heilsgeschichtlichen Taten Gottes begründet. Durch diesen Gedächtnischarakter bezieht sie sich aber nicht allein auf Vergangenes: Der „Gegenstand des Gedenkens (...) wird zur lebendigen, gegenwär-

---

[33] THEISSEN, Erleben, 177.
[34] BRAULIK, Leidensgedächtnisfeier, 350.
[35] BRAULIK, Freude, 26; RUPRECHT, Art. śmh sich freuen, 829f.
[36] STOCK, Grundlegung, 156.
[37] Chrys.hom. 1, MPG 50,455, vgl. BRAULIK, Freude, 13.
[38] Dazu gehört für das Deuteronomium ein Mahl, vgl. BRAULIK, Freude, 21.
[39] Neh 8,17.

tigen Realität, die hier und jetzt das Leben beeinflussen will."[40] Das gläubige Existenzverständnis wird wiederum zur ethischen Verpflichtung, sich solidarisch gegenüber den Nächsten zu verhalten,[41] beispielsweise auch gegenüber Sklaven. Es ist schon im Deuteronomium nach Georg Braulik die einzige angemessene Antwort auf den Segen, der von Jahwe kommt: Freude und sozial-karitatives Verhalten aus dem Bewusstsein der Dankbarkeit sollen den Gottesdienst im umfassenden Sinn bilden.[42] In späterer Zeit bekam die Freude einen immer stärkeren eschatologischen Charakter. Gerade in der prophetischen und der apokalyptischen Literatur wird die Verbindung zwischen der Freude und der Gottesgemeinschaft betont, wobei die Festfreude vorwiegend in der Zukunft verortet wird.[43] Bei Jeremia und Jesaja wird die künftige Freude beispielsweise an die eschatologische Bundeserneuerung geknüpft, mit der auch Umkehr und Sündenvergebung verbunden sind.[44] Das Motiv der eschatologisch akzentuierten Freude knüpft an prophetische Verheißungen an.

Eindrücklich sind die Psalmen: Auch dort ist die Freude mit Gott verbunden. Wenn der Betende bekennt, „ich freue mich und bin fröhlich in dir"[45] und dabei Gott als „Freude und Wonne"[46] sowie als Schenker der Freude[47] bezeugen kann, wird eine Beziehungsfreude zwischen Mensch und Gott beschrieben. Sie kann und soll den Betenden auch in den Grenzsituationen des Lebens tragen.[48]

Das lukanische Konzept der Freude knüpft besonders an diese Form der alttestamentlichen Freude an. Denn sie ist mit den Konzepten der Beziehungsfreude und der Gottesfreude im Lukasevangelium durchaus vergleichbar. Schon der Auftakt des Lukasevangeliums (Lk 1–2) fordert, das anschließende Geschehen um Jesus in den heilsgeschichtlichen Kontext einzuordnen, durch den Israel und JHWH miteinander verbunden sind. Der Lukasevangelist hat die Botschaft Jesu klar und dezidiert in die Reihe der Glaubenserfahrungen Israels eingebettet, mehr noch: In Jesus erfüllen sich messianische Hoffnungen. Das löst wie eine Kettenreaktion zu Beginn des

---

[40] DU TOIT, Aspekt, 15, vgl. auch OTTO/SCHRAMM, Fest, 34f.

[41] BRAULIK, Freude, 40ff, spricht dabei von „höchster sozialer Brisanz", weil darin auch Frauen, Kinder, Sklavinnen und Sklaven nach Maßgabe des Deuteronomiums zu berücksichtigen sind.

[42] Ebd., 22 bzw. 173. Prophetische Festkritik richtet sich dagegen auf konkrete Missstände, wo Kult und Alltagsleben auseinanderklaffen. Es geht nicht um eine grundsätzliche Ablehnung von kultischen Festen, vgl. OTTO/SCHRAMM, Fest, 78ff.

[43] DU TOIT, Aspekt, 18f.

[44] Jer 31,31.33f, Jes 59,21; Ez 16,60 u.a.

[45] Ps 9,3 vgl. Ps 84,3; 89,17; 104,34; 149,2.

[46] Ps 43,4; vgl. Ps 16,11; 21,7.

[47] „Du erfreust mein Herz", Ps 4,7f.

[48] Ps 73,25f.28 u.a.

Lukasevangeliums Freude unter den frommen Gläubigen aus. Lukas beschreibt sowohl die Bildung von spontanen als auch von familiären und damit stabileren Gemeinschaften, in denen die Freude über das Wirken Gottes durch Jesus gemeinsam erfahren und gefeiert wird. Lk 10,20 hebt Gott als den eindeutigen Schenker der Freude hervor. Auf die im jüdischen Kultus und Ritus vermittelte Freude verweisen außerdem die bei Lukas dargestellten Mahlgemeinschaften und die urchristliche Hochzeitsmetaphorik.[49] Ein bestimmter Aspekt, der mit der alttestamentlichen kultischen Festfreude verbunden ist, soll im Folgenden noch vertieft werden:

Simchat-Tora: Die Freude an der Tora

„Ich habe Freude an deinen Geboten, sie sind mir sehr lieb, und hebe meine Hände auf zu deinen Geboten, die mir lieb sind, und rede von deinen Weisungen." (Ps 119,47f)

Die Simchat-Tora (Freude an der Tora) ist mit der bereits beschriebenen Festfreude und der empathischen Gemeinschaftsfreude eng verbunden. Das zeigt beispielhaft Neh 8,1–18. Dass das ‚gesamte Volk' als Gemeinschaft der Tora begegnet – der Vorgang des liturgisch geprägten Toralesens steht im Zentrum von Neh 8,1–8 – soll „große Freude" (שמחה גדולה, Neh 8,12) und anschließend sogar „sehr große Freude" (שמחה גדולה מאד, Neh 8,17) auslösen. Die Freude an der Tora und die Festfreude als kultische Freude und Mahlgemeinschaft sind dabei miteinander verschränkt,[50] später hat sich in Israel sogar ein Fest der Tora-Freude (Simchat-Tora) entwickelt.[51] Stets wird die Freude über das Wirken Gottes und die Beziehung des Gläubigen zu Gott über den Affekt der Freude zum Ausdruck gebracht. Freude wird damit zum Inbegriff des Bewusstseins, eine Gemeinschaft vor Gott und mit Gott zu bilden. Dennoch kommt der Freude an der Tora ein gewisser Eigenwert zu, dem die eigenständig etablierte Redewendung der Simchat-Tora Ausdruck verleiht. Denn die Tora bildet als gemeinsamer Nenner die Glaubensgrundlage derjenigen Gruppen, die sich selbst zur Zeit Jesu als jüdisch verstanden haben.[52] Angesichts der Vielfalt und Diversität der

---

[49] DU TOIT, Aspekt, 50–75.

[50] STEINS, Inszenierung, 96: „Das Hören und Verstehen/Lernen der Tora und der ‚Worte', die sie auslegen (vgl. 8,12) mündet ein in die Praxis der Tora, die Praxis der Freude vor Gott in geschwisterlicher Solidarität (vgl. Neh 8,10 und 12). Die Konfrontation mit dem Sinaigott im Medium der Tora führt die Hörerschaft in die extremen Erfahrungen der Erschütterung und der Festfreude und verändert in eins damit die Haltung der Glieder des Volks untereinander."

[51] EBACH, Freude, 4.

[52] Als Grundüberzeugungen können ferner das Bekenntnis zum Monotheismus, zum Bundesnomismus, der Opfer- und Wortgottesdienst und weitere Traditionen gelten, vgl. THEISSEN/MERZ, Jesus, 126ff; vgl. auch die Überlegungen E. P. Sanders zu einem ‚common judaism', SANDERS, Judaism.

jüdischen Strömungen zur Zeit Jesu kann nicht verallgemeinernd von ‚dem Judentum' gesprochen werden. Aber die Weisungen der Tora galten als heilige Schrift, die den Willen Gottes zum Ausdruck bringt. Daher konnte sie als heilige Autorität gelten, in jüngeren Texten wie im Ps 119 (einem der jüngsten Psalmen) wird sie sogar mit Gott gleichgesetzt.[53] Psalmbeten heißt Tora-Lernen, und zwar mit Freude. Das zeigt der erste Psalm deutlich, den die rabbinische Auslegung auch als Bibeldidaktik interpretiert.[54] Der Toraschüler soll Tag und Nacht murmeln, also ständig zitieren, rezitieren, memorieren und meditieren (Ps 1,2). Und er soll ein affektives und personales Verhältnis zu seinem Lernstoff entwickeln:[55] Nach weisheitlicher Überlieferung wird der Inhalt der Lehre sogar als attraktive Frau dargestellt (Spr 1–9), auf die sich der Schüler einlässt, auf die er hören und der er folgen soll.[56] Die sogenannte ‚Freude an der Tora' soll die innige Beziehung des Beters zu seiner Glaubensgrundlage kennzeichnen. Denn es wird als Gnade und Geschenk Gottes verstanden, wenn die Tora nicht nur als auswendig gelerntes Wissen internalisiert wird, sondern wenn der Beter durch Gottes Hilfe auch befähigt wird, sich ihrem tieferen Sinn zu nähern.[57] Die hebräische Wurzel ידע, die das ‚Erkennen' vermittelt, schließt bei zwischenmenschlicher Aktualisierung außerdem auch eine körperlich umfassende Nähe mit fruchtbaren Folgen (durch das mögliche Entstehen von Kindern) ein. Das kann auf die Tora-Kenntnis übertragen werden. Das Lernziel ist nicht allein durch das kognitive Erfassen der Tora erreicht: Ein Jude soll nach weisheitlichem Ideal von Gottes Botschaft derart durchdrungen werden, dass sie Teil seiner selbst wird, seine ethische Lebensführung lenkt und damit ‚Früchte trägt'. Durch diesen weitreichenden Zusammenhang wird ersichtlich, weshalb die Tora nicht als Gesetzeslast, sondern als ein Geschenk der Gnade gesehen wird. „Lernen der Tora aber ist Lernen mit Herz und Sinn, mit Leib und Leben, und es soll mit Lust geschehen":[58] Das Lernkonzept ist ganzheitlich und die Hochschätzung der

---

[53] ZENGER, JHWH, 61f.

[54] Vgl. den Traktat Avoda zara des Talmud Bavli 18b–19b; EBACH, Zitat, 53ff, MAIER, Psalm 1, 353–356.

[55] Dass der Gerechte ein affektives und kognitives Verhältnis zur Tora vertreten soll, wobei es sich nicht um Einzelleistungen handelt, sondern um Qualitäten, „die ein Mensch für sein *Leben als ganzes* gewinnt", betont JANOWSKI, Freude, 18.22.

[56] Ob es sich hierbei lediglich um eine metaphorische Personifizierung bzw. eine „uneigentliche Rede" handelt, ist in der derzeitigen exegetischen Diskussion von SCHWIEN-HORST-SCHÖNBERGER, Ruf, 72, in Frage gestellt worden. Er versteht die Frau als adäquaten Ausdruck der weisheitlichen Erkenntnis. Als poetisches Mittel der Darstellung wertet dagegen MEINHOLD, Sprüche, 57, die weibliche Darstellung der Weisheit im Proverbienbuch.

[57] Vgl. Ps 119,25–32.

[58] EBACH, Freude, 4.

Freude im Lernprozess wird auch von modernen psychologischen Theorien betont. Tora aber ist nicht nur Gesetz, Wegweisung oder Lehre – sie ist ein Kommunikationsmedium Gottes. Tora-Erkenntnis bietet dem gläubigen Menschen die Möglichkeit, den richtigen Weg einzuschlagen; einen Weg, der zum Leben führt.[59] Letztlich begründet damit auch eine eschatologische Hoffnung die in diesem Zusammenhang nur kurz skizzierte ‚Freude an der Tora', wie sie alttestamentliche Zeugnisse vermitteln. Mit Blick auf den 119. Psalm, der in besonderer Weise die Simchat-Tora zum Ausdruck bringt, vermutet Erich Zenger die jüdische Auseinandersetzung mit der hellenistischen Bildungs- und Buchkultur als entstehungsgeschichtlichem Hintergrund. Gerade die gesteigerte Produktion von Literatur und die Entwicklung einer Schul- und Lesekultur, die unter anderem auch zur Entstehung von Bibliotheken wie im ptolemäischen Alexandria oder im seleukidischen Antiochia seit dem 2./3. Jh. v. Chr. führte, könne als Auslöser zu einer Auseinandersetzung mit diesem Phänomen bewegt haben.[60] Denn im eigentlichen Psalmgebet geht es weniger um Wesen oder Inhalte der Tora; thematisiert wird vor allem die Torafrömmigkeit, also die Beziehung des Beters zur Tora, die aus vielfältiger Bedrohung erretten kann.[61] Schon im Programm älterer Psalmen konnte das Gesetz eine entsprechende soteriologisch unterstützende Rolle annehmen.[62]

Auch das Lukasevangelium thematisiert die Frage nach der Tora und diskutiert darüber hinaus die Prioritäten der biblischen Weisung.[63] Dennoch fehlt die Begrifflichkeit einer Freude an der Tora weitgehend. Eine Anspielung daran könnte in Lk 8,14/Mt 13,20/Mk 4,16 vorliegen. Der Lukasevangelist deutet den auf den Fels gefallenen Samen im Sämannsgleichnis als Wort, das mit Freuden angenommen wird (μετὰ χαρᾶς δέχονται τὸν λόγον), von dem die Hörer jedoch in der Zeit der Anfechtung wieder abfallen, wenn ihr Glaube nicht verwurzelt ist. Ansonsten tritt der Aspekt einer toraorientierten Freude inhaltlich weitgehend zurück, wenngleich die Auseinandersetzung Jesu mit dem Gesetz auch im Zeugnis des Lukasevangeliums umfangreich beschrieben wird. Denn die eben beschriebenen Attribute können (etwas grob vereinfachend) im Lukasevangelium auf Jesus übertragen werden. Zwar erkennt auch die Evangelienfigur Jesus die Tora als unbedingte Glaubensgrundlage an. Und auch beim histo-

---

[59] EGO, Aufgabe, 14, verweist in diesem Zusammenhang auf das traditionelle Konzept des Tun-Ergehens-Zusammenhangs. Er begründe die Vorstellung, dass die göttliche Belehrung mit ihren praktischen Implikationen als lebensspendende Gabe und als ‚Weg' im Sinne einer gottgemäßen Lebensführung zu verstehen sei.

[60] ZENGER, JHWH, 63f.

[61] Ebd., 62.

[62] Vgl. Ps 19; 1; 23 u.a.

[63] Einen Diskurs darüber bietet beispielsweise Lk 10,25ff im Anschluss an die Diskussion der richtigen Freude im Kreis der Boten Jesu und den freudigen Jubelruf Jesu.

rischen Jesus darf davon ausgegangen werden, dass er „wie alle Juden das Zentrum seiner Lebensorientierung in der Thora hatte".[64] Aber durch die Evangelienbotschaft erhält nun Jesus selbst den Stellenwert einer vermittelnden Autorität zwischen dem Vater und den Menschen: „Alles ist mir übergeben von meinem Vater. Und niemand weiß, wer der Sohn ist, als nur der Vater, noch, wer der Vater ist, als nur der Sohn und wem es der Sohn offenbaren will." (Lk 10,22).[65] Hier findet eine Annäherung bzw. ein annähernder kognitiver Identifikationsprozess zwischen Gott und Jesus statt, wie er in Ps 119 beispielhaft der Tora als Lehrautorität zugekommen ist. Jesus wird zum entscheidenden Offenbarungsmedium für die Christen. Als Kommunikationsmedium vermittelt er ethische Norm*ver*schärfungen und rituelle Norm*ent*schärfungen gegenüber der weitgehend verbreiteten zeitgenössischen Praxis, die Weisungen der Tora zu deuten.[66] Das christliche Bekenntnis zu den jüdischen Wurzeln wird dadurch nicht infrage gestellt, wie die klare heilsgeschichtliche Einordnung der Evangelien beweist. Aber in christlicher Überlieferung rückt Jesus nun in das Zentrum des Glaubens: Nicht nur durch sein Leben und seine Lehre, sondern vor allem durch den Glauben an das Ostergeschehen wird das Handeln Gottes an ihm zur entscheidenden eschatologischen Verheißung für Christen.[67] Darauf verweisen schon die ersten Kapitel des Lukasevangeliums nachdrücklich, indem sie die Freude der ersten Zeugen an Johannes dem Täufer und an Jesus hervorheben (Lk 1,14.44.58; 2,10 u.a.), die von deutlichen eschatologischen und soteriologischen Erwartungen begleitet ist (Lk 1,32ff.45ff.67ff; 2,11f u.a.). Durch diesen neuen Akzent des Christusglaubens kann das Zurücktreten der ‚Simchat-Tora' im Lukasevangelium möglicherweise erklärt werden.

---

[64] THEISSEN/MERZ, Jesus, 312.

[65] Im näheren Kontext zu Aussagen über die Freude im Lukasevangelium vgl. auch Lk 10,16 (Mt 10,40; Joh 5,23).

[66] THEISSEN/MERZ, Jesus, 321–332.

[67] Historisch zeigen das am eindringlichsten die paulinischen Zeugnisse, die im Gegensatz zu den Evangelien wenig über das Wirken Jesu zu Lebzeiten berichten. Paulus, dessen authentische Briefe als älteste Zeugnisse in christlicher Tradition gelten, konzentriert sich ganz auf Gottes Handeln im Ostergeschehen und begründet dadurch seine Soteriologie. Während das im Lukasevangelium vor allem indirekt durch den Auferstehungsbericht Jesu und die Erfahrungen der Emmausjünger ausgedrückt wird (Lk 24), wird der Bedeutung des Jesusgeschehens in der Apostelgeschichte unmissverständlich und unter vielfältigen Aspekten Ausdruck verliehen (vgl. beispielsweise den Himmelfahrtsbericht mit der eschatologischen Belehrung der Jünger (Apg 1,4–14) sowie die bekennende Pfingstpredigt des Petrus Apg 2,14–36).

Kapitel 8

Die Freude in Gruß und Begegnung (Lk 1–2)

Im Lukasevangelium wird Theologie ‚erzählt'. Dieses Axiom liegt der gesamten vorliegenden Arbeit zugrunde.[1] Die Geschichten im Corpus Lucanum haben theologischen Gehalt, weil sie dem Leserkreis das heilsgeschichtliche Verständnis des Jesus- und Christusgeschehens vermitteln wollen.[2] Dass der Lukasevangelist offensichtlich die erzählende Form bevorzugte, nachdem er seine Quellen und Zeugenberichte gesichtet und geprüft hat (Lk 1,1–4), macht die Lektüre zu einer besonderen exegetischen Herausforderung. Denn lukanische Theologie ist häufig nicht ‚explizit' greifbar, sondern will durch eine präzise Analyse der deskriptiven, erzählerischen Darstellung erschlossen werden. Wie bedeutend ein Motiv ist, ergibt sich sowohl aus seinem unmittelbaren kontextuellen Stellenwert als auch aus einer systematischen Reflexion darüber, wie das Motiv intratextuell mit anderen Bausteinen der Erzählung verbunden ist. Das gilt besonders für die Darstellung der Freude in Lk 1–2.

A. Übersicht: Die Affektdarstellung in Lk 1–2

Und als Zacharias ihn sah, *erschrak* er, und es kam *Furcht* über ihn. Aber der Engel sprach zu ihm: *Fürchte dich nicht*, Zacharias, denn dein Gebet ist erhört, und deine Frau Elisabeth wird dir einen Sohn gebären, und du sollst ihm den Namen Johannes geben. Und du wirst *Freude* und *Wonne* haben, und viele werden sich über seine Geburt *freuen*. (Lk 1,12–14)[3]

Bereits in den ersten beiden Kapiteln des Lukasevangeliums erstaunt die außerordentliche Dichte der Belegstellen, die auf Affektbegriffe verweist. Besonders Freude (χαρά) und Furcht (φόβος)[4] werden im einleitenden

---

[1] Vgl. die Diskussion einer narrativen Theologie bei WEINREICH, Theologie, 329–334; RITSCHL/JONES, „Story".

[2] EISEN, Poetik, 13f.

[3] Die deutschen Übersetzungen folgen in der Regel, wenn nicht anders angegeben, dem Bibeltext der revidierten Fassung der Lutherbibel 1984. Kursivmarkierung hier A. Inselmann.

[4] Furcht und Angst werden im Folgenden synonym für den griechischen φόβος-Begriff verwendet.

Komplex der Geburtsgeschichten mehrfach wiederholt und im Bezug aufeinander aktualisiert. Die ersten beiden Kapitel des Lukasevangeliums werden dem Sondergut zugeordnet. Ob der lukanische Redaktor[5] sein Material aus einer schriftlichen Quelle oder aus einer frühchristlichen mündlichen Überlieferung schöpfen konnte, ist nicht mehr mit Sicherheit zu rekonstruieren. Möglicherweise hat er gar selbst den Erzählkranz um die Ereignisse gewoben, die im Zusammenhang mit den Familien des Täufers und Jesus vermittelt werden, um sein Evangelium von Anfang an als *frohe Botschaft* darstellen zu können. In jedem Fall sind die außerordentliche Frequenz und die Intensität von Affektdarstellungen zu verzeichnen, die offensichtlich nicht im Zusammenhang mit Mk oder Q stehen. Sie tragen dazu bei, das Lukasevangelium prägnant einzuleiten.

Die ersten beiden Kapitel sind komplex strukturiert, wobei die Analogien zwischen dem Täuferstrang und der Erzählung über Jesus als ‚überbietender Parallelismus‘ diskutiert worden sind.[6] Von drei Engelsreden wird berichtet.[7] Der als Erzengel bekannte Gabriel erscheint zunächst sowohl einem Priester, Zacharias, als auch einer Frau, Maria, um jeweils die Geburten des Täufers und Jesus anzukündigen. Danach wird ebenso den Hirten, die sich im Umfeld des Geschehens aufhalten, die frohe Botschaft als dritte Figurenrede Gabriels verkündet. In diesem Zusammenhang als auch bei der Begegnung der beiden Mütter Elisabeth und Maria begegnen explizite und deskriptive Affektdarstellungen in konzentrierter Weise.

Die semantischen und strukturellen Bezüge dieser Belegstellen sollen in diesem Kapitel näher betrachtet werden, um ihre theologische Bedeutsamkeit hinterfragen zu können. Auch formkritische und redaktionelle Überlegungen werden einbezogen. Schon im ersten Zusammenhang mit einer Affektdarstellung ist das Phänomen der Freude außerordentlich betont. Das einleitende Motto (Lk 1,14) verdeutlicht beispielsweise, dass die Freude mit dem Lexem der χαρά in einem Satz doppelt belegt ist; zusätzlich verheißt der Engel Gabriel dem Zacharias Jubel (ἀγαλλίασις), wodurch die Freude in ihrem Ausdruck näher qualifiziert wird. Doch zunächst lädt der ‚Gruß der Freude‘ in Lk 1,28 zur Diskussion ein. Es ist zwar nicht die erste Belegstelle für das Phänomen der Freude im Lukasevangelium (vgl. Lk 1,14), doch die umstrittenste. Ausgehend von dieser Schlüsselstelle sollen die anderen Aktualisierungsverweise für die Freude einbezogen werden, um das Phänomen der Freude in den einleitenden Kapiteln des Lukasevangeliums zu ergründen.

---

[5] Der Bearbeiter letzter Hand kann im Folgenden als Lukas abgekürzt werden.

[6] Vgl. beispielsweise LYONNET, Verkündigungsbericht, 130ff.

[7] MINEAR, Use, 117, hebt die Darstellung von Epiphanien und Engeln als typisch lukanische Präferenz hervor.

B. Ein Gruß der Freude in Lk 1,28?

Der Gruß des Engels Gabriel an Maria hat in den letzten Jahren kaum noch exegetische Beachtung gefunden. Das ist erstaunlich. Denn Lk 1,28 hat eine besondere wirkungsgeschichtliche Entwicklung entfaltet. Beispielsweise hat sich aus diesem Vers früh das ,Ave Maria' entwickelt, das zu einer der prägenden Grundlagen der Marienverehrung geworden ist und immer noch zu den Gebeten zählt, die unter katholischen Christen am weitesten verbreitet sind. Der Engelsgruß hat außerdem seit jeher eine wechselvolle Interpretationsgeschichte hinter sich – und immer noch ist kein Konsens über seine angemessene Übersetzung in Sicht. Denn in wörtlichem Sinn bedeutet das erste Wort der Grußanrede (χαῖρε) eine Aufforderung zur Freude („freu dich!"). Meistens wird es aber lediglich als Kommunikationseröffnung verstanden.

(a) Die einen lesen also im ersten Wort der Engelsrede eine Aufforderung zur Freude, die durch das nachfolgende Partizip κεχαριτωμένη ergänzt wird.[8] Nach diesem Verständnis könnte in der Wortverbindung ein Hinweis auf die theologische Botschaft enthalten sein, die im Folgenden vom Engel überbracht wird. – Die Bedeutung des χαῖρε würde nach dieser Lesart weit über den profanen Grußcharakter hinausweisen: Sie würde eine theologische Komponente beinhalten und damit die wesentlichen (messianischen) Aussagen der Engelsoffenbarung im Kern vorwegnehmen.

(b) Die meisten zeitgenössischen Ausleger sehen in Lk 1,28 jedoch lediglich eine profane Grußformel, auf die eine Anrede und Beistandsversicherung folgen.[9] Dies entspräche der Übersetzung ,Hallo' oder ,Guten Morgen[10], Begnadete, der Herr ist mit dir!', wenn der Gruß in einem kulturell institutionalisierten Verhaltensrahmen an die Alltags- und Umgangssprache angelehnt sein soll.

Insgesamt wirken die meisten dahingehenden Interpretationen des χαῖρε in Lk 1,28 recht inkonsequent. So liest Walter Radl χαῖρε in seinem neueren

---

[8] LYONNET, Verkündigungsbericht, 164ff; LAURENTIN, Struktur, 75–82; STOCK, Berufung, 496; DELEBECQUE, Salutation, 352–355; DE LA POTTERIE, κεχαριτωμένη, 365f; GREEN, Status, 467.

[9] JÜON, Annonciation, 797, Anm. 8; FITZMYER, Gospel, 34f; MARSHALL, Gospel, 65; RÄISÄNEN, Mutter, 86–92, hält den Bezug zur Freude wegen alttestamentlicher Parallelen für möglich, aber nicht zwingend.

[10] Die Anrede „Gegrüßet seist du" ist kein übliches verbales oder gar umgangssprachliches Idiom im Deutschen. Sie ist deshalb nicht geeignet, wenn lediglich der konventionelle Charakter des Grußes χαῖρε bei der Übersetzung betont werden soll. Χαῖρε als morgendliche Begrüßung im Gegensatz zum Abendgruß ὑγίαινε verwenden Dio Cassius (2. Hälfte des 2. Jhd.), Lucian. laps. 9f u.a.

Lukaskommentar als „eigentliche Grußformel", deren wörtliches Verständnis kaum zu beweisen sei. Er behauptet paradoxerweise gleichzeitig, dass das χαῖρε, durch den Kontext begründet, „freilich einen neuen Klang und einen tieferen Sinn" erhalte, sodass der „formelhafte Heilswunsch etwas von seiner ursprünglichen Bedeutsamkeit zurück" bekomme.[11] Ebenso ambivalent argumentiert François Bovon: „So würde ich (...) an der profanen Bedeutung, die allerdings gelegentlich wieder den ursprünglichen Sinn des Heilsgrußes bekommen kann, festhalten. Das ist der Fall, wenn der Gruß wie hier durch weitere Nachsätze begleitet ist."[12]

Die Frage, wie Maria vom Engel des Herrn angesprochen wird, ist keinesfalls nebensächlich: Lukas selbst markiert diesen Gruß als erschreckend und außergewöhnlich durch die folgende Reaktion Marias. Es ist deshalb zunächst zu fragen, worin das eigentlich Besondere in der Ansprache χαῖρε, κεχαριτωμένη, ὁ κύριος μετὰ σοῦ liegt, die an Maria ergeht.

Die Szene Lk 1,26–38 handelt von einem Besuch des Engels Gabriel bei einer verlobten, jüdischen Frau in Galiläa. Ihr wird mitgeteilt, dass sie von Gott auserwählt ist und dass sie durch die Kraft des Heiligen Geistes einen Sohn mit messianischen Attributen empfangen wird. Schließlich wird auf das Zeichen der mit dem Täufer schwangeren Elisabeth verwiesen. Sie wird als hochbetagte und bislang kinderlose Verwandte Marias vorgestellt (Lk 1,7). An ihrer Mutterschaft will der Engel die wunderbare Macht Gottes aufzeigen, die an Maria noch Größeres wirken wird. Das Gespräch endet mit dem Weggang Gabriels, nachdem Maria ihre Zustimmung zum Wirken Gottes geäußert hat.

Mit Blick auf das Thema der Freude sind vor allem die ersten Worte interessant, die der Engel an Maria richtet. Gabriel ergreift im Auftrag Gottes die Initiative, Maria anzusprechen. Vor dem jüdischem Hintergrund zur Zeitenwende muss es überraschen, wenn eine Frau von einem männlichen Fremden angesprochen wird – und das sogar im eigenen Haus. Immerhin wird sie einen Vers zuvor als Verlobte eines Mannes namens Josef in die Erzählung eingeführt. Wie streng jüdische Traditionen in dieser Hinsicht sein konnten, wirkt noch bei Rabbi Sch^emuël im 3. Jhd. n. Chr. nach, der

---

[11] RADL, Lukas, 60. Am deutlichsten tritt die mit dem χαῖρε zusammenhängende Widersprüchlichkeit allerdings im Kommentar bei BOCK, Luke I,109, hervor. Zunächst wird der Imperativ in Lk 1,28 unberechtigterweise nicht mit der Freude (χαρά), sondern mit dem Begriff der „Gnade" (χάρις) verknüpft („He greets her with two alliterative terms that emphasize grace"). Im weiteren Verlauf wird ausdrücklich zwischen Gruß und Anrede unterschieden, wobei durch die *Gruß*semantik die Anwesenheit Gottes impliziert sein soll („With his *greeting*, Gabriel assures Mary by promising the presence of the Lord God"). Gleichzeitig besteht Bock darauf, den Gruß als profane Kommunikationseröffnung zu lesen: „Regardless of its origin, the greeting means ‚hail to you' or ‚hello'" (Kursive Hervorhebung A. Inselmann).

[12] BOVON, Lukas, 73.

das ideale jüdische Grußverhalten gegenüber Frauen äußerst restriktiv bestimmt: „Man entbiete einer Frau überhaupt keinen Gruß", weder durch Boten noch durch ihren eigenen Ehemann. In dieser Aussage spiegelt sich ein kulturanthropologisches Verständnis, durch das die Kommunikation zwischen Männern und Frauen in entsprechenden jüdischen Kreisen als unzüchtig gewertet wurde.[13] Gleichzeitig zeigt diese Midraschüberlieferung aber auch, dass eine entsprechend strenge Grußkonvention, wenn sie praktiziert worden sein sollte, bereits in jüdischen Kreisen des 3. Jahrhunderts diskutiert worden ist. Schon dies macht deutlich, dass es sich bei der vorliegenden Szene nicht um die Darstellung einer typischen, alltäglichen Situation handeln dürfte.

Doch nicht nur das Grüßen überhaupt erklärt die Verwirrung der jungen Frau, die in ihrer Reflexion den Gruß durch das Interrogativpronomen ποταπός genauer hinterfragt. Das erste Wort, das Gabriel an sie richtet, ist: χαῖρε. Das wird textkritisch nirgends ersichtlich in Frage gestellt. Darauf folgt die Anrede an die junge Frau als Begnadete (κεχαριτωμένη) mit der Begründung, dass der Herr mit ihr sei (ὁ κύριος μετὰ σοῦ). Der in einigen Handschriften überlieferte Nachsatz: „du bist gepriesen unter den Frauen" (εὐλογημένη σὺ ἐν γυναιξὶν) ist jedoch – entgegen der katholischen Tradition und trotz einiger Zeugen der ersten Kategorie – textkritisch als sekundär einzustufen.[14] Hier liegt wahrscheinlich eine Ableitung

---

[13] Rabbi Schemuël, Qid. 70a, nach GRUNDMANN, Lukas, 55f. Vgl. STRACK/BILLERBECK, Kommentar, 99: „So möge doch der Herr (meiner Frau) Jalta einen Gruß entbieten! Er antwortete: So hat Schemuël gesagt: Die Stimme einer Frau ist etwas Unzüchtiges. (Rab Nachman:) Es kann ja durch einen Boten (Mittelsmann) geschehen! Er antwortete: So hat Schemuël gesagt: Man entbietet einer Frau keinen Gruß. (Rab Nachman:) Durch ihren Mann kann es doch geschehen! Er antwortete: So hat Schemuël gesagt: Man entbietet einer Frau überhaupt keinen Gruß."

[14] Allerdings bieten die Majuskeln A,C,D,Θ, die Minuskelfamilie f[13], der Mehrheitstext, alle lateinischen Handschriften, die gesamte syrische Überlieferung und einzelne bohairische Textbelege gemeinsam mit Euseb als starke Zeugen als Anfügung an den dargestellten Vers Lk 1,28 den Zusatz: εὐλογημένη σὺ ἐν γυναιξὶν – mit Aland ist entgegen der katholischen Tradition jedoch der kürzeren Überlieferung der textkritische Vorzug zu gewähren. Hierfür stehen gewichtige Zeugen wie der Codex Sinaiticus, dazu die Majuskeln B, L, W,Ψ, die Minuskelfamilie f1, mehrere weitere Minuskeln, Texte der koptischen Überlieferung, einem laufenden Bibeltext bei Origenes sowie eine Belegstelle bei Epiphanius Constantiensis. Die Streuung der Textzeugen spricht gegen sich fortsetzende Abschreibefehler. Da noch bis ins 5. Jhd. in einigen Überlieferungslinien die Seligpreisung Marias „gesegnet bist du unter den Frauen" fehlt, die andererseits bereits bei gewichtigen ständigen Zeugen der ersten Ordnung dokumentiert ist, scheint hier eine relativ frühe Tradition zu wirken, wonach der kürzere Text um den marienlobenden Satzteil erweitert wurde, sodass beide Überlieferungen in den ersten Jahrhunderten je nach Vorlage parallel zueinander existieren konnten. Die Hervorhebung der Seligkeit Marias gegenüber den anderen Frauen, die aber m.E. textkritisch nicht der ursprünglichen Formulierung, wohl aber einer alten Tradition zugehört und im Übrigen mit dem Lobpreis

aus Lk 1,42, dem Lobpreis Elisabeths, vor. Wie oben angedeutet, besteht kein literarisches Abhängigkeitsverhältnis zwischen dem χαῖρε in Lk 1,28 und anderen neutestamentlichen Quellenbelegen. Denn Mk bietet Kindheitsgeschichten überhaupt nicht und Mt gestaltet die Verkündigungsszene zwischen dem „Engel des Herrn" und Josef als Traumvision, die nur inhaltlich in einigen zu erwartenden Elementen vergleichbar ist.

Die überlieferungsgeschichtliche Fragestellung, die im Zusammenhang mit den ersten beiden Kapiteln des Lukasevangeliums intensiv betrieben worden ist, kann in diesem Zusammenhang zurückgestellt werden. Denn diese Diskussion ist sehr verzweigt und es kann nicht mehr rekonstruiert werden, ob das erste Engelswort χαῖρε dem hebräischen Schalom nachempfunden oder eine Übersetzung ist, oder ob χαῖρε bereits von Anfang an als griechischer Ausdruck konzipiert war.[15] Geht man jedoch davon aus, dass der Verfasser in den ersten beiden Kapiteln des Lukasevangeliums versucht, durch die Sprache und die Erzählführung dem Text eine intensive Tönung zu verleihen, die stark dem lokalen Milieu der Geburtsumstände Jesu nahekommen soll, wobei er sich sprachlich an der LXX orientiert, überrascht die Wahl des χαῖρε-Grußes. Denn in der Septuaginta wird der hebräische Gruß Schalom gewöhnlich durch den griechischen Friedensgruß εἰρήνη übertragen.

Es ist umso auffälliger, dass Lukas ausgerechnet χαῖρε als erstes Wort seiner Ansprache verwendet (oder aus seiner Quelle übernommen hat). Wie bereits oben skizziert, drückt das Hauptkonzept des Lexems ein Sich-Freuen aus, sodass χαίρειν einen Affekt markiert. In bestimmten kommunikativen Zusammenhängen kann das Verb in der Form des Imperativ Sg./Pl. auch für die übliche Grußanrede der griechischsprachigen Antike stehen. In dieser Funktion ist es vor allem morgens verwendet worden.[16] Χαῖρε/Χαίρετε ist in diesem Sinn nicht auf das Empfinden von Freude in einem bestimmten Zusammenhang bezogen, sondern dient als konventionalisiertes Kommunikationsformular, als höfliche Standardanrede im ‚All-

---

Elisabeths in Lk 1,42 übereinstimmt und von dieser Parallele abgeleitet worden sein kann, ist im vorliegenden Zusammenhang wichtig als Erweiterung (bzw. inhaltliche Differenzierung?) der Anredeform und wird daher im weiteren Verlauf der Diskussion wieder aufgenommen werden.

[15] Vgl. JUNG, Language, 213f (Lit!), der gegen die Übersetzungshypothese aus dem Semitischen argumentiert und stattdessen die alttestamentlichen Allusionen und Redewendungen durch Verwendung der LXX erklärt.

[16] Für χαῖρε als konventionelle Formel bei Begrüßung und Abschied gibt es bereits seit Homer eine Flut an Belegen (Il. IX,197; Od. I,123; Od. V,205 u.a.). Dabei ist χαῖρε sowohl ein zwischenmenschlicher Alltagsgruß, als auch bei Homer ein festes Stilelement im Hymnus als Gruß an die Götter (Hom. h. IV,579), vgl. LATACZ, Wortfeld. Weitere Belege vgl. TGL, Art. ΧΑΙΡΩ, 10364–10367.

tagsgriechischen' dazu, einen formelhaften Gruß auszudrücken. Insofern könnte es etwa mit dem bayrischen ‚Grüß' Gott' verglichen werden, das im Rahmen einer Alltagskommunikation ebenfalls nicht mit religiösen Konnotationen verknüpft sein muss.[17] In literarischen Zusammenhängen ist diese Verwendungsweise vor allem in standardisierten Briefanreden zu erwarten. Aber sie kann auch in Textabschnitten begegnen, die verbale Gespräche referieren. Auf diese Weise umfasst der griechische Gruß χαῖρε im Gegensatz zum lateinischen Gruß ‚ave' einen weiteren Verwendungsspielraum, sodass das jeweilige Verständnis in besonders starkem Maß kontextabhängig ist.[18]

Exkurs: Die Polyvalenz des Ausdrucks χαῖρε in der Antike

Interessanterweise ist die semantische Variabilität des Imperativs von χαίρειν schon in der frühen Antike so bewusst gewesen, dass χαῖρε polyvalent verwendet werden konnte. Das zeigt schon das vorklassische Beispiel Homers, der χαῖρε sowohl als gewöhnliche Begrüßungsformel[19], als Trinkspruch[20], aber als auch als feierlichen Gruß[21] verwendet: In Od.[X],199f begrüßt Philoitios den heimgekehrten Odysseus: „Χαῖρε, fremder Vater! Die Zukunft wenigstens möge dir Glück bescheren, denn eben noch hast du ja Leiden in Fülle."[22] Die Begrüßungssituation ist eindeutig, gleichzeitig wünscht Philoitios dem Odysseus künftige Freude im Gegensatz zum bestehenden Leid. Auch der Affektaspekt des χαῖρε ist aktualisiert. Dasselbe gilt bei einer weiteren homerischen Begrüßung. Nachdem Odysseus am Strand von Ithaka erwacht ist, begrüßt er Athene, die sich als zierlicher Schafhirte verkleidet hat, mit den Worten: „Freund, du bist ja der Erste im Land hier, dem ich mich nahe! Χαῖρε und begegne mir nicht mit bösen Gedanken!"[23] Auch in diesem kommunikativen Kontext ist χαῖρε

---

[17] Diese profane Bedeutungsvariante des griechischen Wortes χαίρειν hat sich nach A. Strobel aus dem morgendlichen Gruß, vergleichbar einem „guten Morgen", heraus entwickelt, vgl. STROBEL, Gruß, 90. Lucian. laps. 1ff unterscheidet den Morgengruß χαῖρε vom Abendgruß ὑγίαινε.

[18] STROBEL, Gruß, 98: Das griechische χαῖρε kann „von Fall zu Fall ebensosehr (sic!) nichtssagende Flachheit, wie auch sinnreiche Tiefe zum Ausdruck bringen".

[19] Hom.Od. VIII,408; XIII,59.229.358 u.a.

[20] Hom.Il. IX,226.

[21] Zur feierlichen Verwendung kann der χαῖρε-Gruß bei Homer durch ein verstärkendes Adverb hervorgehoben werden, vgl. Od. VIII,413: μάλα χαῖρε; Od. XXIV,402: μέγα χαῖρε u.a.

[22] Hom. Od. XX,199f: χαῖρε, πάτερ ὦ ξεῖνε· γένοιτό τοι ἔς περ ὀπίσσω ὄλβος· ἀτὰρ μὲν νῦν γε κακοῖσ' ἔχεαι πολέεσσι.

[23] vgl. Hom. Od. XIII,228ff: ὦ φίλ', ἐπεί σε πρῶτα κιχάνω τῷδ' ἐνὶ χώρῳ, χαῖρέ τε καὶ μή μοί τι κακῷ νόῳ ἀντιβολήσαις, ἀλλὰ σάω μὲν ταῦτα, σάω δ' ἐμέ· σοὶ γὰρ ἐγώ γε (230) εὔχομαι ὥς τε θεῷ καί σευ φίλα γούναθ' ἱκάνω.

zwar ein gesprächseinleitendes Element, gleichzeitig ist es aber wie ‚begegne' imperativisch verwendet und verweist damit auf eine Empfindung ohne böse Gedanken. Es steht zunächst in Kollokation mit dem Nachbarkonzept ‚Glück' und dem Gegenkonzept ‚Leid', im zweiten Fall nur mit dem Gegenkonzept der ‚bösen Gedanken'. Χαῖρε kann also in einer Begrüßungssituation der klassischen Antike sowohl eine konventionelle Gesprächseröffnung als auch Affektaufforderung sein. Dieser appellative Affektgehalt wird jeweils aktualisiert, wenn χαῖρε wie hier in Kollokation mit Gegenkonzepten oder anderen Imperativen begegnet.

Der χαῖρε-Gruß ist auch später in den verschiedensten Kontexten belegt: Als feierlicher Lichtgruß der Mysteriensprache, als tragische Triumphübermittlung des Marathonläufers nach dem Sieg der Athener über Sparta, als pathetischer Gruß in der Dramatik und Epik, als höfliche Begrüßung unter Freunden oder als alltagssprachlicher Morgengruß. Damit beinhaltet der Gruß von seinen griechischen Voraussetzungen her durchaus das Potential, mehr zu sein als eine banale Kommunikationseinleitung. Bereits Gustav Adolf Gerhard beurteilt so den Verständnisspielraum: „Der edle hellenistische Nationalgruß konnte schwer zum toten Wort erstarren. Seine ursprüngliche Bedeutung ist nie ganz erloschen, sie bedurfte nur einer außerordentlichen, die Seele nach irgendeiner Seite hin erregenden Situation, um wieder in voller, frischer Lebendigkeit aufzuleuchten".[24]

Wie sich die unterschiedlichen Bedeutungen des Χαῖρε-Grußes diachron differenziert haben, ist nicht lediglich eine Rekonstruktion moderner altphilologischer Forschung, sondern auch in den Zeiten der neutestamentlichen Schriftentstehung bekannt gewesen. Das belegt eine Abhandlung von Lucian von Samosata, Ὑπὲρ τοῦ ἐν τῇ Προσαγορεύσει Πταίσματος, aufschlussreich. Er lebte im 2. Jhd. n. Chr. und schätzte das Grußformular χαῖρε/χαίρετε in seiner Zeit als normativ ein. Genauer definierte er ihn als einen respektvollen Morgengruß, der in der höheren Gesellschaft unter Bekannten üblich war. Wie Homer berücksichtigt er die unterschiedlichen semantischen Bedeutungen des Konzeptes, das allerdings sogar explizit, auch in der Grußsituation. Letztlich plädiert Lukian zwar dafür, bei Ankunft und Abschied ein anderes (bislang normativ abweichendes) Grußformular (ὑγίαινε/ὑγιαίνετε) zu verwenden, weil es eine andere semantische Qualität habe als der χαῖρε-Gruß. Das beweist aber, dass Lucian grundsätzlich zwischen den unterschiedlichen Akzenten der einzelnen Grußformen differenzieren kann, weil er ihre mehrschichtige Semantik berücksichtigt! So sei der Gruß der Freude lediglich ein Wort von guter Vorbedeutung und bloßer Wunsch, wer aber Gesundheit wünsche, tue noch etwas Nützliches, weil er dadurch an alles erinnere, was zur Erhaltung der

---

[24] GERHARD, Untersuchungen, 24f.

Gesundheit beitrage, wie es in den Mandaten des Kaisers üblich sei.[25] Lucian schildert anekdotisch den sprachgeschichtlichen Hintergrund des χαῖρε-Grußes, wie er ihm überliefert ist. Χαῖρε habe im Laufe der sprachlichen Entwicklung je nach Situation unterschiedlich verstanden werden können – auch habe sich die Formulierung nicht geographisch gleichmäßig durchsetzen können.[26] Auf der einen Seite wurde nach Lukian schon früh aus philosophischer Sicht seine alltägliche, banalisierende Verwendung beklagt,[27] während χαῖρε andererseits als feierlicher Lichtgruß in der Mysteriensprache belegt sei.[28] In der frühen Antike sei der Gruß nicht wie zu Lucians Zeit einer Begegnung unter Bekannten vorbehalten gewesen, sondern habe auch unter Fremden praktiziert werden können, sowohl bei der Ankunft als auch zum Abschied. Als Übergang von der abgeschlossenen Mahlzeit zum anschließenden Gespräch sei der Gruß in gehobenen Kreisen üblich gewesen, sogar als Bestandteil einer Redewendung zum Kontaktabbruch (μακρὰ χαίρειν).[29]

Die erste Verwendung des Verbs in einem Grußzusammenhang geht Lucians Abhandlung nach auf einen Brief zurück, in dem Kleon vom Sieg der Athener über die Spartaner bei Sphakteria berichtet.[30] Bei der ersten Verwendung des χαίρετε als Gruß wurde eine freudige Botschaft überbracht, als Einstimmung auf einen Triumph, einen Sieg. Deshalb wirkt die Siegesmitteilung des Marathonläufers Pheidippides sehr feierlich: χαίρετε, νικῶμεν.[31] Anhand dieser Überlieferung wird die Entstehung des Grußkonzepts von χαῖρε/χαίρετε markiert.[32] Zweifellos schwinge in dieser Anrede ein freudiges Moment mit, auch wenn das Überbringen der Botschaft den Läufer tragisch das Leben gekostet habe.

---

[25] Lucian. laps. 1.5ff.

[26] So sei in Athen der Gruß mit χαίρειν bereits verwendet worden, als in Sizilien die Briefe noch ohne Formular in medias res begonnen werden konnten, so Lucian. laps.64, 3,22ff. Übersetzung nach C.M. Wieland, 140.

[27] Platon Brief III an Dionysius 315 BC; Lucian. laps. 4–5.

[28] Firm. err. 19,1ff: υμφίε, χαῖρε, ὑμφίε, χαῖρε, νέον φῶς. Dieser Lichtgruß aus der Mysteriensprache wurde nach STROBEL, Gruß, 98, als Parallelentwicklung im frühen Christentum auf Christus bezogen verwendet, vgl. Meth Symposion XI,133,5): ζωῆς χοραγός, Χριστέ, χαῖρε φῶς ἀνέσπερον.
In späthellenistischer Zeit wurde nach STROBEL, Gruß, 97, auch der abendliche Lichtsegen durch χαῖρε ausgedrückt.

[29] Lucian. laps. 2.17; Übersetzung nach C.M. Wieland, 141.

[30] Lucian. laps. 3,6f.

[31] Lucian. laps. 3,5.

[32] Lucian selbst beschreibt dies metasprachlich: „Die Zeit, wo der Gebrauch der Formel ‚chäre‘ oder ‚chärete‘ enger eingeschränkt wurde, wird durch eine Anekdote von dem Läufer Pheidippides bezeichnet (...)“, vgl. Lucian, Übersetzung nach C.M. Wieland, 140. Diese Formulierung ist so gewählt, dass sie auf eine allgemeine Einschätzung dieser Entwicklung schließen lässt und nicht auf eine singuläre Meinung des Erzählers.

Lukians Belegstellen von χαῖρε und χαίρετε haben gemeinsam, dass sie
sich nicht auf alltagssprachliche Situationen beziehen und dadurch meistens sehr pathetisch wirken, wie auch die Verwendung bei Euripides zeigt,
bei dem sich der sterbende Polyneikes durch den χαίρετε-Gruß bei seiner
Mutter und seiner Schwester aus dem Leben verabschiedet.[33] Die semantische Polyvalenz wird gerade in außergewöhnlichen Situationen reflektiert
und präsent, die vom konventionellen Standard abweichen. Das gilt auch
in Lk 1,28: Ein Engelsbesuch ist ein Erlebnis, das menschliches Erfahrungswissen durchbricht. In der Szene Lk 1,26ff wird ein Epiphanieereig-
nis geschildert, eine Begegnung mit der Sphäre Gottes! Der außerordentliche Charakter des Grußes wird durch die titulierende Anrede κεχαριτωμένη noch deutlicher. Maria reagiert irritiert: Weil die in der Szene
dargestellte Begegnung im Hinblick auf Maria ohne Analogie ist und sie in
dieser Ausnahmesituation keine höflich standardisierte Anrede erwarten
kann, wird der Gruß χαῖρε von ihr im Folgenden hinterfragt.

C. χαῖρε als Gruß

Dass die Form χαῖρε im vorliegenden Kontext die Funktion eines Grußes
erfüllt und eine Kommunikationseröffnung signalisiert, ist offensichtlich.
Auch wenn ein Gruß scheinbar ‚floskelhaft‘ wirkt, hat er vielfache Aufgaben: Er vermittelt den Kommunikationspartnern Informationen pragmatischer, psychologischer und soziologischer Art. Die vorwiegend im philolo-
gischen und theologischen Diskurs aufgekommene Diskussion über die
angemessene Übersetzung des χαῖρε in Lk 1,28 als Grußformel oder Aufforderung zur Freude könnte zu dem Missverständnis führen, dass ein
Gruß an sich eine Handlung ohne emotionale bzw. affektive Anteile sei.
Das ist aufgrund der vielfältigen Qualitäten eines Grußes nicht tragbar: Die
Wahl der Grußform zeigt, wie der Sprecher den Status und das Milieu seines Kommunikationspartners einschätzt, gleichzeitig macht ein Gruß auch
Aussagen über den Sprechersoziolekt. Durch die Wahl eines jeweiligen
Grußausdrucks können außerdem verschiedene Zusatzinformationen vermittelt werden. Es kann signalisiert werden, wie gut sich die Gesprächs-
teilnehmer kennen; die Situation kann durch den Gruß als gewöhnliche
oder außerordentliche markiert werden, Unterhaltungen werden durch Grüße eingeleitet oder abgeblockt.[34] Außerdem kennzeichnet ein Gruß entwe-

---

[33] Eur. Phoen.1453: καὶ χαίρετ᾽· ἤδη γάρ με περιβάλλει σκότος.

[34] BUTT, Studien, 31–67, differenziert in ihrer soziologischen Betrachtung unter den
potenziellen Funktionen des Grußes zwischen Huldigungen beziehungsweise Unterwer-
fungen, Ehrerbietungen, geselligen Kontakten, Bekundungen der Anteilnahme, Zusam-
mengehörigkeitssignalen, dem allgemeinen Grußgebrauch, negativ verzerrten Grüßen

der die Ausgangslage einer Begegnung oder er bringt das abschließende Verhältnis der Kommunikationspartner zum Ausdruck – daher ist er wichtig für die Selbst- und Fremdeinschätzung der Parteien. Er demonstriert häufig die emotionalen bzw. affektiven Bindungen (oder die Distanz). Mehr noch: Der Gruß kann die gesamte folgende Gesprächsführung beeinflussen. Und erst der nähere und weitere Kontext erklären die jeweilige Funktion und Bedeutungsqualität. Umgekehrt ist zu berücksichtigen, dass bei Literaturbetrachtungen erst aus der vorangehenden und folgenden Kommunikation ersichtlich werden kann, ob ein Gruß lediglich einer (höflichen) Gesprächseinleitung oder Verabschiedung dient, oder ob dem Gruß mehr Bedeutung zukommt, sodass er neben dem einfachen Markierungssignal auch semantische Aussagen beinhaltet.

Auch der Gruß in Lk 1,28 verweist auf kommunikative Informationen:
– Der Gruß steht in keinem ‚profanen‘, alltagssprachlichen Kontext, sondern begegnet, wie gezeigt, in einer szenisch dargestellten Epiphanie.
– Durch sein näheres kontextuelles Umfeld, durch die Apposition κεχαριτωμένη und die Wiederholung des Stammes ‚χαρ-‘ erhält er eine außergewöhnliche Form.
– Durch das erste Wort der Engelsrede bringt der Sprecher seinen Respekt gegenüber Maria zum Ausdruck. Denn er wahrt eine Konvention, die auch in höherstehenden Kreisen gepflegt worden ist. Der Engel behandelt sie somit als Frau aus gehobenem Milieu. Im Gegensatz dazu beginnt er seine Offenbarung an Zacharias und die Hirten ‚medias in res‘, direkt mit der typischen Formel „fürchte dich nicht“, die in der Ansprache an Maria erst an späterer Stelle formuliert wird.
– Das Signal χαῖρε vermittelt eine positive Gesprächserwartung. Durch den χαῖρε-Gruß erfährt Maria nicht nur, dass der Engel respektvoll mit ihr umgeht, sondern auch, dass eine Kommunikation beginnt, die Erfreuliches hervorbringen kann. Die Erwartungshaltung kann wiederum positiv auf das Gespräch rückwirken.
– Maria erkennt die Anrede als Gruß, d.h. sie interpretiert Lk 1,28 als ἀσπασμός. Damit hat χαῖρε aus kommunikativer Sicht seine Funktion erfüllt: Implizite Aussagen, z.B. dass eine Kommunikation eingeleitet wird und dies in friedlicher und freundlicher Absicht, sind durch das Zusammenwirken der Segmente zu Beginn der wörtlichen Rede in Lk 1,28 erfolgreich an die Adressatin des Gesprächs vermittelt worden. Das zeigt ihre Reaktion: Maria geht auf das Gespräch ein und reagiert offen, interes-

---

sowie der Funktion eines Grußes, Affekte stilisieren zu können. Der vorliegende Text Lk 1,28 zeichne als Huldigung „eine besondere Situation des Grußes“, da sich hier nicht der Mensch dem Göttlichen (wie bei Huldigungen erwartbar) nähere, sondern der Engel als göttlicher Bote zu Maria komme, ebd. 38.

siert und freundlich. Nachdem der Gruß hinterfragt worden ist, verläuft die Kommunikation ohne ‚Störungen‘.

– Über die gegenseitige Wahrnehmung der Gesprächspartner kann in diesem Zusammenhang durch den Gruß wenig ausgesagt werden. Allerdings leitet das Grußformular ein sehr persönliches und für Maria bedeutsames Gespräch ein.

– Der anschließende Dialog bestätigt den ersten Eindruck, der durch den Gruß erweckt worden ist.

– Durch den gesamten Vers Lk 1,28 offenbart sich der Engel vor Maria als Gesandter Gottes. Denn er besitzt wie der allwissende Erzähler Informationen, die über zwischenmenschliches Wissen weit hinausreichen. Beispielsweise scheint die Figur des Engels ‚gedankenlesend‘ einsehen zu können, welche Überlegungen Maria beschäftigen. Darüber hinaus kann der Engel auch voraussehen und verfügt auf der Ebene der Geschichte über Zukunftswissen, das er Maria proleptisch offenbart und durch das er Jesus charakterisiert.

– Im Gegensatz zum einleitenden Gruß wird keine verbale Verabschiedung am Ende der Szene präsentiert (Lk 1,38) – was noch einmal den Eindruck über die Relevanz des χαῖρε-Grußes am Beginn bestärkt.

Das kommunikative Potential eines Grußes ist jedoch noch weitaus größer, als es seine bisher dargestellten Funktionen aufgezeigt haben: Der Gruß kann zur Sprachhandlung werden, zu einem sogenannten ‚performativen Akt‘. Im Gegensatz zu konstatierenden Äußerungen, die Erscheinungen beschreiben, vollziehen performative Äußerungen nach John Langshaw Austin diese Handlungen selbst, sind also Handlung und Äußerung zugleich[35]. Unter die von Austin als performativ definierten Wortverbindungen fällt auch die Äußerung des willkommen Heißens.[36] Eine besonders typische performative Handlung ist der *Segen*.

Nach Austins Theorie des performativen Redens finden sich Sprechakte vor allem in der Alltags- und Umgangssprache und sind grundsätzlich situations- und kontextabhängig. Ihr Wahrheitsgehalt ist ebenso unbestimmbar wie bei emotiven Äußerungen überhaupt.[37]

Im Hinblick auf die Äußerung des Engels in Lk 1,28 ist vor allem die Kategorie der ‚primary performatives‘ interessant. Dabei handelt es sich

---

[35] AUSTIN, Things, 5. „Der bloßen sprachlichen Äußerung wohnt eine Handlung inne, die auf andere Weise so nicht hätte erfolgen können“, so SCHULTE, Rede, 29.

[36] Ebd., 5. Daneben stehen andere Beispiele wie Schiffstaufen, Versprechen, Wetten, Akte des Entschuldigung Suchens oder das ‚Ja‘-Sagen zum Heiratspartner vor der Gemeinde und vor Gott im gottesdienstlichen Rahmen.

[37] Das liegt daran, dass Performative eine Handlung darstellen und diese nicht nur beschreiben. Es muss aber zwischen dem Wahrheitsgehalt einer Aussage und ihrem Gelingen unterschieden werden, vgl. ebd. 45.

um elliptische, verkürzte Formulierungen, die sich umgangssprachlich entwickelt haben und den Anschein erwecken, Mitteilung, Information oder
Behauptung zu sein, die aber in einer konkreten Gesprächssituation als Zusagen, Versprechen oder Aufforderungen zu interpretieren sind. Ein solches
segnendes Performativ könnte auch in der Anrede Lk 1,28: χαῖρε κεχαριτωμένη ὁ κύριος μετὰ σοῦ vorliegen. Performative überwinden die Distanz zwischen Sprache und Wirklichkeit. Sie schaffen eine Realität im
Vollzug des Sprechens. Durch eine performative Rede wird das Sein der
Dinge konstituiert oder geändert. Wenn die Rede an Maria eine solche
Handlung ist, muss darauf geachtet werden, ob diese Sprachhandlung Spuren oder Indizien dafür hinterlässt, dass durch die Anrede des Engels etwas
bei und in Maria passiert.

Exkurs: Grüße im Neuen Testament

Bislang ist der Stellenwert des Grußverhaltens im Neuen Testament häufig
unterschätzt worden.[38] Dabei sind in fast allen neutestamentlichen Schriften Diskurse zur Grußethik belegt. Allerdings hat es keine einheitliche urchristliche Grußpraxis gegeben, vielmehr werden verschiedene Verhaltensweisen begründet. Das Grußverhalten der urchristlichen Gemeinden war
diskutiert und in Bewegung. Einem geforderten offenen Grußverhalten,
wie es in Mt 5,47 beispielhaft gefordert wird: „Und wenn ihr nur eure Brüder grüßt, was macht ihr Besonderes? Machen die Heiden nicht dasselbe?"[39] steht ein exklusives Grußverhalten wie in 2 Joh 10 gegenüber, das
die Gemeinden vor häretischen Einflüssen schützen soll. Das Grußverhalten erfordert eine Glaubensentscheidung und wird zum Ausdruck des Glau-
bensbekenntnisses. Auf diese Weise wird der Gruß zum gemeinschaftssta-
bilisierenden Instrument, zum ‚identity marker‘, zum Medium der Abgrenzung gegenüber Andersgläubigen, die damit als ‚Outsider‘ stigmatisiert
werden. Eine Verweigerung der Grußes kommt letztlich einer Verweige-

---

[38] Vgl. SCHRAGE, Ethik, der das neutestamentliche Grußverhalten beispielsweise
nicht als eigenständiges Thema behandelt hat.

[39] Mt 5,47: καὶ ἐὰν ἀσπάσησθε τοὺς ἀδελφοὺς ὑμῶν μόνον, τί περισσὸν ποιεῖτε;
οὐχὶ καὶ οἱ ἐθνικοὶ τὸ αὐτὸ ποιοῦσιν; Einige wichtige Zeugen (L, W, Θ, 33, 𝔐, f, h,
sy[h]) lesen nicht „Brüder" (ἀδελφοὺς) sondern „Freunde" (φίλους). In diesem Fall würde
sich die Auseinandersetzung um das Grüßen um das Verhalten innerhalb der Gemeinde
beziehen, während es im ersten Fall, ich gehe hier mit der nach Nestle-Aland wahr-
scheinlicheren Lesart durch ebenfalls starke Bezeugung (ℵ, B, D, Z, f[1.13], 892, pc, lat,
sy[c.p], co, Cyp) überein, um einen Grußkonflikt zwischen den Jesus Nachfolgenden und
Gemeindeaußenstehenden geht. Aus Vollständigkeitsgründen sei nicht unterschlagen,
dass die Minuskel 1424 aus dem 9./10. Jhd. an der fraglichen Stelle für die Grußadressa-
ten die Variante ἀσπαζομένους ὑμᾶς liest, was die Adressatengruppe inhaltlich weiter
ausweiten würde, textkritisch durch die seltene Bezeugung und die Nähe zur meines
Erachtens ältesten Lesart aber zu vernachlässigen ist.

rung der Kommunikation im Ganzen gleich. Des Weiteren ist das Grußverhalten auch von innergemeindlicher Bedeutung. Nach Jak 2,1–4 soll die
Begrüßung nicht den unterschiedlichen gesellschaftlichen Status der Christen spiegeln, innerhalb der Gemeinde sollen die Mitglieder vielmehr ohne
Ansehen ihrer sozialen Position behandelt werden[40]. Hier wird das Grußverhalten besonders anschaulich als repräsentatives Beispiel für den zwischenmenschlichen Umgang hervorgehoben und dargestellt, wie die Begrüßung die Gruppendynamik einer Gemeinde prägen kann. Durch das
Grußverhalten können Aufwertung und Abwertung eines Gemeindemit-
glieds signalisiert werden, es kann aber auch eingesetzt werden, um soziale
Differenzen unter Gemeindegliedern zu überbrücken. Die Akzente der
Grußparänese sind so unterschiedlich, dass in diesem Exkurs nur ein weiterer Aspekt aufgezeigt werden soll: Das Grüßen kann auch problematisiert
werden, wie es die wiederholte Kritik an den scheinheiligen und heuchleri-
schen Pharisäern demonstriert.[41]

Auch die schriftliche Grußpraxis im Neuen Testament und in der frühen
Kirche weist unterschiedliche Tendenzen auf. Ein einheitliches Grußformular gibt es nicht – vielmehr sind die Grüße im jeweiligen Fall ganz
adressatenbezogen und entsprechen den theologischen Tendenzen des Verfassers. So hat Paulus das übliche Briefgrußformular χαίρειν – auch aus
dem Wortfeld der Freude, das auch im Jakobusbrief verwendet wird –
durch die Begrüßung χάρις καὶ εἰρήνη substituiert, was durch die herausragende Bedeutung der Gnade in seiner Theologie erklärt werden kann.[42]
Dieses Formular konnte sich jedoch nicht in der frühen Kirche durchsetzen. So grüßt Ignatius von Antiochien die Epheser wieder durch die Form
πλεῖστα χαίρειν.[43]

Die bisherigen Ergebnisse sollen kurz zusammengefasst werden: Offensichtlich handelt es sich auch in Lk 1,28 um ein außergewöhnliches verbales Grußverhalten, das als offen charakterisiert werden kann. Das hat der
einleitende Vergleich zur oppositionellen Grußpraxis in konservativer jüdischer Überlieferung nach Rabbi Schᵉmuël gezeigt. Es handelt sich hier
nicht um einen alltäglichen, umgangssprachlichen Grußdiskurs, sondern

---

[40] Vgl. Jak 2,1–9, hier 9: „Wenn ihr aber die Person ansieht, tut ihr Sünde und werdet
überführt vom Gesetz als Übertreter."

[41] Vgl. Mt 23,6f , Lk 20,46, Mk 12,38f, Lk 11,43.

[42] BERGER, Apostelbrief, 191ff; KLAUCK, Briefliteratur, 44.

[43] „Ignatius, der auch Theophorus heißt, an die preiswürdige Kirche in Ephesus: gesegnet (ist sie) durch die Fülle Gottes des Vaters, vorherbestimmt vor den Zeiten durch
alle Zeit zu bleibender Herrlichkeit, unwandelbar geeint und auserwählt im wahrhaftigen
Leiden, im Willen des Vaters und in dem Jesu Christi, unseres Gottes, – in Jesus Christus
und in untadeliger Freude: πλεῖστα χαίρειν." Vgl. auch die Briefanfänge des Ignatius
Magn., Trall., Röm., Sm., Pol.

um die feierliche Eröffnung einer Offenbarung durch einen himmlischen Gesandten. Auf dem Gruß liegt sogar eine Emphase. Denn er eröffnet nicht nur die Kommunikation, sondern wird explizit im anschließenden Dialog thematisiert. Dieser Eindruck wird durch die narrative Analyse des Textes bestätigt: Mit dem Gruß setzt die wörtliche Rede in Lk 1,28 ein, sodass sich erzählte Zeit und Erzählzeit überlagern und keine Distanz im Erzählmodus vermittelt wird. Der ursprüngliche semantische Gehalt des Grußes, eine Redewendung, die ursprünglich zum Freuen auffordert, kann dadurch reflektiert und aktualisiert werden. Denn die Aufmerksamkeit des Lesers wird durch die Rückfrage Marias direkt auf den Gruß und das danach Folgende gelenkt. Dass dem Gruß eine solch exponierte Stellung zukommt, entspricht dem skizzierten Diskurs über das Grüßen in den meisten neutestamentlichen Schriften. Als Segen kann es sich um ein ‚primary performative‘ handeln, wenn sich im Folgenden eine Änderung des Verhaltens oder des Selbstverständnisses bei Maria aufzeigen lässt.

D. χαῖρε als Imperativ zur Freude

Es gibt also wie gezeigt Indizien dafür, dass die Form χαῖρε in Lk 1,28 bedeutungsoffen und ambivalent gelesen und daher auch als Imperativ „freue dich" verstanden werden kann. Leider ist in neueren Kommentaren nicht rezipiert worden, worauf Edouard Delebecque aus philologischer Sicht zu Recht aufmerksam gemacht hat: Die Form κεχαριτωμένη darf als Partizip Perfekt Passiv syntaktisch nicht vom vorangehenden Imperativ getrennt betrachtet werden. Denn wenn χαίρειν als Verb der Gemütsbewegung gedeutet wird, muss κεχαριτωμένη als ergänzendes Partizip und nicht als selbstständige Nebenbestimmung betrachtet werden.[44] Dafür spricht meines Erachtens außerdem, dass κεχαριτωμένη in Lk 1,28 ohne Artikel steht und somit nicht extra hervorgehoben wird, während bei einem

---

[44] Vgl. BDR § 415. BDR kennen grundsätzlich die partizipiale Ergänzung von Verben der Gemütsbewegung bei Lukas, beispielsweise beim Verb ἀγαλλιᾶσθαι in Apg 16,34, nennen die vorliegende Stelle als Beleg aber nicht. CARREZ, Grammaire, 151, §206,3Ac ordnet dagegen auch Konstruktionen aus χαίρειν und Partizip wie Joh 20,20 zu den entsprechenden Verbindungen zur Näherbestimmung eines Affekts, führt allerdings Lk 1,28 ebenfalls nicht an. Grundsätzlich beschreibt χαῖρε (Imp.) einen feststehenden Ausdruck der Freude im griechischen Gruß; mit Partizip vgl. Hdt. 7,235; Xen. hell. 6,4,23: καὶ ὁ θεὸς δέ, ὡς ἔοικε, πολλάκις χαίρει τοὺς μὲν μικροὺς μεγάλους ποιῶν, τοὺς δὲ μεγάλους μικρούς; Plat. Prot. 318d: Καὶ ο Πρωταγόρας ἐμοῦ ταῦτα ἀκούσας, Σύ τε καλῶς (5) ἐρωτᾷς, ἔφη, ὦ Σώκρατες, καὶ ἐγὼ τοῖς καλῶς ἐρωτῶσι χαίρω ἀποκρινόμενος. etc. nach BAILLY, Dictionnaire, 2114. Zur Belegstelle in Lk 1,28 vgl. auch DELEBECQUE, salutation, 353, der χαῖρε ebenfalls als Affekt deutet und das nachfolgende PPP als Ergänzung darauf bezieht.

feierlichen Gruß mit folgendem Partizip häufig der Artikel belegt ist, um den partizipial ausgedrückten Status der gegrüßten Person besonders zu würdigen.[45] Anders ausgedrückt: Stünde das Partizip κεχαριτωμένη mit dem Artikel, müsste das vorangehende χαῖρε eindeutig als Grußform übersetzt werden. Im Vers wird aber auf eine solche explizite Festlegung verzichtet. Bei Verben der Gemütsbewegung gibt der vom Partizip ausgedrückte Inhalt des Prädikatsvorgangs häufig auch dessen Begründung an. Deshalb könnte das Partizip hier mit einem kausalen Gliedsatz wiedergegeben werden: „Freue dich, weil du begnadet worden bist.[46]"

Dass der Verfasser der Geburtsankündigung diesen Zusammenhang tatsächlich intendiert hat, liegt auch deshalb nahe, weil die Kombination der beiden Wörter ein Wortspiel ergibt, eine sogenannte ‚figura etymologica'. Sie geht auf die etymologische Verwandtschaft der beiden Wortwurzeln χαρά und χάρις zurück.[47] Denn χαῖρε und κεχαριτωμένη sind in Lk 1,28 durch ihre unmittelbare Nebeneinanderstellung im Kontext, die besondere Affektverb-Partizip-Beziehung, die etymologische Verwandtschaft, die semantischen Überschneidungen der Wortwurzeln[48] und den lautlichen Klang mit wortspielerischer Wirkung eng miteinander verbunden.[49] Es gibt auch einen inhaltlichen Anhaltspunkt für das wörtliche Verständnis der Form χαῖρε: Denn in antiker Tradition werden die beiden in Lk 1,28 verwendeten Begriffe Gnade (χάρις) und Freude (χαρά) häufig in einen kausalen oder konsekutiven Zusammenhang gestellt, wie bei-

---

[45] Vgl. nur Xen. K.P.7,2,4: Krösus zu Cyrus Χαῖρε, ὦ δέσποτα; Antwort: καὶ σύ γε, ὦ Κροῖσε. Sophoc. Aj 91 p.6:˚Ω χαῖρ᾿ Ἀ θάνα; Ar. Frogs 183f: Χαῖρ᾿ ὦ Χάρων, χαῖρ᾿ ὦ Χάρων, χαῖρ᾿ ὦ Χάρων; Εἰρ.᾿· Χαῖρε, χαῖρε ὦ φίλταθ᾿ ; Ar. Peace 583 u.a.

[46] Verben mit der Endung -όω zählen nach BDR §108,1 zu den Faktitiva. Ebenso MOULTON/HOWARD, Grammar, 393–397, die den Verben auf -όω eine vorwiegend instrumentale oder faktitive Kraft zuordnen. Das Partizip κεχαριτωμένη ist als Derivat des Substantivs χάρις zu deuten. Nach DE LA POTTERIE, κεχαριτωμένη, 367f.379 sollten sowohl der faktitive Akzent als auch die Perfektform des Partizips beim Übersetzen berücksichtigt werden.

[47] FRISK, Wörterbuch II,1062–1065; ebenso CHANTRAINE, Dictionnaire, 1248 und DELEBECQUE, Salutation, 353: „Notre évangéliste, qui manie son grec avec une parfaite aisance, a l'adresse de mettre le verbe en valeur par l'allitération d'une ‚figura etymologica' en rapprochant l'impératif χαῖρε du participe κεχαριτωμένη".

[48] Auch das dem zugrunde liegende Substantiv χάρις kann im klassischen Griechisch wie die χαρά Freude bedeuten, vgl. BAILLY, Dictionnaire, 2124f; Plat. Gorg. 462c; Soph 222e; Plut. Them. 2; Ant. 29; Im Gegensatz zur λύπη vgl. Soph. El. 821, Eur. Hel. 661; Ar. Lys. 865.

[49] BDR § 488.1a werten χαῖρε κεχαριτωμένη als Paronomasie, d.h. als Wiederkehr desselben Wortes oder Wortstammes in geringer Entfernung. Man kann sie eventuell auch als Parechese, d.h. als lautlichen Anklang verschiedener Wörter in einem Kontext verstehen, vgl. BDR §488.2 Beide Klangfiguren gehören zu den gorgianischen Klangfiguren und werden bei Lukas mehrfach verwendet. Zugleich liegt eine Alliteration vor, vgl. GREEN, Status, 466.

spielsweise eine Ätiologie bei Sophokles und Apollodor zeigt: „Die Chariten heißen von der Freude her so, und oft nennen die Dichter die χάρις eine Freude."[50]. Auch Plutarch begründet die Freude durch χάρις, indem er einen Komikervers zitiert: Nichts erzeuge so sehr Freude (χαρᾶς) wie eine gute Tat (ὡς χάρις).[51]

Das Verständnis der Anrede Marias hängt also davon ab, wie das erste Prädikat in der Engelsrede χαῖρε zu verstehen ist – und dafür ist eine genauere Betrachtung des Kontextes von Lk 1,28 notwendig. Umgekehrt gilt entsprechend, dass die eben angeführten Argumente für einen engen semantischen Zusammenhang von χαῖρε κεχαριτωμένη ebenfalls hilfreich sein können, um χαῖρε einzuordnen. Es ist außerdem zu prüfen, ob es formkritische Hinweise gibt, um die Formel in Lk 1,28 zu erklären.

E. Tradition und formkritische Einordnung

Im Alten Testament ist mehrfach ein dreigliedriger Ausdruck zu finden, der aus (a) einer Aufforderung zur Freude, (b) einer Anrede des/der Freudenadressaten im Vokativ und (c) der Begründung der angekündigten Freude durch das Verhalten Gottes besteht. Meistens findet sich diese dreigliedrige Freudenaufforderung im Zusammenhang mit Zion, den Völkern oder den Himmeln.[52] Diese Freudenansagen sind an den meisten Belegstellen nicht individuell, sondern kollektiv zu verstehen, am häufigsten sind sie an die Tochter Zion/Jerusalem gerichtet. Es verwundert daher nicht, dass versucht worden ist, die lukanische Maria mit der Tochter Zion in Verbindung zu bringen[53] – zusätzlich bestärkt durch das Magnifikat in Lk 1,46–56, das

---

[50] Kursivmarkierung A. Inselmann; Fragment 3 des athenischen Apollodor, FHG 1,428–469; 4,649–650., hier: Erotian. Lex. Hippocrat: Χάριτες· αἱ Χαραί· ὡς καὶ Σοφοκλῆς ἐν Ἐλεγείᾳ. Μέμνηται καὶ Ἀπολλόδωρος ἐν δευτέρῳ περὶ Θεῶν, φησὶ δὲ αὐτὰς κληθῆναι ἀπὸ μὲν τῆς χαρᾶς Χάριτας. Καὶ γὰρ πολλάκις οἱ ποιηταὶ τὴν χάριν χαρὰν καλοῦσιν. Vgl. auch Cornut. nat. 1–76, hier 20,7ff; sowie im 1. Jh. n. Chr. Erotianus, Vocum Hippocraticarum collectio, 3–96, hier 135.4 (sic!). χάριτες· αἱ χαραί, ὡς καὶ Σοφοκλῆς ἐνἐλεγείᾳ μέμνηται. καὶ Ἀπολλόδωρος ἐν β Περὶ θεῶν φησι κληθῆναι δὲ αὐτὰς ἀπὸ μὲν τῆς χαρᾶς Χάριτας (...)

[51] Plut. mor. 778c: χαρᾶς γὰρ οὐδὲν οὕτως γόνιμόν ἐστιν ὡς χάρις.

[52] Stellenbelege vgl. STOCK, Berufung 473: Die Imperative. (2. Pers. Sg. oder Pl.) von χαίρειν, εὐφραίνεσται, ἀγαλλιᾶσθαι, τέρπεσθαι finden sich in dreigliedrigen Ausdrücken in der LXX beispielsweise an folgenden ausgewählten Stellen: Im Singular im Zusammenhang Zion/Jerusalem in Joel 2,21; Zef 3,14; Sach 2,14; 9,9; Klgl 4,21; Jes 35,1; 42,11; 54,1 = Gal 4,27; Jes 66,10; Tob 13,15 und im Zusammenhang mit dem Himmel in Offb 18,20. Im Plural im Zusammenhang mit Zion in Jes 12,6; 66,10, mit den Völkern in Dtn 32,43 = Röm 15,10; mit Jakob in Jer 38,7; mit den Himmeln in Jes 44,23; 49,13; in Offb 12,12 und mit anderen kollektiven Gruppen in Jes 14,29; 28,22.

[53] STOCK, Berufung, 476.

wie ein traditioneller Lobgesang des Psalters im zweiten Teil (Lk 1,50–56) mit kollektivem Dank und Lobpreis ausklingt – mit den zentralen Hinweisen auf Gottes Gerechtigkeit, Barmherzigkeit und den Bundesgedanken. Folgt man diesem Gedanken, wird Maria zur Personifikation Zions/Israels. Auch im Hinblick auf Zacharias wird das auf Textebene geschehene persönliche Schicksal auf Israel übertragen (Lk 1,68). Zacharias stimmt ebenfalls in einen übergreifenden Lobpreis ein, indem das Persönliche mit dem Geschichtlichen verbunden ist.[54] Formgeschichtlich interessant mag auch erscheinen, dass die an das χαῖρε anschließende Bezeichnung Marias als κεχαριτωμένη zwar in keiner Geburtsankündigung Parallelen hat, auch in keiner weiteren Engelserscheinung. Es gibt jedoch durchaus biblische Belege dafür, dass durch eine Namensgebung das Verhältnis Gottes zu einer Person, einer Gruppe oder einem Volk ausgedrückt werden kann.[55] Auch in der LXX ist die Anrede durch χαῖρε bzw. der Imperativ zur Freude bekannt. Diese Form ist vierfach belegt und leitet jedes Mal eine *messianische Botschaft* ein.[56] Besonders deutlich ist Joel 2,21ff.

„Fürchte dich nicht, o Land (θάρσει γῆ), freue dich (χαῖρε καὶ εὐφραίνου), denn der Herr hat Großes getan!".

Auch in Zef 3,14ff und Zach 9,9f sind die typischen Themen messianischer Verkündigung zu erkennen: Die Einladung zur Freude wird auf die Ankündigung der Gegenwart JHWHs, des rettenden Gottes, bezogen. Sie wird verstärkt, in dem immer wieder auch die Negation des kontrastierenden Affekts aktualisiert wird. Die Analogien zu Lk 1,28ff und 1,13ff sind deutlich. Allerdings verwendet die LXX dazu das θαρσέω-Konzept als verbale Opposition, während in den lukanischen ersten Kapiteln der Wortstamm φόβος als Kontrast zur Freude akzentuiert wird, wie es der stoischen Affektsystematik entspricht.

Welche Funktion erfüllt die lukanische imperativische Anredeform im Rahmen der kontextuell übergeordneten Gattungen? Die Texte in Lk 1–2 sind forschungsgeschichtlich verschiedenen eingeordnet worden. Nach Martin Dibelius und Rudolf Bultmann sind die Geburts- und Kindheitsge-

---

[54] Der vorangestellte Lobpreis wird durch beide Elemente begründet. Damit wird die Tat Gottes an Zacharias und sein Handeln an Israel durch das einsetzende Heilsgeschehen, das in der Geburt des Täufers sichtbar wird, gleichgesetzt: εὐλογητὸς κύριος ὁ θεὸς τοῦ Ἰσραήλ, ὅτι ἐπεσκέψατο καὶ ἐποίησεν λύτρωσιν τῷ λαῷ αὐτοῦ.

[55] STOCK, Berufung, 474, verweist vergleichend auf Eph 1,6 (Jesus als ὁ ἠγαπημένος) im Zusammenhang mit Dtn 32,15; 33,5.26, Jes 44,2. Vgl. auch die Bildrede Hoseas gegenüber seiner Tochter, die stellvertretend für Israel als ἠλεημένη (‚ohne Erbarmen') bezeichnet wird.

[56] LYONNET, Verkündigungsbericht, 165ff.

schichten zu den Legenden zu zählen.[57] In den Fünfzigerjahren des 20. Jh. ist dagegen die Nähe der Kindheitsgeschichten zu alttestamentlichen Überlieferungen hervorgehoben worden, die Texte wurden entsprechend in Nachbarschaft zu jüdischen Midraschim verortet.[58] Klaus Berger und Dieter Zeller deuten Elemente der vorliegenden Geschichten dagegen in Verbindung zum hellenistischen biographischen Enkomion. Über die Einordnung der Engelsansprache an sich besteht ebenfalls kein Konsens: Je nachdem, wie man den Schwerpunkt der Annuntiation bestimmt, kann dieser Text als Geburtsankündigung oder als Berufungsgeschichte verstanden werden.

Die *Verheißung eines göttlichen Kindes* ist ein weit verbreiteter mythologischer Topos. Schon in ägyptischen, ugaritischen und hethitischen Epen,[59] im Alten Testament,[60] im jüdischen Midrasch und dazu verwandten Texten sowie in griechischen Göttersagen lassen sich die typischen Gattungselemente nachweisen.[61] Diese Gattung ist überkulturell weit verbreitet, wobei ein Gruß zu Beginn der Engelserscheinung nicht unbedingt zu erwarten ist, es andererseits aber auch nicht überrascht, darin ein redeeinleitendes Element oder einen Aufruf zu Freude zu finden. Denn einleitende Worte, die „die Situation ansprechen, ermutigen oder Weisung geben", können formkritisch durchaus als Baustein von Geburtsankündigungen gelten. Freude ist angesichts einer frohen Erwartung ebenfalls naheliegend. Der Imperativ χαῖρε als sachliche und inhaltliche Parallele ist bereits bei Homer belegt. Er kann im Zusammenhang mit den klassischen Motiven einer göttlichen Zeugung, der Schwangerschaft einer Jungfrau und der Ankündigung erwählter Kinder stehen. Der χαῖρε-Gruß ist dabei wiederum ambivalent.[62]

---

[57] DIBELIUS, Formgeschichte, 101–106.119–128; BULTMANN, Geschichte, 260f.316–328.

[58] Vgl. ZELLER, Geburtsankündigung, 61ff.

[59] Ebd., 69–74.

[60] Als alttestamentliche Vergleichstypen werden in der Regel die Erzählung von der Erscheinung des Engels an Gideon (Ri 6), die Erzählungen von Abraham (Gen 17 und Dublette Gen 18) , Mose (Ex 3–4), und den Eltern Simsons (Ri 13) herangezogen, in denen die Elemente einer Engelserscheinung, der Furcht der beteiligten Menschen, die Botschaft, Widerstand von Seiten des Empfängers und die Bestätigung der Botschaft durch ein Zeichen wie in Lk 1 (Annuntiationsgeschichten gegenüber Zacharias und Maria) vorkommen, vgl. RÄISÄNEN, Mutter, 81f; vgl. auch ZELLER, Geburtsankündigung, 74–80 sowie BERGER, Formen, 421, der als Parallele zur wunderbaren Geburtsankündigung dazu noch die Erzählung über Hanna und Samuel (1 Sam 1–20), die Geschichte über die Ankündigung der Geburt der Sunamitin (2 Kön 4,4–17) und den Bericht über die Geburtsankündigung in Ps.-Philo, lib. ant. bibl. 42,1–7; 53,12 heranzieht.

[61] Vgl. die Texte der griechisch-römischen Antike, in denen die Geburt von Heroen und großen Männern angekündigt werden, vgl. ZELLER, Geburtsankündigung, 80–93.

[62] Vgl. STROBEL, Gruß, 99f.

Häufiger als in der *Annuntiation* selbst wird allerdings in der *Reaktion* auf sie Freude ausgedrückt. Plutarch berichtet, dass ein Säugling als künftiger Herrscher der Spartaner sogar den Namen „Charilaos" erhielt, weil alle so froh über seine Geburt waren.[63]

Die lukanische Engelsrede ist oft in einen Zusammenhang mit vergleichbaren alttestamentlichen Geburtsverheißungen gestellt worden, vor allem begründet durch zitierende und paraphrasierende Anspielungen.[64] Indes fällt auf, dass die Anrede κεχαριτωμένη ein neutestamentliches Hapaxlegomenon ist.[65] Diese Redewendung ist auch im Vergleich zu anderen Geburtsankündigungen und Verheißungen eines Kindes einzigartig. Allerdings könnte sie auch als Modifikation des Abrahamgrußes an die Boten interpretiert werden, die ebenfalls in göttlichem Auftrag erschienen sind, um ein Kind zu verheißen. Auch in Gen 18,2f ist die Begrüßung ausführlich beschrieben, vor allem durch Abrahams Gestik, den Fremden entgegenzulaufen und sich bis zur Erde zu verneigen. Anschließend wird die verbale Begrüßung referiert. Die Septuaginta gibt Abrahams Anrede mit den folgenden Worten wieder: κύριε εἰ ἄρα εὗρον χάριν ἐναντίον σου μὴ παρέλθῃς τὸν παῖδά σου, „Herr, habe ich Gnade gefunden vor deinen Augen, so geh nicht an deinem Knecht vorüber." Abraham *bittet* also um die Gnade, die Maria in der Anrede κεχαριτωμένη schon zu Beginn von Gabriel *zugesprochen* wird (Lk 1,28)! Eine weitere Parallele zu Gen 18,4 besteht in der Selbsteinschätzung des Sprechers, denn so wie sich Abraham als Knecht Gottes vorstellt, definiert sich Maria am Ende des Dialogs in Lk 1,38 als δούλη κυρίου, als Dienerin des Herrn. Eine Anspielung auf Gen 18,14a könnte auch in Lk 1,37 vorliegen, wonach bei Gott nichts unmöglich ist. Es wirkt, als ob zentrale Aussagen dieser LXX-Perikope in der Lukaserzählung im Zusammenhang mit der Botschaft Gabriels aufgenommen und verarbeitet sein könnten.

Die Rede des Engels an Maria kann aber auch als *Berufungsgeschichte* gelesen werden.[66] Zwar geht es inhaltlich zweifelsohne um die Ankündigung der Geburt Jesu. Aber der Fokus ist hauptsächlich auf Maria gelenkt, sodass der Text nicht nur eine christologische, sondern vor allem eine theologische Aussage vermittelt: „Die Hauptperson in dem ganzen Abschnitt ist Gott" wertet in diesem Sinn Klemens Stock den Dialog zwischen Gabriel und Maria, da die vielen Aussagen, die über Maria gemacht würden, vom

---

[63] Plut. Lyk. 3,6.

[64] Vgl. die Geburtsankündigung Gen 18,1–15 an Abraham.

[65] DE LA POTTERIE, κεχαριτωμένη, 365f.

[66] Siehe nur bei AUDET, Annonce, hier besonders 352–355; VAN UNNIK, Dominus, 289; ebenso STOCK, Berufung 457–491; RADL, Lukas, 55f u.a.

Handeln Gottes an ihr und von ihrer *Haltung zu Gott* sprächen.[67] Die gesamten ersten beiden Kapitel des Lukasevangeliums sind derart von *Theozentrik* geprägt, dass die *Christologie* von ihr her ihre Bedeutung erhalte.[68] Ein bedeutender Hinweis für diese formale Einordnung ist die abschließende Zustimmung Marias zur Botschaft und zum Auftrag Gabriels. Es lassen sich verschiedene formale Analogien zwischen der Lukasperikope und Berufungsgeschichten wie der Berufung des Gideon herausarbeiten,[69] wenn man als zentrale und typische Elemente einer Berufung auch einen Einwand, die Erklärung und ein Zeichen erwarten will.[70]

Auf eine Berufungsgeschichte verweist vor allem die dreigliedrige Anrede Marias in Lk 1,28: Denn Maria wird nicht mit ihrem Namen angesprochen, sondern mit der qualifizierenden Bezeichnung und einer Beistandsversicherung Gottes gegrüßt.[71] So gesehen stellt der Erzählzusammenhang Lk 1,26–38 der Form nach eine Berufungsgeschichte Marias dar, obwohl inhaltlich die Geburt und das Wesen Jesu angekündigt werden (Lk 1,31.33.35). Die auffällige Verbindung von Formelementen aus *Geburtsankündigungen* und *Berufungsschilderungen* begegnet im Lukasevangelium auch in einem vergleichbaren Kontext. Denn der Annuntiation an Maria geht die Verkündigung gegenüber Zacharias voraus. Der folgende tabellarische Vergleich der beiden Engelsreden auf der nächsten Seite soll die Parallelen und Unterschiede verdeutlichen.

---

[67] STOCK, Berufung, 491; vgl. zur Theozentrik auch LOHFINK, Lieder, 396.

[68] KAMPLING, Herr, 168; COLERIDGE, Birth, 226–229. Christozentrischer argumentiert dagegen BOVON, Gott, 98–119.

[69] AUDET, Annonce, besonders 352–355.

[70] STOCK, Berufung, 461, differenziert feiner die typischen Elemente einer Berufungsgeschichte: Kurze Situationsbeschreibung, besondere Anrede, reflektierende Reaktion, Wiederaufnahme der ersten Anrede (inhaltliche Ankündigung, z.B. Geburt), Verweis auf die eigene Unfähigkeit, was die Bitte um weitere Erklärung begründet, weitere Erklärung, Verweis auf einen besonderen Einzelfall, Verweis auf die Macht Gottes, schließlich Zustimmung.

[71] Bereits hier sei kurz vorweggenommen und klargestellt, dass ich den Inhalt dieses Auftrags anders zuordne als STOCK, Berufung, 462: Während er Marias Auftrag darin sieht, zu empfangen und einen Sohn zu gebären (Lk 1,30–33), werte ich diese Stelle nicht als Auftrag, sondern als Prophezeiung. Sprachlich weist darauf Lk 1,35 (Der Geist Gottes wird über Maria kommen) hin, wonach Marias Rolle an der Empfängnis – abgesehen von ihrer freiwilligen Zustimmung in Lk 1,38 – passiv dargestellt wird. Gefordert wird vielmehr aktives Handeln von ihr, was sich nämlich im wörtlichen Verständnis des Imperativs χαῖρε in Lk 1,28 zeigt: Maria soll sich freuen!

Tabellarischer Motivvergleich von Lk 1,5–25 und Lk 1,26–55

	Sendung des Engels (V.26)
Zeit, Figurenvorstellung,	Zeit, Ort, Figurenvorstellung,
Szenische Vorbereitung (V.5–10)	(V.26f)
Erscheinen des Engels (V. 11)	Erscheinen des Engels (V.28)
	Gruß/*Aufruf zur Freude* (V.28)
	Beistandsformel
Irritation des Zacharias (V.12)	*Irritation der Maria* (V.29)
	Innerer Monolog: Frage nach dem
	Gruß (V.29)
Engelsrede:	Engelsrede:
Aufforderung zum Nicht-Fürchten	*Aufforderung zum Nicht-Fürchten*
= Ermutigungsformel (V.13)	= Ermutigungsformel (V.30)
Erhörungszusage (V.13)	Gnadenzusage (V.30)
Geburtsankündigung (V.13)	Geburtsankündigung (V.31)
Auftrag zur Namengebung (V.13)	Auftrag zur Namengebung (V.31)
Ankündigung von Freude und Jubel für	
Zacharias und viele andere.	
Zukunft des Kindes (V.15f)	Zukunft des Kindes (V.32f)
Frage nach einem Zeichen	Frage nach dem Wie
= Schwierigkeit (V.18)	= Schwierigkeit (V.34)
Selbstvorstellung Engel (V. 19)	
	Ansage des Wie (V.35)
Zeichenankündigung (V.19)	Zeichenankündigung (V.36f)
	Bestätigung Marias (V.38)
Verifikation des Zeichens (V.21f)	
Szenische Bemerkung (V.23)	Abgang des Engels (V.38)
Empfängnis,	Verifikation des Zeichens (V.39–45)
Dank der Mutter (V.24f)	*Dank der Mutter* (V.46–55)

Die strukturierenden Elemente der lukanischen Geburtsankündigungen treten klar zutage: Die lukanische Redaktion verarbeitet einzelne Motive variabel und nicht in strenger Reihenfolge. Die beiden Geburtsankündigungen sind nicht gleichmäßig ausgebaut. Dennoch lassen sich klare Referenzen zwischen den Affektdarstellungen der beiden Geburtsankündigungen herstellen:

(28b) χαῖρε, κεχαριτωμένη,
ὁ κύριος μετὰ σοῦ

(12) καὶ ἐταράχθη Ζαχαρίας
ἰδὼν
καὶ φόβος ἐπέσεν ἐπ' αυτόν

(29) ἐπὶ τῷ λόγῳ διεταράχθη
καὶ διελογίζετο ποταπὸς
εἴη ὁ ἀσπασμὸς οὗτος

(13) μὴ φοβοῦ, Ζαχαρία,
διότι εἰσηκούσθη ἡ δέησίς
σου (...)

(30b) μὴ φοβοῦ, Μαριάμ,
εὗρες γὰρ χάριν παρὰ τῳ
θεῷ (...)

(14) καὶ ἔσται χαρά σοι
καὶ ἀγαλλίασις
καὶ πολλοὶ ἐπὶ τῇ γενέσει
αὐτοῦ χαρήσονται.

Dabei fallen einige Phänomene auf, besonders hinsichtlich des ‚überbietenden Parallelismus‘, der im Vergleich der beiden Erzählstränge über den Täufer und Jesus häufig angenommen wird:

Im Vergleich der Geburtsankündigungen übertreffen die affektbezogenen Aussagen in der Zachariasoffenbarung überraschenderweise quantitativ diejenigen der Offenbarung Marias! Besonders auffällig ist der Befund, dass in der ersten Offenbarung, die an Zacharias ergeht, die Freude der Eltern durch die Substantive χαρά und ἀγαλλίασις hervorgehoben wird. Zudem wird die künftige Freude vieler Menschen über den Täufer durch die Form χαρήσονται prophezeit. Ein entsprechendes Pendant fehlt jedoch in der Marienoffenbarungsszene, wenn man *nicht* die Form χαῖρε in der Anrede Lk 1,28 als Imperativ zur Freude liest.

Der Prozess der Irritation wird in der Zachariasoffenbarung Vers 12 und in der Marienoffenbarung Lk 1,29 ausführlich dargestellt. Das Verb ταράσσω kann sowohl kognitive wie auch affektive Irritation ausdrücken. Durch die kognitive Einsicht, eine Engelserscheinung zu erleben, gerät Zacharias in einen Zustand der Angst. Wie bei einem hebräischen Parallelismus Membrorum können die Gliedsätze in Lk 1,12 aber auch als semantische Parallelen gedeutet werden. Wenn der Ausdruck φόβος ἐπέπεσεν ἐπ' αὐτόν als paraphrasierende Umschreibung der Verbform ἐταράχθη gedeutet wird, wäre der innere Ausnahmezustand des Zacharias betont.

In der Marienoffenbarung Lk 1,29 ist die Verbform διεταράχθη durch die Verbindung mit der Präposition διά intensiviert und wird durch die vorangehende Ergänzung ἐπὶ τῷ λόγῳ näher bestimmt.[72] Marias Irritation wird also in Verbindung mit einem kognitiven Vorgang dargestellt. Der Prozess einer affektiven oder kognitiven Verunsicherung wird durch den Satzanschluss διεταράχθη καὶ διαλογίζετο mit Marias Gedankengang über den Gruß in Verbindung gebracht. Die oppositionellen Konzepte Furcht (φόβος) und Freude (χαρά) gestalten einen starken Kontrast.

Das entspricht der Verwendung der Tempora in der Zachariasoffenbarung: Zweimal beschreibt die Wortwurzel φόβος die Aktualgenese der Furcht in Bezug auf Zacharias; dagegen wird Freude für ihn und andere im darauffolgenden Vers für die Zukunft verheißen. Auch in der Offenbarung der Maria werden Freude und Furcht zu Antonymen.

An Maria werden zwei Imperativformen gerichtet: χαῖρε und μὴ φοβοῦ. Diese Aufforderungen entsprechen sich semantisch nur dann, wenn man χαῖρε als Aufforderung zur Freude versteht.

Rudolf Otto hat die religiöse Erfahrung des Heiligen, wie es hier anhand der Angelophanien narrativ dargestellt wird, als Erleben eines *mysterium tremendum et fascinosum* bestimmt.[73] Es bestehe in einer Kontrastharmonie widerstrebender Impulse des Zurückgestoßen- und Angezogenseins.[74] Dieses Phänomen wird besonders im Ausdruck der Affekte deutlich, die als Furcht und Freude im Zusammenhang mit den drei Engelsbegegnungen dargestellt werden. Der Schwerpunkt liegt dabei in den Verkündigungsszenen auf der positiven Seite des religiösen Erlebens: Die Furcht über das Ungeheuerliche und Übermächtige soll der Freude angesichts des Wunderbaren und Überraschenden in der Begegnung mit dem Himmelsboten weichen.

Auch der formkritische Vergleich, wie gegenüber Zacharias bzw. Maria in Lk 1 jeweils ein Kind verheißen wird, spricht deutlich dafür, den χαῖρε-Gruß als Aufruf zur Freude zu interpretieren. Religionsgeschichtliche und traditionelle Parallelen haben diesen Eindruck verstärkt. Die kirchenväterlichen Übersetzungen und Auslegungen setzen diese Tendenz fort.

---

[72] Marias Umgang mit dem Wort wird auch in Lk 2,19.51 thematisiert. Die Verbindung von ‚Freude' und ‚Wort' begegnet darüber hinaus auch in Lk 8,13, vgl. dazu Kapitel 9 zur Deutung des Sämannsgleichnisses.

[73] OTTO, Heilige, 52.

[74] THEISSEN, Erleben, 166, Anm. 96, beschreibt das spezifisch Religiöse im Modell Ottos als Balance zwischen Appetenz und Aversion.

F. Die Deutungen der Kirchenväter

Interessanterweise haben auch die ersten Kirchenväter die Engelsansprache χαῖρε κεχαριτωμένη als Aufruf zur Freude verstanden.[75] Das ist zwar nicht in jedem Fall sicher zu erweisen, denn es ist zu berücksichtigen, dass alle griechischen Zeugnisse zunächst ambivalent gelesen werden können, wenn der Ausdruck χαῖρε κεχαριτωμένη nicht näher erläutert wird. Umso erstaunlicher ist es, wie viele griechischsprachige Zeugnisse eindeutige Auskunft geben.

So paraphrasiert Origenes in einem Fragment die fragliche Stelle Lk 1,28: λέγει ὁ ἄγγελος·Χαῖρε, κεχαριτωμένη αὕτη γὰρ ἡ χαρὰ λύει ἐκείνην τὴν λύπην.[76] Er kommentiert Lk 1,28 typologisch, indem er Eva und Maria als Antitypen darstellt. Diese Typologie ist seit Irenäus bezeugt.[77] Origenes erklärt mit ihr die Freude der jungfräulich empfangenden Maria (χαρά) in Opposition zum Schmerz Evas (λύπη), die als sündige Urmutter gilt. Auf der χαρά liegt dabei eine doppelte Emphase. Sie wird auf Maria bezogen, deren Freude grundsätzlich die Schmerzen Evas überwinden könne, die aus dem Fluch in Gen 3,16 herrührten.[78] Mit Blick auf die χαρά, die dieses Leid überwindet, ist besonders interessant, dass die Freude in dieser Satzkonstruktion das grammatikalisch handelnde Subjekt ist und nicht etwa als resultierendes Ergebnis oder als dessen Wirkung dargestellt wird (ἡ χαρὰ λύει ἐκείνην τὴν λύπην). Damit rückt die Freude auch in den Mittelpunkt der Betrachtung über Lk 1,28. Während Eva als pars pro toto für alle sündigen und sexuell empfangenden Frauen gedeutet wird, wird ihr Maria an dieser Stelle antithetisch gegenübergestellt. Origenes erklärt nun den hohen Stellenwert der χαρά in Lk 1,28: Sie sei im Segen Gottes begründet (ὅτι διὰ τῆς πρὸς τὴν Μαρίαν εὐλογίας), während Eva von Gott verflucht worden sei! Da die Freude Marias bei Origenes so an den Segen gebunden ist, wie die Schmerzen Evas mit dem Fluch

---

[75] Lyonnet, Verkündigungsbericht, 166.

[76] Origenes, Theol. Fragmenta in Lucam 21ab: „Denn Gott sprach zu Eva: Mit Schmerzen wirst du Kinder hervorbringen, während der Engel dieses sagt: Freue dich, weil du begnadet worden bist, denn die Freude löst in der Tat jene Schmerzen. Wenn tatsächlich wegen der Verfluchung Evas der Fluch auf das ganze Frauengeschlecht überging, Dann ist auch anzunehmen, dass wegen der Segnung Marias die Freude sich auf jede jungfräuliche Seele ausbreitet." Strobel, Gruß, 90f, wertet diese antithetische Eva-Maria-Typologie als „erwiesenermaßen spät" und zieht es vor, zur „Erschließung des ursprünglichen Sinnes (...) die ältesten Übersetzungen zu vergleichen." Zu den Übersetzungen von Lk 1,28 siehe unten.

[77] Iren., demonstratio apostolicae praedicationis, 33.

[78] Dabei handelt es sich im engeren Sinn nach Gen 3,16 zunächst um Evas Schmerzen der Geburt, in weiterem Sinn wohl um alle Schmerzen, die ihre Verfluchung durch Gott mit sich bringt.

von Gen 3,16 zusammenhängen, wird die Freude theologisch begründet. Sie wird positiv hervorgehoben und zugleich sehr spezialisiert. Es soll hier nicht darum gehen, ob Origenes den Vers Lk 1,28 nachvollziehbar richtig gedeutet hat.[79] Wichtig an seiner Auslegung ist im vorliegenden Zusammenhang, dass er χαῖρε ohne Zweifel als Aufforderung zur Freude verstanden und der χαρά einen entsprechenden Stellenwert zugeordnet hat.

Gregorius Thaumaturgus (3. Jhd. n. Chr.) wird noch deutlicher und ordnet die Freude, die er mit der Anrede an Maria verbindet, sogar in einen schöpfungstheologischen Zusammenhang ein: „Durch dich herrscht die Freude über die gesamte Schöpfung und das Menschengeschlecht nimmt die Würde des Anfangs wieder auf."[80] Marias Freude hat demnach heilsgeschichtliche Konsequenzen für alle Menschen! Viele Homologien und Auslegungen setzen diese Traditionen fort.

Erst durch die Übersetzung ins Lateinische ging die mehrschichtige semantische Qualität des Verbs χαίρειν verloren, sodass das erste Wort Gabriels in Lk 1,28 auf der Grundlage der Vulgata nur noch als Gruß interpretiert worden ist, als „Ave, gratia plena".[81] Von da an verlagerte sich die Diskussion in der römisch geprägten Kirche auf das angemessene Verständnis des Partizips κεχαριτωμένη, das nun losgelöst vom vorangehenden χαῖρε als Anrede Marias übersetzt wurde. In der östlichen Kirche ist die ältere Tradition, χαῖρε als Imperativ zur Freude zu lesen, dagegen weiter gepflegt worden. Auch die überlieferten Deutungen der Freude wurden beibehalten, wie viele patristische Texte belegen.[82]

Die Auslegungen dieser Kirchenväter ‚beweisen' zwar nicht, dass χαῖρε in Lk 1,28 auch von Lukas als Aufruf zur Freude verstanden worden ist. Aber grundsätzlich zeigt sich, mit welcher Selbstverständlichkeit der Gruß lange auch als Imperativ der Freude gelesen werden konnte: Dieses Indiz aus der kirchenväterlichen Überlieferung ist deshalb so wichtig, weil sich in ihm durchaus alte christliche Traditionen bewahrt haben können. Nun

---

[79] Entsprechende Kritik äußert STROBEL, Gruß, 91. Er hält es für fragwürdig, dass Lukas diesen typologischen Sinn selbst mit Lk 1,28 verbunden haben könnte. Deshalb lehnt er die Auslegung der Kirchenväter ab und orientiert sich an den lateinischen und syrischen Übersetzungen des χαῖρε als Gruß.

[80] Gregorius Thaumaturgus, Scr. Eccl., In annuntiationem sanctae virginis Mariae, PG 10,1157.7–10: Χαῖρε, κεχαριτωμένη· διὰ σοῦ γὰρ η χαρά πάσῃ τῇ κτίσει βραβεύεται, καὶ τὸ γένος τῶν ἀνθρώπων ἀπολαμβάνει τὸ ἀρχαῖον ἀξίωμα·

[81] DELEBECQUE, Salutation, 197.

[82] Beispielsweise eine Homilie des Theodorus Studites aus dem 9. Jhd.: Χαῖρε, κεχαριτωμένη, τὸ πάσης χαρᾶς χαριέστερον καὶ πρᾶγμα, καὶ ὄνομα, ἐξ ἧς χαρὰ ἀδιάδοχος εἰς τὸν κόσμον Χριστὸς γεγέννηται, τῆς Ἀδαμιαίας λύπης τὸ ἰατρεῖον; Theodorus Studites, Homilia in nativitatem Mariae, olim sub auctore Joanne Damasceno, PG 96,696 D.

soll ein weiterer Blick auf die syntagmatische Struktur weitere Hinweise auf das Verständnis von Lk 1,28ff geben.

G. Der syntagmatische Zusammenhang von Lk 1,28ff

Die wörtliche Engelsrede in Lk 1,28 beginnt mit einer Anrede, die sich syntagmatisch in drei Abschnitte unterteilen lässt:

1. Maria wird gegrüßt bzw. aufgefordert, sich zu freuen.

2. Marias Freude wird durch das prädikativ gebrauchte Partizip näher-bestimmt. Sie soll sich freuen, weil sie eine Begnadete ist. Der Titel verweist auf ein neues Wesen, das sich durch Freude und Gnade auszeichnet.

3. Das Objekt und die Ursache dieser Freude und Gnade wird in der nä-heren Bestimmung „der Herr ist mit dir" genannt. Durch diese Apposition werden die beiden vorangehenden Anredeelemente erklärt. Die Nähe Got-tes ist die außerordentliche Gnade, die Maria zuteil wird, und damit auch das Objekt der Freude.

Die Beistandserklärung „der Herr ist mit dir" hat formelhaften Charakter. Daher wird sie von einigen Auslegern als Bestandteil des floskelhaften Grußworts gewertet (siehe oben). Als Element aus dem Forminventar von Berufungsgeschichten entspricht sie aber auch einer theologischen Zusi-cherung, mit der die Auftragsvergabe an den Berufenen nachdrücklich be-kräftigt wird.[83] Offensichtlich können also zwei Elemente der Anrede (χαῖρε/ὁ κύριος μετὰ σοῦ) als Grußformen gewertet werden, was mit der Anrede Marias als „Begnadete" jedoch nicht nachvollziehbar gelingt. Weil hier die außerordentliche Besonderheit in der Engelsanrede nicht zu leug-nen ist, muss den anderen Elementen ebenfalls ein vertieftes und theologi-sches Verständnis zugestanden werden, zwischen die die Anrede κεχαρι-τωμένη kontextuell eingebettet ist.

Maria reagiert auf diese außergewöhnliche und nicht alltagssprachliche Anrede wie gezeigt mit Verwirrung beziehungsweise mit Bestürzung. Die hierbei verwendete Verbform in V. 29, διεταράχθη, ist durch die Vorsilbe (διά) eine Steigerung der im Zachariasbericht vorgekommenen Form der 3. Person Perfekt Aorist Indikativ, ἐταράχθη. Die gesteigert affektive Re-aktion wird durch Marias kognitive Reflexion über die Bedeutung des Grußes erklärt. An dieser Stelle zeigen sich bereits Tendenzen, die die Er-gebnisse der folgenden Perikopen bestätigen werden: Das Affekterleben resultiert im Lukasevangelium nicht aus willkürlichen innerlichen Kräften, sondern ist rational begründet.

---

[83] STOCK, Berufung, 466.

Indem Maria die Anrede des Engels als ἀσπασμός identifiziert, hat die
Form χαῖρε wie gezeigt ihre kommunikative Funktion als freundliche Re-
deeinleitung erfüllt. Stilistisch entsteht durch die gedankliche Rückfrage
der Maria ein retardierendes Moment, sodass beim Leser unwillkürlich die
Spannung gesteigert wird. Wichtiger ist aber, dass durch die Rückfrage der
Maria die Aufmerksamkeit des Lesers oder Hörers unwillkürlich auf den
Gruß zurückgelenkt wird: ποταπὸς εἴη ὁ ἀσπασμὸς οὗτος – Der Gruß
in Lk 1,28 gewinnt eine besondere Bedeutung innerhalb der Offenbarung!
Wenn aber die Rückfrage in Lk 1,29 auf Lk 1,28 zurücklenken soll – Dann
geht es Lukas an dieser Stelle beim Gruß nicht um (konventionelle) Rhetorik, sondern um Theologie!

Die Form χαῖρε weicht vom erwartbaren LXX-Gruß ab, denn der hebräische Kurzgruß Schalom wird gewöhnlich mit εἰρήνη („Friede!") ins
Griechische übertragen. Möglicherweise bezieht sich die Hinterfragung
des Grußes auf die gesamte dreigliedrige Anrede, denn Lukas scheint mit
einer ‚Trivalenz‘ zu spielen: Maria grübelt – ἐπὶ τῷ λόγῳ – eine ebenfalls mehrdeutige Wendung, da λόγος sowohl das Wort, die Rede und diesem Zusammenhang auch die Verkündigung bezeichnen kann. Das Rätsel
wird erst in der Fortsetzung der Szene durch die Erklärung des Engels gelöst. Wieder äußert er sich mit einem Satz, der sich in drei Segmente strukturieren lässt, die denen der ersten Aussage entsprechen:

Die analoge Dreigliedrigkeit in Lk 1,28.30:

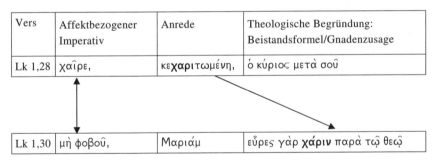

Vers	Affektbezogener Imperativ	Anrede	Theologische Begründung: Beistandsformel/Gnadenzusage
Lk 1,28	χαῖρε,	κεχαριτωμένη,	ὁ κύριος μετὰ σοῦ
Lk 1,30	μὴ φοβοῦ,	Μαριάμ	εὗρες γὰρ χάριν παρὰ τῷ θεῷ

1. Mit der imperativischen Aufforderung an Maria, sich zu freuen –
χαῖρε – korrespondiert die imperativische Aufforderung des Engels, Maria
brauche sich nicht fürchten: μὴ φοβοῦ. Die Freude wird als angstfreier
Zustand negativ definiert. Der Zuspruch „fürchte dich nicht!" ist in Erscheinungsszenen typisch.[84]

---

[84] Vgl. RADL, Lukas, 47.61, der auf die Vergleichsstellen Gen 15,1; 21,17; 26,24;
46,3; Dan 10,12; Ri 6,23 usw. verweist, im NT siehe Lk 1,30, Apg 18,9, 27,24; ähnlich
Mt 1,20; 28,5. Vgl. auch BOVON, Lukas, 74, der auf die Formel „fürchte dich nicht" mit

2. Maria, die in Vers 28 als κεχαριτωμένη gewürdigt worden ist, wird nun mit ihrem Vornamen angesprochen.

3. „εὗρες γὰρ χάριν παρὰ τῷ θεῷ": Die Engelsrede erklärt nun, weshalb Maria eine „Begnadete" (κεχαριτωμένη) ist; sie hat Gnade *bei Gott* gefunden[85]. Wieder wird die Wortwurzel χάρις verwendet, die etymologisch der Freude, χαρά, nahesteht und von der das Partizip, κεχαριτωμένη, abzuleiten ist. Aus dem *syntagmatischen* Bezug folgt: Wer Gnade bei Gott gefunden hat, fürchtet sich nicht, sondern kann in Freude leben. Dieses Verhältnis wird durch die Konjunktion γάρ hervorgehoben. Angstfreiheit als Freude ist also die kausale Folge der Gnade bei Gott.[86] Auch *paradigmatisch* lassen sich die Verse Lk 1,28 und Lk 1,30 vergleichen. Die Zusage, Gnade bei Gott gefunden zu haben, erklärt die Beistandsformel der Engelsanrede. Maria wird gemäß dieser Perspektive zweifach zum Affektwandel aufgefordert. Die zur Freude motivierende Ursache ist bereits in Lk 1,28 genannt worden, durch die Näherbestimmung „der Herr ist mit dir". Die eigentliche Geburtsankündigung beginnt erst in Vers 31, eingeleitet durch den Texttrenner „und siehe", καὶ ἰδού. Durch die folgende Offenbarung werden die vorangehenden Verse spezifiziert: Da Gott nichts unmöglich ist, werden der Heilige Geist und die Kraft des Höchsten über Maria kommen,[87] und sie wird den Sohn Gottes gebären, dessen Herrschaft kein Ende haben wird. Die Aussagen über Gott und die daraus resultierende Freude beim glaubenden Menschen bilden zusammen die wesentlichen Elemente der Engelsrede und der lukanischen Verkündigung überhaupt.[88]

---

nachfolgendem Eigennamen in den Erscheinungsszenen Gen 15,1 und Dan 10,12 verweist. Es entspricht kaum dem Skopus des neutestamentlichen Textes, den Zuspruch „fürchte dich nicht!" darauf zu beziehen, Maria könne die Furcht hegen, wegen der Schwangerschaft von ihrem verlobten Mann verstoßen werden zu können, vgl. ZELLER, Geburtsankündigung, 102.

[85] Das Motiv des Gnadefindens ist ein Semitismus, der besonders in der Septuaginta häufig vorkommt, vgl. LXX: Gen 6,8, Ex 33,16; und 1 Kön 1,18; siehe BDR § 310,1 mit Anmerkung 1; BOVON, Lukas, 74, weist darauf hin, dass die aktive Form gerade nicht auf menschliche Aktivitäten in diesem Zusammenhang verweise, sondern die gnädige Erwählung durch Gott ausgedrückt werde. Vgl. im NT hierzu ferner Apg 7,46; Hebr. 4,16 u.a.

[86] Erst in Lk 1,35 wird angedeutet, dass Maria unter ihrer Gottesmutterschaft Schmerzen empfinden wird. Auch durch ihre Seele wird ein Schwert dringen, prophezeit der fromme, alte Simeon und weist voraus, dass Jesus zum Zeichen werden muss, dem widersprochen werden wird.

[87] Nach RADL, Lukas 66, sind Heiliger Geist und die Kraft des Höchsten in diesem Fall als austauschbare Größen zu verstehen und stellen einen synonymen Parallelismus dar: Die „Wirksamkeit ist jeweils in der gleichen Weise auf dasselbe Ziel gerichtet: Die Empfängnis."

[88] Obwohl es aus seiner formkritischen Betrachtung heraus ein Anhängsel ist, bestimmt RADL, Lukas, 67, in seiner Interpretation die Aussagen über die Gottessohnschaft Jesu in Lk 1,35b als Steigerung von Lk 1,32 zum eigentlichen Ziel der Engelsbotschaft.

Im konkreten Kontext der Engelsrede wird der Affektwandel mit einer theologischen Argumentation begründet und insofern als kognitiver Prozess vermittelt. Wer sich an Gottes Verheißung orientiert, erfährt Freude durch das ‚Wort' Gottes. Dieser Zusammenhang wird im Fortgang der Erzählung noch deutlicher herausgestellt.

H. Die Begegnung der Mütter: Gruß und Freude in Lk 1,39–45

Bei der vorangehenden Betrachtung über den freudigen Gruß ist angedacht worden, ob in Lk 1,28 ein performativer Akt vorliegen könnte. Es wurde genauer auf die Kategorie der ‚primary performatives' verwiesen, die als elliptische, verkürzte Formulierungen in Gesprächssituationen als performative Zusagen, Versprechen oder Aufforderungen wirken können. Im Fortgang der Erzählung zeigt sich, dass die Anrede des Engels tatsächlich sichtbare Wirkungen bei Maria hinterlässt: Die zuerst irritierte junge Frau ist nun motiviert, von Galiläa ins judäische Gebirge zu Elisabeth zu eilen – μετὰ σπουδῆς (Lk 1,39). Es folgt ein szenischer Wechsel, weil die Verkündigung der frohen Botschaft dringliche *Handlungskonsequenzen* bei Maria auslöst. Die Reise ist eine schlüssige Folge ihrer Absichtserklärung, sich als eine Dienerin nach dem Wort Gabriels zu richten (Lk 1,38): Maria kommt der Aufforderung zur Freude, die (wie gezeigt) dem Gruß inhärent ist, unverzüglich nach. Es wird sich bei der weiteren Betrachtung der Freudenbelege zeigen, dass Freude nach lukanischem Ideal nie isoliert gelebt werden kann, sondern grundsätzlich eine Gemeinschaftsbildung provoziert.[89] Zudem werden auch in den folgenden Kontexten der Freudendarstellungen stets außerordentliche und dringliche Handlungskonsequenzen im Zusammenhang mit diesem Affekt geschildert.[90] Ohne in einen Zirkel-

---

[89] Nach LAGRANGE, Évangile, 41, hat bereits Ambrosius von Mailand den eiligen Aufbruch zur Reise als „quasi (...) festina pro gaudio", als Ausdruck der Freude verstanden. Während einerseits verschiedene ‚alltagspsychologische' Deutungen vertreten werden, vgl. SCHÜRMANN, Lukasevangelium, 66, wehren sich andere Exegeten wie FITZMYER, Gospel, 362; LEGRAND, Visitation, 130, ausdrücklich gegen eine „psychologisierende" Exegese. Legrand besteht darauf, das hastige Verhalten Marias lediglich als Reaktion auf die vorangegangene Geburtsankündigung zu deuten. Den Bezug zum Gruß innerhalb der Annuntiation (Lk 1,28) erkennt er nicht. Meines Erachtens schließen sich die Deutung der Freude und der Bezug zur Verkündigung nicht aus, sondern bedingen einander. Die prägnantesten Belegstellen für das lukanische Ideal einer Gemeinschaftsfreude sind Lk 1,14.58; Lk 15,6.9; 19,6; Apg 2,46. Als oppositionelles Konzept wird die isolierte, egoistische Freude dagegen in Lk 16,19 in Bezug auf den reichen Lazarus, der seine Freude nicht teilen will, als Weg zur Hölle stigmatisiert.

[90] Vgl. allein Lk 15,5f; 15,9; das Verhalten des Zachäus in Lk 19,8; die Rückkehr der Jünger angesichts der Todesgefahr in das Krisenzentrum Jerusalem voller Freude Lk 24,53. Vgl. entsprechend in Kapitel 12, 13, 15.

schluss verfallen zu wollen, kann die Eile Marias im Vergleich zu den anderen Darstellungen der Freude im Lukasevangelium bereits als Hinweis auf die außerordentliche Qualität ihrer Freude gewertet werden.

In der Szene Lk 1,39–56 findet durch die Begegnung der Mütter eine Zusammenführung der Erzählstränge um die Ankündigung Johannes des Täufers und die Ankündigung Jesu statt. In dieser Begrüßungsszene erfährt Maria von der Verifizierung des angekündigten Zeichens: Elisabeth ist trotz ihres hohen Alters und ihrer bisherigen Kinderlosigkeit schwanger. Die Szene ist ein zentrales Brückenglied,[91] bei dem besonders die beiden Aspekte ‚Freude' und ‚Grüßen' miteinander verwoben sind. Weil die Relevanz der Grußthematik im Lukasevangelium bislang unterschätzt worden ist, wurde ihre Bedeutung auch in der vorliegenden Szene bestritten, obwohl das Grüßen auf der Ebene der Story ausdrücklich und bedeutungsvoll behandelt wird. Das zeigt die beispielhafte Argumentation Lucien Legrands:

„It is as though the whole arduos journey from Nazareth to the highlands of Judea had been undertaken simply for the exchange of blessings between two women. This observation eliminates any psychologizing, moralizing or anecdotal interpretation."[92]

Als Maria ihre Verwandte grüßt, – in Lk 1,40 wird das Verb ἀσπάζομαι verwendet, das auch eine zärtliche, liebevolle Umarmung ausdrücken kann und zum Substantiv ἀσπασμός in Lk 1,29 korrespondiert – reagiert das Täuferkind und bewegt sich im Leib. Elisabeth wird pneumatisch erregt und reagiert auf den Gruß mit einem freudigen Lobpreis über Maria und ihr Ungeborenes.[93] Kommunikativ fungiert diese Zuwendung Elisabeths als antwortender ‚Rückgruß', der mit einem Glaubensbekenntnis verbunden ist. Elisabeth drückt die Freude über den Gruß in Lk 1,44 explizit und deskriptiv aus, indem sie die Bewegungen ihres Kindes deutet: „Denn siehe, als ich die Stimme deines *Grußes* hörte*, hüpfte das Kind vor Freude in meinem Leib.*" Explizit wird die Freude des Johannes durch die Wortverbindung ἐν ἀγαλλιάσει ausgedrückt, deskriptiv durch das Hüpfen σκιρτάω, sodass die Wendung ἐσκίρτησεν ἐν ἀγαλλιάσει entsteht. Σκιρτάω

---

[91] LEGRAND, Visitation, 129.

[92] LEGRAND, Visitation, 132. Dagegen würdigt GREEN, Status, 469 die Bedeutung des Grußes in der Szene der Mütterbegegnung ausdrücklich. Überraschend sei vor kulturanthropologischem Hintergrund nicht der Gruß Marias, sondern das Grußverhalten Elisabeths.

[93] Das laute Ausrufen Elisabeths kann auf ihre pneumatische Erregung zurückgeführt werden, sie ist gleichzeitig eine Paraphrasierung der gefühlten und im Folgenden bekannten Freude. Der Argumentation von MARSHALL, Gospel, 81, der „simply a public proclamation" interpretiert, ist nicht zuzustimmen. Ausdrücklich geschieht das Begrüßungsgeschehen in der Story im Haus (Lk 1,40), nicht in der Öffentlichkeit.

steht für ausgelassene, übermütige, tanzende oder springende Bewegungen und demonstriert den *dynamischen* Aspekt der Freude. Auch Elisabeths Lobpreis drückt Freude auf deskriptive Weise aus. Ihr Gebet entspricht als verbaler Affektausdruck den Bewegungen des Johannes im Mutterleib.[94]

Einige interessante Phänomene sind in Bezug auf diese Perikope festzustellen: Die Freude bei Johannes und Elisabeth ist keine rein zwischenmenschliche Begegnungs- oder Wiedersehensfreude. Sie ist inspiriert durch den Heiligen Geist (Lk 1,41): Die Freude ist von Gott offenbart.

Obwohl Marias Gruß die Freude des Johannes und den Lobpreis der Elisabeth auslöst, wird sein Inhalt nicht erzählt.[95] Dies ist eine überraschende *Leerstelle* der Erzählung, und es gibt keine textkritischen Hinweise auf eine Überlieferungslücke. Dabei ist dieser Gruß kein nebensächliches Detail der Handlung. Vielmehr ist der Fokus in den drei Versen (Lk 1,40.41.44) gezielt auf den Gruß gerichtet, der außerordentliche Handlungskonsequenzen auslöst. Der implizite Leser ist gefordert, den elliptisch ausgelassenen Gruß selbst aus den bisher erhaltenen Informationen zu ergänzen. Wie immer die Ausformulierung des Grußes in Lk 1,40 als Leistung des impliziten Lesers konstruiert werden soll, ein rein alltäglicher, einfacher Gruß ist er nicht. Sonst blieben die außerordentlichen Reaktionen von Johannes und Elisabeth völlig unverständlich.

In ihrer Reaktion auf den Gruß deutet Elisabeth das situative Geschehen.[96] Durch diese Kommunikation gelingt es erzählerisch, alle in der Szene auftretenden Figuren durch eine einzige Figurenrede zu charakterisieren.[97] Der situative Auslöser für die Freude ist zwar formal der Gruß, allerdings ist sein Objektbezug entscheidend: Er verweist auf die Begegnung mit der Sphäre Gottes, gründet im Wissen um sein wirkungsmächtiges und gütiges Handeln. Elisabeths Affekt ist insofern kognitiv begründet. Sie erfährt die Sphäre Gottes beim eintreffenden Besuch der Maria mit dem Sohn Gottes, der noch in ihrem Mutterleib geborgen ist. Deshalb bezeugt Elisabeth einerseits den vertrauenden Glauben Marias, andererseits prophezeit sie pro-

---

[94] Vgl. dagegen Rebekkas Irritation in Gen 25,22 über die Bewegungen ihrer Zwillinge im Mutterleib. Dennoch sind die Stellen nur bedingt vergleichbar, da die Bewegungen von Rebekkas Söhnen Jakob und Esau offenbar aus einem konkurrierenden Kampfesverhalten resultieren, woraufhin die werdende Mutter den Herrn befragt. Elisabeths Kind ist dagegen pneumatisch erregt und springt aus einer entgegengesetzten Motivation, wie die Mutter die Freude ihres Kindes durch den Geist deuten kann.

[95] COLERIDGE, Birth, 80.

[96] SCHÜRMANN, Lukasevangelium, 67.

[97] Nach BROWN, Birth, 333, sind im Gruß Elisabeths zwei Tendenzen zu unterscheiden: Geht es zunächst um die Anerkennung Marias und das Bekenntnis, dass sie von Gott gesegnet ist, wird in Lk 1,45 die Unterordnung Elisabeths unter ihre Nichte ausgedrückt.

leptisch in charismatischer Rede, dass die Offenbarung durch das Handeln
Gottes vollendet werden wird (Lk 1,45). Dass Gott der eigentliche Schenker des Heils und der Freude (narratologisch: der ‚Adressant' der Story)
ist, wird im folgenden Lobgesang der Maria noch deutlicher.

Es ist bereits ersichtlich, dass Grußsituationen in den einleitenden Kapiteln des Lukasevangeliums als Szenen beschrieben werden, in denen wesentliche theologische Aussagen gemacht werden können – sowohl in der
Engelsoffenbarung an Maria, als auch in der Begegnungsszene der beiden
Frauen. In beiden Situationen ist die Freude an das Grüßen gekoppelt. Im
Zusammenspiel mit ihren Gegen– und Nachbarkonzepten nimmt der Affekt
der Freude eine zentrale Rolle ein.

I. Das Magnifikat: Marias Freude in Lk 1,46–55

Marias Reise zu Elisabeth ist als erste Handlungskonsequenz aus der Engelsrede gedeutet worden. Nun stimmt Maria einen Lobgesang an, der
nochmals demonstriert, dass sich tatsächlich etwas in ihr entscheidend verändert hat: Die Anrede in Lk 1,28 (χαῖρε κεχαριτωμένη ὁ κύριος μετὰ
σοῦ) hat mit den sich anschließenden Erklärungen performativ gewirkt.
Maria dankt Gott dafür (Lk 1,46–55). Das Magnifikat bildet eine affektge-
prägte Reaktion Marias, zu der sie zweifach direkt aufgefordert wurde.[98]
Obwohl das Gebet durch die Ankündigung des Königskindes ausgelöst ist,
fehlen erwartbare christologische Akzente. Stattdessen ist der Hymnus wie
ein alttestamentlicher Psalm auf das *Gotteslob* konzentriert.

In der vorangegangenen Mütterbegegnung sind die entscheidenden Elemente bereits an der Figur der Elisabeth vorbildlich demonstriert worden.
Ihr Lobpreis wird erzählchronologisch beim Magnifikat vorausgesetzt.
Maria reagiert durch ihren Lobgesang nun ebenfalls auf das, was ihr widerfahren ist: Die himmlische Verheißung eines Sohnes, das bestätigte Zeichen durch Elisabeths Schwangerschaft und Elisabeths Vorbild. Der implizite Leser hat bereits von zwei freudvollen Begegnungen Marias erfahren,
in denen Gruß und Freudenausdruck von besonderer Bedeutung waren,
sodass er auf das folgende Handeln vorbereitet ist.

Maria jubelt überschwänglich. Der dafür verwendete Ausdruck ἠγαλλίασεν gilt als sprachliches Hauptproblem im Marienhymnus, weil nicht
das gebräuchliche Deponens ἀγαλλιᾶσθαι sondern die aktivische Umbil-

---

[98] Sie jubelt über Gottes Handeln, wozu sie in der erzählerischen Chronologie vom
Engel mit dem Imperativ χαῖρε und von Elisabeth mit den Makarismen freudig eingestimmt wurde.

dung der Form erscheint.[99] Die Interpretation des Ausdrucks gilt als entsprechend sensibel. Josef A. Fitzmyer hat ἠγαλλίασεν beispielsweise als gnomischen Aorist gedeutet, wonach es einen gegenwärtig erreichten Zustand umschreibe.[100] Dass aber eine gnomische Deutung der Zeitenfolge, die als „sie ist zum Jubel gekommen" übersetzt werden müsste, im Kontext unwahrscheinlich ist, hat Ulrike Mittmann-Richert überzeugend begründet.[101] Auch die ingressive Deutung des Aorists („mein Geist hat zu jubeln begonnen"), die nicht den Endpunkt, sondern den Anfang des Geschehens fokussiert,[102] ist problematisch, setzt sie doch letztlich voraus, dass die bezeichnete Handlung abgeschlossen ist.[103] Da ἀγαλλιάω für das Jubeln steht, bietet sich vielmehr der sogenannte *affektive Aorist* als Deutungsansatz an.[104] Er begegnet vor allem in der griechischen Tragödie bei Verben der Gemütserregung, „unter welche ein jubelnder Freudenausbruch zweifellos zu fassen ist."[105] Wie in Lk 1,47 ist der affektive Aorist ausschließlich in der ersten Person Singular belegt, allerdings setzt er grammatisch einen Dialog voraus, „innerhalb dessen sich, angeregt durch die Rede des Gegenübers, die fragliche Stimmung bis zum affektiven Ausbruch verdichtet."[106] Was bei diachroner Diskussion problematisch erscheint – denn der Hymnus gilt überlieferungsgeschichtlich als eigenständig – ist bei synchroner Textbetrachtung plausibel: Im Erzählablauf schließt der Marienhymnus wie gezeigt sowohl an das Gespräch mit dem Engel als auch an die Begegnung mit Elisabeth an. Mit beiden Dialogen ist er strukturell und motivisch

---

[99] MITTMANN-RICHERT, Magnifikat, 104, schließt ausgehend von dieser Beobachtung eine Nachahmung des Sprachgebrauchs der LXX aus, weil das Verb dort außer in Klgl 2,13 nur in seiner medialen Form verwendet werde.

[100] FITZMYER, Gospel, 366, im Anschluss an BDR § 333,1b.

[101] MITTMANN-RICHERT, Magnifikat, 105: Im Kontext fehle die typische Zielgerichtetheit oder der Moment des Werdens, zudem sei eine Häufung des gnomischen Aorist im Magnifikat nach BDR § 333,6, die nahezu alle perfektischen Formen der Hymne als Beispiel für die gnomische Verwendung des Aoristen heranziehen, unwahrscheinlich. Vgl. LOHFINK, Lobgesänge, 18, der alle Aoristbelege des Magnifikats vergangenheitlich übersetzt.

[102] FARRIS, Hymns, 117f. KAUT, Befreier, 296f, nimmt im Anschluss an BDR §331 an, dass der Aorist unter hebräischem Einfluss das perfektive Präsens ersetze.

[103] MITTMANN-RICHERT, Magnifikat, 105.

[104] MITTMANN-RICHERT, Magnifikat, 106, in Anlehnung an LINDEMANN, Grammatik, § 119,2.

[105] MITTMANN-RICHERT, Magnifikat, 106.

[106] Diese Modalität erscheint MITTMANN-RICHERT, Magnifikat, 106, schwierig, da sie der allgemein postulierten Eigenständigkeit des Hymnus entgegenstehe. Sie sucht daher nach Erklärungsmodellen aus dem Aramäischen oder Hebräischen, um die Tempusform zu erklären. Bei synchroner Betrachtung des Kontextes ist die Form dagegen meines Erachtens plausibel.

verbunden, in beiden Kommunikationssituationen wird Freude thematisiert.

Besonders eindrucksvoll verweisen inhaltliche Akzente des Magnifikats auf die dreigliedrige Segmentierung der Engelsansprache Lk 1,28ff. Zuerst drückt Maria ihre Freude in Lk 1,47 explizit aus: „Meine Seele erhebt den Herrn und mein Geist freut sich Gottes meines Retters" (καὶ ἠγαλλίασεν τὸ πνεῦμά μου ἐπὶ τῷ θεῷ τῷ σωτῆρί μου). Dann bezeugt sie, dass und weshalb sie eine κεχαριτωμένη, eine Begnadete vor Gott ist, und schließlich macht sie deutlich, weshalb sie sich der Nähe Gottes so gewiss sein darf. Das Magnifikat bildet damit nicht nur eine direkte Reaktion Marias auf die Verkündigung des Engels in Lk 1,28–38, sondern bezeugt ihren Glauben an die frohe Botschaft. Aus der irritierten Frau (Lk 1,29) ist im Magnifikat offensichtlich eine freudige Zeugin Gottes geworden. Der Marienhymnus ist insofern nicht nur eine *paraphrasierende Affektdarstellung*, sondern demonstriert zudem das Ergebnis eines *gelungenen Affektwandels*. Das bedeutet wiederum, dass der Gruß der Freude (Lk 1,28) in Verbindung mit der Verkündigung Gabriels tatsächlich als performativer Akt gewirkt hat.

Im Textzusammenhang wirkt das Magnifikat gleichzeitig als Reflexion auf den Lobpreis der Elisabeth. Während dieser bereits als Grußreaktion gegenüber Maria gedeutet worden ist,[107] kann der Hymnus Marias umgekehrt auch als Antwort auf die Freude der Elisabeth und des Johannes gelesen werden:[108] Immerhin werden beide Lieder innerhalb einer Szene gesungen, bei der Begegnung der beiden Frauen im Haus der älteren Verwandten.[109]

Die vielen alttestamentlichen Anspielungen in der Szene weisen auf Marias Selbstverständnis im Kontext des alttestamentlichen Glaubens hin. Auffällig ist die bereits aufgezeigte Theozentrik ihres Bekenntnisses. Im zweiten Teil des Magnifikats (ab Vers 50) weist Marias Zeugnis über ihre Person hinaus, was dem allgemeinen Charakter von Lk 1,32–33 entspricht. Dabei ist besonders das Motiv der *Barmherzigkeit* beachtenswert: Im Magnifikat Lk 1,50.54 aber auch im Benediktus Lk 1,72.78 wird es mehrfach gemeinsam mit dem *Bundesgedanken* (Lk 1,50.54f.68.72f) thematisiert. Magnifikat und Benediktus vermitteln Freude somit auf verschiedenen Ebenen: Grundsätzlich geht es um Gottes freundliche, rettende und barmherzige Zuwendung zu seinem Volk. Auf der Ebene der Story konkretisiert sie sich in den verheißenen und geborenen Kindern. Angesichts des

---

[107] LEGRAND, Visitation, 134f.
[108] FARRIS, Hymns, 117.
[109] Deutliche Texttrenner sind die Ortswechsel Marias in Lk 1,39.56.

persönlichen Glücks der Eltern wird das *Lob Gottes* zum Ausdruck eines Verständnisses der Freude mit weiterem Horizont.

Gott wird zwar in beiden Gesängen als ‚Verursacher' der Freude bestimmt. Aber deuten die handelnden Figuren Zacharias und Maria das freudige Geschehen tatsächlich richtig? Immerhin ist die Weissagung des Zacharias geisterfüllt (Lk 1,67). Bei aufmerksamer Lektüre wird dem impliziten Leser das Bild eines erhofften Messias mit politischen beziehungsweise eschatologischen Ansprüchen vermittelt (Lk 1,51–53). Wie in der Prophetie oder der weisheitlichen Psalmentradition zeigt sich die heilsgeschichtliche Wirkweise Gottes an politischen und sozialen irdischen Konsequenzen („Die Hungrigen füllt er mit Gütern und lässt die Reichen leer ausgehen", vgl. Ps. 34,11; 107,40f). Da sich das Lukasevangelium, so ist sein Anspruch nach Lk 1,1–4, an Leser mit christlicher Vorbildung richtet, ist ein impliziter Leserkreis vorauszusetzen, der vom tragischen Ausgang des irdischen Lebens Jesu weiß. Der angekündigte Sohn Gottes stirbt am Kreuz, einer Folter- und Hinrichtungsmethode der römischen Besatzer.[110] Andeutungen darauf fehlen in Lk 1–2 ganz. Insofern wirkt der Lobpreis Marias missverständlich, als Hoffnung auf eine direkte politische Herrschaftsausübung in Gottes Auftrag, die der irdische Jesus nicht erfüllen wird. Allerdings begegnet ein vergleichbares Bekenntnis der Freude auch in der eschatologischen Lehre ihres Sohnes: Die Makarismen der Feldrede Lk 6,20ff verweisen in temporaler Ambivalenz auf das Schon-Jetzt und Noch-Nicht der Herrschaft Gottes, aus der eine völlige Umkehrung der bestehenden Verhältnisse resultiert. Eine kritische Auseinandersetzung über das angemessene Verständnis der Freude und der Zeichen, durch die sie ausgelöst wird, folgt im Sondergut Lk 10,17ff.

J. Freude als anteilnehmende Mitfreude in Lk 1–2

Nicht nur in den Geburtsankündigungen selbst, auch im Kontext der Geburtsverkündigungen betrifft die Freude das soziale Umfeld.

Dem werdenden Vater Zacharias wird prophezeit, dass nicht nur er sich freuen darf, sondern dass sich dieser Freude viele anschließen werden (Lk 1,14). Diese *Mitfreude* wird sofort im Anschluss an die Geburt Johannes des Täufers (Lk 1,57) am sozialen Umfeld Elisabeths dargestellt, wobei die Freude der Mutter vorausgesetzt ist (Lk 1,58, vgl. den Lobpreis Elisabeths bei der Begegnung der Mütter). Wie in Lk 1,41 ist die Freude

---

[110] Der römischen Besatzungsmacht war das ius gladii vorbehalten. Vgl. THEISSEN/ MERZ, Jesus, 399f (Lit!), wobei der lukanische Passionsbericht besonders bemüht ist, die Römer zu entlasten, ebd. 394.

mit dem ‚Hören' verbunden und wird durch das Verb συγχαίρω ausgedrückt. Erzählerisch verbindet das Moment der Freude die beiden Perikopen der Geburtsankündigung und der Beschreibung der Situation nach der
Geburt ebenso wie das daran anschließende Moment der Namensgebung.
An das Phänomen der nachbarlichen Mitfreude schließt sich allerdings ein
Hinweis auf die Furcht an, die das soziale Umfeld angesichts des göttlichen Handelns überkommt: Wie zuvor in den Engelserscheinungen wird in
Lk 1,65 das φόβος-Konzept als Opposition zum Affekt der Freude aufgenommen. Textlich kann die Furcht zwar auf unterschiedliche Referenzobjekte bezogen werden (einerseits auf das Wunder des wiedererlangten
Sprechvermögens bei Zacharias, andererseits natürlich auch auf das Wunder von Elisabeths später Mutterschaft); letztlich verweisen beide Objekte
aber auf das wirkungsmächtige Handeln Gottes. Das bestätigen die Gerüchte, die im Umfeld der aaronitischen Familie zirkulieren und verbreiten,
dass „die Hand des Herrn" mit dem Täuferkind sei.

Aber auch im Erzählstrang der Jesusüberlieferung wird Freude nach der
Geburt ausgedrückt: Die dritte Engelsrede richtet sich an Hirten, die nachts
im Umfeld zum Geschehen ihre Tiere weiden. Ihnen wird eine χαρὰν
μεγάλην, eine große Freude, verkündet. Darauf reagieren sie ebenso auffällig, wie es bei den bereits betrachteten Freudenaufrufen der Fall war.
Dies ist der letzte größere Zusammenhang, den ich untersuchen möchte,
bevor die Ergebnisse zur Freude in Lk 1–2 zusammengefasst und ausgewertet werden.

K. Die dritte Engelsrede und die große Freude der Hirten in Lk 2,10ff

Vergleicht man das Motivinventar der Geburtsankündigungsszenen mit der
Darstellung der Verkündigung an die Hirten, bestätigt sich wieder, dass die
einzelnen Motive dieser Formen im Lukasevangelium variabel und nicht in
strenger Reihenfolge verarbeitet worden sind. Das zeigt der Vergleich der
drei Engelsreden in der folgenden Tabelle S. 183.

1. Wiederum beginnt der Engel seine dritte Ansprache, indem er die Hirten
dazu aufruft, sich nicht zu fürchten: Der an die Hirten gerichtete Imperativ
μὴ φοβεῖσθε korrespondiert mit dem oben beschriebenen Appell des Engels an Maria und ist ebenso wie dort ein festes formgeschichtliches Gat-
tungselement in einer Offenbarung durch Gott oder einen seiner Boten.

1. Engelsrede (an Zacharias)	2. Engelsrede (an Maria)	3. Engelsrede (an die Hirten)
	Sendung des Engels (V.26)	
Zeit, Figurenvorstellung, Szenische Vorbereitung (V.5–10)	Zeit, Ort, Figurenvorstellung, (V.26f)	Zeit, Ort, Figurenvorstellung, (2,8)
Erscheinen des Engels (V. 11)	Erscheinen des Engels (V.28)	Auftreten des Engels (2,9)
	Gruß/*Aufruf zur Freude* (V.28)	*Große Furcht bei Hirten* (2,9)
	Beistandsformel	
Irritation des Zacharias (V.12)	*Irritation der Maria* (V.29) Innerer Monolog: Frage nach dem Gruß (V.29)	
Engelsrede: *Aufforderung zum Nicht-Fürchten* = Ermutigungsformel (V.13)	Engelsrede: *Aufforderung zum Nicht-Fürchten* = Ermutigungsformel (V.30)	Engelsrede: *Aufforderung zum Nicht-Fürchten* (2,10)
Erhörungszusage (V.13)	Gnadenzusage (V.30)	
Geburtsankündigung (V.13)	Geburtsankündigung (V.31)	
Auftrag zur Namengebung (V.13)	Auftrag zur Namengebung (V.31)	
Ankündigung von Freude und Jubel für Zacharias und viele andere.		*Verkündigung großer Freude* (2,10)
Zukunft des Kindes (V.15f)	Zukunft des Kindes (V.32f)	
Frage nach einem Zeichen =Schwierigkeit (V.18)	Frage nach dem Wie =Schwierigkeit (V.34)	
Selbstvorstellung des Engels (V.19)		
	Ansage des Wie (V.35)	Begründung der großen Freude (2,11)
Zeichenankündigung (V.19)	Zeichenankündigung (V.36f)	Zeichenankündigung (2,12)
		Himmlischer Lobpreis (2,14f)
		Beratung der Hirten (2,15)
		Eilende Handlungskonsequenzen (2,14)
	Bestätigung Marias (V.38) Abgang des Engels (V.38)	
Verifikation des Zeichens (V.21f)	Verifikation des Zeichens (V.39–45)	Verifikation des Zeichens (2,16)
Szenische Bemerkung (V.23)		Rückkehr der Hirten (2,20)
Empfängnis, *Dank der Mutter* (V.24f)	*Dank der Mutter* (V.46–55.)	*Lobpreis der Hirten* (2,20)

Mit der Redeeinleitungsformel μὴ φοβεῖσθε wird eine freundliche Gesprächsabsicht signalisiert und die kommunikative Funktion eines Grußes erfüllt.

2. In der Rede an Maria steht die Aufforderung zum Sich-Nicht-Fürchten, synonym zum Sich-Freuen. Die Affekte *Furcht* und *Freude* werden auch im Fortgang der Engelsrede an die Hirten in ein diametral entgegengesetztes Verhältnis gebracht: ἰδοὺ γὰρ εὐαγγελίζομαι ὑμῖν χαρὰν μεγάλην. Wie in Lk 1,28.30 erscheinen Furchtlosigkeit und Freude in einem oppositionellen Zusammenhang, diesmal sogar sprachlich explizit! Den Hirten wird zugesichert, dass sie sich nicht fürchten müssen, weder vor dem Engel noch vor seiner Offenbarung, weil die Botschaft eine freudige ist. Damit sind auch sie Begnadete, denen die Freude in der Verkündigung zuteil wird.[111] Bei Lk werden die Zusammenhänge durch die Partikel γὰρ kausal miteinander verbunden. In diesem Satz wird der freudige Charakter der Verkündigung mehrfach sprachlich verstärkt: Zuerst wird durch die negative Aufforderung „fürchtet euch nicht" die Gesprächssituation als friedliche bestimmt. Durch diese positive Ausgangslage wird bei den Adressaten die Voraussetzung geschaffen, sich auf eine gute Botschaft einzulassen. Gleichzeitig wird durch die Redeeinleitung, die negativ formuliert ist, eine letztlich positive Aussage getroffen, die vorbereitend auf die Freude abzielt.

Das Adverb ἰδού („siehe") ist ein neutestamentlich geprägtes Wort und verweist wie zu Beginn der Geburtsankündigung an Maria in Lk 1,31 auf die Wichtigkeit dieses Satzes.[112] Es wirkt an dieser Stelle emphatisch, hebt das Folgende hervor: Der Engel definiert sein Handeln als sprachliche Verkündigung. Um diese performative Sprechhandlung auszudrücken, verwendet er das Verb εὐαγγελίζομαι. Auffällig ist hier, dass dem an sich neutralen Verb ἀγγέλλω, das man mit ‚melden' oder ‚berichten' übersetzen kann, hier das adverbielle εὖ vorangestellt ist, das die Handlung genauer bestimmt. Somit wird das neutral berichtende Melden zur guten Verkündigung, zur frohen Botschaft, was über den direkten Kontext auf das Verständnis des gesamten Evangelientextes und auf das urchristliche Verkündigungsverhalten insgesamt hinauswirkt.[113] Formgeschichtlich ist das

---

[111] Diese χαρὰν μεγάλην hebt auch Mt hervor, wenn er in 2,10 die Magier dem Stern der Verkündigung erwartungsfroh folgen lässt.

[112] Hier könnte, entsprechend semitischer Syntax und Stilistik, das hebräische הִנֵּה aufgenommen worden sein.

[113] Wie unermesslich groß der Stellenwert dieser Aussage ist, zeigt sich darin, dass die frohe Verkündigung des Engels durch die Wortwurzel εὐαγγελίζομαι auf die gesamte urchristliche Botschaft Bezug nimmt, die als εὐαγγέλιον bezeichnet wird. Damit wird ausgehend von der situativen Verkündigung an die Hirten bereits auf das gesamte Evangelium vorausgewiesen. Die Gattung eines Evangeliums existierte vor der christlichen

εὐαγγέλιον auch außerhalb der biblischen Literatur mit Geburtsankündigungen eines Sohnes verbunden und dadurch ein Kernelement der Geburtsankündigung.

Nun verkündet der Engel ausdrücklich, was bereits in seinen vorangegangen Reden fortlaufend (sowohl explizit als auch paraphrasierend) zu erschließen war: Inhalt seiner Verkündigung ist eine χαρά μεγάλη, eine ‚gewaltige‘, ‚erhabene‘, ‚bedeutende‘, ja ‚große‘ Freude. Alle diese Übersetzungsmöglichkeiten bietet das Bedeutungsspektrum des Adjektivs μέγας an. In jedem Fall betont und verstärkt es die Freude im vorliegenden Textzusammenhang. Diese Freude steht synonym für die Verkündigung (εὐαγγέλιον). Damit ist die gesamte Engelsansprache an die Hirten Lk 2,10–12 zusammenfassend als eine freudige charakterisiert.

In der Rede an die Hirten benennt der Engel die Adressaten der Freudenoffenbarung. Die Freude richtet sich nicht nur an die angesprochenen Hirten, sondern quantitativ „an das ganze Volk".[114] Damit weist der Engel auf die heilsgeschichtlichen Folgen dieser Geburt für die wartenden Gläubigen hin.[115] Wieder einmal wird eine Aussage der Johanneserzählung gesteigert, wo nur die Freude vieler über die Geburt des Johannes angekündigt wird (Lk 1,14), dargestellt in Lk 1,58 vor allem am engeren sozialen Umfeld der Nachbarn und Verwandten.

Außerdem weist diese Freudenankündigung theologisch über den engeren Kontext von Lk 1–2 hinaus und kann auf das ganze Evangelium bezogen werden. Im Verlauf des Lukasevangeliums und der Apostelgeschichte wird der Adressatenkreis der Offenbarung in der Tat konzentrisch ausgeweitet: Ausgehend von der Einzelperson Maria erfahren das Ehepaar Elisabeth und Zacharias die Offenbarung durch den Engel und den Heiligen Geist, daraufhin die Gruppe der Hirten und schließlich gilt die „große Freude" dem ganzen Volk (Lk 2,10). Nach der Ansprache an die Hirten enden zwar die Engelsreden, aber nicht die göttliche Verkündigung. Sie wird im Verlauf des Lukasevangeliums fortgesetzt und mündet schließlich in die Apostelgeschichte und die darin anschließende Mission.

Überlieferung nicht, es gibt keine vergleichbaren nahestehenden antiken Parallelen, vielmehr wurde die Gattung durch die christlichen Verfasser (v.a. durch den Verfasser von Mk) entscheidend konstituiert. Daher ist das Verb εὐαγγελίζομαι auch zentral, um das Selbstverständnis der Evangelienverfasser zu beschreiben, auch wenn der Lukasevangelist hier innerhalb des Textzusammenhangs nicht auf seine, sondern auf die Verkündigung des Engels verweist.

[114] Lk 1,10.

[115] Wie sehr der Messias in jüdischen Kreisen erwartet wurde, zeigt innerhalb des Lukasevangeliums beispielsweise die Erwartungshaltung Simeons in Lk 2,29f, aber auch die Anfrage des Täufers Lk 7,19.

3. Im Ablauf der vorangegangenen Engelsreden wurde stets auf das Objekt und die Ursachen der Freude eingegangen. Auch in der Rede an die Hirten werden Inhalte und Bezüge der Freude in Lk 2,11 weiter differenziert. Das drückt sich grammatisch durch den kausalen Satzanschluss in Lk 2,10.11 mittels der Konjunktion ὅτι aus. Der Affekt ist wiederum durch einen kognitiven Prozess begründet! Grund der gemeinsamen Freude ist die Geburt des Retters, des σωτήρ. Hier folgt eine Sternstunde der Weihnachtsgeschichte und der lukanischen Christologie: Den Hirten wird durch die Hoheitstitel verkündet, was heilsgeschichtlich vorbereitet ist. Das geborene Jesus-Kind ist Retter (σωτήρ), Christus (χριστός), der Herr (κύριος), in der Stadt Davids, und somit Davidide.[116] Alle Hoheitstitel verweisen auf die Zukunft Jesu als Messias. Das muss Konsequenzen für die Menschen haben, die ihn erkennen und ihm folgen. Sie können auf eine Weiterführung der Heilsgeschichte hoffen und erleben die Gnade und den Frieden Gottes. Dem entspricht in Lk 1–2 die Anrede Marias als κεχαριτωμένη, die Freude Elisabeths in Lk 1,41ff, die Hirtenerfahrung durch die Engelsoffenbarung von der großen Freude, schließlich die Reaktionen Simeons und Hannas im Tempel nach der Begegnung mit dem Kind in Lk 2,25–38. Lukas berichtet also, wie vieldimensional die Freude mit dem heilsgeschichtlichen Ereignis zu wirken beginnt: Bei verschiedenen Menschen auf unterschiedliche Weise, aber immer geprägt durch und verweisend auf die Erkenntnis, dass etwas Neues einsetzt – die Geburt des Retters, des σωτήρ.

Die Hirtenszene beschreibt eine weitere gelungene *Affektregulation*. Die sich fürchtenden Hirten werden imperativisch zum Affektwandel aufgefordert und es gelingt ihnen, diese Freude umzusetzen. Wieder können in der szenischen Beschreibung eilige Handlungskonsequenzen beobachtet werden, denn die Hirten eilen zur Familie im Stall, um die Bestätigung des angekündigten Zeichens zu sehen. Wie zuvor wird die Freude der Hirten deskriptiv durch einen Lobpreis Gottes ausgedrückt, in dem der Objektbezug der Freude sichtbar wird: Gottes heilsgeschichtliches Wirken ist der bezeugte Grund der Freude im Kontext der Weihnachtsgeschichte. Mit diesem theologischen Auftakt beginnt das Lukasevangelium – und mit einem Lobpreis Gottes in großer Freude wird es in Lk 24,52f schließen.

Ergebnisse zur Freude in den Engelsreden

Die parallelen Strukturen, die analoge Wortwahl und vor allem die Offenbarungsinhalte der Perikopen lassen die Engelsreden als zusammengehörige Einheiten verstehen, deren Elemente aufeinander Bezug nehmen. Das

---

[116] vgl. Lk 1,27.32.

zeigt sich vor allem in der dreigliedrigen Argumentationsstruktur, die mus-
terhaft immer wieder aufgenommen und variiert wird:

Zuerst wird die Aussagewirkung der Botschaft durch imperativische Af-
fektwörter parallel vorweggenommen („freue dich!", „fürchte dich nicht!",
„fürchtet euch nicht"). Diese Redeeinleitungen erfüllen die kommunikative
Funktion der Dialogeinleitung und -gestaltung, nehmen gleichzeitig aber
als theologische Leitwörter den wichtigen Inhalt der Verkündigung des
Engels komprimiert vorweg. Es kann stets nachgewiesen werden, dass diese Affektbegriffe in einem Zusammenhang mit der Freude stehen: Zacharias wird Freude und Wonne vorausgesagt (Lk 1,14), Maria wird aufgefordert, sich zu freuen (Lk 1,28), den Hirten wird „eine große Freude" verkündet (Lk 2,10). Diese Freude ist immer mit dem Zuspruch verbunden,
sich nicht fürchten zu müssen (vgl. Lk 1,13; 1,30; 1,10).[117] Freude und
Furcht stehen daher in einem zusammenhängenden Wortfeld: Zum einen
kann die Freude in den Engelsreden Lk 1–2 als ein Zustand der Angstfreiheit beschrieben werden, zum anderen entspricht das Oppositionspaar
Freude-Furcht der Vorstellung stoischer Affektsystematik.[118]

Zweitens werden die Angesprochenen in den Engelsreden immer als begnadet dargestellt. An sie ergeht eine Verkündigung, die ihr Leben verändert, die eine Entwicklung der Heilsgeschichte impliziert und die durch
diese Faktoren als ‚frohe Botschaft' charakterisierbar ist. Das zeigt sich
schon durch das Auftreten des Engels als Gottes Sprachrohr und Zuwen-
dungszeichen an sich, vor allem aber in den zentralen Aussagen, dass der
Herr mit Maria ist (Lk 1,28), dass das Gebet des Zacharias erhört wird (Lk
1,13) und dass der Retter bereits geboren ist (Lk 2,11) : Die besondere
Gnade besteht für die Betroffenen also darin, dass sie durch die Offenbarung eine Beistandsversicherung der göttlichen Nähe erhalten. Das berechtigt sie zur Freude. Indem der Engel in seinen Reden auf ihre Referenzobjekte und Ursachen eingeht, wird die Qualität der χαρά definiert und das
semantische Feld der Freude eingegrenzt. Freude ist im Kontext der Angelophanien immer an die Offenbarung gebunden, dass die Heilsgeschichte
durch Gottes Eingreifen in die Geschichte nun eine neue Wendung erhält,
was in den Geburtsan- und Ver-kündigungen ausgedrückt wird. Die Freude
ist damit letztlich stets messianisch, auf das Wirken und Leben des Täufers
bzw. Jesu bezogen. Weil Jesus der Retter ist, ist das Heil der Menschen
gekommen. Die Freude der Engelsreden ist durch dieses Verständnis ge-

---

[117] Als weiterer Beleg der Verbindung von Freude und Furcht in Lk 1–2 kann außerhalb der Engelsreden die Reaktion der Nachbarn von Zacharias und Elisabeth herangezogen werden: Sie reagieren auf die göttlichen Zeichen (Sprachwunder und Geburt) mit
Freude (Lk 1,58) und Furcht (Lk 1,65).

[118] Vgl. hierzu Kapitel 5.

prägt und kann nicht abgelöst vom theologischen Zusammenhang betrachtet werden.

Außerdem wird die Botschaft der Gnade und Freude vom kleinen Adressatenkreis zum größeren ausweitet: Geschehen die ersten Verkündigungen an Zacharias und Maria eher im Verborgenen,[119] so richtet sich nach der Geburt die frohe Botschaft an eine größere Gruppe, die Hirten, und schließlich wird dem ganzen Volk die „gewaltige Freude" prophezeit (Lk 2,10).

L. Auswertende Zusammenfassung und Ausblick

Die beiden einleitenden Kapitel sind ein Schlüssel zum Verständnis des Lukasevangeliums. Das betrifft nicht nur den strukturellen Aufbau, sondern auch wesentliche heilsgeschichtliche Elemente der lukanischen Theologie, die in den Erzählungen vermittelt werden.[120] Umso auffälliger und bedeutender ist es, dass die *Freude* schon zu Beginn des Lukasevangeliums eine wesentliche Rolle einnimmt. Dieser Affekt ist in den ersten Erzählungen wiederholt belegt, wobei bereits fast alle Aspekte der Freude wie in einer Ouverture präludiert werden, die sich im Ablauf des Evangeliums als wesentlich erweisen werden.

Die auffällige leitmotivische Verwendung der χαρά im Lukasevangelium und die differenzierte Auseinandersetzung mit dem Gruß in den verschiedenen neutestamentlichen Diskursen rechtfertigen zunächst eine vertiefte Betrachtung des Verses Lk 1,28. Dabei fällt auf, dass die Dreigliedrigkeit der Anrede an Maria in Lk 1,28 (1. χαῖρε 2. κεχαριτωμένη, 3. ὁ κύριος μετὰ σοῦ) die Musterform des Redeaufbaus darstellt, die in den Engelsreden immer wieder übernommen und variiert wird. Grammatische, syntagmatische, kontextuelle, formale, redaktionelle und wirkungsgeschichtliche Argumente stützen die hier (entgegen der zeitgenössischen Mehrheitsmeinung) vertretene These, dass χαῖρε in Lk 1,28 nicht mit einem ‚profanen' alltagssprachlichen Gruß übersetzt werden darf. Zwar übernimmt χαῖρε ohne Zweifel situativ die kommunikativen Funktionen eines Grußes. Aber zugleich fordert der Engel Maria durch den wortspieleri-

---

[119] Zacharias erhält die Offenbarung im inneren Bereich des Tempels und wird danach stumm, sodass er nur noch schriftlich kommunizieren kann, Lk 1,8ff; Maria erhält dagegen die Botschaft des Engels allein in ihrem Haus, von anwesenden weiteren Personen ist nirgends die Rede, Lk 1,27f. Interessant sind hier auch Status- und Standesunterschiede beider Gestalten, was in Kapitel 16 vertieft wird.

[120] „The structure found in Luke 1–2 provides the author's key to the understanding of the Christ event and the life of the Church. Far from being a heterogeneous addition, the first chapters constitute the ultimate expression of the Lukan outlook", LEGRAND, Visitation, 141.

schen Gruß zur Freude auf, sodass die ursprüngliche semantische Bedeutung im Kontext der Verkündigungsszene wieder aktualisiert wird. Im Gruß drückt sich bereits programmatisch der *Wesenskern der Verkündigung* aus: Freude soll darüber sein, dass der Herr und Retter gegenwärtig ist, sodass eine neue heilsgeschichtliche Periode anbricht. In der folgenden Perikope werden beide Anteile des χαῖρε-Konzepts weiter vertieft: Sowohl der Gruß als auch die Freude sind bestimmende Themen bei der *Begegnung* der beiden Frauen Elisabeth und Maria. Dieser Akzent wird in Lk 15,20f/Lk 19,5 wieder aufgenommen. An diesen Stellen, die ebenfalls dem Sondergut zuzurechnen sind, wird die Freude als entscheidender Affektausdruck und als wesentliches Kommunikationssignal in Gruß- und Begegnungssituationen dargestellt.

Im *Magnifikat* schließlich, dem jubelnden Lobgesang der Maria, findet die Freude ihren sprachgewaltigsten deskriptiven Ausdruck. Der Marienhymnus wird durch lauten Jubel eingeleitet – wie im Jubelruf Jesu in Lk 10,21 ist im Lukasevangelium die Überschwänglichkeit der frohen Affektäußerung durch das einleitende Verb ἀγαλλιάω hervorgehoben. Inhaltlich wird wie im *Benedictus* des Zacharias unter anderem bezeugt, dass sich Gott an den Bundesschluss mit den Gründungsvätern Israels erinnert (Lk 1,54f.72f); die *Barmherzigkeit* (ἔλεος) gegenüber seinem Volk wird als herausragender Wesenszug Gottes bekannt (1,50.54.72.78).[121]

Im Hinblick auf die Marienfigur der lukanischen Geburtsgeschichte ist der übergreifende Zusammenhang beachtenswert: Narrativ wird beschrieben, wie sie *beständig* das Wort im Herzen bewahrt (Lk 2,19.51). Die Wiederholung dieses Moments, der mit dem abschließenden Summarium über Jesu Reifungsprozess verbunden ist, verweist auf einen gewichtigen theologischen Akzent, zumal das Konzept des ‚Worts' auch in diesem Zusammenhang polyvalent gedeutet werden kann.[122]

Wer Freude erfährt, ergreift dringliche *Handlungskonsequenzen*: Nach der Offenbarung *„eilen"* sowohl Maria als auch die Hirten zu anderen Menschen und verleihen ihrer Freude schnellen Ausdruck (Lk 1,39; 2,16). Freude motiviert zu impulsivem Handeln. Außerdem zeigt sich, dass die Freude in der Idealvorstellung des Lukasevangeliums in Gottes Wirken begründet ist und stets als *Gemeinschaftsfreude* auftritt. Die *Mitfreude* des engeren sozialen Umfelds wird sowohl im Zusammenhang des Täufer-

---

[121] Dieser Aspekt begegnet auch in Lk 15,11–32, dem letzten Gleichnis im zentralen Kapitel über die Freude im Lukasevangelium, vgl. Kapitel 11. Das Festhalten an familiären Banden, Barmherzigkeit und empathische Mitfreude zeichnen den dort beschriebenen Vater zweier Söhne aus, die von ihm in die Familie reintegriert werden sollen.

[122] Auch dieses Thema wird theoretisch reflektiert: In der Deutung des Sämannsgleichnisses demonstriert die erzählende Figur Jesus, dass Beständigkeit (ὑπομονή) eine grundlegende Voraussetzung darstellt, um die Freude am ‚Wort' bewahren zu können (Lk 8,13ff, vgl. Kapitel 9).

strangs (Lk 1,14.59) als auch im Hinblick auf die Geburt Jesu betont (Lk 1,39–45). Sie ist als Freude konzipiert, „die allem Volk widerfahren wird." (Lk 2,10; vgl. auch Lk 1,14).[123]

Begegnungen mit Gott, insbesondere Offenbarungen, wirken ‚*große Freude*' (χαρά μεγάλη). Dieses Leitmotiv rahmt das Evangelium als Zentrum der lukanischen Botschaft: Nicht nur den Hirten auf dem Feld wird die Tragweite der Engelsbotschaft als große Freude verkündet. Auch der letzte Satz des Lukasevangeliums schließt mit diesem Ausdruck, der aus dem Substantiv χαρά und dem Adjektiv μεγάλη zusammengefügt ist (Lk 24,52): Beim Erlebnis der Himmelfahrt Jesu werden die Jünger gesegnet und kehren anschließend μετὰ χαρᾶς μεγάλης nach Jerusalem zurück, woran die Apostelgeschichte anschließt. Damit rahmt die „gewaltige Freude" das Lukasevangelium und verbindet die Verkündigungsfreude über die Geburt des Erlösers mit der Freude der ersten Christen, die Auferstehung und Himmelfahrt Jesu und damit seine Gottessohnschaft zu bezeugen. Auf diese Weise wird der ‚Wahrheitsgehalt' in den Aussagen der Engelsreden über die Freude bewiesen, zweitens wird die Freude über Christus interpretiert. Das Christusereignis wird in einen heilsgeschichtlichen Rahmen eingeordnet, da in den lobpreisenden Freudenäußerungen der Eltern (Zacharias und Maria) das Bundesverständnis und das Vertrauen an den Gott Israels zum Ausdruck gebracht werden.

Lautes, *lobpreisendes Beten* ist nach lukanischer Vorstellung die folgerichtige Reaktion auf religiöse Freude, wenn der Betende Gott als den Verursacher und Schenker der Freude erkennt. Mehr noch: Der *Lobpreis ist selbst* eine deskriptive Affektdarstellung. Das Gebet ist ein bedeutendes lukanisches Thema – und von den ersten Kapiteln an mit Freude verbunden.[124]

Das Thema der Freude liegt in den ersten Kapiteln des Lukasevangeliums also sprachlich, strukturell und inhaltlich differenziert verarbeitet vor. In lukanischer Erzähltechnik kann Freude wie gezeigt explizit als auch deskriptiv ausgedrückt werden. Besonders auffällig ist beim Affektkonzept der einleitenden Kapitel, dass *Freude* häufig gemeinsam mit dem Gegenkonzept der *Furcht* in ein Wortfeld gerückt wird. Freude wird indirekt als angstfreier Zustand definiert. Das können die drei Engelsreden und die aus

---

[123] In Lk 15,1–10 kann das Modell zwischenmenschlicher Gemeinschaftsfreude sogar auf die Freude in den Himmeln über umkehrende Sünder übertragen werden, vgl. Kapitel 12, 311ff. In der Apostelgeschichte wird das Ideal einer urchristlichen Güter- und Glaubensgemeinschaft in Freude skizziert (Lk 3,46) , vgl. Kapitel 15, 387ff.

[124] Vorbildlich demonstriert Jesus durch seinen Jubelruf praktisch, was er die Jünger in Lk 10,17ff über das rechte Verständnis der an Gott orientierten Freude theoretisch gelehrt hat, vgl. Kapitel 10, 229f. Dieses Affektverhalten lernen die Jünger: Als sie am Ende des Lukasevangeliums die Himmelfahrt Jesu erleben, kehren sie mit großer Freude nach Jerusalem zurück und preisen Gott „allezeit im Tempel", vgl. Kapitel 15, 384ff.

ihnen jeweils resultierenden dreifachen Affektregulationen besonders anschaulich illustrieren. Angesichts einer Epiphanie verweist die Kombination dieser Affekte auf das außerordentliche mysterium tremendum et fascinosum des religiösen Erlebens, wobei das Gewicht in den einleitenden Kapiteln des Lukasevangeliums auf der positiven Seite des Phänomens liegt: Nicht das Ungeheuerliche, Erschreckende soll angesichts des Evangeliums als religiöse Erfahrung bewahrt werden – sondern freudige Ergriffenheit entspricht dem Wesen der verheißungsvollen Botschaft.

Auf diese Weise trifft besonders für das Lukasevangelium zu, was Hans Georg Gadamer über die Freude geäußert hat: Sie ist „nicht einfach ein Zustand oder ein Gefühl, sondern eine Weise des Offenbarmachens der Welt."[125] Wie ein roter Faden zieht sich dies durch die lukanische Verkündigung.

---

[125] GADAMER, Ethik, 131.

Kapitel 9

Lukas 8,13: Vom Risiko einer unbeständigen Freude
(Das Gleichnis vom Sämann)

Nach dem Zyklus der Geschichten, die im Zusammenhang mit der Ankündigung und der Geburt Jesu euphorisch über die Freude des Evangeliums berichtet haben, tritt das Thema der Freude vorübergehend etwas zurück. In den folgenden Kapiteln wird das öffentliche Wirken Jesu vorbereitet, sodass er schließlich in Galiläa auftreten, heilen und lehren kann (Lk 4,14–9,50). Neben den öffentlichen Auftritten Jesu werden auch interne Jüngerbelehrungen beschrieben, in denen es um die Möglichkeiten und Bedingungen der Nachfolge geht.

Das zeitweilige Zurückstellen der Affektthematik resultiert wahrscheinlich aus der Vorgehensweise der lukanischen Redaktion, Material aus unterschiedlichen Überlieferungen und Quellen zu verarbeiten. So ergeben sich weitere Hinweise auf die Freude u.a. erst im Sämannsgleichnis. Mit diesem Text wird der zweite größere Block eingeleitet, der aus überwiegend markinischem Material besteht (Lk 8,4–9,50). Das Gleichnis folgt also unmittelbar nach der ersten kleinen Einschaltung, die sich vor allem aus Q-Stoff und etwas lukanischem Sondergut zusammensetzt (Lk 6,20–8,3).[1]

Bei allen drei Synoptikern ist das Gleichnis vom Sämann und seiner Saat zusammen mit einer Deutung überliefert (Lk 8,4–15).[2] Eine Rede Jesu an das Volk bildet den erzählerischen Rahmen. Der Gleichnistext handelt von einem Bauern, der seinen *Samen* auf unterschiedlichem Untergrund sät. Saat, die dabei auf den Weg, auf felsigen Untergrund oder in die Dor-

---

[1] Die Freude (χαρά) begegnet darin nur im Umfeld der Seligpreisungen explizit. Diese Aufforderung zur überschwänglichen Freude, die sowohl in die Bergpredigt als auch in die Feldrede Eingang gefunden hat (Mt 5,12; Lk 6,23), wird aus thematischen Gründen im Zusammenhang mit der folgenden längeren Auseinandersetzung über die Freude in Lk 10,20ff in Kapitel 10, 219ff, behandelt.

[2] Deutung: Mk 4,13–20/Mt 13,18–23/Lk 8,11–15. Auch das Thomasevangelium bietet eine Version des Gleichnisses an (EvThom 9), allerdings fehlt bei dieser Version die für die vorliegende Fragestellung entscheidende Deutung, sodass die Thomasparallele in diesem Fall nicht weiter berücksichtigt wird. Vgl. zum Verständnis der Perikope im Vergleich zur Lukasfassung FIEGER, Thomasevangelium, 50–54; SCHRAGE, Verhältnis, 42–48.

nen fällt, kann keine Frucht bringen, sondern wird vernichtet. Zwar zielt das Gleichnis darauf, dass die Aussaat letztlich erfolgreich verläuft und gute Früchte trägt – denn im Kontrast zum dreifachen Verlust und der Vernichtung der Saat wird am Ende des Gleichnisses betont, dass überreiche hundertfache Frucht in guter Erde heranwächst. Vor allem wird aber dafür sensibilisiert, dass die Saat durch verschiedene Risiken zerstört werden kann – was wahrscheinlich auf urchristliche Erfahrungen wie Bedrohungen und missionarische Misserfolge verweist.[3]

Der synoptische Vergleich zeigt, dass die lukanische Redaktion ihre Vorlage insgesamt stark bearbeitet und dabei vor allem gestrafft hat. Das betrifft auch den Abschnitt der Deutung. Die Figur des Saatbauers aus dem markinischen Bestand begegnet in der lukanischen Deutung nicht; der Akzent wird vom *Säen* der Saat konsequent auf das ausgesäte *Wort* Gottes verlagert, weil auch alle Erwähnungen des *Säens*, die in Mk 4,14–20 begegnen, im lukanischen Zeugnis ausgelassen sind.[4] Das Wort Gottes wird als mit dem Samen gleichgesetzt (Lk 8,11–15).[5]

Das Thema der Freude begegnet im lukanischen Zusammenhang mit der Metapher des felsigen Untergrundes, auf den der Samen fällt. Die metaphorische Verbindung von Affekten mit dem Säen und Ernten steht in alttestamentlicher Tradition.[6] Die lukanische Redaktion hat dieses Motiv aus der markinischen Textvorlage übernommen, wobei weitere schwerwiegende redaktionelle Eingriffe bei der Gestaltung des Verses sichtbar werden: Während Mt 13,20f weitgehend dem Markustext folgt, hat Lukas den Vers stark gestrafft und dabei sprachlich modifiziert.[7]

In der Deutung des ersten Risikofalls, wenn die Saat auf den Weg gelangt, wird kein Affekt geschildert. Wie in Mk 4,15 wird mythologisch argumentiert: Der Teufel nimmt das Wort weg und verhindert damit den Glauben. Im zweiten Beispiel wird die Saat als Wort interpretiert, das freu-

---

[3] Mit KLEIN, Lukasevangelium, 308, gegen DRONSCH, Fruchtbringen, 310. Zur Begründung vgl. das Folgende.

[4] ECKEY, Lukasevangelium I, 373.

[5] Das ‚Wort Gottes' wird u.a. bei BOVON, Lukas, 405, und KLEIN, Lukasevangelium, 302, als Leitthema des Gleichnisses bestimmt.

[6] Schon im bekannten Ps 126, einem Wallfahrtslied über die Befreiung aus der Gefangenschaft, heißt es nach der revidierten Lutherübersetzung: „Die mit Tränen säen, werden mit Freuden ernten. Sie gehen hin und weinen und streuen ihren Samen und kommen mit Freuden und bringen ihre Garben." Diese Verse sind in der abendländischen Musik besonders häufig vertont worden, beispielsweise im Deutschen Requiem von Johannes Brahms, op. 45. Zur Bildfeldtradition vgl. VON GEMÜNDEN, Vegetationsmetaphorik, 221, Anm. 101, worin sie auf Philo von Alexandriens Vorstellung verweist, wonach das Schöne, die Einsicht und die Tugend in die Menschen gesät werden (Phil. Leg I,49). Zu 4 Esra 9,31, wonach Gott das Gesetz in das menschliche Herz säe, vgl. WEDER, Gleichnisse, 110; LOHFINK, Gleichnis, 60.

[7] ECKEY, Lukasevangelium I, 373.377.

dig (μετὰ χαρᾶς δέχονται τὸν λόγον) aber unbeständig aufgenommen wird, wenn der Glaube nicht verwurzelt ist (Lk 8,13).[8] Der Affekt besteht in Lk 8,13 nur *temporär*, die Hörenden glauben nur einen Moment (οἱ πρὸς καιρὸν πιστεύουσιν). Der Augenblickscharakter ist in diesem Vers emphasiert, denn er begegnet im selben Satz doppelt. Demnach ist das Wesen der Freude zwar von der ‚Verortung' und ‚Verwurzelung' eines Menschen abhängig, doch zeigt sich ihre Qualität erst im Moment der *Versuchung* (ἐν καιρῷ πειρασμοῦ). Diese Wortverbindung hat einen besonderen theologischen Gehalt: Das καιρός-Konzept steht an vielen neutestamentlichen Stellen für die (eschatologische) Entscheidungssituation,[9] die nach Lk 8,13 auch zur herausfordernden Versuchung werden kann. In diesem Fall ist mit dem καιρός-Begriff ein doppelter Affektwandel verbunden. Auch wenn das Wort freudig aufgenommen wird (Affektprozess), können Affekt und Wort verloren gehen (Affektverlust).

Das dritte Bild von der Saat in den Dornen ist dagegen u.a. mit der *Lust des Lebens* (ἡδονὴ τοῦ βίου) konnotiert. Die ‚Lust' (ἡδονή) ist in der griechischen Ethik, unter anderem bei Platon, ein zentraler Begriff.[10] Aristoteles selbst bietet in seinen Schriften verschiedene Definitionen zur Beschreibung dieses Phänomens an.[11] So wird dieser Affekt beispielsweise als eine wahrnehmbare Bewegung vorgestellt, welche die Seele in ihren zugrunde liegenden Naturzustand zurückversetzt.[12] Diese Naturentsprechung der Lust wird auch von anderen philosophischen Schulen betont, die sich mit Ethik beschäftigen,[13] in diesen Zusammenhängen ist sie zumeist

---

[8] In Lk 8,14/Mt 13,20/Mk 4,16 könnte eine Anspielung die Simchat-Tora vorliegen, vgl. dazu das Kapitel der Freude im AT im Vergleich zum Lukasevangelium.

[9] Besonders in paulinischer Tradition ist zwischen καιρός und χρόνος zu unterscheiden. Zwar können beide Ausdrücke auch synonym verwendet werden, doch steht χρόνος eher für eine Zeitdauer in linearem Sinn, während καιρός sich häufig auf eine „eschatologisch gefüllte Zeit, Zeit der Entscheidung" bezieht, vgl. BAUMGARTEN, Paulus, bes. 181ff.

[10] Vergleiche hierzu Kapitel 4, 56f.65.71ff.76f u.a.

[11] Vgl. Aristot. m. mor. 1205b7; eth. Nic. 1353f; 1175a21–28; 1176a29; m. mor. 1205a16–25; top. 106b1. Nach Aristoteles sind Affekte von Lust und Schmerz begleitet, können aber auch mit einer Aktivität gleichgesetzt werden, vgl. ANNAS, Aristotle, 285–299; OWEN, Pleasure, 334–346; LEIGHTON, Aristotle, 217ff; vgl. auch COOPER, Theory, 245ff.

[12] Bereits Platon beschrieb verschiedene Aspekte der Lust, konnte ihren Motivationscharakter betonen, sie anderweitig als Ausfüllen eines Mangels beschreiben. Zum Lustbegriff gibt es entsprechend verschiedene Einzelaussagen. Aristoteles setzt sich besonders in seiner Rhetorik und seinen ethischen Schriften vertieft mit ihr auseinander. Vgl. FREDE, Feelings261ff, über das platonische Konzept von Lust und Leid und zum Platonismus in der aristotelischen Rhetorik.

[13] Beispielsweise findet sich dieser Bezug auch in der epikureischen Strömung, vgl. Lukrez, de rer. nat. II,963–966.

nicht per se negativ konnotiert. Das Gegenteil begegnet in der stoischen Affektlehre: Dort gilt die Lust als kranker und schädigender Affekt.[14] Ebenso negativ wird sie in Lk 8,14 gewertet. In der Gleichnisdeutung wird sie mit Unkraut, genauer: mit schädigenden und letztlich die Saat vernichtenden Dornen verglichen. Das passt zur stoischen Metapher, Affekte grundsätzlich als Krankheiten der Seele zu betrachten. In diesem Zusammenhang steht der Lustbegriff eindeutig nicht in der oben vorgestellten konventionellen platonischen und aristotelischen Tradition, vielmehr wird die Lust parataktisch neben die Sorgen des Lebens und den Reichtum gestellt. Auch sie bringen keine Frucht und werden dafür kritisiert. Interessanterweise hat der Lukasredaktor das Motiv der Lust gegenüber den anderen Synoptikern in diesem Kontext neu eingeführt. Während sich Mt 13,22 darauf beschränkt, die Sorgen der Welt und den Reichtum zu stigmatisieren, prangert Mk 4,19 den betrügerischen Reichtum und die Begierden nach allem anderen (αἰ περὶ τὰ λοιπὰ ἐπιθυμίαι) an, wobei er aber den expliziten ἡδονή-Begriff aus der stoischen Affektsystematik vermeidet.[15]

Glaube und Affekte in Lk 8,11–15

Vers	Qualität des Untergrundes auf der Bildebene	Innere Qualität auf der Deutungsebene
Lk 8,12	Saat fällt auf den *Weg*	---
Lk 8,13	Saat fällt auf *Felsen*	χαρά als temporäre, unbeständige Glaubensfreude
Lk 8,14	Saat fällt in die *Dornen*	ἡδονή als Glaube erstickender, unfruchtbarer Affekt
Lk 8,15	Saat fällt auf guten *Boden*	Glaube ἐν ὑπομονῇ, als Zustand der Beständigkeit

Vergleicht man die synoptischen Fassungen, fällt in der lukanischen Deutung ein weiterer eigenständiger Akzent auf. Lukas verzichtet darauf, die gesteigerten Ernteerträge am Ende der Deutung hervorzuheben, sollte die Saat auf einen guten, fruchtbaren Boden fallen. Schon im Gleichnis selbst hat Lukas die Klimax gestrichen, wonach die Ernte unterschiedlich hoch ausfallen kann.[16] Bei ihm ist nur die Rede vom Ertrag der hundertfachen Frucht – das ist die höchste Steigerungsstufe bei Mk und Mt – wenn die Aussaat unter idealen Bedingungen geschieht (Lk 8,8). Diese Perspektive

---

[14] Vgl. Kapitel 5 zum stoischen Verständnis der Freude.

[15] Bei Aristoteles wird die Lust dagegen in eth. Nic. 1105b21; eth. Eud. 1220b12 zu den Affekte gezählt, vgl. LEIGHTON, Aristotle, 223f.

[16] Während Mk 4,20 von dreißigfacher, sechzigfacher und hundertfacher Frucht spricht, ist die Klimax in Mt 13,23 absteigend konzipiert.

ist insofern auf das optimistischste Ergebnis reduziert. In der lukanischen
Deutung fehlt die Potenzierung des Ertrags sogar ganz. Während bei den
Referenten die dreifach gesteigerte Erntefülle, die den dreifach erlittenen
Verlust des Sämanns als Antithese wunderbar überbietet (vgl. Mk 4,8 als
Antithese zu den Versen 3–7), als Achtergewicht im Vordergrund des Inte-
resses steht,[17] schließt die lukanische Fassung alternativ: Die affektive
Leerstelle Lk 8,12, die temporär beschränkte Freude in Lk 8,13 und die
kritikwürdige Lust in Lk 8,14 werden mit einem inneren Zustand kontrastiert, der sich durch *Dauerhaftigkeit* auszeichnet. Das wird im abschließenden Vers zweifach ausgesagt und damit betont: Nach Lk 8,15 werden
die Hörer aufgefordert, das Wort ‚zu behalten' (τὸν λόγον κατέχουσιν)
sowie es beharrlich zu ‚bewahren' (ἐν ὑπομονῇ). Beide Begriffe sind lukanische Bearbeitung und demonstrieren das ethische Ideal im Umgang
mit dem Wort.

Es ist besonders beachtlich, dass die lukanische Gleichnisdeutung im Begriff der ὑπομονή gipfelt, der für das Ausharren, die Erwartung oder auch
für Geduld steht. Denn dieser Begriff ist in der kanonischen Evangelienliteratur äußerst selten, während er in der urchristlichen Briefliteratur als
geläufige paränetische Forderung begegnet.[18] Gerade in paulinischer Theologie wird durch diese innere motivierende Einstellung die Spannung zwischen der schon geschehenen Rechtfertigung und der noch zu erwartenden
Vollendung überbrückt.[19] Außerdem ist der Begriff der Beharrlichkeit
(ὑπομονή) eng mit dem Konzept der Hoffnung verbunden und verweist
auf Situationen, die von Bedrängnis und großer Not geprägt sind.[20] Darum
geht es offensichtlich auch in den Parallelstellen. Zwar ist dieser Begriff in
Mk 4,16f/Mt 13,20f nicht aktualisiert, dafür ist aber im Zusammenhang
mit der Freude und der Felsmetaphorik ausdrücklich von einer Bedrängnis-
und Verfolgungssituation die Rede (γενομένης δὲ θλίψεως ἢ διωγμοῦ),
die zum Glaubensabfall führen kann.[21] Der lukanische Bearbeiter spricht in
diesem Zusammenhang mit der Deutung der Saat auf dem felsigen Untergrund zusammenfassend vom „Augenblick der Versuchung" (ἐν καιρῷ
πειρασμοῦ, Lk 8,13), in dem die Abkehr vom Wort geschieht. Damit ist
der Akzent einer situationsbedingten äußeren Bedrohung (Mk 4,17/Mt

---

[17] HARNISCH, Gleichniserzählungen, 40.

[18] Nach RADL, Art. ὑπομονή, ist dieser Begriff, der das Ausharren, die Erwartung
oder auch Geduld ausdrückt, in den kanonischen Evangelien insgesamt nur zweimal bei
Lk (8,15; außerdem 21,19) belegt.

[19] RADL, Art. ὑπομονή, 970, mit Verweis auf Röm 8,23ff; 1 Thess 1,3; 2 Kor 6,4 u.a.

[20] Vgl. Röm 5,3ff und die Belege der apokalyptischen Literatur wie Offb. 1,9;
2,2.3.19; 3,10 u.a.

[21] Zu dieser Tradition vgl. Ps 119,143: „Angst und Not haben mich getroffen, ich aber
habe Freude an deinen Geboten."

13,21) in Lk 8,13 zugunsten einer allgemeineren Versuchung vorübergehend entschärft. Dieser Akzent wird zugunsten des neuen Achtergewichts
verschoben. Denn der Beharrlichkeitsbegriff (ὑπομονή), der dem lukanischen Adressatenkreis aus der älteren paulinischen Tradition bekannt sein
dürfte, kann in den lukanischen Gemeinden durchaus die oben genannten
Konnotationen von Bedrohung und Verfolgungsnot ausgelöst haben.

In schwierigen Situationen besteht das ethische Ideal also darin, das Wort
beständig zu bewahren. Dabei ist die lukanische Hervorhebung eines
‚schönen und guten Herzens‘ (ἐν καρδίᾳ καλῇ καὶ ἀγαθῇ, Lk 8,15) bedeutsam. Die Herzmetaphorik steht bereits im Alten Testament für das Wesen und die innere Beschaffenheit einer Person, insbesondere für ihre
fromme oder aber verstockte Ausrichtung.[22] Im Lukasevangelium ist der
Begriff besonders zentral.[23] Auf der Verbindung von ‚Freude‘ und der
‚Bewahrung des Wortes im Herzen‘ liegt schon in der Geburtsgeschichte
eine Emphase: Maria wird nicht nur zur *Freude* aufgefordert (Lk 1,28)
und reagiert entsprechend affektiv im Magnifikat (Lk 1,46–55), sie *bewahrt* auch alle vernommenen *Worte* und bewegt sie *im Herzen* (Lk
2,19.51).[24] Der theoretische Begriff der Beharrlichkeit (ὑπομονή) wird im
narrativen Zusammenhang zwar nicht aktualisiert, aber dafür zeigen die
Imperfekte συνετήρει (Lk 2,19) und διετήρει (Lk 2,51) die Dauerhaftigkeit ihres inneren Zustands an. Außerdem findet sich der Hinweis auf diesen Prozess zweifach, zuletzt steht er im Zusammenhang mit dem abschließenden Summarium der Kindheitsgeschichte (Lk 2,51f), sodass darauf ein besonderer Aussageschwerpunkt, sozusagen ein resümierendes
‚Achtergewicht‘ der lukanischen Einleitungskapitel liegt.

Auch im Kontext der Sämannsgleichnisdeutung ist das Motiv exklusiv
verarbeitet. Möglicherweise verstand oder interpretierte der lukanische Redaktor die markinische Rede von der Freude über das Wort (Mk 4,16) auch
als Anspielung auf die Simchat-Tora.[25] Denn die Freude des Beters über
die Offenbarung Gottes ist nach jüdischer Vorstellung vor allem im Herzen
lokalisiert. Die Verbindung zur Simchat-Tora zeigt sich besonders eindrücklich in Ps 119,70.161f. Der Psalmbeter singt dort über das Herz der

---

[22] BAUER/FELBER, Art. Herz, 1093–1131. Siehe auch Kapitel 7, 135f.

[23] Zwar verteilt sich das Vorkommen des Worts auf fast alle neutestamentlichen
Schriften, doch findet in den lukanischen Schriften eine gewisse Bevorzugung statt, im
Evangelium wird der Ausdruck 22mal, in der Apg 21mal verwendet, vgl. SAND, Art.
καρδία, 616.

[24] Vgl. Kapitel 8 zur Freude in Lk 1–2.

[25] Vgl. hierzu auch Kapitel 7, 142ff, zur Simchat-Tora im Vergleich des alttestamentlichen Verständnisses zur Freude mit dem Konzept der Freude im Lukasevangelium.

Stolzen. Ihr Herz sei „völlig verstockt", er habe dagegen Freude am Gesetz. Er bekennt auch, dass sich sein Herz nicht vor weltlichen Herrschern fürchte, wohl aber vor Gottes Worten, über die er sich gleichzeitig wie über eine große Beute freue.[26] Denn Gott kann nach dieser Tradition die Herzen auch verstocken – als Strafhandeln, wie es bei Jesaja beschrieben wird.[27]

Deutlich sind die analogen Argumentationsstrukturen in der Gleichnisdeutung: Während Lk 8,12 auf ein verstocktes Herz verweist, demonstriert Lk 8,15 das gegenteilige Konzept bei einem Menschen, der das Wort hört, behält und fruchtbar macht.[28] Dieses mit Ethik verknüpfte Glaubensideal steht einer freudigen, aber unbeständigen Annahme des Worts konträr entgegen (Lk 8,13). Für die Freude kann abgeleitet werden, dass das Ziel nur in einer freudigen Aufnahme und Bewahrung des Worts bestehen kann. Eine Affektkontrolle ist notwendig, weil ein Wandel der Freude, die im Zusammenhang mit dem Wort steht, unbedingt vermieden werden sollte, wie es dem Ideal der Simchat-Tora entspricht. Insofern kann die lukanische Fassung des Sämannsgleichnisses bereits zur Affekterziehung anleiten, indem vier Modelle des Umgangs mit dem Wort angeboten werden und allein die letzte Handlungsweise zum Ziel, dem optimalen Ertrag, führt. Was bereits am Vorbild der Maria narrativ demonstriert worden ist (Lk 2,19.51), vermittelt die Deutung des Sämannsgleichnisses als Lehre Jesu in der Theorie.

Die deutlichen Akzentsetzungen der lukanischen Redaktion weisen darauf hin, dass die bearbeitende Hand mit den Tendenzen ihrer Vorlage nicht zufrieden war. Dennoch ist das Gleichnis modifiziert in das Evangelium übernommen worden. Auch wenn die lukanische Redaktion die Thematik der Freude gerne vertieft hätte, wäre das meines Erachtens im bestehenden Kontext prekär gewesen. Denn schon bei Mk ist die Auslegung des Sämannsgleichnisses in eine komplexe Szene eingebettet, aus der sie nicht unproblematisch gelöst werden konnte.[29] Die klare und knappe Struktur,

---

[26] Ps 119,161f. Dabei ist das Herz nach alttestamentlicher Anthropologie nicht vorrangig ein Ort der Gefühle. Das Organ steht als pars pro toto für die Person in ihrer Gesamtheit, also auch für ihr Denken und ihr Selbstverständnis. Im Neuen Testament kann das Herz auch für das Gewissen einer Person stehen, so SAND, Art. καρδία, 616.

[27] Vgl. den Verstockungsauftrag bei Jes 6,9–11 im Zusammenhang mit dem Ungehorsam des Volkes, der in 29,9f dargelegt ist, vgl. Jer 7,21–28; 17,1 u.a., EGO, Aufgabe, 4ff.

[28] SCHOTTROFF, Gleichnisse, 91, verweist darauf, dass das Hören aus alttestamentlicher Sicht den Einsatz der ganzen Person einschließt, sodass ein gelungenes Leben in Beziehung zu Gott daraus folgen kann.

[29] Der kontextuelle Zusammenhang besteht bereits bei Mk aus dem eigentlichen Gleichnis, das an eine große Menge gerichtet ist (Mk 4,1–9), der eingeschobenen Ausei-

die in formaler Hinsicht für Gleichnisse bestimmend ist,[30] verhinderte darüber hinaus wahrscheinlich eine intensivere Ausarbeitung und Vertiefung der χαρά-Thematik im selben Text – sozusagen als ‚Deutung' der ‚Deutung'. Alle Überlegungen, weshalb die Freude an dieser Stelle nicht weiter ausgearbeitet ist, deren Bedeutung sich für das Lukasevangelium bereits hier, einer der ersten synoptischen Vergleichsmöglichkeiten, abzeichnet, müssen hypothetisch bleiben. Es fällt aber auf, dass nicht viel später, ebenfalls im Kontext der Nachfolgethematik, eine Auseinandersetzung über die Freude folgt. Darin wird die im Sämannsgleichnis skizzierte Problematik einer temporär beschränkten Glaubensfreude aus einer anderen Perspektive vertiefend erörtert.

---

nandersetzung über den Sinn der Gleichnisse im Kreise der Jünger (Mk 4,10–12) und der abschließenden Deutung, die an die Jünger ergeht (Mk 4,13–20).

[30] Vgl. HARNISCH, Gleichniserzählungen, 25.29.

Kapitel 10

Lukas 10,17–24:
Jesu Reaktion auf die Freude der 72 Boten

A. Der Kontext als interpretatorischer Bezugsrahmen

Die folgende Perikope in Lk 10,17ff ist in der zeitgenössischen exegetischen Forschung etwas vernachlässigt worden. Denn die Diskussion des Satanssturzmotivs hat häufig den größeren Zusammenhang überlagert, wobei die Thematik der Freude in dieser Perikope ebenfalls zentral und kritisch behandelt wird.[1] Das Logion Jesu über den Fall des Satans wird derzeit meistens als eine ursprünglich eigenständige Überlieferung bestimmt und deshalb bei diachroner Fragestellung losgelöst vom bestehenden Kontext betrachtet.[2] Im Zusammenhang mit der vorliegenden Fragestellung sind die Überlegungen zur Historizität und Authentizität von Lk 10,18 allerdings von keinem größeren Interesse.[3] Der strukturelle Aufbau und die semantischen Sinnlinien, die ich etwas später darlege, weisen daraufhin, dass es in diesem Abschnitt vor allem um das Wesen der *angemessenen Freude* geht. Die Beschreibung des Satanssturzes dient in diesem Kontext lediglich als Argument, um ein differenziertes Verständnis der Freude entwickeln und vorstellen zu können.

Was soll das Wesen der Freude ausmachen? War in der urchristlichen Tradition möglicherweise Näheres über das Affektverständnis Jesu bekannt, insbesondere, was die Freude betrifft? Das Lukasevangelium referiert, dass Jesus einen größeren Kreis seiner Boten und Jünger explizit über

---

[1] Jesus sprach zu seinen Jüngern: „Ich sah den Satan wie einen Blitz aus den Himmeln fallen" (ἐθεώρουν τὸν σατανᾶν ὡς ἀστραπὴν ἐκ τοῦ οὐρανοῦ πεσόντα), Lk 10,18.

[2] Trotz der isolierten Überlieferung plädieren viele Exegeten dafür, in Lk 10,18 ein mögliches, authentisches Wort des historischen Jesus auffinden zu können, vgl. MÜLLER, Vision, 416–448; VOLLENWEIDER, Satan, 71–87; THEISSEN/MERZ, Jesus, 196f; THEOBALD, Satan, 174–190. Es ist mit Überlieferungen der jüdischen Apokalyptik vergleichbar, vgl. ONUKI, Jesus, 48.

[3] Die Einzigartigkeit der Überlieferung im Lukasevangelium spricht für sich betrachtet noch nicht unbedingt dafür, den Satanssturz als bewahrte Jesustradition ausweisen zu können. Allerdings passt der Satanssturz nach den sachlichen Kohärenzkriterien zur Botschaft, die von Jesus überliefert ist. Vgl. zur Diskussion RUSAM, Jesus, 146–154.

sein Verständnis von Freude unterrichtet hat.[4] Allerdings weiß davon nur dieses Zeugnis zu berichten. Die entsprechende Abhandlung ist auf den ersten Blick sehr kurz gehalten (Lk 10,17–20) und begegnet im Rahmen der großen Einschaltung, der ‚central section‘ in Lk 9,51–18,14. Damit zählt sie zum Material aus Q und dem Sondergut, das im Lukasevangelium zwischen dem übernommenen Stoff des Markusevangeliums eingearbeitet worden ist. Auf die Struktur der Verse und die mit dem näheren Kontext verwobenen Sinnlinien gehe ich etwas später ein. Denn der unmittelbare und weitere Kontext muss für die Interpretation dieser Verse unabdingbar berücksichtigt werden.

Kurz vor dem Diskurs über die Freude, in Lk 9,51, wird vom Entschluss Jesu berichtet, nach Jerusalem aufzubrechen, „da die Zeit erfüllt war, dass er hinweggenommen werden würde". Die Jünger befinden sich also mit ihrem Meister auf dem *Weg in die Krise*,[5] und der Lukasevangelist hat dem Leser bereits durch die ersten beiden Ankündigungen von Jesu Leiden und Auferstehung die Konsequenzen dieser Entscheidung angekündigt.[6] Auf diesem Weg begegnen konzentriert Aussagen über die Bedingungen der Nachfolge und das Wesen der Jüngerschaft und der Mission – stets in Verbindung mit dem Motiv des ‚*Hörens auf das Wort*‘. Weil die Belehrungen auf dem Weg nach Jerusalem, ins Leiden und Sterben, verortet sind, wird ihnen eine gesteigerte dramatische Funktion zuteil. Die Jünger erfahren die Bedingungen und Modalitäten der *Nachfolgeexistenz* in einer Krise, die sich existentiell für jeden zuspitzt, der sich für Jesus entscheidet. Das Wissen um das nahe Ende der Reise macht eine persönliche Entscheidungsfindung der Jünger erforderlich, aber auch der implizite Leser kann sich von diesem Prozess angesprochen fühlen. Reich-Gottes-Botschaft und ethischer Anspruch bilden dabei eine Einheit.[7] Beide Aspekte betreffen auch die Nachfolge in Freude.

Jesus sendet auf seiner Reise Apostel und Boten vor sich her (Lk 9,1ff; 9,52ff; 10,1ff). Sie haben verschiedene Funktionen. Durch die Wegbelehrungen erhalten sie übereinstimmende Instruktionen, wobei Details abweichen können. Woher die einzelnen Traditionen stammen, ist nicht in jedem

---

[4] BOVON, Lukas, 56, deutet Lk 10,17–19 entsprechend als „eine Reflexion über die Art und den Ursprung der wahren Freude", während er sich weniger für die Missionsberichte noch für die Missionare selbst interessiere.

[5] Vgl. LOHSE, Lukas, 72f.

[6] Vgl. Lk 9,21–22; 9,43–45.

[7] Nach R. Bultmann konfrontiert die ethische Verkündigung Jesu den Menschen mit Gott. Zur Parallelität der Reich-Gottes-Botschaft und Ethik vgl. BULTMANN, Jesus, 91: „Indem also die Botschaft vom Kommen der Gottesherrschaft wie vom Willen Gottes den Menschen hinweisen auf sein Jetzt als letzte Stunde im Sinne der Stunde der Entscheidung, bilden beide eine Einheit."

Fall sicher zu bestimmen.[8] Auf jeden Fall wirken die einzelnen Anweisungen in ihrer Komposition äußerst radikal. Die Sendungsregeln für die 72 Boten in Lk 10,1ff sind insgesamt etwas präziser als die Apostelregeln in Lk 9,1–6. Für unsere Fragestellung sind zwei Faktoren besonders wichtig: Erstens erhalten die Apostel und Boten den Auftrag und das Vermögen, Gewalt und Macht über Dämonen auszuüben, Krankheiten zu heilen und auf diese Weise das Reich Gottes zu predigen.[9] Zweitens sind die Grußanweisungen auf dieser Reise besonders auffällig: In Lk 10,4f ist ein Grußverbot auf dem Reiseweg verbunden mit dem Friedensgruß für das Haus, das als Missionsstation dient.

Ausdrücklich empfiehlt Jesus nach dem Zeugnis des Lukasevangeliums an dieser Stelle seinen Boten den *Friedens*-Gruß! Da im Kapitel über Lk 1–2 der Gruß der Freude ausführlich behandelt worden ist,[10] soll versucht werden, auch das davon abweichende Phänomen in Lk 10,4f zu erklären. Zum einen schöpft Lukas die Information über den Friedensgruß aus einer mit dem Matthäusevangelium gemeinsamen Quelle Q (vgl. Mt 10,12ff). Dabei könnte beim Gruß εἰρήνη τῷ οἴκῳ τούτῳ eine Übersetzung oder zumindest ein semitisierender Bezug zum hebräischen ‚Schalom'-Gruß vorliegen. Dass der ‚Frieden' in dieser speziellen Situation der Freude als semantisches Inventar des Grußes vorgezogen worden ist, könnte auch daran liegen, dass im direkten Anschluss an diese Perikope Weherufe folgen. Sie sind an diejenigen Städte gerichtet, die den *Gruß* und die dahinter stehende Botschaft verweigern. Der Wunsch eines gesegneten Friedens steht den Unheilsankündigungen in Lk 10,13–16/Mt 11,20–24) insofern oppositionell entgegen: Wo die Boten Jesu und damit seine Botschaft abgelehnt werden, wird kein Frieden sein.

Ebenfalls als Gegenpol zu den eschatologischen Weherufen, die über die galiläischen Städte ausgerufen werden, stehen die Aussagen über die *Freu-*

---

[8] Der Aussendungsbericht in Lk 9f ist aus markinischem Material abgeleitet, der andere in Lk 10 aus Q. Möglicherweise sind beide Berichte kombiniert worden, um die Mission der Zwölf von einer breiteren Mission zu unterscheiden. Problematischer ist die Herkunftsbestimmung von Lk 9,57ff. Während Lk 9,57–60 aus Q stammen kann (vgl. Mt 8,19–22), ist die Herkunft von Lk 9,61f schwer zu ermitteln: Ob diese Informationen aus Q stammen, dem Sondergutmaterial oder lukanischer redaktioneller Tätigkeit zuzuordnen sind, muss meines Erachtens offenbleiben. Für eine schriftliche Vorlage dieses Materials argumentieren FITZMYER, Gospel, 833; GRUNDMANN, Lukas, 204 und WIEFEL, Evangelium, 192. Aufgrund von sprachlichen Indizien plädiert ECKEY, Lukasevangelium I, 449, in Anschluss an JEREMIAS, Sprache, 182; LÜHRMANN, Redaktion, 58, Anm. 5; SCHRÖTER, Erinnerung, 161f; SCHULZ, Spruchquelle, 435, Anm. 239 dagegen für eine lukanische Bearbeitung in Anlehnung an 1 Kön 19,19–21. Vorsichtiger argumentieren dagegen die Autoren der Critical Edition of Q, ROBINSON/HOFFMANN/KLOPPENBORG, Edition, 156f, die diesen Vers mit einem Fragezeichen markiert offenlassen.

[9] Lk 9,1f; 10,1.9.

[10] Vgl. Kapitel 8, 148–178.

de, mit denen Lk 10,17 eingeleitet wird. Die 72 Boten kehren erfolgreich zu Jesus zurück und freuen sich darüber.[11] Sie erklären (ὑπέστρεψαν... μετὰ χαρᾶς, Lk 10,17), dass ihnen während ihrer Mission die Dämonen (τὰ δαιμόνια) untertan gewesen sind. Die ihnen in Lk 10,9 anbefohlenen Krankenheilungen scheinen damit – anders als noch in Lk 9,40 – erfolgreich gewesen zu sein. Überraschenderweise distanziert sich Jesus jedoch von ihrem Affektverhalten. Er kritisiert die Freude seiner Mitarbeiter als falsch begründet. Nicht über ihre erfolgreichen Erfahrungen mit den Dämonen sollen sie sich freuen, sondern darüber, dass ihre „Namen in den Himmeln aufgeschrieben sind (ἐγγέγραπται ἐν τοῖς οὐρανοῖς)".[12] Was bedeutet dieser Appell, die Freude anders auszurichten?

B. Affektkontrolle und Affektregulation

In Lk 10,20 verlangt Jesus von seinen Jüngern, den bereits bestehenden Affekt der χαρά beizubehalten. Gleichzeitig fordert er sie auf, das Bezugsobjekt, das die Freude ursprünglich ausgelöst hat, zu wechseln. Das ist eine außergewöhnliche und auch aufschlussreiche Form der Affektregulation! Zwar wird die im Hintergrund stehende Psychologie nicht explizit dargelegt oder erläutert, dennoch liegt dieser Argumentation offensichtlich

---

[11] Die ursprüngliche Anzahl der Boten lässt sich textkritisch nicht mehr mit großer Sicherheit bestimmen und wird auch in der aktuellen Forschung ausführlich diskutiert. So findet sich die Lesart der siebzig Zeugen vor allem in der alexandrinischen Textgruppe wie dem Codex Sinaiticus (4. Jh.), dem Alexandrinus (5. Jh.), Ephraemi, Regius, Freerianus, Sangellensis, Koridethianus, Athous Laurensis, in Minuskeln der Familie 1 und der Familie 13, dazu in einigen altlateinischen, syrischen und koptischen Übertragungen. Aber auch die Lesart der 72 Boten ist sehr gut bezeugt: Schon im Papyrus Bodmer (Ende des 2./Anfang des 3. Jh.) und des mit ihm verwandten Vaticanus (4. Jh.) sowie dem Codex Bezae aus dem 5./6. Jh., außerdem bei der Mehrheit der alten lateinischen und der syrischen, sowie bei einigen koptischen Übersetzungen begegnet die höhere Botenanzahl. Die ursprüngliche Textfassung kann mit der Methode der äußeren Textkritik nicht mehr mit Bestimmtheit rekonstruiert werden, da beide Lesarten annähernd gleich stark bezeugt sind (mit einem leichten Vorteil für die zuletzt vorgestellte Lesart durch $\mathfrak{P}^{75}$). Deshalb müssen die Überlegungen der inneren Textkritik zur Entscheidungsfindung herangezogen werden. Meines Erachtens ist vor allem überzeugend, dass eine Abrundung der 72 auf siebzig wahrscheinlicher erscheint als eine nachträgliche Addition der siebzig Jünger auf 72. Außerdem ist zu bedenken, dass die LXX, mit der Lukas arbeitete, in Gen 10–11 eine Anzahl von 72 Völkern beschreibt, während der hebräische Text lediglich siebzig Völker kennt. Auch die Bezeichnung der LXX selbst bezieht sich nach MEISNER, Aristeasbrief, 47–50, auf 72 statt auf siebzig Bearbeiter. Zu weiterer textkritischer Argumentation vgl. ECKEY, Lukasevangelium I, 454f (Lit!); SCHRÖTER, Erinnerung, 165, Anm. 89 und METZGER, Commentary, 150 f.

[12] Nach MARSHALL, Gospel, 430, in Anlehnung an KRUSE, Negation, 385–400, könnte hier eine semitisierende Form vorliegen.

ein besonderes antikes Affektverständnis zugrunde. So ist es nur unter einer Voraussetzung überhaupt denkbar, dass ein Affekt bei gleichzeitigem Wechsel seines Objekts beibehalten werden kann: Affekte müssen nach diesem Verständnis vollständig kognitiv kontrollierbar sein.

Dieses psychologische Affektverständnis ist in der philosophischen Antike durchaus umstritten gewesen, wie die vorausgegangenen Kapitel über die Affekte gezeigt haben. Es steht in gewisser Weise der stoischen Seelenlehre nahe. Denn im Gegensatz zum platonischen Seelenkonzept, das verschiedene und auch irrationale Seelenanteile annimmt, vertreten die klassischen Stoiker eine monistische Psychologie mit einem besonders ausgeprägten kognitiven Akzent.[13] Das Hegemonikon (ἡγεμονικόν) als „Schaltzentrale und Informationszentrum",[14] das häufig auch mit der Seele gleichgesetzt wird, gilt in ausgeglichenem Zustand (εὐτονία) als rational und ohne selbstständige irrationale Anteile.[15] Nach diesem Seelenmodell kann das innere Erleben durch Verstandesleistungen völlig kontrolliert und manipuliert werden. Auch in der platonischen Schule ist die Bedeutung der kognitiven Kontrolle besonders gewürdigt worden. Im Gegensatz zur platonischen Konzeption und der Seelenlehre des Aristoteles werden in der stoischen Affekttheorie jedoch keine *inneren Konflikte* zwischen dem Fühlen, Wollen und Denken einer Person angenommen.[16] Auch in dieser Perikope begegnet kein Hinweis auf eine innere Zerrissenheit der handelnden Figuren. Eine Reaktion der Jünger auf die Rede Jesu wird nicht geschildert. Jedes intentionale Handeln erscheint dadurch kontrollierbar: Der Mensch wird aufgefordert, Entscheidungen über sein Affektverhalten zu fällen. Die Jünger sollen sich nicht passiv von Affekten übermannen lassen, so wie es bereits Sokrates von seinen philosophischen Schülern verlangt hat. Sie sollen nach Lukas lernen, Freude aufgrund von selbstständig getroffenen Urteilen zu erfahren, die dem inneren Erleben vorausgehen und es weiter begleiten.[17]

Im Zusammenhang mit Lk 10,17ff wird die Diskussion über grundlegende Axiome und Fragen, die in den antiken Affektlehren zirkulierten, allerdings nicht vertieft. Diese impliziten Voraussetzungen ermöglichen

---

[13] Während Platon im Staat neben der Vernunft (λογιστικόν) noch die Existenz von zwei weiteren irrationalen Seelenteilen angenommen hat, gehen die frühen Stoiker von der grundsätzlichen Einheitlichkeit der Seele, d.h. von einem psychologischen Monismus aus. Vgl. hierzu Kapitel 4 (zu Platon) und 5 (zur Stoa).

[14] GUCKES, Akrasia, 99.

[15] Zur Bedeutung des Hegemonikons vgl. OKSENBERG RORTY, Besänftigung, 174.

[16] BRENNAN, Theory, 25; HALBIG, Affektenlehre, 36. Vgl. dagegen den Beitrag GUCKES, Akrasia, 94–122. Zur Bedeutung der συγκατάθεσις für den stoischen Monismus siehe LONG, Psychology, 572ff.

[17] Dieser Anspruch ist hoch – er kommt in der philosophischen Tradition nur einer geringen Zahl philosophisch gebildeter Weiser zu (siehe unten).

Rückschlüsse auf den von der lukanischen Redaktion intendierten Leser-kreis, auf das sogenannte *Leserprofil*: Offensichtlich wird die kulturelle Kompetenz erwartet, diesem Verständnis folgen und möglicherweise auch vorbehaltlos zustimmen zu können. Zudem erlangen die Aussagen sowie ihre impliziten Prämissen über die literarische Figur Jesus, die im Lukas-evangelium zweifelsfrei als ‚Held' auftritt, eine *autoritative Wirkung*. Da-mit könnte intendiert worden sein, mögliche kritische Einwände der Adres-saten abzuschwächen oder gar zu zerstreuen. Ohne Zweifel soll in Lk 10,20 die Überzeugung vermittelt werden, dass Affekte kontrolliert und durch kognitive Steuerung sogar zugeordnet und umgeleitet werden kön-nen.

Wie die Freude in Lk 10,20 gewertet wird, hängt von der *Qualität ihres Bezugsobjekts* ab, das sie auslöst. Indem ein kognitiver Zusammenhang zwischen der subjektiven Wertung eines rational erfassbaren Sachverhalts (des Objekts) und dem daraus resultierenden Affekt hergestellt wird, stellt sich das Lukasevangelium wiederum in philosophische Tradition:
Die klassischen philosophischen Schulen in platonischer Tradition ver-stehen nur die Philosophie selbst und die Freude an ihr als höchsten und einzigen Grund zur eupathischen Freude.[18] Die Stoiker haben den Begriff der *Adiaphora* für Objekte geprägt, die zwar angenehm, aber für das Er-langen der Glückseligkeit irrelevant sind.[19] Auch bei Philo von Alexandri-en ist die Freude (χαρά) durch einen vielfältigen Objektbezug gekenn-zeichnet. Sie kann in sich begründet sein und damit ohne Objektverbin-dung als selbstständiges Gut (ἴδιον ἀγαθόν) stehen, aber sie kann auch flexibel und vielfältig mit anderen Gütern verknüpft werden: Sowohl kör-perliche (Gesundheit, Stärke u.a.), materielle (Reichtum, Herrschaft u.a.) und soziale Güter (Freiheit, Ehre, Lob u.a.) als auch Geistiges (Freude an der Philosophie oder an Gott) benennt Philo als potentielle Freudenauslö-ser.[20] Indem er die Freude an Gott als höchste und weiseste Form der menschlichen Freude bestimmt, überträgt er das Lob der Philosophen auf die Philosophie in das Theologische. Auch im Lukasevangelium weist die angemessene Freude deutlich einen theologischen Bezug auf, wie der Ver-lauf des Jubelrufs zeigen wird.

Um zu untersuchen, welche Möglichkeiten einer Kontrolle und Regulation von Affekten an dieser Stelle des Lukasevangeliums vorgestellt werden, soll nun der klassische funktionalistische Ansatz der modernen Emotions-psychologie hinzugezogen werden. Emotionen ergeben sich demnach aus

---

[18] Vgl. Kapitel 4, 72f.
[19] Vgl. Kapitel 5, 84ff.
[20] Phil. Leg III,87; vgl. Kapitel 6, 121ff, 128ff.

vorauslaufenden Bewertungsprozessen (appraisals), bei denen eine Person bewusst oder unbewusst einschätzen kann, welche Bedeutung und Qualität ein Ereignis für sie entfalten kann. Emotionen entfalten damit eine Signalfunktion, wenn sich eine Person von wichtigen Ereignissen betroffen sieht.

Die Boten beschreiben ihre anfängliche Freude nur knapp, sodass der implizite Leser nichts über ihre konkrete Einschätzung (appraisals) des Ereignisses erfährt. Ihre Freude kann in der Erzählung nur durch den kontextuellen Bezug der folgenden Verse semantisch eingegrenzt werden. Offensichtlich führt der exorzistische Erfolg zu einer freudigen Rückkehr der Jünger. Wie es sich schon in Lk 1–2 gezeigt hat, ist Freude auch in diesem Kontext mitteilsam: Die Boten berichten ihrem Auftraggeber Jesus darüber. Doch aus dieser Handlungskonsequenz resultiert eine überraschende Reaktion. Jesus wird nicht zur Mitfreude über den Erfolg seiner Boten angeregt, sondern kritisiert die inhaltliche Ausrichtung ihres Affekts. Durch seine Lehre und den nachdrücklichen, direkten Appell durch den doppelten Imperativ χαίρετε sollen die Boten selbst zur Affektregulation angeregt werden!

Aus Sicht der entwicklungspsychologischen Forschungsrichtung ist besonders zentral, dass Emotionen funktional zur Verhaltensregulation beitragen. Nico H. Frijda versteht Emotionen als ‚Handlungsbereitschaften‘, da sie flexibel auf die bestehende Situation abgestimmte Bewältigungshandlungen auslösen können.[21] Emotionen können auf diese Weise sowohl die eigene Person als auch die Interaktionspartner motivieren, etwas an einem bestehenden Auslöser zu korrigieren oder ihn weiter zu verstärken. Während beim problembezogenen Coping versucht wird, die Umwelt bzw. das auslösende Ereignis zu manipulieren,[22] werden beim emotionsbezogenen (emotion-focused) Coping die eigenen Emotionen umgedeutet, indem Bewertungsprozesse modifiziert werden.[23]

Wie gezeigt, wird die Freude nach Lk 10,20 durch die rationale Einschätzung ihres Objekts begründet. Wird diese Beurteilung des Sachverhalts geändert, modifiziert oder neu bestimmt, wirkt sich das folgerichtig auf die kausalen Zusammenhänge zum verknüpften Affekt aus. Im Folgenden werden die Exorzismen als primär auslösendes Ereignis nicht kritisch hinterfragt. Der Aussendungsbefehl wird nicht zurückgenommen. Das Ge-

---

[21] FRIJDA, Emotions, 71. Wie das folgende vereinfachende Schema der Emotionsregulation zeigt, kann die Bewertung von Ereignissen aber auch Routinehandlungen auslösen, die nicht mit Emotionen verbunden sein müssen.

[22] Vgl. hierzu das vereinfachte Schema des dreistufigen appraisal-theoretischen Ansatzes nach Lazarus in Kapitel 3, 43ff. Diese Konzeption sieht die Aktualgenese von Emotionen als dynamischen Prozess, bei dem sich die einzelnen Stufen überlagern können: Nacheinander oder sogar fast gleichzeitig können auf diese Weise auch ‚mixed emotions‘, also unterschiedliche Emotionen, erlebt werden.

[23] LAZARUS/FOLKMAN, Stress, 150 (Lit!).

schehen ist daher nicht als problemorientiertes Coping einzuschätzen. Ebenso fraglich ist es zunächst, ob ein klassisches emotionsbezogenes Copingverfahren festzustellen ist: Während demnach eine bestehende Emotion durch die Neueinschätzung eines Sachverhalts *geändert* und damit bewältigt werden kann, begegnet in Lk 10,20 eine alternative Bewältigungsstrategie: Nach dieser Aufforderung soll nicht der Affekt reguliert werden, sondern das mit ihm kausal verbundene *Bezugsobjekt*! Die ‚Freude' soll bestehen bleiben, aber ihr Auslöser ist zu substituieren! Jesus fordert in Lk 10,20 eine Neubewertung, ein ‚reappraisal', wonach die Freude neu begründet werden soll. Die Jünger werden aufgefordert, sich bei diesem Verhaltensmuster auf den Affekt selbst konzentrieren und die Freude zu stabilisieren. Das ursprünglich auslösende Ereignis soll seine kausale Bedeutung verlieren. Allein die Neubewertung des Geschehens soll nun die Freude begründen, die dadurch als eschatologische (Vor-) Freude näher bestimmt werden kann. Indem die Freude in ihrer Qualität neu definiert wird, liegt eine besondere Form des *emotionalen Copings* vor. Auch dieses Phänomen wird als ein primär kognitiver Prozess der Affektbewältigung dargestellt. In Lk 10,20 zeigt sich das daran, dass Jesus in seinem Vortrag über die Freude gegenüber seinen Jüngern eine umfangreiche Überzeugungsarbeit leistet, die das geforderte Copingverfahren ermöglichen soll. Die narrativen Hinweise aus Lk 10,17f sollen nun auf das vorgestellte Modell übertragen werden, siehe hierzu die Grafik auf der folgenden Seite.

Ob der Appell Jesu von seinen Dialogpartnern, den Boten, umgesetzt werden kann, wird im Lukasevangelium im Folgenden nicht berichtet. Es darf bei den Jüngerfiguren die Bereitschaft vorausgesetzt werden, im Auftrag Jesu kontrolliert und selbstkritisch die bestehenden Urteile zu reflektieren, wie es bei einem kognitiv orientierten Copingverfahren notwendig ist. Außerdem ist die Kompetenz erforderlich, Zusammenhänge zwischen ihrem inneren Urteil auf rationaler Grundlage und dem daraus resultierenden Affekt zu verstehen und auch nutzen zu können. Anscheinend setzt die Jesusfigur des Lukasevangeliums bei den 72 Boten aus Lk 10,17 die Bereitschaft zur einer entsprechenden inneren Flexibilität und einem gereiften Affektvermögen voraus. Der Imperativ in wörtlicher Rede (μὴ χαίρετε... χαίρετε δέ, Lk 10,20) ruft die Jünger als Hörer auf der Ebene der Erzählung zur angemessenen Freude auf, und, wenn notwendig, auch zur Regulation der Freude nach Art der dargestellten Bewältigungsstrategie. Dazu kann und darf sich auch der implizite Leser aufgefordert fühlen, wenn er sich durch Identifikation mit den Jüngern in einer vergleichbaren existentiellen Entscheidungssituation versteht.

Vereinfachtes Schema der Handlungs- und Emotionsregulation in Lk 10,17ff:

In diesem Zusammenhang soll auch er sich damit auseinandersetzen, was die Nachfolge Jesu ausmacht, wie sie erkenntlich wird und welche Funktion und Konsequenzen die Freude dabei einnimmt. Ich werde an etwas späterer Stelle auf dieses Modell der funktionalistischen Emotionstheorie zurückkommen.

Als weitere Forschungsrichtung der Entwicklungspsychologie soll auch die *Schema-Theorie*, die vor allem von der differentiellen Persönlichkeitsforschung eingesetzt wird, in die Exegese einbezogen werden. Schon Aristoteles setzt in seiner Rhetorik dispositionelle Persönlichkeitsausprägungen voraus. Diese seelischen Verfassungen seien gerade im Hinblick auf Entstehung, Ausmaß und Regulationskompetenz der Affekte entscheidend![24] Der antike Philosoph beschreibt komplexe Cluster, also ‚Verwandtschaftsbeziehungen‘ von Affekten, die dadurch gekennzeichnet sind, dass sie häufig in typischen Koppelungen bei einer Person auftreten. Dies soll exemplarisch daran demonstriert werden, dass Aristoteles spezielle Formen der Freude aufgreift:

„Beides nämlich [das Mitleid mit denen, die unverdienterweise Leid erdulden und die Freude über Menschen, die sich verdientermaßen im Unglück befinden, Anm. d. Verf.] ist gerecht und macht dem anständigen Menschen Freude (ποιεῖ χαίρειν) (...). Und all dies resultiert aus der gleichen charakterlichen Disposition (ἦθους) wie auch das Gegenteil aus der entgegengesetzten Veranlagung; denn der Schadenfrohe (ἐπιχαιρέκακος) ist derselbe Mensch wie der Neidische (φθονερός); empfindet jemand nämlich Schmerz (λυπεῖται) über das, was einem anderen zuteilwird und dieser besitzt, so muss derselbe Freude (χαίρειν) empfinden über den Entzug und die Vernichtung dieser Sache.“[25]

Auch der moderne emotionspsychologische Ansatz, der die Aktualgenese von Emotionen in Abhängigkeit zur jeweiligen persönlich entwickelten Disposition versteht, nimmt einen langfristigen, unbewussten Verarbeitungsprozess bis zur Reife der individuellen Emotionskompetenz an.[26] Emotionen werden demnach gelernt, nicht nur ihre Ausdrucksweisen sind kontextuell geprägt! Die schemaorientierte Emotionsforschung setzt dabei voraus, dass automatisierte, rasche Reaktionen hervorgerufen werden, wenn die eingehenden Informationen mit verarbeiteten Erfahrungen verbunden werden können. Unbewusste dispositionelle Schemata helfen da-

---

[24] Vgl. Aristot. rhet. 1369a.

[25] Aristot. rhet. 1386b,29–1387a,3.

[26] Die folgende emotionspsychologische Hypothese steht in Abgrenzung zu entwicklungspsychologischen Temperamenttheorien, die zumeist die biologischen Grundlagen des ‚Temperaments‘ betonen: „Temperament conventionally refers to stable behavioral and emotional reactions that appear early and are influenced in part by genetic constitution“, so KAGAN, prophecy, 40; vgl. auch ZENTNER, Temperament, 162, der eine Übersicht über die verschiedenen Forschungsausrichtungen und Temperamentskonzeptionen bietet.

bei, Ereignisse vorzustrukturieren, sie zu bewerten und zu ordnen.[27] Deshalb werden die aktualisierten emotionalen Reaktionen von den Reaktionstendenzen unterschieden, die auf eine persongebundene Disposition verweisen. Auf bestimmte Klassen von Ereignissen wird demnach relativ konsistent mit bestimmten qualitativen Gefühlszuständen reagiert, solange der jeweilige Auslöser mit den bereits aufgebauten Schemata und Ereignisrepräsentationen verbunden werden kann:[28] „Such schemata represent abstracted general knowledge and guide and shape how information is processed."[29] Dazu müssen ‚Bedeutungsäquivalenzen' gestiftet werden, die eine unwillkürliche ‚intraindividuelle Konsistenz' emotionaler Reaktionen erlauben. Auf diese Weise wird ermöglicht, dass beispielsweise „eine Person auf unterschiedliche Verlustereignisse mit dem gleichen Gefühlszustand der Trauer reagiert."[30]

Automatisierte emotionale Reaktion:

Das bedeutendste Moment in diesem automatisierten emotionalen Reaktionsprozess ist die Wahrnehmung eines Reizes, dem eine unmittelbare Bedeutung verliehen wird. Dieser Prozess erfolgt intentional, spontan, ‚präattentiv' und schemagesteuert, wobei unbewusst implizites Wissen aktiviert wird.[31]

Man mag sich bei diesem präattentiven Moment an die stoische Theorie der Propatheiai (προπαθείαι) erinnert fühlen, wie sie bei Seneca vertreten ist.[32] Auch hier wird die Affektgenese als äußerst komplexer Prozess beschrieben. Trotz des Ideals der Affektfreiheit, der Apathie, werden allen Menschen (auch den Weisen!) automatische, unaufhaltbare und starke Impulse zugestanden, die sich dem Handelnden aufdrängen.[33] Gefährlich ist an ihnen, dass sie die Aufmerksamkeit des Handelnden auf die zugrunde

---

[27] Zur allg. Ordnungsfunktion von Schemata: HERRMANN, Psychologie, 73–165.
[28] ULICH/KIENBAUM/VOLLAND, Schemata, 53.
[29] GUERRA/HUESMANN/HANISH, Role, 141.
[30] ULICH/KIENBAUM/VOLLAND, Schemata, 54.
[31] Ebd., 54f.
[32] Vgl. Kapitel 5, 96f.
[33] Vgl. ABEL, Propatheia-Theorem, 78–97.

liegende Vorstellung lenken und eine starke Neigung in ihm entstehen lassen, diese vorbehaltlos anzunehmen.[34] So können aus diesen Vor-Affekten, wenn ihnen nicht bewusst die Zustimmung (συγκατάθεσις) verweigert wird, schnell die problematischen Affekte (πάθη) werden.[35] Seneca differenziert: „Also ist Leidenschaft nicht, wenn sich Vorstellungen von Dingen bieten, sich zu erregen, sondern sich ihnen hinzugeben und dieser zufälligen Regung zu folgen."[36]

Die emotionspsychologische Schematheorie unterscheidet vom Phänomen der automatisierten Reaktionsbildung einen alternativen, reflexiven Prozess. Werden nämlich neue, mehrdeutige oder unerwartete Elemente wahrgenommen, findet die ‚Ent-Automatisierung' einer Reaktion statt. Während die automatisierte Emotionsbildung den Normalfall einer Aktualgenese darstellt, ist die reflexive Reaktionsbildung ein notwendiger ‚Sonderfall': Durch ihn werden emotionale Schemata und Informationsstile weiterentwickelt, die als dispositionelle Komponenten bei künftigen aktuellen Emotionsgenesen mit weiteren Faktoren zusammenwirken können.[37] Bei dieser bewussten, intentionalen Reaktionsbildung wird die Aufmerksamkeit auf das auslösende und zu bewertende Ereignis fokussiert, internalisierte Regeln können modifiziert oder substituiert werden. Sowohl Reaktionen als auch Reaktionstendenzen können infolge einer reflexiven Emotionsbildung nach Ansicht der psychologischen Schemaforschung neu gebildet werden.[38]

Auch in der stoischen Lehre bleibt das rationale Prinzip des ursprünglichen Handlungsmodells gewahrt, da durch Wissen und eine reflektierende Grundhaltung die zu erwartenden resultierenden Affekte jederzeit vermieden oder beeinflusst werden können.[39] Aus dem Verständnis von natürlichen Gefühlen, vor allem von Vor-Affekten, ergeben sich weitreichende Konsequenzen für die Affektregulation:[40] Distanziert sich eine Person

---

[34] GUCKES, Akrasia, 103.

[35] Allerdings sollen auch sichtbare, spontane Phänomene wie unwillkürliches Zusammenzucken beim Erschrecken oder Reaktionen auf Musik aus stoischer Sicht als Propatheiai erklärbar sein, vgl. Sen. De ira, II,2–3; III,4.

[36] Sen. De ira, II,3,1

[37] Die bei FRIJDA, Emotions, 71, klassisch als Handlungsbereitschaft definierte „action readiness" wird in der Schemaforschung wie bei ULICH/KIENBAUM/VOLLAND, Schemata, 55f, dagegen als Verfügbarkeit und Aktualisierbarkeit derjenigen dispositionellen Komponenten verstanden, die zum Erleben einer bestimmten Emotion erforderlich sind.

[38] ULICH/KIENBAUM/VOLLAND, Schemata, 55f.

[39] Zur Einordnung von Senecas Propatheiai-Modifizierung als Verteidigung der chrysippschen Affektlehre im Zusammenhang mit Posidonius siehe Kapitel 5, 97.

[40] HALBIG, Affektenlehre, 59.

frühzeitig, also bereits bei den ersten Hinweisen, auf eine Bewegung des Seelenstroms, kann es gelingen, sich die Kontrollmöglichkeit über das eigene Verhalten zu vergegenwärtigen. Handelt es sich um einen Vor-Affekt, so ist dieser beherrschbar, und der eigentliche, weil krankhafte Affekt kann vermieden werden.[41] Entsprechend vertreten bereits die ältesten Stoiker eine rein kognitive Affekttherapie: Durch das Reflektieren der Situation sollen Emotionsprozesse ‚ent-automatisiert‘ und schließlich verhindert werden. Da die Freude (χαρά) von (späteren) stoischen Vertretern nicht unter die schädlichen Affekte gerechnet wird, kommt ihr ein eigener Status zu – die Eupatheiai (εὐπάθειαι) gelten als reflektierte Zustimmungen zu Urteilen.[42] Die Freude wird als Element ‚guter Affekte‘ handlungstheoretisch akzeptiert, denn sie gilt als vernünftiger Ersatz für die abzulehnenden Affekte. Da sie das Vernunftvermögen nicht beeinträchtigt, gilt sie im philosophischen Diskurs nach diesem Verständnis nicht als schädlich.

In Lk 10,20 ist deutlich, dass die Freude derselben Personengruppe mit zwei unterschiedlichen Bezugsreferenzen zugeordnet werden kann: Jesus setzt in seiner Rede bei den zurückkehrenden Boten die Kompetenz voraus, den Affekt der Freude trotz unterschiedlicher Bezugsobjekte *intrapersonal* verarbeiten zu können. Nicht die Informationsverarbeitungsstile der Boten werden kritisiert, sondern ihre Zuordnung der Freude im Verhältnis zum auslösenden Reiz! Die freudige Reaktion auf die erfolgreichen Exorzismen soll von ihnen reflektiert und überarbeitet werden. Dabei wird nicht nur zu einer einmaligen situativen Neubildung des Affekts angeregt. Durch bewusstes kognitives Verarbeiten kann ein neuer *Reaktionsprozess* gebildet werden, um den bisherigen automatisierten Vorgang abzulösen. „Aus schematheoretischer Sicht können bestehende innere Strukturen für künftige Geschehen durch vertieftes Lernen neu geordnet werden." Denn nach August Flammer stellen „Schemata … den Niederschlag der Erfahrungen dar".[43] Zieht man diese Erklärung heran, könnte das neue Wissen aus Lk 10,20 internalisierend zur ontogenetischen Affektentwicklung beitragen.

Was sich als Aufforderung innerhalb der Story an die Missionare richtet, kann der implizite Leser durch die wörtliche, distanzlose Aufforderung zur Freude (μὴ χαίρετε... χαίρετε δέ, Lk 10,20) auch auf sich beziehen. Automatisierte, mit der Freude verbundene Reaktionen sind zu überprüfen,

---

[41] Wie bereits im Kapitel über das stoische Verständnis der Freude erwähnt, verwendet Seneca, De Ira II,3,2, zur Illustration das Beispiel eines Soldaten, der das Schlottern seiner Knie bemerkt und durch Distanzierung und anschließende Reflexion in der Lage ist, das Eintreten des eigentlichen Affekts zu vermeiden und trotz seiner Symptome tapfer in die Schlacht zu ziehen, siehe Kapitel 5, 97.

[42] Siehe Kapitel 5, 97f.

[43] FLAMMER, Entwicklungstheorien, 136.

gegebenenfalls neu zu konstruieren und zu re-aktualisieren. Im Idealfall hat das Folgen für die persönliche innere Disposition: Bei künftigen Ereignissen, deren Reize Bedeutungsäquivalenzen aufweisen (z.b. anlässlich von Exorzismen; Lobpreisen; bei Bezügen zu Jesu Lehre, insbesondere zur Vorstellung der „Namen in den Himmeln"), können infolge intuitive, unbewusste Prozesse ausgelöst werden, die in die neu definierte Freude münden. Dazu wird auch dem impliziten Leser zugemutet, kontrolliert und selbstkritisch die bestehenden, automatisierten Urteile zu reflektieren. Lk 10,20 demonstriert: Wer auf Jesus hört, dessen Wahrnehmung kann und wird sich (dauerhaft) verändern.

C. Unterschiedliche Bezugsreferenzen der Freude

Aber inwiefern unterscheiden sich die beiden aufgezeigten Bezugsobjekte der Freude voneinander, die Jesus referiert? Zunächst mag die Unterscheidung der Objekte irritieren. Denn sowohl das Phänomen, Dämonen austreiben zu können, als auch die Metaphorik der aufgeschriebenen „Namen in den Himmeln" verweisen auf eine eschatologisch geprägte Argumentation.[44] Dennoch zeigen sich signifikante Unterschiede.

Jesu Exorzismen sind Phänomene, die in das dämonisch durchdrungene Geschehen eingreifen. Sie bewirken die Wiederherstellung, die Heilung vom Kranken. Exorzismen konnten im zeitgenössischen antiken Umfeld unterschiedlich gedeutet werden. Werden sie als Zeichen des rettenden Handelns Gottes anerkannt, sind sie besonders geeignet, bei den Heilsempfängern wie auch bei den Zeugen des Geschehens Glauben zu bewirken: Sie belegen eine besondere Vollmacht des Exorzisten, denn Geistaustreibungen überwinden die Grenzen der anthropologischen Kompetenz. Vor allem aber bezeugen sie Gottes heilsgeschichtliches Wirken und bestätigen die Präsens und Kontinuität seiner gnadenreichen Zuwendung. Auf diese Weise sind Exorzismen mit einem komplexen theologischen Gehalt konnotiert: Im Lukasevangelium ist Gott das wirkende Subjekt, sein Sohn Jesus handelt in seinem Auftrag. Die Exorzismen sind demnach offensichtliche Indizien, dass Jesus von Gott bevollmächtigt ist.[45] Diese charismatische Kompetenz hat Jesus seinen Boten übertragen.[46] Die Freude über den Erfolg ‚ihrer Mission' wird in Lk 10,20 aber kritisch gewürdigt: Die Boten

---

[44] LOHSE, Freude, 42.

[45] Vgl. Lk 7,20f; 8,28; 9,37–43.

[46] Zur Jüngerschaft als Charismateilhabe durch Partizipation an Jesu Sendung und Vollmacht (Mk 3,14; Lk 10,9; Mk 9,37f; Lk 10,5 par.; Lk 10,10) vgl. THEISSEN/MERZ, Jesus, 200.

sind Werkzeuge Gottes, sie handeln im Auftrag, in Vollmacht, aber die Wirkungsmacht ist weiterhin Gott zuzuordnen. Exorzismen sind als Folge und nicht als Ursache der Freude zu verstehen![47] Alle Wunder verweisen auf Gott als den eigentlichen Handlungsauslöser und Handlungsträger. Deshalb ist das Verhältnis der Akteure zueinander mit der Struktur des dramatischen Dreiecks vergleichbar, das besonders häufig in Gleichnissen auftritt:[48] Auf der Ebene der Story ist Gott der *Handlungssouverän*. Jesus kann als *dramatische Hauptfigur* bestimmt werden. Zum einen ist ihm in diesem Kontext quantitativ ein Übergewicht an Rede- und Handlungsanteilen zuzuordnen. Andererseits bestimmt seine paränetische Argumentation den Diskurs auch inhaltlich. Die 72 Boten wirken dagegen als *dramatische Nebenfiguren*.

In Anlehnung an das Modell der Handlungskreise von Vladimir Propp und das Aktantenmodell von Algirdas J. Greimas, das die handelnden Personen in ihren Beziehungen zueinander darstellt, soll die Vernetzung der Akteure verdeutlicht werden:[49] Gott kann als ‚Adressant' bestimmt werden, denn er ist der Schenker des Heils. Die Figur Jesus ist ‚Held' des erzählten Geschehens. Die 72 Boten treten zunächst als Auslöser des Diskurses sowie als exorzistische Helfer auf. Sie übernehmen damit die Rolle der ‚Adjuvanten'. Der zentrale (entmachtete) Opponent ist ‚Satan', aber auch Schlangen, Skorpione und Geister sind schadenstiftende Gegenspieler.

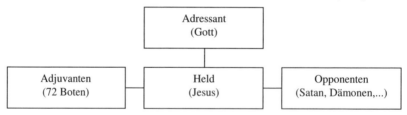

Diese graphisch veranschaulichte Handlungsstruktur wird in der Rede Jesu in Lk 10,17ff argumentativ verdeutlicht. Darin erklärt Jesus seinen Gesprächspartnern, welche funktionale Rolle sie im Handlungsgefüge einnehmen. So kann einem grundlegenden Missverständnis begegnet werden: Die Boten sollen die positiven Ergebnisse ihrer Exorzismen nicht auf ihr eigenes Handeln in Jesu Namen beziehen. Sie sollen sich gerade nicht durch ihre Rolle als ‚Adjuvanten' definieren. Eine derart denotierte Freude

---

[47] GOLLWITZER, Freude, 136: „Es kommt darauf an, dass die Jünger erkennen: Was uns gelingt, ist nicht selbständige Wirkung der Kraft, die in unsere Hände gegeben wäre, sondern ist Auswirkung eines Sieges, der an einem anderen Ort zuerst erfochten worden ist."

[48] SELLIN, Lukas, 180ff; HARNISCH, Gleichniserzählungen, 73ff.

[49] GREIMAS, Semantik, v.a. Kap 10, 157–177; PROPP, Morphologie, 79–83.

wäre falsch begründet. Nach Lk 10,20 geht es vielmehr darum, den übergeordneten strukturellen Zusammenhang zu begreifen: Alle Gegenspieler sind funktional bereits entmachtet bzw. unschädlich (Lk 10,18–20).[50] Der passiv formulierte Ausdruck, der Satan sei aus den Himmeln gefallen, ist als *passivum divinum* zu verstehen.[51] Später wird Jesus explizit als autorisierter Berechtigter vorgestellt, der die ihm übertragene charismatische Kompetenz (ἐξουσία) weiterleiten kann (Lk 10,19.22). Jesus weiß also um seine stellvertretende Vollmacht und übermittelt das in seiner Lehre an seine Hörer. Der Appell zur Umorientierung der Freude ist wiederum durch eine passive Formulierung begründet, was wie die Beschreibung in Lk 10,17 eine Umschreibung für Gottes aktives Handeln ist: Gott, der entscheidende Handlungssouverän, vergisst seine Boten nicht, denn ihre Namen sind „in die Himmel eingeschrieben" („ἐγγέγραπται ἐν τοῖς οὐρανοῖς", Lk 10,20). Die eingeforderte Freude soll sich auf diesen übergeordneten Zusammenhang beziehen. Die Jünger und Hörer erfahren, dass sie sich in einem Prozess der Scheidung befinden: Während der Satan verworfen ist und keinen Platz mehr in den Himmeln hat, sind die Namen der Boten ebenda bewahrt. Das Aktantenmodell ist in dieser Perikope nicht statisch, weil das Beziehungsnetz der Figuren durch den Appell in Lk 10,20 in Bewegung gerät: Die Boten sollen auch vom Leser nicht länger über ihre helfende, unterstützende Rolle als Adjuvanten definiert werden. Die Aufforderung zur Umorientierung der Freude zeigt, dass sie vor allem als *‚Adressaten'* des göttlichen Wirkens begriffen werden sollen.

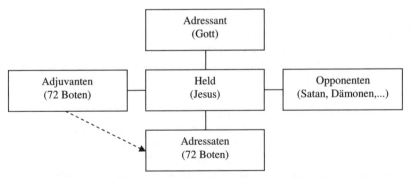

Daraus ergibt sich, dass nicht ihre Überlegenheit gegenüber den Dämonen die Freude auslösen soll, wie es in Lk 10,17 berichtet ist. Korrigiert wird der Affekt, der auf einem hierarchischen Macht- und Dominanzdenken, ja gar auf *Schadenfreude* beruhen könnte: Die Dämonen sollen nicht auf-

---

[50] Die das bewirkende, höhere Gewalt wird interessanterweise nicht explizit genannt. Das Geschehen des Satansturzes ist passivisch formuliert.

[51] Zum ‚passivum divinum' vgl. JEREMIAS, Sprache, 122f.

grund ihrer Unterlegenheit das eigentliche Kommunikations- bzw. Referenzobjekt bilden.

Dass Aristoteles die Schadenfreude einer problematischen Gesamtdisposition zuordnet, wurde bereits gezeigt. Auch Philo äußert sich zur Schadenfreude. So zitiert er folgendes Gebet seiner verfolgten jüdischen Mitbürger, als sie von der Verhaftung ihres Widersachers Flaccus erfahren: „Wir freuen uns nicht (οὐκ ἐφηδόμεθα)[52], weil ein Feind bestraft wird, denn die heiligen Gesetze lehren uns, menschlich zu empfinden. Wir danken Dir aber, weil Du Erbarmen und Mitleid mit uns gezeigt hast (...).“[53] Nach Heinemann könnte in diesem Zusammenhang eine Anspielung auf die Sprüche Salomonis 24,17 vorliegen. Sie habe dem alexandrinischen Philosophen traditionell, aber nicht literarisch bekannt gewesen sein müssen, da er aus dem bestehenden jüdischen Schrifttum nachweislich nur die Tora gut gekannt habe.[54] So heißt es in der weisheitlichen Tradition: „Wenn dein Feind fällt, freue dich nicht; wenn er strauchelt, jubele dein Herz nicht.“ Auf die Konstellation im Lukasevangelium übertragen hätte der Affekt der Schadenfreude im vorliegenden Kontext ein äußerst problematisches Licht auf die innere Reife der Jünger und Boten werfen können – möglicherweise sollte diese Konnotation durch mithilfe der Definition eines angemessenen Freudeverständnisses unbedingt vermieden werden.

In Lk 10,20 wird daher eine Freude befürwortet, die auf eine positive Gottesbeziehung verweist und damit den Urheber des Heils ins Zentrum rückt. Seine rettende Zuwendung ist das alles entscheidende Moment. Deutlich wird das im Fortgang der Argumentation: Im Anschluss an die Unterweisung Lk 10,20 folgen ein Lobpreis Gottes sowie eine weitere Belehrung, in denen das Wortfeld von Dämonen, Geistern und Austreibungen vermieden wird. Die Belehrung konzentriert sich ganz auf Gott und sein Wirken in Bezug auf die erwählten Menschen. Es fällt daher auf, dass die in Lk 10,20 von Jesus geforderte Freude im Gegensatz zum kritisierten Konzept in Lk 10,17 auch als *positive Beziehungsfreude, Dankbarkeit* und *Hoffnung* umschrieben werden könnte. Während die traditionelle Vorstellung besteht, dass Exorzismen temporär beschränkt wirksam sein können – das berichten Lk 11,24ff/Mt 12,43ff – verweist die Vorstellung der „in die Himmel eingeschriebenen Namen“ auf die Kontinuität und Ewigkeit des Heils. Weil die positive Erinnerung bei Gott hier ‚dokumentiert‘ und

---

[52] ἐφηδόμεθα von ἐφ-ήδομαι: Sich über etwas freuen, schadenfroh sein.

[53] Phil. Flacc 121: „οὐκ ἐφηδόμεθα“, λέγοντες, „ὦ δέσποτα, τιμωρίαιξ ἐχθροῦ, δεδιδαγμένοι πρὸς τῶν ἱερῶν νόμον ἀνθρωποπαθεῖν ἀλλὰ σοὶ δικαίως εὐχαριστοῦμεν οἶκτον καὶ ἔλεον ἡμῶν λαβόντι καὶ τὰς συνεχεῖς καὶ ἐπαλλήλους κακώσεις ἐπικουφίσαντι.“

[54] HEINEMANN, Bildung, 526f.

„schriftlich fixiert" wird (ἐγγέγραπται), ist die Zusage aufgrund der Treue Gottes nicht reversibel. Dessen sollen sich die Boten in der Ansprache Lk 10,18f bewusst werden, davon sollen sie zeugen.

Es fällt auf, dass (exorzistische) Zeichenhandlungen in den Evangelien nicht nur positiv konnotiert sind. Auch im Lukasevangelium sind sie mehrfach und auf verschiedene Weise bezeugt, aber es gibt in geringem Abstand zur vorliegenden Perikope (Lk 11,29–32/Mt 12,38–42) auch eine kritische Auseinandersetzung mit diesem Phänomen.[55] Die Zeichenfunktion des Geschehens tritt dabei in den Vordergrund der Kritik. Dem Volk scheint es nicht um den rettenden, heilenden Charakter des göttlichen Wirkens zu gehen, sondern um ‚Beweise, dass es göttlich ist'. Deshalb wird das Volk als „schlecht" stigmatisiert (γενεὰ πονηρά ἐστιν), weil es ein Zeichen (σημεῖον) fordert (Lk 11,16.29). Dieser Vorwurf folgt in der Erzählung nach unserer Perikope, wirft aber rückwirkend auch ein erhellendes Licht auf Lk 10,20: Glaube, der einer Begründung durch regelmäßige neue und sichtbare Zeichen bedarf, hat kein tragendes Fundament. Außerdem können Exorzismen missverständlich gedeutet werden, als Werk des Bösen (Lk 11,15.18ff). Deshalb darf sich die Freude der Boten nicht allein auf Exorzismen gründen. Auch im Zusammenhang mit anderen Wundergeschichten fehlt das Wortfeld der Freude, sie ist dafür kein konstitutives Gattungsmerkmal bzw. Motiv!

Von größerer Bedeutung ist die hinter den Wundern stehende Anerkennung Gottes, die für menschliche Augen unsichtbar und verborgen ist. Die Redewendung von den *„in den Himmeln eingeschriebenen Namen"* dokumentiert den verbindlichen Charakter der hoffnungsvollen Verheißung. Die Phrase dürfte sich auf die Vorstellungen und die Begrifflichkeit der antikjüdischen Weisheit und Apokalyptik beziehen, die ein „Buch des Lebens" kennen.[56] Darin sollen die Gerechten erinnert sein, die im Gericht gerettet werden (Ps 69,29; Dan 12,1, Offb 20,15). Mit der Redewendung in Lk 10,20 von den „in den Himmeln eingeschriebenen Namen" ist somit ein komplexes Begriffsfeld verbunden, das ‚Gericht', ‚Gerechtigkeit', ‚Rettung' und ‚Leben' und als Antonyme dazu ‚Sünde', ‚Frevler', ‚Gericht' und ‚Verwerfung' konnotieren lässt. Der imperativische Freudenaufruf in Lk 10,20 ist also nicht nur ein Auftrag, sondern zugleich eine *Verheißung*. Die Aufforderung „freut euch!" (χαίρετε δέ) beschränkt sich nicht darauf, die Boten paränetisch zur angemessenen Ethik der Freude anzuhalten. Im

---

[55] Dass die Vollmachtskompetenz Jesu mehrfach infrage gestellt worden ist, jeweils im Zusammenhang mit Zeichenhandlungen, berichten die synoptischen Evangelien, vgl. HAHN, Theologie I,113f.

[56] Vgl. u.a. Ex 32,32; Dan 7,10; 12,1; Ps 69,29 aber auch die neutestamentliche Offenbarung 20,15.

Appell ist ein soteriologisches und eschatologisches Versprechen durch den Offenbarungsmittler Jesus gegeben, das in scharfer Abgrenzung zum Ergehen des Satans steht (Lk 10,17).

Die wichtigsten Überlegungen zur differenzierten Referenzbezogenheit der Freude in Lk 10,20 sollen abschließend tabellarisch veranschaulicht werden. Die Freude über gelingende Exorzismen steht in einigen Aspekten der Freude darüber gegenüber, in den Himmeln erinnert zu sein.

Exorzismen gelingen	*Namen sind in den Himmeln aufgeschrieben*
Situativ bedingte Freude, innerhalb der Erzählung auf konkrete Ereignisse bezogen (Lk 10,17).	Dankbarkeit für die Annahme bei Gott.
Impliziert ist die Freude über das beginnende eschatologische Wirken.	Impliziert ist die Vorfreude auf Bewahrung bei den künftigen eschatologischen Ereignissen.
Sichtbarer Erweis der Vollmacht, provoziert Glauben durch „Sehen" bei den Augenzeugen.	Unsichtbar, verborgen. Kann auch einen Glauben durch „Hören", auch ohne Zeichen, voraussetzen, vgl. Lk 10,24.
Ambivalente Deutung möglich! Nicht die Mitfreude mit den geheilten Besessenen, sondern Überlegenheit und hierarchisches Machtbewusstsein gegenüber Dämonen begründet die Freude, die auch als Schadenfreude missverstanden werden kann. Das *Ergehen der Dämonen* löst Freude aus und macht Dämonen zur Referenz des Affekts!	Eindeutiger Verweis auf eine positive Gottesbeziehung. Eine Verheißung für *das eigene Ergehen* durch die Zuwendung Gottes löst Freude aus.
Die Wirksamkeit von Exorzismen kann temporär beschränkt sein (Lk 11,24ff).	Die Zuwendung Gottes ist verlässlich und kontinuierlich.
Ambivalente Deutung möglich! Exorzismen können von Außenstehenden als Hinweis auf das Reich Gottes oder als Werk des Beelzebul gedeutet werden (Lk 11,14ff).	Eindeutiger Bezug auf die Herrschaft Gottes.

Der Vergleich macht deutlich, dass es in beiden Fällen das Handeln Gottes ist, das Freude auslösen kann und soll. Es geht auch jeweils um das Heil der Menschen. Durch gelingende Exorzismen können Menschen gerettet werden, und auch die Erinnerung der Namen in den Himmeln bedeutet Heil. Die beiden Referenzobjekte der Freude bilden daher keine grundsätzlichen Oppositionen. Sie ergänzen sich vielmehr, wobei die in Lk 10,20 geforderte Freude unmissverständlicher ist. Selbstverständlich bedeutet die Freude über die Exorzismen sachlich, dass Kranke geheilt werden, was Anlass zur Mitfreude gibt. Aber in Lk 10,17 wird gerade nicht diese empathische Mitfreude sprachlich zum Ausdruck gebracht. Das grammatische

Bezugsobjekt sind die ausgetriebenen Dämonen, die dadurch unverdiente Aufmerksamkeit erhalten. Die Unmissverständlichkeit der Freude ist besonders wichtig, da sich die Lehrrede Jesu innerhalb der Erzählung an Boten richtet, die von einer Missionsreise in seinem Auftrag zurückkehren. Der äußere Eindruck kann über den Erfolg der Mission entscheidend sein: Gegenüber Außenstehenden dürfen und sollen die Jesus Nachfolgenden Freude ausstrahlen, eine Freude, die unzweifelhaft auf Gottes wohlwollendes und rettendes Handeln am Menschen verweist. Insofern wird auch ein freudiger ‚Egoismus‘ vertreten: Die Freude über das zugesprochene persönliche Heil, das sich auch in der übertragenen charismatischen Vollmacht zeigen kann, soll die Boten auf ihrem Weg der Nachfolge weiterhin nachhaltig motivieren.[57]

D. Die korrespondierenden Aufforderungen zur Freude in Lk 6,23 und Lk 10,20

Die Aufforderung zur Freude in Lk 10,20 muss als inhaltliche Parallele zum letzten Makarismus der Feldrede (Lk 6,23) gesehen werden. Beide Stellen rufen Menschen in der Nachfolge mit dem Lexem χαίρειν zur Freude auf. Auch das Lexem des ‚Himmels‘ (οὐρανός) wird jeweils materialisiert. Das Motiv der „Propheten" (προφῆται) aus Lk 6,23 wird in Lk 10,24 wieder aufgenommen. In beiden Verwendungszusammenhängen ist die Freude emphatisch hervor gehoben: In Lk 6,23 ist sie durch zwei Imperative explizit (χάρητε) und deskriptiv (σκιρτήσατε) dargestellt, die sich gegenseitig anschaulich verstärken. Dagegen zeigen sich in Lk 10,20 wie gezeigt zwei komplementäre Merkmale, die mit Freude verbunden sein können. In Abhängigkeit von ihnen wird die Freude kritisch gemahnt bzw. unterstützend verstärkt. In der Feldrede ist als Exposé vorbereitet worden, was in Lk 10,20 ausgearbeitet wird: (Vor-) Freude soll die Menschen in der Nachfolge Jesu bestimmen. Es ist deshalb bei synchroner Untersuchung der Evangelienerzählung notwendig, Lk 6,23 als Voraussetzung für Lk 10,20 etwas näher im Hinblick auf den Aspekt der Freude zu betrachten.

Die Seligpreisungen in Lk 6,20–23 eröffnen die Feldrede. Im Lukasevangelium sind diese Logien an die Jünger gerichtet (Lk 6,20), an die Menschen, die sich auf den Weg der Nachfolge machen. Ihnen wird dafür ein Lohn in Aussicht gestellt. Es wird aber nicht unterschlagen, dass die praktische Nachfolge nicht nur Freude, sondern vor allem Gefahr und Entbeh-

---

[57] Vgl. MARSHALL, Gospel, 427, über die Boten: „(....) what matters in the end is their own certainty of salvation."

rungen mit sich bringt. Das betrifft die ganze Persönlichkeit: Armut, Hunger, Trauer, Hass, soziale Isolation, Verachtung und Verleumdung können die Kehrseite eines Lebens im Auftrag Christi (Lk 6,20–22) bilden. Die Makarismen gestalten ein kontrastreiches Bild der christlichen Existenz und blenden die Risiken der Jüngerschaft nicht aus. Wer sich auf Christus einlässt, muss mit sozialen, körperlichen und seelischen Beeinträchtigungen rechnen, wird aber mit dem Lohn im Himmel entschädigt. Die Makarismen verlangen insofern eine selbstkritische Infragestellung des Bestehenden und enthalten einen ethischen Anspruch für Künftiges. Wer sich nicht zu den Armen, Hungernden, Weinenden und Leidenden zählen kann, muss sich von den Verheißungen ausgeschlossen fühlen. Die Makarismen sind deshalb Verheißung und Anspruch zugleich: Didaktisch wird mit in Aussicht gestellten Belohnungen und Drohungen gearbeitet, der damit verbundene ethische Anspruch wird dabei nicht ausgeblendet. Ebenso soll sich der implizite Leser in Lk 10,20 in einer Entscheidungssituation begreifen.

In Lk 6,23 wird dem Hörerkreis der Feldrede ein großer himmlischer Lohn zugesagt (ὁ μισθὸς ὑμῶν πολὺς ἐν τῷ οὐρανῷ). Wie die Verheißung in Lk 10,20 von den „in den Himmeln eingeschriebenen Namen" kann das verschiedene Konnotationen auslösen. Besteht der Lohn der gerechten Nachfolge darin, von Gott erinnert und damit im eschatologischen Endgericht bewahrt zu werden?[58] Für dieses Verständnis des Lohnkonzepts in Lk 6,23 gibt es weitere Hinweise. Lk 6,23 ist in diachroner Perspektive wahrscheinlich als sekundäre, kommentierende Erweiterung der Seligpreisungen (Lk 6,20–22) zu beurteilen.[59] Der sich an die Makarismen anschlie-

---

[58] Vgl. SCHNIEWIND, Freude, 74f: „Daß Gott sich über uns freut, das ist der letzte und der einzige ‚Grund ewiger Freuden‘."

[59] Verschiedene Indizien sprechen dafür, Lk 6,23 bei diachroner Betrachtung als sekundäre Bildung einzustufen, die nicht gemeinsam mit den Makarismen entstanden ist. Lk 6,23 sprengt den anaphorischen Stil und das Syntaxkonzept der vorangehenden Seligpreisungen. Der Vers steht zwischen drei Makarismen und drei Weherufen, sodass ein quantitativ auffälliges strukturelles Ungleichgewicht entsteht. Obwohl auch in Mt 5,12 im Anschluss an die dort ausgestalteten Makarismen (wobei in der Bergpredigt die bei Lukas überlieferten Weherufe fehlen) eine inhaltliche Parallele zu Lk 6,23 gegeben ist, fällt ein analoges Vorgehen wie in den Anwendungen zu Lk 15,7.10 auf: Trotz des Risikos von stilistischen Brüchen oder inhaltlichen Verschiebungen sind die Verse, die jeweils Freude im Himmel bzw. über den Himmel vermitteln, an die bestehenden Texte angehängt worden. Sie wirken jeweils wie eine nachträgliche Auslegung bzw. Lesehilfe zum Verständnis des umfangreicheren vorangehenden Stoffes. Sentenzartige Abschlüsse sind im lukanischen Sondergut charakteristisch, vgl. Lk 7,48–50; 17,19; 18,18b.14b; 19,10. Zu beachten ist die Schnittmenge der Leitbegriffe: *Freude* steht in Lk 6,23/ Lk 15,7.10 in einem besonderen Verhältnis zum *Himmel*. Ich argumentiere in Kapitel 12, 316ff, dafür, bei den Anwendungen von einem komplizierten, mehrstufigen Bearbei-

ßende Aufruf zur Freude ist durch eine temporale Bestimmung ergänzt worden. Freude soll „an jenem Tage" (ἐν ἐκείνῃ τῇ ἡμέρᾳ) sein. Die Seligpreisungen bestehen aus zwei syntaktisch zusammengesetzten Sätzen, einer vorausgehenden Verheißung und einer anschließenden Erläuterung. Die Verheißungen richten sich an Adressaten, die im „Jetzt-Zustand" (νῦν, Lk 6,21) verschiedenen Bedingungen unterliegen, weil sie beispielsweise hungrig sind und weinen.[60] Die temporale Bestimmung „jetzt"/„nun" (νῦν) begegnet später analog in den Weherufen Lk 6,25. Das temporale Attribut „an jenem Tage" (ἐν ἐκείνῃ τῇ ἡμέρᾳ) in Lk 6,23 bildet zu diesen präsentischen Verweisen einen Kontrast. Durch die Verwendung eines Demonstrativpronomens liegt keine Unbestimmtheit vor, hier wird auf das künftige eschatologische Gericht verwiesen.[61]

Auch der Vergleich in Lk 6,23 mit dem Ergehen der Propheten verweist auf einen eschatologischen Zusammenhang. Wahre Propheten finden häufig kein Gehör, wie es in Lk 4,24 sogar ausdrücklich als Erfahrung Jesu beschrieben wird. Nach dem weisheitlichen Konzept des Tun-Ergehens-Zusammenhangs soll den Gerechten aber Gerechtigkeit zuteilwerden.[62] Das verweist auf ein Gericht. Beachtlich sind auch die Weherufe über die „falschen Propheten" (Lk 6,26). Denn Wehesprüche gehören formgeschichtlich selbst der israelitischen Prophetenrede an.[63] Im Lukasevangelium fungieren sie als spiegelverkehrte Kontrastbilder und negative Erläuterungen der Seligpreisungen.[64] Sie sind paränetische Drohworte, sollen zur Umkehr und Neuorientierung motivieren – mittels einer impliziten Gerichtsvorstellung.

Die versprochene und geforderte Freude in Lk 10,20 über die im Himmel aufgeschriebenen *Namen* korrespondiert ferner komplementär mit der Seligpreisung in Lk 6,22. Denn in der Feldrede werden die Menschen gewarnt, dass ihre *Namen* im Nachfolgeprozess geschmäht und verworfen

---

tungsprozess auszugehen. Das entspricht meiner These bezüglich Lk 6,23: Der synoptische Vergleich mit Mt 5,12 weist auf die Verarbeitung gemeinsamen Quellenmaterials hin, das jedoch offensichtlich unterschiedlich verwertet worden ist. Das Thema der Freude ist daher wahrscheinlich bereits vorlukanisch tradiert gewesen, im Lukasevangelium hat es jedoch seine besondere quantitative und qualitative Ausarbeitung erfahren.

[60] Die Makarismen selbst sind als Partizipien formuliert und müssen daher in Abhängigkeit vom entsprechenden Prädikat zeitlich bestimmt werden. Daraus ergeben sich interpretatorische Offenheiten. Die eschatologische Ambivalenz des Zeitbezugs kann beabsichtigt sein.

[61] Vgl. Mt 24,19; Apg 2,18; Offb 9,6; Jdt 11,15; Lk 17,31. Als Gerichtstage gelten nach BAUER, Wörterbuch, 483, außer Lk 6,23 insbesondere Mt 7,22; Lk 10,12; 2 Thess 1,10; 2 Tim 1,12.18.

[62] Vgl. die Programmatik in Ps 1,6; vgl. auch Ps 5,12ff u.a.

[63] JENNI, Art. הוי *hoj* (wehe), 474f.

[64] KLEIN, Lukasstudien, 157.

werden können „als böse um des Menschensohnes willen". *In den Him-meln* sollen die *Namen* der Boten Jesu jedoch bewahrt und damit gewür-digt werden. Dieselbe Ethik der Nachfolge hat also unterschiedliche und entgegengesetzte Folgen auf der Erde und im Himmel, obwohl Gott der Herr beider Dimensionen ist, wie im Gebet in Lk 10,21 betont wird. Das Lexem ὄνομα begegnet im lukanischen Werk besonders häufig. Es gibt eine enge Beziehung zwischen dem Namen und dem Wesen einer Per-son – der Name kann als Metonymie für die Identität eines Menschen ste-hen.[65] Das Bild des im Himmel oder im Lebensbuch notierten Namens wird neutestamentlich vor allem im Buch der Offenbarung dargestellt.[66] Dabei geht es um die anthropologische Existenz, die ganz von Gott, dem Richter, abhängig ist. Während das Leiden auf Erden für die Nachfolgen-den begrenzt ist, betrifft die Erinnerung des Namens im Lebensbuch bzw. in den Himmeln die grundsätzliche Existenz des Menschen bei und vor Gott.

Die Seligpreisungen in der Feldrede und die Abhandlung über die Freu-de in Nachfolge (Lk 10,20) ergänzen sich also, wie die verschiedenen Ana-logien in Wortfeld, Syntax und Semantik zeigen. Die Thematik der Freude wird variierend bearbeitet und vermittelt. Vor dem Hintergrund der in Lk 6,23 vertretenen futurischen Verheißung (ἐν ἐκείνῃ τῇ ἡμέρᾳ) ist es be-sonders interessant, nochmals das eschatologische Konzept in Lk 10,20 genauer zu betrachten.

E. Die zeitliche Bestimmung der Freude in Lk 10,20

Freude, die sich lediglich an gelingenden Exorzismen orientiert, wird in Lk 10,20 abgelehnt. Die sichtbaren eschatologischen Zeichen verweisen wie gezeigt darauf, dass das göttliche Gericht bereits begonnen hat. Die Reaktion Jesu, der Satan sei bereits aus den Himmeln gefallen (Lk 10,17), klingt ebenfalls äußerst theokratisch. Wenn diese Bemerkung als *Analepse* gedeutet wird, als Aufnahme eines *Erfahrungsberichts*, der sich auf ein vollbrachtes Ereignis bezieht, liegt hier ein präsentisches Eschatologiekon-zept vor. Allerdings kann die Äußerung über den Satanssturz grammatisch ebenso als *Prolepse*, also als Vorverweis im Sinne einer erlebten *Vision* über Künftiges interpretiert werden.[67] Immerhin machen es die Analogien

---

[65] HARTMAN, Art. ὄνομα, 1269f: Wer gerettet ist, „ist das Eigentum Gottes und Christi, wird von ihnen geschützt, und hat das Bürgerrecht in der Gottesstadt", vgl. Offb 3,12; 14,1; 22,4.

[66] Lk 10,20; Phil 4,3; Offb 3,5; 13,8; 17,8.

[67] Wegen der Vergangenheitsform „ich sah den Satan (...) vom Himmel fallen" kann dieser Vers formkritisch sowohl als *Erfahrungsbericht*, aber auch als *erlebte Vision* ver-

des Kontextes zu Lk 6,23 meines Erachtens wahrscheinlicher, im Rahmen der Erzählung auf synchroner Ebene von einer Vorausdeutung auszugehen.[68] Wie in der Verheißung von Lk 6,23 (ἐν ἐκείνῃ τῇ ἡμέρᾳ) soll wohl auf ein künftiges Gerichtsgeschehen hingedeutet werden. Die Erklärung des Satanssturzes bereitet die Anweisung zur Neuorientierung der Freude vor. Verb und Partizip aus Lk 10,18 deuten zwar auf ein vergangenes Geschehen hin,[69] aber auch in Lk 10,20 ist der Zukunftsbezug nicht anhand des Verbtempus nachzuweisen.[70] Das Notieren der Namen in den Himmeln deutet auf ein Memorieren, auf ein Erinnern hin – wie eine vertragliche Zusage Gottes, die 72 Boten am Tage des Gerichts zu berücksichtigen. Die futurisch-eschatologische Vorstellung ergibt sich aus der apokalyptisch geprägten Metaphorik des Lebensbuches. Im innertextlichen Kontext opponiert dieses Bild zur Prophezeiung in den vorangehenden Weherufen (Lk 10,13–16), dass Kapernaum nicht in den Himmel (ἕως οὐρανοῦ) erhoben, sondern in die Hölle (ἕως τοῦ ᾅδου) gestoßen werde (Lk 10,15). Die verwendeten futurischen Verbformen ὑψωθήσῃ und καταβήσῃ verweisen ebenfalls eindeutig auf ein künftiges Geschehen. Das spannungsreiche und nicht aufzulösende Nebeneinander von präsentischer und futurischer Eschatologie ist ein bekanntes Phänomen frühchristlicher Evangelienliteratur.[71] In diesem Zusammenhang ist es besonders interessant, da der betreffende Vers zum lukanischen Sondergut zählt und das besondere theologisch geprägte Zeitverständnis des Lukasevangeliums bei der Exegese zu beachten ist. Neuere Ansätze tendieren dazu, die lukanischen Perioden der Heilsgeschichte nicht mehr so streng zu unterscheiden, wie es Hans

---

standen werden. Aus der formalen Interpretation ergeben sich weitreichende theologische Folgerungen: Beides könnte in diachroner Perspektive auf ein frühes Berufungserlebnis des historischen Jesus hinweisen und sein eschatologisches Verständnis erklären. Aber während die Deutung eines Erfahrungsberichts von einem realen Geschehen ausgeht, das bereits eingetroffen ist (und auf eine präsentische Eschatologie verweist), verortet die Interpretation einer Vision den Satanssturz in der Zukunft, er wird daher als noch ausstehend betrachtet (futurische Eschatologie). Da eine literarisch-gattungsmäßige Ausgestaltung von Lk 10,18 fehlt, hält es ONUKI, Jesus, 50f, für möglich, dass es sich um den schlichten Erlebnisbericht einer Vision handeln könnte.

[68] Diese Interpretation ist durch den synchronen (redaktionellen) Kontext begründet. Damit soll nichts über die Bedeutung des Logions in Bezug auf den historischen Jesus ausgesagt werden. ONUKI, Jesus, 48, u.a. verstehen das Wort vom Satanssturz in diachroner Perspektive beispielsweise als ein ursprünglich kontextuell unabhängiges Einzellogion.

[69] Auf das Imperfekt ἐθεώρουν folgt der Aorist πέσοντα (Lk 10,18).

[70] Das Perfekt Passiv ἐγγέγραπται verweist auf das bereits vollzogene Aufschreiben der Namen. Die soteriologische Relevanz des Geschehens ist aus der apokalyptischen Vorstellung ersichtlich, in der die Metaphorik des Lebensbuches ferner tradiert ist und die auf ein künftiges Gericht verweist.

[71] Vgl. die Übersicht der Diskussion bei HAHN, Theologie I,61.

Conzelmanns These entspricht.[72] Für das Lukasevangelium gilt, dass die Gottesherrschaft bereits in der Gegenwart erfahren werden kann, beispielsweise durch die Geisteraustreibungen, dass aber die himmlische Vollendung noch aussteht.[73] Sowohl Naherwartung[74] als auch Endgerichtsvorstellung[75] werden im Lukasevangelium nicht aufgegeben. Auch Lk 10,17–20 zeigt die konstitutive Bedeutung der Gerichtsvorstellung und Hoffnung in der Nachfolge. Der Erfolg der Boten, Dämonen austreiben zu können, weil sie gegenüber der Vollmacht Jesu ihre Wirkungsmacht einbüßen, wird nicht infrage gestellt, aber durch die Erklärungen Jesu in Lk 10,18ff relativiert und in einem übergeordneten theologischen Zusammenhang verortet: An etwas späterer Stelle soll überlegt werden, ob diese Perikope eine Reaktion auf eine Krisensituation in der lukanischen Gemeinde darstellen könnte – ausgelöst möglicherweise durch enttäuschte Hoffnung und die Verzögerung der Parusie, die im Frühchristentum verarbeitet werden mussten.[76]

F. Analyse der lukanischen Argumentation in Lk 10,17–24

Nachdem sich meine Argumentation bislang auf die Verse Lk 10,17–20 konzentriert hat, soll nun überlegt werden, wie die lukanischen Aussage Jesu über die Freude in den sie unmittelbar umgebenden Kontext eingearbeitet ist.

Der synoptische Vergleich zeigt, wie der Lukasevangelist das ihm zur Verfügung stehende Material verarbeitet hat. Nur in diesem Evangelium ist

---

[72] Nach der klassischen, inzwischen aber umstrittenen These von H. Conzelmann ist die Phase des Lebens Jesu im Lukasevangelium „die Mitte der Zeit". Er sieht diese Periode auch als „satansfreie Zeit" bestimmt, vgl. CONZELMANN, Zeit, 146.159: „Diese Mitte [der Heilsgeschichte, Anm. A. Inselmann] ist durch Lc 4,13 zusammen mit 22,3 als der Zeitraum gekennzeichnet, der vom Wirken des Satans frei ist." Eine entsprechende Deutung erfährt der vorliegende Abschnitt: Einerseits werde in dieser Perikope „das Bild des in Jesus erschienenen Heils" thematisiert, „aber im Sinne des Lukas ist damit die futurische Eschatologie nicht aufgehoben.", ebd. 98. Vgl. dagegen alternative Konzepte des lukanischen Zeitverständnisses z.B. bei BOVON, Lukas, 26; KÜMMEL, Anklage, hier besonders 427f; HAHN, Theologie I,567.558.

[73] HAHN, Theologie I,560.

[74] Vgl. Lk 12,35ff; 21,34ff u.a.

[75] Vgl. Lk 10,13ff; 12,8 u.a.

[76] CONZELMANN, Mitte, 217, sieht als Ergebnis seiner Arbeit einen klaren Zusammenhang zwischen Parusieverschiebung und Paränese: „Die Eschatologie ist nicht mehr unmittelbarer Aufruf. Sie ist wesentlich Vorstellung geworden und beeinflußt die Ethik nun indirekt, über die Gerichtsvorstellung." Demnach bilde Lukas „ein festes Schema über den Zusammenhang von eschatologischer Belehrung und ethischer Einstellung auf Dauer."

von einer Aussendung der 72 Boten die Rede, bei deren Rückkehr über die Freude verhandelt wird. Nach den Aussendungsregeln folgen die Wehe-Rufe, die mahnenden Prophezeiungen über galiläische Städte angesichts der Verstocktheit ihrer Einwohner; darauf folgt ein Wort über die Bedeutung des Hörens. Dem entspricht oppositionell der Abschluss der Szene, der exklusiv an die Jünger gerichtet ist: Sie erfahren imperativische Makarismen (Lk 10,23), ebenfalls im Zusammenhang mit einem Wort über das „Hören". Das Thema der Freude wird im Abschnitt Lk 10,17–22 konzentriert und ist in die Frage nach dem Hören und Sehen eingebettet. Weherufe und Seligpreisungen rahmen also die Belehrung, in der die Freude die bedeutendste Rolle spielt.

Bei der Konzeption dieses Abschnittes hat Lukas Material aus der Logienquelle Q eingearbeitet, das auch im Matthäusevangelium sichtbare Spuren hinterlassen hat. Lk 10,21–22 bietet weitgehende Übereinstimmungen zu Mt 11,25–27. In dem gemeinsamen Gebet aus Q geht es um die Verborgenheit der Erkenntnis, aber auch um die gegenseitige Willensgemeinschaft und Nähe von Vater und Sohn. Auffällig ist die Redeeinleitung, denn Lukas hat sie gegenüber der matthäischen Fassung besonders bearbeitet: Während Mt 11,25 den Anfang der Figurenrede erzählerisch distanziert mit sachlich wirkenden Verben darstellt („zu jener Zeit fing Jesus an und sprach"),[77] jubelt der lukanische Jesus das Gebet lobpreisend („In der Stunde jubelte er ‚ἠγαλλιάσατο' im Heiligen Geist und sprach"): Der auktoriale lukanische Erzähler charakterisiert die Rede als charismatische Inspiration.[78] Sie beginnt mit einer doxologischen erweiterten Anrede, die Gott in seiner Allmacht bestätigt (ἐξομολογοῦμαί σοι, πάτερ, κύριε τοῦ οὐρανοῦ καὶ τῆς γῆς, vgl. Mt 11,25). Schon in den Psalmen kann diese Form verschiedene Funktionen erfüllen[79] und begegnet häufig im Kontext von Belehrungsbitten:[80] „Gottes Größe und Barmherzigkeit wird unterstrichen, die die Bedingung der Möglichkeit für die Belehrung des Beters darstellt."[81] Auch in Lk 10,21 kann die Gebetseinleitung als captatio benevolaentiae und Loyalitätsbeteuerung interpretiert werden. Jesus betont seine Verbundenheit mit Gott. Was bereits formal transportiert wird, deckt sich mit der nun folgenden Argumentation in Lk 10,22. Das dominierende Wortfeld zeigt, dass sich Lk 10,21–24 mit dem Lernen und Erkennen aus-

---

[77] Mt 11,25: „ἐν ἐκείνῳ τῷ καιρῷ ἀποκριθεὶς ὁ Ἰησοῦς εἶπεν".

[78] Zu beachten ist die Analogie zur Geburtsankündigungsgeschichte Lk 1,41, dem Lobpreis Elisabeths. Es bestehen auch inhaltliche Anknüpfungsmomente zum Magnifikat.

[79] Vgl. Ps 119,10.12a; EGO, Aufgabe, 13.

[80] Ps 119,12.64.68.

[81] EGO, Aufgabe, 14, bezieht sich auf Ps 119,73.

einandersetzt. Die Begriffe des Verbergens und Offenbarens, des Kennens, der Weisen, Klugen und Unmündigen, insbesondere aber des Sehens und Hörens verweisen auf die traditionelle jüdische Lehr- und Lernkultur.[82]

Der Befund ist also komplex: Es geht in Lk 10,17–24 um die Freude und um das religiöse Lernen. Den erzählerischen Anlass für beide Ausführungen bildet die Rückkehr der Boten, die in einem Vers (Lk 10,17) zusammengefasst ist. Der weitere Text wirkt durch den hohen Anteil wörtlicher Rede wie eine Szene, da erzählte Zeit und Erzählzeit sich isochron entsprechen. Dem entspricht, dass Jesus nicht vom Erzähler direkt charakterisiert wird, indirekt aber durch speech (Lehrrede) und action (Lobpreis) vorgestellt wird. Durch den dramatischen Modus der direkten Figurenreden erfährt die Erzählung eine unmittelbare Wirkung mit geringer Distanz, die es auch impliziten Lesern erleichtert, sich in das dargestellte Geschehen hineinzuversetzen, Rollen zu übernehmen und zu überdenken. Besonders die Imperative μὴ χαίρετε und χαίρετε δὲ (Lk 10,20) können diese Wirkung unterstützen.

Das Thema der Freude wird im Lehrprozess zentral behandelt und ist dabei an die Glaubenserkenntnis gekoppelt. Nach näherer Definition in Lk 10,20 soll sie sich wie gezeigt ganz auf Gott und die Annahme der Nachfolgenden bei ihm (in den Himmeln) konzentrieren. Eine solche Freude kann aber nur erfahren, wer die Botschaft erhält und versteht. Da es in Lk 10,21–24 genau darum geht, sind beide Themen des Abschnitts sinnvoll und kohärent miteinander verbunden.

Jesus beschreibt sich als vermittelnde Autorität zwischen dem Vater und den Menschen. Hier findet eine Annäherung bzw. ein Konvergenzprozess zwischen Gott und Jesus statt, wie er in Ps 119 beispielhaft der Tora als Lehrautorität zukommt. Die Schrift – und die feste Wendung der Simchat-Tora – werden bezeichnenderweise in diesem Kontext nicht erwähnt.[83] Soll Jesus etwa ihre Stelle einnehmen, da auch die Tora als Offenbarungsmedium in jüngeren alttestamentlichen Zeugnissen mit JHWH gleichgesetzt werden kann?[84]

An dieser Stelle muss zwischen dem historischen Jesus und der nachösterlichen Perspektive im Lukasevangelium unterschieden werden. Während der historische Jesus sicherlich „wie alle Juden das Zentrum seiner Le-

---

[82] Vgl. zum ‚Hören' beispielsweise Dtn 6,1–9. Auch in der Tradition Qumrans ist das „Aufdecken des Ohrs" eine feste Wendung des religiösen Lernens. Zum ‚Sehen' vgl. Ps 119,18; auch in Num 22,31 (Bileams Eselin) erschließt sich durch die Öffnung der Augen durch Gott tiefere Erkenntnis. vgl. EGO, Aufgabe, 11f.16.

[83] Vgl. Kapitel 7, bes. 142ff.

[84] So beschreibt es Ps 119; vgl. ZENGER, JHWH, 61f.

bensorientierung in der Thora hatte",[85] erhält er nach lukanischem Zeugnis selbst den Stellenwert einer vermittelnden Autorität zwischen dem Vater und den Menschen. Damit wird das komplexe Traditionsbewusstsein durchbrochen, das mit der Lehre der Tora Gottes verbunden ist: Nach Neh 8,1–8 wird die Tora über Mose, Esra, die Leviten und Priester vermittelt. Auch das Lukasevangelium berichtet, dass Jesus in die jüdische Lehrtradition und Toravermittlung eingebunden war (Lk 2,41–52). Aber während das Volk durch die Liturgie und als Toragemeinschaft in das Geschehen am Sinai zurückversetzt wird, wo es sich als Gottes „heiliges Volk" konstituierte (vgl. Ex 19,6),[86] werden durch Tod und Auferstehung Christi ein neuer Bund geschlossen. Auf diesen Zusammenhang der Freude weist auch ausdrücklich die Pfingstpredigt des Petrus zu Beginn der Apostelgeschichte hin (Apg 2,21–36). Das Lukasevangelium berichtet von Jesu Vollmachts- und Sendungsbewusstsein bereits vor seinem Tod und seiner Auferstehung. Die vorliegende Perikope zeigt das besonders anschaulich. Jesus wird zum entscheidenden Offenbarungsmedium für die Christen: „Alles ist mir übergeben von meinem Vater. Und niemand weiß, wer der Sohn ist, als nur der Vater, noch, wer der Vater ist, als nur der Sohn und wem es der Sohn offenbaren will." (Lk 10,22).[87] Für Christen wird Jesus damit zur unmittelbaren Verbindung, denn wer in Jesu Namen heilt und missioniert, dessen Name soll in die Himmel eingeschrieben sein (Lk 10,20).

Da das Beten im Lukasevangelium zentral ist, überrascht es nicht, dass auch im Anschluss an die Botenbelehrung ein *Gebet Jesu* vor seinen Anhängern folgt. Damit wird demonstriert, was für die Beziehung zu Gott maßgeblich ist. In der Kommunikation mit Gott erkennt Jesus den Vater als den „Herrn des Himmels und der Erde" an (Lk 10,21). Seine Nähe zu Gott und seine daraus resultierende, rettende und radikale Ethik weisen ihn als die Verwirklichung des Toraideals aus. Sein *Vorbild* ist daher ambivalent:[88] Wer sich an ihm orientiert, ihn als Christus, als verheißende Offenbarung

---

[85] THEISSEN/MERZ, Jesus, 312.

[86] STEINS, Inszenierung, 89: „Das Hören (...) und Verstehen/Lernen (...) der Tora und der ‚Worte', die sie auslegen (vgl. 8,12) mündet ein in die Praxis der Tora, die Praxis der Freude vor Gott in geschwisterlicher Solidarität" (vgl. Neh 8,10 und 12).

[87] Im Hinblick auf das Offenbarungslogion ist allerdings umstritten, ob dabei nur an eine Übermittlung der *Offenbarung* gedacht ist oder auch an die Übermittlung göttlicher *Allmacht*, wovon im Folgenden ausgegangen wird.

[88] VON LIPS, Gedanke, 304f, unterscheidet in Anlehnung an BETZ, Nachfolge, 186, *Nachahmung* als existenzielle Anteilnahme am Heilsgeschehen von der *Nachfolge* vor Ostern, vgl. zum Nachfolgeverständnis im Lukasevangelium 40f. Von Lips attestiert zwar, dass Jesus im Lukasevangelium ein ethisch vorbildlicher Beter ist, äußert sich aber ansonsten äußerst skeptisch über die ethische Vorbildfunktion Jesu in den Evangelien zugunsten einer „Vorbildchristologie".

verinnerlicht, der nimmt existentiellen Anteil am Heilsgeschehen. In dieser Hinsicht kann Jesus als Christus die Tora ersetzen – aus österlicher Perspektive. Gleichzeitig weisen ihn Ethik und Lehre als vorbildlichen jüdischen Schüler der Tora aus. Deshalb kann er nach Lukas zugleich als Erfüllung und Vollendung der Tora gesehen werden.

Es zeigen sich zusammenfassend verschiedene semantische Sinnlinien und Kohärenzen zu Lk 10,17–20, die eine Voranstellung des Freudendiskurses vor die Q-Überlieferung motiviert haben können. Lk 10,20 bildet dabei als Aufforderung zur Affektregulation das Zentrum der Perikope:

In Lk 10,18 wird der Satanssturz aus den *Himmeln* (ἐκ τοῦ οὐρανοῦ) beschrieben, in Lk 10,20 geht es um die in den Himmeln eingeschriebenen Namen (ἐν τοῖς οὐρανοῖς). Der Himmel ist auch im Folgenden ein Leitmotiv: In der Doxologie Lk 10,21 wird Gott als Herr der Himmel und der Erde gepriesen (κύριε τοῦ οὐρανοῦ καὶ τῆς γῆς). Damit werden die beschriebenen Geschehen, Exorzismen und Satanssturz, aber auch die Bewahrung im Buch des Lebens, seinem Wohlwollen und Heilswirken zugeordnet. Was zuvor lediglich durch eine indirekte Formulierungsweise, durch das passivum divinum in Lk 10,18.20, suggeriert worden ist, wird nun ausdrücklich hervorgehoben: Gott ist der Herr und damit der ‚Adressant', der Geber des Heils.

Nach Lk 10,20 sollen die im Himmel eingeschriebenen *Namen* die Freude der Boten begründen. Dass der Name nach alttestamentlicher, jüdischer Vorstellung das Wesen einer Person beschreibt und sogar als Metonymie für eine Person stehen kann, ist bereits beschrieben worden. Daraus folgt auch, dass die Namenkenntnis eine besondere Macht verleiht. Eine entsprechende Konzeption liegt auch im Lukasevangelium zugrunde.[89] Die Macht des Namens zeigt sich insbesondere in Lk 10,17, wonach die Boten in Jesu Namen (ἐν τῷ ὀνόματί σου) exorzistisch befähigt sind. Das Lexem des Namens ist in Lk 10,21ff zwar nicht mehr materialisiert, denn Jesus ordnet sich seinem Vater unter, selbst wenn ihm alles übergeben ist (Lk 10,22). Dennoch geht es darum, dass Jesus das Wesen des Vaters, seinen Willen und seine Offenbarungsstrategie kennt. Aus dieser Sicht erfüllt der Lobpreis kontextuell mehrere Funktionen: (1) Das Gebet erklärt die *Vollmacht Jesu,* die er an seine Boten vermittelt hat (Lk 10,19). Es wird betont, dass sich das Tun Jesu mit dem Willen Gottes deckt. (2) Das Gebet begründet ferner die *seherische Fähigkeit Jesu,* erklärt seine Satanssturz-

---

[89] Auch im Lukasevangelium werden Namen auf besonderen göttlichen Befehl gegeben (Lk 1,31; 2,21), so dass die Namensträger von Gott besonders erwählt sind. Wer den Namen einer Person weiß, kann sie beherrschen, vgl. Mk 5,9 par. Lk 8,30. Ein neuer Name bedeutet eine neue Identität, vgl. Mk 3,16f, Offb. 2,17, vgl. Joh 10,3; vgl. hierzu HARTMAN, Art. ὄνομα, 1269.

kenntnis. (3) Vor allem aber rechtfertigt der Lobpreis *Jesu Wissen* um die eingeschriebenen Namen. Die Boten können sich durch die Aussagen im Lobpreis darauf verlassen, dass die an sie ergangene Verheißung verbindlich ist, weil Jesus nicht nur die stellvertretende Vollmacht, sondern auch die *Kenntnis* des göttlichen Willens besitzt. Insofern trägt der Lobpreis zur Erklärung der von den Boten geforderten Freude in Lk 10,20 bei.

In Lk 10,20 ruft Jesus imperativisch zur Freude auf. Der Auslöser dafür ist die Rückkehr der 72 Boten voller Freude (μετὰ χαρᾶς), deren Freudenbezug reguliert werden soll. Die Lehrmethodik Jesu ist in der Darstellung des Lukasevangeliums besonders interessant: Er lehrt in *Theorie und Praxis*. Nach seinem Lehrvortrag, der an die Boten appelliert, demonstriert Jesus durch eine *praktische Anwendung*, dass die Freude durch den Lobpreis ausgedrückt und umgesetzt werden kann (Lk 10,21–22). Das Gebet Jesu stellt insofern eine deskriptive Beschreibung der Freude dar. Der lukanische Erzähler hebt das im Gegensatz zum matthäischen durch eine Redeeinleitung hervor, die Jesu Äußerung als expliziten Jubel charakterisiert.[90] Die Figur Jesus dient damit als Vorbild und Modell für die in Lk 10,18–20 vermittelte und geforderte Ethik.

Das Gebet und der Lobpreis konnten im bereits vorgestellten psychologischen Modell der Emotionsregulation als geforderte und vorgelebte ‚Bewältigungshandlungen' eingeordnet werden. Sie resultieren als Handlungskonsequenzen aus der an Gott orientierten Freude. Wichtig ist dabei die *Außenwirkung* der Freude: Denn Emotionen gelten zum einen Signale für die eigene Person, zum anderen aber auch für die soziale Umwelt. Wird die Freude also durch Handlungskonsequenzen wie jubelnde Lobpreisgebete kommuniziert, kann und soll das aus funktionalistisch-psychologischer Sicht zur Manipulation oder Verhaltensregulation der Interaktionspartner führen. Das kann insbesondere im Zusammenhang mit der Mission entscheidend sein. Die Boten haben in der Nachfolge Jesu den Friedensgruß überbracht, Kranke geheilt und das Evangelium gepredigt, nun aber wird ihnen vermittelt, *wie* sie dabei auftreten sollen. Wenn sie Jesus vollmächtig vertreten wollen, sollen sie ihre Affekte regulieren. Die Freude steht im Zentrum der Auseinandersetzung, da die Jesusbewegung und ihre Botschaft von den Boten und deren Freude repräsentiert wird. Wie oben

---

[90] Vgl. auch das zusammenfassende Kapitel 16: Als Analogien zu dieser Erzählweise bzw. Lehrmuster kann die Reaktion Marias in Lk 1,46ff herangezogen werden. Nachdem sie durch den Gruß des Engels zur Freude aufgefordert worden ist, reagiert sie lobpreisend mit dem Magnifikat. Das Lukasevangelium schließt nach der Emmauserzählung und dem Himmelfahrtsbericht, indem die große Freude der Jünger explizit beschrieben wird (Lk 24,52). Auch hieran schließt sich eine deskriptive Darstellung der Freude an: Die Jünger lobpreisen Gott (εὐλογοῦντες τὸν θεόν, Lk 24,53), vgl. auch Kapitel 8; 15; 16.

gezeigt, soll die ausgestrahlte Freude im Kontakt der ‚In-Group' mit Außenstehenden eindeutig sein, damit der Verdacht von ‚Schadenfreude' als
theologischem Konzept der χαρά ausgeschlossen werden kann. Das aus
der modernen funktionalistischen Emotionsmodell entliehene Modell der
Handlungs- und Emotionsregulation kann für den vorliegenden Zusammenhang nun vervollständigt werden, ergänzt um die Handlungskonsequenz des Jubelgebets. Vergleiche dazu die Grafik auf der folgenden Seite.

In Jesu *Lobpreis* kommen die dunklen Mächte nicht mehr vor, weder der
Satan, noch die Dämonen oder Geister. Damit wird umgesetzt, was zuvor
in Lk 10,20 verlangt worden ist: Die Freude soll sich allein an Gott orientieren. Nur auf der innigen Beziehung zu ihm kann die richtig verstandene
Freude gründen, da ihm alles unterstellt ist. Auf ihn allein geht die Vollmacht zurück, die in Jesus offenbar wird. Die im Gebet betonte Einheit
von Gott und Jesus charakterisiert die Heilstaten Jesu näher. Nur Gott soll
die Aufmerksamkeit der Freude zukommen, da er allein die Rettung bestimmt und sogar die Offenbarungserkenntnis von ihm und seinem Sohn
abhängig ist. Dass der Lobpreis ein Ausdruck der frommen Freude ist, be-
teuert auch die alttestamentliche Theologie: „Dank Gottes erfüllt das erste
Gebot im Modus der Freude an und über Gott. Im Gotteslob, in der in ihm
zum Ausdruck gebrachten reinen Gottesfreude, sind die Götzen entmachtet. Es ist die Bestätigung des Schöpfers aus dem Mund seiner Geschöp-
fe.“[91] Gottes Handeln, das in den Exorzismen sichtbar geworden ist, kann
eine Kommunikation auslösen, wenn der Betende lernt, ihn als Handlungssouverän des eschatologischen, persönlichen Heils zu erkennen.

---

[91] BRANDT, Sinn, 261, über den öffentlichen Charakter des Gotteslobs, das das soziale
Gedächtnis an die Taten Gottes aktiviert und zugleich den Erwartungshorizont der betenden Gemeinschaft formt.

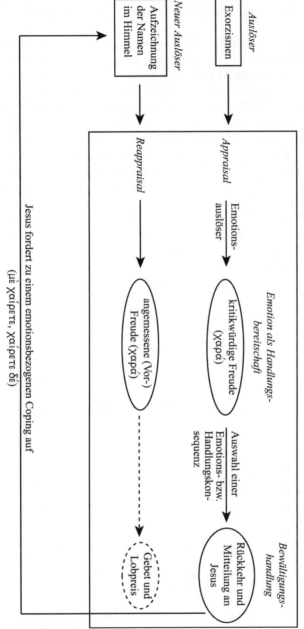

Vereinfachtes Schema der Handlungs- und Emotionsregulation in Lk 10,17ff.

G. Lk 10,20 – Eine lukanische Auseinandersetzung mit einer frühchristlichen Krisensituation?

Es ist anzunehmen, dass die Argumentation von Lk 10,17ff von frühchristlichen Erfahrungen oder Befürchtungen geprägt worden ist. Das liegt entsprechend nahe wie im Gleichnis vom Sämann und seiner Deutung (Lk 8,4–15). Die Imperative aus Lk 10,20 wirken als regulative Sprechakte zunächst auf die 72 Boten (als direkte Adressaten innerhalb der Erzählung), aber auf einer weiteren kommunikativen Ebene wie gezeigt auch auf die impliziten Leser ein.[92] Die Rede Jesu erweist damit klar einen symbouleutischen Gehalt. Dabei hat sie nicht nur einen beratenden Charakter: Durch das Verbmodus in Lk 10,20 (doppelter Imperativ) kann die Funktion der Lehrrede Jesu klar als Paränese bestimmt werden.[93] Der aus pragmatischer Sicht als perlokutionär zu bestimmende Sprechakt soll dazu beitragen, sowohl die Einstellungen, die Gefühle als auch die Verhaltensweisen der Adressaten zu beeinflussen und im günstigen Fall zu verändern.[94] Auch aus lernpsychologischer Sicht sind Erfolgs- und Misserfolgsrückmeldungen ein wesentlicher Faktor zur Bildung und Stabilisierung von Selbstkonzepten, besonders in Bezug auf die eigene Leistungsfähigkeit.[95]

Für die psychologische Exegese von Lk 10,20 haben sich die Lehrgerüste der philosophischen Affektlehren bereits als fruchtbar erwiesen. Im Folgenden werden die Axiome der stoischen Affektlehre hinzugezogen. Die stoische Systematik kennt bestimmte *Affektoppositionen*: Der Freude sind *Traurigkeit* und *Schmerz* entgegengesetzt.[96] Diese Affekte werden in der antiken Affektlehre unter dem Begriff der λύπη zusammengefasst. Dass diese Affekte auch im Lukasevangelium als Gegensätze zur Freude zu ver-

---

[92] Auf HABERMAS, Bemerkungen, 111–114, geht die Klassifizierung von pragmatischen Sprechakten in vier Typen zurück (Kommunikativa, Konstativa, Repräsentativa und Regulativa; davon unterscheidet er ferner die institutionellen Sprechakte, die er nicht zu den pragmatischen Universalien zählt), was bereits in verschiedene Methodenbücher der neutestamentlichen Exegese aufgenommen worden ist, z.B. bei EGGER, Methodenlehre, 141; EBNER/HEININGER, Exegese, 110.

[93] Vgl. den Hinweis bei EBNER/HEININGER, Exegese, 93f, auf den Imperativ als modales Charakteristikum von paränetischen und forensischen Texten, insbesondere in paulinischer Briefliteratur.

[94] Zur Bestimmung perlokutionärer Sprechakte als Sprachhandlungen, in denen ein Sprecher versucht, eine Reaktion bei seinen Hörern zu evozieren, vgl. SEARLE, Sprechakte, 68ff.

[95] HOFMANN/PEKRUN, Emotionen, 125, nennen außerdem proximale Einflüsse wie selbstgesteuerte intra- und interindividuelle Leistungsvergleiche als Faktoren der Identitätsbildung.

[96] Vgl. Kapitel 5, 88ff.

stehen sind, zeigt der erzählerische Verlauf der Emmausgeschichte, die in Kapitel 15 behandelt wird. Dort wird explizit aus Trauer abschließende Freude, als die Jünger durch die Begegnung mit einem Fremden, in dem sie Jesus erkennen, neue Hoffnung und Vertrauen in seine Botschaft schöpfen können (Lk 24,17.37.41.52). Die Bearbeitung der Emmauserzählung zeigt zum Abschluss des Lukasevangeliums den Zusammenhang der Affektoppositionen Freude/Traurigkeit und darüber hinaus Mechanismen zur Regulierung des pathischen Affekts. Wenn diese Erzählung derselben redaktionellen Hand unterlag wie Lk 10,20 – dann darf das Verständnis von Affektoppositionen und erfolgreichen Regulationsprozessen auch in der vorliegenden Perikope vorausgesetzt werden, in der die angemessene Freude bestimmt werden soll. Möglicherweise soll die Orientierung an einer bestimmten freudigen Qualität nach Lk 10,20 dazu beitragen, Trauer und inneren Schmerz, den Affekt der λύπη, zu vermeiden. Zeugnisse, in denen die Bedrückungen der Gegenwart mit dem Satan, die eschatologische Perspektive dagegen mit der Freude bzw. dem Ende der Traurigkeit verbunden ist, sind auch aus der zeitgenössischen jüdischen Umwelt Jesu erhalten: Den Zusammenhang zwischen dem Ende des Satans und der Trauer beschreibt AssMos 10,1 ausdrücklich. Dort heißt es: „Und dann wird seine [Gottes] Herrschaft über seine Schöpfung erscheinen, und dann wird der Satan nicht mehr sein, und die Traurigkeit wird mit ihm hinweggenommen werden."[97]

Die Aufforderung in Lk 10,20, das Bezugsobjekt der Freude zu regulieren, kann als vorbeugende Schutzmaßnahme konzipiert sein, um die Adressaten vor einer destruktiven Enttäuschung zu bewahren. Möglicherweise versuchte der Erzähler, Enttäuschungen zu verhindern, wenn die Wunderheilungs- und Exorzismuskompetenz ausbleibt.[98] Denn dadurch wäre die Freude über gelingende Exorzismen gefährdet, in Frustration, Leid, Schmerz oder gar Zorn umzuschlagen – das Selbstkonzept der betroffenen Christen könnte bedroht oder zumindest destabilisiert werden. Die vorbeugende Funktion von Lk 10,20 wird zwar nicht explizit ausgedrückt. Aber der Ausfall von erfolgreichen Exorzismen kann durchaus ein Problem in lukanischen Adressatengemeinden dargestellt haben. Zwar sind in der lukanischen Hauptquelle, dem Markusevangelium, viele Heilungsgeschichten und Exorzismen überliefert. Die Freude darüber, Dämonen austreiben zu können, setzte sicherlich große Erwartungen im Urchristentum frei. Gleichzeitig berichtet aber selbst Paulus in seinen Briefen nichts über eigene charismatische Wunderheilungen. Das könnte dem Lukasevangelisten, der durch seine Apostelgeschichte ein besonderes Interesse für Paulus beweist, bekannt gewesen sein – auch wenn er selbst von paulinischen

---

[97] Vgl. auch THEISSEN/MERZ, Jesus, 196.
[98] Vgl. MARSHALL, Gospel, 427–430; vgl. HOFFMANN, Studien, 253f.

Wundern zu berichten weiß.[99] Verschiedene Auseinandersetzungen, die bereits in den Evangelien von Jesus und seinem Umfeld bezeugt werden, zeigen außerdem, dass sich das Ausbleiben dieser zeichenhaften Momente im Kontakt mit Außenstehenden als problematisch und innerhalb der christlichen Binnengruppe als destabilisierende Bedrohung erwiesen hat.[100]

Durch das in Lk 10,20 geforderte angemessene Bezugsobjekt soll die neu definierte Freude weder durch menschliches Handeln noch durch das Ausbleiben eines Heilungs- bzw. Exorzismuserfolgs enttäuscht werden können: Die Namen der Boten sind bereits in den Himmeln aufgeschrieben, und was immer an weltlichen Enttäuschungen auf sie kommen mag, können sie sich doch gewiss sein, bei Gott am Ende erinnert zu werden. Wie gezeigt erweist sich die Argumentationsführung als äußerst sensibel und respektiert beide Konzepte der Eschatologie, die präsentische und die futurische Vorstellung. Das freudige Affektverhalten soll nach dem Zeugnis des Lukasevangeliums dennoch auf das zweite Bezugsobjekt konzentriert werden. Damit erhält die Freude eine besondere temporale Qualität. Sie soll sich am zukünftigen Geschehen orientieren und erhält damit die Beschaffenheit einer ‚Vorfreude‘, wie sie auch bei Philo von Alexandrien besonders geschätzt wird.[101]

Wird Lk 10,17f als nachösterliche Aufarbeitung einer frühchristlichen Problematik gelesen, könnte der Diskurs über die angemessene Freude innerhalb des weiteren Umfelds, das Jesus umgeben hat, eine reagierende Projektion sein. Über die Autorität der Jesusfigur in christlichen Kreisen könnte didaktisch vermittelt worden sein, was zu tun ist, wenn die Freude über sichtbare Zeichen ausbleibt, obwohl sie zu Jesu Lebzeiten als Charakteristikum und Vollmachtsbeweise vielfach belegt sind.[102] Damit kann eine noch größere Angst verbunden gewesen sein: Das letzte ‚sichtbare Zeichen‘ für die Richtigkeit der Botschaft Christi wäre die erwartete Parusie. Ihre Verzögerung kann Verzweiflung und Abkehr vom Glauben ausgelöst und bewirkt haben. Die Emmauserzählung, die ebenfalls nur im Lukas-

---

[99] Vgl. beispielsweise die summarische Notiz in Apg 19,11ff oder die Auferweckung des Eutychus in Troas, Apg 20,9ff.

[100] Vgl. Lk 9,49f (Mk 9,38f); Lk 11,14ff; Lk 12,29ff; Lk 24,36ff.

[101] Die *Hoffnung* (ἐλπίς) gerät zum zentralen Schlüsselwort für Philos Verständnis dieser ‚Freude‘. Mithilfe dieses Begriffs differenziert er zwischen einer ‚Vorfreude‘ und dem eigentlichen Affekt, wobei beide Zustände der „Freude" zugeordnet werden. Philo verwendet also die beiden typischen stoischen Affektkategorien: Er beschreibt erstens den *zeitlichen Bezug* der ‚Freude‘ auf etwas Gegenwärtiges oder Zukünftiges, und er wertet sie zweitens als herausragendes Gut, vgl. Kapitel 6, 118f.

[102] An der traditionellen Wunderüberlieferung (vgl. Mk), die eine besondere theologische Bedeutung hat, kam und wollte der Redaktor des Lukasevangeliums offenbar nicht vorbei, auch angesichts der daraus resultierenden Probleme der frühchristlichen Gemeinden, die mit Zeichenforderungen zum Erweis ihrer Theologie konfrontiert waren.

evangelium zu finden ist, belegt auf eindrückliche Weise, dass diese Sorge auch engste persönliche Mitarbeiter Jesu betroffen hat. Auch das kann die Aufarbeitung der Freude in Lk 10,20 beeinflusst haben.

Die Boten (und im Anschluss daran die impliziten Leser) sollen zu einer langfristig tragfähigeren Freude erzogen werden. Denn auch angesichts existentieller Bedrohungen von außen und Krisen im Inneren soll die Freude über die zukünftigen, eschatologischen Ereignisse bestehen bleiben. Der Affekt der χαρά soll als Ausdruck der inneren Disposition die jungen Gemeinden stabilisieren. Hoffnungsvolle Freude soll die Christen nach Lk 10,20 durch die Gegenwart und in die Zukunft begleiten. Die moderne Psychologie weist auf das Potential hin, das im Erleben der Freude besteht, sodass Wahrnehmung und Handeln positiv beeinflusst werden können: „Wir neigen nun dazu, vertrauensvoll und positiv gestimmt auf andere zuzugehen, Aufgaben in Angriff zu nehmen und mögliche Risiken vielleicht außer acht zu lassen."[103] Übertragen auf die urchristliche Situation, in der sich auch der Bearbeiter des Lukasevangeliums und seine Gemeinden befinden, bietet sich in einer freudigen Atmosphäre mit positiver Ausstrahlung die beste Voraussetzung für eine Stabilisierung der Gemeinde gerade in schwierigen existentiellen Situationen.

Als erzieherische Maßnahme wird hier keine Geschichte, kein Gleichnis gewählt, das über jesuanische Figurenrede wie in Lk 15 vermittelt wird: Der extradiegetische Erzähler verlässt die erste Erzählebene nicht. Dieser Text vermittelt einen heterodiegetischen Erzähltyp, sodass die Erzählweise in dritter Person dominiert und der Erzähler selbst nicht zur Figur der Geschichte wird. Dennoch wirkt der Text äußerst lehrreich und wie gezeigt keinesfalls distanziert: Durch die Ansprache der Boten in Lk 10,20, die auf der Ebene der Story die Adressaten sind, wird auch dem impliziten Leser ein Rollenangebot unterbreitet. Im weiteren Kontext der Perikope wird die Nachfolge in den Kapiteln der großen Einschaltung zentral behandelt. Wie in der Einleitung dieser Abhandlung gezeigt, befindet sich der implizite Leser mit der Gruppe um Jesus auf dem Weg in die existentielle Krise, auf der Reise nach Jerusalem. Nach den eindringlichen eschatologischen Wehrufen über die galiläischen Städte in Lk 10,13–16 (par. Mt 11,20–24), die dem Diskurs über die Freude unmittelbar vorangehen, folgt nun das Angebot, sich mit der Rolle der 72 Boten zu identifizieren, denen nicht die Hölle (wie Kapernaum in Lk 10,15!), sondern die eschatologische Bewahrung in den Himmeln in Aussicht gestellt wird. Durch die Zusammengehörigkeit des semantischen Inventars, das in den oppositionellen Wortfeldern

---

[103] HÜLSHOFF, Emotionen, 114.

zu erkennen ist,[104] sind beide Perikopen anhand von klaren Sinnlinien miteinander verbunden.[105] Wenn die Didaktik von Lk 10,13–16 als positiv verstärkende *Konditionierung durch Abschreckung* bestimmt werden kann, so bildet Lk 10,17–24 dazu das Gegengewicht: Hier wird durch eine *positive Verstärkung*, genauer über das Versprechen einer ‚Belohnung‘, für die Nachfolge und das Hören auf die Botschaft Jesu geworben. Dem impliziten Leser wird vorgeführt, was ihm im Fall der Ablehnung (Lk 10,13–16) und im Fall der Annahme des Wortes (Lk 10,17–24) bevorsteht. Erzählerisch wird das zweifach vermittelt: sowohl theoretisch explizit durch die Lehre in Apophthegmata (Lk 10,16.24), als auch demonstrativ, nämlich anhand des Beispiels von galiläischen Städten und der exemplarischen 72 Boten. Darüber hinaus zeigt Jesus als Lehrer[106] wie als Vorbild, was unter der angemessenen Freude zu verstehen ist und wie sie umgesetzt werden kann. Auf die theoretische Anleitung und Auseinandersetzung mit der Thematik in Lk 10,17–21 folgt die praktische Umsetzung durch das jubelnde Gebet Jesu in Lk 10,21.

Dieser Aufbau, der Weherufe, Freudeaufrufe, Lobpreis und theologische Lehre miteinander verbindet, ist auch aus einer weiteren lernpsychologischen Perspektive aussagekräftig. Emotionen markieren, ob ein Geschehen für eine Person von Bedeutung ist.[107] Auf Lk 10,20 übertragen könnte die Aufforderung zur Freude demnach auch implizieren, dass das zugewiesene Bezugsobjekt (das Wissen um die in die Himmel eingeschriebenen Namen) für die Adressaten eine subjektive Relevanz erhalten soll. Andererseits haben Emotionen auch einen Einfluss auf die Motivation und die Lernleistung von Schülern! Positive Emotionen, wie die Hoffnung auf eine gute Bewertung und Rückmeldung oder intrinsische Lernfreude[108], fördern (a)

---

[104] Himmel und Hölle, Lk 10,15.18.20; Wehe-Imperative und Aufforderungen zur Freude, Lk 10,13.20. Zu beachten ist auch, dass am Ende beider Perikopen Worte Jesu über das Hören folgen (Lk 10,16.24), sodass beide Textabschnitte auch durch dieses Wortfeld, das auf eine übergreifende Thematik hinweist, miteinander verbunden sind.

[105] Dennoch sind die Perikopen meines Erachtens durch eindeutige Texttrenner klar zu unterscheiden: In Lk 10,17 betreten die 72 Boten als neue Figuren der Erzählung die Szene, sodass das folgende Gespräch zwischen anderen Kommunikationspartnern stattfindet. Auch der Satzanschluss δὲ (aber) in Lk 10,17 weist auf einen inhaltliche Abgrenzung des Folgenden hin.

[106] In Lk 10,13ff wirkt Jesus als Lehrer. In der folgenden Perikope, Lk 10,25, wird er sogar von einem Schriftgelehrten, der außerhalb der Binnengruppe um Jesus steht, ausdrücklich als Lehrer (διδάσκαλε) angesprochen und gewürdigt.

[107] Besonders kognitive funktionalistisch orientierte Emotionstheorien postulieren, dass nur subjektiv relevante Ereignisse und Situationen Emotionen auslösen, vgl. LAZARUS, Stress, 53.70ff; HOFMANN/PEKRUN, Emotionen, 115.

[108] Unter einer intrinsischen Motivation liegen die Gründe für die Handlungsausführung in einer Tätigkeit selbst begründet, während bei einer extrinsischen Lernmotivation

sowohl die kognitiven Prozesse des Lernens als auch (b) die langfristige Motivation der Schüler.[109]

Freude wirkt zwar leistungssteigernd. Aber aus der *Prüfungsangstforschung* hat sich auch ergeben, dass dem Arbeitsgedächtnis nur begrenzte Aufmerksamkeitsressourcen zur Verfügung stehen, „die bei hoher Emotionsintensität z.T. für die Emotionsregulation abgezogen werden und dann für die eigentliche Aufgabenbearbeitung nicht mehr verfügbar sind."[110] Für positive Emotionen, zu denen die Freude gezählt werden muss, scheint das ebenfalls zu gelten.[111] Allerdings nur, wenn sie nichts mit der Aufgabenbearbeitung direkt zu tun haben. Das kann aber in Lk 10,20ff weitgehend ausgeschlossen werden: Hier wird eine lernbegleitende Freude beschrieben, die auch zum Lerninhalt zählt und somit das Verarbeiten des komplexen Lehrinhalts (Lk 10,18ff) unterstützen kann. Ergebnisse der *Stimmungsforschung* können diese emotionspsychologische Hypothese bestätigen. Seit Anfang der 80er Jahre haben verschiedene Laborexperimente (beispielsweise zur „Denkstilhypothese") gezeigt, dass sich Stimmungen auf die Speicherung und den Abruf von Informationen fördernd oder hemmend auswirken können.[112] Im Bereich der *Motivationsforschung* ist erarbeitet worden, dass positive Emotionen wie die Freude sowohl das intrinsische Lernverhalten als auch die extrinsische Motivation steigern können. Schon Aristoteles beschäftigte sich in seiner Rhetorik mit diesem motivationspsychologischen Phänomen, sie ist daher auch ein Thema des antiken Diskurses.[113] In Lk 10,20 werden die Boten konsequenzbezogen, also extrinsisch unterwiesen: In Lk 6,23 wird den Hörern der Feldrede sogar ein Lohn in Aussicht gestellt. Diese extrinsische Motivation dürfte „ebenfalls von positiven prospektiven Emotionen (z.B. Vorfreude, Hoffnung auf positive Er-

---

mit Blick auf die Konsequenzen gelernt wird, also um positive Folgen zu erzielen bzw. negative zu vermeiden, vgl. ZIMBARDO, Psychologie, 439.

[109] HOFMANN/PEKRUN, Emotionen, 115. Dieser Zusammenhang wurde bislang vorwiegend am Phänomen der Prüfungsangst erforscht, wird im Aufsatz der genannten Verfasser aber auch auf die Freude als lernfördernde Emotion angewendet, vgl. ebd. 122f.

[110] Ebd., 123.

[111] HOFMANN/PEKRUN, ebd., 123, beziehen sich auf die Arbeit von MEINHARDT, Emotionen, die mir leider nicht einsehbar war.

[112] Ebd., 123 (Lit!): Untersuchungen zur Denkstilhypothese konnten belegen, dass bei negativer Stimmung eher analytische, sequentielle, detailorientierte Informationsverarbeitungsstile bevorzugt worden sind, während bei positiver Stimmung tendenziell holistische, intuitive und kreative Strategien gewählt wurden.

[113] Vgl. die aristotelische Zusammenfassung seines 10. Buches, worin unter anderem verschiedene Handlungsmotivationen unterschieden werden: „Da man alles, was man aus sich heraus tut, freiwillig vollbringt, jedoch unfreiwillig alles das, was man nicht aus sich heraus führt, so dürfte alles, was man freiwillig begeht, entweder ein Gut bzw. ein scheinbares Gut oder etwas Lusterzeugendes sein...", vgl. Aristot. rhet. 1369b, hier übersetzt von Franz G. Sieveke.

gebnisse) erhöht werden, während Hoffnungslosigkeit zu ihrer Verminderung führt."[114]

Die Freude, die in der Figurenrede Jesu (Lk 10,20) vermittelt und verheißen wird, kann also die Aufmerksamkeit, Konzentrationsfähigkeit und das Interesse des impliziten Leserkreises für das Folgende erhöhen.[115] Nicht nur der in Lk 10,20 dargestellte und appellierte Affekt verweist auf die Bedeutung der Verheißung dieses Verses. Auch das anschließende Lobpreisgebet und die Lehre Jesu werden motivationspsychologisch vorbereitet und erhalten dadurch textpsychologisch ein emphatisches Gewicht. Möglicherweise ist diese Didaktik eingesetzt worden, um frühe christliche Gemeinden in Krisensituationen zu unterstützen, sie zum Lobpreis anzuleiten, zum beständigen Glauben zu motivieren und durch die bestärkte Verheißung ihr Selbstkonzept zu stabilisieren.

H. Zusammenfassung und Ausblick

Das Lukasevangelium berichtet in Lk 10,17–24 von einer Belehrung Jesu über die Freude. Die Rückkehr der 72 Boten von der Mission und ihre Erfolgsmeldung bilden dazu den Anlass. Der weitere Kontext beschreibt den Weg nach Jerusalem, der für Jesus und seine Nachfolger in die Krise führt. Im Hinblick auf die urchristliche Situation können sich von dieser Thematik insbesondere Leser und Leserinnen angesprochen gefühlt haben, die sich bereits selbst für die Nachfolge entschieden haben oder die sich in einer entsprechenden Entscheidungssituation befinden. Während in Lk 10,17 das Gelingen von Zeichenhandlungen, genauer: von Exorzismen, beschrieben wird, können entsprechende Erfolge zur Zeit der Entstehung des Lukasevangeliums bereits ausgeblieben sein. Insofern kann mit der Abhandlung über die Freude auch beabsichtigt gewesen sein, frustrierenden Missionserfahrungen vorzubeugen oder ihre Bearbeitung zu unterstützen und ein freudiges Auftreten der missionierenden Christen gegenüber ihrer Umwelt zu fördern.

Jesus verlangt in der Erzählung Lk 10,20 von den Boten, die sich über die gelingenden Exorzismen freuen, den bereits bestehenden Affekt der χαρά beizubehalten, gleichzeitig sollen sie aber das Bezugsobjekt, das die Freude ursprünglich ausgelöst hat, wechseln. Diese Affektregulation setzt die Kontrollierbarkeit von Affekten voraus, wie es die philosophischen

---

[114] HOFMANN/PEKRUN, Emotionen, 123.

[115] Dass ein Leser des Evangeliums dazu bereit sein muss, das Rollenangebot des Textes anzunehmen und sich selbst als Nachfolgender mit den Boten zu identifizieren, wurde bereits zuvor angemerkt.

Schulen als Seelenideal vertreten, in ausgeprägtester Weise die Stoiker. Denn es wird verlangt, den Affekt kognitiv zu verarbeiten, was die funktionalistische Emotionspsychologie als emotionsbezogenes Coping definiert. Die dazu notwendige Umwertung der Zusammenhänge gilt im kognitiven Coping-Prozess als ‚reappraisal'. Der Emotionsauslöser wird in Lk 10,20ff selbst nicht infrage gestellt, d.h. die erfolgreichen Exorzismen bleiben als Zeichenhandlungen anerkannt. Aber sie sollen nicht die entscheidende Bezugsreferenz der Freude bleiben. Es folgt eine Verlagerung der Interpretation: Die Missionare in der Nachfolge sollen sich nicht als Helfer Gottes, also als Adjuvanten definieren, sondern dürfen sich selbst als Adressaten des göttlichen Wirkens begreifen! Während Exorzismen an sich ambivalent gedeutet werden können, dürfen die Boten sich des Heils eindeutig sicher sein. Sie erleben das Außerordentliche (Lk 10,23) und das macht sie zu gesegneten Zeugen. Mit einer analogen, soteriologischen Verheißung hat bereits Lk 6,23 argumentiert. Lukas hat diesen Vers der Feldrede mit großer Wahrscheinlichkeit aus Q exportiert (vgl. Mt 5,12) und mit ihm die selbstständige und singuläre Argumentation über die Freude in Lk 10,20ff vorbereitet. Auffällig ist, dass beide Belegstellen die eschatologische Vorfreude als herausragende Qualität der Freude betonen. Das entspricht der Würdigung der Hoffnung bei Philo von Alexandrien, der die Vorfreude ebenfalls als hochwertigste Form der Freude bestimmt.

Die Argumente zur Neueinschätzung der Situation werden narrativ in einer Figurenrede durch Jesus vermittelt. Seine Autorität als Lehrer wird verstärkt, indem seine Vollmacht ausdrücklich im Lobpreisgebet hervorgehoben wird (Lk 10,22). Für die Boten (und im Anschluss daran für den impliziten Leserkreis) ist das nach den Exorzismen eine weitere Legitimation der Lehre Jesu und soll sie darin bestärken, ihm und seinen Aufforderungen zur Regulation der Freuden zu folgen. Das Wortfeld der alttestamentlichen Didaktik ist in diesem Zusammenhang besonders interessant, weil die zu erwartende Thematik der Simchat-Tora, der Freude an der Tora, nicht ausgestaltet wird. Sie steht alttestamentlich auch als Ausdruck für die Beziehung des Betenden zu seinem Glauben, zu seinem Gott, vor allem aber auch zur Tradition der Glaubensvermittlung. In Jesu Jubelruf wird im Gegensatz dazu die Unmittelbarkeit der Offenbarung betont, das innige Verständnis und die Willensgemeinschaft zwischen Gott Vater und Jesus, seinem Sohn. Der an die Freudentheorie anschließende Lobpreis Jesu, der in der lukanischen Redeeinleitung als Jubel direkt charakterisiert wird, kann als Verwirklichung der Simchat-Tora interpretiert werden: Am Held der Erzählung Lk 10,17–24 wird im Anschluss an die Theorie auch praktisch demonstriert, wie die Freude über Gott ausgedrückt werden soll. Das Wissen darüber, dass Gott an der eigenen Person handelt, soll eine Freude auslösen (Lk 10,20), die in eine Kommunikation mit Gott mündet. Jesus wird zum ethischen Vorbild. An seinem Handeln wird deutlich, dass die Freude über Gott zum konstituierenden und stabilisierenden Faktor in der Beziehung von Gott und Mensch werden kann und nach Lukas auch soll. Die Schematheorie weist darauf hin, dass der geforderte kognitive und emotionsorientierte Affektwandel nicht auf eine einmalige Reaktion zu beschränken ist, sondern durch Internalisierung auch die Vorstrukturierung, also die Disposition des Betroffenen verändern kann, wenn ein reflexiver Emotionsprozess neue Automatismen auslöst. Durch Lk 10,20 wird deutlich: Wer auf Jesus hört, dessen Wahrnehmung kann und wird sich (dauerhaft) verändern.

Nach dieser vielschichtig komponierten Abhandlung über die ideale Orientierung der Freude folgen auf der Reiseroute Jesu nach Jerusalem weitere Erklärungen und Unterweisungen mit semantischen Bezügen zur vorgestellten Perikope. Insbesondere die Themenkreise der problematisierten Exorzismen (Lk 11,14–26; 29–32), des Betens (Lk 11,1–3), der eschatologischen Frage (Lk 12; 14) und der verantwortungsvollen Ethik (Lk 10, 25–42; 11,5–13 u.a.) werden vertieft. Die Beziehung zu Gott und das Thema der Beziehung zum Nächsten werden damit als programmatisch für die Existenz in Jesu Nachfolge bestimmt. Auch formale Analogien lassen den Eindruck eines kohärenten Zusammenhangs entstehen. So folgen Seligpreisungen derer, die das Wort Gottes hören (Lk 11,28), und auch Weherufe (Lk 11,37–54) werden wieder aufgenommen. Im chronologischen Ablauf des Lukasevangeliums spitzt sich die Krise auf dem Weg nach Jerusalem immer weiter zu. Einen provokanten Höhepunkt der Story bildet in der Mitte des Lukasevangeliums das 15. Kapitel. Nachdem in Lk 10,20 die Freude über das eigene Ergehen im Eschaton behandelt worden ist, wendet sich die Erzählung in Lk 15 einem völlig anderen Aspekt zu, der Vorstellung einer problematisierten, empathischen Freude.

Kapitel 11

Affektdarstellung und Affektwandel in der Parabel vom Vater und seinen Söhnen (Lk 15,11–32)[1]

A. Einführung

Die Parabel vom Vater und seinen beiden Söhnen in Lk 15,11–32 ist nicht nur eines der bekanntesten und provokantesten, sondern auch eines der am meisten diskutierten Gleichnisse des Neuen Testaments. Es handelt von einer Familienkrise, von den Konflikten eines Vaters mit seinen beiden Söhnen. Nicht nur die Freude ist mehrfach aktualisiert, im Gleichnis herrscht eine besonders auffällige affektive Dichte, weswegen eine textpsychologische Exegese besonders sinnvoll erscheint: Die Angst des jüngeren Sohnes und die Freude des Vaters und seiner Knechte werden ebenso thematisiert wie der Zorn des Bruders, dessen Affekt der Vater in Mitfreude transformieren möchte. Durch diesen Befund stellt sich die Frage, wie Affekte im Text überhaupt dargestellt werden, in welchem Verhältnis die Freude zu ihnen steht, und welche Funktionen die Affekte im Erzählverlauf erfüllen.

Forschungsgeschichtlich liegen bereits einige Versuche vor, dem Text unter einer psychologischen Fragestellung zu begegnen, allerdings sind die meisten dieser Auslegungsversuche tiefenpsychologisch orientiert, was der Breite des gegenwärtigen psychologischen Diskurses nicht gerecht wird.[2] Zum anderen lassen gerade einige psychologisch oder narrativ ausgerichtete Auslegungen den Eindruck entstehen, den Text in seinem Alter und seiner Struktur nicht ernst genug zu nehmen, sodass diesen Versuchen schnell ein Anachronismusverdacht entgegengebracht werden kann. Sie unterscheiden sich daher methodisch klar von der in dieser Arbeit vertretenen Textpsychologie auf historisch-kritischer Grundlage. Das soll im Folgen-

---

[1] Dieses Kapitel wurde im Rahmen des Symposiums des Altertumswissenschaftlichen Kollegs in Heidelberg zur Psychologie der urchristlichen Religion in gekürzter Form vorgestellt, diskutiert und veröffentlicht, siehe INSELMANN, Affektdarstellung, 271–300.

[2] Zur Parabel vom Vater und seinen beiden Söhnen gibt es bereits verschiedene Interpretationen, die mit psychologischen Paradigmen arbeiten. Zu nennen wäre MADSEN, Parabeln, der sich vorrangig für den kreativen Prozess der Textentstehung interessierte. Vgl. auch VIA, Son, 21–43; SCHWEIZER, Evangelium, 162–167; SCHMITZ, Menschen, 44–69; POKORNÝ, Theologie, 155–176, bes. 162 u.a.

den beispielhaft am Vergleich mit Mary Ann Tolberts Deutung skizziert
werden, die tiefendynamisch ausgerichtet ist.[3]

B. Die tiefenpsychologische Deutung von Mary Ann Tolbert

Tolberts Anliegen besteht darin, den antiken Text für zeitgenössische, moderne Leser verständlich zu machen.[4] Durch eine „rhetorical analysis of its
surface structure"[5] soll die Einheitlichkeit der Erzählung herausgearbeitet
werden, außerdem sollen die intratextuellen Bezüge und ihre textliche Repräsentation dargelegt werden. Schließlich wendet Tolbert Elemente aus
Freuds mentaler Typographie auf die Story an, um Ähnlichkeiten zu den
figuralen Konzepten aufzuzeigen, die im Gleichnis vertreten werden.

Formkritisch habe der Text zwar große erzählerische Anteile, die Ver-
dichtung könne aber gleichzeitig auch auf eine lyrische Präsentation des
Geschehens verweisen. Daher resultiere der Traumcharakter des Textes,
der von Tolbert als bewusste Repräsentation eines einfachen Wunschtrau-
mes gedeutet wird: Der Vater und seine Söhne seien Elemente einer komplexen Einheit, in der es um das ganzheitliche Existenzverständnis und die
menschliche Suche nach Ganzheit gehe. Aus diesem Verständnis erklärt
Tolbert die außerordentliche Bedeutung des Gleichnisses für Christen aller
Zeiten, die sich in den drei zentralen Erzählfiguren wiederfinden könnten:
„These three elements are present in the psyche of every individual".[6]
Freuds Konzeption der inneren Anteile ‚Es‘, ‚Ich‘ und ‚Über-Ich‘ könne
deshalb auf die drei Figuren des jüngeren Sohnes, des Vaters und des älteren Sohnes übertragen werden. Der jüngere Sohn, der von seinem älteren
Bruder für seinen ausschweifenden Lebenswandel kritisiert wird, sei eindeutig mit sexueller Ausschweifung verbunden. Er habe versucht, alle Begierden zu befriedigen, ohne auf moralische oder religiöse Tabus zu achten. Seine Rückkehr stehe dagegen für einen kontrollierteren und be-
herrschten Umgang mit seinen Wünschen, doch zeige der wohlwollende
Empfang des Vaters, dass weder die Sexualität noch die Lust in der Parabel
grundsätzlich abgelehnt würden.[7] Der ältere Sohn verkörpere dagegen einen anderen Anteil nach Freudschem Konzept. Sein Verhalten zeige deutliche Analogien zum sogenannten ‚Über-Ich‘, das bei Freud den Sitz von
Moral, Religion, Gesetz und Gericht repräsentiert. Entsprechend fordere

---

[3] TOLBERT, Son, 1–20.

[4] Ebd., 1: „One of the major concerns of biblical interpretation is the need to relate
ancient texts to contemporary situations."

[5] Ebd., 1.9.

[6] Ebd., 12.

[7] Ebd., 14f.

der Ältere von seinem Vater Gerechtigkeit und verurteile seinen jüngeren Bruder wegen seiner sexuellen Freizügigkeit in der Fremde. Er argumentiere mit normativer Ethik, doch eigentlich sei er selbstsüchtig wie ein Kind, wertet Tolbert.[8] Dennoch bleibe er ein geschätztes Familienmitglied, wie der Vater versichert. „Neither sexuality nor morality are denied in the parable, but both are put under the control and judgement of the adult, the father-figure of the parable."[9] Der Vater habe das letzte Wort. Er stehe für das Freudsche ‚Ego' und versuche, die Forderungen des ‚Es' und des ‚Über-Ich' angesichts der ‚Realität' miteinander zu vereinbaren und zu befriedigen.[10] Er schaffe am Ende der Parabel eine Harmonie, einen Zustand der Gunst – diese Ganzheit sei allerdings bedroht, jederzeit von einem der Söhne wieder gefährdet zu werden. Dennoch sei der Vater die vereinigende Kraft in der Familie, „the agent of reconciliation", der zu jedem Sohn ein enges Verhältnis pflege und bestätige.[11] Keiner der Söhne verdiene diese Beziehung, weder der eine durch das Verkünden von Umkehr, noch der andere durch sein Proklamieren von Gerechtigkeit. Dennoch versichere ihnen der Vater seine Zuwendung. Diese Schwäche sei zugleich seine Stärke: Da er seine Söhne letztlich nicht kontrollieren könne, gelinge es ihm nur so, eine Harmonie zu schaffen, die allerdings sensibel bleibe. Tolbert vergleicht die Konflikte des Gleichnisses abschließend mit denen innerhalb der menschlichen Psyche. Auch sie könnten zumeist nicht abschließend gelöst werden, doch wenn Gnade verinnerlicht werde – „when, through the father, grace becomes a reality"[12] – könne eine temporäre, ganzheitliche Harmonisierung der inneren Kräfte gelingen.

Gelingt es Mary Ann Tolbert, die wesentlichen Aussagen des Textes zu treffen? Transportiert das lukanische Gleichnis mit zeitloser Aktualität symbolische Aussagen über die Konflikte des Inneren?[13] Gleichnisse weisen über sich hinaus. Könnte vor diesem Hintergrund die Übertragung der Freudschen Theorie auf die Gleichnisstrukturen zulässig und erkenntnisbringend sein? Ich werde zunächst die Darstellung von Affekten in der Perikope Lk 15,11–32 beschreiben und anschließend die im Text vorge-

---

[8] TOLBERT, Son, 15f.

[9] Ebd., 16.

[10] Ebd., 18.

[11] Ebd., 17.

[12] Ebd., 19.

[13] Ergänzend zu Tolbert kann in diesem Zusammenhang auf das platonische und aristotelische Seelenverständnis verwiesen werden. Im Gegensatz zur stoischen Vorstellung gehen die peripatetischen Anhänger von einem inneren Kampf unterschiedlicher Kräfte aus. Von der übergeordneten, bewussten und rationalen Schaltzentrale des Hegemonikons können sie gesteuert und kontrolliert bzw. gemäßigt werden. Zur Differenzierung eines zweiteiligen bzw. dreiteiligen Seelenkonzepts in platonischer Tradition vgl. FORTENBAUGH, Aristotle, 23–44, siehe außerdem Kapitel 4, 55ff, und Kapitel 5, 81ff.

stellten Mechanismen zur Affektregulation prüfen. Am Ende des Kapitels soll verglichen werden, ob und weshalb die Ergebnisse der textpsychologischen Analyse von den Ergebnissen der tiefenpsychologischen Auslegung Tolberts abweichen.

C. Die Darstellung von Affekten in der Parabel

Dieser Text, in dem auch die Freude mehrfach belegt ist, ist wie die meisten anderen Belegstellen für die χαρά nur in lukanischer Fassung überliefert. Seine literarkritische Einheitlichkeit ist umstritten, meines Erachtens besteht jedoch keine Notwendigkeit, die Parabel vom Vater und seinen beiden Söhnen nicht als einheitliche und geschlossene Erzählung zu werten.[14] Die Narration in Lk 15,11–32 ist den Erzählgesetzen der Parabel entsprechend äußerst knapp gehalten. Nach Rudolf Bultmann werden üblicherweise die „Affekte und Motive (...) nur genannt, wo sie für die Handlung und die Pointe wesentlich sind."[15] Auch diese Erzählung verzichtet weitgehend auf direkte Charakterisierungen der Figuren, da Wertungen und emotional explizite Beschreibungen durch den Erzähler sehr zurückgenommen sind. Dafür können sich die Figuren vor allem durch ihr affektgeprägtes Handeln, durch Gedanken oder Selbstgespräche, durch einmaliges Handeln, Gewohnheitsverhalten oder durch die Umgebungsvariablen charakterisieren. Affekte werden explizit und implizit dargestellt. Nach Bult-

---

[14] Zur literarkritischen Einheitlichkeit des Textes, die hier vorausgesetzt wird, gibt es in der Forschung bislang noch keinen zufriedenstellenden Konsens. Vor allem die ältere historisch-kritische Exegese ist sehr daran interessiert gewesen, durch literarkritische Scheidung aus der redaktionell bearbeiteten Überlieferung das ursprünglich von Jesus verkündete Gleichnis herauszuschälen. Viele Exegeten erkannten Lk 15,11–24 durch den erzählerisch befriedigenden Abschluss als ursprünglich, die Auseinandersetzung des Vaters mit dem älteren Sohn (15,25–32) wurde entsprechend häufig als sekundärer Zusatz gedeutet. Derzeit besteht dagegen der Trend, die Erzählung mit wenigen Abstrichen als einheitlich anzunehmen, vgl. SCHNIDER, Söhne, 84; WEDER, Gleichnisse, 253; HARNISCH, Gleichniserzählungen, 208; HEININGER, Metaphorik, 150, bezweifelt wiederum die überlieferte Länge der Parabel und vermutet die ursprüngliche Erzählung in VV 11–17.20.22f.24c. KLEIN, Lukasevangelium, 528, tendiert dagegen zur These der sekundären Hinzufügung des Handlungsstranges vom älteren Sohn. In diesem Rahmen kann keine umfassende literarkritische Diskussion geführt werden, jedoch wird die im Lukasevangelium vorliegende Textfassung als relevant vorausgesetzt, um auf urchristliche Traditionen im Umgang mit Affekten und Affektwandel zu schließen.

[15] BULTMANN, Geschichte, 205. So treten nur Figuren auf, die für die Erzählung notwendig sind. Die szenische Zweiheit ist umgesetzt, es wird einsträngig erzählt, alle Vorgänge und Handlungen werden nur knapp geschildert und münden schließlich in ein offenes Ende.

mann ist eher mit einer narrativen Entfaltung zu rechnen: „Meist wird der Affekt aber nur indirekt zur Darstellung gebracht oder es dem Hörer überlassen, ihn mit eigener Phantasie zu empfinden."[16]

Vor diesem Hintergrund überrascht die herausragende Rolle, die den Affekten in dieser Parabel zukommt: Durch Affekte werden im Erzählverlauf nicht nur Handlungen motiviert, sondern sie sind auch selbst Teil der Handlung und dadurch sowohl Ausdruck als auch Inhalt des Familienkonflikts. Die Affektzuschreibungen spiegeln die Verhältnisse der Erzählfiguren zueinander. Dabei fällt auf, dass das Handeln der Figuren mehrfach explizit affektiv motiviert ist (vgl. Lk 15,28.32). Fast das ganze Spektrum klassischer Affekte, abgesehen vom Schmerz oder der Traurigkeit[17], wird in der Parabel anhand der Erzählfiguren aufgezeigt: Lust, Begierde, Neid und Furcht beim jüngeren Sohn, Freude beim Vater und Zorn und Neid bei seinem älteren Sohn. Die Affekte Lust, Neid und Furcht sind paraphrasiert dargestellt,[18] Begierde, Freude und Zorn sind dagegen explizit ausgedrückt.[19] Zudem muss mit weiteren ‚verborgenen Affekten' gerechnet werden, da nie die Affekte aller am Konflikt Beteiligten gleichzeitig beschrieben werden. Vielmehr wechselt die Perspektive im Erzählverlauf.[20] Rudolf Bultmann erklärt dieses Phänomen, das sich in Gleichnissen häufiger findet, mit dem antiken Ideal der „Geradlinigkeit" einer Erzählung.[21] Es ist zu berücksichtigen, dass auf diese Weise erzählerisch bereits Akzente gesetzt werden, die eine Rezeption des Textes stark beeinflussen können.[22]

---

[16] BULTMANN, Geschichte, 205.

[17] λύπη.

[18] ἡδονή, φθόνος, φόβος.

[19] ἐπιθυμία, χαρά, εὐφροσύνη, ὀργή.

[20] Zunächst wird der Standpunkt des jüngeren Sohnes bis zu seiner Rückkehr dargestellt, die Empfindungen des Vaters beim Abschied seines Kindes sowie der Standpunkt des älteren Sohnes werden dabei übergangen. Im weiteren Verlauf der Erzählung wird die affektive Reaktion des Vaters auf das Wiedersehen geschildert, danach erst wird das affektive Reagieren des älteren Bruders in den Blick genommen, während nun die Entwicklungen des jüngeren während der Familienkrise erzählerisch ignoriert werden.

[21] Das sogenannte Stilgesetz der „Geradlinigkeit" im Rahmen einer volkstümlichen Erzählweise der Parabel beschreibt BULTMANN, Geschichte, 204.

[22] Geradlinigkeit und Knappheit der Erzählung verlangen vom Leser aber auch, Informationen wie die ‚verborgenen Affekte' im Text bei der Lektüre konstruktiv zu ergänzen: Beispielsweise die Sorge oder Traurigkeit des Vaters beim Abschied des jüngeren Sohnes, die sich in der oppositionellen, überdeutlichen Wiedersehensfreude spiegelt, oder der Affekt des Heimkehrers, der entgegen aller Erwartungen nicht bestraft, sondern gefeiert wird. Bei dieser Exegese dürfen solche ‚verborgenen' Elemente jedoch nicht zu stark berücksichtigt werden. Ansonsten riskiert die Auslegung, zu einer ‚Eisegese' zu werden. Diese Aspekte müssten bei einer rezeptionsästhetischen Betrachtung der Parabel näher untersucht werden und können hier nur am Rande gestreift werden. Diese rezeptionsorientierte Überlegung ist mittlerweile auch in der klassischen historisch-kritischen Exegese anerkannt, geht aber ursprünglich auf psychologische Gedächtnisforschung zu-

Die Parabel wird gewöhnlich in zwei Teile gegliedert, je nachdem, ob der jüngere Sohn (Lk 15,11–24) oder der ältere Sohn (Lk 15,25–32) im Zentrum der Aufmerksamkeit steht. Da die Affektzuschreibungen im Text aber auf alle drei Hauptakteure verteilt sind und einzelne Episoden des Geschehens jeweils aus dem Blickwinkel einer der drei Hauptakteure gezeigt werden, ist es sinnvoller, die Affektdarstellung der Parabel angelehnt an den Perspektivenverlauf zu verfolgen.[23] Daraus ergeben sich drei Komplexe: Aus der Perspektive des jüngeren Sohnes wird der Erzählverlauf dargestellt in Lk 15,12–20a. Die Sicht des Vaters wird in Lk 15,20b–24 und außerdem in Lk 15.31f aufgezeigt.[24] Die Perspektive des älteren Sohnes erschließt sich dagegen erst ab Lk 15,25ff.

D. Das Affektverhalten des jüngeren Sohnes

Zunächst wird der Standpunkt des jüngeren Sohnes gewählt, der sich sein Erbe auszahlen lässt und die Sicherheit der Heimat verlässt, um in der Fremde sein Leben zu gestalten. Sein Versuch kommt aber zum Scheitern, die Katastrophe gipfelt schließlich gleichermaßen in Religionsverrat, Würdelosigkeit und Lebensgefahr (Lk 15,13–16).[25]

Durch den erzählenden Charakter dieser Verse bleibt der Leser zunächst auf Distanz, während später vor allem durch den großen Anteil innerer und direkter Rede ein dramatischer Modus erreicht wird, der den Leser unmittelbar ins Geschehen einbezieht. Der sachliche Modus zu Beginn wird zusätzlich verstärkt durch stilistische und narrative Mittel: Die Ereignisse sind zeitlich stark gerafft, der Erzähler verzichtet zum großen Teil auf Kommentare und Reflexionen und verwendet nur wenige aussagekräftige

---

rück: Nach ZIMBARDO, Psychologie, 335, ist das „Hinzufügen neuer Informationen zu dem, was wir aufnehmen, (...) ein *konstruktiver Prozeß*, der dann auftritt, wenn die vorgegebene Information unvollständig wirkt" (Hervorhebung im Original). Diese Prozesse treten nicht erst beim Erinnern, sondern bereits auf der Stufe der Enkodierung auf, wenn ein Text zum ersten Mal verarbeitet wird.

[23] HARNISCH, Gleichniserzählungen, 75.232 hält die Orientierung an Erzählperspektiven in diesem Gleichnis hermeneutisch für fraglich. Sie sind aber gerade zur Erklärung der Affektdarstellung sehr hilfreich. Vorsichtige Vorbehalte über den Nutzen der Perspektivenbestimmung äußern selbst neuere Methodenbücher, die erzähltheoretische Ansätze integrieren, wie EBNER/HEININGER, Exegese, 83f. In der praktischen exegetischen Arbeit scheint die narrative Perspektivenbestimmung dagegen bereits fest etabliert zu sein. Mit ihr arbeiten im Zusammenhang mit der vorliegenden Parabel beispielsweise BULTMANN, Geschichte, 204.

[24] ECKEY, Lukasevangelium II, 689, zu Lk 15,20b–21: „Der Erzähler wechselt die Perspektive. Er lenkt den Blick des Lesers nun auf den Vater."

[25] Ebd., 687; KLEIN, Lukasevangelium, 530f.

Details, die eine Unmittelbarkeit der Darstellung suggerieren könnten. Entsprechend zurückhaltend ist dieser Textabschnitt mit der expliziten Darstellung von Affekten. Einige Indizien weisen jedoch in diesem narrativen Teil auf eine paraphrasierende Darstellung von Affekten hin:

Der lustbetonten Beschreibung des verschwenderischen Lebenswandels des jungen Mannes und dem damit verbundenen Unglück liegt ein klassischer antiker Topos zugrunde: Schon bei Platon gilt die Lust (ἡδονή) als „der größte Köder des Übels"[26]; in der Stoa ist sie zu bekämpfen.[27] Zudem wird bei der Beschreibung der existentiellen Not des jüngeren Sohnes auf dessen Begehren aufmerksam gemacht, sich den Bauch mit Schweinefutter, nämlich Johannisbrotbaumschoten, zu füllen (Lk 15,16). Er beneidet sogar die Schweine um ihr Futter! Der hier verwendete Begriff für dieses Begehren (ἐπιθυμία) ist schon bei Aristoteles mit emotionalen Konnotationen verbunden.[28] Das Objekt des Verlangens ist aber ironischerweise nun nicht mehr ein Luxusgut, der junge Mann sehnt sich vielmehr nach einfachster Kost, um sein Überleben sicherzustellen. Dieses Detail verdeutlicht seine existentielle Not. In dieser *Lebenskrise* reflektiert der junge Mann seine Lage. Die äußeren Umstände erzwingen eine Entwicklung dieser Person, die einst den Erbteil verschwendet hat. Der Versuch, sich selbst zu retten, ist gescheitert. Dieser Reifeprozess wird erzählerisch genauer durch einen *inneren Monolog* beleuchtet, einer Redeform, die bereits in der antiken Literatur als besonders geeignet gilt, psychische Auseinandersetzungen, Entscheidungsprozesse, aber auch Motivationen und Affekte darzustellen.[29] Dieses Selbstgespräch in wörtlicher Rede löst die narrative

---

[26] Plat. Tim. 69d. Außerdem kann die Lust als eine innere Bewegung verstanden werden, die den natürlichen Urzustand eines Menschen wieder herstellen soll, vgl. zu den verschiedenen positiv und negativ konnotierten Lustkonzepten bei Platon und Aristoteles Kapitel 4, u.a. 70f, sowie FORTENBAUGH, Rhetoric, 43ff.

[27] Der Stoiker Chrysipp unterscheidet vier Hauptaffekte, die Lust, den Schmerz, die Furcht und die Begierde, von denen alle übrigen abzuleiten sind, vgl. Kapitel 5, 88ff; Chrysipp., SVF III,386; III,443–455.

[28] Aristot. eth.Nic. 1105b21–23. Die Begierde wird ebenfalls zu den klassischen, grundlegenden Affekten (πάθη) gerechnet. Sprachgeschichtlich ist dieses Begehren (ἐπιθυμία) vom Begriff des θυμός abgeleitet, einer Gemütsbewegung, die im späteren profanen und dem neutestamentlichen Sprachgebrauch vor allem Zorn und Wut, also einen aggressiven Affekt ausdrückt, vgl. Lk 4,28; Apg 19,28. Auch die Begierde (ἐπιθυμία) muss als starkes Begehren verstanden werden, wie sie in der zeitgenössischen antiken Philosophie stets negativ konnotiert ist.

[29] Insbesondere die Angst wird in antiken inneren Monologen veranschaulicht. So führen bereits in Homers Ilias „unworthy emotions" über innere Monologe zu „worthy actions", vgl. SELLEW, Monologue, 240f. Im NT sind innere Monologe ein eher außergewöhnliches Stilmittel. Im Lukaskorpus kommen sie allerdings sechsmal in Gleichnissen vor, vgl. ebd., 239.

Rede ab.[30] Die Erzählzeit wird bis zur Isochronie verlangsamt, das heißt Erzählzeit und erzählte Zeit decken sich. Der Fokus ist jetzt ganz auf den jüngeren Sohn gerichtet, der sich in Todesangst befindet, auch wenn die hier zu erwarteten expliziten Begriffe für Angst (φόβος) oder noch stärker, für Bedrückung oder Verzweiflung (θλῖψις) oder gar Agonie (ἀγωνία) nicht begegnen. Seine Todesangst spitzt sich aber klar im Selbstgespräch zu und gipfelt in der Befürchtung: „Ich komme um vor Hunger" (Lk 15,17). Dass der Affekt erzählerisch nicht explizit ausgedrückt ist, sondern in einer Gedankenrede deskriptiv ausgeführt wird, könnte darauf verweisen, dass hier nicht das affektive Umgehen mit der Krise im Vordergrund der Erzählung steht, weil die kognitive Auseinandersetzung schließlich zu einem Umschwung und zu Handlungskonsequenzen führt.

Auf eine kognitive Leistung verweist auch die erzählerische Einleitung des inneren Monologs (Lk 15,17a). Der notleidende junge Mann denkt nach. Die griechische Metapher εἰς ἑαυτὸν δὲ ἐλθὼν ἔφη beschreibt das im Deutschen ebenfalls geläufige Bild des In-Sich-Gehens. Das weist auf ein anthropologisches Körperkonzept hin, wonach das Denkvermögen im Inneren des Menschen zu verorten ist. Dabei macht das In-sich-Gehen auf einen Prozess aufmerksam, auf eine Bewegung in das Innere hinein, wie auch das „Gehen" ein Bewegungsverb ist. Die Gedankenrede ist ein Teil dieses Prozesses.[31] Diese Einführung in die innere Auseinandersetzung durch die Redewendung „er ging aber in sich" (εἰς ἑαυτὸν δὲ ἐλθὼν) impliziert noch nicht automatisch, dass der jüngere Sohn sein vergangenes Verhalten bereut und büßt, wie häufig interpretiert worden ist.[32] Im Text

---

[30] DONAHUE, Gospel, 153f, „The use of the soliloquy and the switch from the narrated action to narrated discourse underscore the importance of vv.17–19 for interpreting the parable."

[31] Das zeitliche Verhältnis zwischen dem „In-Sich-Gehen" und dem „Sprechen" ist auf den ersten Blick nicht eindeutig bestimmt. Das Partizip ἐλθών steht ebenso im Aorist wie das sich anschließende finite Verb ἔφη, auf das es sich bezieht. In der Regel wird bei einer entsprechenden Konstruktion, bei der das Partizip voransteht, die Vorzeitigkeit des Partizips und damit das Aufeinanderfolgen der Vorgänge gekennzeichnet. Allerdings drückt das Partizip in diesem Fall ein Sein, einen Zustand aus, bei der ein Aorist häufig die ingressive Art des punktuellen Aspekts vermittelt. Dabei wird der punktuelle Anfang eines Vorgangs in den Blick genommen, während der Vorgang selbst erst eintritt. Auch hier muss von der ingressiven Funktion des ἐλθών ausgegangen werden. Das In-Sich-Gehen hat punktuell eingesetzt und wird im inneren Monolog entfaltet.

[32] Die Interpretation der Redewendung als Ausdruck für einsetzende Buße hängt häufig mit dem Querverweis auf Lk 15,7.10 und dem zur Szene passenden Sprichwort „Wenn die Israeliten Johannisbrot essen, dann tun sie Buße" (Lev rabba 35[132c] siehe Bill II,214) zusammen. Das ist aber methodisch problematisch. JEREMIAS, Miszelle, 229, hat aufgezeigt, dass die Redewendung εἰς ἑαυτὸν δὲ ἐλθὼν ἔφη sowohl griechisch wie auch semitisch nachzuweisen ist. Während im Griechischen wie bei Epikt. diatr. III,1,15 und im TestJos 3,9 das vernünftige Nachdenken und ‚zum ruhigen Nachdenken kommen' gemeint sei, bezeichne die semitische Redeweise immer die Umkehr des Gottlosen. So-

lässt sich lediglich ausweisen, dass mit dieser Wendung die innere Reflexion, das Nachdenken einsetzt – wie es analoge Konstruktionen in Apg 12 und in außerneutestamentlichen Texten bestätigen.[33] Die folgenden Überlegungen in Form von Erinnerungsleistung und Analogiebildung bewirken eine Einstellungsänderung, die zu tatsächlichen und überlegten Handlungskonsequenzen führt. Damit sind zwei Aspekte der Umkehr miteinander verbunden: die *kognitive* Umkehr und die Umkehr *zum Vater*.[34] Nun legt sich der jüngere Sohn eine Strategie für den kritischen Moment der Ankunft zurecht. Obwohl die eigentliche Motivation für seine Rückkehr in seiner Angst zu verhungern liegt, wie es der innere Monolog offenbart hat, will er dies in der Rede an seinen Vater, die er sich zurechtlegt, nicht zu erkennen geben. Gegenüber seinem Vater will der Sohn *Reue* zeigen: die dritte Form der Umkehr in dieser Parabel. Er will sich als Knecht anbieten und den verwirkten Sohnesstatus mit einem Schuldeingeständnis begründen. Weil die Überlegungen des Selbstgesprächs also stark von denen der zurechtgelegten Rede an den Vater – in Theorie (Lk 15,18f) und Praxis (Lk 15,21) – abweichen, muss zwischen ihnen differenziert werden. Mit seiner abgeschlossenen Planung macht sich der jüngere Sohn tatsächlich auf den Weg in die Heimat. Erzähltechnisch wird durch das Skript, das er sich zurechtgelegt hat, bereits auf die Begrüßungssituation vorbereitet. Indem das Schuldeingeständnis zweimal in wörtlicher Rede vorgetragen wird, markiert der Erzähler hier einen ersten Schwerpunkt der Parabel. Dem wird im Folgenden die gleichfalls zweimalige Aufforderung des Vaters zum Feiern eines Festes für den wieder heimgekommenen Sohn korrespondieren.

---

mit bedeute das ‚In-Sich-Gehen' auch das ‚Buße tun'. Da Jeremias von einem semitischen Grundbestand des Gleichnisses ausgeht, tendiert er zur zweiten Interpretation. Dagegen verweisen neuere Kommentare nicht mehr auf Buße, sondern auf eine durch die Not bedingte Überlegung, vgl. nur ECKEY, Lukasevangelium II, 688; KLEIN, Lukasevangelium, 530 u.a. Ohne diese Verse als Bußverhalten zu interpretieren, wird ihre Aussage meines Erachtens verschärft: Zum einen wird deutlicher, dass ohne Umkehr zum Vater keine zukünftige Existenz möglich ist. Zum anderen freut sich der Vater nicht nur über einen Sohn, wenn dieser büßend umkehrt, sondern gerade auch dann, wenn die Umkehr durch die äußeren Umstände erzwungen ist, was auch dem zuwendungsbedürftigen Erscheinungsbild des jüngeren Sohnes entnommen werden kann!

[33] Die Ausdrücke εἰς ἑαυτὸν δὲ ἐλθὼν (Lk 15,17) und ἐν ἑαυτῷ γενόμενος (Apg 12,11) können als synonym verstanden werden. Bei keinem ist der Zusammenhang von Reue im Text nachweisbar. SELLEW, Monologue, 246, geht ebenso davon aus, dass die Redewendung lediglich als Einführung in den inneren Monolog zu verstehen ist. Anders dagegen HOFIUS, Motive, 145, mit Verweis Hos 2,9 und auf Belege bei STRACK/BILLERBECK, Kommentar, 215. Zu außerneutestamentlichen Belegen vgl. Epikt. diatr. III,1,15; Diod., Bibl. Hist. 13,95,2; Test.Jos. 3,9 u.a., siehe WOLTER, Streitgespräch, 36f.

[34] Eine entsprechende Parallele mit kognitiver und räumlicher Umkehr ist ActPetr 35, eingeleitet durch die Redewendung „und Petrus ging in sich" (καὶ ἐλθὼν εἰς ἑαυτὸν ὁ Πέτρος), siehe WOLTER, Streitgespräch, 36f.

E. Das Affektverhalten des Vaters

Die Erzählung konzentriert sich nun auf den Vater. Der Standpunkt des jüngeren Sohnes wurde durch den inneren Monolog vorgezeichnet, seine Affekterleben zurückhaltend und deskriptiv dargestellt, seine Entwicklung vor allem durch eine kognitive Reflexion begründet. In der Reaktion des Vaters treten dagegen verschiedene emotive Darstellungstypen auf und werden so miteinander kombiniert, dass sie sich gegenseitig intensivieren.

Der Sohn ist erst in der Ferne zu sehen, schon ist der Vater innerlich bewegt. Diese Erregung wird explizit durch das Verb σπλαγχνίζομαι ausgedrückt. Das entsprechende Substantiv der σπλάγχνα bezeichnet in der Antike allgemein die inneren Organe und Eingeweide von Menschen und Tieren, im übertragenen Sinn gelten sie als Sitz der Gefühle, sozusagen als ‚Herz' des Menschen.[35] Nach diesem anthropologischen Konzept entstehen die Affekte nicht im Kopf, sondern werden wie bei dem oben beschriebenen Prozess des Nachdenkens mit dem Inneren des Körpers in Verbindung gebracht.[36] Im Neuen Testament wird dieser zentrale Affekt vor allem als Erbarmen und Mitleid näher bestimmt.[37] Vermutlich hat sich diese Wortbedeutung unter dem Einfluss des hebräischen Begriffs רחמים entwickelt.[38] Entsprechend wird auch die in Lk 15,20 angekündigte affektive Erregung des Vaters auf deskriptive Weise durch die gestische Dramatik des Folgenden näher bestimmt: Von inneren Gefühlen motiviert, eilt er seinem Kind entgegen, fällt ihm um den Hals und küsst es.[39] Das Verhalten ist außergewöhnlich und muss mehr zu bedeuten haben als eine rein sym-

---

[35] WALTER, Art. σπλάγχνον, 635: „In der älteren griechischen Literatur werden dort vor allem die heftigen, aggressiven Gefühle lokalisiert. Erst in hellenistischer Zeit sieht man in den σπλάγχνα den Ort, wo man ‚schwach, weich' wird, so Sir 30,7; Weish 10,5c; Jos. et As. 6,1. (...) Sie sind auch Sitz der Mutterliebe (4 Makk 14,13; 15,23.29), auch von Zuneigung überhaupt."

[36] Dem Verfasser des Lukasevangeliums und der Apostelgeschichte waren die beiden semantischen Ebenen des Konzepts durchaus präsent, vgl. Apg 1,18: Beim Selbstmord des Judas „quollen alle seine Eingeweide heraus".

[37] Diese Bedeutung findet sich korpusübergreifend, beispielsweise in Lk 1,78; 1 Joh 3,17; Phil 2,1 u.a. In Kol 3,12ff stehen die „Eingeweide des Erbarmens" (σπλάγχνα οἰκτιρμοῦ) im Tugendkatalog sogar an vorderster Stelle.

[38] WALTER, σπλάγχνον, 636; vgl. MAC LAURIN, Background, 42–45. Aus der hebräischen Wurzel können verschiedene semantische Felder abgeleitet werden. Auch in diesem Kontext ist der Körperbezug auffällig: רחמא steht für den Mutterleib; die Pluralform רחמים (Rahamim) repräsentiert die Eingeweide, besonders als „Sitz des zarten Mitgefühls", sie steht aber auch für das Erbarmen selbst, GESENIUS, Handwörterbuch, 755.

[39] HOFIUS, Motive, 151, sieht in dieser Begegnungsszene Parallelen zum masoretischen Text Gen 33,10 (nicht LXX) und deutet hinter der Wendung ἐσπλαγχνίσθη (Lk 15,20b) einerseits das erbarmende Verhalten Esaus, andererseits die Barmherzigkeit Jahwes selbst. Ebenso JEREMIAS, Gleichnisse, 128, mit Anm. 4.

bolische Darbietung, um dem Rest des Haushalts zu zeigen, dass der Sohn wieder in die Familie integriert wird.[40] Wenn das Spurten für einen altorientalischen Würdenträger genauso unangemessen wirkt[41] wie das Um-den-Hals-Fallen und Küssen,[42] dann soll hier anhand der dramatischen Gestik die affektive Intensität und Dringlichkeit betont werden: Im Mitleid und Erbarmen (σπλάγχνον) offenbart sich die Freude des Vaters. Um das auszudrücken, wird in Lk 15,20 mit verschiedenen sprachlichen Mitteln eine große Spannung aufgebaut: *Syntaktisch* durch die dreifache Reihung der Konjunktion „und" (καί), welche die einzelnen Gesten parataktisch miteinander verbindet. *Syntagmatisch* entsteht eine weitere Dynamik durch die Zusammenstellung „er lief und fiel ihm um den Hals" (δραμὼν ἐπέπεσεν ἐπὶ τὸν τράχηλον). Das adverbiale Partizip Aorist δραμών gibt an, dass der Vater läuft und seinem Sohn anschließend um den Hals fällt, weil das Partizip vor dem Verbum finitum ἐπέπεσεν steht. Versteht man δραμών jedoch als ingressiven Aorist, womit im Zusammenhang von Affektdarstellungen eher zu rechnen ist, rücken die beiden verbalen Vorgänge noch näher zusammen.[43]

---

[40] Der performative, öffentliche Akt, mit dem der Sohn wieder in die Gemeinschaft aufgenommen werden soll, folgt der Beschreibung der überschwänglichen Wiedersehensfreude durch den Vater mit dem erwartbaren symbolischen Inventar: Die Knechte, die zwar zum Haushalt gehören und dennoch keine leiblichen Familienangehörigen sind, werden angewiesen, die Statussymbole herzurichten: das beste Gewand, einen Ring, Sandalen sowie das gemästete Kalb für ein Fest. Sie haben auch die Funktion, die Nachricht über die Wiederaufnahme des Sohnes weiterzuleiten (Lk 15,26). Dadurch entsteht in der Erzählung Öffentlichkeit, wie im Folgenden gezeigt wird.

[41] WEATHERHEAD, Quest, 90, bezieht sich auf ein Zitat des Aristoteles, das er als „great man never run in public" übersetzt, jedoch ohne antiken Stellenbeleg. Vgl. auch MAC LAURIN, Background, 42–45. Nach J. Jeremias ist das schnelle Laufen für einen „betagten Orientalen ganz ungewöhnlich und unter seiner Würde, selbst dann, wenn er es noch so eilig hat.", JEREMIAS, Gleichnisse, 130, ebenfalls mit Bezug auf L.D. Weatherhead. Nach ECKEY, Lukasevangelium II, 690, erniedrigt sich der Vater durch dieses außergewöhnliche und nicht standesgemäße Verhalten selbst, wenn er seinem Sohn eilig entgegenläuft.

[42] Das Verhalten des Vaters verhindert die konventionell angemessene Gesprächsaufnahme durch den jüngeren Sohn. Zum konventionalisierten Grußverhalten auch in neutestamentlichen Kontexten vgl. den Überblick bei WESTERMANN, Gruß, 91–100. BAILEY, Poet, 194, verweist darauf, dass das Grußverhalten in der Parabel auch in einem anderen Aspekt ungewöhnlich ist: Bei einem altorientalischen Fest falle es in den Aufgabenbereich des älteren Sohnes, die Gäste zu begrüßen und das Haus zu repräsentieren.

[43] Beim ingressiven Aorist wird der Anfangspunkt eines Vorganges in den Blick genommen. Lediglich der Beginn des Vorgangs erscheint abgeschlossen (hier: der Beginn des Laufens), der Vorgang selbst (die Umarmung) als unmittelbar eintretend. Dieser Aorist findet sich besonders häufig bei Verben, die ein Sein oder einen Zustand bezeichnen. Entsprechend naheliegend ist seine Verwendung in Affektprozessen.

Mit diesem Verhalten schneidet der Vater seinem Sohn das Wort bzw. die zurechtgelegte Rede ab. Als der Sohn dennoch zu seiner vorbereiteten Erklärung ansetzt (Lk 15,21), wird er wiederum vom Vater unterbrochen. Er kommt nicht mehr dazu, sich mit der Rolle eines Knechts zu identifizieren. Die Parabel ist damit auf einem dramatischen Höhepunkt, auf dem sich die Ereignisse überschlagen. Denn ausgerechnet in dieser angespannten Situation wechselt die dramatische Figurenkonstellation. Der Vater wendet sich nicht mehr direkt an seinen Sohn, sondern ausgerechnet an die Knechte, mit denen sich der Sohn gleichstellen wollte. Ihnen ordnet er an, den Sohn mit Statussymbolen[44] auszustatten. Durch diesen erzählerischen Kunstgriff gelingt es, dass der Vater den Redeabsichten des Sohnes diametral entgegengesetzt handeln und dass gleichzeitig ein dreifacher öffentlicher Akt gestaltet werden kann. Denn die *Knechte* gehören zwar zum Haushalt, sind aber keine leiblichen Familienangehörigen. Sie erfahren erstens selbst, dass der Sohn wieder aufgenommen ist, und sollen zweitens Vorbereitungen für ein Fest treffen, das weitere Öffentlichkeit schafft. Dass ihre Funktion drittens darin besteht, die frohe Nachricht weiterzuleiten, zeigt ihre Berichterstattung gegenüber dem Älteren in Lk 15,26. Dennoch sind die Knechte keine eigenständigen dramatischen Figuren. Denn sie führen lediglich Anweisungen aus. Ihre Inszenierung ist ein dramatisches Mittel, die Spannung zu steigern, indem die Auseinandersetzung zwischen dem Vater und seinem älteren Sohn hinausgezögert wird. Durch diese Szene gelingt es erzählerisch außerdem, der Begründung des Vaters eine nachdrücklichere Wirkung zu geben. Sie wird zunächst in Lk 15,24 an die Knechte gerichtet, später in Lk 15,32 direkt an den älteren Sohn. Geht man narratologisch davon aus, dass alle Erzählanteile in wörtlicher Rede gegenüber den berichtenden Abschnitten hervorgehoben sind, da in ihnen durch die Übereinstimmung von Erzählzeit und erzählter Zeit eine große Aufmerksamkeit zukommt, dann ist die Begründung des Vaters gleich mehrfach hervorgehoben: Hier liegt die Schwerpunktaussage der Parabel, die sich dem Leser durch die eindringliche Wiederholung einprägt. Es sind zudem nicht zufällig diese Verse, die in ihrer Argumentation irritieren und damit über die Bildhälfte der Parabel hinausweisen. Der Sohn wird als wieder lebendig und wiedergefunden erklärt und dessen Vergangenheit damit als Zustand des Todes und der Verlorenheit bewertet, was aus dem bisherigen Verlauf nicht direkt zu erschließen war.[45]

---

[44] Zur Bedeutung der einzelnen Statussymbole vgl. ECKEY, Lukasevangelium II, 690 (Lit!).

[45] Da der Sohn aus eigener Überlegung die Umkehr ins Elternhaus erwogen hat, macht das ‚Gefunden-Sein' Schwierigkeiten, was häufig dazu geführt hat, die Verse Lk 15,24 und 15,32 als sekundär zu betrachten, weil sie vor allem im Zusammenhang der Komposition von Lk 15 einen Sinn ergeben. Vgl. Kapitel 12, 298.319.

Wichtiger ist in diesem Zusammenhang die Beobachtung, dass der Vater diese Rede nicht in erster Linie hält, um sich zu rechtfertigen, sondern um seine Umgebung zum *Feiern* aufzufordern. Zuerst werden die Knechte angewiesen, das gemästete Kalb zu schlachten, um es zu essen und gemeinsam mit dem Vater fröhlich zu sein (Lk 15,23). Das dafür verwendete Verb „damit wir fröhlich sein können" (εὐφρανθῶμεν), das ihnen diese Freude gebietet, entwickelt sich zu einem der bestimmenden Leitwörter der Parabel. Es kommt insgesamt viermal in der Parabel vor,[46] und es bezieht sich jedes Mal auf die Gemeinschaftsfreude einer Feier. So folgt direkt nach der auffordernden, wörtlichen Rede an die Knechte die erzählerische Notiz, dass der Appell des Vaters befolgt worden ist und die Festfreude begonnen hat (καὶ ἤρξαντο εὐφραίνεσθαι). Versagte Festfreude ist dagegen das Argument des älteren Sohnes, das für den Bruder angesetzte Fest zu boykottieren (εὐφρανθῶ, Lk 15,29). Die darauf eingehende Überzeugungsarbeit des Vaters schließt mit der Erklärung „man musste feiern/fröhlich sein" (εὐφρανθῆναι (...) ἔδει) die Parabel in Lk 15,32 ab.

F. Das Affektverhalten des älteren Sohnes

Damit der Leser der Parabel die Argumentation des Vaters nachvollziehen kann, muss auch der Standpunkt des älteren Sohnes in die Urteilsbildung einbezogen werden. Die Verse Lk 15,25ff lenken auf die Perspektive des älteren Sohnes über. Dieser fühlt sich gegenüber dem jüngeren benachteiligt und ist es auch in narrativem Sinn: Bisher wurde sein Befinden in der Erzählung übergangen, erst jetzt verschafft er sich durch seinen Protest Gehör. Vergleichbar mit der narrativen Erzählführung, mit der das Ergehen des Bruders in der Fremde gerafft dargestellt worden ist, beginnt auch der folgende Abschnitt berichtend. Bevor die Begegnung zwischen dem Vater und seinem älteren Sohn inszeniert wird, findet sich eine kurze, aber wichtige Szene, in der die Knechte dem von der Arbeit heimkehrenden Sohn das Vorgefallene berichten. Für den Leser, der bereits mit dieser Handlung vertraut ist, ergeben sich daraus keine neuen Informationen. Vielmehr wird dem älteren Sohn weniger berichtet, als der Leser im Erzählverlauf erfahren hat. Er hört von den Knechten nichts über das Schuldbekenntnis des jüngeren Sohnes und dessen Bereitschaft, als Tagelöhner auf dem väterlichen Hof zu arbeiten.[47] Die Spannung auf die erwartbare Auseinanderset-

---

[46] Lk 15,23.24.29.32.

[47] Nach ECKEY, Lukasevangelium II, 692f, rührt der Zorn auch daher, dass der ältere Sohn nicht auf den gleichen Informationsstand gelangt wie der Leser des Gleichnisses. Neben der aufregenden Nachricht, die eine Normverletzung darstellt, könnte sich der ältere Sohn auch übergangen fühlen, weil er lediglich aus der Perspektive eines nur am

zung wird durch diese Szene gesteigert. Wichtig ist nun die affektive Reaktion des Sohnes auf das Gehörte: Er wird zornig (ὠργίσθη) und weigert sich deshalb, das Fest zu betreten. Dieser Boykott des Festes kann als deskriptive Fortsetzung des explizit ausdrückten Zornes angesehen werden.

Nun steuert die Erzählung auf ihren zweiten Höhepunkt zu, auf den Konflikt zwischen dem Vater und seinem älteren Sohn. Die Begegnung wird überhaupt erst durch das zornige Verhalten des Sohnes provoziert. Wie bereits dem jüngeren, kommt der Vater auch seinem älteren Sohn entgegen. Die Erzähldynamik verlangsamt sich wiederum zur Isochronie, weil durch die Figurenreden eine dramatische Szene gestaltet ist. In der abschließenden Auseinandersetzung werden die Bezüge der einzelnen bereits vorgestellten Affekte zueinander noch einmal verdeutlicht:

Die Affekte Zorn (ὀργή) und Fröhlichkeit (εὐφροσύνη) prallen als Gegensätze aufeinander. Sie bilden in der Parabel semantische Oppositionen, weil der Zornesausbruch des älteren Sohnes als Gegenreaktion zur Freude des Vaters gelesen werden kann. Vorgeblich geht es zwar um das Fest für den Heimgekehrten, aber die Oppositionalität der Begriffe wird noch in einem anderen Kontext deutlich: Im Zorn des älteren Sohnes spiegelt sich dessen Wahrnehmung, im Vergleich zum Bruder ungerecht behandelt worden zu sein, da er selbst Freude bzw. eigene Feste entbehrt habe. Der Zorn resultiert demnach aus einem subjektiv wahrgenommenen *Defizit*. Diese affektive Kombination von Zorn und *Eifersucht* steht bereits in der älteren jüdischen Weisheitstradition im Ruf, gefährliche Konsequenzen nach sich ziehen zu können: „Zorn ist grausam und Wut wie überschäumendes Wasser; doch noch unerträglicher ist Eifersucht".[48]

Der Vater versucht, diesen Konflikt zu bewältigen, indem er argumentierend und erklärend auf seinen älteren Sohn eingeht. Nach einer persönlichen Anrede bezieht er sich zuerst auf die Situation des enttäuschten Sohnes, um anschließend seinen eigenen Standpunkt zu vertreten und zu verdeutlichen. Die Beteuerung, man habe sich freuen müssen, erfährt dieselbe Begründung wie in der Beauftragung der Knechte (Lk 15,24), jedoch mit einer feinen Erweiterung: Die Rechtfertigung des Affekts und die gleichzeitige Aufforderung zur Freude sind semantisch und stilistisch doppelt hervorgehoben. Emphatisch zum Satzbeginn werden zwei Infinitive miteinander verbunden, die Freude ausdrücken, εὐφρανθῆναι δὲ καὶ χαρῆναι, sodass sich die Begriffe für Freude, εὐφροσύνη und χαρά, gegenseitig verstärken. Diese Rechtfertigung und Aufforderung zur Freude wirkt durch

---

Rande Beteiligten von der Ankunft des Bruders erfährt. Nach Eckey ist der ältere Bruder „anders als der Leser unzureichend informiert." Auch KLEIN, Lukasevangelium, 533, hinterfragt den Zorn des Sohnes entsprechend: „Ist die Ursache mangelnde Information oder Realität?"

[48] Diese affektive Klimax wird in Spr 27,4 beschrieben.

die Infinitivkonstruktion jedoch etwas distanziert und ist dabei formal mehrdeutig: Denn das Subjekt, *wer* fröhlich sein und *wer* sich freuen sollte, kann grammatisch nicht eindeutig zugeordnet werden. Es kann sich entweder rechtfertigend auf die Festgäste (wahrscheinlich mit dem Vater) beschränken, möglicherweise aber auch vorwurfsvoll den älteren Sohn einbeziehen und auf einer anderen Kommunikationsebene auch den impliziten Leser einbinden. Dass das Subjekt nicht genauer festzulegen ist, liegt an der unpersönlichen Form ἔδει, die als „man musste und muss" zudem perfektisch zu übersetzen ist.[49]

Mit der folgenden abschließenden Rede – der jüngere Sohn sei tot gewesen und wieder lebendig geworden, er sei verloren gewesen und nun wiedergefunden – wird die Freude des Vaters, die in Lk 15,20–24 explizit und deskriptiv entfaltet worden ist, zum zweiten Mal begründet. Wenn der Zorn des Älteren ein Verlustempfinden darstellt, so ist die Freude des Vaters im Wiederfinden begründet. Diese Freude ist also mehr als gewöhnliche Begrüßungsfreude, auch wenn Lk 15,20 eine Begrüßungssituation geschildert hat. Sie ist mehr als eine übliche Freude an der menschlichen Gemeinschaft, auch wenn Lk 15,23f.25 eine fröhliche Feier mit Gästen, Singen, Tanzen und einer außergewöhnlichen Festmahlzeit beschreibt. Sie ist mehr als die Freude über eine lange entbehrte Begegnung mit einem Angehörigen, auch wenn diese Situation in der Parabel dargestellt ist. Die Freude ist im Zusammenhang mit Lk 15,20.24.32 zu interpretieren: Sie ist eine tiefere, innere, empathische Bewegtheit (σπλάγχνον). Sie ist eine Freude über das gerettete Leben des anderen, eine Mitfreude über dessen gerettete Existenz. Diese Freude ist nicht egoistisch, denn sie ist das Gegenteil von zorniger Eifersucht.[50]

Durch einen Vergleich der Affektdarstellungen bei den einzelnen Figuren können nun Rückschlüsse auf das im Text vorliegende anthropologische Körperkonzept gezogen werden. Als Ort des Denkens sowie des Fühlens wird jeweils das Innere des Menschen lokalisiert. Während das Nachdenken des jüngeren Sohnes mit der Redewendung εἰς ἑαυτὸν δὲ ἐλθὼν ἔφη als eine Bewegung in das ‚Innere' beschrieben wird,[51] wird der freudige Affekt des Vaters durch das semantische Konzept des Verbs σπλαγχνίζομαι[52] ebenfalls auf das Körperinnere bezogen, nämlich als affektive,

---

[49] Vgl. BDR §358.

[50] Diese Aspekte der Freude stimmen mit dem Verständnis der Mitfreude überein, wie sie auch in den vorausgehenden Gleichnissen vom Verlorenen in Lk 15 dargestellt werden.

[51] Nach BULTMANN, Geschichte, 205, wird durch diese Redewendung „der Affekt des verlorenen Sohnes (...) angedeutet, im übrigen durch seine Worte und sein Handeln vergegenwärtigt."

[52] Das Verb σπλαγχνίζομαι wird mehrmals aktualisiert, um in Parabeln eine innere Bewegtheit, zumeist Mitleid, auszudrücken, siehe auch Fußnote 35.

‚innere Bewegtheit der Organe'. Die affektiven und kognitiven Vorgänge, beide im Inneren des Körpers verortet, werden also als komplexe Prozesse dargestellt, die durch unterschiedliche Sinnesreize ausgelöst werden können.[53] Beide Vorgänge können sich überschneiden, wie an allen Hauptfiguren aufgezeigt wird. So wird das Nachdenken bei beiden Söhnen als Erinnerungsleistung und Analogiebildung demonstriert, während gleichzeitig der Bezug zu affektiven Prozessen (Todesangst und Zorn) hergestellt wird. Auch beim Vater kann der enge Zusammenhang von Affekten und Kognitionen durch die argumentative Begründung seiner überschäumenden Freude belegt werden. In jedem Fall führt das ausgelöste Fühlen und Denken bei jeder Figur der Parabel zu unmittelbaren Handlungskonsequenzen.

Affekte und Körperkonzepte in Lk 15,11–32

	Verhalten des jüngeren Sohnes Lk 15,17–21	*Verhalten des Vaters Lk 15,20–24.32*
Auslösender Reiz	Hungersnot	Wiedersehen des Sohnes
Prozess	Kognitiv	affektiv
Lokalisierung im Körper	Bewegung in das Innere	Innere Bewegtheit (der Organe)
	εἰς ἑαυτὸν δὲ ἐλθὼν ἔφη	ὁ πατὴρ (...) ἐσπλαγχνίσθη
Handlungskonsequenz	Überlegung und Umsetzung der Rückkehr und der Gesprächsaufnahme mit dem Vater	Unkonventionelles Verhalten: – Entgegeneilen – Durchbrechung der Grußkonvention – Anordnungen an die Knechte
Zusammenhang von kognitivem und affektivem Prozess	Thematisierung der Todesangst Lk 15,17	Kognitive Begründung des Affekts Lk 15, 24.32

Der enge Zusammenhang von Verstandesurteilen und Affekten wird schon im antiken philosophischen Diskurs gesehen und dabei vor allem von den Stoikern betont.[54] Die Verortung der Affekte im Körper ist bereits seit Aris-

---

[53] Sinnesreize im Gleichnis sind der Hunger, das Wiedersehen des Sohnes, das Hören von Neuigkeiten.

[54] Während schon Platon im Philebus von der engen Verbindung von Kognition und Affekt weiß, dieses Verhältnis aber noch nicht näher begründet, wird auch bei Aristoteles, insbesondere in seiner Rhetorik und Poetik, worin er seine Lehre von der Katharsis begründet, ein komplexes Verständnis des Phänomens Kognition-Affekt deutlich, vgl. Kapitel 4; FORTENBAUGH, Aristotle, 11–16.18ff mit Verweis auf Plat. Phil. 37–50. Zur stoischen Position Kapitel 5; Zen. in SVF I,205,208,209; Chrysipp. in SVF I,121, SVF III,443–455.

toteles und Platon ein bekannter Topos.[55] Dennoch überrascht eine Parabel, in der die empathische Freude (εὐφροσύνη/χαρά) als zentraler Affekt leitmotivisch im Zentrum der Betrachtung steht.[56] Denn von den Stoikern ist grundsätzlich das Ideal der Affektlosigkeit (ἀπαθῆ εἶναι τὸν σοφόν)[57] überliefert, weil die Affekte als unvernünftige Strebungen und damit als Krankheiten der Seele verstanden werden. Wie gezeigt nimmt die Freude (vor allem die χαρά) als εὐπάθεια in diesem Diskurs eine Sonderstellung ein, als ein vernunftgemäßes Streben, das nicht verurteilt wird.[58] Vor diesem Hintergrund fällt auf, dass in der Parabel alle Affekte mit der Freude in einem besonderen Zusammenhang stehen. Das ist besonders offensichtlich beim Zorn des älteren Sohnes, der dem Verhalten und der Freude des Vaters diametral gegenübersteht:

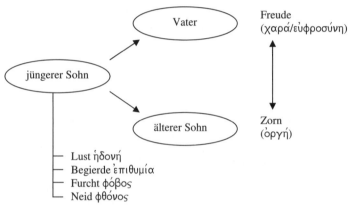

Durch den Austausch von Argumenten versuchen nun Vater und Sohn, den jeweils anderen von der Angemessenheit des eigenen Affekts zu überzeugen. Besonders interessant ist das offene Ende in dieser Erzählung, denn es impliziert mehrere Möglichkeiten, wie die Geschichte nach dem Abbruch der Erzählung weitergedacht werden kann:[59]

---

[55] So definiert Aristoteles alle πάθη als innere Bewegungen, die von Lust oder Schmerz begleitet sind. Der Zorn wird physiologisch als eine Aufwallung und Erwärmung des Blutes um das Herz gewertet vgl. Aristot. eth.Nic. 1104b,30ff; 1105b,19–21; 21–23. Auch Platon kennt neben den seelischen Entstehungsgründen für Schmerz und Lust körperliche Auslöser, vgl. Plat. Phil. 31d.32c.e.

[56] Dieses Leitwort wird nicht nur viermal explizit erwähnt (Lk 15,23.24.29.32) , sondern, wie gezeigt, auch besonders ausführlich deskriptiv dargestellt.

[57] Chrysipp. in SVF III,448.

[58] Vgl. hierzu das entsprechende Kapitel in dieser Arbeit zur Freude in der stoischen Affektkonzeption.

[59] Kein offenes Ende in der Parabel sieht dagegen WOLTER, Streitgespräch, 47f, 52f. Dass eine andere Vermittlung der Pointe denkbar gewesen wäre, zeigt der Vergleich zu

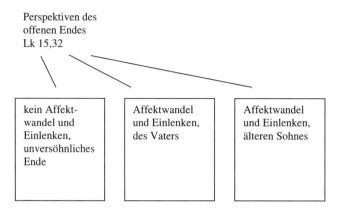

Perspektiven des
offenen Endes
Lk 15,32

kein Affekt- wandel und Einlenken, unversöhnliches Ende	Affektwandel und Einlenken, des Vaters	Affektwandel und Einlenken, älteren Sohnes

(a) Beide Positionen bleiben unversöhnlich, sodass sich die Konfliktpartei-
en im Streit trennen. Erfolgt auf beiden Seiten kein Affektwandel, geschieht die Wiederaufnahme des jüngeren Sohnes durch den Vater auf Kosten seiner Beziehung zum älteren Sohn. Diese mögliche Weiterführung der
Geschichte impliziert eine Verschlechterung für alle Figuren der Hand-

---

Mt 21,28–32. Auch das dort beschriebene Gleichnis ist in ein Streitgespräch mit der geistigen Elite eingebettet. Kritik an sozial Stigmatisierten, an Zöllnern und Prostituierten,
die Jesu und Gottes Nähe suchen, wird zweifach entkräftet; sowohl ausdrücklich in Mt
21,32 als auch durch die Story des Gleichnisses, das ebenfalls von zwei Söhnen handelt,
die auf den Vater unterschiedlich reagieren. Das matthäische Gleichnis endet jedoch
nicht mit einer offenen Perspektive: Die Oberschicht wird auf der Erzähllebene durch die
Anwendung in Mt 21,31f kritisiert. Die Aussicht auf das Reich Gottes wird eher den nach
traditionellen Maßstäben offensichtlichen Sündern zugesagt. Abgesehen von der Figurenkonstellation lässt sich der Stoff jedoch kaum vergleichen: Offensichtlich werden die
Hohepriester und die Ältesten aus Mt 21,23 im Bild des ersten Sohnes in Mt 21,29 als
heuchlerische Menschen gewertet, die etwas zusagen, aber nicht einlösen. Der ältere
Sohn des lukanischen Gleichnisses beschwert sich jedoch darüber, dass er all die Jahre
für seinen Vater hart gearbeitet hat. Er ist also nicht unter die Heuchler zu rechnen! Während es im matthäischen Text um Gehorsamsverweigerung und das jeweilige Heil für die
Betroffenen geht, nämlich um das Kommen in das Reich Gottes, plädiert das lukanische
Gleichnis für die empathische Mitfreude mit Umkehrenden, also für andere – ohne das
jeweils eigene Ergehen infrage zu stellen. Möglicherweise ist in beiden Gleichnissen ein
ursprünglich gemeinsamer Stoff verarbeitet worden; dann liegt er allerdings in zwei derart überarbeiteten Fassungen vor, dass ein Rückschluss auf gemeinsame Überlieferung
meines Erachtens nicht mehr möglich erscheint. RAU, Reden, 213, weist darauf hin, dass
sich die synoptischen Gleichnisse zu diesem Themenbereich in zwei Gruppen einteilen
lassen. Lk 15,11–32 gehöre demnach zu denjenigen Gleichnissen, die Jesu Umgang mit
Sündern gegenüber Kritikern rechtfertigen sollen, ohne dass die Gerechten verurteilt
würden. Mt 21,28–31 wird dagegen der anderen Gruppe von Gleichnissen zugeordnet, in
denen der Anstoß an Jesu als unüberwindbar gedacht wird, weswegen den Pharisäern das
Gericht zugesprochen wird.

lung.[60] Zunächst ist dieser denkbare Handlungsausgang der naheliegendste und entspricht keinem ‚Happy End‘, muss aber gerade deshalb mitbedacht werden, um die Bedrohlichkeit der Krise aufzuzeigen. Allerdings hält der Vater diese kritische Situation in der Erzählung für überwindbar. Er ergreift die Initiative, das Gespräch mit dem älteren Sohn vor dem Haus zu suchen, um den Konflikt zu klären.

(b) Als weitere, ebenfalls naheliegende Lösung wäre vorstellbar, dass der Sohn den Vater durch seine nachvollziehbaren Argumente überzeugt. Tatsächlich werden die Argumente des älteren Sohnes weder durch den Vater noch durch erzählerische Wertungen infrage gestellt. Während die Position und das Verhalten des älteren Sohnes in der älteren Exegese durchweg kritisiert worden sind oder Lk 15,25–32 als literarkritisch sekundär ausgeschieden wurde, haben neuere Arbeiten auf die Nachvollziehbarkeit und Verständlichkeit der Argumentation des älteren Sohnes im antiken Kontext hingewiesen.[61] Dennoch scheint der Erzähler die Übernahme dieser Position nicht herauszufordern: Denn der Vater, der in dieser Parabel die dramatische Hauptfigur ist, erhält mit seiner Rede das letzte Wort. Seine Argumentation gewinnt damit die größte Überzeugungskraft. Dass sein Verhalten auch aus Sicht der jüdischen Weisheit geeignet ist, einen Streit zu schlichten, verdeutlicht Spr 15,1: „Eine linde Antwort stillt den Zorn, aber ein hartes Wort erregt Grimm.“[62] Selbstverständlich ist zudem auch im Judentum das Modell einer einträchtig zusammenlebenden Familie, vor allem mit sich verstehenden Brüdern, das erstrebenswerte ethische Ideal.[63]

(c) Die Parabel setzt sich deshalb für eine unkonventionelle Lösung des Konflikts ein. Der Vater fordert den älteren Sohn zu einem Affektwandel auf, zur Freude mit dem Bruder. Damit schließt die Erzählung. Dieser Appell korrespondiert mit dem Motiv der Freude (χαρά) im Kontext (Lk 15,7.10). Auch innerhalb der Parabel selbst ist die Aufforderung des Vaters

---

[60] Wie schwer solche Konflikte nach Erfahrung der jüdischen Weisheit zu schlichten sind, verdeutlicht Spr 18,19: „Ein gekränkter Bruder ist abweisender als eine feste Stadt, und Streitigkeiten sind hart wie der Riegel einer Burg.“

[61] PÖHLMANN, Sohn, 3; nachdrücklich auch ECKEY, Lukasevangelium II, 693f, der darauf verweist, dass sich der ältere Sohn in seinem bisherigen Verhalten gegenüber dem Vater an den Mahnungen zu Weisheit orientiert habe und so das Verhalten eines Frommen und Gerechten vor Gott spiegle. Zudem bestünden keine Zweifel, dass die Vorwürfe und Feststellungen des Älteren gegenüber dem Bruder stimmten. Anders dagegen KLEIN, Lukasevangelium, 533: „Der ‚Zornige‘ sagt mehr, als er weiß.“ Das ist so allerdings nicht im Text gegeben. Der Zornige sagt lediglich mehr, als der Leser bislang erfahren hat. Seine Anschuldigungen werden an keiner Stelle des Textes infrage gestellt.

[62] Vgl. auch Spr 25,15.

[63] Vgl. z.B. Ps 133 und die Versöhnungsbegegnung zwischen den Brüdern Jakob und Esau (Gen 33) sowie die Thematik der Bruderliebe in 4 Makk.

durch die analoge Argumentation gegenüber den Knechten, die erfolgreich zum Feiern animiert werden können, vorbereitet.

Die Geschichte in Lk 15,11–32 impliziert also die Perspektive eines Affektwandels. Es wird darin vorausgesetzt, dass Affekte grundsätzlich beeinflusst werden können, wie es bereits in Lk 10,20 vermittelt worden ist. Im Text wird die Möglichkeit aufgezeigt, vom Pathos des Zorns nicht nur zur Apathie, zur Affektlosigkeit zu gelangen, sondern *Mitfreude* zu empfinden, was den ‚guten Affekten‘ (εὐπάθειαι) zugerechnet werden müsste. Mehr noch: Die Thematik des Lernens und Wandelns von Affekten mit den entsprechenden Verhaltenskonsequenzen kann als Ziel und Höhepunkt der Parabel betrachtet werden.

An dieser Stelle sollen die bereits vorgestellten Paradigmen der modernen Psychologie herangezogen werden, mit deren Hilfe die Textvorgänge aus einer neuen Sicht gedeutet werden können. Auch im vorliegenden Zusammenhang bieten sich besonders der funktionalistische und der kontextualistische Ansatz an, wenn Verhaltensäußerungen und Verhaltensänderungen im Zusammenhang mit emotionalen und affektiven Prozessen betrachtet werden sollen.

G. Textpsychologische Interpretation mithilfe des funktionalistischen Ansatzes

Platon definiert die *Lust* im Philebosgespräch als Wiederherstellung eines ursprünglichen harmonischen Naturzustands.[64] Ausgehend von dieser Grundkonzeption liegt seiner Affektlehre ein Verständnis von Schmerz und Lust zu Grunde, das auch Aristoteles im Wesentlichen übernommen, wenngleich etwas modifiziert hat.[65] Nach Dorothea Frede versteht Platon Affekte vor allem in ihrer Eigenschaft als ‚medizinische‘ Heilmittel, was er im

---

[64] Plat. Phil. 31d; 32a–d. Nach Sokrates Lehre sei beispielsweise der Durst das Verderben und die Unlust, das Trinken wiederum sei Lust, weil es den ausgeglichenen Naturzustand wieder herstelle, vgl. Kapitel 4.

[65] Nach FREDE, Feelings, 259.263, hat Aristoteles in seiner Rhetorik Platons Verständnis gemischter Gefühle als „desires to remedy an injury or disturbance combined with the pleasant expectation of restauration" übernommen. Vgl. bei Aristot. rhet. 1369b; m. mor. 1205b7. Die Naturentsprechung der Lust (ἡδονή) findet sich auch bei anderen antiken Ethikern, selbst bei Vertretern der epikureischen Schule, vgl. Lucr. de rerum natura 2,963–966. Allerdings habe Aristoteles in seiner Ethik ein anderes Affektmodell vertreten, vgl. Frede, Feelings, 272f. In der neueren Konzeption, die beispielsweise in der nikomachischen Ethik vertreten wird, ist die Lust nicht länger ein Mittel zur Aufhebung eines Defizits, sondern wird direkt mit dem Handeln in Verbindung gebracht, vgl. Aristot. eth.Nic. 1151ff und eth.Nic. 1171–1176.

Staat metaphorisch mit dem Füllen einer Leere vergleicht.[66] Affekte erfüllen also eine Signalfunktion, mit deren Hilfe etwas erreicht werden kann. Aristoteles hat diesen Ansatz präzisiert. Er differenziert im ersten Buch seiner Rhetorik verschiedene Handlungsmotivationen. Dabei sind vor allem rationales und irrationales Wollen zu unterscheiden.[67] Affekte umfassen den Bereich des irrationalen Strebens (ἄλογος ὄρεξις), den Zorn (ὀργή) einschließend.[68] Im zweiten Rhetorikbuch, in dem Aristoteles die Affekte des Auditoriums behandelt, die ein Redner zu beachten hat, werden Affekte dagegen alternativ definiert: Nun geht es nicht länger um den Kontext des Luststrebens, sondern um die Vermittlung einer rhetorischen Kompetenz, um die Urteilsbildung des Publikums zu beeinflussen!⁶⁹ Sie sind demnach aus aristotelischer Sicht irrationale Strebungen auf kognitiver Grundlage, um damit ein Ziel zu erreichen.

Ähnlich argumentiert die funktionalistisch ausgerichtete Psychologie. Ihre Vertreter gehen, wie im Kapitel zur Emotionspsychologie skizziert, ebenfalls davon aus, dass Emotionen wesentliche Elemente der Handlungsregulierung sind. Entsprechende Mechanismen zeigen sich mehrfach auch in der vorliegenden Parabel, wie es die bereits betrachtete Szene verdeutlichen kann. Denn auch die Vater-Sohn-Auseinandersetzung schildert problembezogene Bewältigungsversuche, an denen emotionale Prozesse beteiligt sind. Der Vater versucht, den Konflikt zu lösen und kommt seinem älteren Sohn entgegen. Die zur Wirkung kommenden starken Affekte haben sich auf beiden Seiten bereits im Vorfeld der Konfrontation entwickelt. Dabei ist die oben gemachte Beobachtung wichtig, dass der Vater seine Freude (εὐφροσύνη/χαρά) kognitiv begründen kann. Der im antiken Text dargestellte Affekt ist also kein unbewusstes oder unreflektiertes Gefühl, sondern Teil eines Handlungsablaufs mit kognitiven Elementen und hohem *Auflösungsgrad*.[70] Wie gezeigt, haben sich bereits im Verlauf der Erzählung verschiedene Handlungskonsequenzen aus dieser Freude ergeben: Das unstandesgemäße Entgegeneilen, die Durchbrechung der konventionellen Begrüßung und das Fest sind sowohl als narrative Entfaltung des emotionalen Ausdrucks wie auch als Handlungskonsequenz deutbar. Denn die vorauslaufenden Bewertungsprozesse und die nachfolgende Bewältigungs-

---

[66] Plat. rep. 585a–586b.

[67] FREDE, Feelings, 266, verweist dazu auf Aristot. rhet. 1369a,1–4.

[68] FREDE, Feelings, 266. 280 Anm. 20, dort mit Verweis auf Aristot. rhet. 1369a,17f; zum Zorn Aristot. rhet. 1369a4.

[69] FREDE, Feelings, 270, verweist auf Aristot. rhet. 1378a,19f. Vgl. auch LEIGHTON, Aristotle, 206ff.

[70] Der Auflösungsgrad bezeichnet die Feinheit und Differenziertheit des kognitiven Geschehens, vgl. DÖRNER, Handeln, 349, der den Grad der Aktiviertheit und der Auflösung als bestimmend für die Art des Handelns und den Ablauf der kognitiven Prozesse wertet.

handlungen sind so eng miteinander verbunden, dass sie nicht immer in Antezedenz, Essenz und Konsequenz unterschieden werden können.[71] Die meiste Energie verwendet der Vater allerdings darauf, die anderen in seine Freude einzubeziehen. Um nun in der Krisensituation seinem älteren Sohn diese Mitfreude verständlich zu machen, erklärt er in der kritischen Auseinandersetzung die vorausgegangene Bewertungshandlung, die zum emotionalen Handlungsimpuls geführt hat: Die wahrgenommene Rückkehr des Kindes wird vom Vater als eine Rückkehr ins Leben gedeutet – und entsprechend positiv konnotiert. Gleichzeitig erkennt der Vater aber die Not des Älteren. Denn er wendet sich auch dem älteren Sohn mit dessen irritiertem Selbstkonzept zu. Durch die Zusage der väterlichen Sicherheit in Lk 15,31 („du bist allezeit bei mir und alles, was mein ist, das ist dein") versucht er, das Selbstkonzept des Sohnes zu stabilisieren, um eine neue Handlungsorientierung zu unterstützen (siehe hierzu die Grafik Seite 263).

Vom Zorn (ὀργή) des älteren Bruders ist in Lk 15,28 explizit die Rede. Er resultiert aus der vorher beschriebenen Wahrnehmung und Bewertung einer *überraschend* eingetretenen Situation (Lk 15,25–27). Mit den eigenen Sinnen hat er die Musik vernommen und von einem Knecht den Anlass der Feier erfahren: Die Mitteilung über die Wiederaufnahme des jüngeren Bruders wird vom älteren so verarbeitet, dass in ihm Zorn ausgelöst wird – und Zorn deutet nach Richard S. Lazarus darauf hin, dass die wahrgenommene Information als aggressiver, erniedrigender Angriff gegen die eigene Person verstanden wird.[72] Der Zorn kann in einem solchen Fall zu einer gesteigerten Selbstaufmerksamkeit führen.[73] Deshalb fungiert dieser Affekt im Text als doppeltes Signal: Einmal richtet er sich an die eigene Adresse und führt zu einer Konzentration der Sicht auf die eigenen Belange der Person, gleichzeitig richtet sich der Zorn an die Umwelt und forciert eine Weiterentwicklung der Ereignisse.[74]

---

[71] Vgl. SCHERER, Nature, 308; Ders., Appraisal, 99ff; Kritik an der Reihenfolge der Prüfschritte nach Scherer bei ULICH, Emotionstheorien, 75.

[72] Nach LAZARUS, Emotion, 122, kann jede Emotion durch ihre Beziehungsbedeutung (relational meaning) charakterisiert werden. Die Emotion Ärger beinhaltet die oben dargestellte Kernthematik.

[73] FILIPP/FERING, Transformation, 211.

[74] Nach LAUX/WEBER, Emotionsbewältigung, 86, können bei der Bewältigung von Ärger vier verschiedene Intentionen zutage treten: Ärger dient der Emotionsregulation, Situationsregulation, der Stabilisierung des Selbstkonzepts und -werts sowie der Prüfung und Regulation der Interaktion, vgl. SCHERMER, Emotion, 138–178, hier: 169.

Freude (χαρά/εὐφροσύνη) als handlungsregulierende Emotion

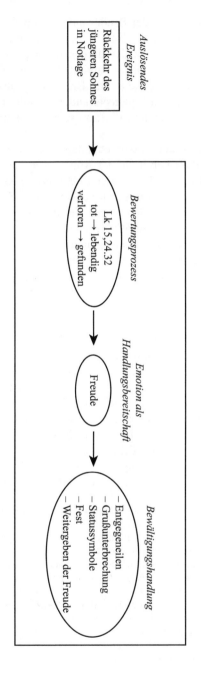

Dass die Erfahrung, wie der Bruder aufgenommen worden ist, stark selbst-
bezogen verarbeitet wird, deutet gemeinsam mit dem ‚affektiven Lärm'
darauf hin, dass es sich in der dargestellten Szene für den älteren Sohn
nicht um eine Routinesituation handelt. Das Ereignis hat eine *Lebenskrise*
ausgelöst, denn die Rückkehr des Bruders ist unvorhergesehen, und sie
bringt ein hohes Maß an Lebensveränderung mit sich, die viele Lebensbe-
reiche betrifft und dabei dem Einfluss seiner eigenen Person entzogen ist.

Lk 15,11–32 gibt einen entsprechenden Hinweis darauf, dass das Erleben
von Ungerechtigkeit bereits in der Antike einen der quälendsten Affekte in
der Konfrontation mit kritischen Lebensereignissen auslöst.[75] Denn die
wahrgenommenen Ereignisse müssen mit dem Selbstkonzept der Person
auch dann verknüpft werden, wenn sie nicht mehr mit dem selbstbezoge-
nen Wissen konsistent sind:[76] Die neue Lebenserfahrung wird als wider-
sprüchliche Rückmeldung, als sogenanntes *Crossfire* aufgefasst, durch das
die eigenen Handlungsentwürfe infrage gestellt werden müssen. Eine Ziel-
blockade tritt ein. Man kann hier mit dem Sozialpsychologen Leon Festinger von der Erfahrung einer ‚kognitiven Dissonanz' sprechen.[77]

In der Parabel lässt sich das klar nachvollziehen, wenn der ältere Sohn
die Gründe für seinen Zorn gegenüber dem Vater offenlegt. Auch der Affekt des Ärgers wird im antiken Text also nicht als diffuses Gefühl oder
angeborener Reflex dargestellt, sondern ist eindeutig an einen *kognitiven*
Prozess gekoppelt und lässt sich deshalb wie die Freude des Vaters argumentativ begründen. Dabei liegt wie beim vorangegangenen Erleben des
jüngeren Bruders ein hoher *Auflösungsgrad* vor: Das ist daran zu messen,
dass der ältere Sohn die bestehende Situation aus seiner Perspektive präzise beschreiben kann, sich in diesem Zusammenhang mit seinem Bruder
vergleicht und dazu seine Erinnerung heranzieht. Das entspricht, wie gezeigt, der kognitiven Leistung seines jüngeren Bruders in dessen Krise, der
ebenfalls mithilfe Erinnerungen und Analogiebildungen arbeitete.

---

[75] Diese These vertreten in der aktuellen Psychologie FILIPP/FERING, Transformation,
206.

[76] Ebd., 215: „Die Konfrontation mit kritischen Ereignissen muss immer auch in
selbstbezogenes Wissen übersetzt werden".

[77] FESTINGER, Theorie, 16f, definiert Dissonanz als „das Bestehen von nicht zueinander passenden Beziehungen zwischen Kognitionen", die dazu motiviert, die Dissonanz zu
reduzieren und Konsonanz herzustellen. Wichtig ist bei dieser Definition, ebd., 22f, dass
auch Emotionen als Elemente der Kognitionen betrachtet werden, die im Verhältnis zu
anderen Kognitionselementen eine Dissonanz auslösen können. Da sich die Stärke der
Dissonanz als Funktion aus der Wichtigkeit ihrer Elemente bestimmt, ebd., 28, verweist
der Zorn als aggressiver Affekt des älteren Bruders darauf, wie sehr er sein Selbstkonzept
und Erfahrungswissen infrage gestellt sieht. Mit der Theorie der kognitiven Dissonanz
wird in der Exegese bereits erfolgreich gearbeitet, vgl. BILDE, Dissonanzreduktion, 118–
135.

In Lk 15,11–32 ist deutlich zu erkennen, dass Affekte in den komplexen Prozess der Handlungsregulierung eingebunden sind. Sie sind dabei stets mit kognitiven Prozessen verknüpft, die als vorauslaufende Bewertungen der Handlung (appraisals) die Affekte auslösen und entsprechende Handlungskonsequenzen nach sich ziehen. Mit dem Zorn entwickelt sich beim älteren Sohn also eine Handlungsbereitschaft, die ihn dazu motiviert, eine Kombination aus zwei Bewältigungshandlungen zu wählen: Durch seine eigenständige und sichtbare Ausgrenzung vom Fest und seine Rede an den Vater will er den Vater auf seine Situation aufmerksam machen und ihn von seinen Argumenten überzeugen. Somit wählt er eine problembezogene Coping-Strategie, um seine Lebenskrise zu meistern. Darüber hinaus kann man mit der sozialpsychologischen Theorie der kognitiven Dissonanz ergänzen, dass der ältere Sohn nicht nur versucht, den Vater zu beeinflussen, sondern dass er durch sein Fernbleiben vom Fest außerdem aktiv vermeidet, sich mit neuen Informationen zu konfrontieren.[78] Siehe hierzu die Grafik auf der folgenden Seite.

Es stehen sich damit zwei zentrale Figuren der Parabel gegenüber, die zwei oppositionelle Affekte vertreten und beide versuchen, mit *problembezogenem* Coping die Umwelt und damit die vorliegende Situation in ihrem Interesse zu beeinflussen, um den Konflikt zu lösen. Dadurch gerät die Diskussion jedoch in die oben beschriebene Sackgasse: Nur die ungünstigste Lösung einer unversöhnlichen Trennung ist, wie oben gezeigt, als Konfliktausgang denkbar, wenn die Fronten festgefahren bleiben. Ein versöhnlicherer, hypothetischer Ausgang ist nur möglich, wenn der Leser einen Affektwandel, also ein *emotionales* Coping im Konzept einer der Figuren erwägt. Damit ist aber mit Blick auf den älteren Bruder ein schwieriger Prozess angedeutet, da mit dem Affekt eine Lebenskrise bewältigt werden muss, die eine Auseinandersetzung mit dem bisherigen Lebenskonzept und den damit zusammengehörigen Wertvorstellungen erfordert.[79]

Auch in der Antike sind Vorstellungen einer kognitiven Umstrukturierung bekannt. Nach Zenon ist der Ausgangspunkt für Affekte in fehlerhaften Verstandesurteilen zu finden.[80] Chrysipp identifiziert die Affekte sogar mit den Urteilen selbst.[81]

---

[78] Nach der Theorie der kognitiven Dissonanz wird eine Person einerseits versuchen, Konsonanz herzustellen, andererseits wird sie „zusätzlich zu dem Versuch, sie [d.h. die Dissonanz] zu reduzieren, aktiv Situationen und Informationen vermeiden, die möglicherweise die Dissonanz erhöhen könnten", vgl. FESTINGER, Theorie, 16, vgl. Anm. 56.

[79] Vgl. dazu die später folgenden Überlegungen der Schematheorie.

[80] SVF I,205.208.209. Zenon beschreibt die Affekte ferner als λόγου κρίσεις ἡμαρτημέναι, als Urteile, die verdreht, also von der rechten Vernunft abgewichen sind.

[81] SVF I,121; SVF III,443–455.

Zorn (ὀργή) als handlungsregulierende Emotion

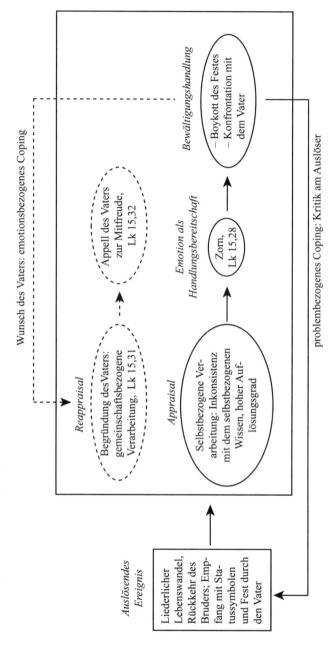

Ohne dass sich an den situativen Bedingungen etwas ändert, kann Ärger demnach in Mitgefühl verwandelt werden, wenn die dem zornigen Affekt entsprechende Bewertung kognitiv verarbeitet wird, sodass eine Neueinschätzung oder Umwertung der Ereignisse möglich wird.

Aus Sicht der funktionalistischen Psychologie können Emotionen also nicht nur die Handlungen eines Individuums regulieren, sondern auch umgekehrt können Emotionen durch die Handlungen eines Individuums reguliert werden.[82]

Die Parabel kann den Leser dadurch zu dem Erkenntnisgewinn führen, dass in einer entsprechenden Lebenskrise das problembezogene Bewältigungsverfahren in eine Sackgasse lenken kann. Wenn das Gleichnis damit zu einem emotionsbezogenen Coping anregt, ist jedoch zu berücksichtigen, dass nur durch ein neues kognitives Verständnis aus dem ursprünglichen Zorn die Mitfreude werden kann.[83] Eine solche emotionale Bewältigungshandlung ist nur dann möglich, wenn die eigenen Bewertungsprozesse modifiziert werden (reappraisals). Dazu muss mindestens eine Figur des Textes lernen, ihre selbstbezogene Sicht zu relativieren.

Gefördert wird diese Möglichkeit durch den versichernden, identitätsstiftenden Zuspruch des Vaters an den erschütterten Sohn, damit für diesen aus der Krise eine Herausforderung an die eigenen Bewältigungsmöglichkeiten werden kann. Denn jetzt muss er neu lernen, seinen Standort in der Familie zu finden und nicht nur Bruder,[84] sondern auch ein *Freund* zu sein, wie es der beispielhaften antiken Freundschaftsethik entspricht. Aristoteles behandelt das Thema der Freude auch in diesem Kontext.[85] Das Konzept der ‚Freundschaft' ist offen für Beziehungsmuster wie Kameradschaft, enge Vertrautheit, Verwandtschaft, Liebe und andere zwischenmenschliche Verhältnisse. Maßgeblich ist also nicht die Dauer oder Intimität einer Beziehung, sondern die Qualität eines zwischenmenschlichen Verhältnisses, das von wechselseitigem Wohlwollen und entsprechendem Engagement für

---

[82] HOLODYNSKI/FRIEDLMEIER, Entwicklung, 16f.

[83] Nach ECKEY, Lukasevangelium II, 694, erteilt der Vater seinem Sohn keine Befehle, sondern appelliert an die Einsichtsfähigkeit seines Ältesten.

[84] Nach Ebd., 694, muss der ältere Sohn „jetzt neu lernen, ein Bruder zu sein." Dass er sich in der Szene Lk 15,30 mit seiner Familie nicht mehr identifizieren kann, zeigt seine distanzierende Rede zum Vater, in der er den eigenen Bruder als „dieser, dein Sohn" definiert.

[85] Zwar ist der Konzeption der Freude scheinbar kein eigenes Kapitel innerhalb der aristotelischen Rhetorik gewidmet, wie beispielsweise dem Zorn, der Sanftmut oder der Furcht. Aber ausgehend von der Frage, was eine gute Beziehung ausmacht, kommt Aristot. rhet. 1381 schnell und direkt auf die Freude zu sprechen, vgl. SCHREY, Art. Freundschaft, 591f.

den jeweils anderen geprägt sein sollte:[86] Wer keine Mitfreude am Erleben des anderen (mehr) empfinden kann, darf nicht (länger) als Freund verstanden werden. Das Vermögen, ‚Mitfreude' empfinden und auch ausdrücken zu können, ist also für eine Freundschaft konstitutiv. Deshalb erfüllt die Freude eine Zeichen- und Signalfunktion innerhalb der freundschaftlichen Kommunikation: Als empathisches Ausdrucksmittel signalisiert sie Interesse, Wohlwollen und Einfühlungsvermögen und ist damit ein beziehungsstabilisierender Faktor. Auf diese Weise markiert sie bei Aristoteles sowohl das Konzept der ‚Freundschaft' als auch das der ‚Liebe'.[87]

Allerdings ist Freude nicht der einzige Affekt mit dieser Funktion, vielmehr wird sie als Prototyp für eine wohlwollende, empathische Reaktion vorgestellt. Entsprechend beschreibt Aristoteles im selben Zusammenhang auch das Mitleid als einen Affekt für die Wertschätzung in einer Beziehung. Nicht nur die Vorsilbe „syn-" ist beiden Begriffen (συνηδόμενον/ συναλγοῦντα) in diesem Zitat gemeinsam: Beide Affekte sollen auf komplementäre Weise Empathie und Solidarität vermitteln. Beide beziehen sich nach Aristoteles auf Objekte, die nicht dem eigenen Interesse dienen, sondern auf das Wohl und Glück des anderen zielen. Mitfreude und Mitleid spiegeln die Uneigennützigkeit und Anteilnahme in einer idealen Freundschaft.[88] Sie bedeuten insofern keine distanzierte Kritik oder Anteilnahme aus rein höflicher Konvention, sondern ein aktives Streben für die Interessen des anderen. Und dies nicht als außerordentliches Tun, sondern als erwartungsgemäße Ethik innerhalb einer zwischenmenschlichen Beziehung, solange sich beide Parteien als Freunde oder Liebende verstehen.[89]

---

[86] „Legen wir nun diese Definition zugrunde, so muß ein Freund (φίλον) derjenige sein, der über das Gute Mitfreude empfindet (συνηδόμενον), über das Traurige aber mitleidet (συναλγοῦντα), und zwar nicht aus irgendeinem anderen Grunde, sondern nur um jenes willen; denn wenn das eintritt, was er will, freuen sich alle (χαίρουσιν πάντες). Über das Gegenteil empfinden sie aber Trauer (λυποῦνται), so daß die Äußerungen von Trauer (λῦπαι) und Freude (ἡδοναί) Zeichen dessen sind, was man wünscht. (ὥστε τῆς βουλήσεως σημεῖον)", Aristot. rhet. 1381a,3–7. Das Zitat zeigt, dass der Affekt der Freude innerhalb einer freundschaftlichen Beziehung grundlegend ist.

[87] Aristot. rhet. 1380b–1382b.

[88] Aristoteles erläutert dieses Phänomen im Vorausgehenden analog: „Lieben sei also: einem anderen das wünschen, was man für Güter hält, und zwar um dessent- und nicht um unseretwillen und nach Kräften dafür tätig sein.", Aristot. rhet. 1380b,35–1381a,1, vgl. auch eine ähnliche Definition in Aristot. eth.Nic. 1156a,9f.

[89] Analog wird das auch in einem Abschnitt aus der Nikomachischen Ethik bezeugt, worin der freundschaftliche Affekt ebenfalls als uneingeschränkt uneigennütziges Wünschen definiert wird. Aristot. eth.Nic. 1167a,15–18: „Wer aber den anderen nur deshalb in günstigen äußeren Umständen sehen möchte, weil er sich von ihm Bereicherung erhofft, richtet sein Wohlgefallen offenbar nicht auf den anderen, sondern auf sich selbst – genauso wie jemand auch kein echter Freund ist, wenn er dem anderen um eines Vorteils willen Aufmerksamkeit erweist."

Ein solches Handeln, das die Zurückstellung der eigenen Interessen zugunsten derer von anderen impliziert, ist aber nur möglich, wenn die Freunde eine gewisse persönliche Reife erworben haben. Insofern setzt Freude eine gewisse psychische Bildung voraus.

Wie der ältere Sohn in der Geschichte werden die Leser provoziert, einen Affektwandel zugunsten einer brüderlichen Freundschaft zu durchdenken. Die Lösung eines kognitiven, emotionalen Copings wird dabei vom Text selbst nicht vorgetragen, sondern den Lesern abverlangt. Wenn sie sich mit den vorgestellten Formen von Bewältigungshandlungen auseinandersetzen, können auch sie in den Lernprozess einbezogen werden.

H. Textpsychologische Interpretation mithilfe des kontextuellen und schemaorientierten Ansatzes

Für welche Handlungsregulation sich der antike wie der moderne Leser schließlich entscheidet, um den Konflikt zu einer Lösung zu bringen, hängt vor allem auch von den eigenen Erfahrungen und damit vom sozialen und kulturellen Hintergrund ab. Denn Affekte bzw. Emotionen und ihre Regulationsformen werden in der zwischenmenschlichen Interaktion konstruiert und über Lernvorgänge weitergegeben.[90] Die Beschäftigung mit ihnen streift damit auch sozial- und kulturpsychologische Arbeitsfelder. Denn im kulturellen Erfahrungsspeicher liegen die Erfahrungen und das Verständnis der Bedeutsamkeit einzelner Affekt- und Emotionsformen, ihrer Wirkungen und Bewältigungshandlungen begründet. Die kontextualistische Emotionsforschung hat erarbeitet, dass es kulturspezifische und soziale Regeln dafür gibt, in welchen Situationen ein Emotionsausdruck angemessen erscheint und aktualisiert werden darf. Dass das personale Selbstkonzept stark variieren kann, hängt ebenfalls mit dem engen Bezug zu den jeweiligen kulturellen Wertvorstellungen zusammen. Denn Selbstkonzepte sind das Produkt langfristiger Kommunikationsprozesse, weil sie eng mit Erwartungen verbunden sind, die durch die Auseinandersetzung mit der sozialen Umwelt entstehen.[91] Diese soziokulturelle Prägung kann sowohl biologische, individuelle als auch ökologische Faktoren überlagern.[92] Es zeigt sich also, dass alle wesentlichen Elemente, die im Gleichnis thematisiert werden, als kulturspezifische Phänomene relativiert werden müssen. Wenn etwas kulturell vermittelt ist, bedeutet das indessen nichts anderes, als dass dazu Lernprozesse erfolgt sein müssen, in denen die entsprechenden Wert-

---

[90] GORDON, Sociology, 562; HOLODYNSKI/FRIEDLMEIER, Entwicklung, 16.
[91] LUDWIG, Prophezeiungen, 80 (Lit!).
[92] RATNER, Analyse, 244.

vorstellungen und Emotionen internalisiert worden sind.[93] Emotionen und die entsprechenden Ausdrucksweisen werden aber nicht nur selbst gelernt (a), sondern sind zugleich selbst Bestandteile komplexer Lernprozesse (b). Deshalb möchte ich im Folgenden prüfen, welche Lernvoraussetzungen für die einzelnen Figuren im Gleichnis gegeben sind, welche Formen des Lernens in der Parabel dargestellt werden, und in welchem Verhältnis sie zu den dargestellten Affekten stehen.

Eine schematheoretische Betrachtung

Im vorangehenden Kapitel über den Diskurs der Freude in Lk 10 ist bereits behandelt worden, dass schon Aristoteles dispositionelle Persönlichkeitsausprägungen voraussetzt.[94] Der Philosoph beschreibt in seiner Rhetorik komplexe Cluster, also ,Verwandtschaftsbeziehungen' von Affekten, die durch ihr gekoppeltes Auftreten in Bezug auf eine Person gekennzeichnet sind.[95] Dabei werden auffällige Parallelen zur personengebundenen Affektdarstellung im Gleichnis deutlich.

Aristoteles unterscheidet zwei grundsätzliche Dispositionen, empathische Typen und solche ohne Empathievermögen. Er differenziert auch verschiedene Formen der Freude, die von der gleichen etymologischen Wurzel (χαρά) gebildet werden, aber den verschiedenen Affektclustern zuzuordnen sind: Bei einem rechtschaffenen Menschen könne aufgrund seines empathischen Vermögens Mitfreude – wie beim Vater des Gleichnisses in Lk 15,11–32 – aber auch Freude über verdientes Unglück (beispielsweise eine angemessene Strafe für ein Vergehen) ausgelöst werden.[96]

---

[93] Einer der renommiertesten Vertreter dieser These, dass auch Verhaltensreaktionen kulturvermittelt sind, ist VYGOTSKY, Works, 168. Er geht davon aus, dass es schon beim Säugling „niedere Reaktionen" im Sinne von einfachen, stereotypen und unwillkürlichen Reaktionen gibt, die jedoch im Laufe des Sozialisierungsprozesses zu „höheren Prozessen" differenziert werden und sich damit zu komplexen, kontrollierbaren, intentionalen und symbolvermittelten Reaktionen führen. Diese These ist von Carl RATNER, Analyse, 245, auch auf den Entwicklungsprozess von Emotionen übertragen worden.

[94] Diese seelischen Verfassungen seien gerade im Hinblick auf Entstehung, Ausmaß und Regulationskompetenz der Affekte entscheidend! Vgl. Aristot. rhet. 1369a.

[95] Als alternatives Schema vgl. BEN-ZE'EV, Aristotle, 101.104.; vgl. auch COOPER, Theory, 250f.

[96] Aristot. rhet. 1386b,29–1387a,3: „Beides nämlich [das Mitleid mit denen, die unverdienterweise Leid erdulden und die Freude über Menschen, die sich verdientermaßen im Unglück befinden, Anm. d. Verf.] ist gerecht und macht dem anständigen Menschen Freude (ποιεῖ χαίρειν) (...). Und all dies resultiert aus der gleichen charakterlichen Disposition (ἦθους) wie auch das Gegenteil aus der entgegengesetzten Veranlagung; denn der Schadenfrohe (ἐπιχαιρέκακος) ist derselbe Mensch wie der Neidische (φθονερός); empfindet jemand nämlich Schmerz (λυπεῖται) über das, was einem anderen zuteil wird

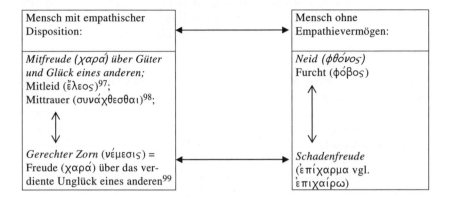

Die beiden Affekte der Freude lassen nach Aristoteles auf das ausgeprägte *Gerechtigkeitsempfinden* einer Person schließen.[100]

Beim anderen Cluster, das dem jüngeren Sohn zugeordnet werden könnte, dominieren die Eigenschaften Neid und Furcht. Dieser Disposition ist nach Aristoteles auch die *Schadenfreude* zuzuordnen. Offensichtlich leiden Menschen unter *Empathiemangel*, die von diesen problematischen Affekten betroffen sind. Innerhalb dieses Affektnetzwerkes korrespondiert der Schmerz des Neides direkt mit der Freude über die entgegengesetzten Sachverhalte.[101] Mit einem entsprechenden Hinweis beendet Aristoteles sein Kapitel über den Neid in der Rhetorik:

„Nun ist aber klar, über wen sich diese Art von [neidischen[102]] Menschen freuen (χαίρουσιν), über welche Sache, und in welcher seelischen Disposition (πῶς ἔχοντες); denn die gleiche seelische Disposition, die Ursache für die Schmerzempfindung ist, ist Ursache für unsere Freude über das Eintreten der entgegengesetzten Sachverhalte."[103]

---

und dieser besitzt, so muss derselbe Freude (χαίρειν) empfinden über den Entzug und die Vernichtung dieser Sache."

[97] Aristot. rhet. 1386b,11–13.

[98] Aristot. rhet. 1386b,11–13.

[99] Aristot. rhet. 1386b,26f.

[100] Aristot. rhet. 1386b,11–13.

[101] Bereits Plat. Phil. 48b hat darauf hingewiesen, dass Schadenfreude aus Sicht des Sokrates mit Neid korreliert, siehe hierzu auch Kapitel 4, 71f.76f.

[102] Ergänzung A. Inselmann.

[103] Aristot. rhet. 1388a,24–27. Welche Bedeutung dem Affekt der Schadenfreude damit zukommt, wird entsprechend am Stellenwert des Neides deutlich, wie er in der antiken Literatur überliefert ist: Der Neid gilt als schlimmster und schmerzvollster unter den Affekten, die mit dem Schmerz konnotiert werden. Zum Neid vgl. Aristot. rhet. 1378bf und Aristot. eth.Nic. 1108b,3–5; zu dieser Einschätzung des Neides siehe SIEVEKE, Aris-

Auch in der Nikomachischen Ethik stellt Aristoteles dem Neid die Mitfreude als Opposition entgegen, wenn der Neidische als einer charakterisiert wird, der sich über alle ärgert, die glücklich sind, anstelle sich nur über unverdientes Glück zu empören.[104]

Wie könnte der ältere Bruder des Gleichnisses in das Dispositionsmodell eingeordnet werden? Eine Zuweisung fällt bei genauer Betrachtung schwer. Denn dazu muss seine Rede an den Vater in Lk 15,29f interpretiert werden. Ist sein Zorn ein Indiz für ungerechtfertigten Neid oder für wahrgenommene Ungerechtigkeit, die den Affekt berechtigen würde? Verweist sein Verhalten auf ein ausgeprägtes Gerechtigkeitsempfinden oder auf eine niedere Gesinnung, eine Disposition, die von mangelnder Empathie gekennzeichnet ist? Hier ist wiederum auf das offen konzipierte Ende des Textes zu verweisen. Wenn der ältere Bruder dem empathischen Cluster zugeordnet wird, wäre ein Wechsel innerhalb der darin verorteten Affekte durch den väterlichen Appell und damit ein positiver Ausgang der Story leichter möglich, die Lernprognose wäre entsprechend günstig. Neid würde dagegen als dispositionelle Voraussetzung einen Perspektivenwechsel des älteren Bruders erschweren – den aristotelischen Hintergrund vorausgesetzt. Der Lernprozess beträfe dann nicht nur die situative familiäre Auseinandersetzung. Gefordert wäre eine langfristige Arbeit an der eigenen Disposition, um die Lebenskrise zu überwinden. Wer unter aristotelischer Perspektive das Gleichnis liest und sich in den älteren Bruder hineinversetzt, kann sich provoziert fühlen, sogar die Lernbedingungen der Figuren zu überdenken. Zwar bezieht sich der gebildete Lukasevangelist nicht explizit auf das aristotelische bipolare Modell. Dennoch können ihm die aristotelischen Affektaxiome bekannt gewesen sein – möglicherweise als Teil der zeitgenössisch verallgemeinerten Weltanschauung. Setzt sich das Gleichnis vom Vater und seinen Söhnen durch das offene Ende kritisch mit dem aristotelischen Empathieverständnis auseinander?

In der aristotelischen Rhetorik wird die *Empathiefähigkeit* wie gezeigt mit einem ausgeprägten *Gerechtigkeitssinn* der betroffenen Person begründet. Der Vater, der sich im Gleichnis offensichtlich empathisch gegenüber seinem jüngeren Sohn verhält, benachteiligt aber gleichzeitig seinen älteren Sohn nach konventioneller Norm. Angesichts der Vergehen, durch die sein jüngeres Kind die existentiell bedrohliche Situation maßgeblich selbst verschuldet hat, wäre Empathie nach aristotelischer Auffassung gegenüber dem jüngeren Kind wie gegenüber anderen Straftätern unbegründet:

---

toteles, 246; darin mit Verweis auf das Sprichwort bei Hor. epist. I,2.58: „Neid ist eine Folter, wie sie Siziliens Tyrannen nicht schlimmer ersonnen haben."

[104] Aristot. eth.Nic. 1108b,3–5.

„So wird kein Rechtschaffener (...) Leid empfinden, wenn sie ihre Strafe erhalten, denn man muss sich über die, die solches erdulden, genau so freuen wie über die, denen es verdientermaßen wohl ergeht."[105]

Der ältere Sohn tritt dagegen als strenger Verfechter der Gerechtigkeit auf. Diese Figur wirkt aber zweifelsohne nicht als Sympathieträger der Erzählung. Der Sohn steht vor der Aporie, den Bruch der Familie zu besiegeln, solange seine Affekte und sein Verhalten an der konventionellen Gerechtigkeitsnorm orientiert bleiben. Der Vergleich mit der aristotelischen Affektdispositionslehre zeigt den zeitgenössischen Provokationsgehalt des lukanischen Gleichnisses. In Lk 15,11–32 wird eine alternative Form der *Empathie* durch die Vaterfigur vorgestellt und befürwortet, die selbst angesichts von subjektiver Benachteiligung der eigenen Person als Ideal denkbar ist. Empathisches Vermögen wird nicht länger psychologisch durch eine gerechte Persönlichkeitsstruktur begründet, sondern der Gerechtigkeitswahrnehmung prinzipiell übergeordnet. Durch die väterliche Argumentation wird das Verständnis der ‚*Gerechtigkeit*' transzendiert. Der Vater geht nicht auf die vordergründig materialistische Argumentation ein, mit der sein älterer Sohn darauf hinzuweisen versucht, dass er einen Mangel an Zuwendung und väterlicher Liebe wahrnimmt. Er verweist stattdessen auf den Todeszustand und die wiedergewonnene Lebendigkeit seines jüngeren Kindes. Gerechtigkeit ist aus Sicht des Vaters nicht an den Maßstäben des älteren Sohnes zu messen, wenn es um die Existenz, das Sein an sich geht. Gerechtigkeit ist der Empathie insofern unterzuordnen. Deshalb kann der Vater seinen älteren Sohn zuerst auf die verbindende Gemeinschaft verweisen („du bist allezeit bei mir"), in der seine väterliche Liebe gegenüber dem Älteren doch gerecht verwirklicht worden ist und in die der Vater auch das jüngere Kind wieder einbeziehen will. Alle anderen Gerechtigkeitsaspekte sind demgegenüber nachrangig („alles was mein ist, das ist dein", Lk 15,31).

Wie gezeigt betrachtet die Schematheorie die Aktualgenese von Emotionen in Abhängigkeit von der entwickelten Disposition einer Person.[106] Dabei wird grundsätzlich zwischen der Aktualgenese einer Emotion und einer ontogenetischen emotionalen Reaktionstendenz unterschieden, bei der eine persönliche Emotionskompetenz vorausgesetzt wird.[107] Ein wesentlicher Faktor, der das situative Auftreten einer Emotion beeinflusst, besteht in der entwickelten persönlichen Disposition, der ein langfristiger unbewusster

---

[105] Aristot. rhet. 1386b,26f über Vatermörder und Mordsüchtige.

[106] Die folgende emotionspsychologische Hypothese steht in Abgrenzung zu entwicklungspsychologischen Temperamenttheorien, die zumeist die biologischen Grundlagen des Temperaments betonen, siehe auch Kapitel 10, 209, Fußnote 26.

[107] ULICH/KIENBAUM/VOLLAND, Schemata, 53.

Verarbeitungsprozess zugrunde liegt.[108] Denn die Gedächtnisforschung hat erarbeitet, dass automatisierte, rasche Reaktionen hervorgerufen werden können, wenn die eingehenden Informationen mit verarbeiteten Erfahrungen verbunden werden.[109] Auf diese Weise könne auf bestimmte Klassen von Ereignissen relativ konsistent mit bestimmten qualitativen Gefühlszuständen reagiert werden, solange der jeweilige Auslöser mit den bereits aufgebauten Schemata und Ereignisrepräsentationen verbunden werden kann:[110] Dispositionelle Schemata helfen demnach als Erfahrungswerte dabei, Ereignisse vorzustrukturieren, sie zu bewerten und zu ordnen.[111] Sozialisationseinflüsse bestimmen sowohl die Ereigniswahrnehmung als auch die Informationsverarbeitung und beeinflussen das emotionale Ergebnis daher maßgeblich mit. Wie der ältere Sohn reagiert, kann also auch aus schematheoretischer Sicht auf seine Disposition, d.h. sein affektives *unbewusst gesteuertes Routinehandeln* verweisen. Sowohl sein Affektverhalten als auch das Affektempfinden selbst sind durch langwierige, komplexe und unbewusste Prozesse gelernt!

Während Aristoteles in seiner Rhetorik selbst keinen Ausweg aufzeigt, wie aus einem dispositionellen Cluster ausgebrochen werden kann, soll die intensive Beschäftigung mit der Philosophie nach allgemeiner philosophischer Ansicht zu höherer innerer und ethischer Bildung führen.[112] Auch die emotionspsychologische Schemabildung verweist auf die Möglichkeit einer inneren emotionspsychologischen Reifung. Werden nämlich neue, mehrdeutige oder unerwartete Elemente wahrgenommen, findet eine ‚Ent-Automatisierung' der Reaktion statt. Während die automatisierte Emotionsbildung den Normalfall einer Aktualgenese darstellen dürfte, ist die *reflexive Reaktionsbildung* ein notwendiger ‚Sonderfall': Durch ihn werden emotionale Schemata und Informationsstile weiterentwickelt, die als dispositionelle Komponenten bei künftigen aktuellen Emotionsgenesen mit

---

[108] Individuelle Gefühlsregungen in einer gegebenen Situation werden außerdem durch aktuelle Personfaktoren beeinflusst, z.B. durch die Momentanverfassung einer Person, die Merkmale des auslösenden Ereignisses und des situativen Kontextes. Durch die formbestimmte Knappheit des Gleichnisses sind einige Faktoren wie die Momentanverfassung des älteren Bruders nicht zu erschließen und müssen daher textpsychologisch unberücksichtigt bleiben. Der situative Kontext im Gleichnis wird in der späteren lerntheoretischen Analyse berücksichtigt.

[109] Vgl. PERRIG/WIPPRICH/PERRIG-CHIELLO, Informationsverarbeitung, 40–46.

[110] ULICH/KIENBAUM/VOLLAND, Schemata, 53.

[111] HERRMANN, Psychologie, 76ff u.a.; FLAMMER, Entwicklungstheorien, 136; WALDMANN, Schema, 17ff; moderne Schematheorien (frame/script) im Überblick: 6–50.

[112] Vgl. PATZIG, Art. Philosophie, Begriff und Wesen, 354, wonach bei Plat. Phaidr. 278d; symp. 203e die Philosophie als Streben nach Weisheit definiert ist, wobei auch die praktischen Konsequenzen als Ethik der rechten Lebensführung in die philosophische Ausbildung eingeschlossen sind.

weiteren Faktoren zusammenwirken können.[113] Bei dieser *bewussten, intentionalen Reaktionsbildung* wird die Aufmerksamkeit auf das auslösende und zu bewertende Ereignis fokussiert, sodass internalisierte Regeln geprüft und im Anschluss daran auch modifiziert oder substituiert werden können. Das betrifft nicht nur situative emotionale Reaktionen. Auch *Reaktionstendenzen* können infolge einer reflexiven Emotionsbildung nach Ansicht der psychologischen Schemaforschung durch einen Internalisierungsprozess neu gebildet werden.[114] Die Stärke des Zornaffekts, der im Gleichnis verbal und symbolisch vermittelt wird, lässt darauf schließen, dass das Geschehen für den älteren Bruder in der Geschichte von besonders großer Bedeutung ist. Überlegt der Leser eine intensive kognitive Auseinandersetzung mit der Argumentation des Vaters, wäre ein Coping durchaus denkbar – und auch der Leser könnte diese Erzählung nutzen, um die eigenen inneren Verhaltensmuster zu überprüfen und an ihnen zu arbeiten.

Eine lerntheoretische Betrachtung

Emotionen müssen nicht nur selbst erst erlernt werden, sie sind darüber hinaus auch Bestandteile von weiteren komplexen Lernprozessen. Allen Typen der Verstärkung und Bestrafung ist gemeinsam, dass sie bei regelmäßiger und widerspruchsfreier Anwendung *Kontingenzerwartungen* auslösen. Entsprechende Spuren einer solchen konditionierten Erwartungshaltung zeigen sich in der Parabel. Beide Söhne sind so erzogen, dass sie mit einer Bestrafung des Jüngeren nach dessen schmählicher Rückkehr rechnen. Beide erwarten vom Vater den Entzug eines positiven Verstärkers: Der jüngere Sohn fürchtet, die Rolle des Sohnes zu verlieren und nur noch als Knecht aufgenommen werden zu können. Eine entsprechende Erwartungshaltung des Älteren spiegelt sich in seiner Enttäuschung über das von dieser Erwartung abweichende Verhalten des Vaters. Durch den kulturellen und religiösen Kontext wird die Erwartungshaltung der Brüder verständlich: Strenge gilt in alttestamentlicher Weisheit als erfolgversprechende Erziehungsmethode. Auch aversive Reize, also körperliche Züchtigung als Bestrafung, werden als notwendig gerechtfertigt, um die Kinder auf den rechten Weg zu bringen.[115] Entsprechend sollte auch ein gottferner und unreiner Lebenswandel nach alttestamentlicher Vorstellung beide Formen der Bestrafung nach sich ziehen. Traditionell ist die Freude des Vaters im-

---

[113] Die bei FRIJDA, Emotions, 71, klassisch als Handlungsbereitschaft definierte ‚action readiness‘ wird in der Schemaforschung wie bei ULICH/KIENBAUM/VOLLAND, Schemata, 55f, dagegen als Verfügbarkeit und Aktualisierbarkeit derjenigen dispositionellen Komponenten verstanden, die zum Erleben einer bestimmten Emotion erforderlich sind. Siehe auch Kapitel 3, 49f.

[114] ULICH/KIENBAUM/VOLLAND, Schemata, 55f.

[115] Vgl. Spr 15,10; 19,18; 22,15; 29,15; 29,17 u.a.

mer mit dem verständigen, einsichtigen Nachwuchs verbunden, nicht dagegen mit dem lasterhaften Kind![116] Der Vater als richtende Instanz durchbricht diese Erwartung seiner Söhne. Im Gegenteil: Er richtet ein Fest aus
und bedenkt den sündhaften Sohn mit Statussymbolen – also mit materiell
und sozial konditionierten Verstärkern[117]. Auch negative Verstärkung erfolgt, wenn der Hungernde gesättigt und seine Not gelindert wird!

Verstärkungs- und Bestrafungstypen in Lk 15,11–32:[118]

positive Verstärkung	erwünschtes Verhalten → angenehmer Reiz	Vater belohnt das Verhalten des jüngeren Sohnes durch: – pos. Verst. mit sozial-materiell konditionierten Verstärkern – neg. Verst: Hunger wird gesättigt, Not wird gelin-dert
negative Verstärkung	erwünschtes Verhalten → Entzug eines unange-nehmen Reizes	
positive Bestrafung	unerwünschtes Verhalten → unangenehmer Reiz	Söhne erwarten die Bestra-fung des jüngeren Sohnes, z.B. durch Entzug der Sohn-schaft
negative Bestrafung	erwünschtes Verhalten → Enzug eines angeneh-men Reizes	

Interessant ist bei genauerer Betrachtung, was die Auseinandersetzung
zwischen dem älteren Sohn und dem Vater aufzeigt: Es handelt sich hier
um ein *Missverständnis*, denn beide ordnen die positiven Verstärker einem
unterschiedlichen Verhalten des jüngeren Sohnes zu! Das erklärt, weshalb
unterschiedliche Affekte ausgelöst werden: Der ältere Sohn empfindet die
Verstärker als unangemessen, weil er mit ihnen das *liederliche Verhalten*
des jüngeren Bruders belohnt sieht. Deshalb kulminiert seine Argumentation im Vorwurf, der andere habe den Besitz des Vaters mit Huren verprasst,
doch der Vater lasse ihm ein Kalb schlachten (Lk 15,30). Weil dieses Kon-
ditionierungsverhalten des Vaters seinen bisherigen Erfahrungen zuwider-
läuft, reagiert er mit Zorn. Das Detail, auf welche Weise das Erbe vergeu-
det wurde, ist für den Leser eine neue Information, die im ersten Erzählab-
schnitt über das Schicksal des jüngeren Sohnes fehlt.[119]

---

[116] Spr 10,1: „Ein verständiger Sohn macht seinen Eltern Freude, aber ein uneinsichtiger kann sie zur Verzweiflung bringen.", vgl. auch Spr 17,21.25; 10,28; 29,3; 23,15.

[117] Dazu zählen das beste Gewand, der Ring, die Sandalen, das gemästete Kalb und
das Fest.

[118] Die Terminologie der Konditionierungstypen richtet sich nach ATKINSON/ATKIN-
SON/SMITH u.a, Einführung, 242.

[119] Vgl. Anm. 17: Im Text wird mehrfach dadurch Spannung erzeugt, dass wesentliche Informationen unterschiedlich bzw. intransparent verteilt sind. Hatte der Leser durch

Mit dem Hinweis auf den lasterhaften Lebenswandel werden das Interesse und die Aufmerksamkeit der Leser noch einmal auf das schuldhafte Vergehen des jüngeren Sohnes gelenkt, sodass Entsetzen und Zorn des älteren Bruders noch besser nachvollziehbar werden. Dem Vater steht es jedoch fern, mit seinem Handeln das lasterhafte Verhalten des jüngeren Sohnes zu verstärken, denn im Gegensatz zum älteren Sohn geht er in seiner Argumentation darauf überhaupt nicht ein (Lk 15,31–32). Seine Antwort zeigt vielmehr, dass es ihm auf das *Rückkehrverhalten* des jüngeren Sohnes ankommt, das er durch seine Belohnungen zu verstärken versucht.

Hinzu kommt: Während sich der ältere Sohn mit seinem Bruder im Blick auf die *Vergangenheit* vergleicht, betrachtet der Vater das Ergehen beider Söhne eher im Hinblick auf *Gegenwart* und *Zukunft*. Hier liegt der große Unterschied zwischen dem Vater und seinen Söhnen, die in dieser Hinsicht gleich erzogen sind: Die Kinder leben mit der klaren Erwartungshaltung, dass ihr Verhalten mithilfe von Strafe und entsprechendem Lohn reglementiert wird. Diese Erwartungshaltung ist kulturell und sozial vermittelt, an sie ist außerdem das Selbstkonzept der Figuren gekoppelt. Der Vater bricht überraschend mit diesem Muster.

Außerdem ändert er die Lernform. Indem er auf die Mitfreude verweist, bringt er einen neuen Lerntyp ins Spiel, der in der sozial-kognitiven Lerntheorie als *Modelllernen* bezeichnet wird.[120] Es liegt vor, wenn die Kenntnis eines Modells genutzt wird, um das eigene Verhalten zu gestalten. Der Vater präsentiert sich mit seiner Freude als Vorbild und verzichtet darauf, den älteren Sohn für sein Benehmen zu bestrafen. Denn das Lernen durch operantes Konditionieren ist an seine Grenze geraten, wenn der Verstärker nicht mehr eindeutig einem auslösenden Verhalten zugeordnet werden kann, wie es in dieser Parabel der Fall ist.

---

den Bericht des auktorialen Erzählers zunächst einen Wissensvorsprung gegenüber dem älteren Sohn, der von den Knechten nichts Genaueres über die Umstände der Rückkehr und die Intentionen seines Bruders erfahren hat, so beweist der Vorwurf des älteren Sohnes eine Detailkenntnis, die über die verallgemeinernde Beschreibung, die der Leser durch den Erzähler vom Vorleben des jüngeren Sohnes erhalten hat, hinausweist.

[120] Auch ‚Lernen durch Beobachtung‘, ‚Imitationslernen‘ oder ‚Lernen durch Nachahmung‘. Eine Zusammenfassung dieses lerntheoretischen Ansatzes bieten ZIMBARDO, Psychologie, 295; BANDURA, Lernthorie. Besonders interessant ist BANDURA, Aggression, 85–108; 297ff; 285f; für die vorliegende Analyse: Einige Formen von Aggressionen resultierten demnach paradoxerweise aus einem Mangel an Selbstsicherheit (ebd., 285). In einem solchen Fall sei es zielfördernd, Vertrauen und neue Kompetenzen zu fördern, anstelle die Schwächen des Aggressors bloßzulegen. Das Verhalten des Vaters im antiken Text deckt sich insofern mit dem von Bandura festgestellten modernen Ideal.

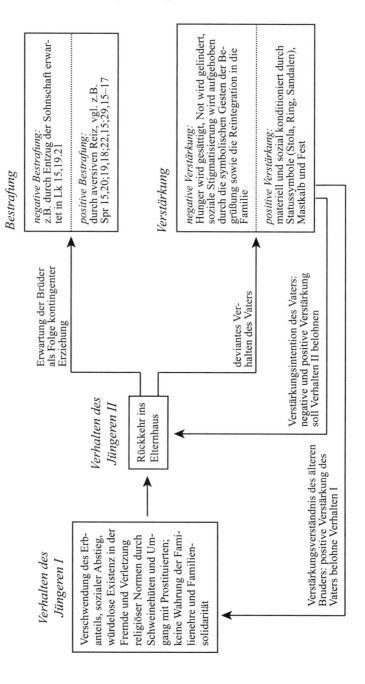

Nicht nur auf der Ebene der Erzählung wird das Lernen durch Beobachtung vermittelt. Die Parabel bietet ihrem Leserkreis selbst die Möglichkeit, durch die Auseinandersetzung mit der Lektüre neue Wege für den Umgang mit Emotionen und Verhaltensweisen zu lernen. Dafür ist allerdings einige Abstraktionskompetenz nötig. Die Rahmung in Lk 15,1f verweist darauf, dass die als Rede Jesu vorgestellte Binnenerzählung vom Vater und seinen beiden Söhnen an Zöllner, Sünder, Pharisäer und Schriftgelehrte gerichtet ist. Innerhalb der Geschichte wird also bereits von den Adressaten die Übertragungsleistung verlangt, die Aussagen des Textes zu applizieren. Auf einer anderen erzählerischen Ebene richtet sich die Parabel an den Leserkreis des Lukasevangeliums, den sie einlädt, sich mit der Parabel und den darin vorgestellten Konfliktlösungsmechanismen auseinanderzusetzen. Die vorgestellte Affektregulation soll abstrakt modelliert werden, sodass die Regeln und Prinzipien des Umgangs mit Affekten auch auf neue Anwendungszusammenhänge übertragen werden können.[121]

Unterstützt wird dieser Lernvorgang dadurch, dass der Leser behutsam mit den neuen Strukturen konfrontiert wird, wie sie die psychologische Exegese aufzeigen kann. Das gelingt durch das Mittel der *Verschränkung*, das Eta Linnemann in vielen neutestamentlichen Parabeln nachgewiesen hat.[122] Der Leser kann sich und seine Vorbehalte im Text wiederfinden, wenn er sich beispielsweise mit der Rolle des älteren Sohnes identifiziert. Zwar wird der Konflikt in seiner Tiefe deutlich, aber durch die wertende Zurückhaltung des Erzählers werden die Positionen der handelnden Figuren nie ad absurdum geführt. Indem der ältere Sohn seinen Standpunkt vorstellen und vertreten kann, ergibt sich für den Leser die Möglichkeit, sich in seine Argumentation einzudenken. Dadurch entsteht die Offenheit der Parabel, aus der heraus die verschiedenen Auswege aus dem Konflikt vorstellbar werden. Gleichzeitig ist die Parabel aber nicht ziellos. Bei einer Identifikation mit der Rolle des *älteren Sohnes* muss der Leser die Möglichkeiten des Affektwandels, also des emotionalen Copings, und des Modelllernens in Betracht ziehen, um sich eine erfolgreiche Bewältigung der Krise vorzustellen.[123]

Wenn sich der Leser mit der Rolle des *jüngeren Sohnes* identifizieren kann, wird ihm vorgeführt, dass Umkehr belohnt, also positiv verstärkt

---

[121] Eine abstrakte Modellierung setzt voraus, dass wesentliche Merkmale der sozialen Situation erkannt werden und die Gemeinsamkeiten in Form einer Regel abstrahiert werden können, sodass die Regel in neuen situativen Feldern vorausgesetzt werden kann, vgl. SCHERMER, Lernen, 86.

[122] LINNEMANN, Gleichnisse, 35.

[123] Vor allem der Vater und der ältere Sohn gelten als Identifikationsangebote, mit deren Hilfe der Leser das eigene Handeln überdenken und gegebenenfalls neu auszurichten lernen soll, vgl. EBNER/HEININGER, Exegese, 111.

wird. Zur Umkehr wird also gerade nicht mit einer drohenden Bestrafung motiviert, weil diese konditionierte Kontingenzerwartung in der Parabel durch das Verhalten des Vaters durchbrochen wird.

Eine Identifikation mit der *Vaterrolle* kann zu einem Verständnis dafür führen, weshalb ein nicht kontingentes Verhalten zu Konflikten führen kann und wie es möglich ist, diese durch Verständnis und Verständigung zu lösen. Somit fordert die Parabel eine kritische Auseinandersetzung mit den bislang praktizierten Bewältigungsmustern und Lernmodellen. Gleichzeitig bietet sie ein alternatives psychologisches Handlungsmodell an und fördert eine gruppenstabilisierende, empathische Emotion: Die *uneigennützige Mitfreude* über das gerettete Schicksal des anderen, verbunden mit dem Zuspruch der eigenen Sicherheit. Als Teil eines religiösen, sprachlich kodierten Bedeutungssystems des Christentums trägt die Parabel dazu bei, Affektformen, Funktionen und Bewältigungshandlungen zu vermitteln. Sie kann zur bewussten Affekt- und Emotionsregulation anleiten. Dass die affektiven und ethischen Normen mit der Autorität des Lukasevangelisten vorgetragen werden,[124] kann die Erziehungsfunktion der Parabel unterstützen. Diese Erziehung gelingt, wenn der Leser die Parabel nicht nur versteht, sondern auch Schlussfolgerungen für sein eigenes emotionales Handeln zieht.

I. Im Vergleich: Die textpsychologische Exegese und die tiefenpsychologische Auslegung M.A. Tolberts

Am Anfang des Kapitels ist die tiefenpsychologisch orientierte Auslegung Mary Ann Tolberts skizziert worden, die bereits 1977, in der Phase des „second approach to psychological exegesis",[125] veröffentlicht worden ist. Ergänzend zu Tolberts Modell kann wiederum auf das aristotelische Seelenverständnis verwiesen werden. Im Gegensatz zur stoischen Vorstellung gehen die aristotelischen Anhänger von einem inneren Kampf unterschiedlicher Kräfte aus. Von der übergeordneten, bewussten und rationalen Schaltzentrale des Hegemonikons können sie gesteuert und kontrolliert bzw. gemäßigt werden. Ihre faszinierende Übertragung des Freudschen Modells führt jedoch an einigen Stellen zu Interpretationen, die denen der vorliegenden textpsychologischen Betrachtung entgegenstehen: Tolbert verweist beispielsweise darauf, dass am Ende des Gleichnisses durch das

---

[124] Vgl. den Anspruch des Evangelisten im Prolog des Lukasevangeliums Lk 1,1–4.

[125] LEINER, Exegese, 63–71. Die Exegese mithilfe der psychoanalytischen Methode befand sich noch in einem Experimentierstadium. Tolberts Anspruch ist entsprechend darauf gerichtet, „one possible interpretation", eine mögliche Interpretation des Gleichnisses zu bieten, TOLBERT, Son, 3.

Versöhnungsangebot des Vaters eine ganzheitliche Harmonie als Moment der Gnade gegeben sei.[126] Dagegen hat die obere Analyse ergeben, dass das Gleichnis im äußersten Moment der Krise abbricht, sodass es dem impliziten Leser überlassen bleibt, nach deeskalierenden Lösungsansätzen zu suchen. Eine Verständigung zwischen Vater und älterem Sohn lässt das Gleichnis offen – ebenso ist auch eine Versöhnung der Brüder nicht textimmanent nachzuweisen, auch wenn dem Vater das letzte Wort gehört, mit dem das Gleichnis schließt.[127] Gerade durch das offene Ende erhält das Gleichnis sein provozierendes Potential! Während die Vaterfigur bei Tolbert für das freudsche ‚Ego' steht, die als vereinigende Kraft versuche, die Ganzheitlichkeit wieder herzustellen,[128] kann der Vater aus textpsychologischer Sicht nicht ohne Weiteres als ein „unifying center of the parable"[129] betrachtet werden – denn letztlich provoziert sein außerordentliches erwartungsinkontingentes Verhalten, das im Zusammenhang mit dem Erlebnis der Freude steht, die familiäre Krise, was durch das Verstärkungsmissverständnis weiter verschärft wird.

Aus exegetischer Sicht ist Tolbert der Vorwurf einer anachronistischen Überfremdung des antiken Gleichnisses zu machen. Ihre Arbeit ist keine Exegese, denn es geht ihr nicht primär darum, den Text in seinem antiken Zusammenhang zu erhellen. Sie stützt sich nicht auf Seelentheorien, die als kulturelles Wissen der Antike im Gleichnis vorausgesetzt werden können und eine Verknüpfung zu Freuds Paradigma ermöglichen. Vor allem aber geht sie nicht vorrangig vom antiken Text aus, d.h. sie argumentiert nicht ausgehend von den sozialen Netzwerken und der Affektdarstellung, die auf der Textebene beschrieben wird. Mary Ann Tolberts Auslegung ist eine Applikation und deshalb hermeneutisch von der Textpsychologie zu unterscheiden: Ihre Arbeit wirft ein Licht auf das zeitgenössische psychologische Selbstkonzept von Christen, die psychologische Paradigmen anwenden, um etwas über sich selbst zu erfahren. Sie ist nicht text- sondern rezipientenorientiert. Deshalb wird man ihr nicht gerecht, wenn man sie lediglich vom exegetischen Standpunkt aus beurteilt.[130] Tolberts Aufsatz ist

---

[126] Ebd., 16: „The harmony at the end of the parable is indeed a moment of grace, a moment when acceptance for an instant holds the field."

[127] Erst recht ist eine Identifikation des Vaters mit seinem älteren Sohn in Lk 15,31 problematisch, wie es Ebd., 11, beschreibt.

[128] Ebd., 17.

[129] Ebd., 18.

[130] LEINER, Psychologie, 66, weist darauf hin, dass die psychologische Exegese in den USA, wo Tolbert unterrichtete, nicht so rigoros abgelehnt wurde wie im durch die dialektische Theologie geprägten Deutschland. Veröffentlichungen der zeitgenössisch in Deutschland unterrichtenden katholischen Religionspädagogin KASSEL, Urbilder, 37, fordern eine Ergänzung der historisch-kritischen Methode beispielsweise durch psychologische Zugänge, um die Fremdheit zu überwinden, die eine historisierende Betrachtung

vielmehr denjenigen Programmen zuzuordnen, „die im christlichen Lebensvollzug und nicht in der exegetischen Wissenschaft ihren Ort haben."[131]

Die textpsychologische Exegese versucht dagegen zwei anderen Ansprüchen gerecht zu werden: (a) Auf historisch-kritischer Grundlage soll sie eine fachwissenschaftliche Klärung psychologischer Termini ermöglichen. Dadurch sollen exegetische Beobachtungen an antiken Texten präziser beschrieben und ausgewertet werden können. (b) Darüber hinaus kann sie Impulse für die Exegese geben, die auch zu einem Erkenntnisgewinn führen kann, wie es am vorliegenden Beispiel anhand des Verstärkungsmissverständnisses zwischen dem Vater und seinem älteren Sohn demonstriert worden ist. Das Hinzuziehen moderner psychologischer Modelle hat in diesem Zusammenhang verdeutlicht, wie komplex und dynamisch die neutestamentliche Parabel vom Vater und seinen beiden Söhnen konzipiert ist. Gleichzeitig ist erkennbar, dass im vorliegenden Fall das antike Verständnis über die komplexen Prozesse, die mit den Affekten verbunden sind, in den wesentlichen Punkten nicht von den herangezogenen, zeitgenössischen Emotionstheorien der wissenschaftlichen Psychologie abweicht. Das kann zuversichtlich stimmen: Entgegen aller Skepsis und dem Wissen vom großen kulturellen und zeitlichen Abstand bieten uns die überlieferten antiken Zeugnisse mithilfe der Überlegungen der modernen Psychologie doch einen Zugang zum Erleben, zum Verhalten und zu den Affekten, wie es die ersten Christen durch die biblischen Texte erfahren haben.

---

der biblischen Zeugnisse erzeugt, die allerdings als Kerygma verstanden werden wollten. Vgl. die Darstellung und forschungsgeschichtliche Würdigung Kassels bei LEINER, Psychologie, 67–70, hier: 68.

[131] Ebd., 71; TOLBERT, Son, 3: „To the degree that modern existence is psychological existance, psychology has shown itself to be a valuable tool in modern literary criticism."

Kapitel 12

Freude in Lukas 15: Drei Gleichnisse von der Freude

Drei Gleichnisse bilden in der Mitte des Lukasevangeliums einen literarischen und theologischen Höhepunkt. In ihnen wird wie nirgends sonst die Freude akzentuiert. Ihr Bekanntheitsgrad ist außerordentlich, ihre wirkungsgeschichtlichen Spuren entsprechend tief. Das ist umso bemerkenswerter, da ein Großteil dieser Überlieferung nur im lukanischen Werk tradiert worden ist. Die Rede ist vom Gleichnis über einen Hirten und sein verlorenes und wiedergefundenes Schaf, vom Gleichnis über eine Frau, die ein Geldstück sucht und glücklich wiederfindet sowie die im vorangehenden Kapitel untersuchte Erzählung von einem Vater, der mit seinen beiden Söhnen Konflikte durchleben und lösen lernen muss.

A. Die synchrone Zusammengehörigkeit der Gleichnisse in Lk 15

Diese drei Texte bilden im Lukasevangelium zweifelsfrei einen redaktionellen Schwerpunkt. Kontextuell sind die Gleichnisse aus Lk 15 zwar in weitere Gleichniserzählungen eingebettet,[1] aber es spricht vieles dafür, sie als zusammengehörige kompositorische Einheit zu verstehen:[2]

---

[1] Den Gleichnissen in Lk 15 geht die Frage nach der Rangordnung und Auswahl der Gäste bei einem Fest (Lk 15,7–14) sowie die Parabel vom großen Gastmahl voraus. Letztere problematisiert die ablehnende Haltung der ursprünglich geladenen Gäste, was zur Einladung der gesellschaftlich Ausgestoßenen führt. Beide Texte bereiten damit den auch in Lk 15 mehrfach vorkommenden Aspekt der gemeinschaftlichen Feier (Lk 15,6.9.23.25 u.a.) vor. Auch in der Rahmenerzählung wird das deutlich: Wie die vorangehenden Gleichnisse richtet sich Lk 15 an die Hörergruppe der Pharisäer und Schriftgelehrten (Lk 14,3/Lk 15,2), jedoch sind in Lk 15 ausdrücklich auch Zöllner und Sünder anwesend. Es sind daher verschiedene soziale Gruppen repräsentiert, deren Stellung und Verhalten in den Gleichnisse thematisiert wird, die auch die Rahmenhandlung prägen und für den Leser unterschiedliche Identifikationsangebote bereitstellen. Auch die vorangehenden Gleichnisse wecken durch gezielte Provokation die Aufmerksamkeit des Lesers und steigern so den erzählerischen Spannungsbogen bis zu Lk 15. Denn die Auseinandersetzung mit den Pharisäern und Schriftgelehrten wird durch eine Paränese in Lk 14 mit radikalen Forderungen im Kontext der Nachfolge (Lk 14,26f.33–35) unterbrochen. Nach den Unheilsdrohungen mit dem Bild vom faden Salz, das verworfen wird, richten sich die

(1) Sie sind als Elemente eines *Streitgesprächs* zusammengestellt worden,[3] das Jesus mit Pharisäern und Schriftgelehrten führt. Im Auditorium befinden sich zugleich Zöllner und Sünder, sodass sich die Gleichnisse bereits textimmanent an eine heterogene Adressatengruppe richten, in der sich beide Parteien durch ihr Verhalten und ihren Status als entgegengesetzte Extreme diametral gegenüberstehen. Während die Pharisäer und Schriftgelehrten in der Öffentlichkeit durch ihre religiöse Bildung und ihr öffentliches Verhalten wie ihre Gesetzestreue angesehen sind und innerhalb der Rahmenhandlung von Lk 15 selbst reden und kritisieren, gelten Zöllner und Sünder als sozial und religiös stigmatisiert, hören Jesus nach Lk 15,1 aber zu. Die religiöse Elite begründet die Statusunterschiede zwischen den Hörerkreisen durch das religiöse Gesetz. Dieses Wissen setzt die lukanische Redaktion bei ihren Lesern voraus. Auch der Konflikt zwischen Jesus und der religiösen Elite ist in den vorangehenden Kapiteln mehrfach vorbereitet worden.[4] Wie ein roter Faden zieht sich die Spannung zwischen diesen beiden sozialen Gruppen, den jeweiligen Selbstansprüchen ihrer Vertreter und ihrer davon unabhängigen Identität vor Gott durch das Lukasevangelium.[5] Dieser Konflikt bildet die Ausgangsbasis der folgenden Gleichnisse und kommt im Vorwurf der Pharisäer und Schriftgelehrten in Lk 15,3 zum Ausdruck: Sie kritisieren Jesu Gemeinschaft mit den gesellschaftlich Geächteten.[6] Die Pharisäer und Schriftgelehrten werden hier

---

Gleichnisse in Lk 15 also zugleich an Leser, die sich fragen müssen, inwiefern sie mit diesem Salz vergleichbar sind. Diesem Unheilsszenario wird ein alternatives Bild entgegengestellt: Die Freude über das Verlorene erweist den Vater im Himmel als einen, bei dem Umkehr möglich ist. Die an Lk 15 anschließenden Gleichnisse greifen zwar vertiefend auf einzelne Aspekte der Argumentation zurück, sind aber durch das Fehlen der Kohärenzsignale aus Lk 15 als neue thematische Einheit anzusehen und wenden sich durch die szenische Anweisung in Lk 16,1 außerdem nur an Jünger und damit an eine andere Hörerschaft als die vorangehenden Gleichnisse.

[2] Vgl. außerdem Kapitel 13; dort wird gezeigt, dass es einen übergreifenden Zusammenhang der drei Gleichnisse zur Erzählung um den Zöllner Zachäus gibt.

[3] WOLTER, Streitgespräch, 25 (Lit!).

[4] Beispielsweise in Lk 5,27–33. Nach LANDMESSER, Rückkehr, 241, nennt dies den „Grundkonflikt (...), der nach dem Konzept der synoptischen Evangelien für das öffentliche Auftreten Jesu bestimmend war".

[5] Dieser Konflikt spitzt sich auch im Folgenden weiter zu, vgl. Lk 16,15/18,9–14 und Lk 19,1–10.

[6] Der Vorwurf, Jesus nehme die Außenseiter an, ist durch das Verb δέχομαι wie im Deutschen doppeldeutig und zudem ein lukanischer Vorzugsbegriff: Dahinter steht die konkrete Vorstellung der gastfreundlichen Aufnahme, aber der Begriff impliziert auch das Akzeptieren der anderen Person, vgl. PETZKE, Art. δέχομαι, 702; GRUNDMANN/ BERTRAM, Art. δέχομαι κτλ., 49–59.

nicht explizit charakterisiert (mittels ‚telling‘[7]), sondern sie definieren sich selbst durch ihr Verhalten (‚showing‘): Sie empören sich, stehen außerhalb der Gemeinschaft um Jesus und kritisieren diese. Interessanterweise wird das Verhalten der Zöllner und Sünder dazu oppositionell, aber ebenfalls mittels ‚showing‘ dargestellt, sodass eine szenische Konfliktsituation die Rahmenhandlung der Gleichnisse bildet: Im Gegensatz zur frommen und gebildeten Szene nähern sich die religiös und sozial isolierten Menschen Jesus an.[8] Dieser Aspekt wird besonders durch das Adjektiv πάντες verschärft, denn dadurch wird „allen" Zöllnern und Sündern ein Interesse und Bedürfnis an der Gemeinschaft mit Jesus bescheinigt.[9] Die folgende Gleichnisrede soll also innerhalb eines explosiven Streitgesprächs das respektvolle und aufwertende Verhalten Jesu gegenüber den sozial Deklassierten, die ihn hören und ihm nahe sein wollen, rechtfertigen. Diese Diskussion bestimmt das Thema des Kontextes, durch den die drei Gleichnisse vom Verlorenen gerahmt und interpretiert werden müssen.[10]

(2) Abgesehen von dieser erzählerischen Rahmung und den beiden vergleichbaren Anwendungen in Lk 15,7.10 sind die drei Gleichnisse in Lk 15 auch durch viele *strukturelle* und *inhaltliche* Bezüge miteinander verbunden. Die ersten beiden Gleichnisse ergänzen sich durch die Mann/Frau-Komplementarität, die parallel strukturierten Anwendungen in Lk 15,7.10 und sie sind außerdem beide formal den τίς-ἐξ- ὑμῶν-Gleichnissen zuzuordnen, weshalb sie häufig auch als Doppelgleichnis behandelt werden.[11] Inhaltlich ist es nicht nur das Wortfeld der Freude (χαρά)[12], das diese Texte miteinander verbindet. Auch wiederkehrende Basisoppositionen[13] und

---

[7] Die Begriffe ‚telling‘ und ‚showing‘ gehen auf Beobachtungen Percy Lubbocks zurück. Lubbock beschreibt durch diese Kategorien insbesondere auch die dramatische Vermittlung von Emotionen, LUBBOCK, Craft, Kap. X–XI, 142ff u.a.

[8] LANDMESSER, Rückkehr, 242f, erkennt in dieser syntaktischen Konstruktion von Lk 15,1f einen antithetischen Parallelismus, der das entgegengesetzte Verhalten der beiden oppositionellen Gruppen ausdrückt.

[9] Die revidierte Lutherbibel-Übersetzung in der Fassung von 1984 mildert die lukanische Beschreibung dieser Außenseitergruppe ab, indem sie πάντες nicht als „alle Zöllner und Sünder", sondern als „allerlei Zöllner und Sünder" überträgt.

[10] WOLTER, Streitgespräch, 33f.

[11] Vgl. JEREMIAS, Gleichnisse, 132. Nach TRILLING, Erbarmen, 117, liegen in Lk 15,1–10 zwei Doppelgleichnisse im Argumentationsstil vor.

[12] Lk 15,5.6.7.9.10.

[13] ERLEMANN, Gleichnisauslegung, 219f; WOLTER, Streitgespräch, 36. Während der Hirte als Hauptfigur des ersten Texts einen Mann repräsentiert, der in der Natur und damit außerhalb des Hauses arbeitet, ist die Protagonistin des zweiten Gleichnisses eine Frau, die sich bei ihren beschriebenen Tätigkeiten im Haus aufhält. Der Mann aktiviert seine Freunde und Nachbarn, die Frau ihre Freundinnen sowie Nachbarinnen.

etliche Kohärenzsignale[14] machen den textimmanenten Zusammenhang von Lk 15 deutlich. Deshalb sollen die drei Gleichnisse im Folgenden zwar zunächst einzeln, daran anschließend aber als eine aufeinander aufbauende Argumentation interpretiert werden, wie es sowohl ihrer thematischen Disposition als auch ihrer redaktionellen Zusammenstellung entspricht.

B. Zur literarkritischen Frage/
Das Gleichnis über das gefundene Schaf

Weil der Großteil dieses Textcorpus lediglich im Lukasevangelium zu finden ist, gibt es ein verständliches Forschungsinteresse an der Frage, ob die lukanische Überlieferung auf eine ältere Quelle Q oder auf die eigenständige Leistung einer lukanischen Redaktion zurückzuführen ist. Da in den vorliegenden Texten vor allem das Thema der Freude verhandelt wird, können entsprechende Konsequenzen der Literarkritik auch maßgeblich das lukanische Konzept der Freude betreffen. Hatte die lukanische Redaktion ausgearbeitetes Material vorliegen, das möglicherweise an historische Jesusworte anknüpft, oder konnten zumindest Anregungen zu dieser Komposition aus solchen Quellen entnommen werden? Oder ist es wahrscheinlicher, dass diese Komposition aus lukanischer Feder stammt, um die adressierten Gemeinden zu motivieren? Thesen hierzu erscheinen schnell spekulativ und interessengeleitet. So wird das sogenannte Gleichnis vom verlorenen Sohn leider häufig ohne Begründung in die Nähe des historischen Jesus gestellt, vermutlich weil es eine wirkungsgeschichtlich sehr erfolgreiche Karriere aufzuweisen hat. Ernstzunehmende Hinweise darüber, wie die Freude in Lukas 15 aufgearbeitet ist, könnten sich aus dem Gleichnis über das verlorene Schaf in Lk 15,3–6 ergeben. Denn nur zu diesem Text gibt es vergleichbare und aufschlussreiche Parallelen der frühchristlichen Überlieferung: Mt 18,12–14, das Thomaslogion 107 und das EvVer.[15] Deshalb soll zunächst geprüft werden, ob und welchen Stellenwert die Freude in diesen Texten hat, und ob sie der Lukasevangelist aus einer gemeinsamen Tradition rezipiert haben könnte.

Es ist bezeichnend, dass die Freude in den meisten Überlieferungen zu diesem Thema im Zentrum der Argumentation steht: in Lk 15,5.6.7.9.10; Mt 18,13 und im EvVer 32,1 (19,3). Wenn auch nicht abschließend zu klären ist, in welchem Abhängigkeitsverhältnis diese Texte zueinander ste-

---

[14] WOLTER, Streitgespräch, 29.

[15] NHC I,3; NHC XI, XII, XIII, 332–342, Text und Übersetzung: TILL, Evangelium, 178. Zählung: 31.35–32.9; LÜDEMANN/JANSSEN, Bibel, 27–41, in der Übersetzung von BERGER/NORD, Testament, 1061, Zählung: 19,1–10.

hen,[16] kann man doch mit einiger Sicherheit davon ausgehen, dass das Motiv[17] der Freude grundsätzlich früh mit dem Gleichnis vom verlorenen und gefundenen Schaf verbunden worden ist. Der intertextuelle Vergleich zeigt, dass die einzelnen Überlieferungen dabei unterschiedliche Akzente der Freude betonen.

Das Gleichnis vom gefundenen Schaf im Vergleich zu Mt 18,12–14

Das Problem ist einfach zu benennen, eine Lösung dagegen schwieriger zu finden: Die beiden vergleichbaren Texte sind sich strukturell einerseits auffallend ähnlich, sodass die Mehrheitsmeinung in der aktuellen Forschung von einer gemeinsamen Quelle des Hirtengleichnisses bei Lukas und Matthäus ausgeht. Allerdings ist die Verarbeitung des gemeinsamen Materials derart profilgerecht in die entsprechenden Kontexte verwoben und entspricht den theologischen Tendenzen der jeweiligen Redaktoren so präzise, dass die Rekonstruktion einer Urfassung kaum noch mit hoher Wahrscheinlichkeit ermittelbar scheint. Für unsere Fragestellung ist besonders interessant, dass in beiden Texten betont wird, wie der Hirte sich

---

[16] Zum intertextuellen Verhältnis der Schriften und zur Wertung der redaktionellen Tätigkeiten gibt es bislang keinen Konsens. Die Diskussion ist vielmehr äußerst differenziert und so umfangreich, dass in diesem Zusammenhang nur exemplarisch auf Referenzen verwiesen werden kann. Das EvVer gilt im Vergleich allgemein als jüngste Schrift, möglicherweise wird sie bereits bei Iren. adv. haer. 16,2 erwähnt. Mt 18,10–12 und Lk 15,3–6 sind jeweils stark redaktionell geprägt, sodass eine Entscheidung über die zugrunde liegende Überlieferung aus Q anhand der Differenzen meines Erachtens und in Anlehnung an TRILLING, Christusverkündigung, 110f; CHAE, Jesus, 240, sowie ECKEY, Lukasevangelium II, 679ff (Lit!), letztlich unsicher bleibt. LUZ, Evangelium, 26, und CHAE, Jesus, 240, erwägen in diesem Zusammenhang sogar mündliche, unabhängige Überlieferungen. DUNCAN/DERRETT, Light, 59; LUZ, Evangelium, 27, und ECKEY, Lukasevangelium, II, 679 (Lit!), überdenken, dass bei Lk der älteste Beleg vorliegen könnte. Im Gegenzug vermutet HEIL, Lukas, 153–156, entgegen der Mehrheitsmeinung mit BULTMANN, Geschichte, 184f, in Matthäus die älteste Textfassung und betrachtet mit LUZ, Evangelium, 24, das Thema der Freude als lukanische Redaktion. CATCHPOLE, Schaf, 89–101, führt das Thema auf Q zurück. Vgl. die differenzierte Diskussion von Tradition und Redaktion bereits bei JEREMIAS, Tradition, 172–189; HOFER, Untersuchungen, 14–40; SCHNIDER, Söhne, 75–77. Nach SCHRAGE, Verhältnis, 144f, ist das EvThom in Abhängigkeit zu Lukas zu werten; ebenso SCHÜRMANN, Thomasevangelium, 236–260; SCHNIDER, Gleichnis, 146 (Lit).

[17] Ein ‚Motiv' wird in diesem Zusammenhang als wiederkehrendes, stereotypes Erzählmoment verstanden, das durch Vergleich und Abstraktion von Texten einer Gattung herausgestellt werden kann, da die ‚Freude' ein typisches Event in der Ereignisfolge der drei Gleichnisse aus Lk 15 darstellt. Da die ‚Freude' aber auch in Lk 19,6 innerhalb einer Erzählung zu finden ist, soll auch die Definition von TOMAŠEVSKIJ, Theorie, 218, berücksichtigt werden, der unter einem ‚Motiv' das Ereignis als kleinste elementare Einheit einer Handlung versteht: „Das Thema eines nicht weiter zerlegbaren Werkteils wird als ‚Motiv' bezeichnet. Eigentlich verfügt jeder Satz über ein eigenes Motiv."

freut, als er das vermisste Schaf wiederfindet. Die Abweichungen der beiden Fassungen sind allerdings gerade angesichts der Kürze der Perikopen umso beachtlicher:

Während sich die Gleichnisversion des Lukasevangeliums wie oben beschrieben an Pharisäer und Zöllner richtet, ist das Gleichnis im Matthäusevangelium in eine Gemeinderede eingefügt (Mt 18,1–35). Es wendet sich also nicht an Jesu Gegner, sondern an seine Jünger.[18] Dieser Unterschied wiegt schwer:[19] Im ekklesiologischen Kontext bei Matthäus wird davor gewarnt, die „Kleinen" zu verachten, sodass die Gemeindeleiter durch das Gleichnis zur Suche nach jedem einzelnen verirrten Gemeindemitglied motiviert werden sollen. In der matthäischen Deutung wird betont, dass keines dieser Kleinen verloren gehen darf, weil ein Verlust nicht dem Willen des Vaters im Himmel entspräche (Mt 18,14).[20] Der Akzent liegt also *nicht* auf der Freude des Hirten, obwohl diese zuvor erwähnt worden ist.[21] Das Motiv der Mitfreude fehlt.

Nicht nur in der Rahmung, auch innerhalb des Textes weisen Signale auf lukanische sowie matthäische Bearbeitungen des Gleichnismaterials hin.[22] Beispielhaft zeigt das der Vergleich der Formulierungen, mit denen das Abhandenkommen des Schafes ausdrückt wird: Während das Schaf nach Lukas „verloren geht" (ἀπόλλυμαι), es also dabei grammatisch ‚pas-

---

[18] JEREMIAS, Gleichnisse, 35f.

[19] Ebd., 37, stellt dieselbe Tendenz auch in Mt 20,1–16 parr. fest. Lukas habe die jeweils ursprünglichere Situation bewahrt. Durch den Wechsel des Auditoriums sei aus einem apologetischen ein paränetisches Gleichnis geworden.

[20] Die meisten Interpretationen gehen davon aus, dass nach Matthäus die Möglichkeit besteht, dass das verirrte Schaf nicht gefunden werden könne, vgl. beispielsweise CATCHPOLE, Schaf, 93; ECKEY, Lukasevangelium II, 180. LINNEMANN, Gleichnisse, 73, begründet damit sogar das höhere Alter der Matthäusfassung des Gleichnisses. Das ist meines Erachtens nicht haltbar. Die bei Mt 18,13 vorliegende Konditionalkonstruktion (καὶ ἐὰν γένηται εὑρεῖν αὐτό (...) ὅτι χαίρει) kann nicht als Realis (= Indefinitus) übersetzt werden, sodass Verwirklichung und Bedingung des Findens offengelassen wären (= „und falls er es findet"). Denn das Verb des Hauptsatzes (χαίρει) steht nicht im Futur, sondern im Indikativ Präsens, sodass der Konditionalsatz hier iterativ übersetzt werden muss und eine unbestimmte Wiederholung ausdrückt (= „und immer wenn er es findet"). Dieser Vers soll also die grundsätzliche Bedrohlichkeit, die vom Bild des Gleichnisses ausgeht, nicht verschärfen. Im Gegenteil: Der folgende Vers (Mt 18,14) drückt aus, dass es gerade *nicht* dem Willen des Vaters entsprechen würde, auch nur ein einziges Schaf zu verlieren. Es geht in der Matthäusfassung also darum, dass sich die Gemeindeglieder *immer wieder* um die einzelnen abtrünnigen Schafe zu bemühen haben.

[21] JEREMIAS, Gleichnisse, 36.

[22] Typisch matthäisch ist die Syntax, beispielsweise die Einleitungsformel in Mt 18,12, die auch in Mt 17,25; 21,28; 22,17.42; 26,66 begegnet, und die in der obigen Anmerkung diskutierte konditionale Satzkonstruktion, aber auch die abschließende Bekräftigungsformel „Amen, ich sage euch", vgl. SCHMITHALS, Evangelium, 164; ECKEY, Lukasevangelium II, 679.

siv' ist, hat es sich nach Matthäus „verirrt" (πλανάομαι), sich also selbst ‚aktiv' verlaufen. Nachweislich zählen beide Verben zum Vorzugsvokabular der jeweiligen Evangelisten.[23] In Ez 35,16, worin der Prophet die Tradition des Davidhirten verarbeitet, liegen beide Begriffe miteinander verbunden vor.[24] Während in der Fassung des Lukasevangeliums der erste Begriff aufgenommen worden ist, hat sich der Verfasser der Matthäusversion für den anderen entschieden. Die Tendenz zur unterschiedlichen Wortverwendung setzt sich fort: Während der Hirte bei Lukas die Schafe *zurücklässt* (καταλείπω), werden diese bei Mt vom Hirten *verlassen* (ἀφίημι).[25]

Nach Lukas bleibt die zurückgelassene Herde in der Wüste zurück (Lk 15,4), nach Matthäus auf den Bergen (Mt 18,12). Beide Begriffe sind intratextuell mit theologischer Semantik verbunden und daher redaktionell erklärbar:[26] Die *Wüste* ist im Lukasevangelium ein Ort der Versuchung (vgl. Lk 4,1–13). Es kann beabsichtigt sein, dass dadurch beim Leser im Gleichnis vom verlorenen und gefundenen Schaf eine Konnotation ausgelöst werden soll: So riskiert der Hirte die Herde, wenn er sie in der Bedrohung und Versuchung zurücklassen muss, um das eine Schaf zu retten. Der *Berg* ist dagegen im Matthäusevangelium mit herausragender theologischer Semantik verbunden, wie es die Wüste bei Lukas ist. Young S. Chae hat darauf hingewiesen, wie einflussreich Ez 34 für den bildspendenden Bereich bei Mt war.[27] Deshalb ist zu berücksichtigen, dass der Berg in Ez 34,14 einen Ort der Sicherheit darstellt, wie er auch in der matthäischen Bergpredigt ein Ort der göttlichen Verkündigung (ohne Konnotationen, die gefahrauslösend wirken) ist. So dürften nach Matthäus die anderen Schafe der Herde wohl in Sicherheit gewähnt werden.[28]

Nicht nur im Detail zeigen sich Unterschiede, das Gleichnis bei Matthäus ist im Vergleich zur lukanischen Fassung insgesamt kürzer. Ob Matthäus gestrichen oder Lukas erweitert hat, ist unter der Voraussetzung einer gemeinsamen Quelle schwerlich zu bestimmen. Von Bedeutung ist aber, dass ausgerechnet die über den Matthäustext hinausweisenden Elemente das Wesen und das Verständnis der Freude bei Lukas betreffen. So schreibt

---

[23] Vgl. LUZ, Evangelium, 36f.38f.

[24] CHAE, Jesus, 240ff. Vgl. auch die Tradition in Jer 31,7ff, wo das Bild von Gott als dem Hirten, der seine Herde sammelt (Jer 31,10), ebenfalls durch imperativische Aufforderung freudigen Jubeln und Jauchzen auslösen soll (Jer 31,7).

[25] ECKEY, Lukasevangelium II, 680, wertet diesen Unterschied in der Wortwahl als „unerheblich". Die Summe der einzelnen Abweichungen stärkt aber die oben vorgestellte These bei LUZ, Evangelium, 26; vgl auch MARSHALL, Gospel, 600, nach der das Gleichnismaterial mündlich statt schriftlich überliefert worden sein könnte.

[26] JEREMIAS, Gleichnisse, 133, vermutet hinter diesen Versionen allerdings unterschiedliche Übersetzungen des aramäischen Ausdrucks für felsiges Bergland (bᵉtura).

[27] CHAE, Jesus, 241.

[28] Vgl. auch die grammatische Begründung in Anm. 19.

nur Lukas, dass sich der Hirte das gefundene Schaf voller Freude auf die Schultern legt. Nur hier steht im Folgenden, wie der Hirte seine Freude mit seiner Umgebung teilt. Und drittens wird die Freude des Hirten lediglich in dieser Fassung explizit mit der Freude im Himmel gleichgesetzt. Dieser Befund wird bestätigt, wenn man die beiden anderen frühchristlichen Auseinandersetzungen mit dieser Thematik vergleichend heranzieht.

Die Freude über das gefundene Schaf im Evangelium Veritatis

Das EvVer ist ein Text mit gnostischer Prägung, wahrscheinlich aus der Mitte des 2. Jahrhunderts.[29] Wie im Lukasevangelium ist auch darin die Freude programmatisch.[30]

Im ersten Abschnitt wird das Selbstverständnis des EvVer unter vier verschiedenen Aspekten präsentiert: (a) Zuerst versteht sich der Text schon in seinem ersten Vers als „eine Freude für die, denen der himmlische Vater die Gnade geschenkt hat".[31] Die Freude ist damit das erste und wichtigste Charakteristikum des Evangeliums und steht im Zusammenhang mit göttlicher Gnade. (b) In der Einführung wird das Evangelium außerdem als das ‚Wort' verstanden und deshalb (c) anschließend als Ort vorgestellt, wo Hoffnung offenbart wird.[32] Dem Affekt ‚Freude' und der damit zusammenhängenden ‚Hoffnung' werden in anschließenden Absätzen die Oppositionen ‚Angst' und ‚Vergessen' entgegengestellt.[33] Das EvVer steht somit in derselben Tradition wie Philo von Alexandrien, für den die Verbindung von Freude und Hoffnung ebenfalls zentral ist.[34] Auch die Erinnerungsfähigkeit im Gegensatz zum Vergessen ist ein wichtiger Topos, der bei Philo mit der Freude verbunden ist, sodass die Wortfeldbildung und Argumentationsweise des EvVers in diesem Zusammenhang mit zeitgenössischen jüdischen Argumentationsmustern vergleichbar sind.[35] (d) Das Hoffnungsmoment des Evangeliums wird wie folgt begründet: „Hier können alle, die suchen, das finden, was sie suchen."[36] Es wird deutlich, dass schon in der Selbstde-

---

[29] BERGER/NORD, Testament, 1050.

[30] Vgl. EvVer 1,1 [16]; 6,6 [18]; 12,3 [23]; 14,3 [25]; 23,14 [38].

[31] EvVer 1,1 [16], Zählung Berger/Nord, ebd., 1052. Derselbe begriffliche Zusammenhang ergibt sich 21,13f [36]: „So soll der, der Mangel leidet, Gnade empfangen. Denn als er unter Mangel litt, erfreute er sich nicht der Gnade."

[32] EvVer 1,7 [17], Zählung Berger/Nord, ebd., 1052.

[33] EvVer 3,2 [17] Zählung Berger/Nord, ebd., 1052: „Denn das war alles nichts: die Angst, das Vergessen und das Gebilde aus Lüge und schönem Schein. (...) Verachtet daher den Irrtum! (...) Seine Werke sind Vergessenheit und Schrecken (...)" In EvVer 1,4 [18] folgt anschließend ein Absatz über Entstehung und Erklärung eines solchen Vergessens.

[34] Siehe hierzu auch Kapitel 6, 118, sowie die Kapitel 4 und 5.

[35] Vgl. hierzu Kapitel 6, 119, zur Freude im Werk Philos von Alexandrien.

[36] EvVer 1,7 [17], Zählung Berger/Nord, ebd., 1052.

finition dieser Schrift, die jüdische Traditionen aufgreift, wesentliche Stichwörter begegnen, von denen das Gleichnis vom Hirten und seinen Schafen geprägt ist.[37] Gerade die gewählte Thematik des Suchens und Findens, die hier vorbereitet ist, wird im Folgenden auch im Zusammenhang mit der Freude variiert.[38] Das in Lukas 15 vorliegende Motiv der ‚Umkehr‘ oder ‚Rückkehr‘ wird im EvVer ebenfalls mehrfach theologisch ausgearbeitet.[39]

Es verwundert vor diesem Hintergrund nicht, dass die Gleichnistradition vom Hirten, seinem verlorenen Schaf und seiner Herde Eingang in den erhaltenen Traktat aus Nag Hammadi gefunden hat. Die darin enthaltenen Wortfelder und Motive entsprechen exakt der begrifflichen Konzeption dieser gnostischen Schrift. Das Gleichnis steht in der zweiten Hälfte des EvVer. Der Leser ist bereits in die theologische Semantik der Ausdrücke eingeführt worden. Kontextuell ist das Gleichnis in einen anaphorischen Parallelismus eingeordnet, bei dem das Heil auf Jesus attribuiert wird: Er wird unter anderem als Erlöser, Weg, Einsicht und als Entdeckung für alle vorgestellt, „die auf der Suche waren.“[40] Durch diesen Kontext ist Jesus mit dem Hirten des Gleichnisses zu identifizieren:

> „*Er* ist der Schafhirt, der die neunundneunzig Schafe [32] zurückließ, die nicht verloren waren. *Er* ging, das eine zu suchen, das sich verlaufen hatte. *Er* jubelte, als er es wiederfand. Denn 99 ist eine Zahl, die man mit der linken Hand formt. Doch wenn das eine Schaf gefunden ist, dann geht die ganze Zahl auf die rechte Hand über. Um die rechte Hand für die 100 voll zu machen, fehlt das eine (...)“.[41]

Im Anschluss geht die Argumentation in eine Sabbaterörterung über, die ebenfalls an ein synoptisches Wort anklingt.[42] In diesem Zusammenhang

---

[37] Tatsächlich werden alle hier vorgestellten Begriffe im Verlauf des Evangeliums erläutert und in einen komplexen gnostisch-theologischen Zusammenhang gestellt.

[38] Beispielsweise kann Jesus als ‚Frucht‘ vorgestellt werden: „Denen, die aßen, schenkte er Freude darüber, daß sie gefunden hatten, was sie suchten. Denn er fand sie in sich, und sie fanden ihn in sich“, EvVer 6,6 [18], Zählung Berger/Nord, ebd.1053. Vgl. auch das im Folgenden vorgestellte Gleichnis mit Hirten und seinem Schaf.

[39] Vgl. z.B. EvVer 21,5 [35], Zählung Berger/Nord, ebd., 1063: „Letzteres ist der Fall, wenn Gott entdeckt wird, der zum Menschen gekommen ist, um ihn zurückzubringen. Die Rückkehr nennt man dann Umkehr“, vgl. ebd. 22,2 [36], BERGER/NORD, Testament, 1063.

[40] EvVer 18,6 [31].

[41] EvVer 19,1–5 (Zählung Berger/Nord), ebd., 1061, Hervorhebung des anaphorischen Satzbaus A. Inselmann. Nach Berger/Nord ist diese Zählweise ein Beleg für „internationale Händlersprache. Die Einer bis drei, einfache Zehner und Hunderter werden mit der rechten Hand geformt, die 99 läßt sich in der Tat mit der linken Hand allein bilden (5 Zehner, 4 Zehner, 5 Einer, 4 Einer)“.

[42] EvVer [32], nach Berger/Nord 19,7, ebd. 1061: „Selbst am Sabbat arbeitete der Herr für das Schaf, das in die Grube gefallen war“, vgl. Mt 12,11/Lk 14,5.

könnte judenchristliches Traditionsgut überliefert sein.[43] Wenn es im gnostisch geprägten EvVer grundsätzlich um die Erkenntnis und Einsicht des Menschen geht, die zur Erlösung notwendig sind, kann auf der Bildebene beim Schaf davon keine Rede sein. Es ist deshalb nicht abwegig, in der vorliegenden Metaphorik vom Hirten und seiner Herde die Verarbeitung einer älteren Tradition (Ez 34?) anzunehmen.

Betrachtet man die Bildebene genauer, fällt außerdem auf, dass sich das *Vergleichsmoment* dieses Gleichnisses gegenüber der biblischen Überlieferung offensichtlich unterscheidet: Während Mt und Lk auf der Bildebene von *einem Menschen* als Hirten ausgehen („welcher Mensch ist unter euch...", Lk 15,4) und das Gleichnis erst in den Anwendungen theologisch deuten, wird der Hirte im EvVer sofort mit *Jesus* gleichgesetzt. Dieses Phänomen ist durch die redaktionelle Eingliederung des Textes zu erklären, denn durch die emphatische Anapherbildung ist das Gleichnis im gnostischen Kontext an seine Umgebung angepasst worden. Der Schäfer wird nicht über seinen Besitz vorgestellt, wie es in den synoptisch-kanonischen Texten geschieht. Stattdessen liegt offensichtlich ein *etischer* Textbeginn vor, d.h. die Metapher mit ihren Figuren und Begriffen wird als bekannt vorausgesetzt und deshalb nicht näher eingeführt.[44] Sowohl der Schafhirte als auch die Restherde werden ohne kontextuelle Notwendigkeit durch den bestimmten Artikel definiert, außerdem steht das Gleichnis nicht wie in Lk und Mt im Präsens, sondern wird als Geschehen der Vergangenheit dargestellt. Wenn der Redaktor des EvVer das Hirtengleichnis auf eine wörtliche Rede Jesu zurückführt, wie sie formal auch in beiden synoptischen Texten durch die jeweiligen Rahmenhandlungen vorliegt, ist seine Interpretation der Hirtenfigur durchaus nachvollziehbar.

Es sind weitere Ähnlichkeiten und Abweichungen zur synoptischen Überlieferung erkennbar: Wie bei Lk und Mt besteht die Herde aus insgesamt hundert Schafen. Der Ort, an dem sich die restliche Herde befindet, wird nicht beschrieben, weder als Wüste (wie Lk) noch als Berg (wie Mt). Die Begriffe des Zurücklassens und des Verlorenseins sind wie im Lukasevangelium und abweichend vom Matthäustext verarbeitet. Die gerade vorgestellten einzelnen Indizien weisen deshalb in ihrer Gesamtheit darauf

---

[43] EvVer [32], nach Berger/Nord 19,22–24, dazu Anm. 23, 1061: „Der Text zeigt, dass der Verfasser noch am jüdischen Sabbat festhält und ihn auch auf jüdische Weise begangen haben will. Die folgende Anweisung V.10 ist sicher älteres judenchristliches Traditionsgut."

[44] Nach FLUDERNIK, Einführung, 56, herrschen in solchen etischen Textbeginnpassagen unvermittelte Namensnennungen und der Gebrauch von Pronomina ohne Antezedens sowie Nominalphrasen mit definitem Artikel.

hin, dass im EvVer eine ältere und als bekannt vorausgesetzte Gleichnistradition verarbeitet worden ist.[45]

Offensichtlich bricht die anaphorische Parallelismuskonstruktion des erhaltenen Textes direkt nach dem bildlichen Vergleich ab: Die Zahlenmetaphorik wird anschließend mithilfe einer anderen Syntax erläutert und wirkt wie eine sekundäre Ergänzung und mystische Erläuterung des eigentlichen Gleichnisses. Das Moment der Mitfreude ist im EvVer offensichtlich nicht entfaltet worden wie in Lk 15,6. Waren gnostisch-esoterische Lehren, wie sie dem EvVer zugrunde liegen, und die ‚Theologie der empathischen Mitfreude‘ nicht miteinander zu vereinbaren? In diesem Kontext geht es theologisch offensichtlich nicht mehr um die Freude darüber, Außenstehende (Verlorene oder Verirrte) in die Gemeinschaft einzubeziehen. Stattdessen steht im koptischen Evangelium das Verhalten des Hirten (Jesus) gegenüber dem Großteil seiner Herde im Mittelpunkt, die er zugunsten des einen verlorenen Schafes zurückgelassen hat. Dadurch wird der Hirte erzählerisch zuerst charakterisiert. Dass er „ging, das eine zu suchen", wird erst anschließend erwähnt. Das Wissen darum wird ebenfalls beim Leser vorausgesetzt. Interessanterweise scheint das Verhalten des Hirten gegenüber seiner Herde so erklärungsbedürftig gewesen zu sein, dass es im folgenden Anhang gerechtfertigt werden musste: Das eine Schaf gilt als existenziell notwendig, um die Hundertzahl der Tiere zu sichern, damit insgesamt für alle Schafe der Herde eine günstigere Rechnung erreicht wird.[46] Mit dieser Argumentation könnte auch intendiert worden sein, einer Kritik vorzubeugen, die das Verhalten des Hirten, der durch den Kontext mit Jesus zu identifizieren ist, als unverhältnismäßig oder gar als verantwortungslos beanstanden könnte.

Was kann zusammenfassend über die Freude in diesem Kontext gesagt werden? Im EvVer wird die Freude des Hirten explizit ausgedrückt. Eine literarische Abhängigkeit zu den synoptischen Schriften ist nicht nachzuweisen. Das Gleichnis vom Hirten und seinem wiedergefundenen Schaf ist allerdings von derselben alttestamentlichen Metaphorik geprägt wie die neutestamentlichen Zeugnisse. Es ist anscheinend in verschiedenen christlichen Kreisen breit rezipiert worden, wobei gewisse Elemente des Bildfelds stabil transportiert worden sind: Insofern kann die Freude als ein tra-

---

[45] Für die sprachliche Auswertung muss methodisch aber immer relativierend berücksichtigt werden, dass das in koptischer Sprache überlieferte EvVer zwar aller Wahrscheinlichkeit nach auf einen griechischen Urtext zurückgeht, eine Rekonstruktion der griechischen Begriffe durch Rückübersetzung aber äußerst problematisch ist, sodass letztlich nicht sicher entschieden werden kann, ob die Vorform des EvVer sprachlich der Fassung des Mt oder der des Lk näherstand.

[46] Nach SCHNIDER, Gleichnis, 153, soll damit jedoch keine christologische Aussage gemacht werden, indem der Hirte mit Jesus identifiziert wird. Es werde betont, dass der Mensch (im Bild als Schaf) von Gott gefunden werden müsse, um erlöst zu werden.

gendes Motiv in der gemeinsamen frühchristlichen Tradition gelten, da sie weder aus dem aufgenommenen Bildfeld noch zwingend aus der alttestamentlichen Vorlage erklärt werden kann.[47] Es lässt sich weiter festhalten, dass die provokanten Züge des Gleichnisses – im Verhalten des Hirten – ebenfalls auf ältere und weitverbreitete Traditionen zurückzuführen sind. Weil der Redaktor das Hirtengleichnis im EvVer meines Erachtens als bekannt vorausgesetzt hat, konnte er dessen Spannungen auf der Bildebene des Gleichnisses nicht übergehen und musste stattdessen versuchen, sie zu erklären.

Während die Metaphorik recht stabil in verschiedenen Kreisen transportiert worden ist, sind sowohl die Referenzobjekte als auch der theologische Ertrag unterschiedlich gedeutet worden: Im EvVer ist der Hirte kein Identifikationsangebot für Gemeindeleiter (wie in der Matthäusversion) oder Menschen mit einem frommen, gerechten Anspruch (wie bei Lukas), sondern wird in diesem Text als Metapher für Jesus selbst verstanden. Der Skopus zielt im Lukas- bzw. Matthäusevangelium auf die Integration der Verlorenen bzw. der Kleinen – also auf einen zwischenmenschlichen Prozess. Aber darum geht es im EvVer gerade nicht: Im EvVer wird das Gleichnis als Vorgang gedeutet, der allein die innere Erkenntnis im Menschen betrifft. Deshalb kann auch im Folgenden die Mahnung an die „Kinder des inneren Verstehens" ergehen, letztlich niemanden zu stärken, der als Hindernis zu sehen ist. Anhänger dieser Lehre sollen sich stattdessen mit dem Eigenen beschäftigen.[48]

Die Freude über das gefundene Schaf im Thomasevangelium

Das EvThom setzt sich aus einer gnostisch bzw. dualistisch geprägten Sammlung von Logien, Dialogen und Gleichnissen zusammen. Wie im EvVer, das ebenfalls in Ägypten gefunden wurde, ist auch im Korpus des EvThom wahrscheinlich von judenchristlicher Überlieferungstradition auszugehen.[49] In einzelnen koptischen Logien dieser Schrift könnten daher alte Jesustraditionen bewahrt sein.

Das Motiv der Freude ist im EvThom insgesamt kaum bezeugt.[50] Viele der aufgenommenen Logien sind durch Stichwortverbindungen, Opposita oder Wortfelder miteinander verbunden.[51] Dass die Leitbegriffe *suchen* –

---

[47] So ist das Motiv der Freude beispielsweise weder in Ez 34 oder 37,24ff erwähnt.

[48] EvVer [33], nach BERGER/NORD, Testament, 19,17.22, ebd. 1062.

[49] Relikte des EvThom sind auf griechischen Fragmenten aus Oxyrhynchos belegt, eine vollständige Fassung auf Koptisch wurde 1945 gegenüber von Nag Hammadi, in Chenoboskion, gefunden. Hierzu und zum judenchristlichen Hintergrund einzelner Logien: BERGER/NORD, Testament, 645.

[50] Vgl. EvThom 84.

[51] BERGER/NORD, Testament, 646.

finden mehrfach belegt sind,[52] könnte die Aufnahme einer Gleichnisversion vom Hirten und seinen Schafen gefördert haben. Allerdings weicht diese Überlieferung (Logion 107) offensichtlich von den bisher besprochenen Texten ab. Obwohl die vorhandenen Motive in dieser Komposition erlauben, das Logion zum Vergleich heranzuziehen, überrascht das Fehlen der Freude im intertextuellen Vergleich der Gleichnisüberlieferungen – nicht aber im Kontext des EvThom, wo die Freude wie erwähnt *nicht* zu den tragenden theologischen Begriffen zählt.

Als vorläufiges Ergebnis hat sich bislang ergeben, dass die Metapher in den bisher besprochenen Texten auf unterschiedliche Relationsobjekte bezogen werden kann.[53] Im EvThom begegnet eine weitere Variante: Die Überlieferung ist hier formal als Reich-Gottes-Gleichnis konzipiert.

„Die *Herrschaft Gottes* ist wie ein Hirt, der einhundert Schafe hat. Eines von ihnen, das größte, hatte sich verlaufen. Da ließ er die neunundneunzig stehen und suchte nach dem einen, bis er es fand. Nachdem er sich so geplagt hatte, sagte er zu dem Schaf: Ich liebe dich mehr als die neunundneunzig anderen."[54]

Im Gegensatz zum EvVer liegt hier ein *emischer* Textbeginn vor: Zunächst werden dem Leser der Hirte, die Herde und das größte Schaf vorgestellt.[55] Aus diesem Grund könnte hier eine weniger bearbeitete und damit ältere Version des Gleichnismaterials vorliegen als im EvVer. Allen vier Überlieferungen ist in der Ereignisabfolge gemeinsam, dass das Zurücklassen der Herde vor der Suche nach dem einen Schaf erwähnt wird.

Allerdings setzt auch das EvThom eigene interpretatorische Akzente: Die Fassung des 107. Logions betont die *Mühe* des Suchens, die aufgebracht werden muss, um das Schaf zu finden. Auch im Kontext des EvThom scheint das Bedürfnis bestanden zu haben, das Verhalten des Hirten zu erklären.[56] Dabei wird nun interessanterweise nicht mit der Summe der Einzeltiere argumentiert, sondern mit der Außerordentlichkeit und *Bedeutung des einen Schafes* für den Hirten: Es ist als das größte charakterisiert. Anders ausgedrückt: Das Schaf wird nicht nur als Element der Herde definiert, sondern auch in Abgrenzung zu ihr. Die beiden neuen Aussageschwerpunkte des Gleichnisses eröffnen einen Spielraum für verschiedene

---

[52] EvThom 2.92.94.107.

[53] Der Hirte kann bei Matthäus auf ‚Große', d.h. wohl auf diejenigen Gemeindemitglieder mit Autorität übertragen werden, die sich um die ‚Kleinen' sorgen sollen. Bei Lukas ist das Gleichnis dagegen als offeneres Identifikationsangebot formuliert, im EvVer steht der Hirte für den Erlöser Jesus – siehe oben.

[54] EvThom 107, BERGER/NORD, Testament, 668; Hervorhebung A. Inselmann.

[55] Emische Textbeginne arbeiten mit indefiniten Artikeln, häufig auch mit Klassifikationsformeln, vgl. FLUDERNIK, Einführung, 55.

[56] GRANT/FREEDMAN, Worte, 176; BARTSCH, Thomas-Evangelium, 255; dagegen SCHNIDER, Gleichnis, 151.

Deutungen:[57] Ist die besondere Liebe des Hirten durch die *Eigenart des Schafes* begründet? Oder hat der Hirte seine Liebe zu dem größten Tier erst durch seine *mühevolle Suche und das Wiederfinden* erkannt? Es gibt eine weitere Merkwürdigkeit: Im Unterschied zu den anderen Texten wird das Schaf nach Fassung des EvThom direkt angesprochen. Insgesamt lässt der Befund auf eine grundsätzlich andere Ausrichtung des Gleichnisses schließen. Abgesehen von der einleitenden Formel fehlt eine theologische Deutung.

Wie kann das Fehlen des Motivs der Freude in der Gleichnisvariante des EvThom abschließend erklärt werden? Deutlich erkennbar ist die Verbalkette verirren – suchen – finden – abmühen – *lieben* in der vorliegenden Fassung. Falls das im EvThom überlieferte Logion jünger ist als die vergleichbare neutestamentliche Tradition,[58] könnte das überlieferte Motiv der ‚Freude' als Synonym oder Ausdruck für das der ‚Liebe' verstanden und durch diese Deutung ersetzt worden sein, da die Freude im EvThom um insgesamt keine herausragende Würdigung erfahren hat. Immerhin bezie-

---

[57] Werden die Logien des EvThoms als gnostische Überlieferungen gelesen, könnte das Schaf für einen verirrten Gnostiker stehen, der sich per se von seiner Umwelt durch seine Größe unterscheidet und dessen göttliches Selbst vom Erlöser wieder in das Lichtreich integriert werden soll, SCHNIDER, Gleichnis, 151. Dagegen versteht FIEGER, Thomasevangelium, 267, den Hirten als Erlöserfigur, der im großen Schaf das ‚Reich' sucht und es findet, weil er es mehr liebt als alles andere und deshalb bereit ist, sich dafür abzumühen. Meiner Ansicht nach ist der Text des EvThoms deutungsoffener, siehe oben. SCHRAGE, Verhältnis, 196, weist darauf hin, dass das Gleichnis nicht wie in den synoptischen Texten eine frohe Botschaft für die Sünder und Schuldiggewordenen darstelle, weil „das Verlorene, das hier gesucht wird, (...) eben doch das Größte und Wertvollste" bleibe. Dem ist zu entgegnen, dass die synoptischen Gleichnisse vom verlorenen und gefundenen Schaf nur durch ihre deutende Anwendung und ihre Rahmenhandlung diese theologische Aussage erhalten, auf die Schrage sich beruft. Betrachtet man das Gleichnis vom verlorenen und gefundenen Schaf für sich, ist die Schuld oder Sündigkeit des Schafes noch nicht auszumachen. Auch im bei Lukas anschließenden Gleichnis von der gefundenen Drachme sind diese Aspekte nicht nachweisbar. Im EvThom fehlt im Vergleich zum Lukasevangelium eine entsprechende Rahmung und auch eine deutende Anwendung, sodass ein Vergleich, wie Schrage ihn formuliert, meines Erachtens nicht zulässig ist.

[58] SCHNIDER, Gleichnis, 146–154, hält das EvThom für gnostisch überformt und argumentiert für das Lukasevangelium als Ort der ältesten Überlieferung. Dagegen setzt sich PETERSEN, Parable, 128–157, dafür ein, das Zeugnis des EvThoms nicht als gnostisch sowie als primitiver und älter zu betrachten als die synoptischen Vergleichstexte. Das ‚größte Schaf' stehe wie in rabbinischer Tradition weitverbreitet für Israel, ebd., 133. Soweit könnte man Petersen noch folgen, allerdings betrachtet er ebd., 137ff, die lukanische Fassung des Hirtengleichnisses als messianologisch – ohne zu berücksichtigen, dass die Anwendung bei Lukas wahrscheinlich sekundär hinzugekommen ist. Er vermutet, dass die Freude ein zentrales Anliegen in den Thomaslogien ist – dabei wird das Motiv der Freude in EvThom 107 wie gezeigt gar nicht erwähnt. Auch seine Hauptthese, dass das EvThom den historischen Jesus als Fremdenhasser erinnere, ebd. 137ff, ist meines Erachtens nicht durch das Gleichnis vom verlorenen Schaf zu begründen.

hen sich beide Abstrakta auf das Gefühlsleben und drücken eine mitfühlende Zuwendung aus.

Das Gleichnis vom gefundenen Schaf bei Lukas

Der Vergleich zu den anderen Traditionen aus früher christlicher Literatur ermöglicht es nun, den lukanischen Text mit seinem besonderen Profil vorzustellen. In der vorliegenden kurzen Perikope sind unterschiedliche bedeutende theologische Aussagen komprimiert. Die im Lukasevangelium als Parabel (παραβολή, Lk 15,3)[59] ausgewiesene intradiegetische Binnenerzählung beginnt mit einer Frage der erzählenden Figur Jesus („wer unter euch...?"). Die einleitende Formulierung τίς (...) ἐξ ὑμῶν ist für Lukas typisch. Sie ist äußerst provokativ und appellativ[60], denn obwohl sie im kommunikativen Kontext des Streitgesprächs innerhalb der Erzählung zunächst auf die Pharisäer und Schriftgelehrten als direkte Erzähladressaten zielt, können sich auf der Ebene des Erzählkonzepts auch die impliziten Leser[61] des Evangeliums angesprochen fühlen, denen diese Formel als wörtliche Rede Jesu präsentiert wird.[62] Durch diese Einleitung wird also die Distanz zwischen dem Erzähler und seinen Adressaten auf zwei kommunikativen Ebenen verringert. Sie suggeriert außerdem, dass eine selbstverständliche Bestätigung des Folgenden zu erwarten ist.[63] Dass dies nicht unproblematisch ist, wird später gezeigt.

Im Gegensatz zur Matthäusfassung ist das lukanische Gleichnis durch eine schnelle Abfolge von finiten Verben und Partizipien gestaltet, sodass eine auffällige Dynamik entsteht. Die erzählte Zeit ist dadurch in ihrem Verhältnis zur Erzählzeit gerafft, durch die Syntax wird zudem eine deutli-

---

[59] Ob dieser Text nach der klassischen exegetischen Definition als Gleichnis oder als Parabel klassifiziert werden sollte, ist diskutierbar. Vgl. HEININGER, Metaphorik, 142, der sich wegen des konsensfähigen Anspruchs, der durch die Einleitungsformel vermittelt wird und wegen des präsentischen Erzähltempus beim Gleichnis von der Frau und der Drachme tendenziell für die Zuordnung der Doppelgleichnisse zu den Gleichnissen entscheidet.

[60] Den Appellcharakter der Erzählung betont auch SCHNIDER, Gleichnis, 148.

[61] Dieser ‚implizite Leser' ist nach ISER, Leser, 8f, ein Konstrukt des Interpreten, der eine intendierte Rezeptionshaltung aus dem Text abzulesen versucht. Diese Vorstellung eines ‚implied readers' wird in der theologischen Narratologie allerdings nicht von allen Exegeten geteilt, vgl. FLUDERNIK, Einführung, 37; EBNER/HEININGER, Exegese, 101.

[62] In lukanischen Texten ist der Anteil an direkter Rede erstaunlich hoch. HEININGER, Metaphorik, 14, geht dabei sogar von der Hälfte des Textganzen aus.

[63] GREEVEN, Wer, 86–101; ERLEMANN, Gleichnisauslegung, 223. Allerdings wird nach Erlemann der mögliche Eindruck einer Unverhältnismäßigkeit von Verlust und Aufwand ignoriert, mögliche Gegenerfahrungen würden unterdrückt. Eine derartige Relationslosigkeit muss nicht im Hinblick auf die Mühe vorliegen, wohl aber im Maß der Freude (siehe unten).

che Klimax gestaltet. Als quantitativ leitendes Wortfeld können zunächst die Wortstämme *verlieren* und *finden* ausgemacht werden. Durch ihre dreimalige emphatische Verwendung wirken sie in diesem Gleichnis außerordentlich einprägsam.[64] Die erzählerische Klimax endet nach der temporalen Raffung mit dem Höhepunkt in Lk 15,6, was die nun folgende Isochronie der dramatischen direkten Rede veranschaulicht: Darin wird betont, dass das Schaf vor seiner Rettung das Verlorene war (τὸ ἀπολωλός). Auf diese Weise wird dem Hörer und Leser die Bedrohlichkeit der Eingangssituation abschließend noch einmal vor Augen gestellt, sodass der Kontrast zum Ausgang noch deutlicher hervortritt. Lukas hatte an der Begriffskonstellation verlieren-finden ein solch großes Interesse, dass er diesen Zusammenhang nicht nur im darauf folgenden Gleichnis von der verlorenen und wiedergefundenen Drachme aufgegriffen hat, sondern ihn auch im Gleichnis vom Vater und seinen Söhnen mit großer Eindringlichkeit wiederholt, sodass die lukanische Gleichnistrilogie neben dem Thema Freude mit diesem Nachhall schließt.

Allerdings steht bei näherer Betrachtung auch die *Freude* im Zentrum der drei Gleichnisse. Sie ist gleich im ersten vom verlorenen und gefundenen Schaf deutlich hervorgehoben und wird als χαρά ausgewiesen. Sie wird als ein Affekt charakterisiert, der sich wie selbstverständlich beim Finden des Verlorenen einstellt.[65] Beide Vorgänge werden durch Partizipien vermittelt und sind durch die wiederholte kontextuelle Zusammenstellung nicht voneinander zu isolieren.[66] Das ‚Finden' in Lk 15,5 steht als präsentisches Participium coniunctum (εὑρών), das auf die Gleichzeitigkeit des Folgenden hinweist. Das anschließende Partizip (χαίρων), das die Freude des Hirten kennzeichnet, ist dagegen prädikativ zu verstehen und trägt damit die Hauptbetonung gegenüber dem finiten Verb des Zusammenhangs.[67] Das folgende Verb (ἐπιτίθησιν) beschreibt das ‚Freuen' näher. Dieser Vers ist deshalb so zu übersetzen:

„Als er [der Hirte] es [das Schaf] findet, freut er sich, sodass er es auf seine Schultern legt, ins Haus geht und alle Freunde und Nachbarn zusammenruft und zu ihnen spricht: Freut euch mit mir, dass ich das Schaf gefunden habe, das Verlorene!"

---

[64] Von dieser Wortwurzeln aus sind jeweils drei Ableitungen in Lk 15,4–6 gestaltet.

[65] Vergleiche die obere Argumentation zur Phrase τίς (...) ἐξ ὑμῶν, die das Gleichnis einleitet.

[66] Lk 15,5f: „καὶ εὑρὼν ἐπιτίθησιν ἐπὶ τοὺς ὤμους αὐτοῦ χαίρων καὶ ἐλθὼν εἰς τὸν οἶκον (...)".

[67] Dagegen betrachtet ČABRAJA, Gedanke, 132, das Partizip χαίρων in diesem Kontext als „begleitende Zustandsbestimmung".

Dieser Vers präsentiert die Freude durch die wörtliche Rede[68] einerseits explizit und durch das Verhalten des Hirten andererseits deskriptiv, sodass sich beide Ausdrucksweisen gegenseitig verstärken. Ein analoges Phänomen ist im Gleichnis vom Vater und seinen beiden Söhnen zu beobachten.[69] Die sich verstärkenden Verwebungen von expliziten und deskriptiven Ausdruckformen bilden also kein zufälliges Gefüge, sondern eine lukanische Tendenz.

Die Freude löst beim Hirten ein komplexes und differenziertes Handlungsgefüge aus:[70] (a) Er nimmt das Schaf *auf seine Schultern.* Es muss nicht wie die anderen Schafe auf seinen eigenen Beinchen nach Hause laufen. Trotz seines separatistischen Verhaltens wird es nicht (beispielsweise durch Schläge) ‚positiv bestraft‘, sondern liebevoll ‚belohnt‘.[71] (b) Der Hirte trägt das Schaf *nach Hause.* Das Bild vom ‚Haus‘ kann Konnotationen der Geborgenheit und Sicherheit auslösen. Insbesondere, da die anderen Schafe der Herde nach Lk 15,4 in der Wüste zurückgelassen worden sind, die bei Lukas als Ort der Versuchung gilt.[72] (c) Der Hirte ruft sein

---

[68] Dieser Diskurs der Erzählung, der auf der Ebene der Geschichte stattfindet, soll im Anschluss an den Ansatz von BAL, Narratologie, 35, als ‚hypodiegetisch‘ bezeichnet werden, da Genettes Terminologie (‚metadiegetisch‘) für diese Diskursebene unglücklich gewählt zu sein scheint, vgl. FLUDERNIK, Einführung, 39.

[69] Auch im dritten Gleichnis wirkt die Kombination von direkter Rede einer Figur (des Vaters) innerhalb der Binnenerzählung, worin zur Mitfreude aufgefordert wird, im Zusammenhang mit der Darstellung der Freude verstärkend.

[70] Gegen ERLEMANN, Gleichnisauslegung, 222, nach dessen Ansicht in Lk 15 von „ethischen Konsequenzen (...) nicht die Rede" ist.

[71] Entgegen LINNEMANN, Gleichnisse, 73, die in der Beschreibung, dass der Hirte in Lk 15,5 das Schaf auf die Achseln legt, lediglich einen „ausschmückenden Zuwachs gegenüber der Mt.-Fassung" erkennt und unter anderem damit das höhere Alter der Matthäusfassung begründet. JEREMIAS, Gleichnisse, 134, erklärt dieses Detail dagegen als „ein im Morgenland alltäglicher Zug aus dem Leben", weil ein verloren gegangenes Schaf häufig zu schwach und mutlos werde, um selbstständig zu laufen. Ähnlich schon BRUCE, Teaching, 267, der diese Beschreibung außerdem als vorsorglichen Zug des Hirten deutet „to make sure of his captive". Ebenso DUNCAN/DERRETT, Light, 43f, die mit Verweis auf die Moselegende daraus den Hinweis auf einen sicheren Transport des Schafes entnehmen und sich durch das Hirtenverhalten an die Vorbereitungen zum Passa erinnert fühlen. Näher zu meiner Argumentation steht dagegen BERGER, Gleichnisse, 68, Anm. 29, der in dieser Szene eine für das Schaf „singuläre und nur ihm zukommende Gunst" gegenüber seinen 99 Herdengenossen sieht.

[72] Es ist auf die scheinbare Spannung hingewiesen worden, dass der Hirte das Schaf nicht zuerst zu seiner Herde zurückgeführt hat. Dabei wird nicht beachtet, dass die Wahl der Szenerien ‚Wüste‘ und ‚Haus‘ eine theologische Deutung der oppositionellen Orte nahelegt. So verwendet beispielsweise Mt 24,26 die beiden Bildfelder oppositionell in Jesu eschatologischer Rede von der großen Bedrängnis, was Lukas im vergleichbaren Kontext allerdings unterlässt. Auf die Rahmenhandlung übertragen folgt daraus, dass Lukas durch diese textinterne Anspielung mit der Wüste auf die *Versuchungssituation* hinweist, in der sich die Pharisäer und Schriftgelehrten befinden, wenn sie sich mit der

soziales Umfeld zusammen. Der Affekt Freude löst das Bedürfnis aus, Gemeinschaft zu suchen und *sich mitzuteilen*.[73] (d) Der Hirte bittet nicht nur darum, sondern *fordert imperativisch* von allen, seine Freude zu teilen (vgl. das appellative συγχάρητέ μοι in Lk 15,6). Während die ersten drei Punkte das eigene Handeln desjenigen betreffen, der sich freut, soll nun auch das Umfeld zur Aktivität mobilisiert werden. Freude betrifft nicht nur die eigene Person, sondern hat ‚ansteckende' Züge, d.h. sie wirkt extrapersonal und entwickelt eine dynamische Außenwirkung. Deshalb kann sie eine Gemeinschaft prägen, wenn darin ein grundsätzliches Empathievermögen vorhanden ist. Diese Fähigkeit zur fröhlichen Anteilnahme wird in Lk 15,6.8 vorausgesetzt, der Erfolg der freudigen Aufforderung aber nicht mehr geschildert. Dieses Moment wird erst das dritte Gleichnis der Komposition aufgreifen.[74] Dem Gleichnis folgt eine Anwendung in Lk 15,7. Sie ist vergleichbar mit Lk 15,10 und wirkt als ‚Scharnier', das die bildspendende Ebene des Gleichnisses mit seinem theologischen Gehalt verknüpft. Es bietet sich deshalb an, diesen Vers mit seiner theologischen Dimension gemeinsam mit Lk 15,10 in der überblickenden Betrachtung der drei Gleichnisse am Ende des Kapitels zu besprechen.

C. Das Gleichnis von der gefundenen Drachme bei Lukas

An das erste Gleichnis vom verlorenen Schaf schließt sich ein zweites kurzes Gleichnis an. Es handelt von einer Frau, die sich über das Wiederfinden eines Geldstücks freut, das sie zuvor intensiv gesucht hat. Es wird offensichtlich an Motive angeknüpft, die aus dem vorausgegangenen Gleichnis als bekannt vorausgesetzt werden. Nicht nur die syntaktische Einleitung „welche Frau ..." (Ἢ τὶς γυνή) schließt an Lk 15,4 an. Auch die oben festgestellten Leitbegriffe vom Suchen des Verlorenen, vom Fin-

---

braven, treuen Herde identifizieren. Vor diesem Hintergrund wäre es äußerst merkwürdig, wenn der Hirte das Schaf in die Wüste, also zurück in die Versuchungssituation, bringen würde!

[73] Vgl. BERGER, Gleichnisse, 69; ECKEY, Lukasevangelium II, 682: „Freude ist mitteilsam. Wer voll Freude ist, will auch andere erfreuen. Der Hirt lädt seine Freunde und Nachbarn zum Freudenfest ein. Er erwartet von ihnen, daß sie an seiner Freude über das wiedergefundene Schaf, durch dessen Wiederbringung seine Herde wieder vollständig ist, teilnehmen." Dagegen sieht CATCHPOLE, Schaf, 93, am Zusammenrufen von Freunden und Verwandten nur „ein Detail, das Mt gern wegläßt, während Lk gerade solche Einzelheiten schätzt." Vgl. HARNACK, Beiträge, 66; SCHULZ, Spruchquelle, 388.

[74] Denn Lk 15,23ff demonstriert, dass das Mitfreuen, wie es auch in Lk 15,6.9 angesprochen wird, auf zwischenmenschlicher Ebene ganz konkret als fröhliches Fest gedacht werden kann, dass es unter Umständen aber auch zu zwischenmenschlichen Spannungen führt, vgl. Kapitel 11, 257 u.a..

den und der mitteilsamen Freude sind auffallend analog. Wie im ersten intradiegetischen Gleichnis Jesu wird auch hier mit einer erst distanzierenden, dann Nähe vermittelnden Erzählweise gearbeitet, zuerst wird zeitlich gerafft und dann isochron berichtet.[75] Wie in Lk 15,4–6 entwickelt die rasche Abfolge und Häufung von Verben und Partizipien auch im Gleichnis um die verlorene Drachme eine außerordentliche Dynamik und sorgt damit für eine Steigerung der Spannung.[76] Möglicherweise klingt die Komposition dieser beiden Gleichnisse deshalb so konstruiert, weil der Lukasredaktor offensichtlich keinen Versuch unternommen hat, rhetorisch, stilistisch oder erzähltechnisch zu variieren: Die Analogien sollten keinesfalls übersehen werden! Dies entspricht Ergebnissen der experimentellen Konditionierungspsychologie, nach der die Einprägsamkeit von Lernvorgängen verstärkt wird, je öfter diese wiederholt werden.[77]

Es ist immer wieder darauf hingewiesen worden, dass sich die ersten beiden Gleichnisse des Kapitels auch komplementär ergänzen. Denn sie beschreiben eine Alltagssituation jeweils aus der Erfahrungswelt eines antiken Mannes und einer antiken Frau. Der Lukasevangelist neigt auch andernorts zur Beschreibung von Paaren.[78] Es ist zu beachten, dass die vergleichbaren Doppelungen der Texte durch ihre Nebeneinanderstellung einen besonderen Nachdruck erhalten. Hier liegen die aussagekräftigen Schwerpunkte der Gleichnisse, die im Folgenden mit Blick auf die Freude vorgestellt werden sollen:

---

[75] Wie im ersten Gleichnis wird erst distanzierend erzählt, was die Suche und Mühe der Frau ausgelöst hat und welche Prozesse sie in die Wege leitet, das vermisste Geldstück wieder zu finden. Dann geht diese Binnenerzählung aber in Lk 15,9 in die direkte Rede der Frau über, worin das soziale Umfeld durch einen Aufruf mit stark appellierendem Charakter zur Mitfreude aufgefordert wird.

[76] In diesen beiden Versen finden sich allein zwölf Verben oder Verbkonstruktionen!

[77] Vgl. hierzu auch die Ergebnisse der experimentellen Psychologie, wonach die Assoziation von verschiedenen Reizen (hier ausgedrückt durch die Leitbegriffe) erst nach einer ‚Erwerbsphase‘ gelernt wird, die mehrere Durchgänge benötigt. Vgl. ZIMBARDO, Psychologie, 268; ATKINSON/ATKINSON/SMITH, Einführung 233f.237f: Auch die Vorhersagbarkeit von emotionalen Reaktionen ist von der Frequenz der Konditionierungsvorgänge betroffen, allerdings bei Hilgards dargestellt am Beispiel der ‚Angst‘. Siehe hierzu auch den Ansatz in Kap. 13, 354ff, u.a. mit lerntheoretischen Argumenten zu erklären, weshalb die vermutlich zusammengehörige Komposition aus Lk 15 und der Erzählung um Zachäus im überlieferten Lukasevangelium getrennt vorliegen könnte.

[78] An verschiedenen anderen Stellen neigt der Lukasevangelist ebenfalls dazu, Texte zusammenzustellen, die Sachverhalte aus ambivalenter Perspektive beschreiben, vgl. Lk 2,35–38 zu Simeon und Hanna; Lk 4,25–27 zu Elia und Elisa; Lk 10,38–42 zu Maria und Martha; Lk 14,28–32 über das Turmbauen und Krieg führen; Lk 16,19–31 über einen Reichen und einen Armen; Lk 17,26–29 über die Zeiten Noahs und Lots; Lk 18,9–14 zum Pharisäer und Zöllner.

Beide Texte sind sehr kurz. Deshalb ist die penetrante Verwendung der Leitwörter *verlieren-suchen-finden-freuen* zu einer Sinnlinie umso auffälliger. Sie werden nicht durch andere Ausdrücke variiert. Die Gleichnisse wollen nachdrücklich auf das Verhältnis dieser Begriffe zueinander aufmerksam machen. Zu diesen vier Leitwörtern, die sich auch aus dem Vergleich mit den anderen frühchristlichen Schriften ergeben, gelangt ein weiteres: Sowohl in Lk 15,6 als auch in Lk 15,8 wird das ‚Haus‘ (οἶκος) zum Ort der Handlung, worauf an späterer Stelle näher eingegangen wird.

In beiden Texten sind Suche, Finden und Freude mit einem längeren zeitlichen *Aufwand* verbunden. Der Hirte vollbringt mehrere Ortswechsel (Wüste/Aufenthaltsort des Schafes/Haus), die Frau sucht intensiv und aufwändig. Mit dieser Charakterisierung der Suche in Lk 15,8f setzt das zweite Gleichnis einen wichtigen neuen Akzent, der im ersten Gleichnis so nicht ausdrücklich gegeben ist. Der dreifache Aufwand, den die Frau betreibt, hebt die Mühe hervor, die sie ihre Suche kostet:[79] (a) Sie zündet ein Licht an, (b) sie kehrt das Haus und (c) sie sucht mit Fleiß, bis sie das Geldstück findet (Lk 15,8).[80]

Die Freude wird in beiden Gleichnissen durch das *Finden des Vermissten* ausgelöst. Dagegen wird in beiden Gleichnissen nicht geschildert, welche Affekte aus dem Zustand der Verlusterfahrung resultieren. Hierdurch entsteht eine interpretatorische Offenheit: Der Leser muss sich selbst überlegen, ob das Vermissen und Suchen von Enttäuschung, Frustration, Sorge, Mitleid oder Zorn habe begleitet sein können. Die Intensität der Suche und der überschwängliche Charakter der anschließenden Freude weisen durchaus auf eine affektive Beteiligung und auf einen Affektwandel hin, der durch den Fund jeweils ausgelöst wird.[81] Auf jeden Fall wird der Fokus durch die fehlende Darstellung weiterer Affekte direkt auf die Freude konzentriert.

Das Finden des gesuchten Objekts wird in keinem der beiden Gleichnisse grundsätzlich infrage gestellt.[82] Im Gegensatz zur reinen Partizipialkonstruktion der Matthäusfassung des ersten Gleichnisses weist die bei Lukas in 15,4f.8f wiederholte Formulierungsweise ἕως εὕρῃ αὐτό; καὶ εὑρὼν

---

[79] Gegen ERLEMANN, Gleichnisauslegung, 220, der in den Motiven des Suchens und in der Differenzierung zwischen Freundinnen und Nachbarinnen lediglich „dekorative Elemente" erkennt.

[80] Die Mühe dieses Suchens ist vergleichbar mit der Bemühung, die EvThom 107 explizit im Falle des gesuchten Schafes beschreibt.

[81] Nach ECKEY, Lukasevangelium II, 683, entspricht der intensiven Suche der Frau „ihre große Freude über das Wiederfinden der Münze, die nun noch wertvoller erscheint als vor dem Verlust. Jetzt ist ihr beschädigter Besitz wieder ganz." Der Text gibt allerdings keine Auskunft darüber, ob die Münze für die Frau durch die Situation wirklich wertvoller erscheint als vor ihrer Suche.

[82] Gegen ERLEMANN, Gleichnisauslegung, 224.

(Lk 15,4f)/ἕως οὗ εὕρῃ; καὶ εὑροῦσα (Lk 15,8f) mit der Konjunktion „solange bis" ausdrücklich auf einen Temporalsatz hin, was ein konditionales
Verständnis ausschließt. Interessanterweise leistet das ‚Gefundene' in den
beiden ersten Gleichnissen aus Lk 15 selbst jeweils nichts, um entdeckt zu
werden. Vom Schaf wird keine Umkehrinitiative berichtet, und noch offen-
sichtlicher ist der Fall bei der vermissten Drachme: Als Sachgegenstand
trifft sie weder Schuld am Verlust noch kann sie etwas zu ihrer Auffindung
beitragen. Die ersten beiden Gleichnisse thematisieren daher *keine Umkehr*. Das bestätigt der intertextuelle Vergleich zum Gleichnis vom Hirten
und seiner Herde.

Es ist außerdem zu berücksichtigen, dass in beiden Gleichnissen nicht
der ganze Besitz der Betroffenen verloren geht, sondern nur ein *Anteil*. Das
verlorene Schaf macht ein Prozent seiner Herde aus, die Drachme zehn
Prozent des Barvermögens der Frau. Die Freude erklärt sich demnach nicht
daraus, dass das Wiederfinden von existentieller Bedeutung für die betroffenen Personen wäre.[83]

Der gewollte *Kohärenz*effekt zeigt sich außerdem in der weitgehend
analogen Syntax und Formulierungsweise der Verse Lk 15,6 und 15,9. Sie
demonstrieren, wie Freude bestimmte Handlungskonsequenzen nach sich
zieht. Trotz unterschiedlicher Auslöser in den beiden Gleichnissen stimmen sie in wesentlichen Merkmalen überein. So folgt sofort eine Hinwen-
dung zum sozialen Umfeld, das Zusammenrufen der Freunde und Nachbarn, denen sofort die Situation erklärt wird. Sie werden aufgefordert, die
Freude über den Fund nicht nur nachzuvollziehen, sondern sich ebenfalls
darüber zu freuen. Mitfreude setzt jedoch die Fähigkeit und die Bereitschaft voraus, sich in das affektive Erleben eines anderen Menschen hineinzuversetzen und sich situativ mit dem Ergehen des anderen identifizieren zu können.

Jedes Gleichnis enthält *zwei Begegnungen*. Der Moment des Findens ist
eine Begegnung zwischen dem Suchenden und dem Gefundenen, die zu
einer anschließenden Gemeinschaftsbegegnung führt. Die Höhepunkte der
einzelnen Erzählungen gipfeln stets im Aufruf an die Gemeinschaft, sich
mitzufreuen.[84] Die Gemeinschaftsbegegnung steht damit in den Gleichnissen mehr im Blickpunkt als der eigentliche Moment des Findens.[85]

---

[83] Zur Bedeutung einer Drachme für Frauen vgl. SCHOTTROFF, Schwestern, 138–151;
STEGEMANN/STEGEMANN, Sozialgeschichte, 45–48, HEININGER, Metaphorik 143. Ob
dieses Phänomen tatsächlich wahrgenommen wird, hängt allerdings vom sozialen Standpunkt des Adressaten ab, denn über die materiellen Verhältnisse der Frau wird im
Gleichnis weiter nichts ausgesagt.

[84] Durch das Gleichnis von der gefundenen Drachme, mit Blick auf die gemeinsamen
Handlungskonsequenzen aus Lk 15,6.9 und durch die anschließende Gleichnisanwendung
in Lk 15,7.10 wird deutlich, dass die Höhepunkte der einzelnen Erzählungen stets im

Beide Gleichnisse betonen damit, dass Freude *mitteilsam* ist und auf gesunde Gemeinschaften vitalisierend wirkt. Lukas beschreibt Prozesse, wonach sich die Freude eines einzelnen durch Mitfreude der anderen potenzieren kann. Beachtlich sind die *kommunikativen Bewegungen*: Der Hirte und die Frau gehen imperativisch fordernd auf die anderen zu. Sie warten nicht, bis sich Begegnungen ergeben oder bis sich Freunde und Nachbarn nach dem Ausgang der Suche erkundigen. Die Gleichnisse beschreiben ausdrücklich eine Freude, die aktiv und impulsiv ist.

Auch die beiden Deutungen, die sich an die einzelnen Gleichnisse in Lk 15,7 und Lk 15,10 anschließen, bieten bis in den Wortlaut hinein ähnlich viele auffällige Analogien, wie sie in den beiden Höhepunkten der Gleichniserzählungen aufgezeigt werden konnten. Diese theologischen Deutungen der Gleichnisse werden allerdings im Anschluss an das dritte Gleichnis besprochen.

D. Die drei Gleichnisse vom Verlieren, Finden und Freuen im Zusammenhang

Die folgenden motivischen, strukturellen und erzählerischen Parallelen erzeugen in den drei Gleichnissen von Lk 15 Kohärenz:

(1) Alle drei Gleichnisse in Lk 15 thematisieren den Verlust, das Wiederfinden und die Freude darüber.[86] Das Motiv der ‚Suche‘ fehlt im dritten Gleichnis. Die ‚Mitfreude‘ von Außen- aber Nahestehenden wird im Anschluss an die ersten beiden Gleichnisse in den Anwendungen, im dritten Fall dagegen gleichnisintern thematisiert.[87]

(2) Dem *Haus* (οἶκος) kommt in allen drei Gleichnissen aus Lk 15 eine wesentliche Rolle als Ort der Gemeinschaftsbildung zu.[88] Es ist auffällig,

---

Aufruf an die Gemeinschaft gipfeln, sich mitzufreuen. ECKEY, Lukasevangelium I, 683, sieht „die zur Mitfreude einladende Freude" ebenfalls „deutlich betont".

[85] Vgl. auch JEREMIAS, Gleichnisse, 131, der die Mitfreude als Höhepunkt der Gleichnisse mit einem Vergleich zum Aufbau von anderen „doppelgipfligen Gleichnissen" feststellt. Diese gleichnisinterne Beobachtung deckt sich auch mit der Thematik der Rahmenhandlung, wo es um die Affektregulierung der Pharisäer und Schriftgelehrten gegenüber den sozial Außenstehenden geht, die in der Rahmenhandlung bereits die Gemeinschaft mit Jesus erfahren haben.

[86] Auch BROER, Gleichnis, 460f, wertet die Freude in Lk 15 als beherrschendes Motiv im Gegensatz zu SCHOTTROFF, Gleichnis, 27–52.

[87] BERGER, Gleichnisse, 68ff, betrachtet die gemeinschaftsstiftende „Mitfreude" in apologetischer Funktion als Thema der drei Gleichnisse.

[88] In Lk 15,6 bringt der Hirte das Schaf auf seinen Schultern „in das Haus" (εἰς τὸν οἶκον), in Lk 15,8 sucht und findet die Frau ihr Geldstück, weil sie das Haus kehrt (σαροῖ τὴν οἰκίαν). Beide rufen von dort aus ihre Freunde und Nachbarn zusammen.

dass dieses Motiv bei Lukas zum zusätzlichen Leitbegriff lanciert ist und dagegen in den drei anderen frühchristlichen Vergleichstexten keine Verwendung gefunden hat.[89]

(3) Alle Figuren der Gleichnisse werden *unpersönlich* dargestellt. Sie werden nicht mit Namen bezeichnet, sondern nur über ihren Besitz, ihr Handeln und ihr soziales Umfeld charakterisiert.[90] Durch den hohen Grad an Abstraktion sind die Gleichnisse für die Hörer besonders identifikationsoffen.

(4) Zwar lehnen sich die Bildfelder der ersten beiden Gleichnisse an *psychologisches Alltagswissen* an. Allerdings ist eine Mischung aus gewöhnlichen und ungewöhnlichen Elementen für Gleichnisse eigentlich typisch – Spannung soll geschaffen werden, wenn realistisch vorgestellte Szenen durch unerwartete oder befremdliche Wendungen, Verfremdungen oder Extravaganzen konterdeterminiert werden. Auf diese Weise können Gleichnisse, die mit Metaphern arbeiten, dem Leser eine neue Perspektive auf die Sicht der Dinge anbieten und damit auch Neues über die Wirklichkeit vermitteln.[91] Tatsächlich enthält jeder der drei beschriebenen Sachverhalte aus Lk 15 *überraschende Momente*.[92] So ist das Maß der Freude in allen drei Fällen letztlich außergewöhnlich, weil es zu einem Gemeinschaftsphänomen stilisiert wird: (a) Es dürfte häufiger vorkommen, dass sich das Schaf einer Herde verirrt – und es ist vorstellbar, dass sich der Hirte jedesmal über seine Rückkehr freut. Regelmäßige Feiern im An-

---

Dagegen finden die beiden kritischen Begegnungen des Vaters mit seinen Söhnen nach Lk 15,20.25 ausdrücklich außerhalb, wenn auch nahe des Hauses statt. Nach der überstandenen Krise der Wiederbegegnung wird das Fest für seine Rückkehr mit dem ersten Sohn im Haus vorbereitet und gefeiert.

[89] Dieser Aspekt wird im Zusammenhang von Lk 19,1–10, im Zusammenhang mit Freude in der Perikope um den Zöllner Zachäus, vertieft. Auch darin spielt das Haus eine wesentliche Rolle bei der Gemeinschaftsbildung.

[90] Im Falle des Hirten wird dieser über seinen Beruf gekennzeichnet; das Gleichnis über die Frau ist am abstraktesten gehalten.

[91] Diese These von P. Ricoeur wurde von verschiedenen Metaphertheoretikern wie H. Weinrich breit unterstützt, siehe HEININGER, Metaphorik, 17. Heininger fordert ebd., 26f, sowohl die „feste Metaphorik" als auch die extravaganten Erzählzüge in der Gleichnisexegese als gleichberechtigte Größen wahr- und ernst zu nehmen. Als Indizien für eine konterdeterminierende Situation in Gleichnissen gelten für ihn die Darstellung einer verzerrten Wirklichkeit, ein übertriebener Realismus, ausgeweitete Konkretheit, eigenartige Nachbarschaften, unvereinbare Elemente, die Verwendung ausgeprägter Metaphern, die Rückwirkung des Situationskontextes u.a.

[92] So dient das im Gleichnis vom verlorenen und gefundenen Schaf dargestellte Zahlenverhältnis (hundert Schafe der Herde insgesamt im Verhältnis zum einzelnen Schaf) in rabbinischer Literatur häufig dazu, überraschende Sachverhalte zu vermitteln, die der üblichen Erwartungshaltung widersprechen. Es kann auch eingesetzt werden, um Grundsätze als überlegen herauszustellen, vgl. Bill. I, 784f; FRENSCHKOWSKI, Q-Studien, darin: Exkurs zur Zahlensymbolik in Q.

schluss an diese alltägliche Begebenheit werden dagegen kaum stattgefunden haben.[93] (b) Auch die Freude der Frau über ihre Drachme ist gut nachvollziehbar – dass sie aber ihr Umfeld zusammenruft, sich darüber mitzufreuen, ist außergewöhnlich, zumal es nur eine Frage der Zeit war, bis das verlegte Geld wieder ‚ans Licht' gekommen wäre (Lk 15,8).[94] Wie oben gezeigt, ist im Gleichnis die Möglichkeit eines grundsätzlichen, völligen Verlustes gar nicht vorgesehen. Hätte das Bekenntnis der Frau, das Geld verloren und wiedergefunden zu haben, nicht eher ihre Unordentlichkeit vor ihrem Umfeld bloßgestellt? (c) Im dritten Gleichnis vertritt der ältere Sohn wie gezeigt Ansichten, die aus antiker und alttestamentlicher Sicht eigentlich als ‚vernünftig' und ‚angemessen' gelten müssen.[95] Mit dessen Ethik sollte sich der durchschnittliche antike Leser deshalb identifizieren können. Durch die Erzählführung wird der Leser aber mit einer Freude des Vaters konfrontiert, die als richtig und notwendig dargestellt wird. Dies ist der erste überraschende Zug des dritten Gleichnisses, weshalb in diesem Zusammenhang die einleitende τίς-ἐξ-ὑμῶν-Formel erwartungsgemäß fehlt. Was den älteren Sohn an der Freude des Vaters letztlich so irritiert, ist aber nicht (wie in den beiden vorangegangenen Gleichnissen) dessen grundsätzliche Freude über das Wiederfinden des Verlorenen. Den älteren Sohn erregen das *Maß* und die daraus resultierenden *Konsequenzen*, wie in Kapitel 11 gezeigt worden ist:[96] In Lk 15,29f wird die Qualität kritisiert, mit der der Jüngere belohnt wird. Der Vater schämt sich genauso wenig wie die Frau in Lk 15,8–10 über das Verlorene und Gefundene. Wie der Hirte und die Frau ruft er sein Umfeld zur Mitfreude zusammen. Die drei Gleichnisse der Komposition in Lk 15 haben also gemeinsam, dass in ihnen zunächst eine Situation beschrieben wird, die äußerst realistisch, alltagsnah und nachvollziehbar wirkt. Tatsächlich nehmen aber alle Gleich-

---

[93] Nach JEREMIAS, Gleichnisse, 134, könnte die Verbform συγκαλεῖ in Lk 15,6.9 bereits auf die Festveranstaltung hinweisen, wie sie in Lk 15,32 gegeben ist. Dagegen HEININGER, Metaphorik, 144. ERNST, Evangelium, 307f, setzt den Festcharakter der zusammengerufenen Gemeinschaftsbegegnung voraus und hält die „Bemerkung über das Freudenfest mit Freunden und Nachbarn (...) angesichts des alltäglichen Zwischenfalls" für unrealistisch.

[94] Vgl. dagegen ERLEMANN, Gleichnisauslegung, 226f, der in Lk 15,8–10 „konkurrierende Erfahren" ausgedrückt sieht: Einerseits den Verlust, den die verlorene Drachme bedeute und der sich in der übergroßen Freude kundtue, andererseits, dass der intensive Aufwand wegen einer Drachme nicht gerechtfertigt sei, was jedoch durch die Suggestivfrage in Lk 15,8 erzählstrategisch überdeckt werde. Diese Interpretation ist möglich, aber nicht zwingend.

[95] Die ältere Exegese hat im älteren Sohn eher die Verkörperung von ‚Scheingerechtigkeit' gesehen, vgl. SCHOTTROFF, Gleichnis, 29ff; dagegen beispielsweise BERGER, Gleichnisse, 71f.

[96] Vgl. BERGER, Gleichnisse, 69, der auf die Unverhältnismäßigkeit der väterlichen Freude im dritten Gleichnis von Lk 15 verweist, siehe hierzu auch Kapitel 11, 249f.

nisse *unerwartete Wendungen*. Das überrascht umso mehr, da die Einleitungsformeln in Lk 15,4.8 suggerieren, dass man dem Folgenden selbstverständlich zustimmen können sollte.

(5) Gegenüber den vergleichbaren anderen frühchristlichen Überlieferungen ist die Freude in allen drei Gleichnissen aus Lk 15 notwendig mit *Gemeinschaft* verbunden. Der Affekt Freude verlangt von der sozialen Umwelt Empathie.[97] Alle Gleichnisse setzen voraus, dass Mitfreude möglich und erwartbar ist.[98] Wie gezeigt hat die lukanische Redaktion dieses Motiv schon zu Beginn des Evangeliums wiederholt verarbeitet.[99]

(6) Alle drei Perikopen aus Lk 15 werden durch ihre Rahmung als intradiegetisch-heterodiegetische Reden Jesu vermittelt, da der Erzähler Jesus als handelnde Person seiner Gleichnisse selbst nicht vorkommt. Alle drei beginnen außerdem erzählend, d.h. mit einem Modus, der zusätzliche Distanz erzeugt. Es fällt aber gleichzeitig auf, dass alle drei Binnenerzählungen mit einer Figurenrede schließen.[100] Durch die direkte Rede wird die aufgebaute Distanz, die nach der Einleitungsformel in den ersten beiden Gleichnissen zunächst erzeugt worden ist, wieder zurückgenommen. Interessanterweise findet der Wechsel der Modi immer dann statt, wenn Freude in einer Gemeinschaft thematisiert wird.[101] Der implizite Leser wird also zuerst durch eine zeitlich raffende und selektive Erzählweise über die Entstehung und Ursachen der Mitfreude ‚informiert' und anschließend durch die szenische isochrone Dialogsituation in das Gleichnis ‚einbezogen',

---

[97] Nach LINNEMANN, Gleichnisse, 72, dient das Zusammenrufen der Nachbarn dazu, die Freude zu vergegenwärtigen. Linnemann psychologisiert, wenn sie ebenda vermutet, dass darin „der allgemein-menschliche Zug (stecke), daß Freude die Mitfreude herausfordert – sie zu versagen wäre unmenschlich."

[98] Deshalb wird sie in Lk 15,6.9 von Freunden und Nachbarn eingefordert. Die Ausführung dieser Mitfreude wird zwar nicht mehr dargestellt, kann aber wegen der einleitenden τίς-ἐξ- ὑμῶν-Formel, die eine selbstverständliche Zustimmung impliziert, vorausgesetzt werden.

[99] In Lk 1,14 wird dem Zacharias Freude und Wonne prophezeit mit dem Hinweis, dass auch viele andere sich über die Geburt seines Kindes freuen werden (πολλοὶ ἐπὶ τῇ γενέσει αὐτοῦ χαρήσονται). Diese Worte werden durch Lk 1,58 erfüllt, wonach sich Nachbarn und Verwandte (οἱ περίοικοι καὶ οἱ συγγενεῖς) mit Elisabeth freuen, als sie hören (ἤκουσαν), dass „der Herr große Barmherzigkeit (ἔλεος) an ihr getan hatte". Die Freude wird also durch Mitleid begründet, wie es auch in Lk 15,20ff auf deskriptive Weise gegeben ist. Bezieht man die Belege aus Lk 1 und Lk 15 aufeinander, ist ‚gefunden werden' als Akt der *Barmherzigkeit* zu verstehen, vgl. Kapitel 8, 182ff.

[100] Sie schließen mit einer Figurenrede des Hirten, der Frau, bzw. mit dem Dialog zwischen dem Vater und seinem älteren Sohn.

[101] Das betrifft allerdings nicht die Reden und inneren Monologe des jüngeren Sohns im dritten Gleichnis vom verlorenen Sohn sowie das Bekenntnis seiner zurechtgelegten Rede (Lk 15,12.17.18f.21) , die allerdings vom Vater unterbrochen wird, um die Vorkehrungen für die Festgemeinschaft (zur Mitfreude!) anzuordnen.

sodass er sich bei den Aufforderungen zur Mitfreude ebenfalls angesprochen fühlen kann.

(7) Während die ersten beiden Gleichnisse offensichtlich durch ihre Anwendungen miteinander verbunden sind, wirken das erste und das letzte Gleichnis trotz der unterschiedlichen Bildfelder überraschend parallel. Gerade die Erzählzüge, die über die anderen Überlieferungen des Hirtengleichnisses hinausweisen, bieten Anknüpfungspunkte zum abschließenden Gleichnis der Trilogie, worin die Mitfreude aus Sicht des älteren Sohnes problematisiert wird. Folgende Analogiebildungen im Handlungsgefüge der sich freuenden Person können festgestellt werden:

– Sowohl das Schaf als auch der heimkehrende Sohn werden ‚belohnt‘.

– Bei allen ‚Helden‘ der Gleichnisse (Hirte/Frau/Vater) entsteht das kommunikative Bedürfnis, sich mitzuteilen.

– Im ersten und im dritten Gleichnis ist bereits die ‚primäre‘ Freude des Hirten und des Vaters eine anteilnehmende Mitfreude.[102] Der empathische Affekt soll jeweils potenziert werden.

(8) Alle drei Gleichnisse enden mit einem offenen Schluss: Ob es durch den Appell zur Freude und Mitfreude tatsächlich gelingt, die jeweilige Gemeinschaft in den Binnenerzählungen von Lk 15 zusammenzurufen, wird nirgends geschildert. Lediglich die selbstverständliche Erwartungshaltung, wie sie in den beiden ersten Gleichnissen verlangt wird, und die nachdrücklichen Aussagen des Vaters im dritten Gleichnis weisen auf die Möglichkeit und Wahrscheinlichkeit hin, dass ein entsprechender Ausgang vom impliziten Autor vorgesehen ist.[103] Der offene Schluss der drei Gleichnisse verstärkt deshalb auch ihren bereits beschriebenen Appellcharakter: Nicht nur die Nachbarn, Freunde und der ältere Bruder werden auf der intradiegetischen Ebene der Erzählung zur Mitfreude aufgefordert. Wie die Pharisäer und Schriftgelehrten der Rahmenhandlung sollen auch die impliziten Leser damit konfrontiert werden, dass sie sich in einer Entscheidungssituation befinden. Alle drei Gleichnisse versuchen also, auf jeweils drei narrativen Ebenen zur Mitfreude zu motivieren.

Außer den festgestellten Analogien gibt es außerdem Hinweise darauf, dass die drei Gleichnisse aufeinander aufbauen. Im Leseprozess von Lk 15 entwickelt sich eine Klimax, die verschiedene Aspekte entfaltet:

---

[102] Zwar betrifft das Leben des Schafes und des jüngeren Sohnes auch den Hirten und den Vater, aber die Freude liegt nicht auf der Seite der existentiell Betroffenen (dem Schaf und dem jüngeren Sohn), sondern sie ist eine empathische Freude der nächsten ‚Angehörigen‘ (Hirte und Vater).

[103] Nach WOLTER, Streitgespräch, 55f, ist durch das offene Ende keine Rezeptionsanweisung gegeben.

(1) Während in den ersten beiden Gleichnissen und ihren Anwendungen nur das *Begriffsfeld der Freude* als χαρά bzw. des Mitfreuens συγχαίρειν verarbeitet worden ist, was auf denselben Wortstamm zurückgeht, werden im komplexeren und problematisierenden dritten Gleichnis die beiden Ausdrücke χαρά und εὐφροσύνη mehrfach nebeneinandergestellt. Dadurch verstärken sie sich gegenseitig. Durch das reichere Begriffsfeld ist die Freude im dritten Gleichnis noch eindrücklicher betont.

(2) Wie oben gezeigt, knüpfen die Bildfelder der ersten beiden Gleichnisse an allgemeines Erfahrungswissen an und beschreiben *typische Szenen* aus dem Alltag. Sie vermitteln nach Alexander B. Bruce,,,that is does not require things of great value to call into play the tendency of human nature to rejoice in finding things lost.''[104] Davon unterscheidet sich das dritte, daran anschließende Gleichnis, worin eine außerordentliche *Krise* dargestellt wird, in der die Existenz einer Familie in einer Zerreißprobe gezeigt wird.

(3) Die Mitfreude, für die in den beiden ersten Gleichnissen von Lk 15 geworben wird, ist für die Freunde und Nachbarn ebenso *unproblematisiert* wie die fröhliche Anteilnahme mit den lange unfruchtbaren Eltern Elisabeth und Zacharias in Lk 1 über die Ankündigung und Geburt ihres Sohnes. Denn diese Mitfreude kostet die soziale Umgebung nichts. Das ist im Gleichnis vom Vater und seinen beiden Söhnen anders: Der Sohn ist der einzige, der sich (noch) nicht über die Feierlichkeiten für seinen Bruder freuen kann. Aus der Rückkehr des Bruders resultieren Konsequenzen für sein Erbe und damit für seine eigene Existenz. Die Familie wird neu konstituiert, sodass sich das Beziehungsgefüge verändert. Der Vater erkennt in Lk 15,31 die Sorge darüber hinter der Verweigerung seines älteren Sohnes, sich mitzufreuen. Er geht deshalb nicht auf dessen vorgebrachtes Argument ein, das den Luxus der Feierlichkeiten kritisiert. Der Vater versichert seinem älteren Sohn weiterhin Nähe und finanzielle Sicherheit (Lk 15,31), um dessen Sorge zu entkräften und Mitfreude zu ermöglichen.

Indem dieses Gleichnis von den beiden vorangehenden vorbereitet ist, wird einerseits der Kontrast von *unproblematisierter* und *problematisierter Freude* präsentiert. Andererseits sind die ersten beiden Gleichnisse ein Plädoyer dafür, sich *in jedem Fall* zur Mitfreude zu motivieren.

(4) Während die ersten beiden Gleichnisse mit dem Appell an die Angehörigen abbrechen, sich mitzufreuen, greift das dritte Gleichnis diesen Moment auf und gestaltet ihn erzählerisch aus. Der Mitfreude entspricht eine

---

[104] BRUCE, Teaching, insb. Kap. 2, The Lost Sheep, The Lost Coin, And the Lost Son, or, the Joy of Finding Persons and Things Lost, 257–294, hier: 261.

Feier mit hervorgehobenem Festmahl. Dieses Mahl steht in einer Reihe von Luxusgütern, die dem jüngeren Sohn zugedacht werden. Dieser *Luxus* steht insgesamt für die Eigenschaften der Freude: Wahre empathische Freude ist ,maßlos', also unbeschränkt, und kann sich im konkreten Fall auf vielfältige Weise äußern. Freude ist charakterisiert durch ihre außergewöhnlichen *qualitativen* und *quantitativen* Ausdrucksformen.

Die *Klimax* in den drei Gleichnisses aus Lk 15 kann deshalb zusammenfassend wie folgt beschrieben werden: Das erste Gleichnis führt als *Exposition* mit den sechs Leitmotiven ,verlieren-suchen-finden-Haus-freuen-feiern' in die Thematik ein. Das zweite Gleichnis dient der *Affirmation:* Darin werden die wichtigsten Elemente des Hirtengleichnisses aufgenommen und verstärkt. Die Leitmotive werden somit im Kontext einer typisch männlichen und einer entsprechenden weiblichen Alltagserfahrung vermittelt. In beiden Texten soll dem Leser durch die einleitenden Formeln suggeriert werden, dass solche Reaktionen, die auf der Bildebene der Gleichnisse beschrieben werden, selbstverständlicher antiker Alltagspsychologie entsprechen.[105]

Im dritten Gleichnis wird zwar nicht analog in die Erzählung eingeführt, denn sie beginnt mit einer anderen Erzähleinleitung, die in der Antike ebenfalls häufige Verwendung fand. Aber der Plot ist auch dort zunächst analog. Zuerst wird der Vater als ,Held' des Gleichnisses (wie der Hirte und die Frau) über seinen Besitz charakterisiert. Alle oben beschriebenen Leitmotive außer dem ,Suchen' sind in Lk 15,11–32 verarbeitet. Vergleicht man die drei Gleichnisse, steigt das Verhältnis des Vermissten zum Gesamtvermögen streng monoton an: Macht das Schaf ein Prozent der Herde aus und die Drachme zehn Prozent des Geldbesitzes, steht der eine verlorene Sohn schon für die halbe Nachkommenschaft. Die mutmaßlichen Verluste in den ersten beiden Gleichnissen könnten von den Betroffenen mit Sicherheit ausgeglichen werden. Zudem sind das Schaf für einen Berufshirten als auch das Geldstück für die Frau Objekte, zu denen sicherlich kein enges persönliches Verhältnis vorausgesetzt werden muss wie zu einem Menschen, noch dazu dem eigenen Sohn.[106]. Der dritte Text ist auf-

---

[105] Dass aber auch in diesen Gleichnissen überraschende Wendungen begegnen, wurde oben gezeigt.

[106] Vergleiche dagegen die Überlieferung des Hirtengleichnisses im EvThom 107, worin ausgerechnet der Gedanke einer persönlichen Beziehung des Hirten zum Schaf (aus Liebe!) ausgestaltet ist! Im dritten Gleichnis wird keine weitere alltägliche, sondern eine außergewöhnliche Situation dargestellt; die ersten beiden Gleichnisse haben die Problematisierung der Freude des dritten Gleichnisses vorbereitet. Die selbstverständliche, impulsive und extrovertierte Freude in Lk 15,4–6.8–9 untermauert die Argumentation des Vaters in der Figurenrede Lk 15,24.32. Dieses Argument wiegt umso schwerer,

grund der internen Problematisierung länger und komplexer als die beiden vorangegangenen. Dass die Erzählführung offenbar auf das dritte Gleichnis hinarbeitet, zeigt sich auch daran, dass erst die Bildebene in Lk 15,11–32 mit der Situation der Rahmenhandlung Lk 15,1f korrespondiert. Betrachtet man die drei Gleichnisse in diesem rahmenden Kontext, wirkt dieser als *narrative Authentifizierungsstruktur*: Der Lukasevangelist verweist ausdrücklich auf Jesus, der dadurch als christliche Autorität für die Vorgänge in den Gleichnissen verantwortlich gemacht wird.[107]

E. Die Freude in den Gleichnisanwendungen

Die bisherigen Beobachtungen bestätigen sich, wenn man die Anwendungen zu den ersten beiden Gleichnissen betrachtet. Sie deuten die Gleichnisse auf einer anderen semantischen, nämlich theologischen Ebene. Interessanterweise beziehen sie sich auf die *Gemeinschaftsfreude*, die soeben als außergewöhnlicher Zug innerhalb der Erzählungen selbst festgestellt worden ist. Auch die Freude im himmlischen Milieu wird sozial vorgestellt: Es ist nie von der Freude eines Einzelnen die Rede. Durch die Gleichnisanwendungen wird zum einen die Freude, zum anderen werden *Gott und sein Umfeld* charakterisiert. Ein Bild aus der Alltagswelt soll die himmlische Freude über umkehrende Sünder verständlich machen. Eelis G. Gulin hat sie als „soteriologische Freude" bezeichnet, weil es in den Anwendungen um die Rettung von umkehrenden Sündern geht.[108] Dabei verweist das Futur in Lk 15,7.10 auf die *eschatologische* Bedeutung dieses Umkehrangebots:[109] Gerade im Wissen um das Gericht und die Mahnworte davor, die

---

da die Selbstverständlichkeit der Mitfreude in den ersten beiden Gleichnisse intradiegetisch über die Erzählerfigur Jesus vermittelt worden ist.

[107] Zum Begriff der ‚Authentifizierungsstruktur' vgl. FLUDERNIK, Einführung, 71. Die Einordnung der Gleichnisse bei Lukas entspricht derer bei Mt, wogegen die Überlieferungen im EvThom und im EvVer in andere Kontexte eingebunden sind.

[108] GULIN, Freude I, 99. ČABRAJA, Gedanke, 135, vermutet in der Wendung χαρὰ (...) ἐπὶ ἐνὶ ἁμαρτωλῷ (Lk 15,10) in Anlehnung an BLACK, Approach, 184, eine bis ins Aramäische zurückzuverfolgende Tradition.

[109] JEREMIAS, Gleichnisse, 35.135, der allerdings die Freude stets nur als Freude Gottes (und nicht seines Umfelds) versteht. Nach SCHENK, Synopse, 113, könnten die Fragen Lk 15,4.8 auf Jesus-Material zurückgehen, die Antworten dagegen auf den Redaktor von Q, der die Überlegungen zur „eschatologischen Freude" eingetragen habe, um die christliche Gemeinde zu ermutigen, sich von Israel zu trennen. Dagegen argumentiert CATCHPOLE, Schaf, 95, unter anderem mit dem Hinweis, dass es ja in Lk 15 letztlich darum gehe, das Ganze wieder herzustellen und nichts auszuschließen und abzutrennen.

auch im Lukasevangelium bezeugt sind,[110] hebt Lukas die Freude im Himmel über die ‚Gefundenen' hervor. Erzähltechnisch gelingt diese theologische Akzentuierung, weil verschiedene *Diskursmarker* den Übergang von den Gleichnissen zu den Kommentierungen verdeutlichen.[111] Alle prototypischen Markierungsarten zur Abgrenzung von mündlichen Erzählepisoden sind in diesem Textabschnitt realisiert.[112] Erzählerisch wird damit ausdrücklich auf die Autorität des Vermittlers Jesus verwiesen, der das vorangehende Gleichnismaterial nun (ebenfalls in wörtlicher Rede) theologisch deutet. Der Inhalt der Verse Lk 15,7.10 ist deshalb gegenüber dem Kontext besonders betont.[113] Es überrascht, dass es im Anschluss an das Hirtengleichnis überhaupt notwendig erschien, diesen expliziten Bezug zur theologischen Ebene herzustellen. Die Hirtenmetaphorik dürfte bei alttestamentlich gebildeten Lesern unwillkürlich vielfältige theologische Konnotationen freisetzen. Ein Vergleich des Hirten mit Gott oder Jesus liegt dadurch nahe.[114] Das Gleichnis von der Frau und ihrer Drachme dürfte dagegen durchaus deutungswürdig gewesen sein – trotz der geprägten Leitmotivik darin und obwohl dieser Text zwischen zwei anderen eingebettet ist, die umfangreiche theologische

---

[110] Vgl. beispielsweise im Vergleich zur Rahmenhandlung in Lk 15,1–3 die Weheworte gegenüber Pharisäern und Schriftgelehrten in Lk 11,37–54, worin die Alternative zu Lk 15 vorgestellt wird.

[111] Das Tempus wechselt vom Präsens ins Futur und die Anwendungen (Lk 15,7.10) werden ausdrücklich als persönliche Einschübe des für die Gleichnisse verantwortlichen Ich-Erzählers innerhalb der Komposition hervorgehoben (λέγω ὑμῖν ὅτι οὕτως χαρά...'/„οὕτως, λέγω ὑμῖν..."). Alle drei Gleichnisse werden als heterodiegetische Binnenerzählung des Vermittlers Jesus dargeboten. Die zweimalige Verwendung des Demonstrativpronomens οὕτως (= „auf diese Weise") ist ein weiteres deutliches Diskurssignal. Dadurch ist die Wortstellung dieser Satzanfänge auffällig hervorgehoben, was die Spannung für das Folgende steigert.

[112] Vgl. FLUDERNIK, Einführung, 60.

[113] Diese Erzählführung ist weder im Lukasevangelium noch in der synoptischen Überlieferung singulär. Insbesondere die Antithesen der Bergpredigt/Feldrede arbeiten mit einer analogen Formulierung (Lk 6,27/Mt 5,20.22.28.32.34 u.a.), die auf eine verarbeitete Logienquelle zurückgeführt wird. Es ist deshalb zu überlegen, ob Lk 15,7.10 aus einer Logientradition stammt und zur Deutung des lukanischen Sonderguts herangezogen wurde, oder ob hier eine Analogiebildung lukanischer Redaktion vorliegt. HOFFMANN/HEIL, Spruchquelle, 148.173, gehen in ihrer Konkordanz zur Rekonstruktion von Q davon aus, dass χαίρω und χαρά in Lk 15,9.10 zu Formulierungen gehören, „die einen Ursprung in Q zu haben scheinen, die aber nur in einem allgemeinen Sinn den ursprünglichen Q-Text wiedergeben." Einen nach Wahrscheinlichkeiten differenzierten Text zu rekonstruieren sei in diesem Fall unmöglich.

[114] Vgl. die Hirtenmetaphorik in Jer 23,1f; Ez 34, Gen 49,24; Ps 80,2; Ps 23 u.a., vgl. DUNCAN/DERRETT, Light, 37f; CHAE, Jesus, 239–244; ECKEY, Lukasevangelium II, 681.

Konnotationen ermöglichen.[115] Allerdings dürfte das Vergleichsmoment des zweiten Gleichnisses durch seine Anwendung in den Ohren eines frommen Juden äußerst anstößig geklungen haben, wird doch die himmlische Affektsphäre tatsächlich mit der Freude einer unordentlichen Frau verglichen, die erst fegen muss, bis sie ihre wertvolle Habe wiederfinden kann![116] Immerhin scheint der Verfasser von Lk 15,10 mit Sensibilität dafür eine kleine Differenzierung zu Lk 15,7 vorgenommen zu haben: Während die Freude des Hirten mit der „Freude im Himmel" (χαρὰ ἐν τῷ οὐρανῷ) verglichen wird, sodass sie auch Gott einschließt, bezieht die zweite Anwendung die Freude der Frau exklusiv auf die Engel Gottes (χαρὰ ἐνώπιον τῶν ἀγγέλων τοῦ θεοῦ), schließt Gott also aus! Eta Linnemann interpretiert diesen Befund literarkritisch:

„In frommer Scheu wagte man es nicht, von Gott Gemütsbewegungen auszusagen. Man sagte deshalb nicht, daß Gott sich freut, sondern daß Freude sei *vor* Gott. Man scheute sich aber auch, den heiligen Gottesnamen auszusprechen und umschrieb ihn deshalb mit den Worten ‚der Himmel' oder ‚die Engel'. Daß der Name Gottes trotzdem in V. 10 genannt ist, werden wir wohl einem heidenchristlichen Überlieferer zuschreiben müssen."[117]

Allerdings sind ‚Affekte Gottes' in alttestamentlicher Überlieferung durchaus bezeugt; woran auch Philo von Alexandrien in seiner Darstellung der Freude Gottes anschließt.[118] Es ist deshalb nicht überzeugend, aufgrund

---

[115] Auch die Vatermetaphorik aus Lk 15,11–32 kann theologische Konnotationen auslösen, vgl. BÖCKLER, Gott, insb. Kapitel 3.7. Darin wird das alttestamentliche Konzept vorgestellt, wonach JHWH als Mann mit Sohn beschrieben wird, der sich durch väterliches Handeln auszeichnet.

[116] Das EvThom kennt allerdings zwei zusammengestellte Logien (96 und 97) , in denen das Reich des Vaters mit Frauen in Alltagssituationen verglichen wird. Der Vergleich des zweiten Logions entspricht dem Drachmengleichnis in seiner Anstößigkeit: „Die Herrschaft des Vaters ist wie eine Frau, die trug auf ihrem Kopf einen bis oben hin mit Mehl gefüllten Krug. Sie hatte einen weiten Weg bis nach Hause. Der Henkel des Kruges zerbrach. Das Mehl rieselte hinter der Frau auf den Weg. Sie jedoch bemerkte nichts und wußte nichts von ihrem Mißgeschick. Als sie zu Hause angekommen war, stellte sie den Krug auf den Boden und fand ihn leer", BERGER/NORD, Testament, 666. Dagegen zeigt gerade das letzte Login, EvThom 114 eine Tendenz zu einer Diffamierung des Weiblichen auf metaphorischer Ebene: Nur Frauen, die sich Männern gleichmachten, könnten in die Herrschaft Gottes eintreten. Die Sphäre des Göttlichen wird demnach als ‚männlich' charakterisiert, das heißt mit Eigenschaften konnotiert, die als typisch männlich gelten. Vgl. hierzu auch die vergleichbare Begrifflichkeit bei Phil. QG IV,15–20.

[117] LINNEMANN, Gleichnisse, 72. Vgl. auch ERNST, Evangelium, 308; ČABRAJA, Gedanke, 138 und JEREMIAS, Gleichnisse, 134f, der in Lk 15,7 und Lk 15,10 ebenfalls Umschreibungen des Gottesnamens voraussetzt und deshalb ausdrücklich sowohl die Freude des Himmels als auch die der Engel mit der Freude Gottes identifiziert.

[118] Welchen Stellenwert die Freude Gottes bei Philo von Alexandrien einnimmt, kann in Kapitel 6, 120ff, gezeigt werden.

dieses Arguments wie Linnemann von unterschiedlichen Bearbeitungen der Anwendungen in Lk 15,7 und 15,10 auszugehen, nämlich im ersten Fall einer judenchristlichen und im zweiten Fall einer heidenchristlichen. Vielmehr sind die auffälligen wortgetreuen Übereinstimmungen zu beachten, gleichzeitig aber auch die Spannungen, die beiden Anwendungen gegenüber ihren Bezugsgleichnissen gemeinsam ist und die sie mit Lk 15,11–32 verbindet. Es darf keine voreilige Identifizierung der Engel mit Gott unterstellt werden. Vielmehr sind die Abweichungen an Vergleichsstellen gerade angesichts der vielen offensichtlichen Analogiebildungen besonders ernst zu nehmen, zumal wenn sie, wie oben, erklärt werden können.[119]

Es ist mit Recht darauf hingewiesen worden, dass beide Anwendungen dem Erzählduktus der zugrunde liegenden Gleichnisse grob zuwiderlaufen: Nur in den Kommentierungen wird die Freude in einen Zusammenhang mit der Umkehrwilligkeit von Sündern gestellt. Davon kann aber auf der Bildebene der Gleichnisse weder beim verlorenen Schaf noch beim verlegten Geldstück die Rede sein.[120] Das Thema der Umkehr ist typisch für das Lukasevangelium, das allein beide Anwendungen (Lk 15,7.10) überliefert.[121] Die Gleichnisdeutungen schaffen Kohärenz, denn sie stellen einen Bezug zur Einleitung (Lk 15,1–3) her, wo Jesu Gemeinschaft mit Sündern thematisiert ist. Aus den Spannungen zwischen dem zweiten Gleichnis und seiner Anwendung lässt sich schließen, dass auch das Bild von der Frau, die sich über ihre wiedergefundene Drachme freut, nicht aus derselben redaktionellen Schicht wie ihre Interpretation stammen kann. Beide Anwendungen sind deshalb mit Sicherheit sekundär und das Gleichnis kann selbst nicht lukanisch sein. Denn wenn Lukas besonderen Wert auf Umkehr und Mitfreude gelegt hat und nur aus Gründen der Mann/Frau-Komplementarität eine Ergänzung zum ersten Gleichnis hätte schaffen wollen, wäre ihm eine stringentere und weniger anstößige Gestaltung der Metapher durchaus zuzutrauen gewesen.[122]

---

[119] Auch gegen ERLEMANN, Gleichnisauslegung, 225. Die meisten Exegeten betrachten die Freude vor den Engeln Gottes lediglich als traditionellen Topos in Anlehnung beispielsweise an Ijob 1,6; 1 Kön 22,19ff, Jes 6,1, vgl. WALLS, Presence, 314–316; HEININGER, Metaphorik 145. ERLEMANN, Gleichnisauslegung, 224, deutet die Wendung „vor den Engeln Gottes" wie HEININGER, Metaphorik, 145, außerdem als Hinweis auf eine „öffentliche Dimension der Freude". Es ist allerdings die Frage, wo und inwiefern die Engel ‚Öffentlichkeit' gestalten. Meines Erachtens trifft das Stichwort einer kommunikativen und geteilten Gemeinschaftsfreude den Befund besser.

[120] DRURY, Tradition, 158; HEININGER, Metaphorik, 141.

[121] MÉNDEZ-MORATALLA, Paradigm, 15ff.

[122] Dass die anderen Schriften das Gleichnis in Lk 15,8f nicht überliefert haben, auch wenn es ihnen bekannt war, kann durch seine Anstößigkeit erklärt werden, derer Lukas sich offensichtlich ebenfalls bewusst war.

Weshalb hat der Lukasredaktor aber auf eine dritte Anwendung nach Lk 15,11–32 verzichtet? Das dritte Gleichnis ist das längste und komplexeste, man könnte sagen, es spricht für sich. Das Fehlen der dritten Anwendung kann auch darüber hinaus sinnvoll erklärt werden: Während die beiden ersten Gleichnisse mit einem Appell zur ‚unproblematisierten‘ Mitfreude schließen, bevor die eigentliche Gemeinschaftsbegegnung zelebriert wird, hat diese im dritten Text in einen Konflikt mit offenem Ausgang geführt. Wäre die Anwendung: „So wird auch Freude im Himmel sein über einen Sünder, der Buße tut...“ an dieser Stelle übernommen worden, hätte dieser Konflikt der Bildebene auf die Deutungsebene zurückgewirkt. Offensichtlich sollte die Vorstellung einer gemischten Freude im Himmel über die Sünder aber unbedingt vermieden werden – obwohl auch dies vor alttestamentlichem Hintergrund denkbar gewesen wäre.[123] Insofern ersetzt die Wiederholung des väterlichen Appells in Lk 15,24.32 die Anwendungen der ersten beiden Gleichnisse durchaus sinnvoll. Syntaktisch ist Lk 15,32 geschickt formuliert, denn der Abschluss der Gleichnistrilogie kann, wie gezeigt, sowohl als Aussage wie als Aufforderung zur Mitfreude verstanden werden, auch dann, wenn dies Konsequenzen für die eigene Existenz erfordert.

---

[123] So steht der Satan beispielsweise beim Propheten Sacharja, worin ebenfalls die Hirtenmetaphorik aufgenommen ist (Sach 13,7, vgl. Mt. 26,31), in der vierten Vision als Ankläger vor Gott (Sach 3). Er wäre entsprechend mit dem Verhalten des älteren Sohnes vergleichbar, der ebenfalls gegenüber seinem Vater wie ein ‚Staatsanwalt‘ auftritt. Diese alttestamentliche Stelle ist ferner interessant, weil auch hier die Neuausstattung des Sünders (Jeschua) mit Feierkleidern und besonderen Kompetenzen trotz seiner Sünde unter der Voraussetzung beschrieben wird, dass Jeschua künftig auf den Wegen des Herrn wandele und seinen Dienst recht versehe (Sach 3,7). Im Folgenden ist angesichts von Jeschuas Sündenvergebung die Rede von Einladungen zu feiernden Mahlgemeinschaften, die ebenfalls anschaulich und konkret wie die Darstellung aus Lk 15,22f durch Weinstock und Feigenbaum dargestellt sind (Sach 3,10). Diese sich anbietende Bezugsmöglichkeit wird in Lk 15,11–32 nicht genutzt. Das könnte daran liegen, dass Teufel und Satan im Lukasevangelium nie mit Menschen identifiziert, also gleichgesetzt werden. In diesem Fall wäre zudem durch einen derartigen Vergleich das Identifikationsangebot mit dem älteren Bruder stark abgeschwächt worden, was die Intention des Gleichnisses konterkariert hätte. Dass im Rahmen von Lk 15 gerade auch diejenigen Leser eingeladen werden sollen, die sich mit den Pharisäern und Schriftgelehrten identifizieren möchten, zeigt sich beispielsweise an der wenig wertenden Darstellung dieser Figuren in der Rahmenhandlung. Man beachte im Gegensatz dazu die pejorativ anmutenden Redeeinleitungen in Lk 16,14; 18,9 u.a.

F. Ein zusammenfassender Vorschlag zur Überlieferung und Redaktion von Lk 15

Im Lukasevangelium sind mit Sicherheit mündliche Traditionen oder schriftliches Material verarbeitet, worin das erste Gleichnis aus Lk 15 mit der Thematik vom Verlieren, Suchen, Finden und der Freude des Finders behandelt war. Das hat der Vergleich zu parallelen Überlieferungen in anderen frühchristlichen Schriften ergeben.[124] Entsprechende Vergleichstexte zum zweiten aber auch zum dritten Gleichnis fehlen dagegen. Lukas könnte hier Sondergut aufgenommen haben, zumal die Anwendung Lk 15,10 gegenüber dem Plot des Gleichnisses wie oben gezeigt Spannungen aufweist. Vieles spricht dafür, von starken redaktionellen Eingriffen in das vorliegende Gleichnismaterial auszugehen. Diese These soll kurz begründet werden:

Das zweite Gleichnis bietet fast kein eigenständiges Bildmaterial. Dass die Drachme einen Vermögensanteil von einem Zehntel ausmacht, ist wie gezeigt ein verbindendes Element zu den Expositionen der beiden umgebenden Texte: Durch die einleitende Beschreibung des Besitzes und des dazu in Relation stehenden Verlustes werden Spannung und Kohärenz geschaffen. Verglichen mit den beiden anderen Gleichnissen dieser kompositorischen Einheit ist Lk 15,8–9 recht knapp gefasst, dennoch sind die wesentlichen Leitmotive des ersten Gleichnisses darin verarbeitet, wie ebenso gezeigt werden konnte: Die Motive ‚verlieren-finden-Haus-freuen‘ und das Zusammenrufen des nächsten sozialen Umfelds sind den ersten beiden Gleichnissen gemeinsam. Andererseits präsentiert das zweite Gleichnis auffallend viele semantische Oppositionen zu Begriffen, die im ersten Gleichnis angelegt sind: Während der Hirte als Hauptfigur des ersten Texts einen Mann repräsentiert, der in der Natur und damit außerhalb des Hauses arbeitet, ist die Protagonistin des zweiten Gleichnisses eine Frau, die sich bei ihren beschriebenen Tätigkeiten im Haus aufhält. Der Mann aktiviert seine Freunde und Nachbarn, die Frau ihre Freundinnen sowie Nachbarinnen. Originell ist im zweiten Gleichnis lediglich das Moment der *Mühe*, wodurch die Suche nach der Drachme näher beschrieben wird. Die Anwendungen (Lk 15,7.10) sind sichtlich analog gestaltet, wie ebenfalls gezeigt worden ist. Allerdings stehen sie in Spannung zu den Gleichnissen selbst. Die Deutungen sind nirgendwo sonst belegt. Sie vertreten lukani-

---

[124] Die Fassungen aus dem Matthäusevangelium, EvThom und dem EvVer belegen, dass das Hirtengleichnis schon in seiner ältesten rekonstruierbaren, schriftlich fixierten Fassung mit zentralen Leitbegriffen verbunden war, mit großer Wahrscheinlichkeit auch mit dem der Freude. Schon in diesem Stadium scheint dieser Begriff aber erklärungsbedürftig gewesen zu sein. Diese frühchristlichen Schriften haben darauf interessengelenkt reagiert und unterschiedliche interpretatorische Wege beschritten.

sches Vorzugsvokabular und entsprechende theologische Tendenzen. Allerdings können sie nicht derselben Redaktion zugeordnet werden, die für die Rahmung der Gleichnisse (Lk 15,1–3) verantwortlich ist: In Lk 15,1–3 wird zwar die *Aufnahme* von Sündern thematisiert, aber nicht explizit das sich ebenfalls anbietende Leitmotiv der *Umkehr* (μετάνοια) aus Lk 15,7.10! Weil die Aufnahme die Umkehrbereitschaft voraussetzt, ist die Rahmenhandlung sozusagen einen Denkschritt weiter fortgeschritten als die anschließenden Anwendungen. Auch dieser Befund ist merkwürdig. Kann aus einer solch komplexen Konstruktion und dem vorliegenden Spannungsgeflecht ein überlieferungsgeschichtlicher Entwicklungsprozess rekonstruiert werden?

Dem folgenden Vorschlag liegen die wesentlichen Ergebnisse der bisherigen Analyse zugrunde:

(1) Der erste Bearbeiter könnte in seiner Materialsammlung das knappe Gleichnis über eine Frau vorgefunden haben, die ein Geldstück verliert, es mühevoll sucht und dann wiederfindet, woraus Freude entsteht.

(2) Im Anschluss daran könnte wie in Lk 15,10 eine Deutung formuliert worden sein: Entsprechend groß sei die Freude im Himmel über jeden Sünder, der umkehre. Demnach wäre in der rekonstruierten, älteren Überlieferungsschicht die Frau (und nicht das Geldstück) mit der Sünderin zu identifizieren, die sich auf die Suche nach dem Reich Gottes (dem Geldstück) begibt. Ihre Anstrengung wird belohnt, so ist ihre Freude zu erklären. Die Metapher eines sichtbaren materiellen Besitzes lässt überdies an eine Gleichnistradition denken, die im Matthäusevangelium überliefert ist: Darin wird das Reich Gottes mit dem Finden eines Schatzes verglichen, was beim Finder (wie in den Beispielen aus Lk 15) Freude (χαρά) auslöst.[125] Für diese hypothetisch rekonstruierte Fassung spricht, dass sie ge-

---

[125] Nur im Matthäusevangelium sind zwei Gleichnisse zusammengestellt, die das Reich Gottes mit einem Schatz im Acker bzw. mit einer kostbaren Perle vergleichen (Mt 13,44f). Interessanterweise ist das Motiv des Schatzes in diesem Sondergut ebenfalls mit Freude (χαρά) verbunden (Mt 13,44). Bei Lukas ist hierzu keine Parallele überliefert, aber die Schatzmetaphorik für das Reich Gottes ist auch dort bekannt. So unterscheidet Lk 12,33 beispielsweise zwischen einem materiellen Schatz und einem „Schatz im Himmel, wo kein Dieb hinkommt und den keine Motten zerfressen." Auch in diesem Beispiel geht es (im Gegensatz zu Mt 13,44) um die Verlustgefahr, der ein Schatz ausgesetzt ist. Möglicherweise hat Lukas sogar die in Mt 13,44 belegte Tradition vorgefunden und stark modifiziert, um eine Komplementarität zur Leitmotivik des Hirtengleichnisses zu erhalten: Der ‚Mann', wie er im Matthäusgleichnis belegt ist, könnte in Opposition zu Lk 15,8 zur ‚Frau' verarbeitet worden sein. Um ein Gleichnis mit alltagsnahem Bildfeld wie in Lk 15,4–6 zu erhalten, könnte es zudem notwendig gewesen sein, die ‚Schatz'-Metaphorik durch das Bild der Drachme zu konkretisieren. Diese Überlegungen sind zwar reizvoll, aber äußerst hypothetisch und werden deshalb nicht weiter vertieft. Zudem: In der These, dass das ursprüngliche Bildfeld des überlieferten Drachmengleichnisses personell nicht

genüber der aktuellen Fassung traditionell besser belegt ist und außerdem frei von Spannungen wäre.

(3) In einem weiteren Bearbeitungsschritt könnte das Drachmengleichnis mit dem Hirtengleichnis zusammengestellt worden sein. Es hat sich offensichtlich angeboten, beide Stoffe miteinander zu verbinden, weil sich einige Leitmotive der beiden Texte überschneiden.[126] Möglicherweise wurde in diesem Zusammenhang die Deutung des Drachmengleichnisses in Analogiebildung auf den ersten Text übertragen.[127] Denn die beiden Anwendungen in Lk 15,7.10 sind wahrscheinlich literarisch voneinander abhängig.

Mit dieser These lassen sich die weitgehenden Parallelen erklären, die Syntax und Wortwahl betreffen. Während die *Bildfelder* der Gleichnisse weitgehend stabil transportiert worden sind, haben sich durch die bearbeitenden Eingriffe zwei problematische semantische Verschiebungen ergeben, die den theologischen Anknüpfungspunkt und die *Deutungsebene* betreffen: 1. Weil die Hirtenmetaphorik im ersten Gleichnis traditionell auf Gott gedeutet wird, ist das Schaf durch den sekundären, deutenden Zusatz mit einem Sünder zu vergleichen – was allerdings angesichts der fraglichen Selbstbestimmungskompetenz eines Tieres nicht besonders passend erscheint. 2. Auch die erzählerische Aussage des zweiten Gleichnisses verschiebt sich durch den neuen Zusammenhang: Durch ihre Rolle als ‚Heldin' der Erzählung ist die Frau nun nicht länger auf der Deutungsebene mit einer Sünderin gleichzusetzen, die das Reich Gottes sucht. Sie steht nun durch den neuen Kontext analog zur Figur des Hirten. Die Hirtenmetaphorik löst aber starke Konnotationen zu Gott aus! Auf diese Weise könnte die Anstößigkeit des Vergleichs entstanden sein, Gott im zweiten Gleichnis mit einer Frau gleichzusetzen, die ihren Besitz verlegt und suchen muss, um ihn zu finden.

---

mit einer Frau besetzt gewesen sein muss, liegt keine antifeministische Spitze vor. Vielmehr wird deutlich, dass es eine frühe Bearbeitungsschicht als notwendig erachtet hat, die Überlieferung so zu bearbeiten, dass die theologische Aussage auch über ein Bildfeld aus weiblicher Alltagsperspektive vermittelt wird.

[126] Das EvThom bietet in seiner Fassung eine Kombination der ersten beiden Lukasgleichnisse. Es verarbeitet die Hirtenmetaphorik aus Lk 15,4f mit dem Motiv des Abmühens, wie es in Lk 15,8f präsentiert wird. Daraus muss nicht notwendig gefolgert werden, dass dem EvThom der Text des Lukasevangeliums vorgelegen habe. Da meines Erachtens das Material der ersten beiden Gleichnisse aus Lk mit Sicherheit überlieferungskritisch vorlukanisch ist, könnte das EvThom auch aus der angenommenen älteren Quelle geschöpft haben.

[127] Wie der intertextuelle Vergleich der frühchristlichen Paralleltexte gezeigt hat, ist die Anwendung, wie sie in Lk 15,7 steht, nur in diesem Kontext überliefert und deshalb auf jeden Fall sekundär.

(4) Wenn bei der redigierenden Arbeit am Text solche ‚Unfälle' geschehen sein sollten, scheint dies durch einen weiteren Bearbeiter dieser Textfassung (wie gezeigt) sensibel wahrgenommen worden zu sein. Die Anwendung des zweiten Gleichnisses ist in ihrer jetzigen Fassung so gestaltet, dass die Freude der Frau nicht länger mit der Freude Gottes, sondern lediglich mit der Freude von *Engeln* gleichgesetzt werden kann. Sie wurde anscheinend etwas modifiziert, während im Hirtengleichnis die ältere und aussagestärkere Fassung bewahrt worden sein könnte.

(5) Außerdem sind die ersten beiden Gleichnisse wahrscheinlich erst zu einem relativ späten überlieferungsgeschichtlichen Zeitpunkt in den Rahmen einer komplexen Komposition eingebaut worden. Wann Hirtengleichnis und Drachmengleichnis vor die Erzählung vom Vater und seinen Söhnen geschaltet worden sein könnten, ist schwer zu bestimmen.[128] Grundsätzlich dürfte dafür ausschlaggebend gewesen sein, dass in allen drei Gleichnissen das Motiv der Freude vorhanden war. Durch die Vorwegnahme der ersten beiden Gleichnisse dürfte die oben dargestellte Klimax aufgebaut worden sein.

Für eine umfangreiche Endredaktion spricht außerdem, dass *alle drei Gleichnisse* in diesem Prozess weitere neue, wesentliche (Um-) Akzentuierungen erfahren haben:

In diesem Zusammenhang dürften die Begriffe vom *Wiederfinden* des *Verlorenen* aus den ersten beiden sprachlichen Bildern in das abschließende dritte Gleichnis übertragen worden sein. Somit konnte Kohärenz zu den vorangegangenen Texten erzeugt werden, außerdem verstärkt dies die argumentative Wirkung des dritten Gleichnisses, obwohl die übernommenen Leitbegriffe offensichtlich nicht ganz adäquat zur erzählten Ereignisfolge des dritten Textes passen: Denn es ist durchaus zu fragen, weshalb der jüngere Sohn als „gefunden" bezeichnet werden sollte, wo er doch von materieller Not getrieben (also extrinsisch motiviert) den selbstständigen Entschluss fasst, den Weg nach Hause anzutreten – der zugrunde liegende Entscheidungsfindungsprozess ist zuvor ausführlich durch einen inneren Monolog vermittelt worden.[129]

Aber auch das Moment der ‚*Mit-Freude*' in den ersten beiden Gleichnissen ist wahrscheinlich dieser Bearbeitungsschicht zuzuordnen. Es ist in keiner anderen Überlieferung erhalten, weder im Zusammenhang mit der Tradition der Hirtengleichnisse noch im Zusammenhang mit der Schatzme-

---

[128] Ob diesem Bearbeiter das dritte Gleichnis schriftlich oder mündlich vorgelegen hat, ist meines Erachtens nicht mehr zu rekonstruieren. Dass sich Form und Gestaltung der Motive an jüdische wie hellenistische Traditionen anlehnen, gilt aber mittlerweile als Forschungskonsens.

[129] Vgl. die ausführliche Deutung von Lk 15,11–32 in Kapitel 11.

taphorik. Auf der Bildebene der ersten beiden Gleichnisse aus Lk 15 wirkt die eingeforderte außerordentliche Mitfreude angesichts einer alltäglichen Begebenheit wie gezeigt kurios und übertrieben. Dieses Element des Plots wirft Fragen auf und lässt sich fast nicht mit der Einleitungsformel vereinbaren, die dem Leser eine selbstverständliche Zustimmung abverlangt. Das Motiv der Mitfreude ist also schon innerhalb der ersten beiden Gleichnisse schwierig.

Damit nicht genug: Bei einer genauen Betrachtung der Bilder fällt auf, dass diese in Spannung zu den theologischen Deutungen der Mitfreude stehen. Denn Lk 15,6.9 enden jeweils mit einem Aufruf an das soziale Umfeld, sich mitzufreuen – das Ende ist aber offen, der Erfolg des Appells wird nicht geschildert. Die Anwendungen setzen dagegen eine erfolgreiche Werbung um die Mitfreude voraus. Sie knüpfen also an etwas an, was in den Gleichnissen selbst nur vorbereitet, aber nicht gegeben ist. Es ist auffällig, dass die Mitfreude thematisch umso besser sowohl zum dritten Gleichnis als auch zum Rahmen (Lk 15,1–3) passt. Beide Abschnitte haben apologetischen Charakter, sollen eine Ethik rechtfertigen, die sich als Mahlgemeinschaft auswirkt. In beiden Zusammenhängen geht es darum, für Empathie gegenüber denen zu werben, die als Sünder stigmatisiert sind. Die Motivation für dieses Handeln soll Freude, genauer: Mitfreude sein. Der letzte Redaktor stellt diesen Affekt sowohl in der Einführung als auch im dritten Gleichnis deutlich als handlungsentscheidenden inneren Antrieb heraus, durch den Statusunterschiede und Vorurteile überwunden werden können.[130]

Diese beiden Abschnitte, Lk 15,1–3 und das letzte Gleichnis vom Vater und seinen Söhnen, rahmen die Komposition. Hirtengleichnis und Drachmengleichnis dienen in erster Linie als Exposition und Affirmation innerhalb des größeren Zusammenhangs. Erst der letzte Bearbeiter dürfte den entscheidenden Aussageschwerpunkt wie beschrieben auf das Moment der Mitfreude verlegt haben.

Dass tatsächlich der Endredaktor des Evangeliums, also die Hand, die als lukanisch bezeichnet wird, für diese letzte Bearbeitung verantwortlich ist, legen aussagekräftige redaktionskritische Indizien nahe: Das Motiv einer anteilnehmenden Mitfreude begegnet wie gezeigt auch in den ersten beiden Kapiteln des Evangeliums wiederholt. Auch der letzte Vers in Lk 24,52 betont, dass „große Freude" ($\chi\alpha\rho\alpha$ $\mu\epsilon\gamma\alpha\lambda\eta$) die innere Einstellung der ersten Christen charakterisiert oder charakterisieren sollte. Diese erzählerischen Schlüsselstellen zählen allesamt zur lukanischen Sonderüberlieferung. Es ist meines Erachtens nicht mehr nachvollziehbar, ob diese Stellen insgesamt aus Quellen stammen, die nur von Lukas rezipiert wor-

---

[130] Übrigens werden wie gezeigt erst im dritten Gleichnis die oppositionellen Affekte zur Freude thematisiert.

den sind, oder ob der Endredaktor sie aufgrund seiner Glaubensüberzeugung selbstständig geschaffen hat. Mit Sicherheit lässt sich aber feststellen, dass ihm sehr daran gelegen war, das Moment der Mitfreude als Verhalten Gottes gegenüber Sündern konstitutiv zu definieren. Mit Nachdruck möchte er auch seine Adressaten zu einer entsprechenden Affektkompetenz erziehen.[131] Ob er dies aus eigener Glaubenserkenntnis oder aus historischer Jesustradition erfahren hat oder möglicherweise auch andere Tendenzen in christlichen Kreisen regulieren möchte, darf dahingestellt bleiben.

---

[131] Nach ERLEMANN, Gleichnisauslegung, 227, ist beispielsweise die Anwendung in Lk 15,10 nur vordergründig epideiktisch, richte sich im Kontext aber an alle Leser mit dem Appell zur Umkehr. GOLLWITZER, Freude, 170, versteht diese Erzählungen als „Einladung, als Freunde und Nachbarn Gottes zu handeln."

Kapitel 13

Lukas 19,1–10: Die Freude des Zachäus

Die Zachäuserzählung schließt in einigen Aspekten an den Zyklus der drei Gleichnisse an, in denen die Freude über das Gefundene thematisiert worden ist (Lk 15).[1] Der Zöllner Zachäus will Jesus unbedingt sehen und überwindet dafür auf kreative und symbolische Weise alle Hindernisse, die sich ihm in den Weg stellen. Jesus erkennt ihn, spricht ihn an, fordert ihn zur Gemeinschaft heraus. Zachäus kommt dem Aufruf *mit Freuden nach* (χαίρων) und bewirtet Jesus in dieser Nacht in seinem Haus, was allgemeinen Unmut hervorruft. Zachäus reagiert darauf mit dem Versprechen, mit seinem Besitz gerecht umzugehen und alle bisherigen Vergehen großzügig zu begleichen. Er verhält sich diametral entgegengesetzt zu jenem anonymen reichen Mann, der sich in der Beispielerzählung Lk 16,19–31 allein an seinem Reichtum erfreut (εὐφραινόμενος, Lk 16,9) und deshalb im Gegensatz zum armen Lazarus nach seinem Tod in der Hölle schmoren muss.[2]

Die Erzählung gilt vielen als eine lukanische Konstruktion,[3] die vor allem für die lukanische Soteriologie von großer Aussagekraft ist.[4] Gemein-

---

[1] Es gibt verschiedene weitere Versuche, die Zachäusperikope unter stilistischen, motivischen oder theologischen Aspekten mit anderen lukanischen Stellen in Verbindung zu bringen. Meistens wird in Lk 19,1–10 eine Wiederaufnahme oder Ausarbeitung des Materials aus Lk 5,27–32, der Berufung des Zöllners Levi, vermutet; vgl. FITZMYER, Luke II, 1219; kritisch dazu DUPONT, Zachée, 266. ECKEY, Lukasevangelium II, 779 und ERLEMANN, Gleichnisauslegung, 221f, verstehen Lk 15 als Parallelstelle zu Lk 19,1–10. Zur Nähe von Lk 19,9 und Lk 13,16 durch die übereinstimmende Metaphorik der Abrahamskindschaft siehe unten.

[2] Zwei Themen strukturieren die Erzählung vom reichen Mann und dem armen Lazarus: Ein Topos handelt von der Umkehr des Schicksals nach dem Tod, das andere thematisiert die Möglichkeit, den Lebenden eine Nachricht aus der Welt der Toten vermitteln zu können, so LEHTIPUU, Afterlife, 171. Die Erzählung gilt formal als Beispielgeschichte. Dabei besteht eine enge Verbindung zur Zachäuserzählung, die LEHTIPUU, Afterlife, 171f, unterstreicht. Während der reiche Mann in der Beispielerzählung durch seinen Reichtum charakterisiert ist und keinen Zugang zum ewigen Leben erhält, begegnet Zachäus in Jesus das Heil.

[3] DUPONT, Zachée, 266: „il est lucanien par son vocabulaire, son style, ses procédés de composition, ses perspectives théologiques", mit Verweis auf LOEWE, Interpretation, 321–331; FIEDLER, Jesus, 129–135; O'HANLON, Story, 2–6; JEREMIAS, Sprache, 275–277.

sam mit der Gleichnistrilogie aus Lk 15 arbeitet dieser Text das Thema der Freude variierend und ergänzend auf. Daraus ergibt sich, dass Lk 19,1–10 auch einen Erkenntnisgewinn für die im vorangegangenen Kapitel besprochenen drei Gleichnisse bedeutet: Nur in der Zusammenschau und im Bezug zueinander können diese vier Texte als Komposition verstanden werden. Einiges spricht sogar dafür, dass die Perikope, in der Jesus dem Zöllner begegnet, parallel zu Lk 15 gestaltet worden ist. Um das zu prüfen, sollen zuerst die gemeinsamen Merkmale aber auch die unterschiedlichen Aspekte der Texte vorgestellt und ausgewertet werden. Welche Aussagekraft hat die Komposition der beiden Komplexe Lk 15 und Lk 19,1–10? Welche Konsequenzen resultieren daraus für das lukanische Konzept der Freude? Außerdem ist unter diesen Voraussetzungen zu fragen, was den Redaktor dazu bewogen haben könnte, diese vier Texte angesichts der thematischen Nähe und ihrer Zusammengehörigkeit so aufgeteilt zu situieren, wie es dem gegenwärtig vorliegenden Evangelienverlauf entspricht. Diese Problematik soll abschließend mit einer kontextuellen Analyse als auch mithilfe eines lernpsychologischen Ansatzes behandelt werden.

A. Die Zachäuserzählung und die Komposition in Lk 15: Gemeinsamkeiten

Die Gemeinsamkeiten der vier Texte sind angesichts der unterschiedlichen Gattungen frappierend. Denn in der Zachäuserzählung sind die zentralen Leitbegriffe und die tragenden Begriffsfelder der Gleichnistrilogie aus Lk 15 enthalten. Am offensichtlichsten zeigt sich das in Lk 19,10, wo Jesus erklärt, dass der Menschensohn gekommen sei, „zu suchen und zu retten, was verloren ist." Auch das ‚Haus' wird als Ort des Geschehens und der Rettung wieder relevant (vgl. explizit Lk 15,6.8.25; Lk 19,5f.9), dort findet wie in Lk 15,23ff eine Mahlgemeinschaft statt (Lk 19,5f) Der Konflikt der Einleitung aus Lk 15,1–3 lebt wiederholt auf, gleichzeitig erfolgt der Gemeinschaftszuspruch gegenüber dem Verlorenen wie in allen Gleichnissen aus Lk 15. Dies geschieht allerdings ohne Vorhaltungen von einer Figur, die integrierend wirkt (Vaters/Jesus). Schließlich ist auch in Lk 19,8 von Handlungskonsequenzen die Rede, wenn der von Freude ergriffene Zachäus sich motiviert zeigt, sich gerecht zu verhalten und das eingestandene Verschulden zu sühnen. Einige dieser Punkte sollen zum besseren Verständnis kurz vertieft werden. Im Zusammenhang mit den Gleichnissen aus Lk 15 wurde die dortige knappe Einführung (Lk 15,1–3) vorgestellt. We-

---

[4] Siehe unten.

sentliche Indizien sprechen dafür, Lk 19,2–4.7 als ausführliche narrative Ausgestaltung der Hinführung aus Lk 15 zu betrachten.[5]

In Lk 15,1 ist der Blick zuerst auf *„alle Zöllner und Sünder"* (πάντες οἱ τελῶναι καὶ οἱ ἁμαρτωλοί) gerichtet. Sie nähern sich Jesus, um ihn zu hören. Entsprechende Charakterisierungsmerkmale begegnen auch in der Zachäuserzählung, und zwar gesteigert: Zachäus selbst wird als ein „Oberzöllner" (ἀρχιτελώνης) vorgestellt, der zusätzlich als „reich" beschrieben wird. Sowohl die erfolgreiche berufliche Karriere als auch das Vermögen, das im Zusammenhang mit der beruflichen Tätigkeit erworben oder vermehrt worden ist, verweisen auf einen prototypischen Vertreter der Zöllnerzunft. Zöllner standen wegen Kollaborations- und Korruptionsvorwürfen bei der jüdischen Bevölkerung in Verruf. Gleichzeitig ist die Zachäusfigur ein konkretes Beispiel für all jene „Zöllner und Sünder", die sich schon in Lk 15,1 Jesus mit aller Kraft anzunähern versuchen und damit Kritik bei denjenigen auslösen, die sich selbst für anständiger halten.

Im weiteren Verlauf der Erzählung (Lk 19,7) *murren und sprechen alle* lauthals darüber (καὶ ἰδόντες πάντες διεγόγγυζον λέγοντες), dass Jesus bei einem „sündigen Mann" eingekehrt ist.[6] Dieses Verhalten stimmt wörtlich mit der Reaktion in Lk 15,2 überein, wo die *Pharisäer und Schriftgelehrten murren* und über die Tischgemeinschaft Jesu mit Sündern *sprechen* (καὶ διεγόγγυζον... λέγοντες[7])! In beiden Kontexten steht das Murren und Lästern der Freude oppositionell entgegen.[8] Die beiden Verhaltensmuster stehen für unterschiedliche Reaktionen auf die Botschaft Jesu. Hinter diesen spontan erscheinenden, affektgeleiteten Reaktionen verbergen sich unterschiedliche Weltbilder, Menschenbilder, Identitätsvorstellungen und Glaubenskonzeptionen.

---

[5] Im Anschluss an CONZELMANN, Mitte, 215, betrachtet TAEGER, Mensch, 199–203, die Zachäuserzählung als konkrete Illustration dessen, was Lukas unter einem gelungenen Umkehrprozess versteht.

[6] Die Erzählweise ist raffiniert: Zuerst wird Zachäus vom auktorialen Erzähler sachlich und wertungsfrei vorgestellt, nämlich über seine berufliche Qualifikation und seinen Besitz (auch diese Einführungsweise entspricht der Erzählführung aus den beiden ersten Gleichnissen in Lk 15). Die pejorative ‚Abwertung‘ des Zöllners geschieht dagegen in einer anonym gehaltenen wörtlichen Figurenrede – sodass der Erzähler letztlich nicht die Redeweise verantworten muss, nach der Zachäus ein „Sünder" gescholten wird.

[7] Vgl. ähnlich, aber nicht wörtlich, in Lk 5,30.

[8] In diesem Zusammenhang ist ein vergleichender Blick auf Lk 13,17 aufschlussreich: Auch dort steht die Freude (des ganzen Volks, das Jesu Taten sieht) der Kritik und dem Murren gegenüber Jesus (seitens des Synagogenvorstehers und seiner Sympathisanten) entgegen. Murren ist stets Ausdruck einer negativen Qualität, vgl. RAVENS, Zacchaeus, 24. ECKEY, Lukasevangelium II, 786, bemerkt dagegen ebenfalls zu Recht, dass auch die traurige Reaktion des Reichen, der sich nicht von seinem Vermögen trennen kann (Lk 18,23), eine Opposition zur Freude bildet, wie sie von Zachäus bezeugt wird.

Die Liste der Analogien setzt sich fort. Beispielsweise schließt das Subjekt „*alle*" (πάντες) sowohl in Lk 15,1 als auch in Lk 19,7 die jeweils bezeichnete soziale Gruppe vereinheitlichend zusammen – was in beiden Fällen übertrieben pauschal wirkt.[9] Diese Formulierungsweise erscheint in der Zachäuserzählung tatsächlich äußerst merkwürdig: Wer murrte eigentlich genau über Jesu Verhalten – alle Bewohner von Jericho, die gesamte religiöse Elite der Stadt oder alle Anwesenden – etwa die Jünger und Jüngerinnen Jesu eingeschlossen?[10] Im bestehenden Kontext ist sonderbar, dass die substantivierte *Kollektivform* nicht näher explizit bestimmt wird (durch ‚telling').[11] Das Kollektiv wird lediglich durch sein Verhalten charakterisiert (durch ‚showing'): Als Opponenten[12] der Handlung behindern diese Figuren zweifach die Gemeinschaftsbildung zwischen Zachäus und Jesus. In Lk 19,3 verhindert das Kollektiv sowohl die Sicht als auch den Zugang des Zöllners zu Jesus als *physisches Hindernis*, in Lk 19,7 kritisiert es ausdrücklich die Gemeinschaft zwischen Jesus und Zachäus und stellt damit ein *soziales Hindernis* dar. Das Verhalten der murrenden Menge entspricht damit exakt den Informationen aus der kurzen Gleichnishinführung in Lk 15 über die Pharisäer und Schriftgelehrten, die „murrend" Jesu unkonventionelles Verhalten gegenüber Sündern kritisieren.

Erst seit relativ kurzer Zeit wird in der Narratologie erforscht, was die Darstellung von Kollektiven für Erzählungen bedeutet.[13] Dabei wird auch überlegt, inwieweit der Widerstand eines Protagonisten gegen herrschende Normen geradezu als Voraussetzung für die Erzählbarkeit gelten muss.[14] Wenn dieser Ansatz weiterentwickelt wird, könnte er möglicherweise auch für die Interpretation von Lk 19,1–10 fruchtbar gemacht werden. Denn diese Erzählung handelt durchgängig von einem Einzelschicksal (Zachäus) in Relation zu Jesus und dem Kollektiv (πάντες) und kann verschieden ge-

---

[9] Allerdings bezieht sich dieses Wort in Lk 15,1 auf die Zöllner und Sünder, in Lk 19,7 auf die oppositionelle Gruppe der Kritiker.

[10] Für DUPONT, Zachée, 267, ist das Kollektiv der Menge aus 19,3 mit dem angesprochenen Personenkreis (alle) aus Lk 19,7 identisch. ECKEY, Lukasevangelium II, 785, zählt sowohl die Jerichoer Bevölkerung als auch die Jünger, von denen Jesus begleitet wird, dazu.

[11] DUPONT, Zachée, 267, weist darauf hin, dass diese Menge am Anfang der Erzählung nicht näherbestimmt wird, aber zweifach die Gemeinschaftsbildung behindert: In Lk 19,3 verhindert sie Sicht und Zugang des Zöllners zu Jesus, in Lk 19,7 übernimmt sie die kritische Rede.

[12] Dieser Ausdruck entstammt dem Aktantenmodell von GREIMAS, Semantik, 163ff.

[13] Vgl. LANSER, Fictions, insbes. Part III, 223ff; MARGOLIN, Plural, 591–618; PALMER, Minds, hier: 130–169, darin außerdem über die narratologische Bedeutung von Emotionen 113–118.

[14] FLUDERNIK, Einführung, 131.

deutet werden.[15] Für die merkwürdige *Unbestimmtheit des Kollektivs* gibt
es sowohl diachrone als auch synchrone Erklärungen, die sich nicht gegenseitig ausschließen müssen: Einerseits könnte die ungenaue Beschreibung
der oppositionellen Gruppe (πάντες) daraus resultieren, dass eine ursprünglich zusammengehörige Komposition aus Lk 15 und Lk 19,1–10
getrennt wurde, sodass der wohl ursprünglich vorhandene kontextuelle
Bezug nicht länger gegeben ist. Andererseits wird durch diese Erzählweise
der Fokus unmittelbar auf die Protagonisten Jesus und Zachäus konzentriert, da beide Figuren trotz ihres isolierten Zustands gegenüber der namenlosen und quantitativ dominierenden Menge im Lukasevangelium vorgestellt und näherbeschrieben werden. Jesus und Zachäus sind in Lk 19,1–
10 gesellschaftliche Außenseiter. Obwohl das Kollektiv in der Erzählung
eine handlungstragende Rolle besitzt, ist durch die sensible Erzählführung
dafür gesorgt, dass die Begegnung zwischen Zachäus und Jesus zweifelsohne im Mittelpunkt von Lk 19,1–10 steht. Die Kritik der Menge verblasst
dagegen als stereotype Reaktion.[16]

Wie in den drei Gleichnissen von Lk 15 liegt auch in Lk 19,1ff ein
emischer Textbeginn vor, über den Protagonisten Zachäus werden sogar
vergleichsweise ausführliche Referenzen vorgestellt.[17] Ein genauer Blick
darauf verrät eine besonders strukturierte Erzählweise:

---

[15] (a) Zum einen als Identitätsfindungsprozess anhand einer kognitiven und affektiven
Umstrukturierung, wonach sich der Protagonist entwickelt und so verändert, dass er in Lk
19,8 einen eigenständigen neuen Standpunkt vertreten kann. Während dieser Entwicklung ist er stets mit dem Kollektiv konfrontiert, das ihn ablehnt und ihm den Zugang zu
Jesus (und damit zur Rettung) erschwert. (b) Die Erzählung kann allerdings auch als
Auseinandersetzung zwischen Zachäus und einer namenlosen Menge gedeutet werden,
die ihn allein wegen seiner Berufszugehörigkeit als Sünder pauschal verurteilt, ohne sein
tatsächliches Handeln im Einzelfall zu berücksichtigen. Dafür spricht die Verwendung
des Indikativ Präsens in Lk 19,8. Dieses Tempus kann ambivalent gedeutet werden: Zum
einen könnte damit etwas Futurisches ausgedrückt sein, zum anderen könnte es als per-
fektisches Präsens interpretiert werden und damit einen Vorgang beschreiben, der in der
Vergangenheit begonnen hat und mit seiner Wirkung bis in die Gegenwart hineinreicht.
Vgl. hierzu die in diesem Kapitel an späterer Stelle folgende Argumentation.

[16] MALINA/ROHRBAUGH, Commentary, 387.

[17] Dieser Text ist insofern traditionell auktorial, weil der Er-Erzähler eine Geschichte
vorbringt, die ihn selbst nicht betrifft. Darin kommt der Wechsel von unbestimmter Darstellungsweise zu bestimmtem Artikel und Namen wie in Lk 19,2 (ἰδοὺ ἀνὴρ ὀνόματι
καλούμενος Ζακχαῖος, Lk 19,2) regelmäßig vor, vgl. FLUDERNIK, Einführung, 55. Auch
ECKEY, Lukasevangelium II, 780, sieht im typischen 'und siehe' die Einleitung der Er-
zählhandlung, ohne dies näher zu begründen. Die Erzählung in der vorliegenden Überlieferung beginnt ja vielmehr mit einer Handlung und Reisebeschreibung Jesu, wird von mir
aber als sekundäre redaktionelle Überleitung zur Erzählung betrachtet, was weiter unten
begründet und eingeordnet wird.

(a) Der *auktoriale Erzähler* definiert die Figur des Zachäus konstitutiv über die vier Faktoren Namen, präzise Berufszugehörigkeit, Besitz und Körperstatur[18]. All diese Charakteristika sind insofern sachlich gehalten, da sie soziale, materielle oder äußerliche Informationen transportieren und keine versteckten Wertungen über das Wesen des Zachäus implizieren.[19] Der Erzähler enthält sich einer direkten Lenkung, sodass der implizite Leser angeregt wird, sich selbst ein Urteil über die Figur zu bilden. Dazu werden im Verlauf der Erzählung zwei einander entgegengesetzte und wertende *Meinungen über Zachäus* vorgestellt:

(b) Nur von der namenlosen *Menge*, den Opponenten der Erzählung, wird Zachäus als Sünder stigmatisiert (Lk 19,7). Diese Aussage in Figurenrede ist strikt von der Charakterisierung des Erzählers zu trennen! Sie ist im Gegensatz zur sachlich gehaltenen Texteinführung rein pejorativ und wird nicht eingehender sachlich begründet. Der Leser kann sich das Vergehen des Zöllners nur durch eigenständige Kombination der Informationen erschließen, die sich aus der erzählerischen Vorstellung (Lk 19,2) und den Handlungskonsequenzen nach der freudigen Begegnung mit Jesus ergeben (Lk 19,8).

(c) Ganz anders wird Zachäus von *Jesus* bewertet, der ebenfalls zum Figureninventar der Erzählung zählt: In Lk 19,9 begründet er die Rettung des Zachäus zunächst nicht mit seiner eigenen Mission, sondern mit dessen Abrahamssohnschaft![20] Zachäus wird also nicht unter äußerlichen, beruflichen oder materiellen Aspekten wahrgenommen, wie es die Einleitung der Erzählung vorgibt, auch nicht als Sünder, wie es zeitgenössischen gesellschaftlichen Klischees entsprochen hätte. Für Jesus ist Zachäus in erster

---

[18] GREEN, Gospel, 669f, weist allerdings darauf hin, dass ἡλικία in klassischem Griechisch eigentlich nicht die Größe, sondern das Alter eines Menschen bezeichnet.

[19] Allerdings gibt es in der antiken Literatur auch physiognomische Theorien, die mit geringer Körpergröße einen kleinlichen Geist, dagegen mit einem ästhetischen Figur geistige Größe assoziieren, vgl. Aristot. eth.Nic. 1123b; Cic. orat. II,60.245, vgl. PARSONS, Stature, 54. Die Beschreibung des Zachäus ist auf der Ebene des Erzählers dennoch sachlich gehalten, da explizite Abwertungen, beispielsweise durch die Verwendung von wertenden Adjektiven, vermieden werden. Außerdem sind weitere Belege, die ebenfalls auf eine physiognomische Interpretation verweisen und damit die Argumentation Parsons zu Lk 19,3 unterstützen könnten, meines Erachtens im Lukasevangelium nicht gegeben.

[20] Zur folgenden Argumentation scheint der Hinweis in Lk 19,10 nicht zu passen, wonach Zachäus von Jesus zu den ‚Verlorenen‘ gezählt wird. Allerdings spricht einiges dafür, den betreffenden Vers als sekundär zu erachten, da er in Spannung zum Plot der Zachäuserzählung steht und stattdessen die typischen Topoi von der Suche des Verlorenen bedient, die auch im Zusammenhang von Lk 15,24.32 als sekundär gelten können (siehe auch unten).

Linie ein Kind Abrahams. Er betrachtet ihn unter theologischer Perspektive, definiert ihn damit über seine *Gottesbeziehung*. Die ist dem Leser bereits durch die ersten Begebenheiten (Events) der Handlung klar demonstriert worden: In Lk 19,3f wird die komplexe Bemühung des Zachäus beschrieben, Jesus sehen zu wollen. Die *rasche und gehäufte Folge der Verbalformen* in diesen Versen hebt die verschiedenen Tätigkeiten hervor, die dazu notwendig sind. Diese Verbalkonstruktionen erzeugen zudem Spannung und Dramatik, sodass die Begegnung zwischen Jesus und dem Zöllner durch eine Klimax eindrucksvoll vorbereitet ist. Mit demselben Mittel der Akkumulation von Verben und Partizipien wird auch die Begegnung zwischen dem Vater und seinem verloren geglaubten Sohn in Lk 15,20 dargestellt.

Interessanterweise ist auch die Gestaltung von *Erzählzeit* und *erzählter Zeit* in beiden Komplexen vergleichbar: Die Abfolge im Zeitlichen ist in Lk 19,1–10 durchweg chronologisch gestaltet, wie es in Erzählungen erwartbar ist. Das Erzähltempo entwickelt die gleiche deutliche Dynamik wie in den Gleichnissen von Lk 15: Zuerst ist der zeitliche Ablauf summarisch und beschleunigt vorgestellt, verlangsamt sich dann aber so weit, bis in den letzten Versen durch die ausgeprägte wörtliche Rede eine Isochronie vorliegt.

Auch die räumliche Erzählführung des Textes weist eine bezeichnende Ähnlichkeit zu Lk 15 auf. Denn in allen Gleichnissen über die Mitfreude spielt das *Haus* (οἶκος) als Ort der Gemeinschaftsbildung eine wesentliche Rolle. Das ist auch in der Zachäuserzählung offensichtlich. Zweimal wird das Haus hier erwähnt, immer aus dem Mund Jesu. Auch in Lk 19 geht es um das Innen und Außen: Wie in Lk 15 ist das Haus im vorliegenden Zusammenhang ein Ort der Integrität, der Geborgenheit und Gemeinschaftsbildung.[21] Für die lukanische Metaphorik ist es deshalb wesentlich, dass die Kritiker der Gemeinschaft sowohl in Lk 15 als auch in Lk 19,1–10 außerhalb bleiben. Umgekehrt bedeutet das für Zachäus, dass er nicht nur ideologisch, sondern auch räumlich vom Kollektiv ab- beziehungsweise ausgegrenzt zu denken ist. Das „Murren" findet im Haus keinen Raum. Dort wird gefeiert, weil die erlebte Aufnahme und Akzeptanz auf Gegenseitigkeit basieren. Das Haus, das in den drei Gleichnissen nur ein Element der Bildebene war, wird in der Zachäuserzählung sogar Teil der theologisch gedeuteten Aussage: „Heute ist diesem *Haus* (τῷ οἴκῳ) die *Rettung* (σωτηρία) zuteil geworden", deutet Jesus das Geschehen um den Zöllner.

Immer wieder ist bekräftigt worden, dass in dieser Aussage (Lk 19,9) ein besonderer theologischer Höhepunkt des Lukasevangeliums vorliegt –

---

[21] Zu den vielfältigen Konnotations- und Bedeutungsmöglichkeiten bezüglich des ‚Hauses' (οἶκος/בַּיִת) vgl. STROBEL, Begriff, 91–100; DUNCAN/DERRETT, Light, 42; WEIGANDT, Art. οἶκος, insb. 1226f; MICHEL, Art. οἶκος κτλ., 122–133 (Lit).

Gerhard Schneider sieht hierin ein Resumée der lukanischen Soteriologie,[22] Ian H. Marshall spricht von einem „epitome of the message of the Gospel"[23], und auch weitere Exegeten beobachten in der Perikope eine Ansammlung von Themen, die dem dritten Evangelisten besonders wertvoll waren – „jusqu'à en faire un condensé de l'évangile"[24]. Meiner Ansicht nach ist die Personifizierung des ‚Hauses' in diesem Vers zentral: Dieser Ausdruck steht metaphorisch für die Gemeinschaft aller Angehörigen, die ökonomisch zu einer antiken Hausgemeinschaft zählen, schließt also auch die Familie und die Angestellten des Zachäus in die Rettung ein.[25] Das ‚Haus' bezeichnet nicht nur die wirtschaftliche Grundeinheit, sondern auch die primäre Religionsgemeinschaft.[26] Der babylonische Talmud überliefert das Gegenteil zu Lk 19,5, nämlich dass sich nach rabbinischer Lehre die Sündhaftigkeit eines Zöllners auf seine gesamte Familie überträgt![27] Durch diesen Vers der lukanischen Erzählung wird gefördert, dass die Events der konkreten Erzählung um den Zöllner Zachäus nicht nur figurbezogen, sondern auch abstrakter gedeutet werden können. Entsprechend offen ist die Adressatenausrichtung, was an späterer Stelle ausgeführt wird. Dann folgt das Wort, in das die Leitbegriffe aus Lk 15 aufgenommen sind, über den Menschensohn, der gekommen ist, das Verlorene zu suchen und zu retten.[28]

In allen vier Texten werden *unkonventionelle Verhaltenspraktiken* dargestellt und mit der *Freude* begründet, die eine betroffene Person erfüllt. Wer sich freut, reagiert spontan, außergewöhnlich und daher ‚irrational'.[29] Auch Zachäus verhält sich ungewöhnlich: Wenn eine der Obrigkeit verpflichtete Respektsperson in einflussreicher Position wie er auf einen

---

[22] SCHNEIDER, Evangelium, 376.

[23] MARSHALL, Gospel, 695.

[24] BOSSUYT/RADEMAKERS, Parole, 412, vgl. LOEWE, Interpretation, 329–331; DUPONT, Zachée, 265.

[25] Vgl. WEIGANDT, Art. οἶκος, 1226f.

[26] ECKEY, Lukasevangelium II, 787, mit Verweis auf Apg 10,2; 11,14; 16,15.31; 18,8.

[27] b Shevu VI, Fol. 39a: „R. Šimon sagte: Welche Sünde hat denn seine Familie begangen, wenn er gesündigt hat? Dies besagt, du hast keine Familie, in der ein Zöllner sich befindet, die nicht ganz aus Zöllnern bestände…"

[28] Die Verbindung dieses Logions zu Lk 15 haben zahlreiche Theologen aufgezeigt, vgl. beispielhaft SCHNEIDER, Evangelium, 378; SCHNEIDER, Menschensohn, 110; ERNST, Evangelium, 513; NÜTZEL, Jesus, 190; TAEGER, Mensch, 202; HAMM, Luke, 436f.

[29] Der Hirte in Lk 15,4–6 geht mit dem Schaf nicht erst zu seiner zurückgelassenen Herde zurück, wie es sachlich wahrscheinlich angebracht wäre. Es könnte dem Leser angesichts der Alltäglichkeit der Situation auch übertrieben erscheinen, das gesamte nähere Umfeld zusammenzurufen und zum Mitfreuen zu motivieren, wenn sich ein Geldstück im eigenen Haushalt wiedergefunden hat, vgl. Kapitel 12, 305f. Die Freude des Vaters in Lk 15,20 geht ebenfalls einher mit einem Verhalten, das für einen wohlhabenden Patriarchen unangemessen erscheint: Er eilt seinem Sohn entgegen und wartet nicht dessen demütige, unterwürfige Geste ab, vgl. hierzu Kapitel 11, 249ff.

Baum klettert, um einen heilenden jüdischen Wanderprediger zu sehen, kann dieses Verhalten durchaus Spott auslösen und den Zöllner durch Lächerlichkeit diskreditieren. Sein Handeln wirkt eher wie das Verhalten eines stürmischen Jünglings als das eines gesetzten, einflussreichen Beamten. Auch die demonstrative Erklärung, seinen Besitz gerecht zu teilen und Fehler wieder gutzumachen (Lk 19,8), könnte sich für einen reichen und erfolgreichen Zöllner, für dessen Beruf das Rechnen und Maximieren des eigenen Gewinns eine wesentliche Voraussetzung ist, äußerst kontraproduktiv entwickeln: Sein freudiges Verhalten widerspricht dem Klischee, das über das Berufsethos eines Zöllners verbreitet ist.[30]

Insofern greift die Zachäuserzählung zentrale Ausdrücke und maßgebliche inhaltliche Züge auf, die auch in Lk 15 gegeben sind. Allerdings liegt keine Wiederholung nach einem simplen Schema vor: Die Perikope Lk 19,1–10 schließt an die offenen Fragen und Ergebnisse von Lk 15 an, baut auf ihnen auf und entwickelt sie weiter. Das soll im Folgenden besonders im Hinblick auf die Freude gezeigt werden.

B. Die Zachäuserzählung und die Komposition in Lk 15: Komplemetarität

Grundsätzlich unterscheidet sich der folgende Text von den vorangegangenen drei Gleichnissen in Lk 15 durch die Wahl der *Form*: Trotz des hohen dialogischen Anteils, der es durchaus erlaubt, von einer szenischen Präsentation des Plots zu sprechen, wird grundsätzlich der Rahmen einer *Erzählung* beibehalten.[31] Es liegt in Lk 19 also keine weitere Binnenerzählung als Figurenrede Jesu vor. Während Jesus in Lk 15 als Erzähler über das Wesen der Freude unterrichtet und mit seinen Gleichnissen verschiedene und komplexe Modelle sowie Rollenangebote zum Lernen angeboten hat,

---

[30] Dass Zöllner in der gesamten hellenistischen Welt und nicht nur unter Juden verrufen waren, beschreibt Plut. Luc. 7,5–6, vgl. Plutarchs Lifes, in englischer Übersetzung von B. Perrin, I–XI, hier: II, 492f, siehe HERRENBRÜCK, Jesus, v.a. 104–107, hier: 106. Vgl. auch die Schilderungen bei Josephus, der in seinen Altertümern mehrfach das Auftreten, die Arbeitsweise und die Unbeliebtheit von Zöllnern beschreibt, vgl. Ios. ant. Iud. II,86; II,91f/XII,211–212, siehe hierzu ECKEY, Lukasevangelium II, 782f; HENGEL, Judentum, 489–492.

[31] Die Definition und Zuordnung der Form von Lk 19,1–10 ist innerhalb der Formkritik unterschiedlich bestimmt worden. Während BULTMANN, Geschichte, 55–57, den Text beispielsweise als biographisches Apophthegma bewertet, das eine ideale wie metaphorische Situation beschreibt, erkennt DIBELIUS, Formgeschichte, 50f, eine Legende mit einem möglichen historischen Kern, woran sich MARSHALL, Gospel, 695, anschließt. TANNEHILL, Varieties, 113, und FITZMYER, Luke II, 219, verstehen die Erzählung als pronouncement story.

wird seine Figur in Lk 19,1–10 selbst zu einem ‚Modell', anhand dessen etwas über Freude gelernt werden kann. Anders ausgedrückt: Nach der Theorie kommt nun die Praxis. Jesus spricht nicht mehr *über* die Freude, er erlebt sie selbst (an und mit Zachäus). Auf diese Weise ergänzt Lk 19,1– 10, das ebenfalls dem lukanischen Sondergut zugerechnet werden muss, die drei Gleichnisse in Lk 15 komplementär. Jesu Freude bleibt nicht auf die Theorie beschränkt, sondern resultiert folgerichtig aus seiner Ethik.

Ein weiterer prägnanter Unterschied besteht in der *Detailfreudigkeit*, mit der die Erzählung in Lk 19,1–10 präsentiert wird. So werden in der Geschichte um Zachäus viel mehr persönliche Eigenheiten genannt als in Lk 15, wo alle Protagonisten namenlos geblieben sind. Die Figur des Zachäus ist wie gezeigt besonders anschaulich eingeführt worden: Nicht nur Name, Beruf, Wohnort (Jericho) sowie sein soziales Umfeld werden vorgestellt.[32] Der Oberzöllner zählt darüber hinaus zu den wenigen biblischen Figuren, deren Physiognomie beschrieben wird! Es heißt in Lk 19,3, dass er von kleiner Gestalt war ($\tau\hat{\eta}$ $\dot{\eta}\lambda\iota\kappa\acute{\iota}\alpha$ $\mu\iota\kappa\rho\acute{o}\varsigma$) und *deshalb* auf den Baum kletterte, um Jesus zu sehen.[33] Auch der Baum ist näher klassifiziert: Es soll sich um eine Sykomore ($\sigma\upsilon\kappa\omicron\mu\omicron\rho\acute{\epsilon}\alpha\nu$, ficus sycomorus), also eine Art des Maulbeerfeigenbaums, gehandelt haben. Diese Baumart wurde in der Jordansenke traditionell angepflanzt.[34] Die Summe der Details sorgt für eine lebendige Anschaulichkeit der Erzählung, soll vielleicht auch Lokalkolorit vermitteln. Die Erzählung wirkt deshalb weniger lehrhaft und mehr unterhaltend. Möglicherweise mag der Gedanke an einen Oberzöllner, der als Schaulustiger auf einen Baum klettert, beim antiken Leser sogar Erhei-

---

[32] Die Informationen erhellen sich gegenseitig, wobei die Ortsangabe Jericho besonders aufschlussreich ist. Diese etwa 20 km nordöstlich von Jerusalem gelegene Stadt in der Jordansenke war seit den Bautätigkeiten von Herodes und seinem Sohn Archelaos für ihren hellenistisch-römischem Stil bekannt. Nach DALMAN, Orte, 260, soll sie einen Umfang von ca. 3,8 km gehabt haben. Jericho war regional bedeutsam, denn die Jerichofurt bildete den Übergang zur Arabia, das Gebiet des heutigen Jordanien. Die Größe der Stadt verweist auf entsprechend hohe Einnahmen ihres Oberzöllners, der die Rechte eines Steuereintreibers nur pachten konnte, indem er jährliche Vorauszahlungen an die Römer leistete. Vor allem Großgrundbesitzer und Zollpächter gehörten in Judäa der wohlhabenden Schicht an, siehe ROSTOVZEFF, Gesellschaft, 10; HERRENBRÜCK, Jesus, zu Lk 19,1– 10: 275–281, hier: 277.

[33] Vgl. Fußnote 18 dieses Kapitels, wo nach GREEN, Gospel, 669f, darauf hingewiesen wird, dass $\dot{\eta}\lambda\iota\kappa\acute{\iota}\alpha$ sowohl die Größe als auch das Alter bezeichnen kann. Auch diese Lesart könnte das äußerst ungewöhnliche Verhalten des Zöllners erklären.

[34] Sykomoren erreichen eine Höhe von 10–15 Metern und sind in warmen Gebieten als Schattenspender an Straßenränder gepflanzt worden, vgl. DALMAN, Arbeit, darin I, 61–63; LÖW, Feigengleichnis, 167f; Nach ECKEY, Lukasevangelium II, 784, konnte das Holz der Sykomoren auch zum Bauen verwendet werden.

terung ausgelöst haben.[35] Entsprechende Akzente, die humoristisch gedeutet werden könnten, sind im Vergleich dazu weder in den ersten beiden Gleichnissen vorhanden noch angesichts der existentiellen Dramatik im dritten Gleichnis aus Lk 15 anzunehmen.

Die Erzählung in Lk 19 ist insgesamt äußerst komplex: Eine hohe Figurendichte wird mit mehreren räumlichen Bewegungsabläufen und einer Verlangsamung des Erzähltempos kombiniert, sodass die Konfrontationen in der zweiten Hälfte der Erzählung eine außergewöhnliche szenische Wirkung haben: Hier kommen alle drei Parteien zu Wort. In Lk 15,4–6 und 15,8–9 sind dagegen nur die Positionen der Suchenden und sich Freuenden wörtlich wiedergegeben worden, in der abschließenden Szene vor dem Haus in Lk 15,25–32 wurden immerhin zwei Positionen der internen Erzählung in Figurenrede dargestellt.[36] In der Erzählung Lk 19,1–10 werden die ausführlichsten und abschließenden Redebeiträge den beiden Protagonisten Zachäus und Jesus zugeschrieben.

Für die vorliegende Fragestellung nach der Freude besteht der bedeutendste Unterschied im _affektbetroffenen Subjekt_. In allen drei Texten aus Lk 15 stand die _empathische Freude_ im Zentrum der Aufmerksamkeit, nämlich als _Freude des Retters_ (des Hirten, der Frau, des Vater) und als _Mitfreude der sozialen Umwelt_ (der Freunde, Nachbarn, Hausangestellten, des älteren Bruders). In Lk 19,1–10 empfindet dagegen der _Gerettete_ selbst die Freude! Dadurch wird einerseits ein neuer Akzent gesetzt, andererseits aber auch ein Handlungsfaden aus dem dritten Gleichnis (Lk 15,12–24) wieder aufgenommen, der dort zugunsten des Handlungsstrangs um den älteren Sohn vernachlässigt bzw. unterbrochen worden ist: Denn es ist seltsam, dass in Lk 15,11–32 nirgends dargestellt wurde, wie der jüngere Sohn die überraschende herzliche Aufnahme des Vaters verarbeitet. Seine sorgenvollen Bedenken vor der Begegnung sind immerhin durch einen inneren Monolog anschaulich und ausführlich präsentiert worden! Offensichtlich hat sich der Gleichnisverfasser dafür entschieden, eine enttäuschte Erwartungshaltung des Leserkreises in Kauf zu nehmen und auf die Beschreibung eines (vorläufigen) ‚Happy Ends‘ seitens des jüngeren Sohnes zu-

---

[35] Das scheint auch ECKEY, Lukasevangelium II, 783, indirekt ausdrücken zu wollen, denn er kommentiert Zachäus als „lächerliche Figur".

[36] Zwar äußert sich auch der jüngere Sohn in Lk 15,11–32 mehrfach wörtlich, sogar mit einer Gedankenrede in Lk 15,17f. Aber eine Konfrontation der beiden Söhne wird nicht beschrieben, zwischen ihnen findet innerhalb der Erzählung keine wörtliche Auseinandersetzung statt. In der Szene Lk 15,28–32 ist der jüngere Sohn als Opponent aus der Sicht des älteren Sohnes nicht zugegen, zum Perspektivwechsel im Erzählverlauf vgl. Kapitel 11, 244f, u.a.

gunsten der Thematik einer (problematischeren) empathischen Freude zu verzichten.[37] Dabei hätte nichts dagegen gesprochen, dieses fehlende Handlungselement in das dritte Gleichnis zu integrieren. Der Bericht, wie der jüngere Sohn dankbar und freudig erlebt, wieder aufgenommen zu werden, hätte die Klimax vor dem Konflikt mit dem älteren Sohn sogar noch gesteigert. Offensichtlich sollte das Moment der Freude des Geretteten in diesem Rahmen noch nicht verhandelt werden. Dieser Aspekt wird erst durch Lk 19,1–10 ergänzt.

Aufgrund der Analogien lohnt es sich, die *Figurenkonstellationen* von Lk 15,11–32 und Lk 19,1–10 zu vergleichen. Denn nicht nur die Darstellung des Zachäus knüpft an das Verhalten einer Figur aus dem Familiengleichnis an. In beiden Texten wird mit bestimmten Handlungsmustern gearbeitet:

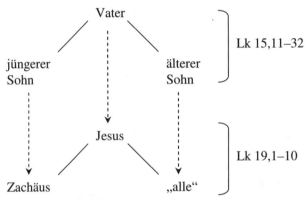

Wie der Vater in Lk 15,20 seinem jüngeren Sohn entgegeneilt und versucht, ihn durch sein Vorbild in die Gemeinschaft und in sein Haus zu reintegrieren, so verhält sich auch Jesus in Lk 19,5: Er *geht* dem Zöllner *entgegen* und fordert ihn vorbildlich zur *Gemeinschaft* heraus, die ebenfalls im *Haus* vollzogen wird. Diese Gemeinschaftsbildung geschieht in beiden Fällen vor aller Augen.

Auch die Analogie zwischen dem Verhalten des älteren Sohns und der nicht näherbestimmten Gruppe aus Lk 19,7 ist deutlich: Die *zornige Kritik*

---

[37] Lk 15,11–32 hat insofern ein zweifach offenes Ende: Die Reaktion des jüngeren Sohnes wird genauso wenig geschildert wie der Ausgang des Konflikts zwischen dem Vater und seinem älteren Sohn. Das zuerst genannte offene Ende ist im Erzählablauf allerdings insofern schlüssig, da sowohl eine Lösung als auch eine Eskalation der letzteren Auseinandersetzung das Ergehen und damit auch die (un-)eingeschränkte Freude des jüngeren Sohnes betreffen würden, siehe Kapitel 11, 258ff.

gegenüber dem Vater entspricht dem *murrenden Einspruch* des Kollektivs gegenüber Jesus. In beiden Fällen wird die öffentlich vollzogene Gemeinschaftsbildung mit stigmatisierten „*Sündern*" verurteilt, wobei die von diesen Figuren vertretene Position dem zeitgenössischen Mainstream entsprochen haben dürfte – also die gesellschaftlich vorherrschende Norm unter Juden gewesen sein könnte.[38] Dagegen rechtfertigen sowohl der Vater als auch Jesus ihr Tun nachdrücklich damit, dass die Rettung des Verlorenen alle (Vor-)Urteile überwinden sollte. In beiden Fällen geschieht das Handeln aus einem *Müssen* heraus: Der unpersönliche Ausdruck ἔδει/δεῖ[39] verweist in beiden Texten auf die Unbedingtheit und Notwendigkeit des Handelns, das im Haus stattfindet (Lk 15,32; Lk 19,5): Die Gemeinschaft im Haus entspricht Gottes Heilswillen.[40]

Was haben sich die beiden Männer, der jüngere Sohn und Zachäus, eigentlich zuschulden kommen lassen? Das sündige Vergehen wird in der Vorgeschichte in Lk 15,13 explizit deutlich, in Lk 19,8 lässt es sich erschließen: Beide hatten vor ihrer Rückkehr ins ‚Haus' anscheinend ein gestörtes Verhältnis zu materiellen Gütern. Der jüngere Sohn hat sein Geld verprasst – Zachäus hat sich bereichert. Angesichts der vielfältigen Analogien und der intertextuellen Bezüge, die bereits aufgezeigt worden sind, ist die Gegensätzlichkeit dieser ‚Sünden' beachtenswert. Die polare Argumentation mutet aristotelisch an: Das Verschleudern wie das Horten sind zwei Extreme auf einer Skala und dadurch problematisch. Die Kunst besteht nach Aristoteles darin, das rechte Maß zu finden.[41] Der falsche Umgang mit dem Besitz veranschaulicht außerdem, dass sowohl ihre Beziehungen zum zwischenmenschlichen Umfeld als auch zu Gott gestört sind. Wer das Materielle zu wichtig nimmt, setzt die falschen Prioritäten. Es darf in diesem Zusammenhang nicht unterschätzt werden, dass sowohl an Lk 15 als auch an Lk 19,1–10 mehrere Perikopen anschließen, die das Thema der Besitzproblematik ausdrücklich und variierend aufgreifen.[42] So sei beispielhaft

---

[38] Dafür sprechen ethische Normen des AT, insbesondere die Mahnsprüche aus weisheitlicher Überlieferung, vgl. Spr 1,15–19; Sir 21,2. Zur Sünde der Händler: Sir 27,2f. Von der Vorsicht im Umgang mit Reichen und Mächtigen vgl. Sir 13 u.a. Zur Forderung der Gastfreundschaft gegenüber rechtschaffenen Leuten Sir 9,23.

[39] Man kann ἔδει/δεῖ mit „man musste", „muss", oder: „es ist nötig, dass" übersetzen.

[40] GRUNDMANN, Art. δεῖ, 22f.

[41] Aristot. eth.Nic. 1107b: „In Hinsicht auf das Geben und Nehmen von Geld ist Großzügigkeit die Mitte. Das Zuviel und das Zuwenig heißt Verschwendungssucht und kleinliches Knausern."

[42] An Lk 15 schließt das Gleichnis vom unehrlichen Verwalter an. Darin wird wie in Lk 15,13 ein Mann gerechtfertigt, der beschuldigt wird, seinen Besitz zu verschleudern (Lk 16,1). Darauf folgen verschiedene Apophthegmata, von der Treue und vom Umgang mit Besitz (Lk 16,1–13). An die Zachäuserzählung knüpft ebenfalls ein Text an, der sich

auf Lk 16,13 verwiesen. Zugespitzt geht es dort um die Unmöglichkeit, sich ‚innerlich zerteilen' zu können: „Ihr könnt nicht Gott dienen und dem Mammon." Die Kombination der Texte Lk 15,11–32 und Lk 19,1–10 zeigt in diesem Kontext, dass es nicht nur um den jeweiligen (un-) angemessenen Umgang mit dem Besitz geht, sondern stets auch um das Verhältnis zu Gott und den Mitmenschen.

Immer wieder ist die *Umkehr* als zentrales Thema von Lk 15 und Lk 19,1–10 verstanden worden.[43] Das Umkehrverhalten verbinde den jüngeren Sohn mit dem Zöllner Zachäus. Das kann so gesehen werden, bedarf aber einer genaueren Analyse. Meines Erachtens sollte präziser die *Heimkehr* als Zentrum der Texte bestimmt werden. Auch diese Momente ergänzen sich komplementär – in mehrerer Hinsicht.

So sollten die *Bewegungsabläufe* der Verse Lk 19,3ff unbedingt beachtet werden: Zuerst läuft Zachäus dem erwarteten Umzug voraus (προδραμών, Lk 19,4). Er bemüht sich um einen Blickkontakt aus der Ferne bzw. aus der Höhe, weshalb er auf den Maulbeerfeigenbaum steigt.[44] Aber dann folgt ein Dialog: Beide Gesprächspartner sind kommunikationsbereit und gehen aufeinander zu. Jesus kündigt an, sich gemeinsam mit Zachäus auf den Weg zurück in sein Haus zu machen, um dort zu bleiben (ἐν τῷ οἴκῳ σου δεῖ με μεῖναι). Lk 19,5f wirkt insofern wie ein sprachspielerischer oder dramaturgischer Rollentausch: Jesus, der die Sünder annimmt, will vom Sünder Zachäus aufgenommen werden, was dann auch geschieht (ὑποδέξατο αὐτόν). Zachäus freut sich, weil es Jesus nach seiner *Gemeinschaft* verlangt! Der Sünder wird öffentlich zum Gastgeber, was ihn sozial aufwertet. Wie in Lk 15 wird durch die Bewegung ins Haus das Moment der Rettung ausgedrückt. Entscheidend ist bei diesem Bild, dass Jesus mit Zachäus gemeinsam dorthin zurückgeht (vgl. Lk 15,5f, deskriptiv Lk 15,22–28). Allein diese Metaphorik verbietet, von einer einseitigen Umkehr des Zöllners Zachäus zu sprechen. Vielmehr wird hier eine *Gemeinschaftsbildung* in Kombination mit der *Heimkehr* beschrieben, wie sie auch in Lk 15,21–24 angedeutet ist! Allerdings bestehen situativ unterschiedliche, einander entgegengesetzte Voraussetzungen:

---

mit Besitz beschäftigt. Eingebettet in ein Reich-Gottes-Gleichnis bietet Lk 19,11–27 ein längeres Gleichnis von den anvertrauten Pfunden, vgl. hierzu Fußnote 84. Zur Beispielgeschichte, in der die Fröhlichkeit eines reichen Mannes kritisiert wird, der seine Freude und seinen Reichtum zu Lebzeiten nicht teilt (Lk 16,19ff).

[43] Vgl. CONZELMANN, Mitte, 215; TAEGER, Mensch, 199–203; MÉNDEZ-MORATALLA, Paradigm, 160–180 (Lit!) u.a.

[44] HAMM, Sight, 458, deutet das Sehen in diesem Kontext nicht nur als physisches Sehen, sondern als ein tieferes Sehen des Glaubenden und verweist dazu auf Lk 18,35–43 und Lk 18,18–30.

Figur	Jüngerer Sohn	Zachäus
Ausgangszustand	Armut, Hunger	Reichtum
Berufliche Ausgangsperspektive	Sogar ein sozialer Abstieg als Knecht erscheint als Gnade	Oberzöllner: Einträgliche Stellung, Macht
Innerer Zustand	Sorge, Existenzangst	Interesse, Neugier?
Hindernis	Räumliche Distanz, das Selbst	Räumliche und soziale Hindernisse
Rückkehr ins Haus	Einzige Überlebensoption: als Gast aufgenommen zu werden	Als Gastgeber
Gemeinschaftsereignis	Großes Fest mit Gästen, Festessen, Singen und Tanzen	Einkehr, Aufnahme.[45]

Beiden Texten ist gemeinsam, dass in ihnen die konkreten Umstände und Faktoren der Gemeinschaftsbildung benannt werden:

Kommunikationsbereitschaft	Jüngerer Sohn und Vater	Zachäus und Jesus
Mangelnde Kommunikationsbereitschaft gegenüber der Figur	Älterer Sohn	„Alle"

In beiden Texten geht es um die Bereitschaft der Figuren, miteinander zu kommunizieren. Zudem werden das Engagement und die Ausdauer beschrieben, die notwendig sind, um die gegebenen unterschiedlichen Hindernisse zu überwinden. Die Voraussetzungen des jüngeren Sohnes und des Zachäus sind einander völlig entgegengesetzt. Anhand der beiden Figuren werden Motivationen und Mechanismen beschrieben, die aufeinander aufbauen und sich ergänzen: Die Überwindung von äußeren Hindernissen und sozialer Fremdeinwirkung ergänzt eine Problematik, die beispielsweise im dritten Gleichnis der Trilogie in Lk 15 dargestellt worden ist. Dort ist das größte Hindernis für den jüngeren Sohn die Überwindung des eigenen Selbst. Seine innere Entwicklung ist ausdrücklich durch einen inneren Monolog dargestellt worden. In der Zachäuserzählung wird der Vorgang der Selbstüberwindung dagegen erzählerisch übergangen – weshalb Zachäus den unbedingten Drang entwickelt, Jesus zu sehen, wird nicht geschildert.[46] Seine Motivation bleibt unklar. Eine innere Entwicklung wird nicht dargestellt, aber vorausgesetzt, um die Darstellung ganz auf die Krise mit der Umwelt konzentrieren zu können.

---

[45] Übernachtung und Mahlgemeinschaft werden nicht explizit beschrieben, können aber im Rahmen der antiken Gastfreundschaft angenommen werden.

[46] ECKEY, Lukasevangelium II, 783.

Die primäre Gemeinschaftsbildung (jüngerer Sohn/Vater – Zachäus/Jesus) gelingt in beiden Fällen.[47] Es spricht nichts dagegen, sich das ergänzende Potential dieser Perspektiven zu vergegenwärtigen: Im Lukasevangelium ist die vorbildliche Gemeinschaft beidseitig mit gefühlter und gezeigter Freude verbunden. Dass die ‚Freude im Himmel' ebenso wie die alltäglichen Freuden als vorbildliche Ethik präsentiert werden, beweist die Massivität und Nachdrücklichkeit dieser Werbung für die praktische Gemeindearbeit. Liest man die Texte nebeneinander, ist der doppelte Aussagegehalt klar: Eine freudige Gemeinschaft setzt aktive Bemühungen auf beiden Seiten voraus. Sie ist nicht bedingungslos! Gleichzeitig sollte das Gemeinschaftsangebot weder von den Vorurteilen über eine Person noch von ihrem tatsächlichen früheren Verhalten abhängig gemacht werden. Egal, ob eine ‚Heimkehr' aus existentieller Not – und damit letztlich unfreiwillig – oder aus nicht näher bestimmbaren Interesse – erfolgt: Eine Gemeinschaft, die sich an Gottes Freude orientiert, sollte offen für alle Heimkehrwilligen sein. Das ist die Voraussetzung dafür, dass Freude auf beiden Seiten entstehen kann.

Die These, dass die Perikope aus Lk 19,1–10 das Gleichnis vom Vater und seinen Söhnen komplementär ergänzt, kann durch einen Vergleich der Abschlusssentenzen in Lk 15,24.31f/Lk 9,9 verdeutlicht werden. Obwohl sowohl der jüngere Sohn als auch Zachäus für ihren fragwürdigen Lebenswandel kritisiert werden, haben beide ihre jeweilige *Sohnschaft* nicht verwirken können:

(1) Das jüngere Kind wird vom Vater wieder als Sohn empfangen – trotz seiner diesbezüglichen Ängste, diesen Status verwirkt zu haben (Lk 15,19). Dass die Aussage des Vaters über die Bildebene hinausweist, zeigt sich in der Formulierung, der *Sohn sei tot gewesen* und wieder *lebendig* geworden: Diese Spitzenaussage des dritten Gleichnisses ist sowohl durch ihre Sprache, die das Bildfeld sprengt, als auch durch ihre zweifache Wiederholung emphatisch betont. Das Thema der Sohnschaft wird im dritten Gleichnis durch weitere Bezüge vertieft: Auch der ältere Sohn wird vom Vater ausdrücklich als „mein Sohn" angesprochen (Lk 15,31), obwohl dieser versucht, sich von der Familie zu distanzieren.[48] Es ist raffiniert formuliert, dass der jüngere Sohn im Moment des offenen Endes die *Bruder-*

---

[47] Wie schon oben gezeigt, beschreibt Lk 15,22–24.32 die Freude des integrativ wirkenden Vaters, Lk 19,6 zeigt die Freude aus der entgegengesetzten Sicht.

[48] Das geschieht durch die räumliche Abgrenzung, das Haus nicht betreten zu wollen (Lk 15,28), anderseits aber auch durch eine außerordentliche Redeweise: Der ältere Bruder betitelt den jüngeren in der Auseinandersetzung mit dem Vater als „dein Sohn" (Lk 15,30) und vermeidet die zu erwartende Redeweise „mein Bruder". Damit markiert er seine persönliche Abgrenzung gegenüber dem Bruder und Vater, vgl. Kapitel 11, 267.

schaft verwirkt zu haben scheint, während ihm der ältere Bruder den *Sohnesstatus* ironischerweise weiterhin zuerkennt. Das Gleichnis in Lk 15,11–32 muss deshalb auch als Auseinandersetzung mit der Frage verstanden werden, was Sohnschaft bedeutet, ob und wie sie verwirkt oder gar erneuert werden kann.

(2) Mit Sohnschaft setzt sich auch Lk 19,1–10 auseinander. Der Lebenswandel eines Zöllners (Lk 19,8) dürfte für einen frommen Juden ähnlich verwerflich gewesen sein wie der eines Menschen, der sein „Hab und Gut mit Huren verprasst" hat[49] – dennoch bleibt Zachäus für Jesus ein *Sohn Abrahams* (καὶ αὐτὸς υἱὸς ᾿Αβραάμ ἐστιν, Lk 19,9). Auch hier ist die Rettung in der Sohnschaft begründet, die trotz einseitiger Abkehr durch den ‚Verlorenen' nicht verfällt. Während die Sohnschaft im Familiengleichnis aber auf die Verwandtschaftsverhältnisse der Bildebene beschränkt ist, ist der Ausdruck der ‚Abrahamskindschaft' sowohl durch alttestamentliche Theologie als auch durch Lk 13,16 geprägt. Lk 15,11–32 hat im zwischenmenschlichen Erfahrungsbereich durchleuchtet, was ein gutes Vater-Kind-Verhältnis ausmacht. Mitfreude sollte ein selbstverständliches „Muss" sein, wenn Angehörige gerettet werden. Die Gleichnisaussage erhellt damit die knappe Argumentation in Lk 19,9: Wie sich der Vater freut, dass sein Sohn für ihn wieder lebendig ist, so handelt auch Jesus und so freut sich Gott über Zachäus, den „Sohn Abrahams". Umgekehrt wirft dieser Hinweis aus der Erzählung rückwirkend ein weiteres Licht auf das dritte Gleichnis in Lk 15. Denn im Gleichnis selbst war kein theologischer Anknüpfungspunkt gegeben, aber durch Lk 19,9 erschließt sich über den Begriff der Sohnschaft eine weitere Argumentation zugunsten des jüngeren Sohnes: Auch er sollte als Sohn Abrahams reintegriert werden können.

C. Die Qualität der Freude in Lk 19,1–10

Die innere Einstellung des Zachäus wird in der Erzählung als Freude (χαρά) bezeichnet. Sie ist nicht lediglich als Begleiterscheinung zu verstehen, das belegt sein zweifach auffälliges und dem verbreiteten Klischee widersprechendes Verhalten. Schon die antike Affektlehre und die vorausgegangenen Gleichnisse in Lk 15 haben wiederholt darauf aufmerksam gemacht, dass Gefühle wie die Freude zu irrational anmutenden Handlungskonsequenzen motivieren können. Es ist deshalb gerechtfertigt, das Verhalten des Zachäus unter dieser Perspektive zu deuten. Dabei zeigen

---

[49] Entsprechend lautet der unwidersprochene Vorwurf des älteren Sohnes gegenüber seinem jüngeren Bruder im Gleichnis in Lk 15,30.

sich zwei Aspekte der Freude, deren Zusammenhang in Lk 15 noch nicht behandelt worden ist:

Irrationales Verhaltensmuster:	Form der Freude:
Lk 19,4: Klettern auf einen Maulbeerbaum	Vorfreude
Lk 19,8: Absichtserklärung, entgegen der üblichen Berufspraxis nicht berechnend zu sein.	Ergebnisorientierte Freude

Während in den Gleichnissen von Lk 15 nur die ergebnisorientierte Freude und die Mitfreude darüber behandelt werden, liegen in der Zachäuserzählung zwei andere Momente vor: Das erste ungewöhnliche Verhalten des Zöllners ist bereits vor seiner Begegnung mit Jesus festzustellen, nämlich in Erwartung seiner Durchreise. Hier könnte bereits deskriptiv die hoffnungsvolle *Vorfreude* des Zöllners beschrieben sein, weil ansonsten schwer zu erklären ist, was ihn zu dem außerordentlichen Verhalten motiviert haben sollte. Ausdrücklich liegt Freude darüber hinaus in Lk 19,6 vor: Die Einladung Jesu, bei Zachäus einzukehren, lässt den Zöllner vor Freude eilig den Baum herabsteigen.

Gibt es auch Hinweise auf die *Qualität* dieser beiden Freudenmomente? Als erstes Indiz kann wie gezeigt das deviante Verhalten des Zachäus ausgewertet werden. Die überschwänglichen Handlungskonsequenzen müssen in Relation zur Intensität der zugrundeliegenden inneren Bewegtheit gewürdigt werden. Anders ausgedrückt: Wer sich von ganzem Herzen freut, achtet nicht auf Normen und riskiert, sich lächerlich zu machen.

Der Text bietet weitere Indizien für die außerordentliche Stärke und Wirksamkeit dieser Freude: Sowohl Lk 15,5.6.9.20.21[50] als auch Lk 19,6 geben deskriptive Hinweise darauf, dass Freude *Eile* und *Dringlichkeit* bewirkt: Die Handlungskonsequenzen escheinen den handelnden Subjekten jeweils unaufschiebbar und werden sofort umgesetzt. So wie der Vater seinem jüngeren Sohn entgegenläuft (δραμών, Lk 15,20), eilt auch Zachäus der Begegnung voraus (Lk 19,4, προδραμών). Die Freude des Zachäus darf zudem als besonders groß angenommen werden, weil seine mühevolle Suche zu weit mehr führt, als er mit einer realistischen *Erwar-*

---

[50] Zur irrational wirkenden Eile des Hirten, die Freunde zu informieren, bevor er mit dem Schaf zur Herde zurückkehrt sowie zum analogen Verhalten der Frau mit dem gefundenen Groschen siehe Kap. 12. Im Familiengleichnis macht die Hungersnot die Rückkehr des jüngeren Sohnes unaufschiebbar. In Lk 15,20.21 wird die Dringlichkeit durch die schnelle Verfolge und die Wahl des Ausdrucks ‚laufen' ausgedrückt sowie durch das zeitliche Adjektiv δραμών.; Kapitel 11, 251. In Lk 19,6 hat es Zachäus eilig (σπεύσας), wenn er nach Jesu Aufforderung vom Baum herabsteigt. Jesus verschiebt die Gemeinschaft nicht auf unbestimmte Zeit, sondern wählt denselben Tag (σήμερον) als konkreten, nächstmöglichen Termin.

tungshaltung für möglich halten konnte. Es gelingt ihm nicht nur, Jesus aus der Ferne zu sehen, sondern er darf ihn sogar beherbergen, mit ihm Zeit verbringen, ihn kennenlernen, seine Gemeinschaft und sein Heil erleben. Ein weiterer Faktor, der die Qualität seiner Freude beeinflussen könnte, dürfte auch im *Überraschungsmoment* begründet sein – es kann die Affektintensität zusätzlich verstärken, dass Jesu Aufforderung an den Zöllner unerwartet eintrifft. In dieser Freude (Lk 19,6) können sich die Vorfreude auf die bevorstehende Begegnung und die erfüllte Freude über den begonnenen Kontakt mit Jesus spiegeln. In dieser Perikope werden insofern ganz verschiedene Aspekte der Freude behandelt, wie sie auch in den modernen psychologischen Emotionstheorien als auch im antiken Affektdiskurs bekannt sind.[51] Das Beispiel des Zachäus demonstriert, mit welcher Qualität sich Freude entwickeln kann, wenn einzelne, förderliche Faktoren zusammentreffen.

Die Handlungskonsequenzen der Freude

Zachäus' Erklärung (Lk 19,8) muss entsprechend differenziert gedeutet werden: Die Absicht, die Hälfte seines Besitzes zu teilen und Schäden vierfach zu erstatten, könnte sein grundsätzliches Bedürfnis verraten, Fehler wieder gutzumachen. Zweitens wird durch diese Aussage demonstriert, dass sich Zachäus an der Tora orientiert. Das explizite Versprechen, ausgerechnet den armen Mitbürgern (τοῖς πτωχοῖς) etwas zukommen zu lassen, spricht drittens über eine (neu gewonnene) soziale Kompetenz, auch in den sozial Deklassierten die Nächsten zu erkennen und gesellschaftlich Verantwortung zu übernehmen.[52] Mit Blick auf die in Lk 15 vermittelten Analogien im Zusammenhang mit der Freude muss deshalb festgestellt werden: Wer sich freut, behält diesen Affekt nicht für sich, sondern soll bereit sein, ihn und sein Hab und Gut mit den Nächsten zu teilen. Freude verlangt, andere einzubeziehen. Freude überwindet jede berechnende Tendenz im Menschen, selbst wenn dieser Aspekt wie im Fall des Zachäus die maßgebliche berufliche Kompetenz betreffen sollte.

Ein weiteres wichtiges Phänomen wird in den Texten deutlich: Weder der Hirte noch die Frau, weder der Vater noch die Knechte oder Jesus reagieren als Vorbilder vorwurfsvoll gegenüber dem ‚Verlorenen'. Einem Sünder, der wieder in die Gemeinschaft aufgenommen werden soll, sind demnach keine Vorhaltungen zu machen, selbst dann nicht, wenn die Zurechtweisungen sachlich zutreffend wären. Die ethischen Modelle des Va-

---

[51] Zur Vergleichbarkeit antiker und moderner Ansätze siehe Kapitel 2; Kapitel 3, 51f.

[52] Insofern muss dieser Text auch im Zusammenhang mit dem Gleichnis vom barmherzigen Samariter gelesen werden (Lk 10,25–37), das die Frage nach dem Nächsten ebenfalls behandelt und wie Lk 19,1–10 dem lukanischen Sondergut zuzurechnen ist.

ters und Jesu zeigen, dass im Moment der Heimkehr eine vorbehaltlose Freude verlangt ist. Schon das formale Grußformular „Freue dich/freut euch!" (χαῖρε/χαιρέτε) demonstriert das antike Wissen darüber, dass einleitende Freude die Kommunikation positiv gestalten kann.[53] Aus einem Gespräch können ein Austausch, eine Klärung und schließlich eine Beziehung entstehen, die zur Rettung führen: Der Vater und Jesus schließen offensichtlich an eine Situation der abgebrochenen Kommunikation an, was die ablehnenden Haltungen und die fehlende Gesprächsbereitschaft gegenüber den Betroffenen bezeugen. So wie der ältere Sohn nicht direkt mit seinem jüngeren Bruder kommuniziert, redet auch die namenlose Menge nirgends direkt mit dem von ihr verurteilten und kommunikativ ausgeschlossenen Zöllner.

Nun können die Abfolge und die Qualität der Events, die in den vier Texten aus Lk 15/Lk 19 mit der Freude verbunden sind, abschließend miteinander verglichen werden:

	Hirten- gleichnis	Drachmen- gleichnis	Familiengleichnis	Zachäuserzählung
Suche/ Bemühung	Lk 15,4	Lk 15,8	Lk 15,20	Lk 19,3ff
Freudige Begegnung	Lk 15,5	Lk 15,9	Lk 15,20ff	Lk 19,5ff
Handlungs- konsequenz	Aufforderung, die Freude zu teilen; Einladung zum Fest		Aufforderung, die Freude zu teilen, ist mit materiellem Teilen verbunden; Fest	Selbstaufforderung bzw. Aussage, das Materielle zu teilen.

Den beschriebenen Handlungskonsequenzen ist ein wesentlicher Faktor gemeinsam: Alle Verhaltensmuster richten sich aktiv nach außen und können Gemeinschaften verschieden beeinflussen. In den ersten beiden Gleichnissen wird der bereits bestehende Kreis aus Nachbarn und Freunden *stabilisiert*, im dritten Gleichnis wird die Gemeinschaft durch die Integration des vermissten Sohnes *rekonstituiert*, in der Zachäuserzählung wird dagegen die Gemeinschaft zwischen Jesus und dem Zöllner *neu gegründet*.

Wie die Tabelle zeigt, verlagert sich der Schwerpunkt auch innerhalb der Ethik: Während es in den ersten beiden Gleichnissen lediglich um die Weitergabe der Freude geht – Materielles ist noch nicht im Blick – verbindet das Familiengleichnis die Themen der Freude und des Teilens. In dieser

---

[53] Vgl. Kapitel 8, 151ff–162.188f.

Verbindung wird eine problematisierte Freude vorgestellt.[54] Das offene Ende und insbesondere die Argumentation des älteren Sohnes können dafür sensibilisieren, dass es notwendig ist, nicht voreilig über Missstände hinwegzugehen. Bestehende Ungerechtigkeiten müssen reflektiert und wieder gutgemacht werden, wenn eine Gemeinschaft und die Freude darin stabilisiert werden sollen! Hier setzt die Zachäuserzählung an. Die Beschreibung der Handlungskonsequenzen konzentriert sich voll und ganz auf das Teilen des ‚Sünders‘. Die Initiative des Zachäus, seine Schulden um ein Mehrfaches auszugleichen, zeigt einen Weg aus derjenigen Aporie, mit der das dritte Gleichnis schließt. Wer Fehler gemacht hat und sie wirklich bereut, handelt und reagiert aus eigenständiger Motivation – nicht aufgrund von Vorhaltungen. Dieses Modell könnte auch die Familie aus Lk 15,11–32 aus der Krise führen. Zwar ist das verschwendete Vermögen nicht zurückzuholen, aber der jüngere Sohn könnte durch aktives Handeln innerhalb der Familie durchaus einen Beitrag zur Entschädigung leisten. Das könnte helfen, den älteren Sohn zu ‚versöhnen‘. Sowohl das dritte Gleichnis (Lk 15,11–32) als auch die Zachäuserzählung vermitteln somit aus verschiedenen Perspektiven, dass die Freude eine Gemeinschaft *langfristig* nur dann tragen kann, wenn die Beteiligten das Empfinden von Ungerechtigkeit überwinden.

Die Begründung der Rettung des Hauses

Synchron betrachtet umfasst Jesu Sprechhandlung insgesamt zwei Verse (Lk 19,9–10). Nach der *Affirmation*, die das Heil des Hauses konstatiert, begründet er den zugesprochenen Segen mit zwei unterschiedlichen *Argumenten*:

> „Heute ist diesem Haus Heil wiederfahren, (1) *denn* auch er [Zachäus] ist Abrahams Sohn. (2) *Denn* der Menschensohn ist gekommen, zu suchen (ζητῆσαι) und zu retten (σῶσαι), was verloren ist (τὸ ἀπολωλός)“.

Das erste Argument (1) bezieht sich auf eine Eigenschaft des Zachäus, seine Abrahamskindschaft, das zweite Argument (2) betrifft den Auftrag Jesu. In diesem Wort begegnen die Leitbegriffe aus Lk 15 (bzw. aus Ez 34,16a LXX). Nimmt man die synchrone Kombination der beiden Argumente ernst, ergibt sich eine Rettung immer da, wo *beide* Bedingungen erfüllt sind, also in Abhängigkeit von *beiden* Handlungspartnern.

Innerhalb der Erzählung hat der Sprechakt Jesu in Lk 19,9–10 mehrere Funktionen: Er ist zum einen direkt an Zachäus gerichtet und hat insofern einen *affirmativen, soteriologischen* Charakter. Der erste Teil der Aussage bestätigt, dass sein Haus bereits gerettet ist (ἐγένετο). Der Satz ist im Pas-

---

54 Der ältere Sohn ist zornig und kann sich nicht mitfreuen, solange er sich materiell und affektiv ungerecht behandelt fühlt (Lk 15,29f), siehe Kap.11, 253ff, 262ff.

sivum Divinum formuliert.[55] Dabei fällt die temporale Bestimmung „heute" (σήμερον) ins Auge. Beide Stichwörter verweisen auf die vorangegangene Aussage Jesu in Lk 19,5, wo die zeitliche Bestimmung syntaktisch hervorgehoben ist: *„Heute* muss ich in deinem *Haus* bleiben".[56] Die Wiederaufnahme der beiden Begriffe ist kein Zufall, denn dadurch wird ein theologisch relevanter Zusammenhang hergestellt:[57] Die Rettung hat sich durch die Gemeinschaft ereignet, die im Haus gegen alle Widerstände praktiziert wird. Hier liegt ein Konzentrat lukanischer Soteriologie vor: In der Gemeinschaft (mit Jesus) liegt die Rettung.[58]

Das gesamte Geschehen um Zachäus geschieht zudem vor der Öffentlichkeit. Es gibt keine Hinweise darauf, dass die Menge inzwischen abwesend zu denken ist. Das Wort von der ‚Rettung des Hauses' richtet sich deshalb (Lk 19,9) nicht an Zachäus allein[59] – im Vergleich zum wörtlichen direkten Namenszuruf in Lk 19,5 klingen sowohl die Anrede mittels Hausmetaphorik als auch die Argumentation in der dritten Person (*„er* ist Abrahams Sohn") dafür zu unpersönlich. Die abstrakt gehaltene Rede Jesu in Lk 19,9 begründet vielmehr einen *konstitutiven Sprechakt*, der vor ‚allen' öffentlich vollzogen wird und damit auf eine breitere Adressatengruppe zielt.[60]

Oben habe ich bereits angedeutet, dass dem Sprechakt Jesu noch weitere Funktionen zukommen. Berücksichtigt man, dass eine Konfrontation zwischen der Menge einerseits und dem Zöllner bzw. Jesus andererseits den Hintergrund der jesuanischen Aussage bildet, könnte in Lk 19,9 eine *Apologie* mitschwingen: Nach diesem Verständnis verteidigt sich Jesus gegenüber der Kritik in Lk 19,7, indem er seine Gemeinschaft mit dem Zöllner durch dessen Umwertung rechtfertigt. Da dem Haus des Zachäus Heil widerfahren sei, kann auch der Vorwurf nicht länger vorgebracht blei-

---

[55] ECKEY, Lukasevangelium II, 787.

[56] Die Zeitbestimmung (σήμερον) als syntaktische Emphase begegnet auch in Lk 2,10; 4,21; 23,43. Es fällt auf, dass die Freude sowohl im Zusammenhang mit der Ansprache des Engels vor den Hirten in Lk 2,10 als auch hier im Kontext der Zachäuserzählung mit der zeitlichen Festlegung des „Heute" verbunden ist.

[57] FUCHS, Art. σήμερον, 271ff, deutet die zeitliche Bestimmung ebenfalls theologisch, da auch in den lukanischen Parallelstellen die Anfangsstellung betont ist. Das „Heute" betone die Einmaligkeit des Augenblicks, da für heilsbedürftige Menschen die Gemeinschaft und Zeit mit Jesus „erfüllte Zeit" sei, vgl. auch GREEN, Gospel, 670; ECKEY, Lukasevangelium II, 784.

[58] Vgl. LOEWE, Interpretation, 325.

[59] Nach ECKEY, Lukasevangelium II, 787, richtet sich die Redeeinleitung 9a „mehr noch an die Kritiker" von Jesu Einkehr bei dem Zöllner Zachäus.

[60] Gegen DUPONT, Zachée, 268, der betont, dass sich die Antwort Jesu an Zachäus und nicht an die Menge richtet: „C`est à Zachée que Jésus s`adresse (...). La foule a joué son rôle et on peut l`oublier." Die Sprechaktklassifizierung erfolgt hier nach HABERMAS, Bemerkungen, 111–114.

ben, Jesus sei bei einem „Sünder" eingekehrt.[61] Erst der folgende Vers in Lk 19,10, der offensichtlich die Schlüsselbegriffe aus Lk 15 transportiert und mit größter Wahrscheinlichkeit als sekundär einzustufen ist, argumentiert entgegengesetzt mit dem Missionsauftrag und dem Selbstverständnis Jesu.

Interessant ist der genaue narrative Ablauf: Der zachäische Ausruf ist zwischen den Vorwurf der murrenden Menge an Jesus und dessen Reaktion darauf geschaltet. Insofern kann das Versprechen des Zachäus auch umgekehrt als *Rechtfertigung* interpretiert werden. Seine einzige wörtliche Rede in der Erzählung vermittelt sein Identitätsideal: Zachäus will gegenüber Jesus und Israel nicht länger als ein „Sünder" dastehen. Stattdessen beschreibt er sich mit dem Image eines korrekten Juden, der sich nicht (länger?) vorrangig am römischen Recht orientieren will, sondern nach Maßgabe der Tora bereit ist, die dort geforderten vierfachen Ersatzleistungen zu geben.[62]

Setzt man in der letzten Szene einen öffentlichen Rahmen voraus, könnte die Rede Jesu einen weiteren Ausblick implizieren. Das Zusammensein mit Jesus und der segnende Sprechakt können den entscheidenden Beitrag dazu leisten, einen stigmatisierten Menschen, der sich aktiv bemüht und dies durch seine Handlungsabsichten demonstriert hat (Lk 19,8), wieder in die Gemeinschaft zu integrieren. Zachäus hat mit seinen Versprechen und seiner aktiven Initiative die ersten Schritte unternommen, die notwendig sind, um gesellschaftlich rehabilitiert werden zu können. Die Sentenz Jesu kann also verschieden gedeutet werden: Sie kann eine soteriologische Funktion, eine apologetische (aus der Perspektive Jesu) und eine rechtfertigende Funktion (aus der Perspektive des Zachäus) sowie eine gesellschaftliche Rehabilitationsfunktion erfüllen.

D. Ein Vorschlag zur Überlieferung und Redaktion der Zachäuserzählung

Die synchrone Betrachtung der abschließenden Jesusworte (Lk 19,9–10) hat gezeigt, dass es zwei Argumente für die Rettung des zachäischen Hauses gibt, die sich komplementär ergänzen: Rettung geschieht, wo sich *zwei* Parteien aktiv darum bemühen. Diese Zweigliedrigkeit in der Argumentationsführung hat sich bei diachroner Fragestellung jedoch seit jeher verdächtig gemacht, das Ergebnis einer redaktionellen Bearbeitung zu sein.[63]

---

[61] Nach ECKEY, Lukasevangelium II, 785, färbt die Sünde eines Mannes auch auf seine Gäste ab.

[62] Vgl. Ex 21,37.

[63] Vgl. z.B. BULTMANN, Geschichte, 33; NOLLAND, Luke, 904.

So kann Lk 19,10 auch als Relativierung der vorangegangenen Erklärung gedeutet werden: Nicht allein die Abrahamskindschaft führt zum Heil – es ist vielmehr das Handeln des Menschensohns, dessen Auftrag darin besteht, „zu suchen (ζητῆσαι) und zu retten (σῶσαι), was verloren ist (τὸ ἀπολωλός)". In Lk 19,10 wird die Rettung des Zachäus mit der Person Jesu begründet – ganz im Gegensatz zum vorangegangenen Vers. Diese *christozentrische* Tendenz, die auf eine nachösterliche Wertung der Jesusereignisse hindeutet, hätte eigentlich gar nicht bemüht werden müssen. Auf einen redaktionellen, sekundären Anschluss des letzten Verses verweist bereits der Titel ‚Menschensohn' (υἱὸς τοῦ ἀνθρώπου), der sich im Sondergut des Lukas ansonsten nicht nachweisen lässt.[64] Dass die Thematik der Sohnschaft einen übergreifenden Zusammenhang zwischen dem Familiengleichnis in Lk 15,11–32 und der Zachäuserzählung in Lk 19,1–10 bildet, könnte auch dem Verfasser des letzten Verses aufgefallen sein. So erscheint die Sohnesmetaphorik in Lk 19,10 nun ein weiteres Mal, diesmal als Selbstbezeichnung Jesu. Im Zusammenhang wirkt dieser Satzanschluss sehr holprig und insofern künstlich bemüht. Außerdem passt die Sohnesmetaphorik semantisch weder zur Verwendungsweise des Sohneskonzepts in Lk 15,11–32 noch zu derjenigen in Lk 19,1–9! Wie in der Grafik S.333 dargestellt wäre Jesus besser mit dem integrativ wirkenden und gemeinschaftsbildenden Vater aus Lk 15,11–32 zu vergleichen gewesen. Es scheint deshalb, als habe der Verfasser von Lk 19,10 Kohärenz erzeugen wollen, als er im Anschluss an das Konzept der Abrahams*sohn*schaft in Lk 19,9 den Menschen*sohn*s-Begriff aufgenommen hat.

Literarkritische Spannungen zeigen sich auch beim folgenden Satzinventar. Die begriffliche Nähe von Lk 19,10 zum Leitvokabular in Lk 15 wurde bereits aufgezeigt.[65] Nun ist äußerst auffällig, dass dieses Wortfeld aus Lk 19,10 in Spannung zu den Events der vorangegangenen Erzählung steht! Die ursprüngliche Initiative zur Gemeinschaftsbildung geht nach Lk 19,3f offensichtlich von Zachäus aus, der durch seinen spektakulären Einsatz die Aufmerksamkeit Jesu auf sich ziehen kann. Deshalb wäre es sachlich naheliegender gewesen, von der ungleich mühevolleren *Suche des Zachäus* als vom Suchauftrag Jesu zu sprechen. Das Spannungsverhältnis des

---

[64] Vgl. SCHNEIDER, Menschensohn, 278f; nach HAHN, Hoheitstitel, 45, trägt der Menschensohntitel hellenistisch-judenchristliche Züge; KLEIN, Barmherzigkeit, 69. Dagegen halten TÖDT, Menschensohn, 124; BECKER, Heil, 196, und COLPE, Art. υἱος τοῦ ἀνθρώπου, 456, den Spruch (wegen Mk 2,17b) sogar für vorlukanisch.

[65] Es ist vom Suchen die Rede wie in Lk 15,8.24, außerdem vom Retten (nicht vom Finden!) des Verlorenen. Wie in Lk 15,6.9.24.32 ist das ‚Verlorene' syntaktisch hervorgehoben. Durch die Schlagwörter wird im letzten Vers der Perikope eine klare semantische Beziehung zu Lk 15 hergestellt. Es hat sich bereits gezeigt, dass andere Elemente der semantischen Sinnlinie aus Lk 15 in die Narration der Zachäuserzählung hineinverwoben sind.

letzten Satzes der Perikope in Lk 19,10 zum Vorangehenden entspricht den
Schwierigkeiten, die zwischen den Deutungen in Lk 15,7.10 und den jeweils zuvor geschilderten Gleichnissen festzustellen waren.[66] Für Lk 19,10
als redaktioneller Zusatz spricht auch die ähnliche Gestaltung zu Lk 5,32 –
dem ebenfalls zweiten Teil einer doppelgliedrigen Sentenz in einer Perikope, die inhaltlich einige interessante Analogien zur vorliegenden Stelle bietet.[67]

Wie im Anschluss an das 15. Kapitel des Lukasevangeliums möchte ich
überlegen, wie sich Lk 19,1–10 bis zur vorliegenden Überlieferung entwickelt haben könnte. Verschiedene Vorschläge liegen dazu bereits vor.[68] Als
besonders problematisch gilt die Unterscheidung von traditioneller Überlieferung, der zu rekonstruierenden Fassung des Sondergutes und der abschließenden lukanischen Redaktion.[69] Konsens dürfte derzeit lediglich
darin bestehen, dass Lk 19,1–10 mehrfach bearbeitet worden ist, weil die
textinternen Spannungen Indizien für eine komplexe Umgestaltung sind.
Bei meinem Versuch, die Textentwicklung zu rekonstruieren, kann es deshalb nicht darum gehen, exakte redaktionelle Stufen definieren zu wollen,
die selbstverständlich nicht mehr mit dem Anspruch auf detaillierte Dar-
stellungstreue nachgezeichnet werden können. Grundsätzlich ist den Vorbehalten Ian H. Marshall zuzustimmen, der davon ausgeht, dass „the material has been so thoroughly edited by Luke and his source that it is hard to
offer a certain analysis.“[70] Dieser Versuch soll anstreben, die textimmanenten Spannungen zu erklären – und, wenn möglich, die Strukturen der prägenden theologischen Veränderungen nachzuzeichnen.

---

[66] Vgl. hierzu Kapitel 12, 314f.

[67] Lk 5,27–32 berichtet von der öffentlich kritisierten (Mahl-) Gemeinschaft Jesu mit
Levi. Levi ist ebenfalls von Beruf ein Zöllner, er folgt Jesus bereitwillig. Allerdings fällt
auf, dass nur in Lk 5,32 der Begriff der Umkehr (μετάνοια) verwendet wird. In Lk 19,10
wird die explizite Rede davon dagegen sachlich richtig vermieden – während in diesem
Vers die Selbstbezeichnung Jesu als „Menschensohn" offensichtlich ergänzt worden zu
sein scheint.

[68] So hält auch BULTMANN, Geschichte, 33, die Perikope in Lk 19,1–10 nicht für eine
einheitliche Konzeption, sondern versteht Lk 19,1 als editorielle Einführung und die
Verse 8 und 10 als Zusätze zum ursprünglichen Material. Als Beispiel für eine komplexe
literarkritische Analyse und redaktionelle Rekonstruktion sei auf den Kommentar von
NOLLAND, Luke 3, 904, verwiesen, der verschiedene Stufen der Überlieferung zu rekonstruieren versucht. Wie Bultmann gilt ihm Lk 19,1 als sekundär. Die Verse Lk 19,2–6
bestimmt Nolland als ursprüngliche Überlieferung, zu denen in einer ersten Bearbeitung
die Verse Lk 19,7.9–10 hinzugefügt worden sind. Lk 19,8 ordnet Nolland einer dritten
Entwicklungsphase zu. Zu weiteren Rekonstruktionsversuchen vgl. MÉNDEZ-MORATAL-
LA, Paradigm, 154.

[69] Ebd.

[70] MARSHALL, Gospel, 695.

(1) Es ist eine Überlegung wert, ob die kurze Erzählung, die von der freudigen Begegnung des Zöllners mit Jesus berichtet, nicht ursprünglich im Zusammenhang mit den Gleichnissen von der Freude (Lk 15) überliefert worden sein könnte. Denn es ist offensichtlich, dass die Perikope in Lk 19,1–10 aus einem ursprünglich schlüssigen Zusammenhang gerissen worden sein muss.[71] Für die Gleichnistrilogie und gegen die Leviparallele als ursprünglicher Zusammenhang spricht nicht nur das Moment der Freude, sondern auch die vielfältigen weiteren Analogien der beiden Korpora, die zuvor aufgezeigt worden sind. In diesem frühen Stadium ist Zachäus wahrscheinlich von einem gesellschaftlichen Kollektiv (aus Pharisäern und Schriftgelehrten?) bereits als ein „Sünder" definiert worden. Die wertende Zurückhaltung des Erzählers gegenüber Zachäus und die Würdigung Jesu, der den Zöllner als „Abrahamssohn" anerkennt, dürfte ebenfalls ursprünglich sein. Der Skopus dieser älteren Textstufe hat wahrscheinlich darauf gezielt, dass Menschen vor Gott und von Jesus nicht wegen äußerer Faktoren (wie Ruf und Beruf) beurteilt werden sollten, sondern dass Jesus die Herzen erkennt und Menschen aufgrund ihres Glaubens und Vertrauens auf die Vergebungsbereitschaft Gottes gerichtet werden. Diese ethischtheologische Tendenz kann auch anderweitig *im lukanischen Sondergut* nachgewiesen werden.[72] Es sei auch auf die expliziten und imperativischen Anweisungen hingewiesen, die wohl aus einer gemeinsamen Quelle des Lukas- und Matthäusevangeliums stammen (Q; vgl. Lk 11,9f/Mt 7,7) und der Überlieferung dieses Glaubensgutes Ausdruck verleihen: „suchet, so werdet ihr finden ... und wer da sucht, der findet" (ζητεῖτε καὶ εὑρήσετε ... καὶ ὁ ζητῶν εὑρίσκει).

(2) Als sekundär können mit hoher Wahrscheinlichkeit die rahmenden Verse Lk 19,1 und Lk 19,10 gelten.[73] Zunächst zum Auftakt in Lk 19,1. Kleine Indizien deuten auf einen doppelten Anfang der Erzählung hin. Der ursprüngliche Beginn dürfte in Lk 19,2 angenommen werden. Deutlich sind die bereits genannten Diskursmarker, die den emischen Textbeginn klassisch einleiten: „und siehe, da war ein Mann...!" (καὶ ἰδοὺ ἀνὴρ ὀνόμα-

---

[71] Als Indiz konnte beispielsweise die sonderbare Unbestimmtheit des Kollektivs in Lk 19,7 genannt werden, die sich sowohl durch einen Zusammenhang mit Lk 5,30 als auch mit Lk 15,2 gut erklären ließe.

[72] Ähnliche Strukturen begegnen in Lk 7,36–50, der Salbung Jesu durch die Sünderin. Auch in Lk 10,25–37, der Erzählung vom barmherzigen Samaritaner, ist eine Auseinandersetzung mit ähnlicher Thematik belegt. Der Samaritaner, der ebenso wie die Zöllner und die Sünderin gesellschaftlich stigmatisiert ist, wird provokant entgegen dem gängigen Vorurteil als Vorbild dargestellt. Wie die Salbung der Sünderin würdigt auch die Erzählung von der bittenden Witwe (Lk 18,1–8) das forsche Drängen eines gläubigen Menschen, das schließlich zum Ziel führt.

[73] Vgl. ebenso BULTMANN, Geschichte, 33.

τι…). Wahrscheinlich ist Zachäus ursprünglich als Protagonist vorgestellt und hervorgehoben worden! Das passt zum von mir angenommenen Abschluss in Lk 19,9, wo die Rettung des Zachäus mit dessen Abrahamssohnschaft begründet wird. Auch ohne die rahmenden Verse Lk 19,1.10 wirkt die Zachäuserzählung abgerundet.[74] Die Hinführung in Lk 19,1 übernimmt zwei Aufgaben: Er hilft, die Erzählung kontextuell neu zu verankern. Das geographische Stichwort „Jericho" sorgt für einen Anschluss an die derzeit vorangehende Heilungsgeschichte eines Blinden, die im Kontext des Lukasevangeliums in eben dieser Stadt verortet ist (Lk 18,35–43). Außerdem wird der Fokus umgelenkt: Die Erzählung wird nicht länger durch die Vorstellung des Zachäus eingeleitet, weil der Blick des Lesers nun zuerst auf Jesus gerichtet wird: Lk 19,1ff beginnt mit einer Initiative Jesu, der auf seiner Reise durch Judäa eine Reiseroute durch Jericho wählt.

Es spricht vieles dafür, dass die Verse in Lk 19,1 und Lk 19,10 von derselben Hand gestaltet worden sind. Denn die Rahmung trägt im Gesamten dazu bei, Jesus als ,Held', also als zentrale Figur der Erzählung, zu profilieren. Die als ursprünglich angenommene Intention könnte somit korrigiert worden sein: Anstelle Zachäus wird nun Jesus zum Handlungsträger, der für die Rettung entscheidend ist. Die Begrifflichkeit vom ,Verlorenen', die auch in den Anwendungen Lk 15,7.10 und innerhalb des dritten Gleichnisses als sekundär bestimmt worden ist, verstärkt diese Tendenz, sodass durch den sekundären Rahmenschluss ein entscheidend anderer Akzent gesetzt wird. Denn im Gegensatz zur gesamten vorangegangenen Argumentationsführung wird Zachäus erst durch Lk 19,10 auch von Jesus für sein früheres Verhalten rückwirkend kritisiert.[75] Damit wird ihm dieselbe Stigmatisierung zuteil wie dem jüngeren Sohn in Lk 15,24.32.

Im Vergleich mit Lk 15,7.10 wird auch die *Funktion* von Lk 19,10 klar.[76] Die Anwendungen in Lk 15,7.10 wurden als wörtliche Aussagen des Ich-Erzählers Jesus formuliert, während Lk 19,10 als wörtliche Figurenrede Jesu gestaltet ist. Da bei Lesern einer frühchristlichen Schrift vorausgesetzt werden kann, dass sie Jesus als Autorität anerkennen, erhalten auch die theologischen Deutungen dieser Figur im Evangelium ein besonderes Gewicht. Während sich der ursprüngliche Erzähler bei der Wertung des Zöllners zurückgehalten hat, will der spätere Bearbeiter des Textes seinen

---

[74] Sie bilden eine sinnvolle Erzähleinheit, auch wenn interne literarkritische Spannungen aufgezeigt werden konnten.

[75] Während im Erzählverlauf nur das unbestimmte Kollektiv die Figur des Zachäus als „Sünder" definiert hat, der auktoriale Erzähler sich wertungsfrei geäußert und Zachäus in Lk 19,9 positiv als Abrahamssohn von Jesus gewürdigt worden ist, wird er erst durch Lk 19,10 auch für Jesus zu einem „Verlorenen".

[76] Es wird in diesem Zusammenhang vorausgesetzt, dass die drei theologischen Deutungen des jeweils vorangegangenen Geschehens als redaktionelle Einfügungen angenommen werden können, siehe Kap. 12, 316ff.

Eindruck von der Zöllnerfigur klar zum Ausdruck bringen. Zachäus ist für ihn ein Verlorener, der durch den Menschensohn Jesus die Rettung erfahren hat. Auch wenn in diesem Kontext der Ausdruck für die ‚Umkehr' (μετάνοια) nicht fällt – die Ansage des „Verlorenen", mit seinem Besitz gerecht umzugehen, muss unter diesem Blickwinkel (Lk 19,10) als Umkehrverhalten gedeutet werden.

Die folgende Überlegung betrifft den derzeit problematischsten Aspekt in der Diskussion um die Zachäuserzählung. Seit einigen Jahrzehnten ist heftig umstritten, wie die zeitliche Ausrichtung der einzigen wörtlichen Figurenrede des Zöllners zu verstehen ist. Die Ansage des Zachäus ist präsentisch formuliert: „Ich gebe den Armen (δίδωμι)"/„ich gebe ... vierfach zurück (ἀποδίδωμι)". Das kann sowohl iterativ, insofern rechtfertigend als bereits praktizierte Gewohnheit,[77] aber auch promissorisch, also als Versprechen für die Zukunft, ausgelegt werden.[78] Die Entscheidung zugunsten einer Übersetzung hat insofern erhebliche Konsequenzen, wenn man versucht, die Intention und den theologischen Aussagegehalt der Zachäuserzählung zu erschließen. Durch die formale grammatische Ambivalenz sind beide Optionen möglich und deshalb in den oben dargestellten Ergebnissen berücksichtigt worden. Durch die redaktionskritische These, Lk 19,10 als sekundäre Hinzufügung anzunehmen, können beide Deutungsmöglichkeiten plausibilisiert werden:[79] Der Text dürfte wie gezeigt zunächst von einer Rechtfertigung der beiden Protagonisten gehandelt haben, um dem Leserkreis die Kompetenz Jesu zu vermitteln, als Sohn Gottes in die Herzen der Menschen sehen und ohne Ansehen der Person gerecht urteilen zu können. Auch eine Erinnerung an den historischen Jesus könnte in diesem Zug des vermutlich älteren Textbestands bewahrt worden sein. Dass er sich häufig für seine Kontakte und sein soziales Umfeld rechtfertigen musste, ist stark bezeugt. Erst durch Lk 19,10 hat der Text

---

[77] GODET, 478; GREEN, Gospel, 671f; NOLLAND, Luke, 906; MITCHELL, Zacchaeus; DERS., Use, 576f. Die ‚Rechtfertigungstheorie' wird kann durch zusätzliche Argumente begründet werden: Abgesehen von einer perfektischen Übersetzung des Präsens fehlen in Lk 19,1–10 die üblichen und im Zusammenhang von Umkehr und Schuld erwartbaren Begriffe und Wortfelder. Im Verlauf der Erzählung verhalte sich Zachäus tugendhaft. Da ihn die Menge dennoch (ungerechterweise) anschuldige, sei seine Selbstverteidigung notwendig. Die Argumentation Jesu beweise zusätzlich die Notwendigkeit der Verteidigung. Durch dieses Verständnis habe Zachäus zum Vorbild für die lukanische Gemeinde werden können. Zur Darstellung der komplexen Diskussion vgl. MÉNDEZ-MORATALLA, Paradigm, 156ff (Lit!).

[78] BOCK, Luke II, 1521; FITZMYER, Luke II, 1220; E. Klostermann, 185; MARSHALL, Gospel, 697f; SCHNEIDER, Evangelium, 378; WIEFEL, Evangelium, 327, u.a.

[79] Mit der vorgestellten redaktionellen These kann außerdem erklärt werden, dass es zu beiden Kernaussagen, die sich stark voneinander unterscheiden, die bereits aufgezeigten Übereinstimmungen mit weiteren Texten aus dem lukanischen Sondergut gibt.

seine einschränkende Eindeutigkeit erhalten: Der Vorwurf der Menge muss durch die Brille des Abschlussverses als gerechtfertigte Anklage gelesen werden. Der wohl ursprüngliche Klarstellungsversuch des Zachäus wurde auf diese Weise zum Beweis für seine Umkehrwilligkeit.

Im Eingang des Kapitels wurde die These formuliert, dass der Zyklus in Lk 15 und die Zachäuserzählung wahrscheinlich in einem Zusammenhang überliefert worden sind. Die Untersuchung der literarkritischen Spannungen hat sichtbar werden lassen, dass jeder dieser vier Texte stark bearbeitet worden ist. Es erscheint deshalb sinnvoll, die Entwicklung der Freude anhand der dargelegten Vorschläge zur Genese und Entwicklung der Texte skizzierend zu vergleichen und in ein Verhältnis zu setzen.[80] Zur besseren Übersichtlichkeit soll im Folgenden davon ausgegangen werden, dass in verschiedenen Bearbeitungsschritten das Konzept der Freude klar durch die zugrunde liegende theologische Intention unterschieden werden kann.

Lk 15,4–6.8–9	Lk 19,2–9
– Der Schäfer und die Frau suchen und bemühen sich, bis sie das Vermisste wiederfinden. Daraus erwächst Freude. – Der Schäfer und die Frau freuen sich, dass ihnen selbst etwas Gutes passiert.[81] – Weder das Schaf noch die Drachme trifft eine ‚Schuld'. Von ‚Umkehr' ist in dieser Metaphorik ebenfalls keine Rede. – Die zentrale Aussage betrifft die ‚Freude' und wie man sie finden kann. – Bezug der Metaphorik zur theologischen Ebene: Wer das Reich Gottes/ Gottes Nähe sucht und sich darum bemüht, dessen Lohn wird Freude sein.	– Zachäus, ein Sohn Abrahams, sucht und bemüht sich, bis er Jesus und dadurch die Gemeinschaft mit Gott wiederfindet. Zachäus findet Gerechtigkeit (vor Jesus und damit vor Gott). Daraus entsteht Freude. – Zachäus freut sich, dass ihm selbst etwas Gutes passiert. – Zachäus trifft keine Schuld an seiner Außenseiterrolle. Er rechtfertigt sich gegenüber den Vorwürfen. Auch hier ist keine Umkehr, sondern eine Heimkehr thematisiert. – Auch hier steht die ‚Freude' für den, der sucht und sich bemüht, im Zentrum der Aussage. – Aussagegehalt: Wer Jesus sucht und sich um ihn bemüht, wird mit Freude und der Gemeinschaft Jesu belohnt.

---

[80] In die folgende Tabelle sind nicht alle hypothetisch-rekonstruierten Entwicklungsschritte aufgenommen worden, die bei der Besprechung von Lk 15 vorgeschlagen worden sind. Vgl. hierzu den detaillierten Vorschlag am Ende von Kapitel 12, 316ff.

[81] Die Freude des Hirten und der Frau ist natürlich selbst nicht empathisch. Sie freuen sich über ihren eigenen Besitz. Könnte man beim Hirten noch ein Mitgefühl für das Schaf unterstellen, das ohne seine Hilfe in der Wüste keine dauerhafte Überlebenschance hätte, ist diese Argumentation angesichts des ‚Drachmenschicksals' absurd.

Nach dieser hypothetischen Rekonstruktion, die eine frühe Entwicklungsstufe der Texte simuliert, könnte das Konzept der Freude an der klassischen altorientalischen Weisheit orientiert gewesen sein. Wie eine typische Demonstration des sogenannten Tun-Ergehens-Zusammenhangs wirkt das dreifach Dargestellte: Wer Gott sucht, wird mit Freude belohnt (bzw. wer sucht, wird finden, vgl. Lk 11,9f/Mt 7,7). Zum weisheitlichen Charakter dieser Textaussagen passen auch die Bildfelder aus dem alltagssprachlichen Bereich, mit denen die ersten beiden Gleichnissen überliefert worden sind. Ohne Probleme könnte die im vorliegenden Zusammenhang demonstrierte Glaubenserfahrung auch in jüdischen Quellen überliefert sein. Das macht sie als Lehre des historischen Jesus plausibel. Das Thema des Teilens muss dagegen nicht notwendig aus dieser Entwicklungsstufe stammen. Das belegen die Überlieferungen des Hirtengleichnisses bei Mt 18,10ff und in den apokryphen Evangelien.

Die folgenden vergleichbaren Elemente können nicht eindeutig einer Überlieferungs- oder Bearbeitungsschicht zugeordnet werden. Sie knüpfen an das vorrangige Thema der Freude an und erklären diese näher.

Lk 15,4–6.8–9	Lk 19,2–9
– Der Schäfer und die Frau freuen sich und suchen eilig Gemeinschaft.	– Zachäus freut sich und nimmt das Gemeinschaftsangebot eilig an.
– Dazu kehrt der Hirte ins Haus zurück. Auch die Frau befindet sich im Haus.	– Dazu kehrt er mit Jesus ins Haus zurück.
– Der Schäfer und die Frau freuen sich und wollen ihre Freude mit anderen teilen.	– Zachäus freut sich und teilt seinen Besitz.
– Das Teilen geschieht aus innerem Antrieb, ohne äußere Aufforderung.	– Das Teilen geschieht aus innerem Antrieb, ohne äußere Aufforderung.
– Die zentrale Aussage betrifft wesentliche Aspekte der ‚Freude‘: Sie ist gemeinschaftsstiftend, nicht berechnend, verlangt Empathie und führt zu irrational anmutenden Handlungen.	– Die Disposition eines Menschen, der sich freuen kann, gerät ins Blickfeld: Zachäus bemüht sich um Arme und von ihm Betrogene. Zachäus verhält sich gemeinschaftsfördernd, nicht berechnend und damit für einen Zöllner irrational.
– Bezug der Metaphorik zur theologischen Ebene: Wer das Reich Gottes/Gottes Nähe gefunden hat, freut sich und gibt das an andere weiter.	– Aussagegehalt: Wer Gottes Gemeinschaft und Gerechtigkeit erfährt, gibt das an andere weiter.

Dabei zeigen sich starke inhaltliche Überschneidungen, gleichzeitig aber eine deutlich unterschiedliche Akzentuierung. In allen drei Texten spielen das ‚Haus‘ als Ort der Gemeinschaftsbildung und die ‚Freude‘ eine übergeordnete Rolle. Interessanterweise wird in allen Texten geschildert, dass die Initiative zum Teilen mit Freude verbunden ist und ohne äußere Aufforderung geschieht. Das Teilen wirkt zudem in allen Fällen übertrieben und damit unangemessen, wenn nicht gar irrational. Allerdings sind auch die inhaltlichen Unterschiede, die das Teilen betreffen, deutlich: Das Thema der Mitfreude bestimmt die Gleichnisse aus Lk 15. Die ersten beiden vertiefen das folgende Moment der Handlungskonsequenzen und der Empathie der Freude. Dagegen wird in Lk 19,1–10 ergänzend die Disposition eines Menschen geschildert, der die Gemeinschaft mit Jesus und die Freude daran verdient. Lk 19,2–9 könnte in dieser Phase signalisiert haben: Gott ist gerecht. Nur Jesus sieht in das Herz des isolierten Zöllners. Er erkennt das Innere dieses Mannes, mit dem niemand mehr spricht. Die Bemühung und Gerechtigkeit des Zachäus werden erst durch die Annahme Jesu, die Freude darüber, die Gemeinschaft und die damit verbundene öffentliche Klarstellung sichtbar. Auch diese Tendenzen sollen veranschaulicht werden.

Lk 15, 2	Lk 19,7
– Lk 15,2 bestimmt als übergreifende Thematik für Lk 15 den Konflikt zwischen Jesus und den ihm entgegengesetzten Interessengruppen. Es geht um den Kontakt Jesu zu stigmatisierten Menschen, die von den Gegnern als „Sünder" klassifiziert werden.	– Auch in Lk 19,7 wird mit analoger Wortwahl Jesu Gemeinschaft mit einem Mann kritisiert, der Jesu Gegnern als „Sünder" gilt.
– Die beiden Gleichnisse fungieren als Apologie Jesu: Mitfreude ist verlangt, wenn dazu aufgefordert wird. Dabei können weder das Schaf noch die Drachme als Sünder ausgemacht werden.	– Im Textverlauf zeigt sich aber, dass dieses Vorurteil möglicherweise unbegründet ist. Zachäus und Jesus werden durch das Verhalten und die Aussage des Zachäus gerechtfertigt. Die präsentische Aussage des Zöllners, seinen Besitz zu teilen und gerechte Wiedergutmachung zu leisten, kann in diesem Kontext perfektisch verstanden werden.

Die Thematik der Umkehr des Verlorenen könnte durch diese Texte und das Material des Familiengleichnisses angeregt worden sein. Sie ist wie im Gleichnis vom Vater und seinen Söhnen (Lk 15,11–32) mit großer Sicherheit einer späteren Bearbeitung zuzuordnen. So kann Lk 15,1–2 frühestens mit den Anwendungen in Lk 15,7.10 zur bestehenden Komposition hinzugefügt worden sein:[82]

---

[82] In dieser Phase könnte auch eine frühe Form des Familiengleichnisses in den Komplex über die Freude aufgenommen worden sein, da die Motive der Mitfreude und des Hauses als tragende Elemente des dritten Gleichnisses die ersten beiden alltagsnahen Gleichnisse sinnvoll ergänzen. Vermutlich sind die theologischen Bezüge in der Rede des Vaters in Lk 15,24.32 mit den Leitbegriffen tot-lebendig-verloren-gefunden ebenfalls einer späten Bearbeitungsschicht zuzuordnen, da sie auch in Spannung zu den Events der Erzählung stehen.

Im einleitenden Konflikt kritisieren Pharisäer und Schriftgelehrte bekanntlich Jesu Tischgemeinschaft mit Zöllnern und Sündern. Jesu reagierende Argumentation würde überzeugender wirken, wenn in den Gleichnissen tatsächlich Sünder und Zöllner ausgemacht werden könnten, was weder durch das Vergleichsobjekt des Schafs, noch weniger anhand einer Drachme gelingen mag. Immerhin können die ‚Sünder' aus Lk 15,1–2 in ein Verhältnis zum Lebenswandel des jüngeren Sohnes in Lk 15,11–32 gesetzt werden. Dagegen verarbeiten die drei Gleichnisse keine Zöllner als Figurenmaterial und nichts, das einen direkten Bezug zu Zöllnern und dem ihnen vorgeworfenen Verhalten herstellen könnte. Dass in Lk 19,1–10 dieser Zusammenhang durch Zachäus hergestellt wäre, würde zusätzlich zu den anderen Argumenten für einen sinnvollen Zusammenhang von Lk 15 und dieser Perikope sprechen. Der Redaktor dieser Bearbeitungsschicht scheint stets bemüht gewesen zu sein, möglichst wenig in die bestehende Textüberlieferung einzugreifen und stattdessen seinen theologischen Standpunkt durch Zusätze und Rahmungen einzubringen. Die Spannungen konnten auf diese Weise jedoch nicht geglättet werden. Die Eingriffe dieses Redaktors erscheinen dabei schwerwiegend:

Lk 15, 1.2.7.10.21.24.32.	Lk 19,1.10
– Der letzten Bearbeitung dürften alle Verse zuzuordnen sein, die eine Umkehr von Sündern bzw. dem Verlorenen thematisieren und die Gleichnisse theologisch deuten.	– Auch die Verse Lk 19,1.10 sind mit großer Wahrscheinlichkeit sekundär. Die Erzählung wurde aus ihrem ursprünglichen Zusammenhang gerissen und kontextuell neu eingebettet.
– Deutlich ist das Bemühen, christologische Akzente zu setzen.	– Dabei ist Lk 19,10 ebenfalls eine entscheidende theologische Deutung. Wieder begegnen die Stichwörter vom Suchen und Retten des Verlorenen aus Lk 15/Ez 34, die im Kontext Lk 19 Kohärenzprobleme aufwerfen.
– Die beiden ersten Gleichnisse handeln nun von der ‚Freude' in der Sphäre Gottes.	
– Auch im Familiengleichnis begegnet (ungeachtet der daraus resultierenden Spannungen) theologisches einschlägiges Vokabular.	– Der Text wird durch Lk 19,10 entscheidend umgedeutet. Die präsentische Aussage des Zöllners, seinen Besitz zu teilen und gerechte Wiedergutmachung zu leisten, ist durch diesen Vers als Erweis seiner Umkehr und somit als futurische Absichtserklärung zu verstehen.
– Neuer, gemeinsamer Schwerpunkt der Aussagen: Gott ist gnädig und nimmt Sünder freudig an.	– Neuer Schwerpunkt der Aussage: Gott ist gnädig und rettet durch Jesus verlorene Sünder.

Bei den vier Texten fällt auf, dass die deutungsrelevanten Aussagen mit theologischem Vokabular in Spannung zu den Bildfeldern bzw. zum dramaturgischen Ablauf stehen. Wären die Texte von vornherein in ihrer bestehenden Gestalt angelegt worden, hätten diese problematischen Züge vermieden werden können – besonders anstelle des Drachmengleichnisses hätte ein adäquateres Bild zur Veranschaulichung des theologischen Gehalts gewählt werden können.

Die Situierung der Perikopen

Wie ist zu erklären, dass die in Lk 15,1–32 und in Lk 19,1–10 überlieferten Perikopen trotz der offensichtlichen inhaltlichen Nähe kontextuell entfernt vorliegen? Dafür sind verschiedene Erklärungsmöglichkeiten denkbar. Ich beginne mit der Begründung durch die bestehenden kontextuellen Bezüge und schließe einige lerntheoretische Beobachtungen an.

Synchron betrachtet sind die Texte von Lk 15 wie gezeigt thematisch durch die Momente der Mitfreude und der Umkehr miteinander verbunden. Diese Tendenzen verweisen wahrscheinlich auf dieselbe redaktionelle Bearbeitungsschicht.[83] In der Erzählung über den Zöllner Zachäus ist das Motiv der Mitfreude allerdings nicht ausgestaltet worden. Es fällt auf, dass die Freude des Zöllners in Lk 19,1–10 (im Gegensatz zur Relevanz der Freude in Lk 15!) nicht zum Kern der theologischen Reflexion gehört – in den abschließenden Versen Jesu (Lk 19,9–10), die das Geschehen um Zachäus theologisch deuten, wird die Freude des Zöllners nicht thematisiert, wie es in den Texten von Lk 15 der Fall ist. Der Skopus richtet sich nach Abschluss der redaktionellen Bearbeitung auf ein anderes, nun *christologisches bzw. theozentrisches Moment*: Der Menschensohn Jesus wird als Retter präsentiert, der das Bundesversprechen Gottes gegenüber Abraham erfüllt. Deshalb kann selbst ein Oberzöllner wie Zachäus, der nach Lk 19,10 als „Verlorener" gekennzeichnet ist, als Abrahamssohn durch Jesus die Rettung empfangen (Lk 19,9). Diese neue textimmanente Ausrichtung von Lk 19,1–10 könnte die Trennung dieser Perikope vom Komplex in Lk 15 begünstigt haben. Im neuen Zusammenhang bildet sie eine Reaktion auf Lk 18,8, wo die Frage aufgeworfen wird, ob der Menschensohn Glauben finden wird.

Ein weiteres herausragendes Thema in Lk 19,1–10 ergibt sich aus dem Hinweis des auktorialen Erzählers auf den Reichtum des Oberzöllners und aus der Rede des Zachäus. Darin thematisiert der Zöllner gerade nicht sei-

---

[83] In Kapitel 12 ist gezeigt worden, dass die Aussagen des Familiengleichnisses (Lk 15,11–32) am geeignetsten mit der rahmenden Hinführung Lk 15,1–3 und mit den Gleichnisanwendungen Lk 15,7.10 korrespondieren. Das derzeit dritte Gleichnis vom Vater und seinen Söhnen greift die Ergebnisse des Kontexts (Lk 15,4–10) auf und problematisiert sie, außerdem ist es als Antwort auf die dargestellte Krise der Einleitungsrahmung (Lk 15,1–3) zu lesen.

ne Umkehr durch Jesus oder sein gläubiges Vertrauen auf Gott, sondern spricht in Lk 19,8 darüber, wie er mit seinem Besitz umgeht oder umgehen will. Die Thematik des *problematischen Reichtums* liegt aber gerade gegen Ende des Reiseberichts mehrfach thematisiert vor: In den Erzählungen vom reichen Mann und dem armen Lazarus (Lk 16,19–31) und vom reichen Jüngling (Lk 18,18–26) ist der dort dargestellte Reichtum für die Rettung hinderlich. Insbesondere gegenüber dem reichen Oberen (Lk 18,18ff), der ebenfalls das Gespräch mit Jesus sucht und als Antwort erfährt, dass eher ein Kamel durch ein Nadelöhr gehe, als dass ein Reicher in das Reich Gottes komme, wirkt die Figur des Zachäus kontrastiv.[84] Insofern kann es durchaus redaktionell beabsichtigt gewesen sein, die Zachäuserzählung in den vorliegenden Kontext (also gegen Ende des Reiseberichts) als Regulativ einzuordnen: Durch die lukanische Sondergutperikope 19,1–10 wird die Rettung für Reiche nicht von vornherein ausgeschlossen, wie beispielsweise aus der synoptischen Überlieferung Lk 18,18–26/Mt 19,16–26/Mk 10,17–27 gefolgert werden könnte.[85]

Es soll in diesem Zusammenhang nicht unerwähnt bleiben, dass das Lukasevangelium im direkten Anschluss an die Zachäuserzählung – als letztes Zeugnis des Reiseberichts – das Gleichnis von den anvertrauten Pfunden überliefert. Darin wird die Besitzthematik metaphorisch für das Reich Gottes und die Nachfolgethematik fruchtbar gemacht. In dieser Perikope zeigt sich, dass ein König erfolgreiche und gewinnorientierte Investitionen von seinen Untertanen erwartet – und sie andernfalls hart bestraft. Die Zachäuserzählung bereitet dieses provokant anmutende Gleichnis vor, indem sie demonstriert, wie Zachäus mit seinem Vermögen arbeitet und dabei die Rettung durch den Menschensohn erfährt: Der Zöllner ‚investiert‘ die Hälfte seines Besitzes in die Armen und darüber hinaus Weiteres als Wiedergutmachung für Betrogene (Lk 19,8). Er verhält sich damit ganz anders

---

[84] Auch ECKEY, Lukasevangelium II, 779 wertet Zachäus als „Kontrastfigur zum Reichen aus der Führungselite Lk 18,18–23, der trotz seiner Tora-Observanz so sehr an seinem Hab und Gut hing, dass er auf Jesu Einladung zur Nachfolge in Armut tief verstimmt reagierte".

[85] In der Erzählung vom reichen Mann und dem armen Lazarus Lk 16,19–31 gilt nicht der Reichtum an sich als verwerflich, sondern die egoistische Nutzung desselben! Insofern reagiert auch diese Perikope thematisch auf den vorausgegangenen Komplex in Lk 15. Während dort für die empathische Freude, die Mitfreude geworben wird, ist der Lebenswandel des namenlosen Reichen durch egozentrische Freude gegenüber Lazarus, dem Armen, gekennzeichnet (als βύσσον εὐφραινόμενος, Lk 16,19) und wird durch die Autorität der Figur Abraham (!) als verwerfungswürdig vermittelt. Lerntheoretisch geschehen eine erzählerische positive Verstärkung mit dem Belohnungsanreiz der Freude (in Lk 15) sowie eine positive Bestrafung durch die in Aussicht gestellte Höllenstrafe (in Lk 16,19–31). Vgl. zu diesen Konditionierungsmodellen, die dem Muster von B.F. Skinner folgen, ATKINSON/ATKINSON/SMITH u.a., Einführung, 242, vgl. Kap. 3 und 11, 275ff.

als der Reiche, der seinen Besitz nur für sich selbst einsetzt, wie es in der Erzählung vom reichen Mann und dem armen Lazarus überliefert ist (Lk 16,19–31). Durch die kontextuelle Verortung wirkt die Zachäuserzählung bezüglich der *Besitzesthematik* im Rahmen des lukanischen Reiseberichts also sowohl nachträglich regulierend als auch vorbereitend.[86]

Betrachtet man die Erzählung um Zachäus als lukanische Auseinandersetzung mit der *Zöllnerthematik*, ist die Verortung der Perikope ebenfalls signifikant.[87] Erst in Lk 18,9ff auf einer weiteren Reisestation auf dem Weg nach Jerusalem wird das Gleichnis vom Pharisäer und vom Zöllner berichtet. Bekanntlich werden Zöllner im Lukasevangelium ausgesprochen positiv dargestellt[88] – ehrliche Vertreter dieser stigmatisierten Zunft, die sich selbstkritisch ihrer Sünden bewusst sind, stehen als Muster mehrfach in Opposition zur scheinbaren Selbstgerechtigkeit derer, die gesellschaftlich angesehen sind, aber heucheln. Dieser Tendenz entspricht auch Lk 19,1–10. Die Erzählung über den kleinen Oberzöllner, der nach der erhaltenen Überlieferung in Jericho stationiert war (Lk 19,1f), greift als letzter Zöllnertext des Lukasevangeliums diese Thematik auf. Das Murren der Menge über Jesu Einkehr bei einem, der als „Sünder" verrufen ist, von Jesus aber als Abrahamssohn gewürdigt wird, verweist auf das scheinheilige Verhalten der Kritiker, dem sich der Menschensohn nicht anschließt.

Zöllnerthematik, Reichtumsproblematik, die ethischen Themen der Freude und der Nachfolge, Jesu Auseinandersetzung mit murrenden Kritikern angesichts seiner Gemeinschaftsbildung, das Motiv der Sohnschaft und der Auftrag, das Verlorene zu retten, beweisen die Komplexität der vorliegen-

---

[86] Interessant ist im Hinblick auf die Thematik der Freude ein Vergleich mit der matthäischen Parallele (Mt 25,14–30). Zumeist wird eine gemeinsame Quelle dieser Perikopen angenommen, gleichwohl sind große (Bearbeitungs-) Unterschiede erkennbar. Nur in der matthäischen Variante begegnet das Motiv der Freude, und zwar zweifach (Mt 25,21.22)! Falls Mt es aus einer gemeinsamen Vorlage übernommen hat, könnte eine entsprechende Auslassung in der lukanischen Fassung schlüssig erklärt werden: In Mt 25,21.22 ist die Rede von der Freude des Herrn über diejenigen Knechte, die sich als treu und zuverlässig erwiesen haben. Unnütze Versager würden dagegen in die Finsternis verstoßen und mit Heulen und Zähneklappern zu rechnen haben (Mt 25,30). Nachdem die Freude Gottes über Sünder in Lk 15 mehrfach stark thematisiert worden ist und in der Zachäuserzählung die Freude eines Sünders dargestellt wird, könnte der Ansatz von Freude über die Fleißigen aus Sicht dieser lukanischen Redaktionsschicht an dieser Stelle als störend empfunden worden sein. Im Gegensatz zur matthäischen Fassung fällt das Lob der Fleißigen und ihre mehrfache Entlohnung wahrscheinlich deshalb erzählerisch äußerst knapp und ohne die Erwähnung von Freude aus.

[87] Oben wurde bereits darauf hingewiesen, dass in Lk 15,1 Zöllner und Sünder zum Figurenpersonal der Szene eingeführt werden, wobei die Zöllner im folgenden Anschluss des erhaltenen Komplexes keine weitere Rolle mehr spielen.

[88] Vgl. auch Lk 3,12; 5,27; 7,29; 15,1; 18,10. Siehe auch ECKEY, Lukasevangelium II, 779.

den Erzählung. Die derzeitige Situierung im Lukasevangelium ist deshalb äußerst sinnvoll gewählt. Denn mit der Zachäuserzählung gelingt es, am Ende des von Lukas konzipierten Reiseberichts verschiedene Themen und inhaltliche Schwerpunkte, die vorher behandelt worden sind, aufzugreifen und zusammenfassend miteinander zu verbinden. Das kann helfen, den bestehenden kontextuellen Standort zu erklären, der allerdings eine Distanz zu Lk 15 mit sich bringt. Die kontextuelle Begründung allein vermag jedoch noch nicht zu überzeugen. Die folgende kurze lerntheoretische Argumentation bietet weitere Motive:

Der Leser hat in Lk 15,1 erfahren, dass sich auch Zöllner Jesus annäherten, um ihm zuzuhören. Dadurch wird beim Leser eine Erwartungshaltung geweckt, Näheres über diese Personengruppe zu erfahren. Die Stationen zwischen Lk 15 und dem Ende des Reiseberichts bis zur Zachäusperikope sind über einen darüber weit hinausreichenden Spannungsbogen miteinander verbunden. Denn der Konflikt zwischen Jesus und den Gruppen, die ihm feindlich gegenüber stehen, bestand bereits vor der rahmenden Einleitung Lk 15,3. Er ist durch Lk 15 nicht gelöst worden, sondern dauert in Lk 19 immer noch an und wird sich bis zur Katastrophe der Kreuzigung Jesu steigern. Solange die kritische Situation fortbesteht, kann der Leser weitere, auch alternative Auseinandersetzungen mit dieser Konfliktthematik erwarten.[89]

Die Erzählung in Lk 19,1–10 führt das Thema der Freude zwar fort, aber unter anderer Perspektive, als es die Texte in Lk 15 herausgearbeitet haben. Der Gleichniskomplex wirbt für eine empathische Mitfreude und Gemeinschaft auch unter der Bedingung, dass dafür geteilt werden muss. Während allerdings nicht beschrieben worden ist, wie das Schaf oder der jüngere Sohn ihre Rettung erlebt haben, wird in Lk 19 die Freude des Zöllners dargestellt, weil er die Gemeinschaft mit Jesus erfährt. Der Leserkreis kann auf diese Weise lernen, das Thema der Freude differenzierend aus ergänzenden Perspektiven zu reflektieren. Eine kontextuelle Distanz ist dabei sinnvoll, damit der neue Aspekt, nämlich die Freude des Verlorenen, von den zuvor vermittelten Lehren über die empathische und damit auch problematisierte Freude in Lk 15 unterschieden werden kann.

---

[89] Wie in Kapitel 11, 258ff, gezeigt, endet Lk 15,11–32 mit einem offenen Ausgang. Der Leserkreis wird dadurch angeregt, selbstständig nach Lösungen aus der Krise zu suchen, die im Gleichnis vom Vater und seinen Söhnen dargestellt ist. Durch die Distanz zwischen Lk 15 und Lk 19,1–10 steigert sich diese Spannung. Das modellhafte Verhalten des Zöllners Zachäus kann eine Perspektive aus der in Lk 15,11–32 dargestellten Aporie eröffnen. Konnotationen werden durch die auffallend analog gestaltete Wortwahl gefördert, die insbesondere in Lk 19,10 eine Verbindung zum Komplex Lk 15 hervorhebt und in Erinnerung ruft.

Wie im Abschnitt über die Komplementarität von Lk 15 und Lk 19,1–10 ausgeführt worden ist, ergänzt die Zachäuserzählung den Gleichniskomplex auch didaktisch: Während Jesus in Lk 15 als Erzähler das angemessene Wesen der Freude theoretisch erklärt hat und mit seinen Gleichnissen verschiedene und komplexe Identifikationsmöglichkeiten präsentieren konnte, wird seine Figur in der Erzählung Lk 19,1–10 selbst zu einem Modell. Nach dem Zeugnis des Lukasevangeliums kennt das Vorbild Jesus die Freude in verschiedenen Facetten und das in Theorie und Praxis.

Die Auseinandersetzungen mit der Freude begegnen in unterschiedlichen Formen.[90] Die unterschiedlichen Zugänge unterstützen das reflektierte Lernen, indem sie zu einer differenzierten Auseinandersetzung mit der Thematik anregen. Die moderne Psychologie verweist darauf, dass das Lernen noch nachhaltiger ist, wenn durch Intervallspannen zwischen den einzelnen Lernmomenten das vorher Gelernte gefestigt wird.[91] Die Verteilung der einzelnen Formen, Gattungen der thematischen Komplexe wie beispielsweise der Wundererzählungen, der Reich-Gottes-Gleichnisse, Seligpreisungen und Weherufe wie auch der Leidens- und Auferstehungsankündigungen beweist eine komplexe Komposition des Lukasevangeliums. Thematische Wiederaufnahmen und variierende Wiederholungen des bereits Vermittelten zählen zur typischen lukanischen Lehrmethodik.

E. Der Ertrag für das Thema der Freude im Lukasevangelium

Für die Freude und die Theologie des Lukasevangeliums ist besonders eine Entdeckung wesentlich: Mit Sicherheit hat eine redaktionell bearbeitende Handschrift an der uns überlieferten Fassung von Lk 15 und Lk 19,1–10 Spuren hinterlassen, die deutlich sichtbar geworden sind. Aus der weisheitlichen Erkenntnis, dass ein Mensch, der Gott sucht, mit Freude und Gemeinschaft belohnt wird, werden Aussagen über Gottes Gnade am Sünder. Ist der Fokus der älteren Überlieferung wahrscheinlich zuerst auf die

---

[90] Es ist letztlich nicht mehr rekonstruierbar, in welchem Zusammenhang die beschriebenen Texte ursprünglich mündlich überliefert oder schriftlich fixiert worden sind. Die derzeitige Präsentation im Lukasevangelium beweist aber das Interesse des Redaktors, sein Material überlegt zu situieren. Es ist nicht vollends auszuschließen, dass dabei außer theologischen Kontextbezügen auch Faktoren wesentlich waren, die von der heutigen Psychologie der Lerntheorie zugeordnet werden.

[91] MAZUR, Lernen, 220–229, weist auf die Bedeutung von Intervallen in Verstärkungsplänen hin, um aus *extrinsisch* motiviertem Verhalten, das also durch externe Verstärker ausgelöst wird, ein *intrinsisch* motiviertes Verhalten zu generieren, das eine weitgehend löschungsresistente Stabilität aufweist. Zur Regulation von einem fremdbestimmten zu einem selbstbestimmten integrierten Verhalten in Internalisierungsprozessen siehe ferner SCHIEFELE, Motivation, 159f.

menschliche Glaubensethik gerichtet gewesen – als Ursache der Freude – geht es im mittlerweile vorliegenden Text um das Tun Gottes. Während die Freude im Bildfeld der ersten Gleichnisse aus Lk 15 vermutlich zuerst auf der menschlichen Seite und damit vergleichbar zu Mt 13,44 dargestellt worden ist, freut sich in den Anwendungen von Lk 15,7.10 das Umfeld Gottes über das menschliche Umkehrverhalten. Im Verlauf der redaktionellen Tätigkeit ist also ein Wechsel des Subjekts, das der Freude zugeordnet wird, erfolgt. Diese Freude drückt aus, dass Gott sich gnädig verhält und die Sünden nicht aufrechnet, wie es auch das Verhalten des Vaters im dritten Gleichnis zeigt. Auch in der Zachäuserzählung wird durch die redaktionelle Ergänzung des abschließenden Verses das Argument der Abrahamssohnschaft als ‚Eigenschaft‘ des Zöllners zugunsten der Gnadentätigkeit Jesu relativiert. Das Gewicht der Perikope liegt nicht (mehr) auf dem aktiven Beitrag des Menschen, der sich erfolgreich um sein Heil bemüht (Zachäus), sondern auf seiner Rettung durch Jesus. Nicht nur die Ausrichtung der Freude ist gewandelt worden, auch die zentralen Handlungsfiguren wurden neu bestimmt. Der entsprechende Bearbeiter dieser Texte hat seine Kompetenz darin bewiesen, solche Prozesse in Erzählungen vornehmen zu können. Immer deutlicher zeichnet sich ab, dass das Motiv der Freude im Lukasevangelium wegen seiner differenzierten Darstellung und seiner besonderen Relevanz zu würdigen ist. Wird die Freude auch am Ende der Reise Jesu, in Jerusalem, zur Sprache kommen? Überraschenderweise begegnet dieses Motiv nicht erst im Zusammenhang der Auferstehung, sondern bereits in einem Kontext, der es zunächst nicht erwarten lassen würde: in der Passion. Dieses Phänomen soll im Folgenden betrachtet werden.

Kapitel 14

Lk 22,5 und Lk 23,8: Freude in der Passionserzählung

In Jerusalem angekommen, ereignet sich die Katastrophe: In Auseinandersetzung mit dem Tremendum des Todes der Passionsgeschichte tritt das Fascinosum des Evangeliums zeitweilig stark zurück.[1] Im Passionszyklus ab Lk 22 werden ‚positive' Affekte wie die Freude kaum dargestellt – die Wortwurzel χαρά begegnet hier nur zweimal.

Die Hohepriester freuen sich (ἐχάρησαν) über die Verschwörungsinitiative des Judas Iskariot (22,5). Die Evangelien interpretieren seinen Verrat letztlich als entscheidenden Auslöser, durch den die tragischen Ereignisse um Jesu Hinrichtung einsetzen. Nachdem die Freude in Lk 8,13 wegen ihrer Kurzfristigkeit kritisiert worden ist, ihre Objektzuweisung in Lk 10,20 korrigiert wurde und auch die egoistische Freude in der Erzählung vom reichen Mann und dem armen Lazarus (Lk 16,19) gemahnt worden ist, folgt im Rahmen der Passionserzählung ein weiterer Beleg für die Freude in kritikwürdigem Zusammenhang.

Das Affektmoment der Freude ist aus der markinischen Textvorlage übernommen worden (Mk 14,11). Obwohl der Vers gegenüber Mk 14,11 stark erweitert ist, bleibt die Szene knapp, summarisch und mit großer Distanz erzählt. Dennoch zeigt sich deutlich, dass es sich in diesem Abschnitt um den Prozess eines *Affektwandels* handelt: In Lk 22,2 ist das Handeln der Hohepriester und Schriftgelehrten von ihrer Furcht vor dem Volk motiviert (ἐφοβοῦντο γὰρ τὸν λαόν, Lk 22,2). Das Vorhaben des Judas erweckt als Bezugsreferenz ihre Hoffnung und Vorfreude, Jesus töten lassen zu können (Lk 22,5). Die Freude der Feinde Jesu kann daher in Lk 22,5 als prospektiv bestimmt werden, wobei das die Furcht motivierende Moment bestehen bleibt. Im Hinblick auf das Affektverständnis wird so wiederum

---

[1] THEISSEN, Erleben, 176. Explizite Affekte werden im Rahmen der lukanischen Passionserzählung in Lk 22,45 genannt, dort schlafen die Jünger vor Traurigkeit (ἀπὸ τῆς λύπης) auf dem Ölberg. Deskriptiv wird die Trauer Petri über sein Leugnen durch sein Weinen in Lk 22,62 dargestellt. Jerusalemer Frauen klagen und weinen über Jesu Hinrichtung (Lk 23,27). Die Gottesfurcht der Übeltäter am Kreuz thematisiert Lk 23,40. Als Reaktion des Volkes auf die Zeichen nach Jesu Tod wird das „Schlagen an die Brust" in Lk 23,48 beschrieben. Leider können in diesem Rahmen die Hinweise auf spöttisches Verhalten nicht vertieft werden (Lk 22,63ff; 23,11.39).

die Relevanz des *Objektbezugs* deutlich, der einen Affekt wie die Freude entscheidend charakterisiert: Hier ist es das Verschwörungsvorhaben des Judas. Außerdem ist die Freude in diesem Kontext wie in den zuvor untersuchten Belegstellen mit entscheidenden *Handlungskonsequenzen* verbunden: Die Gegner Jesu versprechen dem Verräter Geld für die angekündigte Tat, um sein geplantes Verhalten zu verstärken.

Auch von Herodes wird berichtet, dass er im Verlauf der Passionserzählung Freude erlebt. Die Begegnung des Tetrarchen von Galiläa mit Jesus in Jerusalem schildert nur das Lukasevangelium.[2] Es wird beschrieben, dass der Herrscher sich wie Zachäus zunächst sehr freut, Jesus zu sehen (ἐχάρη λίαν, Lk 23,8; vgl. Lk 19,9[3], Mk 6,20[4]). Die Bedeutung der *visuellen* Wahrnehmung ist für das Erlebnis der Freude ebenso hervorgehoben[5] wie die intensive Qualität des Affekts[6]. Die Freude bezieht sich außerdem auf zwei Objekte gleichzeitig, sodass sich die temporäre Dimension differenziert darstellt: Die Freude ist einerseits *prozessbezogen* und *erfüllt* durch die gegenwärtige Begegnung, gleichzeitig ist sie eine *prospektive* Vorfreude, solange sich Herodes nach Lk 23,8 erhofft, sichtbare Zeichen von Jesus dargeboten zu bekommen.[7] Die dreifache Hervorhebung des

---

[2] Diese Szene ist durch vorangegangene Herodes-Antipas-Stücke vorbereitet, vgl. Lk 3,1.19–20; 9,7–9; 13,31–33. Lukas hat bei dieser Komposition verschiedene Vokabeln, Konstruktionen und thematische Assoziationen aus dem Markusstoff verwendet. In Apg 25 wird ein entsprechendes Verhör des Paulus vor Agrippa, Berenike und Festus mit vielen inhaltlichen und sprachlichen Parallelen zu Lk 23,6–12 berichtet, vgl. ECKEY, Lukasevangelium II, 927. Das Motiv der Freude wird im Zusammenhang mit dem Paulusverhör jedoch nicht genannt.

[3] Zur Verbindung zwischen Lk 9,9 und 23,8 vgl. TALBERT, Patterns, 27.

[4] HARRINGTON, Passion, 735, weist darauf hin, dass auch in der markinischen Vorlage, in der vom Tod des Täufers die Rede ist, eine affektive Reaktion des Tetrarchen geschildert wird (Mk 6,20), die Lukas bei der Gestaltung der Szene beeinflusst haben könnte.

[5] Das ‚Sehen' wird in Lk 23,8 zunächst durch das aoristische Partizip ἰδὼν als Voraussetzung für das Erleben der Freude genannt. Auch in der Begründung des Affekts, eingeleitet durch die kausale Konjunktion γάρ, wird das Sehen (ἰδεῖν) als ausschlaggebende Motivation zur Freude bestimmt. Zum dritten Mal begegnet das Lexem im Zusammenhang mit den erhofften Zeichen. Die dreifach wiederholte Aufnahme des Lexems ἰδεῖν im selben Satz wirkt emphatisch.

[6] Durch das anschließende Adverb „sehr" wird die Freude qualitativ intensiviert. „Λίαν" begegnet bei Lukas nur hier.

[7] Die Vorfreude des Herodes wird in Lk 23,8 als Hoffnung zum Ausdruck gebracht. Zur Bedeutung des Legitimationszeichens und zum semantischen Zeichenbegriff, der in der Antike auf Wunderhandlungen verweist, vgl. BIELINSKI, Jesus, 182ff; WEISS, Zeichen, 18ff, verweist darauf, dass der Doppelbegriff σημεῖα καὶ τέρατα in die antike Mantik, besonders in den Orakelbereich gezählt werden muss.

‚Sehens', sowie der Hinweis auf die ‚Zeichen' und das ‚Hören'[8] spielen auf frühere Auseinandersetzungen an, die im Zusammenhang mit der Freude begegnet sind:

Bei der erfolgreichen Rückkehr der exorzistisch wirkenden Boten ist die Freude über *sichtbare* Zeichen bereits kritisch thematisiert worden (Lk 10,20ff). Im Rahmen der sich anschließenden Jüngerbelehrung geht es besonders um die Momente des *Hörens* und *Sehens* (Lk 10,24): Nun wird im Verlauf der lukanischen Narration demonstriert, dass Herodes einer der Herrscher ist, denen Jesus, seine Lehre und seine Gottessohnschaft letztlich verborgen bleiben, weil er nicht wie die Jünger ‚sehen' und ‚hören' kann.[9] Perzeptives Sehen und verstehendes Erkennen sind ebenso zu unterscheiden wie physiologisches und begreifendes Hören.[10] Die Perikope wirkt im Ganzen metaphorisch: Wem Gott das Herz verstockt,[11] der kann die Offenbarung selbst dann nicht erkennen, wenn sie ihm leibhaftig begegnet.[12] Jesus ‚schweigt', wenn man sich ihm gewaltsam nähert oder sich mit ihm aus problematischer Motivation beschäftigt.

Auch wenn in der Perikope über die Begegnung von Herodes und Jesus selbst keine erzählerische Wertung des Affekts erfolgt, zeigt der textinterne Bezug, dass die Freude des Herodes nach lukanischer Vorstellung kritikwürdig und falsch begründet ist. Denn der Leserkreis hat bereits erfahren (Lk 11,29ff), dass Jesus Zeichenforderungen ablehnt, die zumal auch als satanisches Wirken gedeutet werden können (Lk 11,14–23). Möglicherweise wäre diese Reaktion auch aufgrund der skizzierten Stimmung der Verhörszene zu erwarten gewesen. Denn die Gegner Jesu sind bereits mit ih-

---

[8] Das Hören begegnet in Lk 23,8 explizit: Der Tetrarch will Jesus sehen, weil er von ihm (mindestens als Wundertäter) gehört hat (διὰ τὸ ἀκούειν περὶ αὐτοῦ).

[9] Dass Gott allein die entscheidende Macht zukommt, Offenbarungen zu bewirken oder zu verbergen, ergibt sich aus dem Kontext des Jubelrufs (Lk 10,21).

[10] DARR, Herod, 194. Dagegen sieht BIELINSKI, Jesus, 192–195, in dieser Szene lukanische Ironie, da offensichtlich eine Diskrepanz bestehe zwischen dem, was gesagt werde und dem, was gemeint sei. Zugleich habe die Szene eine paränetische und apologetische Funktion.

[11] Zum Verstockungsmotiv durch Gott im Alten Testament vgl. RÖHSER, Prädestination, 40–62.

[12] Diese Tendenz zeigt sich ähnlich im Zusammenhang mit der Erzählung vom reichen Mann und dem armen Lazarus (Lk 16,19–31): Auch dort wird vom Vertreter der kritikwürdigen Freude ein sichtbares Zeichen (für die Angehörigen) erbeten. Das Gesuch wird von Abraham abgelehnt, der auf die Autorität der heiligen Schriften (Mose und Propheten) verweist: „Hören sie Mose und die Propheten nicht, so werden sie sich auch nicht überzeugen lassen, wenn jemand von den Toten auferstünde."

ren drängenden Schuldvorwürfen zugegen.[13] Als alle Befragungsversuche[14] scheitern, weil Jesus gegenüber den Anfragen und Vorwürfen schweigt (sodass er aus christlicher Sicht mit dem leidenden Gottesknecht in Jes 52,13–53,12 identifiziert werden kann, vgl. Apg. 8,32f), verachtet und verspottet Herodes Antipas ihn gemeinsam mit seinen Soldaten (Lk 23,11). Das explizit und deskriptiv dargestellte Verhalten kann im Hinblick auf die Freude ambivalent gedeutet werden.[15]

Das herablassende, spöttische Verhalten könnte die *Qualität* der großen Freude ausdrücken, die Herodes bewegt.[16] Es hat sich bereits gezeigt, dass Freude nach Lukas ein Affekt ist, der bei *Begegnungen zwischen Menschen* kommuniziert wird und vor allem in *Gemeinschaften* begegnet.[17] In diesem Fall wird sie zwischen Herodes und seinen Soldaten geteilt. Die einzelnen *Handlungskonsequenzen* könnten durch die Absicht motiviert sein, den lustvollen Affekt der Freude zu stabilisieren.[18]

Ist das Verhalten des Herodes zwangsläufig als Ausdruck von Freude zu deuten? Wie gezeigt, ist sein Affekt in Lk 23,8 doppelt begründet, nämlich durch das Interesse des Herrschers, Jesus zu sehen und darüber hinaus möglicherweise ein Zeichen geboten zu bekommen. Dass er ihn töten lassen will, wird in diesem Zusammenhang nicht gesagt.[19] Doch diese Vorfreude wird zur Hälfte enttäuscht: Herodes begegnet zwar der erwünschten Person, aber ein Gespräch bleibt ebenso aus wie die erhofften Zeichen.[20] Bereits in Lk 10,20 ist die Freude an sichtbaren Zeichen kritisiert worden,

---

[13] Gegen ECKEY, Lukasevangelium II, 929, nach dem Lukas zeigen will, „daß ein ordnungsgemäß und unter Sachverständigenbeteiligung durchgeführtes Verfahren keine Garantie für ein gerechtes Urteil bietet."

[14] Die Interpretation von ERNST, Evangelium, 625, es habe sich um Verlockungen, Schmeicheleien, ironische Bemerkungen und Drohungen gehandelt, ist dem Text nicht zu entnehmen, ebenso kritisiert KLEIN, Lukasevangelium, 699.

[15] Explizit wird sein Verhalten vom Erzähler durch die Verben ἐξουθενέω („herab sehen, verachten") und ἐμπαίζω („lächerlich machen, höhnen, spotten") gewertet, was deskriptiv durch das Umhängen des weißen Mantels veranschaulicht wird.

[16] Nach BÜCHELE, Tod, 32, ist die Verspottung des Herodes und seiner Soldaten durch die „Kumulierung von mehreren Spott-Verben" eindringlich und intensiv gestaltet, das Verspottungsvokabular sei dem Wortfeld des Todes Jesu zuzurechnen.

[17] Die einzige Ausnahme bildet Lk 16,19: Allerdings demonstriert das Beispiel des reichen Mannes, der im Gegensatz zum armen Lazarus seine Freude isoliert genießt, dass ein egoistischer Verzicht, Freude (über den Reichtum) zu teilen, nach dem paränetischem Verständnis des Lukas zum Tod und in die Hölle führt.

[18] Zu den Handlungskonsequenzen zählen das Umhängen des Mantels und das Zurücksenden des Gefangenen zu Pilatus. Bei der Überlegung zu den Handlungskonsequenzen übernehme ich textpsychologisch ein Modell der funktionalistischen Emotionspsychologie, vgl. Kapitel 3, 43ff; 10, 230f, und 11, 260ff.

[19] Mit KLEIN, Lukasevangelium, 699, gegen DARR, Herod, 192.

[20] Vgl. die Interpretation bei DARR, Herod, 212.

in Lk 11,29ff wird sie harsch abgelehnt. Auch Philo von Alexandrien würde die sinnlich-neugierige Freude des Herodes an Zeichen vermutlich als
törichte, unvernünftige Freude kritisieren und als „falsche Freude" (ψευδώμος χαρά, Philo, mut. 175) definieren.[21]

Dass es eine Freude gibt, die schnell wieder vergeht, wenn sie nicht
‚verurzelt' und richtig ‚begründet' ist, hat der Leser des Lukasevangeliums
außerdem in der Deutung des Gleichnisses vom Sämann erfahren (Lk
8,13). Die Herodesszene demonstriert entsprechend, wie sich ein *Affektwandel* entwickeln kann, wenn Freude falsch ausgerichtet ist bzw. nicht
stabilisiert wird. Der Prozess der Affektregulation des Herodes steht unter
dem Einfluss der beschuldigenden Manipulation der Hohepriester und
Schriftgelehrten (Lk 23,10) – dem Druck einer Gruppe. So kann die neugierige, hoffnungsvolle Vorfreude zum zerstörerischen, kontraproduktiven
Affekt mutieren, der das Hinrichtungsverfahren Jesu nicht aufhält, sondern
vorantreibt (Lk 23,11).[22]

Der Affekt, den Herodes und seine Soldaten im Folgenden erleben, kann
angesichts des Spottes als *törichte, übermütige Freude* bzw. als *Schadenfreude* näherbestimmt werden (Lk 22,11). Im Zusammenhang mit der
durch Jesus kritisierten Freude der Boten in Lk 10,20 ist bereits auf das
aristotelische Verständnis der Schadenfreude hingewiesen worden.[23] In der
Rhetorik beschreibt der Peripatetiker, dass Affekte häufig gekoppelt auftreten und damit auf die jeweilige Persönlichkeitsstruktur, die charakterliche
Veranlagung (ἤθους) einer Person verweisen können, die sie erlebt.[24] Die
Schadenfreude wertet er als ein spezielles Sich-Freuen (χαίρειν) über

---

[21] Jede Freude, die sich auf rein sinnliche Wahrnehmung gründet, wird von Philo der
falschen Freude zugeordnet, da er die sinnliche Wahrnehmung (αἴσθησις) an sich als
blind und irrational versteht (Phil. Leg III,108). Dem Menschen würden durch diese Lust
maßlose Sinnenfreuden vorgetäuscht, die klar betrachtet als Gegenteil der „wahren Freude" zu gelten hätten (Phil. Leg III,107–113).

[22] Nach BÜCHELE, Tod, 33, hat die Perikope den Sinn, die „weiteste Harmlosigkeit
und die Schuldlosigkeit Jesu in eindeutiger Weise herauszustreichen." Fokussiert man
dagegen die Figur des Herodes, zeigen sich weitere Schwerpunkte. Werden auch auf
diese Interpretation das funktionspsychologische Schema der Emotions- und Handlungsregulation zur textpsychologischen Betrachtung angewendet, könnten die demütigenden
Provokationen dazu dienen, Jesus durch handlungsorientiertes Coping (problem-focused
coping) zu provozieren. Das Ziel bestünde darin, doch noch die in Lk 23,8 genannte
Zielvorstellung zu erreichen. Zu den Schemata der Handlungsregulation in Kapitel 10
und Kapitel 11 siehe Fußnote 18.

[23] Siehe auch Kapitel 4, 57.76f; Kapitel 5, 86.89; Kapitel 10, 216; Kapitel 11, 270f.

[24] Zum modernen Ansatz, die Aktualgenese von Emotionen in Abhängigkeit von der
entwickelten Disposition einer Person zu sehen, besonders zum schemaorientierten Ansatz der entwicklungspsychologischen Forschung, siehe Kapitel 3, 48f.

den Entzug oder die Vernichtung einer Sache oder Person.[25] Er sieht sie in einem engen Zusammenhang zum Neid, den er als Schmerz über das versteht, was ein anderer besitzt oder was jenem an Gutem widerfährt. Das Phänomen des Spottes bei Herodes Antipas und seinen Soldaten kann nach aristotelischer Psychologie für die Deutung der Veranlagungen dieser Figuren ausgewertet werden: Wer sich am unberechtigten Unglück anderer erfreut, ist grundsätzlich als Mensch ohne empathisches Einfühlungsvermögen und Gerechtigkeitsempfinden zu betrachten. Aus dieser Sicht wird im Lukasevangelium ein insgesamt äußerst problematisches Bild des Tetrarchen entworfen. Dem entspricht, dass dieser Herrscher vom lukanischen Jesus in einem früheren Zusammenhang bereits als „Fuchs" bezeichnet worden ist (Lk 13,32).

Nicht nur aus der philosophischen Ethik heraus, auch aus alttestamentlicher Tradition ist das Verhalten des Herodes zu verurteilen: Die Weisheit verbietet Spott und Schadenfreude ausdrücklich! Im Gegenteil, wenn Hiob seine Frömmigkeit und sein gottgemäßes Handeln rechtfertigt, verweist er darauf, mit seinen Gegnern würdig umgegangen zu sein:

„Habe ich mich gefreut, wenn es meinem Feind übel ging und mich erhoben, weil ihn Unglück getroffen hatte? Nein, ich ließ meinen Mund nicht sündigen, dass ich verwünschte mit einem Fluch seine Seele."[26]

Aus Hiobs Argumentation lässt sich das Ideal eines respektvollen Umgangs mit Menschen im Unglück ableiten. In den salomonischen Sprüchen wird dieses ethische Ideal sogar imperativisch formuliert: „Wenn dein Feind fällt, freue dich nicht, wenn er strauchelt, soll dein Herz nicht jubeln."[27] Wenn Herodes und seine Soldaten sich über Jesus angesichts dessen ohnmächtigen Ausgeliefertseins lustig machen, verhalten sie sich töricht und alles andere als weise – sowohl aus der Sicht der klassischen philosophischen Ethik als auch aus religiöser alttestamentlicher Sicht.

Auch Philo von Alexandrien kritisiert schadenfrohes Verhalten ausdrücklich.[28] Er übernimmt sowohl das alttestamentliche Ideal als auch den philosophischen Anspruch, wenn er folgendes Gebet überliefert beziehungsweise formuliert, um den Anstand der jüdischen Bürger von Alexandria zu demonstrieren:

„Wir freuen uns nicht (οὐκ ἐφηδόμεθα), weil ein Feind bestraft wird, denn die heiligen Gesetze lehren uns, menschlich zu empfinden. Wir danken Dir aber, weil Du Erbarmen und Mitleid mit uns gezeigt hast (...)."[29]

---

[25] Aristot. rhet. 1386b,29–1387a,3.
[26] Ijob 31,29f.
[27] Spr 24,17.
[28] Vgl. Kapitel 6, 125ff zur törichten Freude bei Philo von Alexandrien.
[29] Phil. Flacc 121.

Im Vergleich zu diesem Ideal verhält sich Herodes Antipas nach der lukanischen Darstellung weder menschlich, noch erbarmend oder mitleidvoll. Er handelt als weltlicher Herrscher nicht gerecht gegenüber Jesus. Vielmehr verbündet er sich mit Pontius Pilatus, der im Lukasevangelium durch sein Verhalten im Prozess Jesu ebenfalls als kritikwürdige Person dargestellt ist. Lk 23,12 beschreibt also den Beginn einer Freundschaft zwischen zwei problematischen Personen. Könnte diese Gemeinschaftsbildung aus Schadenfreude motiviert sein? Als auslösendes Moment gilt nach Lk 23,12 immerhin die Einbeziehung des Herodes in den Prozess. Das Gleichnis vom Vater und seinen Söhnen in Lk 15,11–32 hat durch sein offenes Ende den Ausblick gegeben, dass Freude andere Affekte überwinden kann, selbst derart starke wie den Zorn. Aus dem vorliegenden Beispiel könnte herausgelesen werden, dass die Freude negative Affekte, wie sie in einer Feindschaft zu erwarten sind, selbst dann überwinden kann, wenn sie durch einen kritikwürdigen Objektbezug motiviert ist.[30]

Die Freude (χαρά) verweist im Lukasevangelium somit nicht zwangsläufig auf die heilsgeschichtliche Konzeption. Sie begegnet nicht nur bei Vertretern des Glaubens, sondern auch auf Seiten der politischen und religiösen Feinde Jesu. Über die Qualität der Freude entscheiden deshalb die *Kausalattribution*, ihre *Intensität* und ihre *temporäre Beständigkeit*. Es bestätigt sich wiederum, wie differenziert das Verständnis der Freude im Lukasevangelium ist. Gleichzeitig kann gezeigt werden, dass die einzelnen Belegstellen für die Freude durch innere Bezüge miteinander vernetzt sind. Auf diese Weise besteht angesichts der Komplexität des Konzepts dennoch die Perspektive, abschließend darstellen zu können, wie das ideale Verständnis der Freude aus lukanischer Perspektive beschaffen ist.

---

[30] Lk 15,11–32 wirbt mit dem offenen Ende für einen Affektwandel, wonach Freude auch Zorn und Neid überwinden kann: Hier handelt es sich um das Beispiels eines affektorientierten Bewältigungsmechanismus (emotion-focused coping); Kapitel 11, 276ff.

Kapitel 15

Lk 24: Große Freude am Ende und als Ausblick des Evangeliums

Jesus ist zum Tode verurteilt worden. In der Passionserzählung wurde sein Leidensweg bis zur Hinrichtung geschildert. Enttäuscht, niedergeschlagen und zweifelnd bleiben die Jünger und Jüngerinnen nach dieser Katastrophe zunächst zurück. Erst mit den Offenbarungserlebnissen, die ein anderes Verständnis für das Erlebte bewirken, erhalten sie eine neue Perspektive. Im Matthäusevangelium wird beispielsweise berichtet, wie die Frauen vom leeren Grab und ihrer Begegnung mit dem Engel „mit Furcht und großer Freude" zurückkehren (μετὰ φόβου καὶ χαρᾶς μεγάλης, Mt 28,8). Auch im Johannesevangelium können sich über eine neue Begegnung mit Jesus freuen (ἐχάρησαν, Joh 20,20). Demgegenüber geht das Lukasevangelium ‚eigene Wege‘, um die extremreligiösen Erfahrungen der Anhänger Jesu zu beschreiben. Sechs erzählerische Einheiten formieren das letzte Kapitel,[1] wobei zahlreiche Querverweise und Verflechtungen die innere Geschlossenheit des in Lk 24 dargestellten Geschehens verdeutlichen.[2] Die zuvor vermittelten Darstellungen, Aussagen und Lehren über Affekte im Lukasevangelium können beim Leserkreis vorausgesetzt werden. Denn die Affekte, die im Offenbarungscorpus und im Zusammenhang mit der Himmelfahrt Jesu beschrieben und behandelt werden, sind erzählerisch so vorbereitet, dass Lk 24 den kulminierenden Höhepunkt der lukanischen Affektdarstellung bildet. Es kommt zu einem entscheidenden abschließenden Affektwandel: In Lk 24 wird demonstriert, wie aus Unverständnis, Verzweiflung und Traurigkeit „große Freude" erwachsen kann (Lk 24,52f).

Kontrovers wird in diesem Zusammenhang die literarische Verarbeitung der urchristlichen Auferstehungsberichte diskutiert. Während auf der einen Seite die Unwiederholbarkeit des dargestellten Ostergeschehens und damit der historische Charakter des Erzählten betont wird,[3] deuten andere Exegeten die Auferstehungstexte als urchristliche Modelle, die demonstrieren,

---

[1] MAINVILLE, Jésus, 192.

[2] Nach SCHWEMER, Problem, 191, sollen damit die Spannungen zwischen den berichteten Ereignissen überbrückt werden.

[3] FRENSCHKOWSKI, Offenbarung, 234f.

wie es grundsätzlich zum Glauben an den Auferstandenen kommen kann.[4] Im Folgenden wird davon ausgegangen, dass die lukanische Darstellung auf konkrete historische Ereignisse rekurriert, die urchristlich überliefert worden sind. Das unerhörte Zeugnis vom auferstandenen Jesus ist die ausschlaggebende Motivation für den Christusglauben und damit auch für die Entstehung des Lukasevangeliums. Das schließt nicht aus, dass in die Auferstehungsberichte urchristliche Erfahrungen und didaktische bzw. katechetische Interessen eingeflossen sein können. Diese Möglichkeit ist zumal im Zusammenhang mit den in Lk 24 dargestellten Affekten zu prüfen, denn über die Autorität der Jesusfigur ist im Lukasevangelium bereits mehrfach zur Affekterziehung angeleitet worden.[5]

A. Die Affektdarstellung in Lk 24 und ihre Voraussetzungen

Bei der Betrachtung bisheriger Affektdarstellungen haben sich verschiedene Aspekte besonders deutlich gezeigt:

– Im Lukasevangelium können Affekte explizit ausformuliert, aber auch deskriptiv und paraphrasierend dargestellt werden. Beide Präsentationsformen können sich ergänzen, um ein anschauliches und vertieftes Verständnis für den dargestellten Affekt zu schaffen.[6]
– Die verschiedenen Affekte des Lukasevangeliums stehen in einem wechselseitigen Verhältnis zueinander. Freude wird in den Verheißungen der ersten Kapitel beispielsweise als Abwesenheit von Furcht definiert. Freude hat außerdem das Potential, selbst starke Affekte wie Furcht und Zorn überwinden zu können.[7]
– Dabei stehen kognitive und affektive Prozesse in einem engen, fast untrennbaren Verhältnis.[8] Sie verlaufen nicht nur häufig gleichzeitig, sondern können einander auch bedingen. Denn wie es dem stoischen Seelenkonzept entspricht, werden Affekte im Lukasevangelium durch rationale Urteile ausgelöst: Auch Freude ist stets begründet. Wenn es gelingt, ein bestehendes Affekturteil in einem inneren Prozess kritisch zu reflektieren, können Affekte sogar kontrolliert oder gewandelt werden – es ist sogar möglich, sie einem neuen Objekt zuzuordnen.[9] Die Freude stellt daher kein Wert an sich dar – entscheidend ist das sie begründende Urteil, die Kausalattribution des Affekts.

---

[4] LOHSE, Auferstehung, 32; CROSSAN, Jesus, XIII, 399f.

[5] Vgl. Kapitel 10, 226ff, 234, und Kapitel 12, 312.

[6] Vgl. die explizite und deskriptive Darstellung der Begegnungsfreude, die der Vater angesichts der Rückkehr seines jüngeren Sohnes in Lk 15,20ff zum Ausdruck bringt, Kap. 11, 249ff.

[7] Vgl. die Einleitungen der drei Angelophanien Lk 1(Kap. 8, 182ff) – sowie das offene Ende des Gleichnisses vom Vater und seinen beiden Söhnen mit dem Appell zur Freude an den zornigen Bruder in Lk 15,32, Kap. 11, 258ff. Aber auch die Furcht der Gegner Jesu vor dem Volk kann in Freude über seinen Verrat gewandelt werden (Lk 22,2.5).

[8] Vgl. hierzu die Darstellung der Körperkonzepte und der inneren Prozesse in Lk 15,11–32, Kap. 11, 256.

[9] Vgl. Lk 10,20ff.

– Diese Urteilsbildung geschieht in einem Prozess, der zunächst über die Wahrnehmung eingeleitet wird. Entsprechend sind Sehen und Hören als ästhetische Voraussetzungen wichtig, um durch kognitive Prozesse Affekte auszulösen.[10] Das Affektempfinden selbst wird wie das Denken in den inneren Organen verortet.[11] Dabei ist das Herz der zentrale Ort, wo das ‚Wort‘ bewahrt werden oder verloren gehen kann.[12]

– Das Erleben, Zuordnen und Äußern von Affekten ist durch langfristige Lernprozesse bedingt.[13]

– Affekte setzen eilige Handlungskonsequenzen frei. Im Lukasevangelium erzeugt Freude ein dringendes Mitteilungsbedürfnis. Dabei führt sie häufig impulsiv zu Gemeinschaftsbildungen.[14] Die ideale Freude, die auf Gottes Wirken gerichtet ist, äußert sich aus lukanischer Sicht zudem im bekennenden dankbaren Lobpreis und Gebet.[15]

Wie typisch diese Merkmale für die Affektdarstellungen im Lukasevangelium sind, soll nun abschließend anhand der mit Freude befassten Perikopen aus Lk 24 (mit einem Ausblick auf die Apostelgeschichte) demonstriert werden.

B. Die überraschende Begegnung der Frauen am Grab (Lk 23,55–24,12)

Das Lukasevangelium weiß zu berichten, dass einige Frauen aus Galiläa Jesus in der Krise begleitet haben. Die frommen Frauen haben seinen Tod und seine Grablegung aus der Ferne verfolgt. Nach dem Sabbat wollen sie den Leichnam salben, doch der Stein vor dem Grab ist weggewälzt. Die Frauen sind ratlos (ἀπορεῖσθαι, Lk 24,4). Der Begriff der *Aporie* verweist dabei zunächst auf eine *kognitive Reaktion*. Doch als „zwei Männer mit glänzenden Kleidern" an sie herantreten, die offensichtlich anthropomorph, aber mit besonderen Attributen dargestellt sind,[16] wird ihre Reaktion auf diese Wahrnehmung ausdrücklich als ein *Prozess* dargestellt, der zur Ausbildung von *Furcht* (φόβος) führt.[17] Kognitive Verunsicherung und affek-

---

[10] Vgl. Lk 10,17–24; 19,3–10; 23,8.

[11] In Lk 15,20 wird für das Erleben von Mitgefühl beispielsweise ein Ausdruck gewählt, der auf die Nieren verweist, vgl. Kap. 11, 250.

[12] Lk 1,66; 2,19; 2,51; 8,12ff.

[13] Vgl. die vorangegangenen didaktischen Überlegungen zu Lk 10,17ff (Kap. 10) und der Gleichnistrilogie in Lk 15 (Kap. 11).

[14] Vgl. Lk 1,14.58;15,6.9 u.a.

[15] Vgl. Lk 1,46ff; 67ff; 10,21ff u.a.

[16] Das Gewand weist die Männer als himmlische Erscheinung aus, denn in Gräbern hausen sonst Dämonen, vgl. Lk 8,27; 9,29; Apg 9,3; 22,6; siehe ECKEY, Lukasevangelium II, 970; BETZ, Problem, 248ff.

[17] Die Wahrnehmung der Männer löst einen inneren Prozess aus, der direkt als Furchtempfindung charakterisiert wird. Der Prozesscharakter des inneren Geschehens

tive Reaktionsbildung sind eng miteinander verbunden. Die *explizite* Affektcharakterisierung wird zudem *deskriptiv* veranschaulicht: Indem die Frauen ihr Angesicht zur Erde neigen (Lk 24,5), erweist sich ihr Affekt als fromme Reaktion auf die Wahrnehmung einer Epiphanie.

Dem Leserkreis mögen die Engelserscheinungen der ersten beiden Kapitel noch präsent sein. Der Botenbericht in Lk 24,1ff lehnt daran an. Er ist allerdings knapper ausgestaltet, sodass beispielsweise die redeeinleitende Formel: „fürchtet euch nicht" fehlt, die alle zuvor ergangenen Verheißungen und Verkündigungen eingeleitet hat.[18] Besonders aufschlussreich sind die Unterschiede zur Botenrede im Markusevangelium: Während in Mk 16,6 der Weg der Frauen positiv gedeutet wird, wird die Rede in Lk 24,5 mit einem rhetorisch vorgetragenen Appell an die Einsichtsfähigkeit der Frauen eröffnet, dass sie „den Lebendigen" am falschen Ort, nämlich „bei den Toten" suchen.[19] Die Boten fordern sie auf, sich an die Worte und die Lehre Jesu zu erinnern – sodass das Geschehen als Erfüllung der Prophezeiung gedeutet werden kann. Damit gestaltet die Analepse, die ausdrücklich auf bereits ergangene Ankündigungen verweist (Lk 24,6f), einen Bogen zu den ergangenen messianischen Verheißungen.[20] Auffällig sind auch die von den Frauen ergriffenen *Handlungskonsequenzen*: Sie reagieren auf die ‚frohe Botschaft' wie Maria auf die Geburtsverheißung und die Angelophanie, indem sie die erfahrenen Worte bewahren (Lk 24,8, vgl. Lk 2,19.51) und den Ort der Verkündigung verlassen, um die Gemeinschaft zu suchen und ihr Zeugnis zu verkündigen.[21] Die Frauen am Grab sind also die ersten Zeugen des Lukasevangeliums, denen die frohe Botschaft von der Auferstehung Jesu vermittelt wird – Der Auferstandene selbst begegnet ihnen dabei freilich noch nicht.

Im Folgenden charakterisiert der Erzähler die innere Reaktionsbildung der Frauen nicht mehr direkt – dass sie Freude über die Offenbarung empfinden, kann der Leser lediglich aus den eiligen Handlungskonsequenzen erschließen. Allerdings ist Freude als *Motivation* besonders wahrscheinlich. Denn im Vergleich mit Mk 16,8 wird weder eine Flucht der Frauen vom Grab, noch Zittern, Entsetzen oder Furcht oder gar Schweigen der Frauen berichtet. Im Gegenteil: Die Frauen teilen ihr Erlebnis den Elf und allen anderen umgehend mit. Sie verhalten sich ohne Rücksicht auf die Verhältnismäßigkeit und konventionelle Würdigung ihres Tuns, wie es sich auch bei den vorangegangenen Darstellungen der Freude als typisch erwie-

---

wird durch das aoristische Partizip von γίνομαι vermittelt (ἐμφόβων δὲ *γενομένων* αὐτῶν).

[18] Lk 1,13.30; 2,10, vgl. dazu die Trostformel: „Entsetzt euch nicht!" in Mk 16,6.

[19] ECKEY, Lukasevangelium II, 967.

[20] Vgl. auch Lk 9,22.

[21] Lk 24,9, vgl. Lk 1,39f.46ff.

sen hat.[22] Entsprechend kritisch werden sie deshalb von ihrem sozialen Umfeld aufgenommen: Die Jünger werten das frohe Zeugnis der Frauen als „Geschwätz" (ὡσεὶ λῆρος) und glauben ihnen (noch) nicht.[23]

C. Trauer und Freude in der Emmauserzählung (Lk 24,13–35)

Auch in der Emmauserzählung (Lk 24,13–35) ist das Lexem der Freude nicht aktualisiert. Dennoch machen die kontextuellen Strukturen eine paraphrasierende Darstellung des Affekts wie in der vorausgegangenen Szene der Frauen am Grab in dieser Perikope wahrscheinlich.[24]

Zwei Jünger machen sich auf den Weg nach Emmaus.[25] Der allwissende Erzähler informiert den Leser darüber, dass es Jesus selbst ist, der sich ih-

---

[22] Vgl. beispielsweise auch das überschwängliche und unverhältnismäßig anmutende Verhalten der sich freuenden Figuren in Lk 15, sowie das außerordentliche Verhalten des Zöllners in Lk 19,4.8.

[23] Lk 24,11. Allein Petrus erhält aus lukanischer Perspektive einen Sonderstatus: Sein später folgendes Zeugnis der Auferstehung (Lk 24,34) wird im Anschluss an den Bericht der Frauen am Grab vorbereitet, indem sein Eilen zum Grab *nach* dem Bericht der Frauen beschrieben wird. Dort wundert er sich über das Geschehende (θαυμάζων τὸ γεγονός, Lk 24,12). BROWN, Begegnung, 52, beobachtet, dass Petrus gerade „nicht voll Freude, sondern voll Verwunderung" dargestellt ist.

[24] Da im Abschnitt Lk 24,13–35 eine Scheidung von Tradition und Redaktion angesichts weniger Hinweise äußerst problematisch ist, beschränkt sich die Betrachtung der Affektdarstellung auf eine Analyse der Erzählung letzter Hand, ebenso ist die Tendenz bei FITZMYER, Luke II, 1554–1560; SCHNEIDER, Evangelium, 496f; WIEFEL, Evangelium, 408f; MARSHALL, Gospel, 890f; WANKE, Emmauserzählung, 109.123. Einerseits bietet diese Perikope, die in dieser Art nur im Lukasevangelium überliefert ist (der sekundäre Markusschluss 16,12f gilt als von Lk 24 beeinflusst), typische lukanische Spracheigentümlichkeiten und lukanisches Vorzugsvokabular, vgl. JEREMIAS, Sprache, 313–320. Andererseits ist eine semitische bzw. aramäische Sprachprägung zu beobachten, vgl. dazu die Überblicksdarstellung bei FRENSCHKOWSKI, Offenbarung, 225ff. Zur Gliederung der Emmauserzählung: SCHNEIDER, Evangelium, 496f; FITZMYER, Luke II,1559f; FRENSCHKOWSKI, Offenbarung, 225.

[25] Die Emmauserzählung ist formkritisch unterschiedlich beurteilt worden, wobei die jeweiligen Zuordnungen bereits die Schwerpunkte der Erzählung unterschiedlich gewichten. Nach BULTMANN, Geschichte, 310, und DIBELIUS, Formgeschichte, 191, ist sie eine Legende; dagegen hat GRUNDMANN, Lukas, 442, das Motiv des Wiedererkennens als ausschlaggebend für die Gattungszugehörigkeit gewertet und die Emmauserzählung daher als Ἀναγνωρισμός (Wiedererkennungserzählung) bestimmt. Dagegen macht WILCKENS, Auferstehung, 85, auf die traditionsgeschichtliche Nähe zu Joh 21,1–14 aufmerksam und ordnet beide Texte daher als Rekognitionserzählungen ein, während Wanke, Emmauserzählung, 122–125, den Charakter einer Erscheinungserzählung betont. In der Arbeit FRENSCHKOWSKI, Offenbarung, 231, wird die Emmausgeschichte als verborgene Epiphanie gewürdigt. Vgl. ebd. und bei HOTZE, Jesus, 102–107, zwei knappe, aktuelle Darstellungen der formkritischen Einordnung von Lk 24,13–35.

nen auf der Reise anschließt. Der implizite Leser weiß damit mehr als die
Figuren der Story, denen die *Augen gehalten* werden, sodass sie Jesus zunächst nicht *erkennen* können (passivum divinum, Lk 24,16):[26] Weil sie die
Gegenwart Jesu durch Gottes Wirken vorübergehend nicht wahrnehmen
und verstehen, kann in dieser Situation auch kein freudiger Affekt ausgelöst werden. Als das Gespräch schließlich auf die Ereignisse in Jerusalem
gelenkt wird, bleiben sie entsprechend „traurig stehen" (ἐστάθησαν σκυθρωποί, Lk 24,17).[27] Ihre Wahrnehmung und ihr Denken sind noch auf die
vergangenen tragischen Ereignisse konzentriert.

Die Komplexität des dargestellten Trauerprozesses wird in der Erklärung des Kleopas deutlich. Er ist einer der wandernden Jünger, und er
weist dem Affekt in seiner direkten Figurenrede anschaulich zwei Referenzobjekte zu: Einerseits wird die Trauer als *enttäuschte* messianische
Hoffnung nach dem Tod Jesu gedeutet (Lk 24,21), anderseits wird sie
aber auch durch die *Irritation* begründet, die das Zeugnis der Frauen ausgelöst hat.[28]

Ein äußerer Grund für den Aufbruch nach Emmaus wird nicht genannt.
Deshalb ist es möglich, die Reise auch als deskriptive Affektdarstellung zu
interpretieren. Das ‚Setting' bietet narratologisch die Möglichkeit, das Innenleben von Figuren indirekt durch die Beschreibung der äußeren Umgebung zu charakterisieren. In der gegebenen Szene gelingt das sehr anschaulich: Kleopas und sein Gefährte sind dabei, sich äußerlich und innerlich
von ihren Hoffnungen und Erfahrungen mit Jesus zu *entfernen*. Sie sind

---

[26] SCHWEMER, Auferstandene, 101f, verweist darauf, dass dieses Motiv der ‚gehaltenen Augen' für eine geistige Blindheit nur bei Lk belegt ist. Das passivum divinum stehe
für menschliche Schuld und göttliche Fügung zugleich. Im Zusammenhang mit der folgenden verborgenen Epiphanie liege die theologische Intention auf der beispielhaften
„Darstellung von Verstockung und Erkenntnis des Heils", ebd., 113.

[27] Bei der Textüberlieferung besteht Uneinigkeit darüber, worauf sich das Adjektiv
σκυθρωποί ursprünglich bezogen hat. Während die Zeugen des westlichen Texts das
Traurig-Sein auf das Stehen-Bleiben der Jünger beziehen (ἐστάθησαν), lesen Cod. A^corr,
W,Θ,Ψ, f^1.13; 33; 𝔐; lat und verschiedene syrische Versionen sy ^(s.c).p.h σκυθρωποί in die
Frage Jesu inbegriffen (καί ἐστε σκυθρωποί; „und warum seid ihr so traurig?"). Eine
Minderheit der Exegeten bevorzugt die zweite Lesart, wonach Jesus die Jünger nach ihrer
Traurigkeit fragt, weil sie weniger gefällig sei, z.B. BORSE, Evangelist, 197.

[28] Anders sieht BROWN, Begegnung, 55, das Verhältnis von Hoffnungslosigkeit und
Irritation: Kleopas erwähne die Irritation der Frauen als „Kontraindikation gegen den
Hoffnungsverlust". Es bleibt festzustellen, dass durch die erzählerische Beschreibung in
Lk 24,11 eine gewisse Spannung entsteht, wonach die Rede der Frauen wie Geschwätz
auf die Jünger gewirkt habe. In Lk 24,22 zeigt Kleopas dagegen, dass das Zeugnis der
Frauen im weiteren Jüngerkreis durchaus für Irritation gesorgt haben muss. Durch den
Bezug auf die vorangegangene Perikope werden die Texte zum einen kohärent miteinan-
der verbunden, zum anderen werden die Vernetzung und die temporäre Nähe der Vorgänge emphasiert.

dabei, die Gemeinschaft der Jesus Nachfolgenden zu verlassen. Die räumliche Entfernung symbolisiert ihren inneren Distanzierungsprozess. Gleichzeitig ist die Wanderung auf inhaltlicher Ebene auch eine Handlungskonsequenz aus der Trauer: Die Jünger verlassen Jerusalem, weil diese Stadt für sie zum Symbol heilsgeschichtlich enttäuschter Hoffnung geworden ist. Zuvor hat der Lukasevangelist dem Einzug Jesu nach Jerusalem eine besondere heilsgeschichtliche Bedeutung zuerkannt: Angesichts des Einritts Jesu auf einem Fohlen begann die „Menge der Jünger", Gott mit *Freude* (χαίροντες) und einem *lautstarken Lobpreis* für die wahrgenommenen Taten zu danken (ἤρξαντο (...) αἰνεῖν τὸν θεὸν φωνῇ μεγάλῃ).[29] Deutlich ist der Bezug zur Verheißung und der imperativischen Aufforderung zur Freude aus Sach 9,9 (LXX):

„Du, Tochter Zion, freue dich sehr (χαῖρε σφόδρα), und du, Tochter Jerusalem, jauchze (κήρυσσε)! Siehe, dein König kommt zu dir, ein Gerechter und ein Retter, arm, und reitet auf einem Esel, auf einem Fohlen der Eselin."[30]

Es spricht nichts dagegen, auch Kleopas und seinen inzwischen traurigen Begleiter dieser ursprünglich hoffnungsvollen, frohen Gruppe in Jerusalem zuzuordnen, deren eschatologische Erwartung in der Freude zum Ausdruck gekommen ist (Lk 19,37). Nun, nach dem Tod Jesu, scheinen die beiden Anhänger Jesu nichts mehr in der heiligen Stadt erwarten zu können.

Der unerkannte Fremde legt den beiden Jüngern auf dem Weg nach Emmaus die Schrift aus. Damit wird ihre *Affekttherapie* eingeleitet. Zunächst werden Kleopas und sein Gefährte als Unverständige mit zu „langsamem Herzen" kritisiert (ἀνόητοι καὶ βραδεῖς τῇ καρδίᾳ, Lk 24,25)![31] Die Trauer resultiert aus einem defizitären Urteil, einem mangelhaften Verständnis, das nur durch Unterweisung in die Schrift behoben werden kann. Dass der kognitive Lernprozess mit dem affektiven Erleben in dieser Szene untrennbar verbunden ist, demonstriert die nachträgliche Reflexion der beiden Jünger in Lk 24,32: *„Brannte* nicht unser Herz in uns, *als er mit uns redete* auf dem Wege *und uns die Schrift öffnete?"*[32] Die Auslegung der

---

[29] Lk 19,37: In der Nähe des Ölbergs beginnt die Menge der Jünger, mit lauter Stimme und Freude Gott zu loben. Die Lautstärke des Gebets signalisiert die Qualität des Freude-Affekts in diesem Kontext.

[30] Auch bei der Aufforderung zur Freude, die in Lk 1,28 durch den Engel Gabriel an Maria ergangen ist, kann u.a. ein Bezug zu Sach 9,9 hergestellt werden, sodass die Motive der Freude in Lk 1–2 und Lk 19,28–40 durch ihren heilsgeschichtlichen Bezug miteinander verbunden sind.

[31] Die revidierte Lutherbibel überträgt die Anrede in „Toren zu trägen Herzens".

[32] Allerdings ist das „in uns" (ἐν ἡμῖν, Lk 24,32) textkritisch nicht gesichert: Gewichtige Zeugen wie der Papyrus 75, B, D, c, e, der Sinai-Syrer und der Cureton-Syrer lassen

Schrift allein hilft den Jüngern allerdings noch nicht, obwohl der Unterricht als umfangreichere Unterweisung geschildert wird (Lk 24,27). Erst beim gemeinsamen Abendmahl, bei dem Jesus wie ein Gastgeber auftritt und das Brot teilt, können sie ihn erkennen, weil ihnen dabei die *Augen geöffnet* werden.[33] Wie das vorherige Halten der Augen ist auch dieses Moment passivisch ausgedrückt – ein Hinweis auf göttliches Wirken.[34] Sowohl der Schriftauslegungsprozess als auch die Mahlgemeinschaft werden doppelt genannt und damit von den Figuren selbst als entscheidende Parameter der Offenbarung gewertet.[35]

Dass im Verlauf dieses Prozesses auch ein *Affektwandel* angenommen werden kann, der von der Trauer zur Freude führt, liegt nahe: Mit der Trauer korrespondieren die *verschlossenen Augen*, die eine Wahrnehmung Jesu zunächst verhindern (Lk 24,16f). Das *Herz* der Jünger wird in diesem Zustand von der Figur Jesus als „langsam" (βραδεῖς) charakterisiert (Lk 24,25). Konträr brennt den Jüngern, wie gezeigt, das Herz bei der gemeinsamen Schriftauslegung – als erstes Indiz für einen inneren Wandel.[36] Es

---

die Wörter aus, wobei alle anderen Handschriften den Ausdruck aus Präposition und Personalpronomen bieten.

[33] BORSE, Evangelist, 201: „Sie geben ihrer staunenden Freude Ausdruck, indem sie die Offenbarung beim Brotbrechen mit dem außergewöhnlichen Eindruck verknüpfen, den seine Schriftauslegung auf sie gemacht hatte (32). Ihre Erregung ist so groß, daß sie trotz der Abendstunde wieder nach Jerusalem aufbrechen, um ihr Erlebnis dort mitzuteilen."

[34] HOTZE, Jesus, 114f: Gottes Wirken beim Öffnen der Augen verweise auf eine „Selbstoffenbarung Gottes an die Menschen".

[35] Lk 24,27.32; 24,30.35.

[36] Die Herkunft von καιομένη ist unsicher: Entweder stammt der Ausdruck aus einer aramäischen Nebenüberlieferung, oder er ist in seiner bestehenden Form ursprünglich. FRENSCHKOWSKI, Offenbarung, 227, stellt die Diskussion dar und verweist auf eine ähnliche hebräische Wendung in Gen 43,30; 1 Kön 3,26 und Hos 11,8, die für die Wendung eines „brennenden" Herzens Pate gestanden haben könnte. Er macht die Beobachtung, dass im hebräischen Text in allen drei Fällen „eine starke Gemütsbewegung intendiert" sei, ebd., 227, Anm. 254. Das Brennen kann alttestamentlich offensichtlich mit dem Ausdruck des Weinens, der Liebe und des Mitleids in Verbindung stehen. Auch SCHWEMER, Auferstandene, 115, deutet die Metaphorik des ‚brennenden Herzens' als Ausdruck für affektives Erleben, die sich an die Sprache der LXX anlehnt, und nicht nur als ‚retardierendes Moment' im Erzählablauf. Für einen anderen Bezug wirbt POKORNÝ, Entstehung, 84, Anm. 9, der im ‚brennenden Herz' eine Anspielung auf apokalyptische Geschehen vermutet, wie es der Redewendung in Ps 39,4; 73,21 entspricht: Das Herz spüre „in der Angst das Gericht Gottes (...), während es sich hier um das brennende Feuer der göttlichen Epiphanie" wie in Ex 3,2 handle. HOTZE, Jesus, 117, verweist dagegen auf eine Tradition, die sich in Ps 38,4 LXX und TestNaph 7,4 andeutet: Es handele sich bei der inneren Empfindung der Jünger keineswegs nur um „ein ungetrübtes ‚Brennen vor Freude', sondern eine dialektische Empfindung zwischen Glück und Schmerz: freudiges Angerührtsein von der Gegenwart des noch nicht erkannten Fremden, aber zugleich auch brennende Trauer angesichts der im Reden neu durchdachten Passionsereignisse." Weiter

hat sich bereits gezeigt, dass Affekte nach der Körperkonzeption des Lukasevangeliums des Lukasevangeliums im Inneren des Menschen lokalisiert sind.[37] Nun suchen die Jünger weitere Gemeinschaft mit dem Fremden. Dabei werden ihnen erst beim gemeinsamen Mahl die *Augen geöffnet*,
sodass sie Jesus erkennen können (Lk 24,32). Aus der Blindheit ist ein
qualifiziertes Sehen geworden, sodass es ihnen nun gelingt, das Erlebte zu
deuten: „die Jünger gelangen vom momenthaften Erkennen zum allmähli-
chen, nachträglichen Verstehen des Ganzen", deutet Gerhard Hotze diesen
Prozess, der mit dem „brennenden Herzen" bereits unbewusst eingeleitet
worden sei.[38] Ihre Trauer erweist sich dadurch als unbegründet. So reagieren die Jünger neu motiviert: Wie die Frauen am Grab wollen sie den Jüngerkreis in Jerusalem aufsuchen, um das Erlebte zu berichten. Mit Freude
war wie gezeigt auch der Lobpreis in Lk 19,37 verbunden, mit dem die
Jünger Gottes Wirken bei Jesu Einzug nach Jerusalem bezeugt haben.
Auch die an späterer Stelle folgende Rückkehr in die Stadt wird ausdrücklich mit Freude verbunden sein (Lk 24,52). Dass es den beiden Jüngern
bereits jetzt mit *Handlungskonsequenzen* äußerst dringlich ist, zeigt der
temporäre Verweis in Lk 24,33: Die Jünger wollen nicht ‚vernünftig' die
angebrochene Nacht abwarten,[39] sondern brechen ausdrücklich sofort,
nämlich zur selben Stunde auf. Das demonstriert die Stärke ihrer neuen
Motivation, Zeugnis geben und zur Gemeinschaft zurückkehren zu wollen.[40]

Wieder verdeutlicht sich das Bild der inneren Bewegung im äußeren
Bewegungsablauf, im Setting: Stand die Reise von Jerusalem nach Emmaus für den Prozess der inneren Entfernung von der christlichen Hoffnung, geschieht nun, nach der inneren Reflexion, mit der Rückkehr nach
Jerusalem eine hoffnungsfrohe Rückkehr in die Gemeinschaft der Jünger.
In diesem Zusammenhang zeigt sich die Freude über die Offenbarung an
ihren Konsequenzen: Sie restabilisiert die junge Gemeinschaft, fördert Zusammenhalt, inneren Austausch und einen bekennenden Glauben. Dabei

---

überlegt Hotze, ob mit dieser Metapher auch „ein ahnungsvoller Schmerz über die Flüch-
tigkeit dieser einzigartigen Begegnung" interpretiert werden könne. Den Singular καρδία
deutet er vorsichtig als Vereinigung der Herzen der Jünger in der Gegenwart des göttlichen Gastes. Im vorliegenden Zusammenhang wird das „brennende Herz" von mir vorsichtiger gedeutet: Als Indiz dafür, dass in den Jüngern ein Affekt aktualisiert wird, bzw.
dass eine innere Bewegung/ein Affektwandel beginnt.

[37] Vgl. die Hinweise auf die lukanische Seelen- und Körperkonzeptionen in Kapitel
11, 256, zu Lk 15,11–32.

[38] HOTZE, Jesus, 117.

[39] Es ist in der Erzählung bereits Abend, der Tag hat sich schon vor dem gemeinsamen Mahl geneigt, vgl. Lk 24,29.

[40] SCHWEMER, Problem, 193: „Die Überstürzung der Ereignisse soll die unerwartete
Plötzlichkeit der Ostererkenntnis wiedergeben."

haben Kleopas und sein unbekannter Gefährte bei der Rückkehr nach Jerusalem mit einer doppelten Konfrontation zu rechnen: Sie wissen, dass die Jünger das Zeugnis der Frauen bereits abgetan haben (Lk 24,11). Die Epiphanieerfahrung könnte zudem bei der Außenwelt auf Ablehnung stoßen, bedeutet der Tod Jesu doch auch eine (Lebens-) Gefahr für seine Jünger. Doch es kommt nach lukanischer Darstellung ganz anders.

D. „Aber vor Freude glaubten sie nicht" (Lk 24,41)

Während Kleopas und sein Gefährte Zeugnis geben, erscheint Jesus erneut und segnet die erschrockenen Jünger mit dem Friedensgruß. Diese Epiphanie ist aus der Perspektive der Jünger dargestellt.[41] Ihre innere Aufregung wird explizit, doppelt und damit hervorgehoben gewürdigt.[42] Allerdings ist ihre Reaktion in mehrfacher Hinsicht sonderbar,[43] denn ihnen fehlt noch das rechte Verständnis für die Erscheinung Jesu: Trotz des kontextuellen Gesprächszusammenhangs deuten sie das wahrgenommene Phänomen als „Geist" (πνεῦμα). Ihr Angst-Affekt resultiert aus einer voreiligen Meinung, und der erscheinende Jesus reagiert sofort mit ‚Diagnose' und ‚Therapie':[44] Der „göttliche Herzenskenner" stellt den Jüngern eine rhetorische Doppelfrage nach ihrer inneren Verwirrung und deren Ursachen, damit die Betroffenen beginnen, ihr Fühlen und Verhalten zu reflektieren (Lk 24,38).[45] Die innere Erregung wird dabei wie in der vorausgegangenen

---

[41] VAN TILBORG/CHATELION COUNET, Appearances, 109.115: „It is told in the mode of an Indirect Narrative because it deals with inner emotions" (109); dagegen CLIVAZ, Incroyants, 186, die zwar eine empathische Darstellung, aber keinen näher bestimmbaren erzählerischen Perspektivenwechsel annimmt.

[42] Sie erschrecken (πτοηθέντες) und werden ganz von Furcht erfüllt (ἔμφοβοι γενόμενοι).

[43] Zum einen hat die Redeeinleitung Jesu einen entschärfenden Charakter: Der Friedensgruß zeigt an, dass die Jünger eine frohe Botschaft und keine Schreckensnachricht zu erwarten haben. Außerdem haben die Jünger gerade von den geschehenen Epiphanien erfahren. Dazu zählt nicht nur der Bericht der Emmausjünger, auch die Epiphanie des Petrus ist im Jerusalemer Kreis bereits bekannt. Lk 24,34 gilt den meisten Exegeten als redaktioneller Einschub, der eingefügt worden sein könnte, um die Autorität des Petrus nicht zu gefährden oder eine Konkurrenz der Erscheinungsberichte zu verhindern. Auf den Formelcharakter verweist beispielsweise ECKSTEIN, Wirklichkeit, 1–30, der im Hinweis auf das Epiphanieerlebnis Petri eine ältere Tradition annimmt.

[44] Durch die Figurenrede des erscheinenden Jesus wird die erzählerische Distanz im Folgenden deutlich verringert.

[45] Im Lukasevangelium ist immer wieder demonstriert worden, dass Jesus ein intimer Kenner des Inneren, des Herzens ist, vgl. nur Lk 7,36–50. Die Frage an die Jünger in Lk 24,38 kann daher mit ECKEY, Lukasevangelium II, 989, als rhetorische Frage verstanden werden, dort auch die Bezeichnung Jesu als göttlicher Herzenskenner.

Szene physiologisch im *Herzen* lokalisiert, wo Glaube und Zweifel ihren Ort haben.[46] Während der Erzähler die *affektive Erregung* der Jünger betont und begründet (Lk 24,37), verwendet der lehrende Jesus in seiner Frage Vokabular, das auf ein Wortfeld mit *kognitivem Inventar* verweist (Lk 24,38).[47] Affektive und kognitive Prozesse sind also auch in dieser Szene miteinander verbunden.

Um die Jünger von der Realität der Auferstehung zu überzeugen, wird an ihre *sinnliche Wahrnehmung* appelliert. Dreimal werden sie aufgefordert, ihn als das zu identifizieren, was sie *sehen*:[48] Als einen Menschen aus Fleisch und Knochen, den sie auch anfassen und mit dem sie gemeinsam speisen können (Lk 24,39f). Der auferstandene Jesus ist keine ‚optische Täuschung'. Im Gegensatz zu einem ‚Gespenst' kann der Auferstandene nach lukanischem Zeugnis mit verschiedenen Sinnesorganen wahrgenommen, also sinnlich erfahren werden.[49] Das anschauliche, sinnliche Lernen allein führt jedoch noch nicht zum gewünschten Erfolg. Die Jünger können immer noch nicht glauben, was sie sehen: Folgt man Lk 24,41, trauen sie ihren Augen *vor Freude* nicht.

Interessanterweise werden im Zusammenhang von Lk 24,13–49 also *drei verschiedene Affekte* (Trauer, Furcht und Freude) mit der (gehinderten) Wahrnehmung des Offenbarungsgeschehens verbunden: Während in Lk 24,25 die Erkenntnis Jesu durch die „gehaltenen Augen" und die „langsamen Herzen" behindert worden ist – was im Zusammenhang mit dem Affekt der *Trauer* steht – und die Jünger Jesus auch bei der folgenden Epiphanie nicht erkennen konnten und dabei *Furcht* ausdrückten, ist das Nicht-Glauben-Können in Lk 24,41 mit dem Phänomen der *Freude* verbunden.[50] Vergleicht man die Beschreibungen der inneren Zustände in Lk

---

[46] Vgl. Lk 24,25.38.

[47] „... warum kommen solche *Zweifel/Bedenken/Gedanken* (διαλογισμοί) in euer Herz?" (Lk 24,38), vgl. auch SCHRENK, Art. διαλογισμός, 96–98, mit Hinweis auf Lk 2,35, wo Jesus die Geister scheidet: „Damit die Gedanken aus vielen Herzen offenbar werden."

[48] Auch in der Perikope über die Begegnung zwischen Herodes und Jesus war das Sehen als Begründung der Vorfreude und Freude auffällig hervorgehoben, vgl. Lk 23,8.

[49] Mit dieser „massiv materiellen Darstellung" des auferstandenen Jesus könnte beabsichtigt worden sein, einer Tendenz zur Spiritualisierung entgegenzuwirken, vgl. ECKEY, Lukasevangelium II, 989f, der auf entsprechende Hinweise in den Ignatiusbriefen und der bei Origenes zitierten Lehre Petri verweist (Lit!).

[50] Die unterschiedlichen Affektausprägungen können in ihrer außerordentlichen Qualität darauf hinweisen, dass verschiedene Reaktionen möglich sind, denen aber gemeinsam ist, dass sie auf einen inneren Ausnahmezustand, einen ‚Schock', verweisen. POKORNÝ, Entstehung, 86, beobachtet, dass die ersten Christen auf das Ostergeschehen nicht „unmittelbar mit Freude reagiert" hätten, sondern dieses Schockerlebnis erst hätten verarbeiten müssen. Demnach hätten die Jünger erst nach einer unbestimmten Zeit die neue Erfahrung als entscheidenden Impuls als Geistgabe und Freude erlebt. Aus der

24,37 und Lk 24,41 miteinander, überrascht die Gegensätzlichkeit der explizit dargestellten Affekte.[51] Die Zusammenstellung der Oppositionen Furcht und Freude erinnert an ihr gemeinsames Vorkommen in Lk 1–2.[52]

Könnte das Phänomen der oppositionellen Affektdarstellung in Lk 24,37.41 aus der antiken Rhetorik zu erklären sein? Dass Aristoteles die Affekte nicht primär in der Ethik, sondern in seiner Rhetorik behandelt hat, zeigt, dass der Darstellung und Beeinflussung von Affekten bei der Überzeugungsarbeit ein großer Stellenwert zukommt. Bernhard Kytzler macht in einem Aufsatz über antike Romanliteratur darauf aufmerksam, dass die *kontrastierende Darstellung von Affekten* einen üblichen antiken Topos darstellt, um bei Lesern Mitgefühl zu motivieren.[53] Die kontextuelle Kombination der Freude zum Unglauben wirkt dabei sonderbar; allerdings begegnet sie nach Kytzler auch im Roman Chariton über Chairéas und Callirhoé.[54] Könnte auch mit dem lukanischen Erscheinungsbericht versucht worden sein, die impliziten Leser über das rhetorische Mittel kontrastierender Affektdarstellungen affektiv zu erregen – um ein Verständnis für das beschriebene Offenbarungsgeschehen zu erwecken? Sollte das so sein, scheint der Lukasevangelist dieses rhetorische Mittel im Hinblick auf *Freude und Unglaube* allerdings ausschließlich der vorliegenden Belegstelle vorbehalten zu haben.[55] Überzeugender würde die Argumentation im Hinblick auf die nacheinander dargestellten Affekte *Furcht und Freude* wirken, zumal diese Zusammenstellung im Lukasevangelium wie gezeigt mehrfach begegnet.

Dass das Lukasevangelium seine Leser grundsätzlich dazu einlädt, sich in die Rolle der dargestellten Figuren einzufühlen, steht außer Frage. Die Methodik der ‚Verschränkung‘ ist in dieser Arbeit besonders im Rahmen des Gleichnisses von Lk 15,11–32 deutlich geworden, das die Bedingun-

---

Überlieferung dieser Erinnerung seien Ostern, Himmelfahrt und die darauf folgende Geistgabe, Pfingsten, als getrennte Ereignisse erzählt worden.

[51] Nach der Hervorhebung des *Erschreckens* und der *Furcht*empfindung ist der Ausdruck auffällig, der das *Staunen* und Nicht-Glauben-Können *vor Freude* markiert.

[52] Vgl. hierzu Kapitel 8, 146f, 168ff, 173, 190.

[53] KYTZLER, Regenbogen, 70; CLIVAZ, Incroyants, 187f.

[54] Der Topos kontrastiver Empfindungen begegnet nach KYTZLER, Regenbogen, 70, in diesem Roman häufig, vgl. I,9,3; III,5,3; VI,6,1 in Chariton. Le roman de Chairéas et Callirhoé; CLIVAZ, Incroyants, 187.

[55] Auffällig ist in diesem Zusammenhang lediglich die Affektbeschreibung in der Gethsemaneperikope, in der die Jünger „vor Traurigkeit schlafend" dargestellt sind (κοιμωμένους αὐτοὺς ἀπὸ τῆς λύπης, Lk 22,45). Nach WEISSENRIEDER/WENDT, Überlegungen, 97, ist der Schlaf im lukanischen Kontext allerdings nicht wie in der markinischen Perikope negativ konnotiert. Vielmehr werde er als Reflexion des Todes Jesu interpretiert, sodass die Frage nach dem Jüngerbild in den Mittelpunkt gerückt werde: „Im Schlaf verarbeiten die Jünger Jesu Ringen zwischen Leben und Tod."

gen und Möglichkeiten von Mitfreude demonstriert.[56] Auch in Lk 24 wird der Leser behutsam mit dem außerordentlichen Geschehen konfrontiert, weil er seine möglichen Zweifel, seine Vorbehalte und sein Erstaunen über die Entwicklung der Story im Text (an den Figuren der Jünger) wiederfinden kann. Dabei hält sich der Erzähler mit Wertungen über die Affekte der Jünger in Lk 24 deutlich zurück, sodass die Positionen der handelnden Figuren nie ad absurdum geführt werden. Aus dieser Offenheit heraus kann für den Leser die Möglichkeit entstehen, sich angesichts der differenzierten Affektdarstellung mit einem inneren Zustand zu identifizieren, der in den Erscheinungsberichten thematisiert ist. Er wird eingeladen, bei der Rezeption des Textes am *Lernprozess* der dort dargestellten Figuren zu partizipieren. Der Zweifel der Jünger (und im Anschluss daran: der Zweifel des impliziten Lesers), der sich in den verschiedenen Affekten spiegelt, wird also ernst genommen. Er wird ausdrücklich thematisiert. Denn nach Linnemann hat der Erzähler umso mehr einzuräumen, „je ungewöhnlicher das ist, was er seinen Zuhörern zumutet."[57] Tatsächlich trägt die Darstellung in Lk 24 nicht nur ungewöhnliche Züge: Der *außergewöhnliche* Gehalt des Plots ist kaum mehr zu steigern! Bei der Vermittlung einer Erzählung, die von der Auferstehung eines Menschen nach seinem Kreuzestod berichtet, wird beim impliziten Leser wie bei den literarischen Jüngerfiguren eine völlige ‚kognitive Dissonanz' gegenüber dem Erfahrungswissen provoziert.[58] Die ausdrückliche und wiederholte Darstellung des Zweifelns und Staunens – insbesondere auch mit seinen verschiedenen Facetten in Lk 24,37.41 – integriert die potentielle Skepsis des Lesers und kann ihn dabei unterstützen, das erzählte Geschehen zu verarbeiten. Zudem kann die ausführliche Darstellung interner Kritik und von Zweifeln im Jüngerkreis auch dazu konzipiert sein, dem Vorwurf eines zu naiven Wunderglaubens apologetisch zu begegnen.[59]

---

[56] Das Mittel der Verschränkung hat LINNEMANN, Gleichnisse, 35ff, in vielen neutestamentlichen Parabeln nachgewiesen.

[57] LINNEMANN, Gleichnisse, 35.

[58] FESTINGER, Theorie, 16f definiert Dissonanz als „das Bestehen von nicht zueinander passenden Beziehungen zwischen Kognitionen", die dazu motiviert, die Dissonanz zu reduzieren und Konsonanz herzustellen. Die Stärke der Dissonanz wird als Funktion aus der Wichtigkeit ihrer Elemente bestimmt, ebd. 28. Die außerordentlichen inneren Erregungszustände in den Epiphaniegeschichten könnten in Anlehnung daran darauf verweisen, dass das fundamentale Erfahrungswissen dieser literarischen Figuren, der Jünger, grundlegend infrage gestellt ist. Vgl. THEISSEN, Aspekte, 41f; MÜLLER, Entstehung, 9–11; 69; BILDE, Dissonanzreduktion, 130f, hat in seinem Artikel vorgeschlagen, die Überlegungen Festingers auf die Erfahrungen der Jünger, die in der Emmausperikope geschildert werden, zu übertragen. Vgl. dort auch die Hinweise zur bisherigen Rezeption der Dissonanztheorie in der Exegese (Lit!).

[59] Vgl. die Argumentation bei BERGER, Auferstehung, 581, Anm. 450 zur Emmauserzählung. Dieser Text sei „kaum direkt nach Ostern erzählt, sondern eine Begebenheit aus

Das Verständnis der Formulierung „vor Freude unglaubend" (ἀπιστούντων αὐτῶν ἀπὸ τῆς χαρᾶς, Lk 24,41) ist durch diese Interpretation
allerdings noch nicht hinreichend geklärt. Überraschenderweise ist dieser
Vers in der Exegese bislang kaum diskutiert worden.[60] Dabei ist sein Verständnis alles andere als sicher: Sollte hier etwa der einzige Beleg im Neu-
en Testament für die kollektive Ungläubigkeit der Jünger angesichts der
Auferstehung Jesu vorliegen?[61] Oder drückt diese Wendung im Kontext
dennoch letztlich Glauben aus?[62]

Schon ein früher Textzeuge, der Alexandrinus, hat die Formulierung in
Lk 24,41 wohl als problematisch erkannt und eine syntaktische Umstellung
der Wörter vorgenommen.[63] Wird der Text aber in seiner textkritisch wahr-
scheinlicheren Form belassen, gehen die Überlegungen weit auseinander,
was mit der Formulierung „vor Freude unglaubend" intendiert sein könnte.[64] Christopher Francis Evans deutet den Ausdruck als Vorbereitung für
die folgende Unterweisung.[65] Nach Raymond Brown soll der Hinweis auf
die Freude das kritische Moment des Unglaubens abschwächen.[66] Petr
Pokorný deutet die Wendung dagegen als „präzise Zusammenfassung der
ersten Reaktion auf den entscheidenden Impuls", worunter er die Auferstehung Jesu versteht.[67] Als weitere Möglichkeit ist diskutiert worden, die
außerordentliche Reaktion der Jünger als Hinweis dafür zu werten, dass
die Vorstellung einer körperlichen Auferstehung im zeitgenössischen hel-
lenistisch-philosophischen bzw. im jüdischen religiösen Umfeld immerhin
bereits denkbar gewesen ist.[68]

Könnte diese Wendung in Lk 24,41 auch auf einen gemischten Affekt
anstelle eines affektiven Kontrasts verweisen? An dieser Stelle soll noch
einmal auf Platon zurückgegriffen werden. Aus dieser philosophischen
Tradition könnte ein Verständnis für Mischgefühle vorhanden gewesen

---

der Zeit der nachösterlichen Wandermissionare, die man für typisch hielt"; dagegen
FRENSCHKOWSKI, Offenbarung, 235.

[60] CLIVAZ, Incroyants, 183f.

[61] So provozierend Ebd., 183.

[62] NEIRYNCK, récit, 225; CLIVAZ, Incroyants, 184.

[63] Demnach glaubten die Jünger es nicht und wunderten sich – vor Freude. Auf die
Alexandrinushandschrift bei SWANSON, Testament, 417, verweist CLIVAZ, Incroyants,
183.185, auch auf eine auslegende Übersetzung bei Fitzmyer, Luke II, 1572.

[64] MARXSEN, Auferstehung, 56 interpretiert diesen Vers beispielsweise durch Differenzierung: „Die Reaktion der Jünger ist eine doppelte. Einerseits freuen sie sich; andererseits glauben sie aber immer noch nicht und sind verwundert."

[65] EVANS, Luke, 920.

[66] BROWN, Begegnung, 62, Anm. 65 mit Verweis auf die Ölbergszene und der darin
enthaltenen Wendung, die Jünger seien vor Kummer erschöpft gewesen (Lk 22,45).

[67] Dabei geht POKORNÝ, Entstehung, 89, nicht unbedingt von einer direkten historischen Reminiszenz aus.

[68] VAN TILBORG/CHATELION COUNET, Appearances, 109.

sein. Folgt man dem in Kapitel 4 vorgestellten Phaidon-Dialog, führte der bevorstehende Tod des Sokrates unter seinen Schülern zu unterschiedlichen Reaktionen.[69] Interessant ist im vorliegenden Zusammenhang die Selbstbeschreibung des Phaidon: Er beschreibt gegenüber seinem Gesprächspartner ein ambivalentes Gefühl, das er erlebt habe, als er mit dem Sterben seines Meisters konfrontiert gewesen sei.[70] Diesen Affekt erinnert er als *Mischung aus Lust und Schmerz.* Den Schmerz begründet er mit seiner persönlichen existenziellen Betroffenheit, die Lust sei dagegen aus einer kognitiv-positiven Einschätzung des Todes von Sokrates resultiert.[71] Die beiden zeitgleich erlebten Affekte werden also mit unterschiedlichen rationalen Urteilen erklärt, die parallel durch dieselbe Situation ausgelöst worden sind. Auch ein Beispiel Xenophons demonstriert die Vorstellung, dass ein und dasselbe Ereignis in einem inneren Ausnahmezustand verschiedene Affekte zugleich auslösen kann: Das Weinen der Spartaner begründet er aus *Trauer* und *Freude zugleich.*[72] Könnte die Wendung in Lk 24,41 also darauf hinweisen, dass sich die Jünger durch das unmittelbare Epiphanieerlebnis in einem inneren Spannungsfeld zwischen Furcht und Freude befunden haben? Könnte die Erscheinung Jesu zwei Affekte zugleich durch eine parallele Urteilsbildung ausgelöst haben?

Eine ambivalente Gefühlslage muss meines Erachtens in der vorliegenden lukanischen Szene (Lk 24,41) nicht angenommen werden; sie würde den bislang behandelten lukanischen Affektdarstellungen auch nicht entsprechen. Hilfreich ist ein Blick auf den syntagmatischen Zusammenhang: Das paradoxe ‚Nicht-Glauben vor Freude' (ἀπιστούντων αὐτῶν ἀπὸ τῆς χαρᾶς) steht in Lk 24,41 parallel zur Verwunderung der Jünger (θαυμαζόντων) – nicht zu ihrer vorangegangenen Traurigkeit! Beide Beschreibungen drücken damit dieselbe *positive Irritation* der Jünger aus, die sich aus ihrer komplexen kognitiven Einschätzung dieser Extremsituation ergibt.[73] Sie haben Jesus zuvor für eindeutig tot gehalten – wobei das Verarbeiten des Todes nahestehender Menschen gewöhnlich Schmerz und Trauer auslöst.[74] Die Freude im Ausdruck in Lk 24,41 ist deshalb nicht als *Hindernis* für die Urteilsbildung zu verstehen, sondern als *Hinweis* für den

---

[69] Kapitel 4, 65ff.

[70] Ebd., 66.

[71] Ebd., 66, mit Verweis auf Plat. Phaid. 59a.

[72] Xen. hell. 7,1,32, siehe CLIVAZ, Incroyants, 190.

[73] WOLTER, Lukasevangelium, 791, hält ἀπὸ τῆς χαρᾶς für eine „semantisch idiomatische Erklärung" für Zweifel und Skepsis.

[74] Dieser Schmerz kann beispielsweise nach Lk 8,52 durch Weinen und Klagen ausgedrückt werden. Auch die Emmauserzählung demonstriert eindrücklich das Trauerverhalten zweier irritierter und hoffnungsloser Jünger, bei denen die Ereignisses durch und nach dem Tod Jesu innere Zweifel und Leid ausgelöst haben. Zur Hoffnungslosigkeit vgl. Lk 24,21, zur Irritation Lk 24,22–25.

einsetzenden Prozess einer *inneren Umstrukturierung*, mit der ein zur Trauer alternatives Affekterleben, nämlich Freude, korrespondiert.[75]

Eine vergleichbare Perspektive auf Lk 24,41 zeigt die Arbeit von Claire Clivaz auf. Sie weist auf eine interessante Definition Eudems hin, der im 2. Jh n. Chr. den Begriff ἄγη durch ein Wortfeld bestimmt hat, dass sich aus den Komponenten Freude (χαρά), Erstaunen (θαῦμα), Ungläubigkeit (ἀπιστία) usw. zusammensetzt.[76] Tatsächlich ist es auffällig, dass in Lk 24,41 ausgerechnet diese bei Eudem genannten Beschreibungsmerkmale gemeinsam und aufeinander bezogen aktualisiert vorliegen.[77] Das ermöglicht die Überlegung, dass die Kombination dieser Begriffe (eines freudigen Unglaubens in Verbindung mit dem Staunen) auch bei Lk 24,41 den Begriff der ἄγη paraphrasieren könnte.

Aus dieser Perspektive zeigt der Vergleich der Darstellungen in Lk 24,37.41 eine *innere Entwicklung* der Jünger an. Der Akzent in den Erscheinungserzählungen des Lukasevangeliums liegt vor allem darauf, das ‚Verstehen‘ des Außerordentlichen als einen notwendigen *Prozess* zu beschreiben, dem selbst das engste soziale Umfeld Jesu unterworfen war: Im Jüngerkreis wird aus der furchtsam zitternden inneren Aufregung aus Lk 24,37 eine freudige Irritation. Mit der *sinnlichen Wahrnehmung des Auferstandenen* beginnt ein vorsichtiges, positiv aufgeschlossenes Staunen (Lk 24,41), das die „große Freude" vorbereitet, wie sie als Ergebnis der inneren Entwicklung nach der Himmelfahrt Jesu ihren Ausdruck finden wird (Lk 24,52). Könnte hier das Verständnis der Freude als einer Propatheia zugrunde liegen?[78] Interessanterweise bleibt die in Lk 24,41 angestimmte Freude (χαρά) längerfristig selbst dann erhalten, als die rationale Neueinschätzung der Jünger, deren Argumente in Lk 24,39–49 dargelegt werden, abgeschlossen ist (Lk 24,52)!

---

[75] Das völlig unerwartete Phänomen eines Auferstandenen dürfte unter den Jüngern wie gezeigt durchaus zur Irritation geführt haben – widerspricht das im Vorfeld von Lk 24,41 dargestellte Phänomen doch allen menschlichen Erfahrungswerten.

[76] Dazu verweist der antike Lexikograph auf das Begriffsverständnis seit Herodot und Homer, siehe CLIVAZ, Incroyants, 186f, mit Verweis auf Eudem, Περὶ λέξεων ῥητορικῶν, folio 3.33.

[77] „Als sie vor Freude nicht glaubten und sich wunderten, sprach Jesus..." (ἔτι δὲ ἀπιστούντων αὐτῶν ἀπὸ τῆς χαρᾶς καὶ θαυμαζόντων, Lk 24,41). Als präpositionales Gefüge erklärt bzw. ergänzt der Ausdruck über die Freude den partizipial beschriebenen Prozess des Nicht-Glaubens, parallel zum Staunen. Die einsetzende Rede Jesu steht als Prädikat im Vordergrund des Satzes. Sie bildet eine Reaktion auf das Verhalten der Jünger, demonstriert durch die vorgeschalteten Partizipien, die den Vorgang des Nicht-Glaubens und des Wunderns darstellen und die durch die koordinierende Konjunktion καί parataktisch miteinander verbunden sind.

[78] Vgl. Kap. 5, 96f.

Solange die Jünger „vor Freude nicht glauben", also positiv irritiert sind, muss ein didaktisch komplementärer Zugang zur sinnlichen Vermittlung gewählt werden, um die *weitere Entwicklung* des Prozesses zu fördern. Das ‚Unglaubliche' soll glaubwürdig werden. Das Auferstehungswunder wird bei Lukas nicht als esoterisch geheimnisvolle Mystik behandelt, sondern insgesamt und besonders im Folgenden logisch und mit rationaler Argumentation aus der Schrift erklärt.[79] Auf der *Unterweisung* liegt in Lk 24 insgesamt das Achtergewicht.[80] Auch die Affektkontrolle und der angestrebte Affektwandel sollen durch argumentative Beeinflussung der bestehenden Meinung bewältigt werden. Es zeigt sich wiederum, dass die ideale und verständnisvolle Freude einen *kognitiv kontrollierten Lernprozess* verlangt.

Als ‚Unterrichtsmedien' werden die alttestamentlichen Schriften herangezogen: Die Lektüre der Tora und der Propheten und ihre Deutung auf die aktuellen Geschehnisse tragen zum Verständnis und damit zur Affekttherapie und Affektkonsolidierung bei. Dabei liegt der Akzent inhaltlich auf der heilsgeschichtlichen Einordnung des Geschehens, wenn immer wieder betont wird, dass alles gemäß der Schrift so kommen musste (ἔδει), um erfüllt zu werden.[81] Das alle Alltagserfahrung durchbrechende Wunder, das Gott an Jesus gewirkt hat, wird dadurch nicht relativiert, sondern durch die Kontextualisierung für die Jünger (und den impliziten Leser) kognitiv nachvollziehbar und ‚logisch' gemacht. So rahmt und bestimmt das heilsgeschichtliche Thema das Lukasevangelium und durchzieht es wie ein roter Faden. Das Motiv der ‚großen Freude' und die oppositionelle Darstellung der Affekte Furcht und Freude weisen im Zusammenhang mit dem Auferstehungszeugnis (Lk 24) auf die verheißende Freude in den einleitenden Kapiteln der Geburtsverheißung und -verkündigung zurück (Lk 1–2).

E. Die Jünger als erfolgreiche Schüler der Freude

Die Jünger erhalten nicht nur eine Erklärung der Schrift, sondern auch einen Auftrag: Sie sollen in *Jerusalem* damit beginnen, im Namen Gottes zur

---

[79] Vgl. Lk 24,6f.25f.32.44f.

[80] SCHWEMER, Problem, 193.

[81] Vgl. Lk 24,25f.46. Interessant ist in diesem Zusammenhang, dass der Ausdruck ἔδει auch im Gleichnis vom Vater und seinen Söhnen in Lk 15,32 begegnet ist, als der Vater in seiner abschließenden Sentenz auf die Notwendigkeit hinweist, dass man angesichts der Heimkehr seines Sohnes habe feiern und sich freuen müssen, vgl. Kap. 11, 254f. Der im vorliegenden Kontext begegnende Gedanke von Verheißung und Erfüllung ist von Lk auch in der Passionsgeschichte gegenüber der markinischen Vorlage erweitert worden, vgl. CONZELMANN, Historie, 51.

Umkehr (μετάνοιαν) zur Vergebung der Sünden aufzurufen (Lk 24,46ff).
Sie sollen in der Stadt bleiben, bis ihnen die dazu notwendige Kraft aus der
Höhe zuteil wird. Die Bedeutung des Ortes fällt umso mehr ins Gewicht,
da Jerusalem im Lukasevangelium zuvor meist kritisch dargestellt worden
ist: Die Stadt gilt als personifiziertes Subjekt der Tötung Jesu, und weil sie
die entscheidende Zeit nicht erkennt, droht ihr die Zerstörung (Lk 19,41–
44).[82] So wird am Ende deutlich, dass „Jesu eigentlicher Bestimmungsort
Jerusalem ist, und daß in Jerusalem der Weg Jesu enden wird."[83]

Dennoch behält die Stadt eine Funktion, die ihr nach alttestamentlicher,
insbesondere prophetischer Tradition entspricht.[84] Jerusalem wird nach
lukanischem Zeugnis zum „Zentrum der Heilsgeschichte",[85] weil von diesem Ort die Weltmission ausgehen soll. Die Jünger sollen von Jerusalem
aus allen Völkern bezeugen, was sie erfahren haben.[86] Was in der Apostelgeschichte besonders deutlich ausgestaltet ist,[87] wird also schon im Lukasevangelium vorbereitet: Beim Einzug Jesu in die Stadt, der von lautem
Freudenjubel und mit *Lobpreisgebeten* des Volkes begleitet worden ist,
sind die an Jerusalem geknüpften heilsgeschichtlichen Hoffnungen besonders deutlich geworden (Lk 19,37f).[88]

Und wie gezeigt werden die Emmausjünger durch ihre räumliche Entfernung von der Stadt auch indirekt charakterisiert, weil sich darin ihre

---

[82] Deutlich wird dieses Schicksal Jerusalems und seiner Bewohner auch in Lk 23,28ff
vorweggenommen.

[83] SCHNEIDER, Evangelium, 389–391 (Exkurs), hier: 390, vgl. die Erwähnung Jerusalems bereits in Lk 2,22–38 und 41–52.

[84] Weil seit prophetischer Tradition besondere Verheißungen mit Zion verbunden
sind, konnte Jerusalem im Verlauf der lukanischen Erzählung sprachlich sogar personifi-
ziert werden. Vgl. die Heilserwartungen, die auf Jerusalem gerichtet sind, in Ps 137; Jer
3,17; 31,38ff usw. Jerusalem ist in Jes 2,22f; Jer 3,17 u.a. Ziel der Völkerwallfahrt, ein
lebensspendendes Zentrum der Welt, Jes 24,23; Ez 47 u.a., siehe HARTMAN, Art.
Ἰεροσόλυμα, Jerusalem, 434. In Lk 9,51f wird deutlich, dass Jerusalemreise und Himmelfahrt Jesu von vornherein heilsgeschichtlich miteinander verbunden sind.

[85] HARTMAN, Ἰεροσόλυμα, Jerusalem, 438. Die heilsgeschichtliche Rolle Jerusalems
betont auch CONZELMANN, Mitte, 198: Die jetzige Kirche werde zwar vom Mutterort
gelöst, dennoch stehe sie in Kontinuität und geschichtlicher Einheit mit ihr und werde
somit „in die Heilsgeschichte eingebaut".

[86] Hinter Jerusalem als gemeinsamem Handlungsort der Erscheinungsberichte in Lk
24 erkennt HOTZE, Jesus, 97, „die redaktionelle Hand des Lukas und sein theologisches
Programm."

[87] Wie in Jes 2,3 geht das Wort des Herrn von Jerusalem aus, denn der Auferstandene
belehrt die Apostel dort über das Reich Gottes (Apg 1,3). In Jerusalem erwarten und
empfangen sie den Geist (Lk 24,49; Apg 1,4f; 2,1ff) und werden Zeugen „in Jerusalem
und bis an das Ende der Welt" (Apg 2,14–20; 3,12–26).

[88] Im Zusammenhang mit dem Einzug Jesu nach Jerusalem handelt es sich wie bei der
Rückkehr der Jünger nach Jerusalem im Anschluss an die Himmelfahrtsszene um die
Strecke von Betanien nach Jerusalem.

Enttäuschung und ihre Abkehr vom Glauben und der Glaubensgemeinschaft spiegeln. Umgekehrt bewirkt ihre Neubewertung der Glaubenssituation (ausgelöst durch die Begegnung mit dem Auferstandenen) die spontane freudige Motivation, diese Distanz umgehend zu verringern: Die innere Umkehr bedingt die räumliche Umkehr nach Jerusalem, zurück zur *Glaubensgemeinschaft*. Gleichzeitig symbolisiert die räumliche Bewegung den *inneren Prozess*. Deshalb ist es programmatisch und nicht nur eine Randnotiz, dass die Jünger nach der Begegnung mit dem auferstandenen Jesus, wie sie zuletzt im Lukasevangelium geschildert wird, „mit großer Freude (μετὰ χαρᾶς μεγάλης) nach Jerusalem zurückkehren" (ὑπέστρεψαν εἰς Ἰερουσαλήμ, Lk 24,52). Auch in diesem Fall ist das polyvalent; die Rückkehr ist gehorsame Erfüllung des Auftrags (Lk 24,47), sie ist durch die bestehenden politischen Umstände gefährlich, aber heilsgeschichtlich notwendig zur Erfüllung der Schrift. Außerdem steht sie im Zusammenhang mit der neuen „großen Freude", von der die Jünger erfüllt sind (Lk 24,52). Wie beim Einzug Jesu in die Stadt (Lk 19,37) ist der Affekt *explizit* hervorgehoben, wird aber darüber hinaus durch seine kontextuelle Einbettung näherbestimmt.[89] Obwohl die Himmelfahrt Jesu in Lk 24,50–53 summarisch und dabei mit großer Distanz beschrieben wird,[90] werden vom Erzähler deutliche Akzente gesetzt:[91] Aus Betanien nach Jerusalem zurückgekehrt bleiben die Jünger allezeit im Tempel und preisen Gott (εὐλογοῦντες τὸν θεόν). Das führt zu dem Ort zurück, an dem die Freude in der lukanischen Darstellung zuerst verheißen worden ist (an Zacharias, Lk 1,14).[92] *Freude* und *Lobpreis* sind wieder sowohl mit *Gottesverehrung* als auch mit *Gemeinschaftsbildung* verbunden.[93]

Das *Verhalten* der Jünger kann aus affekttheoretischer Perspektive einerseits als *deskriptive* Umschreibung der Freude interpretiert werden, andererseits demonstriert es auch die *Handlungskonsequenzen,* die aus einem

---

[89] Dagegen ist die Freude des Kleopas und seines Gefährten in der Emmausperikope wie gezeigt nur deskriptiv an den Handlungskonsequenzen ersichtlich geworden.

[90] Die Beschreibung der Himmelfahrt Jesu geschieht nur aus der Perspektive des allwissenden (auktorialen) Erzählers. Weil keine Figurenreden angelegt sind, wird keine nähere Einsicht in die Wahrnehmung der Figuren gewährt. Im Satz dominieren Verben bzw. Partizipialkonstruktionen – nähere Attribute oder Adjektive, die das Geschehen illustrieren könnten, begegnen dagegen nicht. So gehen Erzählzeit und erzählte Zeit deutlich auseinander (Anisochronie): Die Erzählgeschwindigkeit ist durch das raffende Erzählen bei dieser summarischen Erzählweise stark erhöht.

[91] Im Anschluss an Jesu Segen nach Priesterart und an seine Himmelfahrt beschreibt Lk 24,52 das Verhalten der Elf als Proskynese wie Sir 50,21, wo das Volk auf den priesterlichen Segen Simeons reagiert. vgl. BROWN, Begegnung, 66f; WILCKENS, Theologie, 158.

[92] Vgl. BROWN, Begegnung, 46ff.67; ECKEY, Lukasevangelium II, 965.

[93] Der dargestellte Lobpreis Gottes ist nach BROWN, Begegnung, 67, eine „Ermutigung für Christen aller Zeiten, die sich in ihren Gemeinden versammeln".

Affekt resultieren können. Vor allem wird durch diesen Kontext aber deutlich, wodurch die Jünger ihre Freude begründet sehen (Kausalattribution): Gottes Handeln bildet das Objekt der Freude, sodass sich die Lobpreisgebete im Tempel an ihn richten. Die Jünger haben also aus den Unterweisungen Jesu über die Freude gelernt: Im Gegensatz zu Lk 10,17 ist der Ausdruck ihrer Freude durch diesen *Objektbezug* unmissverständlich. Wie Marias Magnifikat und der vom Heiligen Geist erfüllte Lobgesang des Zacharias, wie der öffentliche Lobpreis der Hirten, wie die laute Akklamation des Volkes vor Freude, vor allem aber wie der Jubelruf Jesu ist dieser χαρά- Affekt der Jünger *theozentrisch* ausgerichtet.[94] Bedeutsam ist seine *temporale Qualität*: Wurde in der lukanischen Deutung des Sämannsgleichnisses gegenüber den synoptischen Vergleichstexten die *Beständigkeit* akzentuiert, mit der das Wort Gottes im Herzen zu bewahren ist (Lk 8,15), so wird im letzten Satz des Evangeliums ebenfalls die *Kontinuität* betont, mit der die Jünger *allezeit* (διὰ παντός) ihren Lobpreis (als Ausdruck über die Freude an Gottes Tun) zum Ausdruck bringen. Das entspricht einem bekannten prophetischen Motiv: In Jes 35,10 wird den Erlösten des Herrn *ewige Freude* verheißen, wenn sie jauchzend nach Zion kommen. In diesem Zusammenhang verheißt Jesaja auch bereits einen ,Affektwandel': Schmerz und Seufzen müssen fliehen, wenn Freude und Wonne die Erlösten ergreifen.[95] Die Jünger demonstrieren durch ihr Verhalten am Schluss des Lukasevangeliums, dass sie erfolgreich gelernt haben, ihre Freude zuzuordnen und auszudrücken. Sie verhalten sich als Schüler so, wie es ihnen ihr Lehrer gepredigt und immer wieder selbst modellhaft vorgelebt hat.

Das Lukasevangelium schließt mit der Darstellung der „großen Freude", von der die Jünger nach der Himmelfahrt erfüllt sind.[96] Durch diesen besonderen Auslöser und die hervorgehobene Qualität ist nicht von einem moderaten, sondern einem extremreligiösen Affekt auszugehen. Damit besitzt nicht nur die Himmelfahrtsszene an sich eine Scharnierfunktion im Übergang zur Apostelgeschichte:[97] Besonders das Moment der Freude ist als Abschluss des Evangeliums, aber auch als Ausblick auf das Folgende kennzeichnend für die lukanische Theologie und Ekklesiologie: Denn im

---

[94] Lk 1,46–55; 67–79; 2,20; 19,37; 10,21f.

[95] Allerdings ist in der LXX- Fassung von Jes 35,10 nicht das χαρά-Konzept aktualisiert, sondern die Begriffe der ἀγαλλίασις und εὐφροσύνη.

[96] KEZBERE, Monotheismus, 118ff: Die lukanische Himmelfahrtsgeschichte könnte von Zeitgenossen als Gegenbild zur Kaiserapotheose gelesen worden sein, wobei die Himmelfahrtsthematik auch alttestamentlicher Tradition entspricht. Für Lukas spielen dabei die *Augen*zeugen eine wesentliche Rolle, vgl. Lk 24,48; Apg 1,8: „die Himmelfahrt war ein Ereignis, das zu sehen war." Vgl. hierzu die große Bedeutung, die das *Sehen* auch in den einzelnen Erscheinungsberichten von Lk 24 einnimmt.

[97] BROWN, Begegnung, 68.

synoptischen Vergleich schließt das Markusevangelium ursprünglich –
nach bedeutsamen Textzeugen – in Mk 16,8 mit der Beschreibung, wie die
Frauen zitternd, entsetzt und sich fürchtend vom leeren Grab fliehen – und
schweigen. Der letzte Affekt, den das Matthäusevangelium dagegen ausdrücklich berichtet, ist der bleibende Zweifel einiger Jünger aus dem Elferkreis.[98]

F. Ausblick auf die Apostelgeschichte:
Freude in der idealen Gemeinde

Es ist deshalb nicht überraschend, wie Petr Pokorný die Reaktion der Jünger auf die Osterereignisse systematisch zusammenfasst: Diese extremen
Erfahrungen hätten bei den ersten Zeugen keine unmittelbare Freude, sondern zunächst einen „Schock" ausgelöst.[99] Auch die lukanischen Erzählungen, die von den ersten Reaktionen auf die Epiphanien Jesu berichten, legen das nahe. Pokorný leitet aus seiner Beobachtung allerdings die Differenzierung von Ostern, Himmelfahrt und Pfingsten ab: In der überlieferten
Erinnerung sei bewahrt worden, dass erst nach einer unbestimmten Zeit die
Geistgabe und mit ihr die Freude erlebt worden sei, sodass Ostern, Himmelfahrt und die darauf folgende Geistgabe, Pfingsten, als getrennte Ereignisse erzählt worden seien.[100] Im Unterschied dazu hat die vorangegangene Textbetrachtung ergeben, dass Freude mit großer Wahrscheinlichkeit
auch in den ersten Epiphaniezeugnissen dargestellt ist – allerdings zuerst
auf deskriptive Weise, bis die Freude explizit in Lk 24,41 thematisiert
wird. Mit einer deskriptiven und komplementär expliziten Darstellung des
idealen Affekts nimmt das Lukasevangelium zuvor erarbeitete Aspekte im
Zusammenhang mit der Freude auf und rundet die Darstellung seiner frohen Botschaft in Lk 24,52f wie gezeigt ab.[101]

Das Motiv der Freude begleitet außerdem leitmotivisch den Übergang
vom Evangelium zur Apostelgeschichte des Lukas: In der Zeit des Apos-
telwirkens wird die Freude als Grundstimmung der ersten Gemeinde prä-

---

[98] Mt 28,17: Einige fielen mit einer Proskynese vor Jesus nieder, andere aber zweifel-
ten (οἱ δὲ ἐδίστασαν).

[99] POKORNÝ, Entstehung, 86.

[100] Ebd., 86.

[101] Der grundlegende Prozesscharakter des Affektwandels ist aber richtig beobachtet.
Er ist im grundsätzlichen lukanischen Verständnis begründet, wonach Affekte aus Meinungen oder Urteilen resultieren, sodass ein Affektwandel eine kognitive Umstrukturierung als Bewältigungshandlung voraussetzt. Trauer, Furcht und auch verwundernde
Freude sollen insbesondere durch die Beschäftigung mit der Schrift beeinflusst werden.
Denn durch sie kann ein heilsgeschichtliches Verständnis gefördert werden, das zur Neueinschätzung der Epiphanien und des Geschehens am Kreuz notwendig erscheint.

sentiert. Der ausdrückliche Bezug auf Ps 16,8–11 in der Pfingstpredigt des Petrus demonstriert, wie der Affekt, der im Pfingstgeschehen zum Ausdruck kommt, theologisch gedeutet wird:

„Darum ist mein Herz fröhlich (ηὐφράνθη ἡ καρδία μου) und meine Zunge frohlockt (ἠγαλλιάσατο ἡ γλῶσσά μου), auch mein Leib wird ruhen in Hoffnung (ἐπ᾽ ἐλπίδι) ... du hast mir kundgetan die Wege des Lebens; du wirst mich erfüllen mit Freude (εὐφροσύνης) vor deinem Angesicht" (Apg 2,26ff).

Die auch im Alten Testament eng mit dem Körperkonzept verbundene Freude wird hier in einem dreigliedrigen Parallelismus Membrorum als Gotteslob dargebracht. Dabei richtet sich die prospektive Vorfreude als eschatologische Hoffnung auf den beständigen Beistand des Herrn: Die schützende Nähe Gottes begründet wie in der Ermutigungs- und Beistandsformel in den lukanischen Verheißungsgeschichten die Freude des Petrusgebets, das auf das Ergehen Jesu bezogen wird.[102] Dadurch wird die *theozentrische* Ausrichtung der Freude wiederum vorbildlich demonstriert.[103] Die von Petrus gebetete und bekannte Freude anlässlich des Pfingstereignisses stellt eine Verbindung zur affektiven Erfahrung der Himmelfahrt her, die als „große Freude" ebenfalls Lobpreisgebete ausgelöst hat (Lk 24,52f). Nach Lukas drückt sich das Selbstverständnis der ersten Christen in Freude aus, weil dieser Affekt die Dankbarkeit und Sicherheit der Gemeinschaft über das barmherzige Wirken Gottes an Jesus und im Eschaton transportiert.

Wie die verschiedenen Berichte, Erzählungen, Gleichnisse und Diskurse über die Freude im Lukasevangelium vermittelt haben, sollte die ideale Freude *kausal auf Gott attribuiert* werden – gleichzeitig aber auch einen *gemeinschaftsfördernden Impuls* auslösen. Tatsächlich wird in der Apostelgeschichte auch darauf rekurriert. Glaube, Ethik, Zusammenhalt und Gütergemeinschaft wirken in Apg 2,37–47 wie ein ideales Modell der ersten Gemeinde.[104] Dabei ist auch das Motiv der Freude zentral: In Apg 2,46

---

[102] Vgl. Lk 1,13.28.30;2,10 und zur Freude im Magnifikat Kapitel 8, 178ff.

[103] Sie äußert sich im laut jubelnden Gotteslob des Psalms: „Ich habe den Herrn allezeit vor Augen, denn er steht mir zur Rechten, damit ich nicht wanke" (Apg 2,25).

[104] Die verschiedenen Aspekte, die im Lukasevangelium auch im Zusammenhang mit der Freude vorbereitet worden sind, können in diesem Rahmen nicht ausführlich dargestellt werden. Zu beachten sind u.a. die Herzmetaphorik (Apg 2,37), die Verheißung (Apg 2,39), der Aspekt der Beständigkeit (Apg 2,42), die Furcht in Verbindung mit Wundern und Zeichen (Apg 2,43) und die Gütergemeinschaft als Ausdruck der Empathie (Apg 2,45), die relevante Bezüge zur Freude im Lukasevangelium darstellen. Ob die Gütergemeinschaftsvorstellung historische Anhaltspunkte aufweist, kann an diesem Ort nicht diskutiert werden. Vgl. zur Überlegung, dass in der Apg das Idealbild einer Gemeinde mit geschichtlichem Hintergrund gezeichnet wird, THEISSEN, Liebeskommunismus, 689–712 (mit forschungsgeschichtlichem Hintergrund). Einen weiteren Überblick zum Diskussionsstand bietet HORN, Gütergemeinschaft, 370–383.

wird der Affekt durch den Jubel ausgedrückt,[105] der zusammen mit einem „einfachen" bzw. „geläuterten *Herzen*" die gemeinsam eingenommenen Mahlzeiten in den Häusern der Gemeindeangehörigen begleitet (ἐν ἀγαλλιάσει καὶ ἀφελότητι καρδίας, Apg 2,46).[106] Diese Metapher verweist darauf, dass die Freude auch in diesem Zusammenhang nicht als irrationaler Trieb konzipiert ist und zudem als Ausdruck für das *Wesen* und den *Charakter des Glaubenden* steht. Wie in der Deutung des Sämannsgleichnisses (Lk 8,11–15) und in Lk 24,53 wird die *Beständigkeit* hervorgehoben, mit der sich die ersten Jerusalemer Christen der Lehre und Gemeinschaft widmeten: Die Gemeinde versammelt sich täglich (καθ᾿ ἡμέραν).[107] Das Gemeindeleben wird sowohl im Tempel als auch in den Häusern der einzelnen Mitglieder praktiziert. Als *Handlungskonsequenzen*, die mit der Freude verbunden sind, werden somit wiederum stetiges *Gotteslob* und die Pflege der *Gemeinschaft* ersichtlich.[108] Abschließend wird betont, wie sich das konkret auswirken kann: Das (ideale) Verhalten der freudigen Glaubensgemeinschaft führt im Beispiel der Apostelgeschichte nicht nur zu einer stabilen, einmütigen urchristlichen Gemeinschaft. Es löst auch „Wohlwollen beim ganzen Volk" aus – sodass die Gemeinde stetig und schnell wachsen kann.[109] Die Apostelgeschichte greift im Hinblick auf die Freude offensichtlich auf das zurück, was im Lukasevangelium berichtet und gelehrt worden ist. Das Ideal der ersten Gemeinde kann durchaus als Leitbild für die lukanische Gegenwart konzipiert worden sein. Auch wenn die gespannte eschatologische Naherwartung durch die Verzögerung der Parusie zurückgedrängt worden ist, bleibt die Freude der maßgebliche ideale Affekt, der bei richtigem Objektbezug die Gemeinden stabilisieren und die Mission unterstützen kann.

---

[105] POKORNÝ, Entstehung, 86, erkennt in der Freude von Apg 2,46 die Freude, die Israel in der Endzeit zu erwarten hat, mit Verweis auf Ps 96 (LXX 95),11; 97 (LXX 96),1.8; Jes 12,6. Er weist zudem auf den ekstatischen Charakter dieser Freude hin, die in der urchristlichen Glossolalie (auch in der Mission) zum Ausdruck gekommen sei.

[106] Die Einfalt des Herzens kennzeichne nicht nur die „neue Schuldlosigkeit", sondern auch den lauteren Lebenswandel in der ersten Gemeinde, so SCHWEMER, Problem, 211; BARRETT, Commentary, 171. Nach AVEMARIE, Tauferzählungen, 188, handelt es sich bei der vorliegenden Wendung um eine klangliche Variation des gleichbedeutenden ἐν ἀπλότητι καρδίας, der Lauterkeit.

[107] Die Beständigkeit in Lehre und Gemeinschaft wird auch in Apg 2,42 betont.

[108] Apg 2,47, vgl Apg 2,42.

[109] Vgl. Apg 2,41.47. Allerdings beugt Apg 2,47 jedem Verdacht vor, die menschliche Ethik allein für den missionarischen Erfolg verantwortlich machen zu können. Der Erfolg des Gemeindewachstums wird auf Gottes aktives Wirken zurückgeführt, vgl. Wilckens, Geschichte, 163. Vgl. hierzu auch die abschließende soziologische Skizzierung über die Bedeutung der Freude für die urchristliche Gemeinde.

G. Zusammenfassung: Freude in Lk 24

Die neutestamentlichen Auferstehungsberichte sind auf verschiedene Weise psychologisch ausgelegt worden.[110] Im Rahmen dieser textpsychologischen Arbeit geht es vor allem darum, wie der Affekt der Freude in Lk 24 dargestellt ist, welche Funktionen er in der Narration erfüllt und welche Schlüsse daraus für die theologische Bedeutung der χαρά gezogen werden können. Fasst man die Ergebnisse der einzelnen Perikopen zusammen, zeigt sich eine Verstärkung der Tendenzen, die in der lukanischen Affektdarstellung bisher analysiert worden sind.

Steigerung: Freude wird in Lk 24 zunächst deskriptiv dargestellt und dann auch explizit ausgedrückt. Die Präsentation des Affekts steigert sich so weit, dass der Erzähler das Erleben der Jünger abschließend als „große Freude" werten kann. Die letzte Belegstelle im Schlusssatz des Evangeliums zeigt, welchen außerordentlichen Stellenwert das Motiv der Freude bei Lukas einnimmt.[111] Das Thema der Freude begleitet den Leser nicht nur durch das gesamte Evangelium, es hinterlässt auch den entscheidenden letzten Eindruck, was durch den alternativen Abschluss der beiden anderen synoptischen Evangelien besonders profiliert erscheint. Wie die theologischen Bezüge verdeutlichen können, ist der Stellenwert der Freude nicht zu unterschätzen. Immer wieder wird der Leser des Lukasevangeliums in die Debatte einbezogen, wann Freude kritisch zu verstehen ist und wie sie als Ideal definiert werden kann. Selbst im letzten Kapitel wird diese Unterweisung vertieft, wobei das abschließende freudige Verhalten der Jünger ein vorbildliches Modell darstellt.

Relationen: Die in Lk 24 dargestellten Affektrelationen sind äußerst aufschlussreich. Kleopas und sein Begleiter reagieren mit *Trauer* (deskriptiv) auf die Hinrichtung Jesu. Sein Tod löst eine Verlusterfahrung aus, zudem finden die Jünger ihre heilsgeschichtlichen Erwartungen enttäuscht. *Furcht, Erschrecken* (explizit und deskriptiv), aber auch *Freude* begegnen dagegen angesichts des leeren Grabes und der Epiphaniebegegnungen bei den Frauen und den Jüngern. Sie befinden sich in einem inneren Ausnahmezustand. Programmatisch ist der Emmausbericht, worin die Abkehr aus Angst von einer Umkehr aus Freude überwunden wird![112] Wie die ersten

---

[110] Einen Überblick gibt LEINER, Herzen, 212–227.

[111] Dieser Affekt (χαρά) wird im Schlusssatz ausdrücklich gewürdigt und sowohl durch ein Adjektiv als auch durch die sie begleitenden Handlungsumstände näherbestimmt.

[112] Nach THEISSEN, Erleben, 159, erfahren die Jünger eine „emotionale Verstärkung", weil ihr Versagen, das u.a. in der Flucht besteht, in der Begegnung mit dem Auferstandenen überwunden werden kann. Vgl. zur Bedeutung der Umkehr aus Freude im Lukasevangelium auch die redaktionelle Überarbeitung der drei Gleichnisse über das Verlorene

Zeugen ihren Schock angesichts der außerordentlichen Dissonanzerfahrung bewältigen konnten, wird in diesem Kapitel an verschiedenen Beispielen demonstriert.[113]

Affektwandel: Die Entwicklung der Jünger wird als komplexer *Prozess* dargestellt, in dem die spontan ausgelösten Affekte kognitiv kontrolliert zu einer „großen Freude" reifen. Denn der eigentliche Affektwandel ist mit einem reflektierten Umwertungsprozess des Geschehens verbunden. Dem ‚Sehen' kommt dabei eine vertiefte Symbolik zu.[114] Aber nicht über die sinnliche Wahrnehmung allein, sondern erst durch die Auseinandersetzung mit den Schriftverheißungen und über die Gemeinschaftserfahrung mit dem Auferstandenen kann das neue, tiefere Verständnis für das (Heils-) Geschehen entstehen. Verwendet man die Terminologie des funktionalistischen Modells der Appraisaltheorie, gelingt bei den Jüngern eine ‚kognitive Restrukturierung' (Reappraisals) unter anderem durch den Verweis auf die Schriftverheißungen. Ein emotionsbezogenes Coping wird so als Bewältigungshandlung von Trauer, Furcht und Schock ermöglicht. Für die Stabilisierung des regulierten Affekts der Freude sind Qualität und vor allem die Kausalattribution entscheidend, wie es in der Grafik auf der folgenden Seite veranschaulicht wird.

Die am Schluss des Lukasevangeliums explizit betonte Freude der Jünger (Lk 24,52f) entspricht dem Ideal der Freude, wie es sich im Laufe des Evangeliums durch kritische Reflexion herauskristallisiert hat. Denn sie richtet sich theozentrisch und unmissverständlich auf das heilsgeschichtliche Wirken Gottes, ist darin beständig und äußert sich im bekennenden Lobpreis im Rahmen der Gemeinschaft. Diese abschließende Zusammenführung der einzelnen Aspekte, die bezüglich der Freude im Lukasevangelium vorbereitet worden sind, überrascht nicht so sehr, wenn man die umfangreiche redaktionelle Tätigkeit des Lukas im abschließenden Kapitel berücksichtigt: „Im Schlußkapitel sucht Lukas die redaktionellen Linien des Gesamtevangeliums zusammenzuführen und österlich zur Auflösung zu bringen."[115]

Das bedeutet aber nicht, dass die Affektdarstellung in Lk 24 als rein redaktionelles, literarisches Konstrukt zu verstehen ist. Auch wenn der historische Gehalt der einzelnen Erscheinungsberichte und ihrer Traditionen in

---

(Lk 15): In den Anwendungen Lk 15,7.10 wird komplementär die *himmlische Freude* angesichts von *umkehrenden* Sündern betont, vgl. Kap. 12, 311–321.

[113] Aus emotionspsychologischer Sicht können innere Ausnahmezustände dazu beitragen, eine innere Umstrukturierung zu fördern, vgl. HÜTHER, Biologie, 76.

[114] Wie gezeigt ist zwischen einer rein sinnlichen optischen Wahrnehmungsfähigkeit und einem qualifiziert sehenden Verständnis im Sinne einer ‚Einsicht' zu unterscheiden. Dabei ist es Gott, der die ‚Augen halten', sie aber auch wieder öffnen kann, vgl. das Passivum divinum in der Emmausperikope in Lk 24,16.31.

[115] WANKE, Emmauserzählung, 109.

diesem Rahmen nicht diskutiert werden kann, ist davon auszugehen, dass Flucht und Enttäuschung der Jünger grundsätzlich einen historischen Hintergrund haben.[116] Pokorný weist überzeugend darauf hin, dass die späteren kirchlichen Kreise sicherlich kein Interesse daran gehabt haben dürften, eine Glaubensschwäche der ersten Christen zu unterstreichen.[117] Dabei wird deutlich: Ohne die *große Freude*, wie sie Lk 24 darstellt, wäre der urchristliche Entwicklungsaufschwung schwer zu begründen.[118] Ihre qualitative Größe resultiert aus der gelungenen Überwindung einer Angst, die am Anfang des Urchristentums explodiert ist.[119] Gottes Wirken an Jesus setzt der Angst vor dem Tod und dem Jüngsten Gericht das Entscheidende entgegen: die Freude über das Leben, das diesen Tod in der Auferstehung überwunden hat. So verliert der Tod durch Gottes Handeln seine Macht als die den Menschen endgültig definierende ontologische Kategorie.

---

[116] Gegen BERGER, Auferstehung, 234, der vor allem die literarischen Motive betont, nach denen die Auferstehungsszenen gestaltet seien. Vgl. dazu die oben skizzierte formkritische Forschungstradition im Zusammenhang mit der Emmauserzählung. Zum historischen Hintergrund bei Flucht und Enttäuschung vgl. BARTH, Tod, 8f.

[117] POKORNÝ, Entstehung, 82f, vgl. auch Betz, Problem, 240f.

[118] POKORNÝ, Entstehung, 84, spricht gar von einer „ekstatische[n] Stimmung, die mit der vorherigen Depression kontrastiert." Dies habe die junge Kirche bald mit dem Wirken des Heiligen Geistes verbunden, was die theologische Interpretation in Apg 1–2 zeige.

[119] THEISSEN, Erleben, 176: „Weil die eschatologische Gerichtsangst eine außergewöhnliche Steigerung erfahren hatte, wurde ihre Überwindung zur ‚frohen Botschaft'."

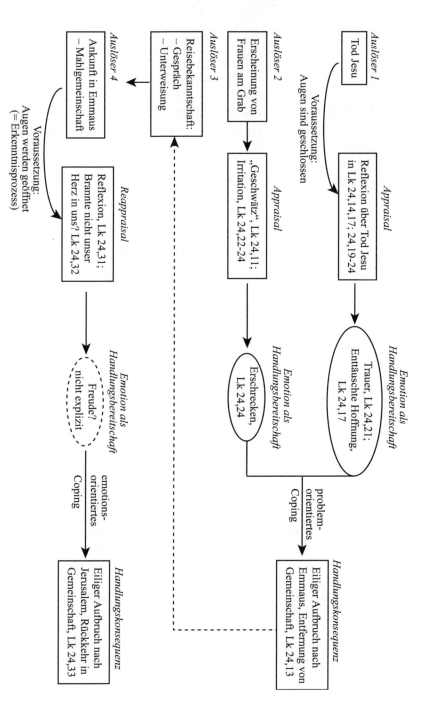

Kapitel 16

Die Freude im Lukasevangelium – Zusammenschau und Auswertung der wesentlichen Aspekte

A. Relevanz und Verarbeitung der Thematik im Lukasevangelium

Schon eine oberflächliche Betrachtung der Stellenbelege lässt vermuten, dass das Motiv der Freude im Lukasevangelium eine besondere Relevanz erfährt. Dieser Verdacht erhärtet sich im synoptischen Vergleich: Im Gegensatz zum Befund im Markus- und Matthäusevangelium ist das Konzept der Freude (χαρά) im Lukasevangelium textübergreifend so stark ausgestaltet, dass es die Narration als ein zentrales *Leitmotiv* strukturiert. Es begegnet nicht nur gehäuft in den einleitenden ersten beiden Kapiteln, den Geburtsgeschichten über Jesus und Johannes den Täufer, in denen wiederholt eine „große Freude" (χαρὰν μεγάλην, z.B. in Lk 2,10) verheißen wird. Auch im Folgenden wird das Thema immer wieder variierend aufgenommen und vertiefend behandelt, beispielsweise in Lk 8 und Lk 10. Die sogenannten drei ‚Gleichnisse über das Verlorene' können auch treffend als ‚Gleichnisse der Freude' betitelt werden: Lk 15 bildet in der Mitte des Lukasevangeliums einen dreifachen Höhepunkt in der Auseinandersetzung mit der Freude. Auch das Ende der Erzählung beeindruckt mit einem prägnanten Bild: Das Lukasevangelium schließt im letzten Satz mit der Information, dass die Jünger „mit großer Freude" (μετὰ χαρᾶς μεγάλης) zum Lobpreis Gottes nach Jerusalem zurückkehrten (Lk 24,52), nachdem sie von der Auferstehung Jesu überzeugt worden sind. Mit diesem Motiv schließt sich ein rahmender Bogen um das Lukasevangelium, wenn am Ende die freudigen Verheißungen aus Lk 1–2 als erfüllte Freude verkündet werden.

Wie der Evangelist gearbeitet hat, erklärt er in seinem Proömium, worin er die Voraussetzungen seiner Arbeit, aber auch seine Intention und Methodik angibt (Lk 1,1–4): Er verweist auf Augenzeugenberichte und andere gesicherte Überlieferungstraditionen, die er nach sorgfältiger Prüfung verarbeitet haben will, um eine sichere Grundlage der christlichen Lehre zu gewährleisten.[1] Das Thema der Freude ist dabei offensichtlich als wahre und wesentliche Tradition gewürdigt worden. Es ist bereits älteren Überlieferungsschichten zuzuordnen und stammt zum Großteil aus diversem *Sondergut*, das schriftliches Material wohl ebenso umfasst hat wie mündlich überkommene Traditionsstoffe.

Die ersten beiden Kapitel dienen als Exposition; die meisten Aspekte zur Freude, die im Folgenden vertieft und differenziert werden, liegen darin präludiert vor. Dabei knüpfen die *Freudenverheißungen* in Lk 1–2 in Form, Sprache und Stil an alttestamentliche Traditionen an. Sie greifen die messianischen Hoffnungen auf, die im Judentum der Zeitenwende aufgekeimt sind und sollen damit wahrscheinlich an mögliche Erwartungshaltungen der intendierten Adressaten und Adressatinnen anschließen. Besonders auffällig erscheint es, dass bereits zu Beginn des Evangeliums wiederholt zur Freude aufgefordert wird. Durch diesen *Appell der Freude*, der sich innerhalb des Erzählvorgangs an die Figuren richtet, wird auch der Leserkreis auf das Folgende eingestimmt. Die Figuren reagieren auf die Verheißungen bereits so, wie es sich im Verlauf des Evangeliums als ideal erweisen wird: Ihre Freude äußert sich unter anderem im bekennenden Gotteslob und setzt Handlungsimpulse frei, die zu unmittelbarer Gemeinschaftsbildung führen.

Im Kontext der Verheißungen und Geburtsverkündigungen lässt die Darstellungsweise der Freude zunächst auf eine rein positive Konnotationserwartung in der Leserlenkung schließen, die Freude wird als Affekt noch nicht problematisiert. Dies geschieht allerdings im Fortgang der Narration. In den Abschnitten, die aus markinischem Stoff abgeleitet sind, tritt die Thematik vorübergehend zurück, doch warnt die lukanische Fassung der Deutung des Sämannsgleichnisses kritisch und besonders eindringlich vor einer möglichen Unbeständigkeit der Freude im Umgang mit dem ‚Wort‘. Im Verlauf der Erzählung werden weitere Aspekte des Affektkonzepts *problematisiert*, besonders in Abschnitten des Sonderguts. Es begegnen Auseinandersetzungen über die Freude in Theorie und Praxis, das heißt ausdrücklich als Lehre Jesu (Lk 10,17ff; Lk 15,1–32), aber auch praktisch innerhalb der fortlaufenden Erzählung, die sich an Lk 1–2 anschließt.[2] Dabei erweist sich Freude als komplexes Phänomen: Es wird dazu angeleitet, neben der temporalen Qualität der Freude (Beständigkeit/Unbeständigkeit) vor allem die sie begründende Kausalattribution und ihre Handlungskonsequenzen zu reflektieren. Als Beispiel für eine kritikwürdige, weil falsch ausgerichtete Freude kann sie deshalb auch den Gegnern Jesu wie Herodes explizit zugewiesen werden (Lk 22,5; 23,8, siehe auch unten).

---

[1] Zum Gattungsschema siehe ECKEY, Lukasevangelium I, 55ff (Lit!).
[2] Siehe Lk 19,1–10; 19,37; 22,1–6; 23,6–12; 24, vgl. Kapitel 13–15.

Vor allem im Zusammenhang mit dem Motiv der Freude in den Gleichnissen zeigen sich verschiedene literarische Entwicklungsstufen. Während die Bildfelder relativ stabil transportiert worden sein dürften, wurden die Deutungsebenen im Verlauf verschiedener Bearbeitungsschichten wahrscheinlich deutlich umakzentuiert. Literarkritische Spannungen verweisen auf Brüche und verraten das gesteigerte Interesse der Bearbeiter am Freude-Motiv.[3] Die drei Gleichnisse über die Freude (Lk 15) sind außerdem motivisch und thematisch eng mit der Erzählung vom Zöllner Zachäus (Lk 19,1–10) verbunden. Die hypothetische Rekonstruktion der Vorstufen in Kapitel 12 lässt vermuten, dass die ältesten urchristlichen Zeugnisse über die Freude besonders der weisheitlichen Theologie des Tun-Ergehens-Zusammenhangs nahegestanden haben.[4] Die lukanische Redaktion setzt eigene Akzente: Betont wird im Corpus Lk 15/19,1–10 vor allem die Notwendigkeit einer Freude und Barmherzigkeit gegenüber den ‚Verlorenen‘, weil auch Gott sich über umkehrende Sünder freut. Diese positive Verstärkung setzt ein Gegengewicht zu den Gerichtsdrohungen, die durch Abschreckung und Mahnung zur Umkehr motivieren wollen. Die besondere Würdigung der empathischen *Mitfreude* – sogar vorbildlich demonstriert durch das Modell der Freude in den Himmeln – soll zur Öffnung gegenüber Rückkehrwilligen motivieren. Immer wieder wird betont, dass Freude ein Affekt ist, der zur Gemeinschaftsbildung anregt (Lk 1,39ff.58; 2,16ff; 15,6.9 u.a.) und sie in Krisen sogar reparieren (Lk 15,11–32) bzw. stabilisieren kann (Lk 24,52f). In einer intakten Beziehung – auch zwischen Gott und Mensch – ist die Freude aus lukanischer Sicht auf beiden Seiten kennzeichnend und führt entsprechend zu einem beidseitigen *Entgegenkommen*, wie es besonders im Gleichnis vom Vater und seinen beiden Söhnen (Lk 15,11–32) und der Erzählung über den zum Sünder stilisierten Zöllner Zachäus durch den Bewegungsablauf metaphorisch veranschaulicht wird.

Zum Abschluss und als Ausblick des Evangeliums, aber auch im Übergang zur Apostelgeschichte wird das Thema der Freude wiederum *konzentriert* aufgegriffen. In Lk 24 werden die zuvor behandelten Aspekte aufgenommen und zusammengeführt. Im Hinblick auf die Freude steht dabei vor allem der Affektwandel im Vordergrund: Wie in Lk 10,17ff und Lk 15,11–32 wird die Möglichkeit einer rationalen Affektkontrolle vorausgesetzt.

---

[3] Für eine umfangreiche Endredaktion sprechen nicht nur die Komposition dreier Gleichnisse zu diesem Thema in Lk 15 und die Wiederaufnahme des Motivs in Lk 19,1–10. Auch die Konzentration auf das „Wiederfinden des Verlorenen" sowie die theologischen Deutungen und die Werbung um Empathie in Lk 15,7.10 dürften angesichts der literarkritischen Spannungen mindestens sekundär sein. Siehe Kapitel 12, 316ff, und Kapitel 13, 346ff.

[4] Wie im matthäischen Gleichnis vom Schatz im Acker (Mt 13,44) könnte beispielsweise auch Lk 15,4–6.8f zunächst davon gehandelt haben, dass eine mühevolle Suche erfolgversprechend ist und schließlich in Freude münden kann, Kapitel 12, 317f.

Die sensible Aufarbeitung der Erscheinungsberichte demonstriert, wie
ernst die Zweifel, die Verzweiflung, aber auch die Trauer und Fassungs-
losigkeit der Jünger (und damit auch die Affekte des impliziten Lesers)
angesichts des Todes Jesu genommen werden. Aber die „große Freude"
(μετὰ χαρᾶς μεγάλης), mit der das Evangelium schließt, beweist zugleich, dass es aus lukanischer Sicht gelingen kann, diese Skepsis zu überwinden – in eine beständige, sichere Glaubensfreude, die nach Lukas sowohl für das christliche Selbstverständnis als auch für die ideale christliche
Gemeinschaft kennzeichnend ist, wenn Gott als Schenker des Heils erkannt
wird.

An diesen knappen zusammenfassenden Überblick über die mit der
Freude verbundenen Komplexe im Lukasevangelium soll nun eine systematische Auswertung der Ergebnisse aus den vorangegangenen exegetischen Kapiteln anschließen. Ich werde mich dabei vor allem auf die Aspekte des für die ,Freude' verwendeten Wortfelds, die dargestellten Vorstellungen und Formen des Affektwandels sowie auf die sozialen und
theologischen Dimensionen der lukanischen Freude-Konzeption konzentrieren. Abschließend soll im Anschluss an eine These von Gerd Theißen
geprüft werden, inwiefern die lukanische Konzeption der Freude nicht nur
eine narrative Funktion innerhalb des Evangeliums erfüllt, sondern auch
eine Handlungsanweisung für den Leserkreis bereithält und somit zur
Freude anleiten will.

B. Affektdarstellung: Das Wortfeld der Freude

Die Freude wird im Lukasevangelium explizit mit den Begriffen der χαρά
sowie der εὐφροσύνη ausgedrückt. Diese Konzepte sind im Corpus des
Lukasevangeliums nicht klar gegeneinander abzugrenzen. Vielmehr unterstützen und verstärken sie sich gegenseitig, wenn sie nebeneinander verwendet werden.

Deskriptive Beschreibungen der Freude sind problematischer zu bestimmen. Deshalb beschränkt sich die folgende Zuordnung von möglichen
Paraphrasierungen der Freude auf Fälle, in denen ein kontextueller Zusammenhang zu einer expliziten Beschreibung der Freude besteht:

Lk 1,44/6,23: Springen vor Freude anlässlich einer Begegnung;

Lk 1,42.46ff.68ff; 2,20;10,21ff; 19,37; 24,9.35.52f: Verkündigung, Lobpreis Gottes, als
Jubel ἀγαλλίασις;

Lk 1,45.47ff; Mt 5,12/Lk 6,23; Lk 10,23: Mit dem Konzept der jubelnden Freude können
auch Makarismen eng verbunden sein;

Lk 15;19,6: Überschwängliches, irrational anmutendes Verhalten, verbunden mit dringlicher Eile anlässlich einer Begegnung;

Lk 24,41: Irritiertes Staunen/Nicht-Glauben-Können vor Freude;

Lk 24,33.52f: Rückkehr in die Gemeinschaft (nach Jerusalem), Tempelbesuch/Lobpreis.

Als Antonyme begegnen im Zusammenhang mit der expliziten Darstellung der Freude die Affekte Furcht ($\phi \acute{o} \beta o \varsigma$, siehe Lk 1–2 und 24), Zorn ($\acute{o} \rho \gamma \acute{\eta}$, Lk 15,28) und Trauer/Schmerz ($\lambda \acute{u} \pi \eta$, Lk 24,17).[5] Besonders die Furcht steht in einem engen und systematischen Zusammenhang mit der Freude: So zeigen besonders Lk 1–2 und Lk 24 deutlich und wiederholt, wie eng die Affekte der Freude und Furcht als Fascinosum und Tremendum in einer Kontrastharmonie angesichts einer Epiphaniewahrnehmung zusammenwirken können. Den expliziten Antonymen entsprechen folgende deskriptive Verhaltensoptionen, die ebenfalls in einem Kontext mit der $\chi \alpha \rho \acute{\alpha}$ stehen können:

Lk 1,12.29;24,5.22.37f: Erschrecken angesichts einer Epiphanie;

Lk 15,28;19,7;24,11: Abbruch der Kommunikation;

---

[5] Wie bei Platon ist Vorfreude im Lukasevangelium eng mit dem Konzept der Hoffnung ($\grave{\epsilon} \lambda \pi \acute{\iota} \varsigma$) verbunden. Ansonsten begegnet als semantische Opposition zur $\chi \alpha \rho \acute{\alpha}$ im Phaidon wie im Lukasevangelium vor allem das Konzept der Furcht ($\phi \acute{o} \beta o \varsigma$). Beide Texte setzen sich für einen Wandel dieses Affekts ein. Dabei unterscheiden sich die jeweiligen Tendenzen in einer Hinsicht besonders stark: Im Werk Platons steht die Freude ($\chi \alpha \rho \acute{\alpha}$) vor allem dem Konzept der Lust ($\grave{\eta} \delta o \nu \acute{\eta}$) nahe. So entwickelt Platon das ethische Ideal einer „gemischten" Lebensform (Plat. Phil. 22a): Ausgehend von der Frage, ob „Lust oder Einsicht das Gute sei, oder ob etwas anderes Drittes" (Plat. Phil. 14b), plädiert der Dialog für ein ausgewogenes Leben, das nicht allein lustorientiert (Plat. Phil. 21c), aber auch nicht lustlos sein soll (Plat. Phil. 21d–e). So gilt ein Leben nicht als erstrebenswert, bei dem ein Mensch „zwar alle Einsicht und Vernunft und Wissenschaft und Erinnerung von allem hätte, Lust aber weder viel noch wenig genösse" (Plat. Phil. 21d–e). Im Lukasevangelium ist dieser Zusammenhang nicht aufzuweisen. Das Evangelium berichtet außerdem nichts von einer Lust, die (wie bei der Darstellung des Sokrates) als gewisse Vorfreude auf den Tod zu verstehen wäre. Vielmehr wird die erfüllte Freude der Jüngerschaft erst beschrieben, als sie im Nachhinein von Jesu Überwindung des Todes erfährt. Zum Wortfeld bei Platon, das in Zusammenhang mit der Freude steht, siehe Kapitel 4, 71.

Anders als bei Platon differenzieren die Stoiker zwischen Lust und Freude – sie können die Lust als unvernünftige, kritikwürdige Affekterregung deuten, Freude dagegen als vernünftige, reflektierte Form des glücklichen Erlebens interpretieren, siehe Kapitel 5, 88ff. Zur stoischen Affektsystematik Kapitel 5, 88f. Zum Wortfeld der Freude und ihren Oppositionen bei Philo von Alexandrien vgl. Kapitel 6, 117f. Hierbei sei nur angemerkt, dass das „Lachen" ($\gamma \acute{\epsilon} \lambda \omega \varsigma$) bei Philo von Alexandrien durch die Auseinandersetzung mit der allegorischen Deutung des Namens Isaak als Ausdruck und Inbegriff höchster Freude ausdrücklich diskutiert und positiv gewürdigt ist, während das ‚Lachen' im Lukasevangelium keine Rolle spielt.

Lk 15,28; 19,7; 24,4.13ff.17: Auflösung oder Bedrohung der Gemeinschaft/murren/traurig bzw. mürrisch sein;

Lk 10,13ff; 19,7; 24,13–35: Entfernung vom Heil, von Gott; Nicht-Erkennen Gottes und seines Willens;

Lk 23,6–12: Begegnungsfreude, dann Verachtung, Spott, Freundschaftsbildung mit Feinden Jesu (Herodes-Pilatus).

C. Affektkontrolle und Affektwandel: Freude vor dem Hintergrund des lukanischen Affektverständnisses

Affekte werden im Lukasevangelium nicht als eigenständige, irrationale Kräfte dargestellt, sondern basieren auf Meinungen oder rationalen Urteilen. Diese *Urteilsbildung* geschieht in einem Prozess, der zunächst über die Wahrnehmung eingeleitet wird. Entsprechend sind Sehen und Hören als ästhetische Voraussetzungen wesentlich, um Affekte durch kognitive Prozesse zu veranlassen.[6] Das Affektempfinden selbst wird wie das Denken in den inneren Organen des Körpers verortet.[7] Dabei ist das Herz wie in alttestamentlicher Tradition der zentrale Ort, der mit dem Denken, der Urteilsbildung und folglich auch mit dem Fühlen verbunden ist.[8] Es ist insofern schlüssig, dass kognitive und affektive Prozesse im Lukasevangelium in einem engen, fast untrennbaren Verhältnis dargestellt werden.[9] Sie verlaufen nicht nur häufig gleichzeitig, sondern können einander auch bedingen.[10] Die Freude an sich unterliegt deshalb keiner grundsätzlichen Wer-

---

[6] Vgl. Lk 10,17–24; 19,3–10; 23,8.

[7] In Lk 15,20 wird für das Erleben von Mitgefühl beispielsweise ein Ausdruck gewählt, der auf die Nieren verweist. Auch die Stoiker haben die mit Affekten in Zusammenhang stehenden körperlichen Phänomene wahrgenommen, siehe Kapitel 5, 89.91f. Bei Philo von Alexandrien zeigt sich Freude ebenfalls als körperliches Phänomen mit rationaler Grundlage, vgl. Kapitel 6, 114ff.

[8] Lk 1,66; 2,19; 2,51; 8,12ff; 24,38: „Was seid ihr so erschrocken, und warum kommen solche Gedanken in euer Herz?" Auch bei Philo ist die Freude mit dem Herzen verbunden: Er bezeichnet das Lachen in Phil. Det 31ff als „ein vom Körper gegebenes sichtbares Zeichen der unsichtbaren Freude des Herzens", siehe Kapitel 6, 126.

[9] Vgl. hierzu beispielsweise die Darstellung der Körperkonzepte und der inneren Prozesse in Lk 15,11–32, siehe Kapitel 11, 256f.

[10] Auch bei Platon stehen Affekte in einem engen Verhältnis zu kognitiv-rationalen Entscheidungen, beide Prozesse ergänzen sich beispielsweise im Wagenbild in Phaidr. 246a–247e zur ganzheitlichen anthropologischen Existenz, vgl. Kapitel 4, 61,75, Fußnote 118. Weitere Texte belegen, wie eng Affekte im platonischen Verständnis zusammen mit rationalen Mechanismen zu denken sind, vgl. Kapitel 4, 68ff. In der Rhetorik und Poetik des Aristoteles, worin die Lehre von der Katharsis begründet wird, zeigt sich ebenfalls, wie komplex das Verhältnis von Verstand und Affekt betrachtet werden kann, siehe Kapitel 12, 256. Sehr radikal argumentieren die Stoiker, die davon ausgehen, dass jedem

tung – von Bedeutung sind vielmehr das ihr zugrunde liegende Urteil (Lk 10,20) und die darauf gründende Kausalattribution. Aus lukanischer Sicht ist eine vollständige *Kontrolle von Affekten* möglich. Das demonstrieren die verschiedenen Formen des *Affektwandels*, die im Zusammenhang mit der Freude dargestellt sind: Sowohl die Regulation eines Affekts[11] als auch ein Wechsel des ihm zugeordneten Auslösers[12] sind als kognitive Copingverfahren denkbar, wie sie nach den Kategorien der modernen funktionalistisch emotionspsychologischen Forschung beschrieben werden.[13] Affektbewältigung und Objektsubstitution setzen im Lukasevangelium allerdings einen inneren Prozess voraus, der eine selbstkritische Reflexion einschließt und durch die Neueinschätzung der bestehenden Situation zu einer Meinungs- bzw. Urteilsänderung führen kann (Reappraisals). Mit diesem Anspruch eines inneren rationalen Kontrollvermögens, mit dessen Hilfe eine innere Umstrukturierung gelingen kann, steht das Lukasevangelium in einer langen philosophischen Tradition,[14] der sich auch Philo von Alexandrien angeschlossen hat.[15] Freude hat dabei aus lu-

---

Affekt letztlich eine (voreilige) rationale Zustimmung zugrunde liegt, vgl. Kapitel 5, 85.91.

[11] Lk 1,28.30.46ff; 15,32; 24,16f.32ff.37f.41.52f u.a.

[12] Lk 10,20, vgl. Kapitel 10, 205ff.

[13] Dass Affekte auch ein problembezogenes Copingverhalten auslösen können, demonstriert das Verhalten des zornigen, älteren Sohnes in der komplexen Affektdarstellung (Lk 15,11–32), vgl. Kapitel 11, 265f. Zur modernen emotionspsychologischen Methodik siehe Kapitel 3.

[14] Allerdings wird dieses rationale Kontroll- und Steuerungsvermögen in den klassischen philosophischen Schulen lediglich einer kleinen philosophischen Elite, den Weisen, zugetraut, wie weiter unten besprochen wird. Platons Bücher Phaidon und Philebos verdeutlichen, dass Affekte als Ergebnisse von Meinungen, also persönlichen, kognitiv getroffenen Urteilen gesehen werden. Es erscheint daher als logische Folgerung, dass aufkommende Affekte regulierbar sind, sofern eine betroffene Person ihre Einschätzung der Situation revidieren kann. So zeigt der platonische Sokrates beispielsweise im Phaidon durch sein Verhalten gegenüber den affektbesetzten Schülern ein Wissen um die Mechanismen der Affektregulation: Sein Versuch, auf Simmias und Kebes argumentativ einzuwirken, dient einer kognitiven Umstrukturierung, die eine Affektregulation ermöglichen kann. Das ist denkbar, weil Affekte aus der Sicht Platons objektbezogen sind und auf Meinungen beruhen. Siehe Kapitel 4, insbesondere 4, 64. Noch deutlicher argumentieren die Stoiker: Mit ihrem monistischen Seelenverständnis betonen sie, dass Affekte auf innere Entscheidungsprozesse verweisen; diese pathologischen Regungen seien unter anderem durch vernünftige Auseinandersetzungen mit den jeweiligen Auslösern zu therapieren, siehe Kapitel 5, 85.91.

[15] Wie in Kapitel 6 belegt, nimmt Philo mit seinen Affektvorstellungen allerdings Bezug auf unterschiedliche philosophische Traditionen und Ideale. Wie eng Affekte mit Annahmen verbunden sind, zeigt beispielhaft das Verhalten von Abraham und Sara, siehe Kapitel 6, 129ff; ebd. zu den Möglichkeiten der Affektregulation nach Philo.

kanischer Sicht sogar das Potential, starke Affekte wie Furcht und Zorn überwinden zu können![16]

Aus funktionalistischer Sicht dient die Freude als doppeltes Signal: Als Affekt ist die Freude eine Rückmeldung an die eigene Person, zugleich dient sie der Kommunikation mit der Umwelt.[17] Interessanterweise werden die mit Affekten verbundenen Darstellungen im Verlauf der lukanischen Erzählung immer komplexer – wie es die Grafiken der mit Affekten in Verbindung stehenden Handlungsregulationen in dieser Untersuchung verdeutlichen können.[18]

In den lukanischen Texten lösen Affekte starke Impulse aus, die zu spontanen und umgehenden *Handlungskonsequenzen* führen.[19] Das kann sich unterschiedlich äußern: Freude erzeugt im Lukasevangelium zumeist ein dringendes Mitteilungsbedürfnis und führt damit zu spontanen Gemeinschaftsbildungen.[20] Nicht nur die Freude selbst soll wie in Lk 15 demonstriert miteinander geteilt werden: Am Beispiel des Zachäus und seinem Umgang mit Besitz wird veranschaulicht, dass aus einer freudigen Begegnung mit Jesus auch soziale Konsequenzen erwachsen sollen.

In vielen Fällen ist das Verhalten, das im Zusammenhang mit einem expliziten Ausdruck der Freude steht, deskriptive Umschreibung und Handlungskonsequenz der Freude zugleich: So äußert sich aus lukanischer Sicht die ‚ideale Freude‘ als Reaktion auf Gottes Wirken häufig im bekennenden, dankbaren Lobpreis und Gebet.[21] Auffällig ist, dass viele Verhaltensweisen, die in Verbindung mit der Freude stehen, gerade *nicht* besonnen wirken, wie es dem bekannten philosophischen Ideal entspricht,[22] sondern

---

[16] Vgl. die Einleitungen der drei Angelophanien Lk 1–2 und das offene Ende des Gleichnisses vom Vater und seinen beiden Söhnen mit dem Appell zur Freude an den zornigen Bruder in Lk 15,32. Zorn wurde u.a. von Seneca als die stärkste der Leidenschaften betrachtet, siehe Kapitel 5, 93.104. Sogar die Furcht der Gegner Jesu vor dem Volk kann in Freude über seinen Verrat gewandelt werden (Lk 22,2.5).

[17] Auch antike Philosophen nehmen eine Signalfunktion von Affekten an. Siehe zu Platon Kapitel 4, 67; zu Aristoteles Kapitel 11, 274. Zum Verständnis von Emotionen in der funktionalistisch geprägten modernen Psychologie siehe Kapitel 3, 43ff.

[18] Siehe hierzu beispielsweise Kapitel 11, 266, und Kapitel 15, 393.

[19] Die Stoiker gehen davon aus, dass Affekte mit unmittelbaren Handlungsimpulsen in einem Zusammenhang stehen. Allerdings warnen sie vor exzessiven Handlungsimpulsen, weil der Mensch durch sie sein rationales Kontrollvermögen verlieren kann, siehe Kapitel 5,86.91.94. Von diesen Handlungsimpulsen sind zudem die Propatheiai zu unterscheiden, die in der jüngeren Stoa, z.B. nach Seneca, als nicht aufzuhaltende, erste Impulse gelten, die selbst ein kontrollierter Weiser nicht verhindern kann, Kapitel 5, 95ff.

[20] Vgl. Lk 1,14.58; 15,6.9 u.a.

[21] Vgl. Lk 1,46ff.67ff; 10,21ff u.a.

[22] Als idealer Umgang mit Affekten wird bei Platon besonnenes Verhalten (σωφροσύνη) empfohlen. Dies wird als eine innere Fähigkeit definiert, gegenüber Affek-

dass sie als außerordentliches und überschwängliches Verhalten dargestellt sind.[23] Sie demonstrieren, dass Menschen durch dieses Affekterlebnis motiviert sein können, neue und auch ungewöhnliche Wege zu gehen. Im Lukasevangelium wird deutlich: Freude enthemmt vor konventioneller Anpassung, hat aber zugleich ein integratives Potential.

Das Erleben, Zuordnen und Äußern von Freude ist durch langfristige, komplexe *Lernprozesse* bedingt.[24] Im Rahmen der psychologischen Forschung gehen Vertreter des kontextualistischen Ansatzes davon aus, dass Emotionen in der zwischenmenschlichen Interaktion konstruiert und über Lernvorgänge weitergegeben werden.[25] So ist die Aktualgenese einer Emotion wie der Freude aus Sicht der Schematheorie von der ontogenetischen Disposition einer Person abhängig, die vor allem kulturell und durch das persönliche Erfahrungswissen geprägt wird.[26] Wie in vergleichbaren philosophischen Ansätzen und bei Philo von Alexandrien wird auch in zentralen Texten des Lukasevangeliums vermittelt, dass Affekte durch Erziehung ‚gelernt' und beeinflusst werden können.[27] Im Gleichnis vom Vater und seinen beiden Söhnen wird das anschaulich anhand eines Verstärkungsmissverständnisses vorgeführt: Nur das Lernen am Modell (des Vaters)

---

ten gleichgültig zu sein und sich nicht von den Begierden fortreißen zu lassen, so in Plat. Phaid. 68c. Gemeinsam mit Attributen wie Gerechtigkeit, Tapferkeit, Edelmut und Wahrheit gilt sie als Schmuck der weisen Seele eines philosophisch gebildeten Menschen, siehe Plat. Phaid. 114e,68c und Kapitel 4, 59.65.74. Wie u.a. der Philebosdialog demonstriert, geht Platon mit diesem Ideal einer besonnenen Selbstkontrolle (σωφροσύνη) von der Idee des Schönen, von einer harmonischen Einheit von Körper und Seele aus. Die Besonnenheit soll zu einem ausgewogenen Leben führen, entsprechend entwickelt Platon das ethische Ideal einer „gemischten" Lebensform (Plat. Phil. 22a). Zum stoischen Ideal der Freiheit im Umgang mit Affekten siehe Kapitel 5, 86.89.95.

[23] Das Lachen, das bei Philo von Alexandrien eine wesentliche und positive Rolle im Zusammenhang mit der Freude spielt, wird im Lukasevangelium als Ausdruck der angemessenen Freude vermieden, siehe zu Philo Kapitel 6, 124.127f. Allerdings hat bereits Philo auf die Ambivalenz dieses Ausdrucks hingewiesen, siehe Kapitel 6, 128.

[24] Vgl. die vorangegangenen didaktischen Überlegungen zu Lk 10,17ff und der Gleichnistrilogie Lk 15.

[25] Siehe Kapitel 3, 46ff.

[26] Auch Aristoteles vertritt in seiner Rhetorik die Vorstellung von dispositionellen Persönlichkeitsausprägungen, denen er verschiedene Affektcluster zuordnet, siehe Kapitel 11, 270ff. Ein ähnliches Verständnis vertraten einige Stoiker, Kapitel 5, 86.88ff.104f.

[27] Zur Erziehung im Umgang mit Affekten bei Platon, besonders im Phaidondialog, siehe die Darstellung und Auseinandersetzung mit Affekten in Kapitel 4. Zum stoischen Verständnis, dass der Umgang mit Affekten in einem langen Prozess erlernt werden muss, der auch die Form des Modelllernens einschließen kann, Kapitel 5, 93ff. Zu Philo von Alexandrien, der wie in modernen Ansätzen von unterschiedlichen menschlichen Dispositionen ausgeht und außerdem die Lernprozesse der Fortgeschrittenen und Fortschreitenden allegorisch differenziert beschreibt, siehe Kapitel 6, besonders 111.123f.

kann zum Erfolg der empathischen Mitfreude führen, wenn die übliche Erziehung durch Konditionierung versagt, weil die Verstärker nicht mehr richtig zugeordnet werden können. In diesem Zusammenhang wirkt selbst die himmlische Freude in den beiden vorbereitenden Gleichnissen über die Mitfreude vorbildlich (Lk 15,7.10)!

Immer wieder wird über die Autorität der narrativen Figur Jesus im Lukasevangelium unterrichtet, wie das ideale Wesen der Freude beschaffen sein sollte. Dabei wirkt Jesus als Lehrer der Theorie und als praktisches Vorbild (also als Modell), wenn er beispielsweise die von der Mission zurückkehrenden Boten zur angemessenen Freude anleitet. Auf diese Weise werden dem Leser Handlungsmuster angeboten, die er übernehmen kann: Lk 10,20 lehrt, dass sich das Verständnis der Freude im Lernprozess unmissverständlich an Gott und seiner Verheißung orientieren sollte.[28] Entsprechend kann die Auseinandersetzung mit der Schrift als ‚Unterrichtsmedium‘ in Lk 24 dazu beitragen, ein Verständnis des Kerygmas vom Tod und der Auferstehung Jesu zu gewinnen, sodass der Lernprozess der Freude unterstützt wird. Im Lukasevangelium wird insofern eine optimistische Anthropologie vertreten: Der Mensch ist grundsätzlich als lernfähiges Wesen konzipiert.[29] Allerdings unterliegen sowohl Offenbarung als auch Verstockung wie in alttestamentlicher Tradition direkt dem Willen Gottes.[30]

Für das Verständnis der Freude ist wie in philosophischer Tradition und bei Philo von Alexandrien ferner ihre *temporale Qualität* von großer Bedeutung.[31] Darauf weist nicht nur die Betonung der *Beständigkeit* in Lk 8,15

---

[28] Der platonische Sokrates weiß um verschiedene Auslöser des inneren Erlebens; daher wird die Reflexion der Lust und Freude als wesentlich erachtet, vgl. Kapitel 4, 71f. Die Stoiker differenzieren Objekte der Freude daraufhin, ob sie zur Glückseligkeit führen können oder als Adiaphora zu werten sind, vgl. Kapitel 5, 87ff. Zu den systematisch differenzierbaren Unterformen der Freude nach Pseudo-Andronicus und der Diskussion, worauf die Freude aus stoischer Sicht bezogen sein sollte, siehe Kapitel 5, 100f. Mögliche Objektbezüge der Freude nach Philo von Alexandrien siehe in Kapitel 6, 128f.

[29] Die platonische und die stoische Anthropologie sind im Vergleich zu der des Lukasevangeliums als pessimistischer zu werten, da sie insgesamt nur wenigen Menschen die intellektuelle und ganzheitliche Reife zutrauen, um eine derart reflektierte und rational kontrollierte Freude erfahren zu können, vgl. Kapitel 4, 65; 5, 87 und das Folgende.

[30] Im Zusammenhang mit der Unterweisung der Freude wird das ausdrücklich in Lk 10,21 vermittelt; innerhalb des Erzählungsbogens in Lk 24 durch das passivum divinum der gehaltenen und später geöffneten Augen in Lk 24,16.31.

[31] Auch mit der folgenden Differenzierung steht der lukanische Evangeliumstext in philosophischer Tradition. So beschreibt auch Platon verschiedene Affektqualitäten im Zusammenhang mit dem zugrunde liegenden Zeitverständnis, beispielsweise die Vorfreude und das Hoffen, siehe Kapitel 4, 75. Folgt man beispielsweise dem Philebosdialog, ist es nach Sokrates ohne geistige Reflexion nicht möglich, sich an vergangene freudige Erlebnisse zu erinnern, die gegenwärtige Freude zu beurteilen oder gar Vorfreude zu

hin, wie sie auch Philo im Zusammenhang mit angemessener Freude betont.[32] Das alttestamentliche Motiv einer *ewigen Freude* (Jes 35,10) klingt
auch in Lk 24,52f an, wo betont wird, dass die Jünger *allezeit* im Tempel
das Gotteslob als Ausdruck und Konsequenz ihrer „großen Freude" ver-
richten, als sie verstanden und verinnerlicht haben, dass Jesus, erlöst durch
Gottes barmherziges Wirken, auferstanden ist.

Insgesamt sind bei der expliziten Darstellung der Freude verschiedene
Zeitbezüge der Freude gegeben, wobei mehrfache Zuordnungen möglich
sind:[33]

Retrospektive Freude	Reaktion auf bereits Geschehenes, erfüllte Freude, Gottes erfahrbares Wirken in der Welt, Bezug zur Heilsgeschichte mit Israel	Lk 1–2; 10,17; 19,37; 24.
Freude über die Gegenwart, prozessbezogene Freude	Erfüllte Freude: Zeugnis für präsentische Eschatologie/Theokratie	Lk 15; 10,17; 19,6.37; 22,5; 23,8; 24
Prospektive Freude	Vorfreude auf Erwartetes, Hoffnung, Verheißung: Zeugnis für futurische Eschatologie	Lk 1–2; Lk 10,17; Lk 15,7.10; 23,8

Das Lukasevangelium kennt grundsätzlich eine spontane, freudige ‚Initial-
zündung', wenn Menschen vom Wort Gottes erfahren (Lk 8,13).[34] Sie wird
allerdings äußerst kritisch gewürdigt: Deutlich wird in der Deutung des
Sämannsgleichnisses problematisiert, dass ein vertiefter, beständiger Glaube nicht als Automatismus daraus abgeleitet werden kann. Ohne Stabilisierung wachsen einem jungen Glauben keine „Wurzeln" und es besteht die
Gefahr, dass entsprechend unverwurzelte Menschen in einer Versuchungssituation ihre Glaubensgewissheit und damit auch ihre hoffnungsvolle
Freude verlieren. Die aus dem Markusevangelium übernommene Metaphorik einer wachsenden Saat wird bei Lukas deshalb genutzt, um auf den

---

empfinden (siehe Plat. Phil. 14b.21c.22a). Zur Bedeutung des zeitlichen Bezugs für die
Freude aus stoischer Sicht siehe Kapitel 5, 93.106f. Zum entsprechenden Zeitverständnis
bei Philo von Alexandrien siehe Kapitel 6, 118ff.

[32] Vgl. Kapitel 5, 103f, zur stoischen Würdigung der Beständigkeit. Kapitel 6, 118f,
zu Philos übergreifendem Zeitverständnis, das in Zusammenhang mit der idealen Festigkeit der Seele zu verstehen ist, mit Verweis auf Phil. Abr 207.

[33] Auf die Qualität der ‚eiligen' Dringlichkeit, die im Zusammenhang mit der deskriptiven Darstellung der Freude bzw. mit ihren Handlungskonsequenzen demonstriert wird,
ist bereits oben hingewiesen worden.

[34] Große, unverhoffte Freude im Zusammenhang mit Gottesbegegnungen benennt
auch Philo, vgl. Kapitel 6, 119f. Aber auch er propagiert eine beständige reife Freude, die
auf einer stabilen Seele gründet, ebd., 118f.

Wachstumsprozess hinzuweisen, den jeder Same benötigt, um eine „gute Frucht" in *Beständigkeit* (ἐν ὑπομονῇ) hervorbringen zu können.

Weil kognitive und affektive Prozesse so eng miteinander verwoben sind, muss eine langfristig stabile Glaubensfreude aus lukanischer Sicht rational reflektiert und aufgearbeitet sein. Das zeigt sich verstärkt bei der Darstellung der Epiphanien in Lk 24.[35] Der Glaube an die Auferstehung bildet das kritische, aber entscheidende Moment des Christseins. Gerade hier zeigen sich die lukanischen Berichte bemüht, esoterische und mystische Darstellungstendenzen zu vermeiden. Die außerordentliche, extreme Glaubenserfahrung der Auferstehung, deren Qualität aus der starken Dissonanz gegenüber dem Erfahrungswissen resultiert, soll bewältigt werden, indem sie *rational* nachvollziehbar gemacht wird: Indem die Erscheinungen als Erfüllung der Schrift gedeutet werden, entsteht Kontingenz, sodass der Dissonanzeindruck verringert werden kann. Gefordert ist wiederum eine reflektierte, beständige Freude, wie sie die Jünger in Lk 24,52f als Ideal zum Ausdruck bringen.[36] Das rationale Einverständnis mit dem Glauben kann aus lukanischer Sicht die notwendige Stabilität fördern und helfen, Affekte wie Trauer und Zweifel zu bewältigen.[37] Nur wenn der Verstand nicht ausgeblendet wird, kann eine impulsive Glaubensbegeisterung nach Lukas beständig reifen und Früchte der Freude hervorbringen (vgl. Lk 8,15).[38]

---

[35] Vgl. hierzu Kapitel 15 und die Argumentation im Folgenden.

[36] Nun zeigt sich, wie eng Beginn und Schluss des Lukasevangeliums verzahnt sind: Auch im Proömium, dem oben vorgestellten theologischen Programm, hat der Redaktor ausdrücklich seine eigene sorgfältige Recherche (Lk 1,1–4) betont und versichert damit, dass er auch selbst einen kritischen, reflektierten Zugang zum Glauben gewählt hat. Er sieht gute Glaubensbedingungen dann als gegeben an, wenn sich die von ihm angesprochen fühlenden Leser und Leserinnen sein Angebot annehmen und sich in einem längeren *Lernprozess* mit den Verheißungen und der Botschaft des Evangeliums auseinandersetzen. In Kapitel 4, 70, wurde herausgestellt, dass auch Platons Phaidondialog im Hinblick auf das Lernen im Umgang mit Affekten als antike Form einer ‚Gesprächstherapie' gelesen werden kann. Zu Lernprozessen im Zusammenhang mit Affekten nach Platon siehe Kapitel 4, 74.

[37] Die Jünger wundern sich so lange staunend, bis der auferstandene Jesus mit ihnen isst und ihnen das Geschehen als Erfüllung der Schrift erklärt: „Da öffnete er ihnen das Verständnis, sodass sie die Schrift verstanden (...) So steht's geschrieben, dass Christus leiden wird und auferstehen von den Toten am dritten Tag" (Lk 24,44f). Sinnliche Glaubens- und Gemeinschaftserfahrungen allein erscheinen nicht überzeugend und tragfähig.

[38] Vgl. auch Kapitel 9. Zur Hochschätzung des Verstandes im philosophischen Kontext vgl. die Hochschätzung des Logistikons in den platonischen Seelenmodellen, siehe Kapitel 4,56ff; zur Würdigung von Verstand und Vernunft in der Stoa Kapitel 5,84f, 87.95.105.

D. Soziale und theologische Dimensionen der Freude

Das Konzept der Freude ist im Lukasevangelium äußerst komplex gestaltet. Drei aufeinander aufbauende Dimensionen können analysiert werden:
a. Begegnungsfreude/Gruß der Freude
b. Beziehungsfreude unter Menschen
c. Freude in der Beziehung von Gott und Mensch

Beleg	Dimensionen der Freude
Lk 1–2	a + b + c
Lk 10,20	c
Lk 15	b + c
Lk 19,1–10	a + b + c
Lk 19,37	c
Lk 22,5	b
Lk 23,6–12	a + b
Lk 24	a + b + c

(a) In den ersten beiden Kapiteln, die das Lukasevangelium eröffnen, wird geschildert, wie das Evangelium durch Gottes Eingreifen in die Geschichte zu den Menschen gekommen ist. Diese „große Freude" verheißt der Engel Gabriel in Gottes Auftrag. Die *Begegnung* des Himmelsboten mit Maria wird durch einen *Gruß* (χαῖρε) eröffnet, der bereits *programmatisch* für die folgende Verheißung ist, von deren Erfüllung das Lukasevangelium berichtet: Angesichts einer Epiphanie, die für den Menschen ein Fascinosum und Tremendum zugleich darstellen kann, soll bei Maria das Fascinosum überwiegen. Das konventionelle Grußformular (Lk 1,28), das als solches in der Darstellung einer Angelophanie überraschen mag – der Gruß wird auch von Maria selbst hinterfragt und damit als außergewöhnlich markiert – ist so gewählt, dass nicht nur seine kommunikative Funktion, sondern auch sein ursprüngliches semantisches Potential aktualisiert ist: Entgegen der derzeitigen exegetischen Mehrheitsmeinung wird gezeigt, dass Maria durch die Anrede χαῖρε gegrüßt und *zugleich* imperativisch und explizit zur Freude aufgefordert wird.[39] Tatsächlich reagiert Maria freudig – in aus lukanischer Sicht typischer Weise – auf den Appell und die mit ihm verbundene Verheißung, indem sie Handlungskonsequenzen ergreift und sofort die Gemeinschaft mit ihren entfernt lebenden Verwandten sucht. Indem sie außerdem das Magnifikat als Ausdruck ihrer Freude über

---

[39] Vgl. Kapitel 8, 156ff.161ff.

Gottes Wirken anstimmt, wird sich ihre freudige Reaktion als ideal im Sinne des lukanischen Verständnisses erweisen. Noch bevor die eigentliche Handlung einsetzt, in der die Figur Jesus als ‚Held‘ auftritt, lässt Lukas keinen Zweifel daran, dass die Botschaft Gottes für die Menschen, die ihr folgen, positiv und freudig sein wird.

Im Ablauf der Narration demonstrieren verschiedene weitere Szenen, wie entscheidend die (erste) Begegnung mit der Botschaft Gottes für den Adressaten ist. Diese *Begegnungsfreude* steht oppositionell einem ausgrenzenden Verhalten der Ablehnung gegenüber.[40] Im Hinblick auf das zuvor aufgezeigte Wortfeld lässt sich diese Tendenz veranschaulichen: Mit dem Grüßen und einer freudigen Begegnung kontrastieren der Abbruch der Kommunikation und das Murren, weil sie eine konstruktive Gemeinschaftsbildung verhindern.[41]

Das betrifft auch die Mission der Boten in Lk 10. Von Freude erfüllt berichten sie von gelungenen Exorzismen, die sie in Jesu Vollmacht bewirken konnten: Allerdings ist ihnen sowohl Aufnahme als auch Ablehnung zuteil geworden, was mit Segens- bzw. Weherufen geahndet wird (Lk 10,1–16). In der folgenden Unterweisung wird ihnen vermittelt, dass Freude nur dann recht verstanden ist, wenn Gott stets als der eigentliche Adressant der Handlung erkannt wird: Fromme Freude soll ganz auf ihn und sein barmherziges und heilvolles Handeln gerichtet sein, und auch die Boten sollen sich nicht als seine Helfer, sondern als direkte Adressaten seines Tuns begreifen.[42]

Dies ist in einer weiteren Darstellung der Begegnungsfreude offensichtlich nicht der Fall:[43] Im Verlauf der Passionserzählung (Lk 23,6ff) freut sich Herodes zunächst über den Kontakt mit Jesus, von dem er nach eigenem Bekunden in Lk 23,8 zuvor erfahren hat. Diese falsch ausgerichtete, neugierige Begegnungsfreude bleibt allerdings einseitig. Jesus reagiert nicht auf die ihm gestellten Fragen, er lehnt den Kontakt zum politischen Machthaber ab, der unter anderem den Tod Johannes des Täufers zu ver-

---

[40] Vgl. die rahmende Handlung in Lk 15, in der Jesus gegenüber den Pharisäern und Schriftgelehrten seine Freude und Gemeinschaft mit Sündern rechtfertigt sowie die Erzählung über die Freude des gesellschaftlich ausgegrenzten Zachäus in Lk 19,1ff, der von Jesus zur Gemeinschaft aufgerufen wird, vgl. Kapitel 13, 324ff, 333.

[41] Kapitel 13, 324f. THEISSEN, Erleben, 182–184, konzentriert sich bei seinen Überlegungen zum Lukasevangelium auf den Aspekt der Bekehrungsfreude. Sie könne als Gemeinschaftsfreude eine Motivation zur Umkehr aus Angst überlagern. Im Lukasevangelium werden aber auch weitere Affektwandel beschrieben: Sogar der Zorn, der in antiker Sicht als stärkster und gefährlichster Affekt gilt, vgl. auch Kapitel 5, 93.104, kann zur Freude werden, und selbst eine Veränderung von der unangemessenen zur idealen Freude scheint in der Konzeption des Lukasevangeliums denkbar!

[42] Kapitel 10, 214ff.

[43] Siehe Kapitel 14, 360ff.

antworten hat. Diese Begegnung führt also nicht einmal zu einem Gespräch, erst recht nicht zu einer guten Beziehung: Herodes reagiert auf die Ablehnung durch Jesus mit Spott und Schadenfreude, sodass sich die Krise der Passion weiter verschärft.[44]

(b) Nicht nur bei Erstbegegnungen, auch in *Beziehungen* (die langfristig auf Begegnungen aufbauen), wird ‚Freude' im Lukasevangelium als idealer Affekt bestimmt, weil sie eine zwischenmenschliche Gemeinschaft in guten wie in kritischen Zeiten stabilisieren kann. Wiederholt wird in den ersten Kapiteln auf die *empathische* Freude des sozialen Umfelds hingewiesen, wenn sich Nachbarn und Verwandte mit Zacharias und Elisabeth über deren spätgeborenes Kind freuen.[45] Auch in den Gleichnissen vom Schaf und der Drachme (Lk 15) liegt das Achtergewicht unter anderem auf der gemeinschaftsfördernden Eigenschaft des Affekts in einem stabilen Umfeld: Auffällig ist in diesen Gleichnissen die Hervorhebung der Selbstverständlichkeit, mit der Freunde und Nachbarn in die Freude einbezogen werden sollen und deshalb ausdrücklich und wiederholt zur Mitfreude aufgefordert werden.[46]

Dagegen liegt im dritten Gleichnis dieser Komposition die Thematik der *Mitfreude* problematisiert vor (Lk 15,11–32): Freudige Empathie – die mit irrationalen Handlungskonsequenzen einhergehen kann – ist nach lukanischem Verständnis selbst dann verlangt, wenn sie den zu erwartenden rationalen Abwägungen, nämlich den üblichen Konventionen, dem eigenen Ansehen und Vorteilsdenken entgegensteht.[47]

Daran schließt die Erzählung um den Zöllner Zachäus an:[48] Auch Jesus verhält sich scheinbar ‚irrational' und nimmt eine Rufschädigung in Kauf, wenn er es nicht dabei bewenden lässt, Zachäus unterwegs zu grüßen. Er

---

[44] Zur Qualität des Affekts Schadenfreude siehe das Folgende; Fußnote 51 und Kapitel 14, 364f.

[45] Lk 1,14.58, vgl. auch Lk 1,39–45: die Mitfreude Elisabeths über Marias Mutterschaft, Kapitel 8, 181f.

[46] Lk 15,6.9, siehe Kapitel 12, 307ff. In platonischer Tradition gelten Affekte als ansteckend: Unter geeigneten Bedingungen (in einer gegebenen Situation, die für die betroffene Person persönlich bedeutsam ist, kann der Ausdruck von Affekten ansteckend wirken beziehungsweise Empathie auslösen) können sie „übertragen" werden, wie es im vorliegenden Textbestand im Zusammenhang mit der Freude beschrieben wird. Siehe Kapitel 4, 69f, wo dieses Phänomen im Phaidon allerdings nicht am Beispiel der Freude sondern der Trauer dargestellt ist. Philo von Alexandrien würdigt das Phänomen der ansteckenden zwischenmenschlichen Mitfreude ausdrücklich, siehe hierzu Kapitel 6, 124.

[47] Wie wesentlich der soziale Charakter der Freude ist, belegt der Protest des älteren Bruders in Lk 15,29 – nie sei ihm vom Vater ein Fest ermöglicht worden, bei dem er „mit seinen Freunden" habe fröhlich sein können (Lk 15,29), vgl. Kapitel 11, 254ff; Kapitel 12, 309ff.

[48] Kapitel 13, 322ff.

kehrt in dessen Haus ein und zieht damit die Gemeinschaft mit dem ehemaligen Sünder der Gesellschaft anderer, höhergestellterer Personen vor. Der soziale Aspekt der Freude, die an allen lukanischen Belegstellen außerordentliche Handlungskonsequenzen auslöst, wird in Lk 19,8 am deutlichsten. In seiner Freude versichert der Zöllner, die Hälfte seines Besitzes den Armen zu geben und auch vierfach das Betrogene zurückzuerstatten; ein unübliches und unwirtschaftliches Verhalten für einen Vertreter seiner Berufsgruppe.[49] Seine Freude gründet zum einen darauf, Jesus begegnet und von ihm wahrgenommen worden zu sein. Wichtiger ist aber wohl die Mahlgemeinschaft, durch die ein intensiveres Verhältnis zwischen Gast und Gastgeber entstehen kann. Jesus betrachtet Zachäus nicht mit Blick auf seine Berufszugehörigkeit, er nimmt auch nicht die religiös bedingten Vorurteile oder Gerüchte aus dem Umfeld wahr, die ihn als „Sünder" stigmatisieren (Lk 19,7). Zachäus wird von ihm als Abrahams Sohn gewertet, es findet also eine uminterpretierende Aufwertung seiner Person statt, die auch eine künftige Gemeinschaftsbildung anderer mit ihm legitimiert.[50]

Aus lukanischer Sicht wird Freude ausgelöst, wenn außenstehende Menschen durch Aufwertung in die Gemeinschaft integriert werden![51] Insofern kann die Zachäuserzählung intratextuell auch einen Ausweg aus der Krise aufzeigen, die im vorangegangenen Familiengleichnis (Lk 15,11–32) in einer Aporie gipfelte.[52] Wortfeldbezüge verdeutlichen, dass die Textcorpora durch redaktionelle Überarbeitung miteinander verbunden sind (Lk 15,4.7.10.24.32; Lk 19,10). Das zeigt sich beispielsweise am Motiv des ‚Hauses' (οἶκος/οἰκία), das unter anderem häufig im Kontext derjenigen lukanischen Stellen begegnet, in denen die Freude ausdrücklich themati-

---

[49] Vgl. Kapitel 13, 340ff.

[50] Zur Abrahamssohnschaft an dieser Stelle siehe Kapitel 13, 337f. Vgl. hierzu die Tendenzen im Magnifikat Marias, v.a. Lk 1,54f, wo sowohl von der Hilfe und Aufwertung die Rede ist, die Gott seinem Kind bzw. Diener Israel zukommen lassen wird, als auch von der Verheißung Gottes an Abraham und seine Nachkommen, zu denen nach Lk 19,9, der Rede Jesu folgend, ausdrücklich auch Zachäus zu zählen ist.

[51] Eine oppositionell entgegengesetzte Form der Gemeinschaftsbildung demonstriert dagegen Lk 23,12: Aus Feinden werden Freunde, als Herodes und Pilatus gemeinsam gegen Jesus agieren. Hier wirkt also die Ausgrenzung eines Dritten beziehungsfördernd, nicht, wie oben, die Integration eines Außenstehenden! In engem kontextuellen Zusammenhang steht das schadenfrohe Verhalten des Herodes, der sein Opfer nach Lk 23,11 von seinen Soldaten verspotten und anschließend gedemütigt zu Pilatus überstellen lässt. Der Erzähler lässt diese Passage narrativ für sich sprechen, weder Herodes noch Pilatus werden erzählerisch direkt charakterisiert oder kritisiert. Im zeitgenössischen philosophischen Diskurs ist Schadenfreude dagegen äußerst kritisch als ein Affekt abgelehnt worden, der auf eine niedere Disposition verweist, vgl. zu Platon Kapitel 4, 74ff; zur Stoa Kapitel 5, 92; zu Verständnis der Schadenfreude bei Aristoteles und Philo vgl. Kapitel 14, 364f.

[52] Kapitel 13, 330–338.

siert wird, vor allem in Lk 15 und Lk 19.[53] Der Hausbegriff umfasst sowohl die Vorstellung eines Gebäudes als auch die der dort lebenden oder versammelten Hausgemeinschaft.[54] An den vorliegenden Stellen wird das ‚Haus' als Ort der Begegnung, der Rettung und Gemeinschaftsbildung hervorgehoben; all dies ist mit Freude verbunden.[55]

Ein weiterer Akzent wird in der Perikope über die Emmausjünger gesetzt. Nachdem sich Kleopas und sein Gefährte zunächst (räumlich) von der urchristlichen Gemeinschaft distanziert haben, führt das mit Freude verbundene Verständnis des Kerygmas vom Tod und der Auferstehung Jesu schließlich zur ihrer Rückkehr in den Jüngerkreis (nach Jerusalem).[56] Diese ‚Umkehr' beweist ihre Neuorientierung in einer existenziellen Glaubenskrise.[57] Sie beschließen nicht weiter zu flüchten, sondern sich neu zu konstituieren, dem Auftrag der Aussendung nachzukommen und den Glauben auch gegenüber einer feindlichen Umwelt freudig anzunehmen und zu leben. Der Affekt der Freude ist insofern nicht mit einer überschwänglich naiven, sondern wiederum mit einer beständigen, reflektierten und mutigen Glaubenseinstellung verbunden.[58] So schließt das Lukasevangelium mit der summarischen Beschreibung, dass die Jünger nach der Himmelfahrt Jesu freudig in den Jerusalemer Tempel zurückkehren: In dieser Stadt werden sie sich als *ideale Gemeinschaft in Freude* zusammenfinden, wie es die Apostelgeschichte in der Fortsetzung beschreibt.[59]

(c) Auch wenn im Lukasevangelium verschiedene Formen der *Begegnungsfreude* und der zwischenmenschlichen *Beziehungsfreude* dargestellt sind, ist vor allem die Dimension der ‚*Gottesfreude*' entscheidend. Dies ist

---

[53] Kapitel 13, 328ff,342ff.

[54] Zur Bedeutung der Hausmetaphorik siehe auch den unten folgenden Abschnitt zur Freude als urchristliche Handlungsanweisung.

[55] Siehe Kap.12, 302.304f. Zur Verwendung des ‚Hauses' als eines der tragenden Leitmotive in Lk 15 siehe Kapitel 12, 304.310. Zum Haus als Ort des Geschehens und der Rettung in Lk 15 und Lk 19 siehe Kapitel 13, 323; als Ort der Gemeinschaftsbildung Kapitel 13, 328. Mit dem personifizierten ‚Haus' ist in Lk 19 eine affirmative, soteriologische Aussage verbunden, siehe Kapitel 13, 328.342f.

[56] Die äußere räumliche Entfernung kann analog zur inneren Distanzierung der Jünger von der Jesusgemeinschaft verstanden werden, vgl. Kapitel 14, 372f. Zur Rückkehr der Jünger nach Jerusalem vgl. Kapitel 14, 375f.

[57] Auch in der Erzählung über die Begegnung des Zachäus mit Jesus ist der Bewegungsablauf der beiden Protagonisten aussagekräftig, vgl. Kapitel 13, 334.

[58] Gegen Backherms, Joy, 153; Siehe Kapitel 1, 5, zum Forschungstand. Die alttestamentlichen Schriften fungieren in diesem Kontext didaktisch als ‚Unterrichtsmedien', siehe Kapitel 14, 383.

[59] Eine verwerfliche Gemeinschaft in (Schaden-) Freude wird dagegen in Lk 23,6–12 dargestellt, siehe auch Fußnote 51. Zur idealen Gemeinschaft der Freude am Ende von Lk 24 vgl. Kapitel 15, 384ff; zum Ausblick auf die Apostelgeschichte Kapitel 15, 387ff.

als Genitivus subiectivus und obiectivus zu verstehen: Der menschlichen Freude über das Wirken Gottes entspricht eine Freude der ‚Himmel' über umkehrende Sünder. Weil diese Freude auch die Sphäre Gottes erfüllt, prägt sie reziprok die ideale Beziehung und Kommunikation zwischen Gott und Mensch.[60]

Auslösende Momente der Freude im Lukasevangelium sind die Verkündigungen des Engels, des himmlischen Boten, an die werdenden Eltern Zacharias und Maria. Die Freude geht in der Erzählung also ursprünglich vom Himmel aus. Nachdem Maria von Gabriel gegrüßt und damit aufgefordert worden ist, sich zu freuen (Lk 1,28, χαῖρε), kommt sie diesem Auftrag durch ihren Lobpreis (Lk 1,46–55) nach. Zwei Faktoren sind dabei wesentlich: (a) Sie sucht als Handlungskonsequenz zum einen wie gezeigt die zwischenmenschliche Gemeinschaft mit ihren Verwandten, um mit ihnen gemeinsam die Freude zu teilen. (b) Wichtiger scheint aber noch zu ein, dass sie durch ihren Lobpreis zum Ausdruck bringt, dass sie die Verheißung des Engels als eine göttliche Intervention versteht und bezeugt; auf diese Weise gibt sie ihre Freude kommunikativ jubelnd an Gott zurück.[61]

Im Magnifikat Marias wird die Freude durch einen Parallelismus membrorum zum Ausdruck gebracht, der jüdischer Lyrik und Psalmentradition entspricht: „Meine Seele erhebt den Herrn, und mein Geist jubelt (ἠγαλλίασεν τὸ πνεῦμά μου) über Gott, meinen Retter."[62] Hier wie auch im Fortgang lässt sich der Lobpreis inhaltlich nicht allein auf die Geburtsankündigung beziehen. Anstelle einer narrativ zu erwartenden christozentrischen Prophetie ist die klare *Theozentrik* der Argumentationsführung auffällig.[63] Die werdende Mutter bezeugt Gott als den Handlungssouverän und damit als den Lenker der Geschichte. Damit wird verdeutlicht, dass das im Evangelium folgende ‚Jesusereignis' nicht kontextfrei zu verstehen ist,

---

[60] Eine vergleichbare Tendenz einer wechselseitig motivierenden Freude findet sich auch bei Philo von Alexandrien, siehe hierzu Kapitel 6, 121, und unten zu Lk 15,7.10.

[61] Zur Freude im Magnifikat Kapitel 8, 178ff.

[62] Vgl. Kapitel 8, 178ff. Der heilsgeschichtliche Kontext zeigt sich auch am genealogischen Denken, von dem das Lied geprägt ist: Maria hofft auf das gläubige Verständnis ihrer Nachfahren („Kindeskinder"), bezeugt Gottes Wirken über Generationen („von Geschlecht zu Geschlecht") und erinnert an den Bund mit „unseren Vätern und Abraham und seinen Kindern in Ewigkeit", in deren Tradition sie sich sieht (Lk 1,46–56).

[63] Diesen Erfahrungen entspricht eine vertrauende Erwartungshaltung, die sich in Marias Lobpreis spiegelt. Entsprechend theozentrisch angemessen reagieren Zacharias in seinem Bendictus (Lk 1,67–79) und die Hirten, die sich nach ihrer Begegnung mit der Familie Jesu Gott zuwenden, um ihn zu loben und zu preisen (Lk 2,20). Auch das Nunc dimittis des Simeon ist ganz auf den Lobpreis Gottes konzentriert (Lk 2,29ff). Wie in Kapitel 8 gezeigt, wird in den ersten beiden Kapiteln des Lukasevangeliums mehrfach exemplarisch demonstriert, wie fromme Menschen ideal auf freudige Erfahrungen mit Gott reagieren können: Sie wenden sich ihm dankbar bekennend und froh preisend zu.

sondern ausdrücklich im Anschluss an die heilsgeschichtlichen Erfahrungen gewürdigt werden soll, die Israel bereits mit Gottes Wirken in der Geschichte gemacht hat.[64]

Die im Zusammenhang der vorausgehenden Narration herausgearbeiteten Tendenzen werden in Lk 10,21, also in Jesu jauchzendem Jubelruf, explizit formuliert.[65] Jesus jubelt wie zuvor seine Mutter: Eingeleitet wird dieser Jubelruf durch dasselbe Verb (Lk 10,21) in einer ähnlichen Wendung wie in Lk 1,47; Jesus „jubelte im Geist" (ἠγαλλιάσατο τῷ πνεύματι). Der Geistbesitz zeigt die enge Verbindung zwischen Gott und der Beterin bzw. dem Beter an. Im Gebet Jesu werden seine Dankbarkeit und sein Wissen um die Nähe zwischen dem Vater und dem Sohn wie auch zwischen den Jesus Nachfolgenden ausgedrückt. Dabei wird Gott wieder als der Lenker der Handlung bezeugt. Die Rede vom Herrn des Himmels und der Erde verweist auf eine kosmologische Einordnung Gottes und damit auf ein schöpfungstheologisches Bekenntnis.

Eindeutig ist der Bezug von himmlischer und irdisch menschlicher Freude in Lk 15,7.10.[66] Die Deutungen der Gleichniskerne vom verlorenen Schaf und dem verlorenen Groschen beschreiben die Freude im Himmel und die Freude vor den Engeln Gottes über umkehrende Sünder. Es wird also nicht wie bei Philo von Alexandrien eine höhere Qualität der Freude in der Sphäre Gottes betont, im Gegenteil lässt die Übereinstimmung dieses Erlebens auf eine vergleichbare Form der himmlischen und irdischen Freude schließen.[67] Die himmlische Freude wird in diesem Kontext zum Vorbild für zwischenmenschliches Erleben und Verhalten! Wichtig ist außerdem die Aussage zu dieser Szene, dass diese Freude nicht durch menschliches Idealverhalten, sondern durch Umkehrverhalten ausgelöst ist – dies ist das affektive Objekt, das Himmel und Erde verbindet.[68]

---

[64] Auf die heilsgeschichtliche Einordnung verweisen viele Indizien; exemplarisch genannt seien für Lk 1–2 die priesterliche Tradition, in der Zacharias steht (Lk 1,5), die Einordnung Jesu in die Davidslinie (Lk 1,32; Lk 2,4) und in das Haus Jakobs (Lk 1,33), das Magnifikat in Lk 1,46–55, formale und inhaltliche Analogiebildungen im Zusammenhang mit der Berufungsgeschichte und Geburtsankündigung in Lk 1,26–38 usw.

[65] Vgl. Kapitel 10, 229ff.

[66] Kapitel 12, 311ff.

[67] Dieser lukanischen Tendenz entspricht das Selbstverständnis Jesu, wie es nach Lk 5,31f parr. dargestellt ist. Nach Philo ist die Freude Gottes und die Freude selbst des Wiesen von unterschiedlicher Qualität; die reine Freude komme allein Gott zu, menschliche Freude sei dagegen nach Phil. Abr 205 eine gemischte Freude. Übereinstimmend ist allerdings die Vorstellung bei Philo und im Lukasevangelium, dass sich die angemessene Freude als Festfreude äußert. Siehe hierzu Kapitel 6, 121.

[68] Dagegen wird die Freude Gottes bei Philo von Alexandrien stets durch den frommen Weisen erregt, mit dem Gott allein seine Freude teilt, siehe Kapitel 6, 121f.

Dem dritten Gleichnis in Lk 15 folgt keine Anwendung wie in den vorangehenden Gleichnissen; aber auch hier gibt es deutliche Anhaltspunkte, dass Lk 15,11–32 einen theologischen Bezug aufweist.[69] Die Metaphorik eines barmherzigen Vaters, der seinen heimkehrenden Sohn freudig empfängt, der gerecht ist und dessen Handeln zugleich über menschliche Gerechtigkeitsmaßstäbe hinausweist, verweist auf göttliche Attribute. Gerade der Kontext von Lk 15,4–10 legt diese Deutung nahe: Nicht nur die Umgebung Gottes, sondern auch er selbst empfindet Freude, wenn ein abtrünniges Kind den Weg in väterliche Haus zurückfindet. Diese Spitzenaussagen über die anteilnehmende Freude, die Gott mit den Menschen verbindet, werden narrativ als interne Figurenrede Jesu präsentiert. Als Lehre der urchristlichen Autorität Jesu und durch den theologischen Bezug wirkt dieser Appell zur freudigen Zuwendung, der aus der Erzählung herauszulesen ist, besonders nachdrücklich.

Die Freude, die Gott ausgelöst hat und die er selbst den Menschen entgegenbringt, kehrt am Ende des Evangeliums als aufgeklärter, prägender Glaubensausdruck im Lobpreis an Gott zurück (Lk 24,52). Damit spiegelt das Gotteslob der Jünger die Freude Gottes, wie auch die Kommunikation zwischen Jesus und seinem Vater einem jubelnden Bekenntnis entspricht.[70] Der theologische Ursprung der angemessenen Freude ist auf diese Weise betont; gleichzeitig werden die Jünger an dieser Stelle zu Zeugen und durch ihr freudiges Bekenntnis selbst zu Vorbildern, wie die Gemeinschaft zu Gott und zu anderen Menschen gestaltet werden kann.[71]

E. Eine ‚charismatische Affektrevolution'
in lukanischen Gemeinden?

Gerd Theißen hat im Zusammenhang mit seinen Untersuchungen zur Jesusbewegung den Begriff einer ‚charismatischen Wertrevolution' geprägt.[72] Wie diese Arbeit zeigt, kann eine entsprechende Tendenz auch im Hinblick auf die Freude im Lukasevangelium festgestellt werden.

---

[69] Vgl. Kapitel 11 und 12.

[70] Vgl. Lk 3,21; 9,35; 10,21ff. Auf diese Weise wird auch das Muster der drei ausführlichen Lobpreisgebete in den Geburtsgeschichten, die als Verheißung formuliert waren, als Dank und Lob über ihre Erfüllung wieder aufgenommen (Lk 1,46–55; 67–80; 2,28ff)

[71] Kapitel 15, 384.

[72] THEISSEN, Jesusbewegung, 135–168. Machtpolitische Revolutionen seien aus soziologischer Sicht in der Regel erst dann möglich, wenn zuvor die Legitimation der bestehenden gesellschaftlichen Werte und Strukturen infrage gestellt worden sei, so THEISSEN, Jesusbewegung, 136. Ein vergleichbares Phänomen könne im Zusammenhang mit der Jesusbewegung beobachtet werden: Historisch habe sich die jüdische Gesellschaft in

So ist die Kompetenz eines angemessenen Umgangs mit Affekten traditionell zunächst nur mit einem exklusiven elitären Personenkreis in Verbindung gebracht worden, wie die Betrachtung ausgewählter philosophischer Schriften verdeutlicht hat, die zur Zeit des Lukasevangeliums verbreitet gewesen sind.[73] So können Weisheit, Besonnenheit und damit auch die Kontrolle über alle Arten von Affekten nach Platon allein denjenigen Menschen zuteilwerden, „die den Leib gering schätzen und in der Liebe zur Weisheit leben" (ἐν φιλοσοφίᾳ ζῶσιν), also der Elite gereifter Philosophen.[74] Nur von ihnen sei ein entsprechend rational begründeter und kontrollierter Umgang mit Freude zu erwarten. Menschen ohne Bildung und Reife seien nach Platon dagegen überwiegend affektiv unkontrolliert.[75]

In der Rhetorik des Aristoteles wird darüber hinaus betont, dass der jeweilige Reife- und Empfindungsprozess eines Menschen häufig durch sei-

---

Palästina in einem Spannungszustand befunden. Die aristokratische Schicht habe sich immer mehr vom Volk entfernt, indem sie unter dem Einfluss des Römischen Reichs zunehmend hellenistische Vorstellungen und Handlungsweisen übernommen habe und die einheimischen jüdischen Normen dabei verletzte. Deutlich sichtbar werde dieser gesellschaftliche „Entfremdungsprozess" beispielsweise am Regierungshandeln des Herodes Antipas, das zu massiver Kritik und infolge zu inneren politischen Spannungen geführt habe. In dieser Zeit seien die ursprünglich exklusiven Normen der Oberschicht in der Botschaft der Jesusbewegung weiteren gesellschaftlichen Kreisen vermittelt und zugemutet worden: Im „Vorschatten des Reiches Gottes" seien „aristokratische Tugenden im Umgang mit Macht, Besitz und Bildung (...) so umformuliert" worden, dass sie ungebildetere und weniger vermögende Menschen hätten übernehmen können. ‚Wertrevolutionäre' Züge seien darin zu erkennen, dass diese Normen durch die kritikwürdigen Zustände in der Oberschicht und durch ihre Nachahmung in den unteren Schichten nicht länger zur sozialen Abgrenzung hätten verwendet werden können. THEISSEN, Jesusbewegung, 136.149: Der Anspruch einer eigentlichen Machtrevolution sei aus den neutestamentlichen Zeugnissen dagegen nicht abzuleiten. Sie sei nicht von Menschen, sondern vielmehr von Gott erwartet worden, um den Leidenden zu ihrem Recht zu verhelfen.

[73] Vgl. Kapitel 4 und 5, zur Rezeption dieser philosophischen Ansätze durch Philo von Alexandrien Kapitel 6.

[74] Plat. Phaid. 68c, siehe Kapitel 4, 65f, zu den Stoikern Kapitel 5, 86f.

[75] Das höchste philosophische Ideal, die an Sokrates dargestellte Affektfreiheit, stehe in starkem Gegensatz zur überwiegend verbreiteten Lebensform. Diese könne in Anlehnung an die Theatertradition nach Plat. Phil 50b als tragisch charakterisiert werden, weil sie für die Betroffenen eine stete Auseinandersetzung zwischen Schmerz und Lust bedeute, die sich in verschiedenen Affekten manifestiere. Der Großteil der Menschen verhalte sich demnach zügellos und schlecht, sei also auch schädlichen Affekten unterworfen. Nur die wenigsten seien in der Lage und willens, sich weise zu verhalten. Das wird im Phaidon nicht nur theoretisch festgestellt. Wie schwierig der angemessene Umgang mit Affekten ist, zeigt die Szene der unmittelbaren Hinrichtung, in der sich allein Sokrates vorbildlich benimmt. Obgleich alle anwesenden Männer philosophischem Milieu entstammen, müssen sie um Selbstbeherrschung ringen, siehe Kapitel 4, 69ff.75.

ne Veranlagung bedingt ist.[76] Noch strenger argumentieren die Stoiker: Dass nur eine verschwindende Personenzahl ihrem Apathieideal gerecht werden kann, ist ihnen deshalb bereits in der Antike vorgeworfen worden, woraufhin sie ihr strenges Affektmodell mit der Zeit modifiziert und entwickelt haben.[77] Sie definierten die Freude (χαρά) schließlich als Eupatheia (εὐπάθεια), also als angemessenes inneres Erleben, das allerdings auch nur von Menschen mit gereiftem, starkem Kontrollvermögen erfahren werden kann.[78]

Noch die Schriften Jesus Sirachs demonstrieren, dass Bildung und Weisheit auch im jüdischen Kontext lange einer Elite mit gehobenem Sozialstatus vorbehalten waren, einer sozialen Schicht, die nicht durch körperliche Arbeit ihren Unterhalt bestreiten musste (Sir 8,25).[79] Philo von Alexandrien unterscheidet die Menschen in philosophischer Tradition darüber hinaus anhand ihres Reifegrades, der sich allerdings nicht nur an Einsicht und Tugendhaftigkeit, sondern vor allem an Frömmigkeit bemisst: Ausdrücklich differenziert er zwischen dem inneren Erleben von Weisen und törichten Menschen und beschreibt die unterschiedlichen Entwicklungsstufen von frommen Fortgeschrittenen.[80] Wie die Stoiker wertet er die Freude als eine Eupatheia, die nur im Zusammenhang mit dem Typ des Weisen begegnet: Als fromme Ausrichtung an Gott wird sie ebenfalls nur einer kleinen, allerdings religiös gebildeten Minderheit zugeordnet.

Von diesen Tendenzen dürfte sich bereits die Jesusbewegung deutlich abgesetzt haben. Denn die durch Jesus vermittelte Weisheit richtet sich ausdrücklich auch an Menschen der Mittel- und Unterschicht, auch an Frauen, und nicht nur an Mächtige oder philosophisch und theologisch Gebildete. Im Lukasevangelium wird diese Verortung weisheitlicher Kompetenz unter anderem besonders deutlich, wenn Jesus den folgenden offenbarungstheologischen Lobpreis artikuliert:

„Zu der Stunde jubelte (ἠγαλλιάσατο) Jesus im Heiligen Geist und sprach: Ich preise dich, Vater, Herr des Himmels und der Erde, weil du dies den Weisen (σοφῶν) und Klugen (συνετῶν) verborgen hast und hast es den Unmündigen (νηπίοις) offenbart. Ja, Vater, so hat es dir wohlgefallen." (Lk 10,21)

Der Befund dieses Verses deckt sich mit Theißens Beobachtung, dass die Jesusüberlieferung eine „kontrafaktische Statuszuteilung" provoziert ha-

---

[76] Kapitel 11, 270f; auch die Stoiker gehen von grundsätzlichen Zusammenhängen in der Veranlagung einer Person aus, Kapitel 5, 104f.

[77] Kapitel 5, 82f.84.98.

[78] Siehe Kapitel 5, 98f.

[79] THEISSEN, Jesusbewegung, 144.

[80] Zur weisen Freude nach Philo Kapitel 6, 121ff, zur Freude des Törichten Kapitel 6, 125f. Zu unterschiedlichen Reifegraden im allegorischen Modell Kapitel 6, 111 u.a.

be:[81] Durch den „*Abwärtstransfer von Oberschichtwerten*" im Zusammenhang mit der Transformation und Neuformulierung von Normen seien Menschen mit einem Mangel an Status aufgewertet worden.[82] Diese These lässt sich ausweiten. Sie gilt auch in Bezug auf die Weisheit (und entsprechend für die mit ihr in Verbindung stehende Freude), worüber das Lukasevangelium die Jesusfigur freudig jauchzen lässt, wie Lk 10,21 ausdrücklich demonstriert hat.[83]

Wie oben gezeigt, konnte der lukanische Redaktor mit seinem Sondergut auf Traditionen zurückzugreifen, die durchaus im Zusammenhang mit der Jesusbewegung erklärt werden können. Interessanterweise tritt das Motiv der Freude, das zumindest vorlukanisch nachweisbar ist, immer wieder gekoppelt an die Statusthematik auf.[84] Die Akzentuierung und Einbettung dieses Themas im vorliegenden Kontext legen zudem nahe, dass die aufgezeigten Tendenzen nicht nur als historisch-theologische Erinnerungen aufgenommen worden sind, sondern auch im redaktionell gestalteten Aufbau ihre Relevanz entfalten sollten. Dies soll im Folgenden an einigen Beispielen demonstriert werden.

Schon im ersten Kapitel ist die Freude nicht exklusiv der religiösen (männlichen) Elite vorbehalten, sondern wird unter anderem einer *jungen Frau* verkündet und anschließend von ihr vorbildlich gelebt. Philo von Alexandrien hat in seinem allegorischen Modell dagegen zwischen der Freude von Frauen und Männern aufgrund unterschiedlicher Geschlechterdispositionen unterschieden,[85] wenn er in seiner ‚Seelenallegorie' mit dem Weiblichen grundsätzlich das *Irrationale*, das *Leidenschaftliche* und *Lasterhafte* verbunden hat.[86] Mit dieser – wenngleich metaphorischen – gendertypischen Differenzierung steht er in philosophischer Tradition: So ist bereits im Umfeld Platons den Frauen grundsätzlich ein affektiveres Verhalten aufgrund ihrer Disposition zugeordnet worden, vor dem die Männer

---

[81] THEISSEN, Jesusbewegung, 137ff, demonstriert dies an den Themen Macht, Reichtum und Bildung. So sei in der Jesusbewegung beispielsweise der Königstitel mit einfachen Menschen assoziiert worden.

[82] Ebd., 147.

[83] Angemessenes freudiges inneres Erleben wird aus philosophischer Sicht stets als weisheitliches Vermögen eingestuft, da es Vernunft und Erkenntnis voraussetzt und insofern auf eine gereifte Persönlichkeitsstruktur verweist – vgl. Kapitel 4, 72f und 5, 93ff.

[84] Vgl. hierzu beispielsweise Kapitel 12.

[85] Siehe Kapitel 6, 127f zum Vergleich des Lachens bei Abraham und Sara.

[86] Allegorisch deutet Philo das Zitat in Gen 18,11–15 im Kontext von QG IV,15–20 unter Berufung auf geschlechtsspezifische Seelenunterschiede. Die Seele eines Menschen sei wie eine Wohnung: Wo ein Mann wohne, hausten „männliche", also weise, gerechte, intelligente, freiheitliche u.a. Gedanken und Gefühle, während sich am inneren Ort einer Frau entsprechend typisch „weibliche" Sitten und Affekte ausbreiten würden: irrationale, traurige, leidenschaftliche und wollüstige Gedanken und Zustände.

gewarnt worden sind.[87] Insofern fällt auf, dass eine vergleichbare Wertung im Lukasevangelium im Hinblick auf Maria nicht zu erkennen ist. Über ihre individuelle Bildung und ausgezeichnete Frömmigkeit wird nichts bekannt, mögliche Veranlagungen werden *nicht* diskutiert.[88] In Marias Reaktion spiegeln sich allerdings die Erwartungen und Hoffnungen des jüdischen Volks um die Zeitenwende, das sie auf diese Weise repräsentiert. Als Auserwählte und von Gott Begnadete wird sie nicht über ihren Status, sondern über ihren Glauben definiert, den sie in der Erzählung durch ihr Verhalten demonstrieren kann.[89] Schon zu Beginn des Evangeliums zeigt sich also, dass die aus lukanischer Sicht positiv zu konnotierende Freude nicht allein einer gebildeten und männlich dominierten Oberschicht zuzuordnen ist,[90] wie es philosophischen Vorstellungen entsprechen würde.[91]

Im Hinblick auf die Gleichnistrilogie in Lk 15 fällt auf, dass die himmlische Freude durch *alltagsnahe Metaphorik* verdeutlicht wird. Die Erzählung wendet sich zunächst der Lebenswelt eines Schäfers zu, der sich überschwänglich über das Wiederfinden seines Schutzbefohlenen freut. Auch diese Bildebene verweist nicht auf ein Milieu mit ausgesprochen (religiös) vertiefter Bildung, sondern wie im Zusammenhang mit Maria in Lk 1–2 auf alltägliche, bescheidenere Lebenskontexte, in denen vorbildliche Begegnungs- und Gemeinschaftsfreude erfahren werden können. Selbst die *Freude einer Frau*, die ihr verlegtes Geld wiederfindet, wird mit dem Erleben in himmlischen Sphären verglichen und damit aufgewertet (Lk 15,7.10).

---

[87] Dies wird im Phaidon-Dialog exemplarisch an Xanthippe demonstriert, dabei kommentiert Phaidon deren trauerndes Verhalten angesichts des Sterbens von Sokrates als frauentypisch; siehe hierzu Kapitel 4, 65, mit Verweis auf Plat. Phaid. 60a,116b. Anders erscheint dagegen die Tendenz beispielsweise bei einigen Stoikern sowie bei Gaius Musonius Rufus, dem Lehrer Epiktets, der Männer und Frauen gleichermaßen für tugendfähig hält, vgl. Musonius, Diatriben 3 und 4. Kritisch äußert sich dazu allerdings Nussbaum, Feminism, 283–326.

[88] Zu den verschiedenen Typen im Umgang mit Affekten bei Platon siehe Kapitel 4, 60f; zu Philo von Alexandrien Kapitel 6, 111.121ff, 125f, 129f.

[89] GREEN, Social Status, 468. Dagegen MALINA/NEYREY, Honor, 47, die auch bei der Herkunft Marias einen priesterlichen Familienhintergrund vermuten.

[90] Als geeigneter Vertreter dieser Oberschicht kann Zacharias als Offenbarungsempfänger in Lk 1–2 ausgemacht werden. Interessant ist in diesem Zusammenhang die Beobachtung, dass diesem in vergleichbarer Situation aufgrund seiner irritierten Frage das Schweigen als Zeichen auferlegt wird (Lk 1,20), weil er nicht geglaubt habe – im Gegensatz dazu wird Maria nach ihrer Rückfrage in Lk 1,34 nicht kritisiert; als Zeichen wird ihr die Geburt des Täuferkindes genannt. Vgl. ferner den tabellarischen Vergleich der Engelsreden an Zacharias und Maria in Kapitel 8, 167.

[91] Allerdings gab es auch in philosophischem Milieu Frauen, beispielsweise anscheinend unter Kynikern – dies lässt die Kritik Lukians in Lukian. fug.18 vermuten, siehe STAMBAUGH/BALCH, Umfeld, 140.

Im allegorischen System Philos von Alexandrien wäre eine derartige weibliche Metaphorik für himmlische Freude undenkbar![92]

Im Gleichnis vom Vater mit seinen beiden Söhnen (Lk 15,11–32) wird sogar die gesamte Hausgemeinschaft in das freudige Fest über die Rückkehr des verloren geglaubten Sohnes einbezogen, auch die Diener und Knechte werden an der Mitfreude beteiligt.[93] Auslöser ist die Rückkehr des verschollenen und verarmten Sohnes aus dem Ausland – in übertragenem Sinn die Rückkehr eines Abtrünnigen in die familiäre Gemeinschaft.[94] Dies lässt sich als Aufforderung an die Adressaten lesen, aus der Gemeinschaft ausgebrochene ,Geschwister' wieder zu integrieren – und zwar mit Freude! – selbst um den Preis vermeintlicher Ungerechtigkeiten und möglicher Ansehensverluste.[95] Wichtig ist auch ein weiterer Aspekt in der Erzählung, der für eine vorbildliche Statusumwertung herangezogen werden kann: Der Vater geht seinem zurückkehrenden Sohn in Lk 15,20 entgegen, ohne dessen Begründungen und Entschuldigungen gehört zu haben.[96] In der Folge unterbricht er sogar die vorbereitete Bußrede des Heimkehrers (Lk 15,22). Er begrüßt ihn nicht mit der erwarteten Demütigung, sondern empfängt ihn mit einem Freudenfest, das mit einer Statusaufwertung verbunden ist.

Im Rahmen des kontextuellen Streitgesprächs (Lk 15,1–2) und auch in vergleichbaren Zusammenhängen geht es um die Gemeinschaft Jesu mit Zöllnern und Sündern, die ihm nach der Erzählung des Lukasevangeliums von den religiösen Eliten vorgeworfen worden ist. Nicht nur innerhalb der Bildreden, auch in der Rahmenhandlung geht es also um sozial stigmatisierte Menschen, die durch Jesus und seine Botschaft eine Aufwertung er-

---

[92] In seinen allegorischen Deutungen ordnet Philo von Alexandrien in philosophischer Tradition Frauen eine problematischere Disposition zu als Männern, sodass sie in der Regel nicht mit weiser Freude in Verbindung gebracht werden; siehe auch Anmerkung 61 und Kapitel 6.

[93] Entsprechend kann die Aufforderung des Vaters an die Diener verstanden werden: „bringt das gemästete Kalb und schlachtet es, lasst uns essen und fröhlich sein!" (Lk 15,22f). Zum Verständnis der narrativen Funktion der Knechtfiguren siehe Kapitel 11, 252f.

[94] Zur Rolle des jüngeren Sohnes in der Erzählung siehe Kapitel 11, 246–249.

[95] Selbst wenn in Lk 15,7.10, den vorangehenden Gleichnissen, von ,Umkehr' die Rede ist, was als redaktionelle Interpretation gelten kann, zeigt sich aus der Erzählung von Lk 15,11–32 heraus jedoch, dass der jüngere Bruder nicht unbedingt aus innerer Einsicht und Reue über sein vergangenes Fehlverhalten zurückkehrt, sondern in erster Linie aus existenzieller Not, aus Angst vor dem physischen Verhungern, vgl. Kapitel 11, 249. Das verstärkt die implizierte Aussage meines Erachtens gegenüber den Adressaten: Rückkehrwillige sind in jedem Fall wieder aufzunehmen, auch ohne Hinterfragung ihrer Motivation. Zur Herausforderung der Leser durch das offene Ende vgl. Kapitel 11, 258ff und zum durch den Text provozierten Lernprozess Kapitel 11, 269f; zum Bezug zur aristotelischen Freundschaftsethik in diesem Zusammenhang vgl. Kapitel 11, 267f.

[96] Zur Rolle des Vaters Kapitel 11, 249–253.

fahren und damit in die Gemeinschaft integriert werden können. Vergleichbare Motive werden in der Erzählung um den Zöllner Zachäus in Lk 19,1–10 angeschlossen.

Auch die Darstellung der Auferstehungszeugnisse ist in dieser Hinsicht aufschlussreich. Im Zusammenhang mit diesen Beschreibungen wird die Freude interessanterweise *nicht* zuerst dem Elferkreis zuteil. In der narrativen Chronologie sind bereits zuvor zwei Jünger von brennender Freude erfüllt, die nicht zum Elferkreis gehören (Lk 24,13–35).[97] Die erste Begegnung im Zusammenhang mit dem Auferstandenen machen nach Lukas 24,4f einige Frauen am Grab, obwohl diese nach jüdischem Recht nicht einmal als zeugnisfähig galten![98] Im Hinblick auf die entstehende Gemeinschaft wird das kognitiv-spirituelle Erleben der Freude nach der Darstellung des Lukasevangeliums daher nicht exklusiv einer urchristlichen (männlichen) ‚Elite‘ zugeordnet. Allen Jüngern, auch Frauen, wird ein kontrolliertes und regulierendes Affektverhalten zugetraut und zugemutet.[99]

Ganz anders erscheint die Tendenz, wenn das Motiv der Freude im Zusammenhang mit den Opponenten Jesu dargestellt wird, beispielsweise in der Passionserzählung, beim Zusammenschluss der politisch Mächtigen.[100] Freude kann im Lukasevangelium demnach sowohl den Anhängern Jesu als auch seinen Feinden zugeordnet werden, entscheidend für ihre Würdigung ist allerdings der jeweilige Objektbezug und der entsprechende Reflexionsgrad. Als Angehörige der herrschenden Elite müssten die Hohe-

---

[97] In der Emmauserzählung (Lk 24,13–35) ist das Lexem der Freude zwar nicht aktualisiert, aber die kontextuellen Strukturen machen eine paraphrasierende Darstellung des Affekts in Lk 24,32 wahrscheinlich, vgl. Kapitel 15.

[98] Vgl. Kapitel 15, 369ff. Zum Zeugnisrecht siehe THEISSEN/MERZ, Jesus, 434.

[99] Auch Frauen werden im Lukasevangelium in die Lehre einbezogen, obwohl sie nicht dem engeren Schülerkreis zuzurechnen sind (Lk 8,1–3; 10,38–42; Lk 24,4–9). Im Zusammenhang mit den besprochenen philosophischen Konzeptionen fällt auf, dass Affekte im Zusammenhang mit Frauen bei Lukas nicht abwertend dargestellt werden. Ihr freudiges Verhalten erscheint zwar überschwänglich als Ausdruck der Affektstärke, aber zugleich begründet und angemessen (Lk 1–2). Interessant ist daher Lk 24,11: Aus Figurenperspektive der männlichen Jünger wird der Bericht der Frauen zunächst abwertend als Geschwätz abgetan. In der Emmauserzählung Lk 24,22f zeigt sich später allerdings, dass der Bericht der Frauen dennoch Spuren der Irritation bei den Männern hinterlassen hat und insofern in gewisser Weise durchaus ernst genommen worden ist. Es ist weiter zu berücksichtigen, dass die in Lk 24,11 vorgebrachte Wertung der Jünger keine direkte Charakterisierung der Frauen darstellt; der Erzähler nimmt sich hier zurück. Schließlich erweist sich der Bericht der Frauen als richtig, was die spontane (voreingenommene?) Einschätzung der Jünger in Lk 24,11, deren Abwertung durchaus an die oben vorgestellten philosophischen Traditionen erinnern lässt, im Fortgang der Erzählung immerhin als kritikwürdig hinterfragen lässt.

[100] Zur ‚Freude‘ im Rahmen der Passionserzählung siehe Kapitel 14.

priester, Herodes und Pilatus eigentlich weise und damit vorbildlich handeln, auch im Hinblick auf ihre Affekte, doch das gelingt ihnen nicht: Lukas 22,5 beschreibt zunächst die Freude der Hohepriester darüber, Judas erfolgreich bestochen können zu haben. Kurz darauf finden Herodes und Pilatus nach Lk 23,12 freundschaftlich zusammen, indem sie sich der Erzählung nach gegen Jesus verbünden.[101] Diese Beziehungen beruhen auf der Ausgrenzung und Vernichtung Dritter! Sie sind dem Verhalten Jesu und der bislang erzählerisch propagierten freudigen Gemeinschaftsbildung konträr entgegengesetzt. Lk 23,11 lässt zudem auf den Spott und die Schadenfreude des Herodes schließen, während er Jesus demütigen lässt. Dieses ‚freudige' Verhalten wird zwar erzählerisch nicht direkt charakterisiert und kritisiert. Allerdings können die Leser aus der vorangegangenen Lehre Jesu die Kritikwürdigkeit dieser Freude folgern, die sich nicht an Gottes Willen und Gerechtigkeit orientiert. *Schadenfrohes* Verhalten, das die Mächtigen hier kennzeichnet, lässt nach Aristoteles sogar auf eine offensichtlich niedere Persönlichkeitsdisposition schließen.[102] Indem den politisch Mächtigen eine niederere Freude zugeordnet wird als den politisch ohnmächtigen Anhängern Jesu, findet bei Lukas eine deutliche Verschiebung in der sozialen Verortung der Idealnorm statt. Erfüllte, würdige Freude begegnet nicht (länger) in gehobenem Milieu, wo sie zu erwarten wäre. Sie kann nach dem Zeugnis des Evangeliums schichtübergreifend von jedem erfahren werden, den die frohe Botschaft erreicht.

Die oben vorgestellte These, dass in der Jesusüberlieferung aus ethischer Sicht eine „charismatische Wertrevolution" vorbereitet worden ist, kann daher durch die Überlegungen zur Freude im Lukasevangelium unterstützt und erweitert werden: In den Erzählungen und Gleichnissen des Lukasevangeliums begegnet nicht nur ein Abwärtstransfer von Oberschichtwerten, die mit Macht und Besitz verbunden sind. Im Zusammenhang mit Bildungskompetenzen wird zudem ein *Abwärtstransfer von Oberschichtaffekten* gefordert: Freude ist lernbar; ausdrücklich sollen Menschen aus sozial niederen Schichten in sie einbezogen werden. Gleichzeitig ist die Freude als Ausdruck und Mittel zu verstehen, um die auf diese Weise gebildete Gemeinschaft zu stabilisieren und sie gleichzeitig offen für andere zu halten.

---

[101] Vgl. Kapitel 14 und die Fußnoten 51 und 59.

[102] Vgl. Kapitel 14, 364f; auch Philo von Alexandrien kritisiert schadenfrohes Verhalten ausdrücklich; ebd. In Analogie zu Theißens Formulierung eines „Abwärtstransfers von Oberschichtwerten" könnte man indes von einem ‚Aufwärtstransfer von Unterschichtaffekten' sprechen, wenn im Zusammenhang mit den dargestellten offiziellen Würdenträgern niedere Affekte dargestellt sind.

F. Freude – Eine urchristliche Handlungsanweisung

Das Lukasevangelium richtete sich mit den darin rezipierten Traditionen an eine andere Zielgruppe als die ursprüngliche Jesusbewegung – gerade das lässt nach der Funktion, dem Sitz im Leben des Freude-Motivs in den adressierten Gemeinden fragen.

In der Exegese der ersten beiden Kapitel ist deutlich geworden, dass das Grüßen in direkter Rede ambivalent auch als Aufforderung zur Freude gelesen werden kann und soll. In einem Exkurs wurde gezeigt, dass das Grußverhalten wahrscheinlich im gesamten frühen Christentum von besonderer Bedeutung gewesen ist.[103] Maria hinterfragt in Lk 1,29 wie gezeigt ausdrücklich den Gruß des Engels, sodass der Fokus narrativ auf dieses Verhalten und diese Form gelenkt wird.[104] Durch den szenischen Charakter der Abschnitte von Lk 1–2 wirken die Appelle zur Freude sehr eindringlich; der Leser und die Leserin dürfen sich selbst angesprochen und zum Freuen und Mitfreuen aufgefordert fühlen. Dabei kann das Auftreten des Engels als vorbildlich gelten, sodass darin bereits die erste lukanische Handlungsanweisung im Hinblick auf die Freude zu sehen ist: Wer anderen das christliche Kerygma im Anschluss an das Lukasevangelium vermitteln will, überbringt eine Botschaft der Freude. In den Erstbegegnungen von Kap 1–2 entsprechen sich Freudengruß und Freudenbotschaft deshalb in Form und Inhalt.[105] Ideale Freude aus Sicht des Lukasevangeliums ist insofern impulsiv, ansteckend, nach außen gerichtet. Ziel ist aus lukanischer Sicht nicht eine besonnene Selbstkontrolle, sondern das Erleben von Freude als Ausdruck und Inhalt des Glaubens. Daraus lässt sich eine klare Empfehlung für die Adressaten ablesen: Das lukanische Verständnis der Begegnungsfreude kann sich als entscheidender Faktor der Kommunikation, der Repräsentation und der damit verbundenen Außenwirkung erweisen. Antike Rhetoriker demonstrierten, dass Menschen besser von einer Botschaft überzeugt werden können, wenn sie „in Affekt versetzt werden".[106] Wenn die christliche Binnengruppe Freude gegenüber

---

[103] Siehe Kapitel 8, 158ff. So hat Paulus beispielsweise ein eigenständiges Grußformular ausgebildet und eingeführt, das Grüßen wird im Matthäusevangelium (Mt 5,47) äußerst kritisch hinterfragt; der Verfasser des Jakobusbriefs setzt sich in Jak 2,2–4 mit der innergemeindlichen Begrüßungssituation auseinander, in der kein Ansehen der Person gelten soll. In Lk 1,28 wird der übliche konventionelle griechische Morgengruß χαῖρε verwendet, dieser beinhaltet wie gezeigt das semantische Potential, zugleich zur Freude aufrufen zu können. Zur Polyvalenz dieses Ausdrucks in der Antike siehe den entsprechenden Exkurs in Kapitel 8, 152ff.

[104] Kapitel 8, 149ff.156ff.

[105] Kapitel 8, 163–169.

[106] Aristot. rhet. 1356a: „… denn wir geben unser Urteil nicht in gleicher Weise ab, wenn wir traurig bzw. freudig sind oder wenn wir lieben oder hassen."

Außenstehenden ausstrahlt, kann das folglich die Mission fördern, denn eine positive Ausstrahlung wirkt attraktiv. Auf diese Weise soll die Freude zur angemessenen Reaktion auf das Wirken Gottes zum ‚Identity Marker' in der Nachfolge werden. Bereits das Grußverhalten bei Erstbegegnungen und in Beziehungen kann dieses Selbstverständnis zum Ausdruck bringen.

Da immer wieder die „große Freude" beziehungsweise die „überschwängliche Freude" und das Motiv der „Mitfreude" betont werden, scheint es zunächst, als ließen sich diese beiden Ebenen der ‚Freude' und ‚Mitfreude' voneinander unterscheiden. Im Verlauf des Evangeliums wird jedoch deutlich, dass die wahre Freude stets geteilt werden will und damit immer gemeinschaftsstiftend ist.[107] So könnte das komplexeste dritte Gleichnis in Lk 15 auf existenzielle Auseinandersetzungen verweisen, die von frühchristlichen Gemeinden bewältigt werden mussten.[108] Mitfreude erscheint schwierig, wenn sich das Ergehen anderer negativ auf die eigene Situation auswirken könnte. Mangelnde Mitfreude ist in Lk 15,11–32 nicht nur das Problem; Mitfreude wird vielmehr zum beispielhaften Mittel eines konstruktiven ‚Krisenmanagements'. Der Vater bricht im Gleichnis mit allen pädagogischen Konventionen, um seine Söhne in die Familie zu reintegrieren, zugleich verlangt er Verständnis gegenüber seinem irritierenden Verhalten.[109] Das offene Gleichnisende provoziert eine intensive Reflexion des Leserkreises über mögliche Ausgänge.[110] Auch in den lukanischen Gemeinden ist von heterogenen sozialen Strukturen auszugehen. Die Gemeinden mussten nicht nur lernen, Menschen mit unterschiedlichster Vergangenheit zu integrieren, sie mussten auch Wege finden, sich in Krisen zu rekonstituieren. Lk 15,11–32 zeigt, dass es dabei nicht hilfreich ist, auf einer richtenden Gerechtigkeit zu bestehen, selbst wenn Kritik oder etwaige Ansprüche berechtigt sein sollten. Vielmehr soll eine reflektierte, aufrichtige Mitfreude als empathische Grundstimmung die Gemeinden stabilisieren.

In umgekehrter Hinsicht kann die Zachäuserzählung demonstrieren, welche Chancen eine Integration von Personen aus Randgruppen bietet. Zachäus wird durch den Kontakt mit Jesus vom kritisierten Sünder zum augenscheinlichen Vorbild, indem er versichert, seinen Besitz sozial zu

---

[107] Im Gegensatz zu den drei Gleichnissen präsentiert die Erzählung über den Zöllner Zachäus das Phänomen der Freude aus einer anderen Perspektive und in anderer Form: Während in Lk 15 die Freude als Empathie behandelt wird, ist sie in Lk 19 auf der Seite des Zachäus dargestellt, der finanziell erfolgreich ist und dennoch (wegen seiner Berufszugehörigkeit?) als Außenseiter der Gemeinschaft auftritt und als Sünder kritisiert wird (Lk 19,2.7).

[108] Auch die Aufforderung zur Freude in Lk 10,20 kann im Kontext einer frühchristlichen Krisensituation interpretiert werden, vgl. Kapitel 10, 232–240.

[109] Kapitel 11, 275ff.

[110] Kapitel 11, 258ff.

teilen.[111] Auch diese Darstellung kann als Handlungsempfehlung gelesen werden: Wichtig ist nicht nur die Integrationsbereitschaft der christlichen Gruppe, an die sich Lukas wendet, sondern auch das konsequente Verhalten derjenigen Personen, die in diese Gemeinschaft (wieder) aufgenommen werden wollen.

Oben wurde bereits darauf hingewiesen, dass das Motiv des *Hauses* (οἶκος/οἰκία) häufig als Ort begegnet, an dem Freude erlebt werden kann. Möglicherweise gestaltet der lukanische Redaktor mit der Verwendung dieses Motivs einen Bezug zur den Versammlungsorten der christlichen Hausgemeinden, für die in der Apostelgeschichte derselbe Terminus verwendet wird:[112] Auch bei christlichen Zusammenkünften soll Freude vorherrschen. Wie das Murren im Kontext von Lk 15 und in Lk 19,1–10 sollen Konflikte und Ausgrenzungsversuche außerhalb der Häuser bleiben und die Gemeinschaft nicht beeinflussen.[113] Das Haus wird nicht nur als ein Ort der Gemeinschaftsbildung dargestellt, sondern darüber hinaus wird es in personifizierter Form mit einer affirmativen und soteriologischen Aussage verbunden.[114] Der in diesem Zusammenhang begegnende unpersönliche Ausdruck ἔδει/δεῖ (man muss/musste) verweist sowohl in Lk 15,32 als auch in Lk 19,5 auf die Unbedingtheit und Notwendigkeit des Handelns, das im Haus stattfindet: Die Gemeinschaft im Haus entspricht Gottes Heilswillen. Auch dieser theologische Aspekt kann als Hinweis darauf verstanden werden, dass die lukanischen Appelle zur Freude als grundsätzliche christliche Handlungsanweisungen verstanden werden wollen.

Ein weiterer damit zusammenhängender Befund ist auffällig: Die verkündete große Freude wächst im Verlauf der ersten beiden lukanischen Kapitel, die im Zusammenhang mit der Geburt Jesu stehen, in konzentrischer Weise: Sie wird zunächst den Einzelfiguren Zacharias und Maria verkündet. Es folgt die Mitfreude des Umfelds aus Nachbarn, Bekannten und Verwandten. Schließlich soll sie den Hirten, sogar dem ganzen Volk zuteilwerden und als Evangelium sogar alle Völker erreichen (Lk 1,28; 2,10f)![115] Im weiteren Verlauf der Erzählung wirken die beiden Botengruppen, die das Evangelium missionarisch verkündigen sollen, als ‚Multiplikatoren‘, mit deren Hilfe die Botschaft der Freude weitere Kreise im Volk

---

[111] Zu den Handlungskonsequenzen des Zachäus siehe Kapitel 13, 339ff.

[112] Vgl. Apg 2,46; 5,42; 8,3; 12,12; 20,10 u.a.

[113] Vgl. hierzu Kapitel 13, 328.

[114] Zum Haus als Ort der Gemeinschaftsbildung siehe Kapitel 13, 328f. Mit dem personifizierten ‚Haus‘ ist in Lk 19 eine affirmative, soteriologische Aussage verbunden.

[115] Kapitel 8, 184ff.

ziehen kann (Lk 9,1ff; 10,1ff).[116] In seinem oben zitierten Lobpreis aus Lk 10,21 knüpft Jesus an die Lehre über die Freude an, die er den Boten vermittelt hat. Durch diesen kontextuellen Bezug wird ausdrücklich artikuliert, was in der Erzählung bereits zu erkennen war: Die freudige Offenbarung und die mit der Freude verbundenen Verheißungen richten sich an unterschätzte Randgruppen. Aber sie ergehen nicht pauschal und bedingungslos. An die Seligpreisungen sind korrespondierende Weherufe gekoppelt (Lk 6,20–26).[117]

Nicht nur Lk 24,52f, sondern auch die sich anschließenden Belegstellen aus der Apostelgeschichte (Apg 3,46f) betonen den Gemeinschaftscharakter des Affekts und die daraus erwachsenden Konsequenzen. Die Ausweitung des Motivs der Freude im Zusammenhang mit einer Gemeinschaftsbildung entspricht deshalb auch der Missionsvorstellung, wie sie den Jüngern in Apg 1,8 anlässlich der Himmelfahrt Jesu offenbart wird.[118] Sie sollen „Zeugen sein in Jerusalem und in ganz Judäa und Samarien und bis an das Ende der Erde." Analog zur Verkündigung der großen Freude, die zu Beginn des Lukasevangeliums zunächst Menschen aus einfacheren Lebensverhältnissen verheißen worden ist, wird der Empfängerkreis des Evangeliums am Anfang der Apostelgeschichte im Auftrag Jesu ausgeweitet.

Interessanterweise scheinen allerdings keine weiteren göttlichen Vermittler für diese Aufgabe nach Lukas vorgesehen zu sein. Die in der Freude bewährten Jünger, die zumindest teilweise aus einfachen sozialen Verhältnissen rekrutiert worden sind, sind für diesen Auftrag in seiner Nachfolge bestimmt. Auch dies muss als soziale Aufwertung verstanden werten, wird ihnen doch eine Aufgabe zugemutet, die in anderen Kontexten vorwiegend weisheitlich gebildeten Lehrern vorbehalten war. Mithilfe der Jüngermission soll sich die Freude verbreiten können. Reflektierte, differenzierte Freude, wie sie im philosophischen Kontext allein den überlegen gereiften Weisen zuzuordnen ist, soll aus lukanischer Sicht sogar *allen* Menschen *auf der Welt* möglich sein (vgl. Apg 1,8), die sich der Botschaft öffnen und sie überlegt annehmen. Dies erscheint unabhängig von Bildung, familiärem Hintergrund, Berufsstand, Besitz und Ansehen; entscheidend ist vielmehr das angemessene Verständnis (vgl. Lk 10,17–20) und das Bewahren des Glaubens auch in Krisenzeiten (Lk 8,15). Wenn sich die Adressaten für diese Botschaft öffnen und sich selbst von der Freude des Evangeliums überzeugen lassen, dürfen sie es daher als Herausforderung begreifen, die

---

[116] Vgl. Kapitel 10.

[117] Analog dazu werden im näheren Umfeld des Freudendiskurses Weherufe über galiläische Städte ausgerufen (Lk 10,13ff). Sie kontrastieren den Friedensgruß der ausgesendeten missionierenden Boten, siehe Kapitel 10, 202.236f.

[118] Kapitel 15, 386ff.

‚ansteckende' Freude auch selbst als ‚Multiplikatoren' und ‚Multiplikato-rinnen' weiterzugeben. Dies kann in Analogie zu den oben aufgezeigten Bezügen der Freude geschehen: als retrospektive Glaubenserfahrung, als prozessbezogenes Erleben und prospektiv als freudige Verheißung.

Freude erweist sich somit im Lukasevangelium als Ausdruck einer Theologie, die vom Vertrauen auf Gottes Heilsplan und sein wirkungsmächtiges Eingreifen in die Geschichte geprägt ist – und das gerade angesichts von Erfahrungen der inneren und äußeren Bedrohungen, denen sich das Urchristentum ausgeliefert sah. Die lukanische Geschichte von der Passion Jesu ist eigenständig und umfassend ausgearbeitet. In der Apostelgeschichte wird über Abgrenzungsschwierigkeiten, Ablehnung, Hohn, Arroganz, Herablassung und Verfolgung gegenüber den ersten Christen berichtet. Erschütterungen der urchristlichen Mission durch die Gefangenschaft und Folterungen des Paulus werden nicht verschwiegen, auch wenn die Apostelgeschichte den Tod des Apostels, der vermutlich in Rom hingerichtet worden ist, nicht mehr beschreibt. Erst in Anbetracht der Not und Bedrückung, die von den ersten Christen erfahren worden sind, kann die Bedeutung der Freude im Lukasevangelium in ihrer ganzen Tragweite begriffen werden.[119] Denn während die Freude in anderen neutestamentlichen Textcorpora angesichts des skizzierten historischen Hintergrunds vor allem als Ausdruck und Ergebnis von Versuchung und Bewährung im gegenwärtigen Leiden gelobt und gefordert wird,[120] befürwortet das Lukasevangelium ein äußerst differenziertes Konzept der Freude: Sie wird nicht nur als zukünftiges Erleben bei Gott nach dem Leid in Aussicht gestellt, sondern soll vor allem bereits *in der Gegenwart* in der Gemeinschaft erfahrbar sein.[121] Insofern ist mit dieser Freude keinesfalls ein naives Konzept verbunden: Sie steht für ein ausgearbeitetes, reflektiertes theologisches und

---

[119] GULIN, Freude, 14: „Gerade der Umstand, dass Jesus auch die andere, dunkle Seite sieht, ist ein Beweis dafür, dass sein Optimismus nicht etwa von einer Einseitigkeit seiner Beurteilung herzuleiten ist. Und dass seine Weltbetrachtung gänzlich frei von dem weltseligen, naiven Kulturoptimismus bleibt, wird vor allen Dingen durch seine Überzeugung von dem vor der Tür stehenden Endgericht bezeugt." Gulin kritisiert daher DIBELIUS, Religion, 13, der einen Vorsehungsglauben kritisiert, „der überall nur Güte und Weisheit Gottes sieht". Ein solcher Glaube könne sich nach Dibelius nur halten, „wenn seine Träger im rechten Moment die Augen schließen." Die durch das Kerygma von Tod und Auferstehung bewirkte „große Freude", wie sie das Lukasevangelium beschreibt, ist allerdings wie gezeigt durchaus reflektiert und kann damit helfen, existenzielle Ängste zu überwinden.

[120] Vgl. beispielsweise 1 Jak 1,2; 1 Thess 1,6; 2 Kor 8,2; 1 Petr 4,13.

[121] Eine für die Zukunft erwartete eschatologische Freude, die der gegenwärtigen leidvollen Existenz entgegensteht, beschreiben dagegen beispielsweise 1 Petr 1,6–8; 4,13; Hebr 12,2.11.

missionarisches ‚Programm' und spiegelt die aus lukanischer Sicht angemessene innere Motivation, den christlichen Glauben im Vertrauen auf
Gott anzunehmen, zu leben und weiterzugeben. Die Freude wird im Lukasevangelium nicht als affektives Hindernis auf der Suche nach Erkenntnis verstanden, sondern als inneres Erleben, das den Lernprozess und das
theologische Verstehen begleitet. Dies vermittelt auch das Lukasevangelium seinen Leserinnen und Lesern: Deshalb wird Freude sowohl als innere
Einstellung wie auch als Ausdruck des Glaubens in diesem Evangelium
nicht nur gewünscht, sondern ausdrücklich gefordert.

Literaturverzeichnis

I. Quellen: Texte, Übersetzungen und Textsammlungen

Die Abkürzungen der folgenden Literaturlisten richten sich nach den Empfehlungen der Redaktion des Lexikons für Religion in Geschichte und Gegenwart in vierter Auflage [RGG], Abkürzungen Theologie und Religionswissenschaften, Tübingen 2007; darüber hinaus ergänzend nach den von S.M. Schwertner erarbeiteten Abkürzungsverzeichnissen der Theologischen Realenzyklopädie [TRE], 2. Aufl. Berlin/New York 1992, und des IATG – Internationales Abkürzungsverzeichnis für Theologie und Grenzgebiete, Zeitschriften, Serien, Lexika, Quellenwerke mit bibliographischen Angaben, 2. Aufl. Berlin/New York 1992.

Die biblischen Belegstellen werden nach den Empfehlungen der Loccumer Richtlinien angegeben, dem ökumenischen Verzeichnis der biblischen Eigennamen, neu bearbeitet von J. Lange, hg. v. den katholischen Bischöfen Deutschlands, dem Rat der Evangelischen Kirche in Deutschland und der Deutschen Bibelgesellschaft, 2. Aufl. Stuttgart 1981.

Antike Autoren, soweit sie über die Abkürzungen von RGG und TRE hinausgehen, werden nach den Empfehlungen des Neuen Pauly (DNP), Enzyklopädie der Antike, hg. v. H. Cancik u.a., Stuttgart, 1996–2003, Bd. 1, S. XXXIX–XLVII, wiedergegeben.
Die Abkürzungen der Bücher des Werks von Philo Alexandrinus richten sich nach den Studia Philonica, Studies in Hellenistic Judaism, hg. v. D.T. Runia und G.E. Sterling.

1. Bibelausgaben, frühchristliche Schriften

Das Neue Testament und frühchristliche Schriften. Vollständige Sammlung aller ältester Schriften des Urchristentums, übersetzt und kommentiert von K. Berger und C. Nord, Frankfurt a.M. u.a. 1999 [Ndr. 2005].

Die *Spruchquelle* Q griechisch und deutsch. Griechischer Text nach der ,Critical edition of Q' des International Q Projects, hg. v. P. Hoffmann u.a., Darmstadt 2002.

[Bible Works]: Bible Works 5.0, rev.2. Program and Databases, hg. v. M. Bushell u.a., Norfolk 2002.

[BHS]: Biblia Hebraica Stuttgartensia, ed. funditus renovata, editio quinta emendata, opera A. Schenker, hg. v. K. Elliger/W. Rudolph, 5. Aufl. Stuttgart 1997.

[LXX]: Septuaginta. Id est Vetus Testamentum graece iuxta LXX interpretes, editio altera quam recognovit et emendavit R. Hanhart u.a., duo volumina in uno, Stuttgart 2006.

[NTG]: Novum Testamentum Graece, hg. v. E. Nestle/B. Aland, 27. Aufl. Stuttgart 2001 [8. korrigierter und um die Papyri 99–116 erweiterter Druck].

[SESB]: Stuttgarter elektronische Studienbibel. The New Dimension of Electronic Bible Studies, hg. v. C. Hartmeier u.a., Stuttgart 2009.

[EVANGELIUM VERITATIS]
– The Gospel of Truth. Introduction, Text and Translation, in: NHC I. The Jung Codex. Introductions, Texts, Translations, Indices, hg. v. H. Attridge u.a., The Coptic Gnostic Library, NHS 22, Leiden u.a. 1977, 55–117.
–, in: Das Neue Testament und frühchristliche Schriften. Vollständige Sammlung aller ältester Schriften des Urchristentums, übersetzt und kommentiert von K. Berger u. C. Nord, Frankfurt a.M. u.a. 1999 [Ndr. 2005], 1050–1067.
–, in: NHC 11–13, hg. v. C.W. Hedrick u.a., The Coptic Gnostic Library, NHS 28, Leiden u.a. 1990, 332–342.
–, in: Die *Bibel* der Häretiker. Die gnostischen Schriften aus Nag Hammadi, eingeleitet, übersetzt und kommentiert, hg. v. G. Lüdemann u.a., Stuttgart 1997, 27–41.
– L'Évangile de Vérité, hg. v. J.-É. Menard, NHS 2, Leiden u.a. 1972.
WISSE, F., The Gospel of Truth. Appendix; Fragments, in: NHC I. The Jung Codex, Introductions, Texts, Translations, Indices, hg. v. H.W: Attridge u.a., NHS 22, Leiden u.a. 1985, 119–122.

[JOSEPH UND ASENETH]
–, Joseph und Aseneth, hg. v. C. Burchard, PVTG 5, Leiden 2003.

[THOMASEVANGELIUM]
– Das Evangelium nach Thomas (NHC 2,2), hg. v. J. Schröter/ H.-J. Bethge, in: Nag Hammadi Deutsch, Bd. 1: NHC 1,1–5,1, hg. v. H.-M. Schenke u.a., Berlin u.a. 2001, 151–181.
– Evangelium Thomae Copticum, hg. v. H.-G. Bethge, in: Synopsis quattuor evangeliorum. Locis parallelis evangeliorum apocryphorum et patrum adhibitis, hg. v. K. Aland, 15. Aufl. Stuttgart 1996 [Ndr. 2005].
–, Fragmente apokryph gewordener Evangelien in griechischer und lateinischer Sprache, hg. v. D. Lührmann, MThSt 59, Marburg 2000, 106–131.
–, The Greek Fragments, hg. v. H.W. Attridge, in: NHC 2,2–7, Bd.1, hg. v. B. Layton, The Coptic Gnostic Library, NHS 20, Leiden u.a. 1989, 96–128.
– The Gospel of Thomas, in: NHC 2,2–7, Bd. 1, hg. v. L. Bentley u.a., The Coptic Gnostic Library, NHS 20, Leiden 1989, 38–128.
– Thomas-Evangelium, in: Das Neue Testament und frühchristliche Schriften. Vollständige Sammlung aller ältester Schriften des Urchristentums, übersetzt und kommentiert von K. Berger und C. Nord, Frankfurt a.M. u.a. 1999 [Ndr. 2005], 645–670.

2. Kirchenväter

[AUGUSTIN]
–, The City of God against the Pagans, with an English Translation by G.E. McCracken, 7 Vol., LCL 411–417, London/Cambridge Mass. 1957 [Ndr. 1966].

[CLEMENS ALEXANDRINUS]
–, Stromata, Buch I–VI, deutsch/griechisch, hg. v. O. Stählin mit einem Nachtrag von U. Treu, GCS 52, 4. Aufl. Berlin 1985.

[GREGORIUS THAUMATURGUS]
–, In Annuntiatione sanctae Virginis Mariae, Homiliae Quatuor, in: scripta vel scriptorium fragmenta quae supersunt, hg. v. J.-P. Migne, PG 10, Paris 1857, 1145–1170.

[IRENÄUS]
–, Des heiligen Irenäus Schrift zum Erweise der apostolischen Verkündigung [demonstratio apostolicae praedicationis], armenisch/deutsch, hg. v. K. Têr-Mkrtč'ean, mit einem Nachw. u. Anm. v. A. v. Harnack, TU 31,1 = Reihe 3 Bd. 1,1, Leipzig 1907.
–, Proof of the Apostolic Preaching [demonstratio apostolicae praedicationis], translated and edited by J.P. Smith, ACW 16, Westminster 1952.

[JOH. CHRYSOSTOMUS]
–, De Sancta Pentecoste, Homilia 1, in: Opera Omnia Quae Exstant, Bd. 2, hg. v. J.-P. Migne, PG 50, Paris 1862, 453–464.

[JOHANNES DAMASCENUS]
–, Homilia II in Nativitatem B. V. Mariae, olim sub auctore Joanne Damasceno, hg. v. J.-P. Migne, PG 96, Paris 1891, 680–698 [siehe unter Theodorus Studites].

[ORIGINES]
–, In Lucam Homiliae – Homilien zum Lukasevangelium, übersetzt und eingeleitet v. H.-J. Sieben, 2 Bde., FChr 4, Freiburg i.Br. u.a. 1992.
–, Theol. Fragmenta in Lucam 21ab, in: Die Homilien zu Lukas in der Übersetzung des Hieronymus und die griechischen Reste der Homilien und des Lukas-Kommentars, hg. v. M. Rauer, GCS 49, 2. Aufl. Leipzig 1959, 227–336.

[THEODORUS STUDITES]
–, Homilia II in Nativitatem B. V. Mariae, olim sub auctore Joanne Damasceno, hg. v. J.-P. Migne, PG 96, Paris 1891, 680–698 [siehe unter Johannes Damascenus].
–, Theodore Studite Opera Omnia, hg. v. J.-P. Migne, PG 99, Paris 1903.

3. Frühjüdische und rabbinische Schriften

[ARISTEAS EPISTOLOGRAPHUS]
–, Der *Aristeasbrief*, hg. v. N. Meisner, JSHRZ 2/1, Gütersloh 1973, 35–87.
–, Untersuchungen zum Aristeasbrief, Text und Anmerkungen, hg. v. N. Meisner, 2 Bde., Berlin 1972.

[PHILO VON ALEXANDRIEN]
–, Die Werke in deutscher Übersetzung, hg. v. L. Cohn u.a., 7 Bde., Berlin 1909–1938, 1964.
–, Philonis Alexandrini Opera Quae Supersunt, hg. v. L. Cohn u.a., 7 Bde., Berlin 1896–1930 [Ndr. 1962–1963].
–, Quaestiones et Solutiones en Genesim III–IV–V–VI e versione armeniaca, Traduction et Notes par Charles Mercier, Complément de l'ancienne version latine, Texte et Apparat critique, Traduction et Notes par F. Petit, Les oeuvres de Philon d'Alexandrie, Publiées sous le Patronage de L'Université de Lyon, Paris 1984.
–, The Works of Philo, Greek Text with Morphology (Software: „Logos Bible Software"), Bellingham/Washington 2000–2006.

[TALMUD]
Talmud Bavli. Der babylonische *Talmud* nach der ersten zensurfreien Ausgabe unter Berücksichtigung der neueren Ausgaben und handschriftlichen Materials neu übertragen, hg. v. L. Goldschmidt, 12 Bde., 2. Aufl. Berlin 1964–1967.

4. Weitere antike Quellen und weitere griechische Quellen

[SVF]:
Stoicorum veterum fragmenta, collegit Ioannes ab Arnim [H. von Arnim], 4 Bde., Stuttgart 1903–1924 [Ndr. 1964].

[FDS]:
Die Fragmente zur Dialektik der Stoiker. Neue Sammlung der Texte mit deutscher Übersetzung und Kommentaren, hg. v. K. Hülser, 4 Bde., Stuttgart 1987–1988.

[FHG]:
Fragmenta historicorum Graecorum, collegit, disposuit, notis et prolegominis illustravit C. Mullerus [K. Müller], 5 Bde., Frankfurt a.M. 1841–1938 [Ndr. 1975].

[ATHENAEUS]
–, The Deipnosophists, with an English Translation by C. Burton Gulick, in Seven Volumes: Vol. II, LCL ohne Zählung, Cambridge Mass./London 1928 [Ndr. 1957].

[AETIOS]
–, Doxographi Graeci, collegit recensuit prolegomenis indicibusque instruxit, hg. v. H. Diels, Berlin 1879 [Ndr. 1929].

[PS.-ANDRONIKOS]
–, Pseudo-Andronicus de Rhodes: περὶ παθῶν, Édition critique du texte grec et de la traduction latine médiéval, hg. v. A. Glibert-Thirry, CLCAG Supplementum 2, Leiden 1977.

[APOLLODOR]
–, Doxographi Graeci, collegit recensuit prolegomenis indicibusque instruxit, hg. v. H. Diels, Berlin 1879 [Ndr. 1929].

[ARISTOPHANES]
–, Clouds, Wasps, Peace, edited and translated by J. Henderson, Aristophanes Vol. II, LCL 488, Cambridge Mass./London 1998.
–, Frogs, Assembly Women, Wealth, edited and translated by J. Henderson, Aristophanes Vol. IV, LCL 180, Cambridge Mass./London 2002.

[ARISTOTELES]
–, The Nicomachean Ethics, with an English Translation by H. Rackham, Aristotle in 23 Volumes: Vol. 19, LCL 73, Cambridge Mass./London 1926 [Ndr. 1968].
–, Posterior Analytics, edited by H. Tredennick; Topica, edited by E.S. Forster, Aristotle in 23 Volumes: Vol. 2, LCL 391, London/Cambridge Mass. 1960 [Ndr. 1966].
–, Metaphysics Books 1–9, with an English Translation by H. Tredennick, Aristotle in 23 Volumes: Vol. 17, LCL 271, London/Cambridge Mass. 1935 [Ndr. 1968].
–, Metaphysics, with an English Translation by H. Tredennick; Oeconomica and Magna Moralia, with an English Translation by G.C. Armstrong, Aristotle in 23 Volumes: Vol. 18, LCL 287, London/Cambridge Mass. 1935 [Ndr. 1969].
–, The Complete Works of Aristotle, hg. v. J. Barnes, 2 Bde., Bollingen Series 72,2,1–2, 6. Aufl. Princeton 1984 [Ndr. 2007].

–, Werke in deutscher Übersetzung, 19 Bde., hg. v. E. Grumach u.a., Berlin 1956ff. (soweit erschienen)

–, Aristoteles: Nikomachische Ethik, hg. v. F. Dirlmeier, Reclams Universalbibliothek 8586, Stuttgart 2006.

–, Aristoteles: Rhetorik. Übersetzung, mit einer Bibliographie und einem Nachwort von F.G. Sieveke, UTB 159, 5. Aufl. München 1995.

[CHARITON APHRODISIENSIS]
–, Le roman de Chairéas et Callirhoé. De Chaerea et Callirhoe amatoriae narrationes, Texte établi et trad. par G. Molinié, Les belles Lettres, CUFr, Paris 1979.

[CICERO]
–, De Finibus Bonorum et Malorum, with an English Translation by H. Rackham, Cicero in 28 Volumes: Vol. 17, LCL 40, Cambridge Mass./London 2. Aufl. 1931 [Ndr.1971].

–, Tusculan Disputations, with an English Translation by J.E. King, Cicero in 28 Volumes: Vol. 18, LCL 141, Cambridge Mass./London 1971.

–, De Natura Deorum; Academica, with an English Translation by H. Rackham, Cicero in 28 Volumes: Vol. 19, LCL 268, Cambridge Mass./London 1933 [Ndr. 1972].

–, De Re Publica; De Legibus, with an English Translation by C.W. Keys, Cicero in 28 Volumes: Vol. 16, LCL 213, Cambridge Mass./London 1928 [Ndr. 1966].

–, Letters to Quintus and Brutus; Letter Fragments; Letter to Octavian; Invectives; Handbook of Electioneering, edited and translated by D.R. Shackleton Bailey, Cicero in 28 Volumes: Vol. 28, LCL 462, Cambridge Mass./London 1972 [Ndr. 2002].

–, Vom Wesen der Götter (de natura deorum), lat.-dt., hg. und übersetzt v. W. Gerlach und K. Bayer, 3 Bde., Sammlung Tusculum, 3. Aufl. München u.a. 1990.

–, Gespräche in Tusculum; Tusculanae Disputationes, mit ausführlichen Anmerkungen neu hg. v. O. Gigon, 7. Aufl. Düsseldorf u.a. 1998.

–, Epistulae ad familiars, libri I–XVI, hg. v. D.R. Shackleton Bailey, BSGRT, Stuttgart 1988.

[DIODORUS SICULUS]
Diodorus of Sicily, Books XII–XIII, with an English Translation by C.H. Oldfather, 10 Volumes: Vol. V, LCL ohne Zählung, Cambridge Mass./ London 1950 [Ndr. 1962].

[DIOGENES LAERTIUS]
–, Lives of Eminent Philosophers, with an English Translation, edited by R.D. Hicks, 2 Bde., LCL 184–185, London u.a. 1925–1965 [Ndr. 1965–1966].

–, Leben und Meinungen berühmter Philosophen, hg. v. P. Apelt u.a., 2 Bde., 3. Aufl. Hamburg 1998.

–, Diogenis Laertii vitae philosophorum, hg. v. M. Marcovic u.a., 3 Bde., Stuttgart u.a. 1999–2002.

[EPICTETUS]
–, The Discourses as Reported by Arrian; the Manual and Fragments, with an English Translation, edited by W.A. Oldfather, 2 Bde., Vol. 1: LCL 131; Vol. 2: LCL 218; London u.a. 1925–1928 [Ndr. 2000].

[EURIPIDES]
–, Sämtliche Tragödien und Fragmente, griechisch-deutsch, übersetzt von E. Buschor, hg. v. G.A. Seeck, 6 Bde., Sammlung Tusculum, München 1972–1981.

[EROTIANUS]
–, Vocum Hippocraticarum Collectio, in: E. Nachmanson, Erotiani vocum Hippocraticarum collectio cum fragmentis, hg. v. E. Nachmanson, Collectio scriptorium veterum Upsaliensis 7, Göteborg 1918, 3–96.

[GALEN]
Klaudiu Galenu Hapanta – opera omnia. Medicorum graecorum opera quae extant, hg. v. D.G. Kühn u.a., 10 Bde., Lipsius (Leipzig) 1964–1965.
[PHP]: Claudii Galeni De placitis Hippocratis et Platonis libri novem, rec. et explanavit I. Mueller. Prolegomena critica, textus graecus, adnotatio critica versioque latina, hg. v. I. Müller, Lipsius [Leipzig] 1874.

[HOMER]
–, Hymns; Homeric Apocrypha; Lives of Homer; edited and translated by M.L. West, LCL 496, 2. Aufl. Cambridge Mass./London 2003.
–, Iliad, English and Greek, with an English Translation by A.T. Murray, edited by W.F. Wyatt, 2 Bde., LCL 170–171, 2. Aufl. Cambridge Mass./London 1999.
–, The Odyssey, English and Greek. With an English Translation by A.T. Murray, edited by G.E. Dimrock, 2 Bde., LCL 104–105, 2. Aufl. Cambridge Mass./London 1995.

[JAMBLICHUS CHALCIDENSIS]
–, De Vita Pythagorica – Pythagoras, eingeleitet, übersetzt und mit interpretierenden Essays versehen von M. von Albrecht, Sapere 4, Darmstadt 2002.
–, Iamblichi de vita Pythagorica liber, ed. add. et corr. adiunctus curavit U. Klein, hg. v. L. Deubner u.a., BSGRT, Stutgardiae [Stuttgart] 1975.

[KLEARCHUS VON SOLOI]
siehe Überlieferung nach Athenaeus.

[LACTANZ]
–, Lucius Caelius Firminianus genannt Lactantius: Divinae Insititutiones. Göttliche Unterweisungen, hg. von E. Heck, BSGRT, Berlin 2005–2009.

[LUCIAN SAMOSATENSIS]
–, Sämtliche Werke, nach der Übersetzung von C.M. Wieland, bearbeitet und ergänzt v. H. Floerke, 5 Bde., Klassiker des Altertums Reihe 1, 7–11, München u.a. 1911.
–, Hauptwerke griechisch und deutsch, hg. und übersetzt v. K. Mras, Tusculum Bücherei, 2. Aufl. München 1980.
–, Der Tod des Peregrinos. Ein Scharlatan auf dem Scheiterhaufen, hg. v. P. Pilhofer, Sapere 9, Darmstadt 2005.

[LUCIUS ANNAEUS CORNUTUS]
–, Cornuti Theologiae Graece Compendium, recensuit et emendabat C. Lang, Lipsius [Leipzig] 1881.
–, Die griechischen Götter. Ein Überblick über Namen, Bilder und Deutungen, eingeleitet, übersetzt und mit interpretierenden Essays, hg. v. F. Berdozzo, Scripta antiquitatis posterioris ad ethicam religionemque pertinentia 14, Tübingen 2009.

[MARC AUREL]
–, Wege zu sich selbst, griechisch-deutsch, hg. v. R. Nickel, Sammlung Tusculum, 3. Aufl. Düsseldorf u.a. 2004.

[MUSONIUS]
–, Epiktet, Teles und Musonius: Wege zu glückseligem Leben, hg. und eingeleitet v. W. Capelle, Stoa und Stoiker Bd. 3, Zürich 1948.
–, Epiktet, Teles, Musonius: Ausgewählte Schriften, hg. v. R. Nickel, Sammlung Tusculum, München u.a. 1994.
–, Ioannu Stobaiu anthologion, ad manuscriptorum fidem emendavit et supplevit T. Gaisford [Ioannis Stobaei Florilegium], 4 Bde., Oxford 1823–1824.

[PLATO]
Plato in Twelve Volumes:
–, Euthyphro, Apology, Crito, Phaedo, Phaedrus; with an English Translation by H.N. Fowler and an Introduction by W.R. Lamb, Plato in Twelve Volumes: Vol. I, LCL 36, Cambridge Mass./London 1914 [Ndr. 1971].
–, Laches, Protagoras, Meno, Euthydemus; with an English Translation by W.R.M. Lamb, Plato in Twelve Volumes: Vol. II, LCL 165, Cambridge Mass./London 1924 [Ndr. 1967].
–, Lysis, Symposium, Gorgias; with an English Translation by W.R.M. Lamb, Plato in Twelve Volumes: Vol. III, LCL 166, Cambridge Mass./London 1925 [1975].
–, Cratylus, Parmendides, Greater Hippias, Lesser Hippias; with an English Translation by H.N. Fowler, Plato in Twelve Volumes: Vol. IV, LCL 167, Cambridge Mass./London 1926 [Ndr. 1970].
–, Republic I, Books I–V; with an English Translation by P. Shorey, Plato in Twelve Volumes: Vol. V, LCL 237, Cambridge Mass./London 1930 [Ndr. 1969].
–, Republic II, Books VI–X; with an English Translation by P. Shorey, Plato in Twelve Volumes: Vol. VI, LCL 276, Cambridge Mass./London 1935 [Ndr. 1970].
–, Theaetetus, Sophist; with an English Translation by H.N. Fowler, Plato in Twelve Volumes: Vol. VII, LCL 123, Cambridge Mass./London 1921 [Ndr. 1967].
–, The Statesman, Philebus; with an English Translation by H.N. Fowler, Ion; with an English Translation by W.R. Lamb, Plato in Twelve Volumes: Vol. VIII, LCL ohne Zählung, Cambridge Mass./London 1925 [Ndr.1962].
–, Timaeus, Critias, Cleitophon, Menexenus, Epistles; with an English Translation by R.G. Bury, Plato in Twelve Volumes: Vol. IX, LCL ohne Zählung, Cambridge Mass./London 1929 [Ndr. 1966].
–, Laws I, Books I–VI; with an English Translation by R.G. Bury, Plato in Twelve Volumes: Vol. X, LCL 187, Cambridge Mass./London 1926 [Ndr.1967].
–, Laws II, Books VII–XII; with an English Translation by R.G. Bury, Plato in Twelve Volumes: Vol. XI, LCL 192, Cambridge Mass./London 1926 [Ndr. 1968].
–, Charmides, Alcibiades I+II, Hipparchus, The Lovers, Theages, Minos, Epinomis; with an English Translation by W.R.M. Lamb, Plato in Twelve Volumes: Vol. XII, LCL ohne Zählung, Cambridge Mass./London 1927 [Ndr. 1964].
–, Phaidon. Übersetzung und *Kommentar*, hg. v. T. Ebert, Platon Werke I/4, Göttingen 2004.
–, *Phaidros*. Übersetzung und Kommentar, hg. v. E. Heitsch, Platon Werke III/4, Göttingen 1993.
–, Sämtliche Werke griechisch und deutsch. Übersetzt von F. Schleiermacher, ergänzt durch F. Susemihl u.a., hg. v. K. Hülser, 10 Bde., Frankfurt a.M. u.a. 1991.

[PLINIUS SECUNDUS DER ÄLTERE]
–, Pliny Natural History, Libri III–VII, with an English Translation by H. Rackham, Pliny in Ten Volumes: Vol. II, LCL 352, Cambridge Mass./London 1942 [Ndr. 1969].

[PLUTARCH]
Lives:
–, Theseus and Romulus, Lycurgus and Numa Solon and Publicola, Plutarchs Lives in Eleven Volumes: Vol. I, LCL 46, Cambridge Mass./London 1914 [Ndr. 1967].
–, Themistocles and Camillus, Aristides and Cato major, Cimon and Lucullus, Plutarchs Lives in Eleven Volumes: Vol. II, LCL 47, Cambridge Mass./London 1914 [Ndr. 1968].
–, Demetrius and Antony, Pyrrhus and Caius Marius, Plutarchs Lives in Eleven Volumes: Vol. IX, LCL 101, Cambridge Mass./London 1920 [Ndr. 1968].

Moralia:
–, De Communibus notitiis adversus Stoicos, with an English Translation by H. Cherniss, in: Plutarchs Moralia in 15 Vol.: Vol. 13/2, LCL 470, Cambridge Mass./London 1976, 660–873.
–, De Stoicorum repugnantiis, with an English Translation by H. Cherniss, in: Plutarchs Moralia in 15 Vol.: Vol. 13/2, LCL 470, Cambridge Mass./London 1976, 412–603.
–, De virtute morali, with an English Translation by W.C. Helmbold, in: Plutarchs Moralia in 15 Vol.: Vol. 6, LCL ohne Zählung, Cambridge Mass./London 1939 [Ndr. 1962], 16–87.

[SENECA]
–, Ad Lucilium Epistulae Morales, with an English Translation by R.C. Gummere, 3 Vol., LCL 75–77, Cambridge Mass./London 1917/1920/1925 [Ndr. 1967/1970/1962].
–, De Constantia Sapientis, with an English Translation by J.W. Basore, in: Seneca in Ten Volumes: Vol. I; Moral Essays in 3 Vol.: Vol. I; LCL 214, Cambridge Mass./London 1928 [Ndr. 1970], 48–105.
–, De Ira, with an English Translation by J.W. Basore, in: Seneca in 10 Vol.: Vol. I; Moral Essays in 3 Vol.: Vol. 1; LCL 214, Cambridge Mass./London 1928 [Ndr. 1970], 106–355.
–, Philosophische Schriften, hg. v. M. Rosenbach, 5 Bde., 5. Aufl. Darmstadt 1995 [Ndr. 1999].
–, Philosophische Schriften, übersetzt, mit Einleitungen und Anmerkungen versehen von O. Apelt, 2 Bde., Lipsius [Leipzig] 1923 [Ndr. 3 Bde. Hamburg 1993].
–, Trostbriefe: Moral Essays with an English Translation by J.W. Basore, Seneca in 10 Vol.: Vol. I; Moral Essays in 3 Vol.: Vol. II, LCL 254, Cambridge Mass./London 1932 [Ndr. 1965].

[SEXTUS EMPIRICUS]
–, Gegen die Wissenschaftler/adversus mathematicos, aus dem Griechischen übersetzt, eingeleitet und kommentiert von F. Jürß, Würzburg 2001.
–, Sextus Empiricus in 4 Volumes, with an English Translation by R.G. Bury, LCL 273/291/311/382, Cambridge Mass./London 1949–1971.
–, Sexti Empirici Opera recensuit Hermannus Mutschmann, 3 Bde., BSGRT, Lipsiae [Leipzig] 1912–1954.

[SOPHOKLES]

–, Ajax, Electra, Oedipus Tyrannus, edited and translated by H. Lloyd-Jones, LCL 20, Cambridge Mass./London 1994.

[STOBAEUS]

–, Ioannu Stobaiu anthologion, ad manuscriptorum fidem emendavit et supplevit T. Gaisford [Ioannis Stobaei florilegium], 4 Bde., Oxford 1823–1824.

–, Ioannis Stobaei anthologii libri duo posteriores, hg. v. O. Hense, 2 Bde., Berlin 1894–1909 [Ndr. 1958].

–, Ioannis Stobaei Eclogae physicae et ethicae, hg. v. A. Meineke, 2 Bde., Lipsae [Leipzig] 1860–1864.

–, Ioannu Stobaiu Anthologion [= Florilegium], hg. v. A. Meineke, 2 Bde., Lipsiae [Leipzig] 1855–1857.

–, Ioannis Stobaei anthologii libri duo priores, qui inscribi solent eclogae physicae et ethicae, hg. v. C. Wachsmuth u.a., 2 Bde., Berlin 1884 [Ndr. 1958].

[XENOPHON]

–, Cyropaedia in 2 Vol., with an English Translation by W. Miller, Xenophon in Seven Volumes, LCL 51, Cambridge Mass./London 1914 [Ndr. 1968].

–, Hellenica/Hélleniques, texte établi et traduit par J. Hatzfeld, tome II: livres IV–VII, Les belles lettres, CUFr, 5. éd. Paris 1965.

II. Hilfsmittel

[ABD]: FREEDMAN, D.N. u.a. (Hg.), Anchor Bible Dictionary, 6 Bde., New York u.a. 1992.

ALAND, A./ALAND, K., Der Text des Neuen Testaments. Einführung in die wissenschaftlichen Ausgaben sowie in Theorie und Praxis der modernen Textkritik, 2. Aufl. Stuttgart 1989.

ALAND, K. (Hg.), Synopsis quattuor evangeliuorum. Locis parallelis evangeliorum apocryphorum et patrum adhibitis, 15. Aufl. Stuttgart 1996 [Ndr. 2005].

ALAND, K., Vollständige Konkordanz zum griechischen Neuen Testament unter Zugrundelegung aller modernen kritischen Textausgaben und des Textus receptus, 2 Bde., Berlin u.a. 1978–1983.

[ANRW]: HAASE, W./TEMPORINI, H. (Hg.), Aufstieg und Niedergang der römischen Welt/Rise and Decline oft the Roman World. Geschichte und Kultur Roms im Spiegel der neueren Forschung, Berlin u.a. 1972ff (soweit erschienen).

ARNOLD, W./EYSENCK, H.J./MEILI, R. (Hg.), Herders Lexikon der Psychologie, 3 Bde., Erftstadt 2007.

BACHMANN, H. u.a. (Hg.), Konkordanz zum Novum Testamentum Graece of Nestle-Aland, 26. Aufl., und zum Greek New Testament, 3. Edition, 3. Aufl. Berlin u.a. 1987.

BAILLY, A., *Dictionnaire* Grec-Français avec, en appendice, de nouv. notices de mythologie et religion, hg. v. E. Egger/L. Séchan/P. Chantraine, Librairie Hachette, 26. Aufl. Paris 1963 [Ndr. 1988].

BAUER, W., Griechisch-deutsches *Wörterbuch* zu den Schriften des Neuen Testaments und der frühchristlichen Literatur unter besonderer Mitarbeit von V. Reichmann. Neu bearbeitet und hg. v. K. Aland/B. Aland, 6. Aufl. Berlin u.a. 1988.

[BDR]: BLASS, F./DEBRUNNER, A., Grammatik des neutestamentlichen Griechisch, bearb. von F. Rehkopf, 17.Aufl. Göttingen 1990.

[BHH]: REICKE, B./ROST, L. (Hg), Biblisch-Historisches Wörterbuch, 4 Bde., Göttingen 1962–1997.

[Bible Works]: BUSHELL, M. u.a. (Hg.), Bible Works 5.0, rev.2. Program and Databases, Norfolk 2002.

[B/R]: BORNEMANN, E., Griechische Grammatik, unter Mitwirkung von E. Risch, 2. Aufl. Frankfurt a. Main 1978.

BORGEN, P./FUGLSETH, K./SKARSTEN, R., The Philo Index. A Complete Greek Word Index to the Writings of Phio of Alexandria. Lemmatised and Computer-Generated, Grand Rapids 2000.

CARREZ, M., *Grammaire* Grecque du Nouveau Testament, 3. Aufl. Genf 1985.

CHANTRAINE, P., *Dictionnaire* étymologique de la langue grecque II, Histoire des mots, Klingsieck 1986.

[DNP] : CANCIK, H. (Hg.) , Der Neue Pauly. Enzyklopädie der Antike, 16 Bde. (19 Teilbde. / 4 Supplementbde.), Stuttgart 1996–2007.

[EWNT]: BALZ, H./SCHNEIDER, G. (Hg.), Exegetisches Wörterbuch zum Neuen Testament, 3 Bde., 3. Aufl. Stuttgart u.a. 1980–1983.

FRISK, H., Griechisches etymologisches *Wörterbuch*, 3 Bde., Heidelberg 1960–72 [Ndr. 1973–79].

GEMOLL, W., Griechisch-deutsches Schul- und Handwörterbuch, durchges. und erw. von K. Vretska, mit einer Einführung in die Sprachgeschichte von H. Kronasser, 9. Aufl. München u.a. 1954 [Ndr. 1988].

GESENIUS, W., Hebräisches und aramäisches Handwörterbuch über das Alte Testament, bearbeitet von F. Buhl, 17. Aufl. Berlin u.a. 1915 [Ndr. 1962].

[Gesenius-Buhl]: GESENIUS, W., Hebräisches und Aramäisches Handwörterbuch über das Alte Testament, in Verbindung mit H. Zimmern u.a., bearbeitet von F. Buhl, 17. Aufl. Berlin u.a. 1962.

[Gesenius-Donner]: GESENIUS, W., Hebräisches und Aramäisches Handwörterbuch über das Alte Testament, neubearb. v. R. Meyer/H. Donner, 18. Aufl. Heidelberg u.a. 1995.

GESENIUS, W/KAUTZSCH, W./BERGSTRÄSSER, G., Hebräische Grammatik, 28. Aufl. Leipzig 1909, [Ndr. Hildesheim 1962].

HATCH, E./REDPATH, H.A., A Concordance to the Septuagint and the Other Greek Versions of the Old Testament including the Apocryphal Books, 2 Bde. u.Supplement, Graz 1975.

HOFFMANN, P./HIECKE, T./BAUER, U., Synoptic Concordanc: A Greek Concordance to the First Three Gospels in Synoptic Arrangement, statistically evaluated, including occurences in Acts – Griechische Konkordanz zu den ersten drei Evangelien in synoptischer Darstellung, statistisch ausgewertet, mit Berücksichtigung der Apostelgeschichte, 4 Bde., Berlin u.a. 1999–2000.

HOFFMANN, P. (Hg.), Die Spruchquelle Q. Griechisch und deutsch, griechischer Text nach der Critical Edition of Q des International Q Project, 3. Aufl. Darmstadt 2009.

HOFFMANN, P./HIEKE, T./BAUER, U. (Hg.): Synoptic Concordance. A Greek Concordance to the first three Gospels in synoptic arrangement, statistically evaluated, including occurrences in Acts: griechische Konkordanz zu den ersten drei Evangelien in synoptischer Darstellung, statistisch ausgewertet, mit Berücksichtigung der Apostelgeschichte, 4 Bde., Berlin u.a. 1999–2000.

[KIP]: ZIEGLER, K./ SONTHEIMER, W./ GÄRTNER, H. (Hg.), Der Kleine Pauly. Lexikon der Antike. Auf Grundlage von Pauly`s Realenzylopädie der classischen Altertumswissenschaft, 5 Bde., Stuttgart 1964–1975.

LEISEGANG, H., Philonis Alexandrini Operae quae supersunt, Bd.7, Indices ad Philonis Alexandrinis opera, Berlin 1926.

[LS]: LIDDELL, H.G./SCOTT, R., A Greek-English Lexicon with a Revised Supplement, Oxford 1996.

LINK, S., *Wörterbuch* der Antike mit Berücksichtigung ihres Fortwirkens, KTA 96, 11. Aufl. Stuttgart 2002.

MAYER, G., Index Philoneus, Berlin 1974.

MEHRLEIN, R./RICHTER, F./SEELBACH, W., Ars Graeca. Griechische Sprachlehre, unter Mitarbeit herausgegeben von O. Leggewie, 15. Aufl. Braunschweig u.a. 2005.

METZGER, B.M., A Textual *Commentary* on the Greek New Testament. A Companion vol. to the United Bible Societies' Greek New Testament, 4. Aufl. London u.a. 1994.

MOULTON, J.H./HOWARD, W.F., A *Grammar* of the New Testament Greek, Edinburgh 1929.

[NBL]: GÖRG, M./LANG, B., Neues Bibel Lexikon, 3 Bde., Zürich 1991–2001.

[RAC]: KLAUSER, T. u.a. (Hg.), Reallexikon für Antike und Christentum, Stuttgart 1941ff. (soweit erschienen).

[RGG³]: GALLING, K. u.a. (Hg.), Die Religion in Geschichte und Gegenwart. Handwörterbuch für Theologie und Religionswissenschaft, 6 Bde., 3. Aufl. Tübingen 1957–1965.

[RGG⁴]: BETZ, H.D./BROWNING, D.S. u.a. (Hg.), Religion in Geschichte und Gegenwart. Handwörterbuch für Theologie und Religionswissenschaft, 8 Bde. und Register, 4. Aufl. Tübingen 1998–2004.

SCHMOLLER, A./ KÖSTER, B. (Hg.), Handkonkordanz zum Griechischen Neuen Testament nach dem Text des NTG, 26. Aufl., und des Greek New Testament, 3. Edition, 8. Aufl. Stuttgart 1990.

[SESB]: HARTMEIER, C. u.a. (Hg.), Stuttgarter elektronische Studienbibel. The New Dimension of Electronic Bible Studies, Stuttgart 2009.

[ThWAT]: BOTTERWECK, G.J./FABRY, H.-J., Theologisches Wörterbuch zum Alten Testament, 10 Bde., Stuttgart 1973–2000.

[ThWNT]: KITTEL, G./FRIEDRICH, G./RÜHLE, O., Theologisches Wörterbuch zum Neuen Testament, 10 Bde., Berlin 1935–1979.

[TLG]: THE TLG PROJECT (Hg.), The Thesaurus Lingua Graecae. A Digital Library of Greek Literature, Irvine (Calif./ USA) 2002: http://www.tlg.uci.edu.

[TGL]: STEPHANUS, H./ ESTIENNE, H./ HASE, C.B. (Hg.), Thesaurus Graecae linguae, 9 Bde., Paris 1831–1865 [Ndr. Graz 1954].

[TRE³]: MÜLLER, G./KRAUSE, G. u.a. (Hg.), Theologische Realenzyklopädie, 36 Bde., 2 Register und Abkürzungsverzeichnis, 3. Aufl. Berlin/New York 1977–2004.

WENNINGER, G. (Hg.), Lexikon der Psychologie, 5 Bde., Heidelberg 2000–2002.

[WiBiLex], DEUTSCHE BIBELGESELLSCHAFT (Hg.), Das wissenschaftliche Bibellexikon im Internet. Alttestamentlicher Teil hg. v. M. Bauks (u.a.); Neutestamentlicher Teil hg. v.S. Alkier u.a.; Stuttgart seit 2007, http://www.wibilex.de.

ZINSMEISTER, H.,/LINDEMANN, H./ FÄRBER, H., Griechische *Grammatik*, II. Teil: Satzlehre v. H. Lindemann; Dialektgrammatik und Metrik v. H. Färber, München 1957.

III. Sekundärliteratur

ABEL, K., Das *Propatheia-Theorem*. Ein Beitrag zur stoischen Affektenlehre, in: Hermes 111 (1983), 78–97.

ADAM, G./KAISER, O./KÜMMEL, W.G., u.a., *Einführung* in die exegetischen Methoden, Gütersloh 2000.

ANNAS, J., *Aristotle* on Pleasure and Goodness, in: Essays on Aristotle's Ethics, hg. v. A. Oksenberg Rorty, Berkeley u.a. 1980, 285–299.

ANNAS, J., Hellenistic *Philosophy* of Mind, Hellenistic Culture and Society 8, Berkeley u.a. 1992.

ATKINSON, R.L./ATKINSON, R.C./SMITH, E.E. u.a. (Hg.), Hilgards *Einführung* in die Psychologie, Übersetzung der 13. amerik. Aufl. von R. Beyer u.a., Heidelberg u.a. 2001.

AUDET, J.-P., L'*Annonce* à Marie, RB 63 (1956), 346–374.

AUSTIN, J.L., How to do *Things* with Words, hg. v. J.O. Urmson u.a., 2. Aufl. Oxford 1978.

AVEMARIE, F., Die *Tauferzählungen* der Apostelgeschichte. Theologie und Geschichte, WUNT I 139, Tübingen 2002.

–, In *Flaccum* und die Apostelgeschichte im Vergleich, in: Philo und das Neue Testament. Wechselseitige Wahrnehmungen – I. Internationales Symposium zum Corpus Judaeo-Hellenisticum, 1.–4. Mai 2003 in Eisenach/Jena, hg. v. R. Deines u.a., WUNT I 172, Tübingen 2004, 108–126.

BACKHERMS, R.E., Religious *Joy* in General in the New Testament and its Sources in Particular, Fribourg 1963.

BAER JR., R.A., Philo's *Use* of the Categories Male and Female, ALGHJ 3, Leiden 1970.

BAILEY, K.E., *Poet* and Peasant. A Literary Cultural Approach to the Parables in Luke, Grand Rapids 1976.

BAL, M., *Narratologie*: Les instances du récit. Essais sur la signification narrative dans quatre romans modernes, Paris 1977.

BANDURA, A., *Aggression*. Eine sozial-lerntheoretische Analyse, Stuttgart 1979.

–, Sozial-kognitive *Lerntheorie*, Konzepte der Humanwissenschaften, Stuttgart 1979.

BARRETT, C.K., A Critical and Exegetical *Commentary* on the Acts of the Apostles, 2 Bde., ICC, Edinburgh 1994/1998.

BARTH, G., Der *Tod* Christi im Verständnis des Neuen Testaments, 2. Aufl. Neukirchen-Vluyn 2003.

BARTSCH, H.W., Das *Thomas-Evangelium* und die synoptischen Evangelien. Zu G. Quispels Bemerkungen zum Thomas-Evangelium, NTS 6 (1959/60), 249–261.

BAUER, J.B./FELBER, A., Art. *Herz*, RAC 14 (1988), 1093–1131.

BAUMGARTEN, H.-U., *Handlungstheorie* bei Platon. Platon auf dem Weg zum Willen, Stuttgart 1998.

–, *Paulus* und die Apokalyptik. Die Auslegung apokalyptischer Überlieferung in den echten Paulusbriefen, WMANT 44, Neukirchen-Vluyn 1975.

BECKER, J., Das *Heil* Gottes. Heils- und Sündenbegriffe in den Qumrantexten und im Neuen Testament, StUNT 3, Göttingen 1964.

BEDFORD, E., *Emotionen*, in: Logik des Herzens. Die soziale Dimension der Gefühle, hg. v. G. Kahle, Frankfurt a.M. 1981, 34–58.

BELLEBAUM, A. (Hg.), *Glücksforschung*. Eine Bestandsaufnahme. Unter Mitwirkung von K. Barheier und A. Meis, Konstanz 2002.

–, *Glück*. Erscheinungsvielfalt und Bedeutungsreichtum, in: Glücksforschung. Eine Bestandsaufnahme, hg. v. dems. u. a., Konstanz 2002, 13–42.

BEN-ZE'EV, A., *Aristotle* on Emotions towards the Fortune of Others, in: Envy, Spite and Jealousy. The Rivalrous Emotions in Ancient Greece, hg. v. D. Konstan u.a., Leventis Studies 2, Edinburgh 2003, 99–121.

BERGER, K., *Apostelbrief* und apostolische Rede. Zum Formular frühchristlicher Briefe, ZNW 65 (1974), 190–231.

–, *Art.* χαίρω *κτλ.*, EWNT² 3 (1992), 1079–1083.

–, *Art.* χαρά, EWNT² 3 (1992), 1087–1090.

–, Die *Auferstehung* des Propheten und die Erhöhung des Menschensohnes. Traditionsgeschichtliche Untersuchungen zur Deutung des Geschickes Jesu in frühchristlichen Texten, StUNT 13, Göttingen 1976.

–, *Formen* und Gattungen im Neuen Testament, UTB 2532, Tübingen u.a. 2005.

–, *Gleichnisse* als Texte. Zum lukanischen Gleichnis vom ‚verlorenen Sohn‘, in: Imago Lingua, FS Fritz Paepcke, hg. v. K.H. Bender u.a., München 1977, 61–74.

–, Historische *Psychologie* des Neuen Testaments, SBS 146/147, Stuttgart 1991.

BERNADICOU, P.J., Joy in the *Gospel* of Luke, Rom 1970.

–, The Lucan *Theology* of Joy *(revisited)*, ScEs 30 (1978), 57–80.

–, The Lucan *Theology* of Joy, ScEs 25 (1973), 77–98.

–, Christian *Joy* in the NT, CrCr 29 (1977), 328–336.

BETZ, H.D., Zum *Problem* der Auferstehung Jesu im Lichte der griechischen magischen Papyri, in: ders., Hellenismus und Urchristentum. Gesammelte Aufsätze I, Tübingen 1990, 230–261.

–, *Nachfolge* und Nachahmung Jesu Christi im Neuen Testament, BHTh 37, Tübingen 1967.

BEVAN, E.R., A *Paradox* of Christianity, in: Hellenism and Christianity, hg. v. dems., London 1921, 157–179.

BIELINSKI, K., *Jesus* vor Herodes in Lk 23,6–12. Eine narrativ-sozialgeschichtliche Untersuchung, SBB 50, Stuttgart 2003.

BILDE, P., Kognitive *Dissonanzreduktion* in der Jesusbewegung. Ein sozialpsychologischer Beitrag zum Verständnis neutestamentlicher Texte, EvTh 65/2 (2005), 118–135.

BIRNBAUM, E., Allegorical *Interpretation* and Jewish Identity among Alexandrian Jewish Writers, in: Neotestamentica et Philonica. Studies in Honor of Peder Borgen, hg. v. D.E. Aune u.a., NT.S 106, Leiden 2003, 307–329.

BLACK, M., An Aramaic *Approach* to the Gospel and Acts. With an Apppendix on the Son of Man by G. Vermes, 3. Aufl. Oxford 1967.

BLOCH, E., Das *Prinzip* Hoffnung, 3 Bde., Frankfurt a.M. 1973.

BOCK, D.L., *Luke,* Baker Exegetical Commentary on the New Testament 3, 2 Bde., Grand Rapids 1994/1996.

BÖCKLER, A., *Gott* als Vater im Alten Testament. Traditionsgeschichtliche Untersuchungen zur Entstehung und Entwicklung eines Gottesbildes, 2. Aufl. Gütersloh 2002.

BÖHM, M., *Abraham* und die Erzväter bei Philo, in: Philo und das Neue Testament. Wechselseitige Wahrnehmungen – I. Internationales Symposium zum Corpus Judaeo-Hellenisticum, 1.–4. Mai 2003 in Eisenach/Jena, hg. v. R. Deines u.a., WUNT I 172, Tübingen 2004, 377–395.

–, *Rezeption* und Funktion der Vätererzählungen bei Philo von Alexandrien. Zum Zusammenhang von Kontext, Hermeneutik und Exegese im frühen Judentum, BZNW 128, Berlin u.a. 2005.

BONHÖFFER, A., *Epictet* und die Stoa. Untersuchungen zur stoischen Philosophie, Stuttgart 1890.

BORGEN, P., *Philo* of Alexandria. A Critical and Synthetical Survey of Research since World War II, ANRW II.21.1 (1984), 98–154.

–, Philo of Alexandria. An *Exegete* for his Time, NT.S 86, Leiden 1997.

–, Philo of Alexandria. *Reviewing* and Rewriting Biblical Material, StPhilo Annual 9 (1997), 37–53.

BORGEN, P./FUGLSETH, K./SKARSTEN, R., The *Philo* Index. A Complete Greek Word Index to the Writings of Philo of Alexandria, Grand Rapids u.a. 2000.

BORMANN, L., Die Verrechtlichung der frühesten christlichen Überlieferung im lukanischen Schrifttum, in: Religious Propaganda and Missionary Competition in the New Testament World, hg. v. L. Bormann u.a., NT.S 74, Leiden u.a. 1994, 283–311.

BORSE, U., Der *Evangelist* als Verfasser der Emmaus-Erzählung, in: Studien zur Entstehung und Auslegung des Neuen Testaments, hg. v. R. Börschel u.a., SBAB 21, Stuttgart 1996, 175–210.

BOSSUYT, P./RADEMAKERS, J., Jésus *Parole* de la Grâce selon saint-Luc, 2 Bde., Brüssel 1981/1984.

BOVON, F., Das *Evangelium* nach Lukas, EKK III, 4 Bde., Zürich u.a.1989–2009.

–, Gott bei *Lukas*, in: ders., Lukas in neuer Sicht. Gesammelte Aufsätze, BThSt 8, Neukirchen-Vluyn 1985, 98–119.

BRANDT, S., Hat es sachlich und theologisch *Sinn*, von ‚Opfer' zu reden? in: Opfer. Theologische und kulturelle Kontexte, hg. v. B. Janowski u.a., stw 1454, Frankfurt a.M. 2000, 247–281.

BRAULIK, G., Art. *Freude (II)*, NBL 1(1991), 705f.

–, Die *Freude* des Festes. Das Kultverständnis des Deuteronomium – Die älteste biblische Festtheorie, in: Sorge um die Einheit, ThJb 1983, hg. v. W. Ernst u.a, Leipzig 1983, 13–54.

–, *Leidensgedächtnisfeier* und Freudenfest. ‚Volksliturgie' nach dem deuteronomischen Festkalender (Dtn 16,1–17), ThPh 56 (1981), 335–357.

BRENNAN, T., The Old Stoic *Theory* of Emotions, in: The Emotions in Hellenistic Philosophy, The New Synthese Historical Library 46, hg. v. J. Sihvola u.a., Dordrecht u.a. 1998, 21–70.

BRINKER, W., Art. *Seele*, in: Platon-Lexikon. Begriffswörterbuch zu Platon und der platonischen Tradition, hg. v. C. Schäfer, Darmstadt 2007, 253–258.

BROER, I., Das *Gleichnis* vom verlorenen Sohn und die Theologie des Lukas, NTS 20 (1973/74), 453–462.

BROWN, R.E., *Begegnung* mit dem Auferstandenen. Ein Begleiter durch die Osterevangelien, Würzburg 1997.

–, The *Birth* of the Messiah. A Commentary on the Infancy Narratives in Matthew and Luke, Garden City 1977.

BRUCE, A.B., The Parabolic *Teaching* of Christ. A Systematic and Critical Study of the Parables of the Lord, 9. Aufl. London 1900.

BÜCHELE, A., Der *Tod* Jesu im Lukasevangelium. Eine redaktionsgeschichtliche Untersuchung zu Lk 23, FTS 26, Frankfurt a.M. 1978.

BÜTTNER, S., Die *Literaturtheorie* bei Platon und ihre anthropologische Begründung, Tübingen u.a. 2000.

BULTMANN, R., Die *Bedeutung* der ‚dialektischen Theologie' für die neutestamentliche Wissenschaft, ThBl 7 (1928), 57–67.

–, Die *Geschichte* der synoptischen Tradition. Mit einem Nachwort von G. Theißen, FRLANT 29, 10. Aufl. Göttingen 1995.

–, *Jesus*. Mit einem Nachwort von W. Schmithals, GTBS 17, 4. Aufl. München 1970.

–, *Theologie* des Neuen Testaments, UTB 630, 9. Aufl. Tübingen 1984.

BUTT, I., *Studien* zu Wesen und Form des Grußes, insbesondere des magischen Grußes, Würzburg 1968.

ČABRAJA, I., Der *Gedanke* der Umkehr bei den Synoptikern. Eine exegetisch-religionsge-schichtliche Untersuchung, Sankt Ottilien 1985.

CALVERT, N.L., Philo's *Use* of Jewish Traditions about Abraham, in: SBL 1994 Seminar Papers, hg. v. E.H. Lovering jr., SBL SP 33, Atlanta/Georgia 1994, 463–476.

CATCHPOLE, D.R., Ein *Schaf*, eine Drachme und ein Israelit. Die Botschaft Jesu in Q, in: Die Freude an Gott – unsere Kraft. FS O.B. Knoch, hg. v. J.J. Degenhardt, Stuttgart 1991, 89–101.

CHAE, Y.S., *Jesus* as the Eschatological Davidic Sheperd. Studies in the Old Testament, Second Temple Judaism, and in the Gospel of Matthew, WUNT II 216, Tübingen 2006.

CHRISTIANSEN, I., Die *Technik* der allegorischen Auslegungswissenschaft bei Philon von Alexandrien, BGBH 7, Tübingen 1969.

CIOMPI, L., Die emotionalen *Grundlagen* des Denkens. Entwurf einer fraktalen Affektlo-gik, Sammlung Vandenhoeck, Göttingen 1997.

CLIVAZ, C., *Incroyants* de joie (Lc 24,41). Point de vue, histoire et poétique, in: Regards croisés sur la Bible. Études sur le point de vue, Actes du IIIe colloque international du Réseau de recherche en narrativité biblique, Paris, 8.–10. juin 2006, hg.v. RReNaB (Réseau de la Recherche en Narratologie et Bible), Paris 2007, 183–195.

COLERIDGE, M., The *Birth* of the Lukan Narrative. Narrative as Christology in Luke 1–2, JSNT.S 88, Sheffield 1993.

COLPE, C., *Art. Philo von Alexandria*, RGG³ 5 (1961), 341–346.

–, Art. ὁ υἱὸς τοῦ ἀνθρώπου, ThWNT 8 (1969), 403–481.

CONZELMANN, H., *Art.* χαίρω κτλ., ThWNT 9 (1973), 350–362.

–, Die *Mitte* der Zeit. Studien zur Theologie des Lukas, BHTh 17, 5. Aufl. Tübingen 1964.

–, *Heiden* – Juden – Christen. Auseinandersetzungen in der Literatur der hellenistisch-römischen Zeit, BHTh 62, Tübingen 1981.

–, *Historie* und Theologie in den synoptischen Passionsberichten, in: Zur Bedeutung des Todes Jesu. Exegetische Beiträge, hg. v. F. Viering, StAEKU, Gütersloh 1967, 35–53.

COOPER, J.M., *Posidonius* on Emotions, in: The Emotions in Hellenistic Philosophy, hg. v. J. Sihvola u.a., The New Synthese Historical Library 46, Dordrecht u.a. 1998, 71–111.

COOPER, J.M., An Aristotelian *Theory* of the Emotions, in: Essays on Aristotle's Rheto-ric, hg. v. A. Oksenberg Rorty, Berkeley u.a. 1996, 238–257.

CRAMER, P., *Identity*, Personality and Defense Mechanisms. An Observer-Based Study, Journal of Research in Personality 31 (1997), 58–77.

CROSSAN, J.D., The Historical *Jesus*. The Life of a Mediterranean Jewish Peasant, San Francisco 1991.

DALMAN, G., *Arbeit* und Sitte in Palästina, 4 Bde., Gütersloh 1928–1935 [Ndr. Hildes-heim 1964].

–, *Orte* und Wege Jesu. Im Anhang die handschriftlichen Berichtigungen und Ergänzun-gen in dem Handexemplar Gustaf Dalmans, zusammengestellt von A. Jepsen, 4. über-prüfte und ergänzte Aufl. Gütersloh 1924 [Ndr. Darmstadt 1967].

DANIELOU, J., *Philon* d'Alexandrie, 6. Aufl. Paris 1958.

DARR, J.A., *Herod* the Fox. Audience Criticism and Lukan Charakterization, JSNT.S 163, Sheffield 1998.

DAWSON, D., Allegorical *Readers* and Cultural Revision in Ancient Alexandria, Berkeley u.a. 1992.

DE LA POTTERIE, I., κεχαριτωμένη en Luc 1,28. Étude philologique, Bib. 68 (1987), 357–382.

DELEBECQUE, E., Sur la *salutation* de Gabriel à Marie (Lc 1,28), Bib. 65 (1984), 352–355.

DIBELIUS, M., Die *Formgeschichte* des Evangeliums, hg. v. G. Bornkamm u.a., 5. Aufl. Tübingen 1966.

–, Geschichtliche und übergeschichtliche *Religion* im Christentum, Göttingen 1925.

DILLON, J., *Philo* and Hellenistic Platonism, in: Philo of Alexandria and Post-Aristotelian Philosophy, hg. v. F. Alesse, Studies in Philo of Alexandria 5, Boston u.a. 2008, 223–232.

–, *Philo* and the Greek *Tradition* of Allegorical Exegesis, in: SBL 1994 Seminar Papers, hg. v. E.H. Lovering jr., SBL SP 33, Atlanta/Georgia 1994, 69–80.

–, The Formal *Structure* of Philo's Allegorical Exegesis, in: Two Treatises of Philo of Alexandria, hg. v. D. Winston u.a., BJS 25, Chico/California 1983, 77–87.

–, *Metriopatheia* and Apatheia. Some Reflections on a Controversy in Later Greek Ethics, in: Essays in Ancient Greek Philosophy (2), hg. v. J.P. Anton, New York 1983, 508–517.

DONAHUE, J.R., The *Gospel* in Parable. Metaphor, Narrative and Theology in the Synoptic Gospels, Philadelphia 1988.

DÖRNER, D., *Handeln*, in: Psychologie. Eine Einführung in ihre Grundlagen und Anwendungsfelder, hg. v. P.A. Schütz u.a., 3. Aufl. Stuttgart 2005, 329–352.

DÖRRIE, H., Der *Platonismus* in der Antike, Bd. II: Der hellenistische Rahmen des kaiserzeitlichen Platonismus. Übersetzung, Kommentar von H. Dörrie, hg. v. M. Baltes, Stuttgart/Bad Cannstadt 1990.

DRONSCH, K., Vom *Fruchtbringen* (Sämann mit Deutung), in: Kompendium der Gleichnisse Jesu, hg. v. R. Zimmermann, Gütersloh 2007, 297–311.

DRURY, J., *Tradition* and Design in Luke's Gospel. A Study in Early Christian Historiography, London 1976.

DU TOIT, A.B., *Art. Freude I*, TRE 11 (1983), 584–586.

–, Der *Aspekt* der Freude im urchristlichen Abendmahl, Winterthur 1965.

DUNCAN, J./DERRETT, M., Fresh *Light* on the Lost Sheep and the Lost Coin, NTS 26 (1979/80), 36–60.

DUPONT, J., Le riche publicain *Zachée* est aussi un fils d'Abraham, in: Der Treue Gottes trauen. Beiträge zum Werk des Lukas, FS G. Schneider, hg. v. C. Bussmann u.a., Freiburg u.a. 1991, 265–276.

DÜSTERDIECK, F., Über die *Freude*. Ein Beitrag zur christlichen Ethik, JDTh 17, Gotha 1872.

EBACH, J., Das *Zitat* als Kommunikationsform. Beobachtungen, Anmerkungen und Fragestellungen am Beispiel biblischen und rabbinischen Zitierens, in: ders., Gott im Wort. Drei Studien zur biblischen Exegese und Hermeneutik, Neukirchen-Vluyn 1997, 27–84.

–, *Freude* an der Tora, BiKi 55/1 (2000), 2–5.

EBNER, M./HEININGER, B., *Exegese* des Neuen Testaments. Ein Arbeitsbuch für Lehre und Praxis, UTB 2677, Paderborn u.a. 2005.

ECCLES, J.C., Die *Evolution* des Gehirns – Die Erschaffung des Selbst, übersetzt von F. Griese, München u.a. 1989.

ECKEY, W., Das *Lukasevangelium* unter Berücksichtigung seiner Parallelen, 2 Bde., Neukirchen-Vluyn 2004.

ECKSTEIN, H.-J., Die *Wirklichkeit* der Auferstehung Jesu. Lukas 24,34 als Beispiel früher formelhafter Zeugnisse, in: Die Wirklichkeit der Auferstehung, hg. v. H.-J. Eckstein u.a., Neukirchen-Vluyn 2002, 1–30.

EGGER, W., *Methodenlehre* zum Neuen Testament. Einführung in linguistische und historisch-kritische Methoden, 5. Aufl. Freiburg i.Br. 1999.

EGO, B., Zwischen *Aufgabe* und Gabe. Theologische Implikationen des Lernens in der alttestamentlichen und antik-jüdischen Überlieferung, in: Religiöses Lernen in der biblischen, frühjüdischen und frühchristlichen Überlieferung, hg. v. B. Ego u.a., WUNT I 180, Tübingen 2005, 1–26.

EIBL-EIBESFELDT, I., Die *Biologie* des menschlichen Verhaltens. Grundriß der Humanethologie, 3. Aufl. München u.a. 1995.

EISEN, U.E., Die *Poetik* der Apostelgeschichte. Eine narratologische Studie, NTOA 58, Fribourg u.a. 2006.

ERLEMANN, K., *Gleichnisauslegung*. Ein Lehr- und Arbeitsbuch, UTB 2039, Tübingen u.a. 1999.

ERLER, M., *Platon*: Affekte und Wege zur Eudaimonie, in: Klassische Emotionstheorien von Platon bis Wittgenstein, hg. v. H. Landweer u.a., Berlin 2008, 19–43.

ERNST, J., Das *Evangelium* nach Lukas, RNT 3, Regensburg 1977.

EVANS, C.F., Saint *Luke*, NTCom, London u.a. 1990.

FARRIS, S., The *Hymns* of Luke's Infancy Narratives. Their Origin, Meaning and Significance, JSNT.S 9, Sheffield 1985.

FEBVRE, L., *Geschichte* und Psychologie, in: ders., Das Gewissen des Historikers, Berlin 1988, 79–90.

FENSKE, W., *Freude* als Grundzug der Theologie und Biographie des Paulus, in: Das Ende der Tage und die Gegenwart des Heils. Begegnungen mit dem Neuen Testament und seiner Umwelt, FS H.-W. Kuhn, hg. v. M. Becker u.a., AGJU 44, Leiden u.a. 1999, 229–244.

FESTINGER, L., *Theorie* der kognitiven Dissonanz, hg. v. M. Irle u.a., Bern u.a. 1978.

FIEDLER, P., *Jesus* und die Sünder, BET 3, Frankfurt a.M. u.a. 1976.

FIEGER, M., Das *Thomasevangelium*. Einleitung, Kommentar und Systematik, NTA NF 22, Münster 1991.

FILIPP, S.-H./FERRING, D., Die *Transformation* des Selbst in der Auseinandersetzung mit kritischen Lebensereignissen, in: Persönlichkeit und Entwicklung, hg. v. G. Jüttemann u.a., Beltz Taschenbuch Psychologie 113, Weinheim u.a. 2002, 191–228.

FINK-EITEL, H., *Affekte*. Versuch einer philosophischen Bestandsaufnahme, ZPhF 40/4 (1986), 520–542.

FINK-EITEL, H./LOHMANN, G. (Hg.), Zur *Philosophie* der Gefühle, stw 1074, Frankfurt a.M. 1993.

–, *Einleitung*, in: Zur Philosophie der Gefühle, hg. v. dens., stw 1074, Frankfurt a.M. 1993, 7–19.

FITZGERALD, J.T., The *Passions* and Moral Progress. An Introduction, in: Passions and Moral Progress in Greco-Roman Thought, hg. v. dens., London u.a. 2008, 1–25.

FITZMYER, J.A., The *Gospel* According to Luke, 2 Bde., AncB 28/28A, Garden City 1981/1986.

FLAMMER, A., *Entwicklungstheorien*. Psychologische Theorien der menschlichen Entwicklung, Bern u.a. 1988.

FLUDERNIK, M., *Einführung* in die Erzähltheorie, Darmstadt 2006.

FORSCHNER, M., Die stoische *Ethik*. Über den Zusammenhang von Natur–, Sprach- und Moralphilosophie im altstoischen System, 2. Aufl. Darmstadt 1995.

FORTENBAUGH, W.W., *Aristotle* on Emotion. A Contribution to Philosophical Psychology, Rhetoric, Politics and Ethics, 2. Aufl. London 2002.

–, Aristotle's *Rhetoric* on Emotions, AGPh 52 (1970), 40–70.

FREDE, D., Mixed *Feelings* in Aristotele's Rhetoric, in: Essays on Aristotle's Rhetoric, hg. v. A. Oksenberg Rorty, Berkeley u.a. 1996, 258–285.

FRENSCHKOWSKI, M., *Offenbarung* und Epiphanie, Bd. 2: Die verborgene Epiphanie in Spätantike und frühem Christentum, WUNT II 80, Tübingen 1997.

–, *Q-Studien*. Historische, religionsgeschichtliche und theologische Untersuchungen zur Logienquelle. Maschinenschriftliche Habilitationsschrift, Mainz 2000.

FRIES, N., *Emotionen* in der semantischen Form und in der konzeptuellen Repräsentation, in: Sprache als Kognition – Sprache als Interaktion. Studien zum Grammatik-Pragmatik-Verhältnis, hg. v. A. Kertész, Metalinguistica 1, Frankfurt a.M. 1995, 139–181.

FRIJDA, N.H., The *Emotions*. Studies in Emotion and Social Interaction, Cambridge 1986.

FUCHS, E., *Art.* σήμερον, THWNT 7 (1964), 269–274.

GADAMER, H.-G., Platos dialektische *Ethik*. Phänomenologische Interpretationen zum ‚Philebos', Hamburg 1931 [Ndr. 1983 mit einem Vorwort und Register].

GERHARD, G.A., *Untersuchungen* zur Geschichte des griechischen Briefes, 1. Heft: Die Anfangsformel, Heidelberg u.a. 1903.

GOLEMAN, D., Emotionale *Intelligenz*, 4. Aufl. München 1996.

GOLLWITZER, H., Die *Freude* Gottes. Einführung in das Lukasevangelium, mit einem Vorwort von T. Jänicke, 9. Aufl. Gelnhausen u.a. 1979.

GORDON, S., The *Sociology* of Sentiments and Emotion, in: Social Psychology. Sociological Perspectives, hg. v. M. Rosenberg u.a., New York 1981, 562–592.

GÖRGEMANNS, H., *Platon*, Heidelberger Studienhefte zur Altertumswissenschaft, Heidelberg 1994.

GOULET, R., La *Philosophie* de Moise. Essai de Reconstitution d'un Commentaire Philosophique Préphilonien du Pentateuque, Histoire des doctrines de l'antiquité classique 11, Paris 1987.

GRAESER, A., *Probleme* der platonischen Seelenteilungslehre. Überlegungen zur Frage der Kontinuität im Denken Platons, Zet. 47, München 1969.

GRANT, R.M./FREDDMAN, D.N., Geheime *Worte* Jesu. Das Thomasevangelium in der neuesten Forschung, mit einem Beitrag von J.B. Bauer, Frankfurt 1960.

GRAVER, M., *Philo* of Alexandria and the Origins of the Stoic Propatheiai, Phron. 4/44 (1999), 300–325.

GREEN, J.B., The *Gospel* of Luke, NIC.NT, Grand Rapids u.a. 1997.

–, The Social *Status* of Mary in Luke 1,5–2,52. A Plea for Methodological Integration, Bib. 73 (1992), 457–472.

GREEVEN, H.,„*Wer* unter euch...?", WuD 3 (1952), 86–101.

GREIMAS, A.J., Strukturale *Semantik*. Methodologische Untersuchungen, Wissenschaftstheorie, Wissenschaft und Philosophie 4, Braunschweig 1971.

GROSS, W., *Zorn* Gottes – ein biblisches Theologumenon, in: Studien zur Priesterschrift und zu alttestamentlichen Gottesbildern, hg. v. dems., SBAB 30, Stuttgart 1999, 199–238.

GRUNDMANN, W., *Art.* δεῖ, ThWNT 2 (1935), 21–25.

–, Das Evangelium nach *Lukas*, ThHK III, 7. Aufl. Berlin 1974.

GRUNDMANN, W./BERTRAM, G., *Art.* δέχομαι κτλ., ThWNT 2 (1935), 49–59.

GUCKES, B., *Akrasia* in der älteren Stoa, in: Zur Ethik der älteren Stoa, hg. v. ders., Göttingen 2004, 94–122.

–, Stoische *Ethik* – Eine Einführung, in: Zur Ethik der älteren Stoa, hg. v. ders., Göttingen 2004, 7–29.

GUERRA, N.G./HUESMANN, L.R./HANISH, L., The *Role* of Normative Beliefs in Childern's Social Behaviour, in: Social Development, Review of Personality and Social Psychology 15, hg. v. N. Eisenberg, Thousand Oaks u.a. 1995, 140–158.

GULIN, E.G., Die *Freude* im Neuen Testament, 2 Bde., AASF Serie B 37,3, Helsinki 1932/1936.

GÜNTHER, A., *Sprache* und Geschichte. Überlegungen zur Gegenstandsangemessenheit einer historischen Psychologie, in: Individuum und Geschichte. Beiträge zur Diskussion um eine ‚Historische Psychologie‘, hg. v. M. Sonntag u.a., Heidelberg 1993, 34–48.

HABERMAS, J., Vorbereitende *Bemerkungen* zu einer Theorie der kommunikativen Kompetenz, in: Theorie der Gesellschaft oder Sozialtechnologie. Was leistet die Systemforschung? Theorie – Diskussion, hg. v. dems. u.a., Frankfurt a.M. 1971, 101–141.

HAHN, F., Christologische *Hoheitstitel*. Ihre Geschichte im frühen Christentum, UTB 1873, 5. Aufl. Göttingen 1995.

–,*Theologie* des Neuen Testaments, Bd. I: Die Vielfalt des Neuen Testaments. Theologiegeschichte des Urchristentums, Tübingen 2002.

HALBIG, C., Die stoische *Affektenlehre*, in: Zur Ethik der älteren Stoa, hg. v. B. Guckes, Göttingen 2004, 30–68.

HALLSCHMID, M./BORN, J., Biologische *Psychologie*, in: Psychologie. Eine Einführung in ihre Grundlagen und Anwendungsfelder, hg. v. A. Schütz u.a., 3. Aufl. Stuttgart 2005, 84–105.

HAMERTON-KELLY, R.G., *Sources* and Traditions in Philo Judaeus. Prolegomena to an Analysis of his Writings, StPhilo 1 (1972), 3–21.

HAMM, D., *Luke* 19:8 Once Again. Does Zacchaeus Defend or Resolve?, JBL 107 (1988), 431–437.

–, *Sight* to the Blind. Vision as a Metaphor in Luke, Bib. 67 (1986), 457–477.

HARNACK, A., Sprüche und Reden Jesu. Die zweite Quelle des Matthäus und Lukas, *Beiträge* zur Einleitung in das Neue Testament *II*, Leipzig 1907.

HARNISCH, W., Die *Gleichniserzählungen* Jesu. Eine hermeneutische Einführung, UTB 1343, 4. Aufl. Göttingen 2001.

HARRINGTON, J. M., The Lukan *Passion* Narrative. The Markan Material in Luke 22,54–23,25. A Historical Survey: 1891–1997, NTTS 30, Leiden u.a. 2000.

HARTMAN, L., Art. Ἱεροσόλυμα, Jerusalem, EWNT² 2 (1992), 432–439.

–, Art. ὄνομα, EWNT² 2 (1992), 1268–1277.

HAY, D.M., Defining *Allegory* in Philons Exegetical World, in: SBL 1994 Seminar Papers, hg. v. E.H. Lovering jr., SBL SP 33, Atlanta/Georgia 1994, 55–68.

–, Philo`s *Anthropology* and a Possible Connection with Corinth, in: Philo und das Neue Testament. Wechselseitige Wahrnehmungen – I. Internationales Symposium zum Corpus Judaeo-Hellenisticum, 1.–4. Mai 2003, Eisenach/Jena, hg. v. R. Deines u.a., WUNT I 172, Tübingen 2004, 127–142.

–, Philo's *References* to other Allegorists, StPhilo 6 (1979/80), 41–75.

HEIDEGGER, M., *Sein* und Zeit, 9. Aufl. [urspr. in der Reihe JPPF 8], Tübingen 1960.

HEIL, C., *Lukas* und Q. Studien zur lukanischen Redaktion des Spruchevangeliums Q, BZNW 111, Berlin u.a. 2003.

HEINEMANN, I., Philons griechische und jüdische *Bildung*. Kulturvergleichende Untersuchungen zu Philons Darstellung der jüdischen Gesetze, Breslau 1932 [Ndr. Hildesheim 1962].

HEININGER, B., *Metaphorik*, Erzählstruktur und szenisch-dramatische Gestaltung in den Sondergutgleichnissen bei Lukas, NTA NF 24, Münster 1991.

–, *Paulus* und Philo als Mystiker?, in: Philo und das Neue Testament. Wechselseitige Wahrnehmungen – I. Internationales Symposium zum Corpus Judaeo-Hellenisticum, 1.–4. Mai 2003, Eisenach/Jena, hg. v. R. Deines u.a., WUNT I 172, Tübingen 2004, 189–204.

HELFERICH, C., *Geschichte* der Philosophie. Von den Anfängen bis zur Gegenwart und östliches Denken, München 2005.

HENGEL, M., *Judentum* und Hellenismus. Studien zu ihrer Begegnung unter besonderer Berücksichtigung Palästinas bis zur Mitte des 2. Jhs. v. Chr., WUNT I 10, 3. Aufl. Tübingen 1988.

HENTSCHEL, U. u.a. (Hg.), The *concept* of defense mechanisms in contemporary psychology. Theoretical, research, and clinical perspectives, New York 1993.

HERRENBRÜCK, F., *Jesus* und die Zöllner. Historische und neutestamentlich-exegetische Untersuchungen, WUNT II 41, Tübingen 1990.

HERRMANN, T., *Psychologie* der kognitiven Ordnung, Phänomenologisch-psychologische Forschungen 6, Berlin 1965.

HOFER, P., *Untersuchungen* zur literarischen Gestalt und kompositorischen Einordnung von Lk 15,1–32, Salzburg 1976.

HOFFMANN, P., *Studien* zur Theologie der Logienquelle, NTA NF 8, Münster 1972.

HOFIUS, O., Alttestamentliche *Motive* im Gleichnis vom verlorenen Sohn, in: ders., Neutestamentliche Studien, WUNT I 132, Tübingen 2000, 145–153.

HOFMANN, H./PEKRUN, R., Lern- und leistungsthematische *Emotionen*, in: Emotionale Entwicklung. Funktion, Regulation und soziokultureller Kontext von Emotionen, hg. v. W. Friedlmeier u.a., Heidelberg u.a. 1999, 114–132.

HOLODYNSKI, M., *Handlungsregulation* und Emotionsdifferenzierung, in: Emotionale Entwicklung. Funktion, Regulation und soziokultureller Kontext von Emotionen, hg. v. W. Friedlmeier u.a., Heidelberg u.a. 1999, 29–51.

HOLODYNSKI, M./FRIEDLMEIER, W., Emotionale *Entwicklung* und Perspektiven ihrer Erforschung, in: Emotionale Entwicklung. Funktion, Regulation und soziokultureller Kontext von Emotionen, hg. v. W. Friedlmeier u.a., Heidelberg u.a. 1999,1–26.

HORN, F.W., Die *Gütergemeinschaft* der Urgemeinde, EvTh 58/5 (1998), 370–383.

HOTZE, G., *Jesus* als Gast. Studien zu einem christologischen Leitmotiv im Lukasevangelium, FzB 111, Würzburg 2007.

HUFNAGEL, E., Zur *Philosophie* des Guten Lebens. Antike Lehrmeister des Glücks, in: Glücksforschung. Eine Bestandsaufnahme, unter Mitwirkung von K. Barheier und A. Meis, hg. v. A. Bellebaum, Konstanz 2002, 59–78.

HÜLSHOFF, T., *Emotionen*. Eine Einführung für beratende, pädagogische und soziale Berufe, UTB 2051, München u.a. 1999.

HURTADO, L.W., Does *Philo* help explain early Christianity?, in: Philo und das Neue Testament. Wechselseitige Wahrnehmungen – I. Internationales Symposium zum Corpus Judaeo-Hellenisticum, 1.–4. Mai 2003, Eisenach/Jena, hg. v. R. Deines u.a., WUNT I 172, Tübingen 2004, 73–79.

HUSSERL, E., Ideen zu einer reinen Phänomenologie und phänomenologischen Philosophie, Buch I: Allgemeine Einführung in die reine Phänomenologie [urspr. Jahrbuch für Philosophie und phänomenologische Forschung 1, Halle / Saale 1913], in: Gesammelte *Werke* III, hg. v. K. Schuhmann, Den Haag 1977.

HÜTHER, G., *Biologie* der Angst. Wie aus Streß Gefühle werden, Sammlung Vandenhoeck, Göttingen 1997.

INSELMANN, A., *Affektdarstellung* und Affektwandel in der Parabel vom Vater und seinen beiden Söhnen. Eine textpsychologische Exegese von Lk 15,11–32, in: Erkennen und Erleben. Beiträge zur psychologischen Erforschung des frühen Christentums, hg. v. G. Theißen u.a., Gütersloh 2007, 271–300.

INWOOD, B., *Ethics* and Human Action in Early Stoicism, Oxford 1985.

IRWIN, T.H., Stoic *Inhumanity*, in: The Emotions in Hellenistic Philosophy, hg. v. J. Sihvola u.a., The New Synthese Historical Library 46, Dordrecht u.a. 1998, 219–241.

ISER, W., Der implizite *Leser*. Kommunikationsformen des Romans von Bunyan bis Beckett, UTB 163, München 1972.

IZARD, C.E., Die *Emotionen* des Menschen. Eine Einführung in die Grundlagen der Emotionspsychologie, 2. Aufl. Weinheim u.a. 1994.

JANOWSKI, B., Der *Mensch* im alten Israel. Grundfragen alttestamentlicher Anthropologie, ZThK 102 (2005), 143–175.

–, *Freude* an der Tora. Psalm 1 als Tor zum Psalter, EvTh 67 (2007), 18–31.

JASPERS, K., Von der *Wahrheit*, Philosophische Logik 1, 4. Aufl. München u.a. 1991.

JEDAN, C., *Chrysipp* über Determinismus und moralische Verantwortlichkeit, in: Zur Ethik der älteren Stoa, hg. v. B. Guckes, Göttingen 2004, 141–164.

JENNI, E., *Art.* יוה *hoj (wehe)*, THAT² 1 (1975), 474–477.

JEREMIAS, J., Die *Sprache* des Lukasevangeliums. Redaktion und Tradition im Nicht-Markusstoff des dritten Evangeliums, KEK Sonderband, Göttingen 1980.

–, *Miszelle* zum Gleichnis vom verlorenen Sohn, Lk 15,11–32, ThZ 5 (1994), 228–231.

–, *Tradition* und Redaktion in Lukas 15, in: ZNW 62 (1971), 172–189.

JUNG, C.-W., The Original *Language* of the Lukan Infancy Narrative, JSNT.S 267, London u.a. 2004.

JÜON, P., L'*Annonciation*, NRTh 66 (1939), 793–798.

JÜTTEMANN, G., *Anmerkungen* zu einem Integrationsproblem, in: Individuum und Geschichte. Beiträge zur Diskussion um eine Historische Psychologie, hg. v. M. Sonntag u.a., Heidelberg 1993, 11–26.

–, *Art. Historische Psychologie*, in: Handwörterbuch Psychologie, hg. v. R. Asanger u.a., 6. Aufl. Weinheim 1999, 11.

KAGAN, J., Galen's *prophecy*. Temperament in human nature, New York 1994.

KAMPLING, R., Gepriesen sei der *Herr*, der Gott Israels. Zur Theozentrik von Lk 1–2, in: Der lebendige Gott. Studien zur Theologie des Neuen Testaments, FS W. Thüsing, hg. v. T. Söding, NTA NF 31, Münster 1996, 149–179.

KANT, I., *Anthropologie* in pragmatischer Hinsicht, hg. v. R. Brandt, Meiner Philosophische Bibliothek 490, Hamburg 2000.

KÄSEMANN, E., Exegetische Versuche und Besinnungen, Bd. I: *Amt* und Gemeinde im Neuen Testament, 2. Aufl. Göttingen 1960.

KASSEL, M., Biblische *Urbilder*. Tiefenpsychologische Auslegung nach C.G. Jung, Pfeiffer-Werkbücher 147, München 1980.

KAUFMANN-BÜHLER, D., *Art. Eusebeia*, RAC 6 (1966), 985–1052.

KAUT, T., *Befreier* und befreites Volk. Traditions- und redaktionsgeschichtliche Untersuchung zu Magnifikat und Benediktus im Kontext der vorlukanischen Kindheitsgeschichte, BBB 77, Frankfurt a.M. 1990.

KENNY, A., *Action*, Emotion and Will. Studies in Philosophical Psychology, London 1963.

KEZBERE, I., Umstrittener *Monotheismus*. Wahre und falsche Apotheose im lukanischen Doppelwerk, NTOA 60, Fribourg u.a. 2007.

KIDD, G., *Posidonius* on Emotions, in: Problems in Stoicism, hg. v. A.A. Long, London 1971, 200–215.

KLAUCK, H.-J., Die antike *Briefliteratur* und das Neue Testament. Ein Lehr- und Arbeitsbuch, UTB 2022, Paderborn u.a. 1998.

KLEIN, H., *Barmherzigkeit* gegenüber den Elenden und Geächteten. Studien zur Botschaft des lukanischen Sondergutes, BThSt 10, Neukirchen-Vluyn 1987.

–, Das *Lukasevangelium*, KEK 1/3, 10. Aufl. des KEK, 1. Aufl. dieser Auslegung, Göttingen 2006.

–, *Lukasstudien*, FRLANT 209, Göttingen 2005.

KNUUTTILA, S./SIHVOLA, J., How the Philosophical *Analysis* of Emotions was introduced, in: The Emotions in Hellenistic Philosophy, hg. v. J. Sihvola u.a., The New Synthese Historical Library 46, Dordrecht u.a. 1998, 1–19.

KOCH, S., Wundt's *Creature* at Age Zero – and as Centenarian, in: A Century of Psychology as Science, hg. v. S. Koch u.a., New York 1985, 7–35.

KÖNIG, J., *Einführung* in das Studium des Aristoteles an Hand einer Interpretation seiner Schrift über die Rhetorik, hg. v. N. Braun, Alber-Reihe Philosophie, Freiburg u.a. 2002.

KONSTANTINIDOU, M., *Sprache* und Gefühl. Semiotische und andere Aspekte einer Relation, Papiere zur Textlinguistik 71, Hamburg 1997.

KREUTTNER, X., Andronici qui fertur libelli ,peri pathon': pars prior de affectibus, Heidelberg 1885.

KRUGER, P.A., *Gefühle* und Gefühlsäußerungen im Alten Testament. Einige einführende Bemerkungen, in: Der Mensch im Alten Testament. Neue Forschungen zur alttestamentlichen Anthropologie, hg. v. B. Janowski u.a., HBS 59, Freiburg i.Br. 2009, 243–262.

–, On *Emotions* and Expression of Emotions in the Old Testament. A Few Introductory Remarks, BZ 48/4 (2004), 213–228.

–, The *face* and emotions in the Hebrew Bible. Old Testament Essays, Journal of the Old Testament Society of South Africa 18/3 (2005), 651–663.

KRUSE, H., „Dialektische *Negation*" als semitisches Idiom, VT 4 (1954), 385–400.

KÜMMEL, W.G., *Lukas* in der Anklage der heutigen Theologie, in: Das Lukasevangelium. Die redaktions- und kompositionsgeschichtliche Forschung, hg. v. G. Braumann, WdF 280, Darmstadt 1974, 416–436.

KUSHNIR-STEIN, A., On the *Visit* of Agrippa I. to Alexandria in AD 38, JJS 51 (2000), 227–242.

KYTZLER, B., Der *Regenbogen* der Gefühle. Zum Kontrast der Empfindungen im antiken Roman, Scholia 12 (2003), 69–81.

LAGRANGE, J.-M., *Évangile* selon Saint Luc, EtB 3, 8. Aufl. Paris 1948.

LANDMESSER, C., Die *Rückkehr* ins Leben nach dem Gleichnis vom verlorenen Sohn (Lukas 15,11–32), ZThK 99 (2002), 239–261.

LANSER, S.S., *Fictions* of Authority. Women Writers and Narrative Voice, Ithaca 1992.

LATACZ, J., Zum *Wortfeld* ,Freude' in der Sprache Homers, Bibliothek der klassischen Altertumswissenschaften NF 2, Reihe 17, Heidelberg 1967.

LAURENTIN, R., *Struktur* und Theologie der lukanischen Kindheitsgeschichte, SbB 1, Stuttgart 1967.

LAUX, L./WEBER, H., *Emotionsbewältigung* und Selbstdarstellung, Stuttgart u.a. 1993.

LAZARUS, R.S., *Emotion* and Adaption, New York u.a. 1991.

–, *Stress* and Emotion. A New Synthesis, New York 1999 [Ndr. 2006].

LAZARUS, R.S./FOLKMAN, S., *Stress*, Appraisal and Coping, New York 1984.

LEGRAND, L., The „*Visitation*" in Context, in: Texts and Contexts. Biblical Texts in their Textual and Situational Contexts, FS L. Hartman, hg. v. T. Fornberg u.a., Oslo u.a. 1995, 129–146.

LEHTIPUU, O., The *Afterlife* Imagery in Luke's Story of the Rich Man and Lazarus, NT.S 123, Leiden u.a. 2007.

LEIGHTON, R., *Aristotle* and the Emotions, in: Essays on Aristotle's Rhetoric, hg. v. A. Oksenberg Rorty, Berkeley u.a. 1996, 206–237.

LEINER, M., Auferstanden in die *Herzen* und Seelen der Gläubigen? Psychologische Auslegungen der neutestamentlichen Auferstehungserzählungen, EvTh 64/3 (2004), 212–227.

–, Neutestamentliche *Exegese* zwischen „Psycholatrie" und „Psychophobie", in: EvTh 65/2 (2005), 148–154.

–, *Psychologie* und Exegese. Grundlagen einer textpsychologischen Exegese des Neuen Testaments, Gütersloh 1995.

LINNEMANN, E., *Gleichnisse* Jesu. Einführung und Auslegung, 7. Auflage, Göttingen 1978.

LISCHKE, G., Historische *Psychologie* – Ergänzung und Erweiterung oder radikale Alternative zur Psychologie? In: Individuum und Geschichte. Beiträge zur Diskussion um eine ‚Historische Psychologie', hg. v. M. Sonntag u.a., Heidelberg 1993, 27–33.

LOEWE, W.P., Towards an *Interpretation* of Lk 19,1–10, CBQ 36 (1974), 321–331.

LOHFINK, N., Das *Gleichnis* vom Sämann (Mk 4,3–9), BZ 30 (1986), 36–69.

–, Die *Lieder* in der Kindheitsgeschichte, in: Nach den Anfängen fragen, FS G. Dautzenberg, hg. v. C. Mayer, Gießen 1994, 383–404.

–, *Lobgesänge* der Armen. Studien zum Magnifikat, den Hodajot von Qumran und einigen späten Psalmen, mit einem Anhang: Hodajot-Bibliographie 1948–1989 von U. Dannen, SBS 143, Stuttgart 1990.

LOHSE, E., Die *Auferstehung* Jesu Christi im Zeugnis des Lukasevangeliums, BSt 31, Neukirchen-Vluyn 1961.

–, *Freude* des Glaubens. Die Freude im Neuen Testament, Göttingen 2007.

–, *Lukas* als Theologe der Heilsgeschichte, in: Das Lukasevangelium. Die redaktions- und kompositionsgeschichtliche Forschung, hg. v. G. Braumann, WdF 280, Darmstadt 1974, 64–90.

LONG, A.A., Stoic *Psychology*, in: The Cambridge History of Hellenistic Philosophy, hg. v. K. Algra u.a., Cambridge 1999, 560–584.

LÖW, I., Zum *Feigengleichnis*, ZNW 11 (1910), 167–168.

LUBBOCK, P., The *Craft* of Fiction, 12. Aufl. New York 1976.

LUDWIG, P.H., Sich selbst erfüllende *Prophezeiungen* im Alltagsleben. Theorie und empirische Basis von Erwartungseffekten und Konsequenzen für die Pädagogik, insbesondere für die Gerontagogik, Stuttgart 1991.

LÜHRMANN, D., Die *Redaktion* der Logienquelle. Anhang: Zur weiteren Überlieferung der Logienquelle, WMANT 33, Neukirchen-Vluyn 1969.

LUZ, U., Das *Evangelium* nach Matthäus, EKK I/3 (Mt 18–25), Zürich u.a. 1997.

LYONNET, S., Der *Verkündigungsbericht* und die Gottesmutterschaft Marias, ORPB 65 (1964), 129–138.164–170.193–199.

MAC LAURIN, E.C.B., The Semitic *Background* of Use of „en splanchnois", PEQ 103 (1971), 42–45.

MACK, B.L., Exegetical *Traditions* in Alexandrian Judaism, StPhilo 3 (1974–75), 71–112.

–, *Philo* Judaeus and Exegetical Traditions in Alexandria, ANRW II.21.1 (1984), 227–271.

MADSEN, I.K., Die *Parabeln* der Exegese und die heutige Psychologie, Kopenhagen u.a. 1936.

MAIER, J., *Psalm 1* im Licht antiker jüdischer Zeugnisse, in: Altes Testament und christliche Verkündigung, FS H.J. Gunneweg, hg. v. M. Oeming u.a., Stuttgart 1987, 353–356.

MAINVILLE, O., De *Jésus* à l' Église. Étude rédactionelle de Luc 24, NTS 51/2 (2005), 192–211.

MALINA, J.B./NEYREY, J.H., *Honor* and Shame in Luke-Acts. Pivotal Values of the Mediterranian World, in: The Social World of Luke-Acts. Models for Interpretation, hg. v. J.H. Neyrey, Peabody/MA 1991.

MALINA, J.B./ROHRBAUGH, R.L., Social-Science *Commentary* on the Synoptic Gospels, Minneapolis 1992.

MANSFELD, J., *Philosophy* in the Service of the Scipture. Philos Exegetical Strategies, in: The Question of 'Eclecticism'. Studies in Later Greek Philosophy, hg. v. J.M. Dillon u.a., Hellenistic Culture and Society 3, Berkeley 1988, 70–102.

MARGOLIN, U., Telling in the *Plural*. From Grammar to Ideology, Poetics Today 21/3 (2000), 591–618.

MARSHALL, I.H., The *Gospel* of Luke. A Commentary on the Greek Text, NIGTC 3, Exegeter u.a. 1998.

MARTENS, E., *Platon*, Reclam Taschenbuch Grundwissen Philosophie 20325, Stuttgart 2009.

MARXSEN, W., Die *Auferstehung* Jesu von Nazareth, Gütersloher Taschenausgaben 66, Gütersloh 1968 [Ndr. 1972].

MAZUR, J.E., *Lernen* und Verhalten, 2. dt. Aufl. München 2006.

MEES, U., *Emotion*, in: Psychologie. Eine Einführung: Grundlagen, Methoden, Perspektiven, hg. v. J. Straub u.a., München 1997, 324–344.

–, Zum *Forschungsstand* der Emotionspsychologie – eine Skizze, in: Emotionen und Sozialtheorie. Disziplinäre Ansätze, hg. v. R. Schützeichel, Frankf. a.M. 2006, 104–124.

MEINHARDT, J., *Emotionen* und kognitive Verarbeitungskapazität. Untersuchungen mit ereigniskorrelierten EEG-Potentialen, Regensburg 1998.

MEINHOLD, A., Die *Sprüche,* Bd.1: Sprüche Kapitel 1–15, ZBK.AT 16.1, Zürich 1991.

MEISER, M., *Lukas* und die römische Staatsmacht, in: Zwischen den Reichen. Neues Testament und römische Herrschaft, hg. v. M. Labahn u.a., TANZ 36, Tübingen u.a. 2002, 175–190.

MEISER, M./KÜHNEWEG, U./LEEB, R., u.a., *Proseminar II*. Ein Arbeitsbuch, Neues Testament – Kirchengeschichte, Stuttgart 2000.

MENDELSON, A., Secular *Education* in Philo of Alexandria, MHUC 7, Cincinnati 1982.

MÉNDEZ-MORATALLA, F., The *Paradigm* of Conversion in Luke, JSNT.S 252, London u.a. 2004.

MICHEL, O., Art. *Freude*, RAC 8 (1972), 348–418.

–, Art. οἶκος κτλ., ThWNT 5 (1954), 122–133.

MINEAR, P.S.; Luke's *Use* of Birth Stories, in: Studies in Luke-Acts, FS P. Schubert, hg. v. L.E. Keck u.a., Philadelphia 1980, 111–130.

MITCHELL, A.C., The *Use* of συκοφαντεῖν in Luke 19:8. Further Evidence for Zacchaeus' Defense, Bib. 72 (1991), 576f.

–, *Zacchaeus* Revisited, Bib. 71 (1990), 153–176.

MITTMANN-RICHERT, U., *Magnifikat* und Benediktus. Die ältesten Zeugnisse der judenchristlichen Tradition von der Geburt des Messias, WUNT II 90, Tübingen 1996.

MOLTHAGEN, J., *Rom* als Garant des Rechts und als apokalyptisches Ungeheuer. Christliche Antworten auf Anfeindungen durch Staat und Gesellschaft im späten ersten Jahrhundert n. Chr., in: Gemeinschaft am Evangelium, FS W. Popkes, hg. v. E. Brandt u.a., Leipzig 1996, 127–142.

MORRICE, W.G., Joy in the New Testament. With a foreword by A.M. Hunter, Exeter 1984.

MÜLLER, U.B., Die *Entstehung* des Glaubens an die Auferstehung Jesu. Historische Aspekte und Bedingungen, SBS 172, Stuttgart 1998.

–, *Vision* und Botschaft. Erwägungen zur prophetischen Struktur der Verkündigung Jesu, ZThK 74 (1977), 416–448.

NAGEL, T., *Aristotle* on Eudaimonia, in: Essays on Aristotle's Ethics, hg. v. A. Oksenberg Rorty, Berkeley u.a. 1980, 7–14 [zuerst erschienen in: Phron. 17 (1972), 252–259].

NEIRYNCK, F., Luc 24,36–43, un *récit* lucanien, in: Evangelica II. 1982–1991. Collected Essays by F. Neirynck, hg. v. F. van Segbroeck, BEThl 94, Leuven 1991, 205–226.

NICKELSBURG, G.W.E., *Philo* among Greeks, Jews and Christians, in: Philo und das Neue Testament. Wechselseitige Wahrnehmungen – I. Internationales Symposium zum Corpus Judaeo-Hellenisticum, 1.–4. Mai 2003, Eisenach/Jena, hg. v. R. Deines u.a., WUNT I 172, Tübingen 2004, 53–72.

NOLLAND, J., *Luke*, 3 Bde., hier: Bd. 3, WBC 35 C, Dallas 1989–1993.

NOVALIS, *Schriften*. Die Werke Friedrich von Hardenbergs. Historisch-kritische Ausgabe, 4 Bde., Materialbd. und Ergänzungsbd., hg. v. R. Samuel u.a., Stuttgart 1960–2006.

NUSSBAUM, M.C., The Therapy of Desire. Theory and Practice in Hellenistic Ethics, Martin Classical Lectures/ New Series 2, Princeton/New Jersey 1994.

–, The *Fragility* of Goodness, Luck and Ethics in Greek Tragedy and Philosophy, Cambridge 1986 [Ndr. 1989].

–, The Incomplete *Feminism* of Musonius Rufus. Platonist, Stoic, and Roman, in: The Sleep of Reason. Erotic Experience and Sexual Ethics in Ancient Greece and Rome, hg. v. J. Sihvola u.a., Chicago 2002, 283–326.

NÜTZEL, J.M., *Jesus* als Offenbarer Gottes nach den lukanischen Schriften, fzb 39, Würzburg 1980.

O'HANLON, J., The *Story* of Zacchaeus and the Lucan Ethic, JSNT 12 (1981), 2–26.

OKSENBERG RORTY, A., *Besänftigung* der stoischen Leidenschaften. Die zwei Gesichter der Individualität, in: Zur Ethik der älteren Stoa, hg. v. B. Guckes, Göttingen 2004, 165–179.

ONUKI, T., *Jesus*. Geschichte und Gegenwart, BTS 82, Neukirchen-Vluyn 2006.

OTTO, E./SCHRAMM, T., *Fest* und Freude, KTB Biblische Konfrontationen 1003, Stuttgart 1977.

OTTO, R., Das *Heilige*. Über das Irrationale in der Idee des Göttlichen und sein Verhältnis zum Rationalen, 5. Aufl. Breslau 1920.

OVERBECK, F., *Christentum* und Kultur. Gedanken und Anmerkungen zur modernen Theologie, Basel 1919.

OWEN, G.E.L., Aristotelian *Pleasure*, in: ders., Logic, Science, and Dialectic. Collected Papers in Greek Philosophy, hg. v. M.C. Nussbaum, London 1986, 334–346.

PALMER, A., Fictional *Minds*, Frontiers of Narrative, Lincoln 2004.

PANNENBERG, W., *Wissenschaftstheorie* und Theologie, Frankfurt a.M. 1973.

PAPOUŠEK, H./PAPOUŠEK, M., *Symbolbildung*, Emotionsregulation und soziale Interaktion, in: Emotionale Entwicklung. Funktion, Regulation und soziokultureller Kontext von Emotionen, hg. v. W. Friedlmeier u.a., Heidelberg u.a. 1999, 135–155.

PARSONS, M.C., Short in *Stature*. Luke's Physical Description of Zacchaeus, NTS 47 (2001), 50–57.

PASCAL, B., *Pensées*, Œuvres complètes, Préface d' Henri Gouhier, hg. v. L. Lafuma, Paris 1963.

PATZIG, G., _Art. Philosophie, Begriff und Wesen_, RGG³ 5 (1986), 349–356.

PENNEBAKER, J.W., Opening up. The Healing _Power_ of Confiding in Others, New York 1990.

PERRIG, W.J./WIPPRICH, W./PERRIG-CHIELLO, P., Unbewußte _Informationsverarbeitung_, Programm Huber, Bern 1993.

PETERSEN, W.L., The _Parable_ of the Lost Sheep in the Gospel of Thomas and the Synoptics, NT 23/2 (1981), 128–147.

PETRIE, K.J./BOOTH, R.J./PENNEBAKER, J.W., The Immunological _Effects_ of Thought Suppression, Journal of Personality and Social Psychology 75 (1998), 1264–1272.

PETZKE, G., _Art. δέχομαι_, EWNT² 1 (1992), 701f.

POHLENZ, M., Die _Stoa_. Geschichte einer geistigen Bewegung, 7. Aufl. Göttingen 1992.

PÖHLMANN, W., Der Verlorene _Sohn_ und das Haus. Studien zu Lk 15,11–32 im Horizont der antiken Lehre von Haus, Erziehung und Ackerbau, WUNT I 68, Tübingen 1993.

POKORNÝ, P., Die _Entstehung_ der Christologie. Voraussetzungen einer Theologie des Neuen Testaments, Stuttgart 1985.

–, _Theologie_ der lukanischen Schriften. FRLANT 174, Göttingen 1998.

PRATSCHER, W., _Tiefenpsychologie_ und Textauslegung, in: Proseminar I, Altes Testament. Ein Arbeitsbuch, hg. v. S. Kreuzer u.a., Stuttgart 1999, 178–188.

PROPP, V., _Morphologie_ des Märchens, hg. v. K. Eimermacher, Literatur als Kunst, Frankfurt a.M. 1972.

PEKRUN, R., _Emotion_, Motivation und Persönlichkeit, Fortschritte der psychologischen Forschung 1, München 1988.

RADL, W., _Art. ὑπομονή_, EWNT² III (1992), 969–971.

–, Das Evangelium nach _Lukas_. Kommentar, Bd.1: 1,1–9,50, Freiburg i.Br. 2003.

RÄISÄNEN, H., Die _Mutter_ Jesu im Neuen Testament, STAT. Ser.B. 158, Helsinki 1989.

RATNER, C., Eine kulturpsychologische _Analyse_ der Emotionen, in: Emotionale Entwicklung. Funktion, Regulation und soziokultureller Kontext von Emotionen, hg. v. M. Holodynski u.a., Berlin 1999, 243–258.

RAU, E., _Reden_ in Vollmacht. Hintergrund, Form und Anliegen der Gleichnisse Jesu, FRLANT 149, Göttingen 1990.

RAVENS, D.A.S., _Zacchaeus_. The Final Part of a Lucan Triptych? JSNT 41 (1991),19–32.

RENGSTORF, K.H., _Art. γελάω, καταγελάω, γέλως_, ThWNT 1 (1933), 656–660.

RENKEWITZ, F./SEDLMEIER, P., Empirische _Forschungsmethoden_ in der Psychologie – Grundlagen, Versuchspläne, Datenanalyse, in: Psychologie. Eine Einführung in ihre Grundlagen und Anwendungsfelder, hg. v. A. Schütz u.a., 3. Aufl. Stuttgart 2005, 40–62.

Renz, U./Landweer, H./ Brungs, A. (Hg.), Klassische _Emotionstheorien_ von Platon bis Wittgenstein, Berlin 2008.

REYDAMS-SCHILS, G.J., Stoicized _Readings_ of Plato's Timaeus in Philo of Alexandria, in: SBL 1994 Seminar Papers, hg. v. E.H. Lovering jr., SBL SP 33, Atlanta/Georgia 1994, 450–462.

–, Philo of Alexandria on Stoic and Platonist Psychology. The Socratic Higher Ground, in: Philo of Alexandria and Post-Aristotelian Philosophy, Studies in Philo of Alexandria V, hg. v. F. Alesse, Boston u.a. 2008, 169–195.

RITSCHL, D./JONES, H.O., „_Story_" als Rohmaterial der Theologie, TEH NF 192, München 1976.

RÖHSER, G., _Prädestination_ und Verstockung. Untersuchungen zur frühjüdischen, paulinischen und johanneischen Theologie, TANZ 14, Tübingen u.a. 1994.

RÖSSLER, G., *Freude*. Ein linguistischer Beitrag zur Semantik von Gefühlswörtern, Mannheimer Studien zur Linguistik, Mediävistik und Balkanologie 12, Frankfurt a.M. 2001.

–, *Verfahren* der Bedeutungsbeschreibung mit Hilfe semantischer Merkmale, Darstellung und Kritik. Überlegungen zur Fundierung der Textsemantik als Explikativsemantik, in: Grammatik, Semantik, Textlinguistik. Akten des 19. Linguistischen Kolloquiums Vechta 1984, Bd. 1, hg. v. W. Kürschner u.a., Tübingen 1985, 273–285.

ROSTOVZEFF, M.I., *Gesellschaft* und Wirtschaft im Römischen Kaiserreich, 2 Bde., Leipzig 1931/1952 [Ndr. 1985].

ROUSSEAU, J.J., *Abhandlung* über den Ursprung und die Grundlagen der Ungleichheit unter den Menschen, in: ders., Schriften, Bd. I, hg. v. H. Ritter, Frankfurt u.a. 1978.

RUPRECHT, E., *Art. śmh sich freuen*, THAT 2 (1976), 828–835.

RUSAM, D., Das Alte *Testament* bei Lukas, BZNW 112, Berlin u.a. 2003.

–, Sah *Jesus* wirklich den Satan vom Himmel fallen (Lk 10,18)? Auf der Suche nach einem neuen Differenzkriterium, NTS 50 (2004), 87–105.

SAFRANSKI, R., *Romantik*. Eine deutsche Affaire, München 2007.

SAND, A., *Art. καρδία*, EWNT^2 2 (1992), 615–619.

SANDERS, E.P., *Judaism*. Practice and Belief 63 BCE–66 CE, London u.a. 1992.

SCHÄFER, C., *Vorwort* zum Platon-Lexikon, in: Platon-Lexikon. Begriffswörterbuch zu Platon und der platonischen Tradition, hg. v. ders., Darmstadt 2007, 7–25.

SCHENK, W., *Synopse* zur Redequelle der Evangelien. Q-Synopse und Rekonstruktion in deutscher Übersetzung mit kurzen Erläuterungen, Düsseldorf 1981.

SCHERER, K.R., *Appraisal* considered as a Process of Multilevel Sequential Checking, in: Appraisal Process in Emotion. Theory, Methods, Research, hg. v. dems. u.a., Oxford 2001, 92–120.

–, On the *Nature* and Function of Emotion: A Component Process Approach, in: Approaches to Emotion, hg. v. P. Ekman u.a., Hillsdale 1984, 293–318.

SCHERMER, F.J., *Emotion* und Emotionsbewältigung, in: ders., Grundlagen der Psychologie. Psychologie in der sozialen Arbeit 1, Stuttgart 1999, 138–178.

–, *Lernen* und Gedächtnis, Grundriß der Psychologie 10/ UB 559, 4. Aufl. Stuttgart u.a. 2006.

SCHIEFELE, U., *Motivation* (Kap. 7), in: Pädagogische Psychologie, hg. v. E. Wild u.a., Heidelberg 2009, 151–177.

SCHILLER, F., Über Anmuth und Würde, in: Schillers Werke – Nationalausgabe Bd. 20, hg. v. B. v. Wiese unter Mitwirkung von H. Koopmann, Weimar 1962, 251–308.

SCHMIDT, S.J. (Hg.), Der *Diskurs* des radikalen Konstruktivismus, stw 636, Frankfurt a.M. 2003.

SCHMITHALS, W., Das *Evangelium* nach Lukas, ZBK.NT 3/1, Zürich 1980.

SCHMITT, A., Die *Moderne* und Platon, Stuttgart 2004.

SCHMITZ, S., In *Menschen* der Bibel sich wiederfinden. Tiefenpsychologische Zugänge, mit einem Vorwort von Eugen Drewermann, Olten u.a. 1988.

SCHMITZ, T.A., Moderne *Literaturtheorie* und antike Texte. Eine Einführung, Darmstadt 2002.

SCHMITZ-EMANS, M., Einführung in die Literatur der *Romantik*, 2. Aufl. Darmstadt 2007.

SCHNEIDER, G., Das *Evangelium* nach Lukas 11–24, Bd. 2, ÖTK 3/2, 2. Aufl. Gütersloh u.a. 1984.

–, Der *Menschensohn* in der lukanischen Christologie, in: ders., Lukas, Theologe der Heilsgeschichte. Aufsätze zum lukanischen Doppelwerk, BBB 59, Königstein i.Ts. u.a. 1985, 98–113.

SCHNIDER, F., Das *Gleichnis* vom verlorenen Schaf und seine Redaktoren. Ein intertextueller Vergleich, in: Kairos 19 (1977), 146–154.

SCHNIDER, F., Die verlorenen *Söhne*. Strukturanalytische und historisch-kritische Untersuchungen zu Lk 15, OBO 17, Fribourg u.a. 1977.

SCHNIEWIND, J., Die *Freude* der Buße. Zur Grundfrage der Bibel, mit einem Vorwort, hg. v. E. Kähler, 2. Aufl. Göttingen 1960.

SCHÖNLEIN, P.W., Zur *Entstehung* eines Gewissensbegriffes bei Griechen und Römern, RMP NF 112 (1969), 289–305.

SCHOTTROFF, L., Das *Gleichnis* vom verlorenen Sohn, ZThK 68 (1971), 27–52.

–, Die *Gleichnisse* Jesu, Gütersloh 2005.

–, Lydias ungeduldige *Schwestern*. Feministische Sozialgeschichte des frühen Christentums, Gütersloh 1994.

SCHRAGE, W., Das *Verhältnis* des Thomasevangeliums zur synoptischen Tradition und den koptischen Evangelienübersetzungen. Zugleich ein Beitrag zur gnostischen Synoptikerdeutung, BZNW 29, Berlin 1964.

–, *Ethik* des Neuen Testaments, GNT 4/1, 5. Aufl. Göttingen 1989.

SCHRENK, G., *Art. διαλογισμός*, ThWNT 2 (1935), 96–98.

SCHREY, H.-H., *Art. Freundschaft*, TRE 11 (1983), 590–599.

SCHROER, S./STAUBLI, T., Die *Körpersymbolik* der Bibel, 2. Aufl. Darmstadt 2005.

SCHRÖTER, J., *Erinnerung* an Jesu Worte. Studien zur Rezeption der Logienüberlieferung in Markus, Q und Thomas, WMANT 76, Neukirchen-Vluyn 1997.

SCHULTE, A., Religiöse *Rede* als Sprachhandlung. Eine Untersuchung zur performativen Funktion der christlichen Glaubens- und Verkündigungssprache, EHS.T 23/ 464, Frankfurt a.M. u.a. 1992.

SCHULZ, S., Q – Die *Spruchquelle* des Evangelisten, Zürich 1972.

SCHÜRMANN, H., Das *Lukasevangelium*, HThK III/1, 2. Aufl. Freiburg i.Br. 1982.

–, Das *Thomasevangelium* und das lukanische Sondergut, in: BZ NF 7 (1963), 236–260.

SCHÜTZ, A./SELG, H./LAUTENBACH, S. (Hg.), *Psychologie*. Eine Einführung in ihre Grundlagen und Anwendungsfelder, 3. Aufl. Stuttgart 2005.

SCHWARTZ, D.R., *Agrippa I*. The Last King of Judea, TSAJ 23, Tübingen 1990.

–, Philosophical *History* in Philo's In Flaccum, in: SBL 1994 Seminar Papers, hg. v. E.H. Lovering jr., SBL SP 33, Atlanta/Georgia 1994, 477–495.

SCHWARTZ, J., *Note* sur la famille de Philon d'Alexandrie, AIPh 13 (1953), 591–602.

SCHWARZ-FRIESEL, M., *Sprache* und Emotion, UTB 2939, Tübingen 2007.

SCHWEIZER, E., Das *Evangelium* nach Lukas, NTD 3, 18. Aufl. Göttingen 1982.

SCHWEMER, A.M., Das *Problem* der Mahlgemeinschaft mit dem Auferstandenen, in: Le Repas de Dieu – Das Mahl Gottes, 4. Symposium Strasbourg u.a., 11.–15.9.2002, hg. v. C. Grappe, WUNT I 169, Tübingen 2004, 187–226.

–, Der *Auferstandene* und die Emmausjünger, in: Auferstehung – Resurrection, hg. v. F. Avemarie u.a., WUNT I 135, Tübingen 2001, 95–117.

SCHWIENHORST-SCHÖNBERGER, L., Den *Ruf* der Weisheit hören. Lernkonzepte in der alttestamentlichen Weisheitsliteratur, in: Religiöses Lernen in der biblischen, frühjüdischen und frühchristlichen Überlieferung, hg. v. B. Ego u.a., WUNT I 180, Tübingen 2005, 69–82.

SEARLE, J.R., *Sprechakte*. Ein sprachphilosophischer Essay, stw 458, 7. Aufl. Frankfurt a.M. 1997.

SELAND, T., Establishment *Violence* in Philo and Luke. A Study of Non-Conformity to the Torah and Jewish Vigilante Reactions, Bibl.Interpr.S 15, Leiden u.a. 1995.

SELG, H./DÖRNER, D., *Psychologie* als Wissenschaft – Aufgaben und Ziele, in: Psychologie. Eine Einführung in ihre Grundlagen und Anwendungsfelder, hg. v. A. Schütz u.a., 3. vollständig überarbeitete und erweiterte Aufl. Stuttgart 2005, 22–39.

SELLEW, P., Interior *Monologue* as a Narrative Device in the Parables of Luke, JBL 111/2 (1992), 239–253.

SELLIN, G., Die *Allegorese* und die Anfänge der Schriftauslegung, in: Theologische Probleme der Septuaginta und der hellenistischen Hermeneutik, hg. v. H. Graf Reventlow, VWGTh 11, Gütersloh 1997, 91–138.

–, *Lukas* als Gleichniserzähler. Das Gleichnis vom barmherzigen Samariter (Lk 10,25–37), in: ZNW 65 (1974), 166–189.

SIEGERT, F., Die *Inspiration* der Heiligen Schriften. Ein philonisches Votum zu 2 Tim 3,16, in: Philo und das Neue Testament. Wechselseitige Wahrnehmungen – I. Internationales Symposium zum Corpus Judaeo-Hellenisticum, 1.–4. Mai 2003, Eisenach/Jena, hg. v. R. Deines u.a., WUNT I 172, Tübingen 2004, 205–222.

–, Early Jewish *Interpretation* of a Hellenistic Character, in: HBOT, The History of its Interpretation, Bd. I.1, hg. v. M. Sæbø, Göttingen 1996, 130–198.

–, *Sara* als vollkommene Frau bei Philon. In: Sara lacht... Eine Erzmutter und ihre Geschichte. Zur Interpretation und Rezeption der Sara-Erzählung, hg. v. R. Kampling, Paderborn 2004, 109–129.

SIER, K., Die *Rede* der Diotima. Untersuchungen zum platonischen Symposion, BzA 86, Stuttgart u.a. 1977.

SNELL, B., Die *Entdeckung* des Geistes. Studien zur Entstehung des europäischen Denkens bei den Griechen, 3. Aufl. Hamburg 1955.

SORABJI, R., *Chrysippus* – Posidonius – Seneca: A High Level Debate on Emotion, in: Sihvola, J./Engbert-Pedersen, T. (Hg.), The Emotions in Hellenistic Philosophy, The New Synthese Historical Library 46, Dordrecht u.a. 1998, 149–169.

–, *Emotion* and Peace of Mind, Oxford 2000.

SPINOZA, B. de, Kurze *Abhandlung* von Gott, dem Menschen und seinem Glück, hg. v. W. Bartuschat, PhB 91, 5. Aufl. Hamburg 1991.

STAMBAUGH, J./BALCH, D.L., Das soziale *Umfeld* des Neuen Testaments, GNT 9, Göttingen 1992.

STEGEMANN, E.W./STEGEMANN, W., Urchristliche *Sozialgeschichte*. Die Anfänge im Judentum und die Christusgemeinden in der mediterranen Welt, 2. Aufl. Stuttgart 1997.

STEIN, E., Theologische *Anthropologie:* „Was ist der Mensch?", in: Edith-Stein-Werke XVII, hg. v. L. Gelber u.a., Freiburg 1994.

STEINS, G., *Inszenierung* des Lesens und Lernens in Neh 8,1–12, in: Religiöses Lernen in der biblischen, frühjüdischen und frühchristlichen Überlieferung, hg. v. B. Ego u.a., WUNT I 180, Tübingen 2005, 83–97.

STEMPEL, W., Die *Therapie* der Affekte bei den Stoikern und Spinoza. Eine vergleichende Untersuchung zur Ethik und philosophischen Psychologie, Kiel 1969.

STERLING, G.E., *Judaism* between Jerusalem and Alexandria, in: Hellenism in the Land of Israel, hg. v. J.J. Collins u.a., CJAn 13, Notre Dame 2001, 263–301.

–, The *Place* of Philo of Alexandria in the Study of Christian Origins, in: Philo und das Neue Testament. Wechselseitige Wahrnehmungen – I. Internationales Symposium zum Corpus Judaeo-Hellenisticum, 1.–4. Mai 2003, Eisenach/Jena, hg. v. R. Deines u.a., WUNT I 172, Tübingen 2004, 21–52.

STOCK, K., Die *Berufung* Marias (Lk 1,26–38), Bib. 61 (1980), 457–491.

–, *Grundlegung* der protestantischen Tugendlehre, Gütersloh 1995.

STRACK, H.L./BILLERBECK, P., *Kommentar* zum Neuen Testament aus Talmud und Midrasch II, Das Evangelium nach Mk, Lk, und Joh und die Apg, erläutert aus Talmud und Midrasch, 8. Aufl. München 1983.

STRIKER, G., *Emotions* in Context. Aristotele's Treatment of the Passions in the Rhetoric and his Moral Psychology, in: Essays on Aristotele's Rhetoric, hg. v. A. Oksenberg Rorty, Berkeley u.a. 1996, 286–302.

STROBEL, A., Der *Begriff* des Hauses im griechischen und römischen Privatrecht, ZNW 56 (1965), 91–100.

–, Der *Gruß* an Maria (Lc 1,28). Eine philologische Betrachtung zu seinem Sinngehalt, ZNW 53 (1962), 86–110.

STUHLMACHER, P., Vom *Verstehen* des Neuen Testaments, GNT 6, 2. Aufl. Göttingen 1986.

SWANSON, R. (Hg.), New *Testament* Greek Manuscripts. Variant Readings Arranged in Horizontal Lines Against Codex Vaticanus. Bd: Luke, Sheffield 1996.

TAEGER, J.-W., Der *Mensch* und sein Heil. Studien zum Bild des Menschen und zur Sicht der Bekehrung bei Lukas, StNT 14, Gütersloh 1982.

TALBERT, C.H., Literary *Patterns*, Theological Themes, and the Genre of Luke-Acts, SBL.MS 20, Missoula 1974.

TANNEHILL, R.C., *Varieties* of Synoptic Pronouncement Stories, Semeia 20 (1981), 101–119.

THEISSEN, G., *Argumente* für einen kritischen Glauben oder: Was hält der Religionskritik stand? TEH NF 202, München 1978.

–, *Erleben* und Verhalten der ersten Christen. Eine Psychologie des Urchristentums, Gütersloh 2007.

–, *Jesusbewegung* als charismatische Wertrevolution, in: Jesus als historische Gestalt. Beiträge zur Jesusforschung. FS G. Theißen, hg. v. A. Merz, FRLANT 202, Göttingen 2003, 135–168.

–, Psychologische *Aspekte* paulinischer Theologie, [in 1. Aufl: FRLANT 131], 2. Aufl. Göttingen 1993.

–, *Studien* zur Soziologie des Urchristentums, WUNT I 19, 3. Aufl. Tübingen 1989.

–, Urchristlicher *Liebeskommunismus*. Zum ‚Sitz im Leben‘ des Topos ἄπαντα κοινά in Apg 2,44 und 4,32, in: Texts and Contexts. Biblical Texts in their Textual and Situational Contexts, FS Lars Hartman, hg. v. T. Fornberg u.a., Oslo u.a. 1995, 689–712.

THEISSEN, G./MERZ, A., Der historische *Jesus*. Ein Lehrbuch, 3. Aufl. Göttingen 2001.

THEISSEN, G./VON GEMÜNDEN, P. (Hg.), *Erkennen* und Erleben. Beiträge zur psychologischen Erforschung des frühen Christentums, Gütersloh 2007.

THEOBALD, M., „Ich sah den *Satan* aus dem Himmel stürzen ...“, BZ 49 (2005), 174–190.

THIERBACH, P., Auf dem *Weg* zu einer allgemeinen Theorie des Glücks. Eine Bestandsaufnahme der Glücksforschung, München 2009.

TILL, W.C., Das *Evangelium* der Wahrheit, in: ZNW 50 (1959), 165–185.

TITIUS, A., Die neutestamentliche *Lehre* von der Seligkeit, 4 Bde., Freiburg i.Br. 1895–1900

TOBIN, T.H., The *Creation* of Man. Philo and the History of Interpretation, CBQ.MS 14, Washington 1983.

TÖDT, H.E., Der *Menschensohn* in der synoptischen Überlieferung, Gütersloh 1959.

TOLBERT, M.A., The Prodigal *Son*. An Essay in Literary Criticism from a Psychoanalytic Perspective, in: Semeia 9 (1977), 1–20.

TOMAŠEVSKIJ, B., *Theorie* der Literatur/ Poetik. Nach dem Text der 6. Aufl., hg. v. K.-D. Seemann, Slavistische Studienbücher NF 1, Wiesbaden 1985.

TRILLING, W., *Christusverkündigung* in den synoptischen Evangelien. Beispiele gattungsgemäßer Auslegung, Biblische Handbibliothek IV, München u.a. 1969.

–, Gottes *Erbarmen* (Lk 15,1–10), in: ders., Christusverkündigung in den synoptischen Evangelien. Beispiele gattungsgemäßer Auslegung, Biblische Handbibliothek 4, München u.a. 1969, 108–122.

ULICH, D., *Art. Emotion*, in: Handwörterbuch Psychologie, hg. v. R. Asanger u.a., 2. Aufl. Weinheim 1988, 127–132.

–, *Begriffsbestimmung* und Theoriediskussion, in: Psychologie der Emotionen, hg. v. D. Ulich u.a., Grundriß der Psychologie 5, Stuttgart u.a. 1992, 28–57.

–, *Einführung* in die Psychologie, Grundriß der Psychologie 2, Stuttgart u.a. 1989.

–, *Kapitel 10: Emotion*, in: Psychologie. Eine Einführung in ihre Grundlagen und Anwendungsfelder, hg. v. A. Schütz u.a., 3. Aufl. Stuttgart 2005, 188–200.

–, *Emotionstheorien*, in: Psychologie der Emotionen, hg. v. D. Ulich u.a., 2. Aufl. Stuttgart 2003, 62–83.

ULICH, D./KIENBAUM, J./VOLLAND, C., Emotionale *Schemata* und Emotionsdifferenzierung, in: Emotionale Entwicklung. Funktion, Regulation und soziokultureller Kontext von Emotionen, hg. v. W. Friedlmeier u.a., Heidelberg u.a. 1999, 52–69.

ULICH, D./MAYRING, P., *Psychologie* der Emotionen, Grundriß der Psychologie 5, Stuttgart 2003.

VAN DER HORST, P.W., Philo`s In *Flaccum* and the Book of Acts, in: Philo und das Neue Testament. Wechselseitige Wahrnehmungen – I. Internationales Symposium zum Corpus Judaeo-Hellenisticum, 1.–4. Mai 2003, Eisenach/Jena, hg. v. R. Deines, WUNT I 172, Tübingen 2004, 95–105.

VAN TILBORG, S./CHATELION COUNET, P., Jesus' *Appearances* and Disappearances in Lk 24, Bib Int 45, Leiden u.a. 2000.

VAN UNNIK, W.C., *Dominus* Vobiscum. The Background of Liturgical Formular, in: New Testament Essays. FS T.W. Manson, hg. v. A.J.B. Higgins, Manchester 1959, 270–305.

VELTRI, G., *Art. Philo von Alexandrien*, RGG[4] 6 (2003), 1286–1288.

VESTER, H.-G., *Emotion*, Gesellschaft und Kultur. Grundzüge einer soziologischen Theorie der Emotionen, Opladen 1991.

VIA, D.O., The Prodigal *Son*. A Jungian Reading, Semeia 9 (1977), 21–43.

VIANO, C., *Passions*, Désirs et Plaisirs de Rivalité chez Aristote, in: L'Excellence de la vie. Sur l'Éthique à Nicomaque et l'Éthique à Eudème d'Aristote, hg. v. G. Romeyer-Dherbey u.a., Paris 2002, 237–252.

VIELHAUER, P., Zum *Paulinismus* der Apostelgeschichte, EvTh 10 (1950/51), 1–15.

VOGT, K.M., Die stoische *Theorie* der Emotionen, in: Zur Ethik der älteren Stoa, hg. v. B. Guckes, Göttingen 2004, 69–93.

VÖLKER, W., *Fortschritt* und Vollendung bei Philo von Alexandrien. Eine Studie zur Geschichte der Frömmigkeit, TU 49/1 = R. 4 Bd. 4/1, Leipzig 1938.

VOLLENWEIDER, S., „Ich sah den *Satan* wie einen Blitz vom Himmel fallen" (Lk 10,18), in: ders., Horizonte neutestamentlicher Christologie, WUNT I 144, Tübingen 2002, 71–87.

VON GEMÜNDEN, P., *Affekte* und Affektkontrolle im antiken Judentum und Urchristentum, in: Erkennen und Erleben. Beiträge zur psychologischen Erforschung des frühen Christentums, hg. v. G. Theißen u.a., Gütersloh 2007, 249–270.

–, Die urchristliche *Taufe* und der Umgang mit den Affekten, in: Transformations of the Inner Self in Ancient Religions, hg. v. J. Assmann u.a., SHR 83, Leiden u.a. 1999, 115–136.

–, Die *Wertung* des Zorns im Jakobusbrief auf dem Hintergrund des antiken Kontextes und seine Einordnung, in: Der Jakobusbrief. Beiträge zur Rehabilitierung der „strohernen Epistel", hg. v. P v. Gemünden. u.a., BVB 3, Münster 2003, 97–119.

–, *Einsicht*, Affekt und Verhalten. Überlegungen zur Anthropologie des Jakobusbriefes, in: Menschenbild und Menschenwürde, hg. v. E. Herms, VWGTh 17, Gütersloh 2001, 365–378.

–, *Image* de Dieu – image de l'être humain dans l'épître aux romains, RHPhR 77 (1997), 31–49.

–, La *culture* des passions à l'époque du Nouveau Testament. Une contribution théologique et psychologique, ETR 70/3 (1995), 335–348.

–, La *Figure* de Jacob à l'Époque Hellénistico-Romaine: L'Exemple de Philon d'Alexandrie, in: Jacob. Commentaire à plusieurs voix de Gen 25–36. Mélanges offerts à Albert de Pury, hg. v. J.-D. Macchi u.a., MoBi 44, Genf 2001, 358–370.

–, La *gestion* de la colère et de l'agression dans l'Antiquité et dans le sermon sur la montagne, Henoch 25 (2003), 19–45.

–, Methodische *Überlegungen* zur historischen Psychologie exemplifiziert am Themenkomplex der Trauer, EvTh 65/2 (2005), 86–102.

–, *Vegetationsmetaphorik* im Neuen Testament und seiner Umwelt. Eine Bildfelduntersuchung, NTOA 18, Fribourg u.a. 1993.

VON HARNACK, A., Die Apostelgeschichte. Untersuchungen, *Beiträge* zur Einleitung in das Neue Testament III, Leipzig 1908.

VON LIPS, H., Der *Gedanke* des Vorbilds im Neuen Testament, EvTh 58/4 (1998), 295–309.

–, Jüdische *Weisheit* und griechische Tugendlehre. Beobachtungen zur Aufnahme der Kardinaltugenden in hellenistisch-jüdischen Texten (Aristeasbrief, Sapientia Salomonis, 4. Makkabäerbuch), in: Weisheit, Ethos und Gebot. Weisheits und Dekalogtraditionen in der Bibel und im frühen Judentum, hg. v. H. Graf Reventlow, BThSt 43, Neukirchen-Vluyn 2001, 29–60.

VYGOTSKY, L.S., Child Psychology, hg. v. R.W. Rieber, The Collected *Works* of L.S. Vygotsky Bd. 5; Cognition and Language, A Series in Psycholinguistics, New York 1998.

WAGNER, A., *Emotionen*, Gefühle und Sprache im Alten Testament. Vier Studien, KUSATU 7, Waltrop 2006.

WALDMANN, M.R., *Schema* und Gedächtnis. Das Zusammenwirken von Raum- und Ereignisschemata beim Gedächtnis für Alltagssituationen, Forschung Psychologie, Heidelberg 1990.

WALLS, A.F., In the *Presence* of the Angels (Luke XV,10), NT 3 (1959), 314–316.

WALTER, N., *Art. σπλάγχνον*, EWNT² 3 (1992), 635–636.

WANKE, J., Die *Emmauserzählung*. Eine redaktionsgeschichtliche Untersuchung zu Lk 24,13–35, EThSt 31, Leipzig 1973.

WEATHERHEAD, L.D., In *Quest* of a Kingdom, London 1943.

WEDER, H., Die Gleichnisse Jesu als Metaphern. Traditions- und redaktionsgeschichtliche Analysen und Interpretationen, FRLANT 120, 3. Aufl. Göttingen 1984.

–, Neutestamentliche *Hermeneutik*, ZGB, Zürich 1986.

WEIGANDT, P., *Art. οἶκος*, EWNT² 2 (1992), 1222–1229.

WEINREICH, H., Narrative *Theologie*, Conc 9 (1973), 329–334.

WEISS, W., *Zeichen* und Wunder. Eine Studie zu der Sprachtradition und ihrer Verwendung im Neuen Testament, WMANT 67, Neukirchen-Vluyn 1995.

WEISSENRIEDER A./WENDT, F., „Warum schlaft ihr?" (Lk 22,46), *Überlegungen* zum Jüngerbild in Lk 22,39–46 im Lichte ikonographischer und medizinhistorischer Quellen, in: Picturing the New Testament. Studies in Ancient Visual Images, hg. v. A. Weissenrieder u.a., WUNT II 193, Tübingen 2005, 96–126.

WEISSENRIEDER, A., *Images* of Illness in the Gospel of Luke. Insights of Ancient Medical Texts, WUNT II 164, Tübingen 2003.

WESTERMANN, C., Der *Gruß* im Alten Testament, in: ders., Der Mensch im Alten Testament, hg. v. H.-P. Müller, Altes Testament und Moderne 6, Münster u.a. 2000, 91–100.

WHITE, N., *Indifferenz* und der nicht peripatetische stoische Begriff des Guten, in: Zur Ethik der älteren Stoa, hg. v. B. Guckes, Göttingen 2004, 180–197.

WIEFEL, W., Das *Evangelium* nach Lukas, ThHK 3, Berlin 1988.

WILCKENS, U., *Auferstehung*. Das biblische Auferstehungszeugnis historisch untersucht und erklärt, ThTh 4, Stuttgart u.a. 1970.

–, *Theologie* des Neuen Testaments, Bd I: Geschichte der urchristlichen Theologie, daraus Teilbd. II, Jesu Tod und Auferstehung und die Entstehung der Kirche aus Juden und Heiden, Neukirchen-Vluyn 2003.

WINSTON, D., *Philo of Alexandria on the Rational and Irrational Emotions*, in: Passions and Moral Progress in Greco-Roman Thought, hg. v. J.T. Fitzgerald, Abingdon u.a. 2008, 201–220.

–, *Sage* and Super-Sage in Philo of Alexandria, in: Pomegranates and Golden Bells. Studies in Biblical, Jewish and Near Eastern Ritual, Law, and Literature, FS J. Milgrom, hg. v. D.P. Wright u.a., Winona Lake 1995, 815–824.

WITTMANN, M., Die *Ethik* des Aristoteles. In ihrer systematischen Einheit und in ihrer geschichtlichen Stellung untersucht, Regensburg 1920.

WOLFF, H.W., *Anthropologie* des Alten Testaments, 4. Aufl. München 1984.

WOLTER, M., Lk 15 als *Streitgespräch*, EthL 78 (2002), 25–56.

ZELLER, D., *Geburtsankündigung* und Geburtsverkündigung. Formgeschichtliche Untersuchung im Blick auf Mt 1f., Lk 1f., in: Studien und Texte zur Formgeschichte, hg. v. K. Berger u.a., TANZ 7, Tübingen 1992, 59–134.

ZENGER, E., *JHWH* als Lehrer des Volkes und der Einzelnen im Psalter, in: Religiöses Lernen in der biblischen, frühjüdischen und frühchristlichen Überlieferung, hg. v. B. Ego u.a., WUNT I 180, Tübingen 2005, 47–67.

ZENTNER, M.R., *Temperament* und emotionale Entwicklung, in: Emotionale Entwicklung. Funktion, Regulation und soziokultureller Kontext von Emotionen, hg. v. W. Friedlmeier u.a., Heidelberg 1999, 156–175.

ZIMBARDO, P.G., *Psychologie*. hg. v. S. Hoppe-Graff u.a., 6. Aufl. Berlin u.a. 1995.

ZIMBARDO, P.G./GERRIG, R.J., *Psychologie*, hg. v. R. Graf u.a., 16. Aufl. München 2004.

Stellenregister

Altes Testament (nach der Septuaginta)

Neues Testament

Pseudepigraphen des Alten Testaments und zwischentestamentliche Literatur

Frühchristliche Schriften

Kirchenväter und mittelalterliche Quelle

Autorenregister

Abel 96, 210
Adam 19
Annas 54, 81, 194
Atkinson 31, 37f, 47, 52, 276, 301, 355
Audet 165f
Austin 157
Avemarie 107, 389

Backherms 5, 410
Baer jr. 119
Bailey 251
Bailly 160, 161
Bal 299
Balch 417
Bandura 277
Barrett 389
Bartsch 295
Bauer 197, 221
Baumgarten 56, 194
Becker 345
Bedford 52
Bellebaum 41
Ben-Ze'ev 41, 270
Berger 3, 13, 25, 30, 159, 164, 286, 290–
    292, 294f, 299f, 304, 306, 313, 380,
    392
Bernadicou 7, 15
Bertram 284
Betz 227, 369, 392
Bevan 3
Bielinski 361f
Bilde 264, 379
Billerbeck 150, 249
Birnbaum 111
Black 311
Bloch 37
Bock 149, 349
Böckler 48, 313
Böhm 106–110, 122, 124, 126f
Bonhöffer 83, 90–92, 96, 99, 101f, 104f

Booth 132
Borgen 106, 108f
Born 40
Borse 372, 374
Bossuyt 329
Bovon 149, 166, 173f, 193, 201, 224
Brandt 230
Braulik 1, 140f
Brennan 81–84, 88, 100, 102, 204
Brinker 56f
Broer 304
Brown 177, 371f, 380, 385–387
Bruce 299, 309
Brungs 55
Büchele 363f
Büttner 56
Bultmann 3f, 24, 26f, 163f, 201, 244–
    246, 256, 287, 330, 344, 346f, 371
Butt 155

Čabraja 298, 311, 313
Calvert 109
Carrez 160
Catchpole 287f, 300, 311
Chae 287, 289, 312
Chantraine 161
Chatelion Counet 376, 381
Christiansen 106
Ciompi 14, 25
Clivaz 376, 378, 380–382
Cohn 127
Coleridge 166, 177
Colpe 106, 108, 109, 112, 345
Conzelmann 3, 5–7, 9, 24, 224, 324, 335,
    383f
Cooper 54, 80, 97, 194, 270
Cramer 132
Crossan 368

Dalman 331

Sachregister

Register griechischer Begriffe und Wendungen

Wissenschaftliche Untersuchungen zum Neuen Testament
Alphabetische Übersicht der ersten und zweiten Reihe

Ådna, Jostein: Jesu Stellung zum Tempel. 2000. *Bd. II/119.*

Ådna, Jostein (Hrsg.): The Formation of the Early Church. 2005. *Bd. 183.*

– und *Hans Kvalbein* (Hrsg.): The Mission of the Early Church to Jews and Gentiles. 2000. *Bd. 127.*

Ahearne-Kroll, Stephen P., Paul A. Holloway und James A. Kelhoffer (Hrsg.): Women and Gender in Ancient Religions. 2010. *Bd. 263*

Aland, Barbara: Was ist Gnosis? 2009. *Bd. 239.*

Alexeev, Anatoly A., Christos Karakolis und *Ulrich Luz* (Hrsg.): Einheit der Kirche im Neuen Testament. Dritte europäische orthodox-westliche Exegetenkonferenz in Sankt Petersburg, 24.–31. August 2005. 2008. *Band 218.*

Alkier, Stefan: Wunder und Wirklichkeit in den Briefen des Apostels Paulus. 2001. *Bd. 134.*

Allen, David M.: Deuteronomy and Exhortation in Hebrews. 2008. *Bd. II/238.*

Anderson, Charles A.: Philo of Alexandria's Views of the Physical World. 2011. *Vol. II/309.*

Anderson, Paul N.: The Christology of the Fourth Gospel. 1996. *Bd. II/78.*

Appold, Mark L.: The Oneness Motif in the Fourth Gospel. 1976. *Bd. II/1.*

Arnold, Clinton E.: The Colossian Syncretism. 1995. *Bd. II/77.*

Ascough, Richard S.: Paul's Macedonian Associations. 2003. *Bd. II/161.*

Asiedu-Peprah, Martin: Johannine Sabbath Conflicts As Juridical Controversy. 2001. *Bd. II/132.*

Attridge, Harold W.: Essays on John and Hebrews. 2010. *Bd. 264.*

– siehe *Zangenberg, Jürgen.*

Aune, David E.: Apocalypticism, Prophecy and Magic in Early Christianity. 2006. *Bd. 199.*

Avemarie, Friedrich: Die Tauferzählungen der Apostelgeschichte. 2002. *Bd. 139.*

Avemarie, Friedrich und *Hermann Lichtenberger* (Hrsg.): Auferstehung – Ressurection. 2001. *Bd. 135.*

– Bund und Tora. 1996. *Bd. 92.*

Baarlink, Heinrich: Verkündigtes Heil. 2004. *Bd. 168.*

Bachmann, Michael: Sünder oder Übertreter. 1992. *Bd. 59.*

Bachmann, Michael (Hrsg.): Lutherische und Neue Paulusperspektive. 2005. *Bd. 182.*

Back, Frances: Verwandlung durch Offenbarung bei Paulus. 2002. *Bd. II/153.*

Backhaus, Knut: Der sprechende Gott. 2009. *Bd. 240.*

Baker, William R.: Personal Speech-Ethics in the Epistle of James. 1995. *Bd. II/68.*

Bakke, Odd Magne: 'Concord and Peace'. 2001. *Bd. II/143.*

Balch, David L.: Roman Domestic Art and Early House Churches. 2008. *Bd. 228.*

– siehe *Weissenrieder, Annette.*

Baldwin, Matthew C.: Whose *Acts of Peter?* 2005. *Bd. II/196.*

Balla, Peter: Challenges to New Testament Theology. 1997. *Bd. II/95.*

– The Child-Parent Relationship in the New Testament and its Environment. 2003. *Bd. 155.*

Baltes, Guido: Hebräisches Evangelium und synoptische Überlieferung. 2011. *Bd. II/312.*

Bammel, Ernst: Judaica. Bd. I 1986. *Bd. 37.*

– Bd. II 1997. *Bd. 91.*

Barclay, John M.G.: Pauline Churches and Diaspora Jews. 2011. *Bd. 275.*

Barreto, Eric D.: Ethnic Negotiations. 2010. *Bd. II/294.*

Barrier, Jeremy W. : The Acts of Paul and Thecla. 2009. *Bd. II/270.*

Barton, Stephen C.: siehe *Stuckenbruck, Loren T.*

Bash, Anthony: Ambassadors for Christ. 1997. *Bd. II/92.*

Bauckham, Richard: The Jewish World around the New Testament. Collected Essays Volume I. 2008. *Bd. 233.*

Bauer, Thomas Johann: Paulus und die kaiserzeitliche Epistolographie. 2011. *Bd. 276.*

Bauernfeind, Otto: Kommentar und Studien zur Apostelgeschichte. 1980. *Bd. 22.*

Baum, Armin Daniel: Pseudepigraphie und literarische Fälschung im frühen Christentum. 2001. *Bd. II/138.*

Bayer, Hans Friedrich: Jesus' Predictions of Vindication and Resurrection. 1986. *Bd. II/20.*

Becker, Eve-Marie: Das Markus-Evangelium im Rahmen antiker Historiographie. 2006. *Bd. 194.*

Becker, Eve-Marie und *Peter Pilhofer* (Hrsg.): Biographie und Persönlichkeit des Paulus. 2005. *Bd. 187.*

– and *Anders Runesson* (Hrsg.): Mark and Matthew I. 2011. *Bd. 271.*

Becker, Michael: Wunder und Wundertäter im frührabbinischen Judentum. 2002. *Bd. II/144.*

Becker, Michael und *Markus Öhler* (Hrsg.): Apokalyptik als Herausforderung neutestamentlicher Theologie. 2006. *Bd. II/214.*

Bell, Richard H.: Deliver Us from Evil. 2007. *Bd. 216.*

– The Irrevocable Call of God. 2005. *Bd. 184.*

– No One Seeks for God. 1998. *Bd. 106.*

– Provoked to Jealousy. 1994. *Bd. II/63.*

Bennema, Cornelis: The Power of Saving Wisdom. 2002. *Bd. II/148.*

Bergman, Jan: siehe *Kieffer, René*

Bergmeier, Roland: Das Gesetz im Römerbrief und andere Studien zum Neuen Testament. 2000. *Bd. 121.*

Bernett, Monika: Der Kaiserkult in Judäa unter den Herodiern und Römern. 2007. *Bd. 203.*

Bertho, Benjamin: siehe *Clivaz, Claire.*

Betz, Otto: Jesus, der Messias Israels. 1987. *Bd. 42.*

– Jesus, der Herr der Kirche. 1990. *Bd. 52.*

Beyschlag, Karlmann: Simon Magus und die christliche Gnosis. 1974. *Bd. 16.*

Bieringer, Reimund: siehe *Koester, Craig.*

Bird, Michael F. und *Jason Maston* (Hrsg.): Earliest Christian History. 2012. *Bd. II/320.*

Bittner, Wolfgang J.: Jesu Zeichen im Johannesevangelium. 1987. *Bd. II/26.*

Bjerkelund, Carl J.: Tauta Egeneto. 1987. *Bd. 40.*

Blackburn, Barry Lee: Theios Aner and the Markan Miracle Traditions. 1991. *Bd. II/40.*

Blackwell, Ben C.: Christosis. 2011. *Bd. II/314.*

Blanton IV, Thomas R.: Constructing a New Covenant. 2007. *Bd. II/233.*

Bock, Darrell L.: Blasphemy and Exaltation in Judaism and the Final Examination of Jesus. 1998. *Bd. II/106.*

Bockmuehl, Markus: The Remembered Peter. 2010. *Vol. 262.*

– Revelation and Mystery in Ancient Judaism and Pauline Christianity. 1990. *Bd. II/36.*

Bøe, Sverre: Cross-Bearing in Luke. 2010. *Bd. II/278.*

– Gog and Magog. 2001. *Bd. II/135.*

Böhlig, Alexander: Gnosis und Synkretismus. Teil 1 1989. *Bd. 47* – Teil 2 1989. *Bd. 48.*

Böhm, Martina: Samarien und die Samaritai bei Lukas. 1999. *Bd. II/111.*

Börstinghaus, Jens: Sturmfahrt und Schiffbruch. 2010. *Bd. II/274.*

Böttrich, Christfried: Weltweisheit – Menschheitsethik – Urkult. 1992. *Bd. II/50.*

– / *Herzer, Jens* (Hrsg.): Josephus und das Neue Testament. 2007. *Bd. 209.*

Bolyki, János: Jesu Tischgemeinschaften. 1997. *Bd. II/96.*

Bosman, Philip: Conscience in Philo and Paul. 2003. *Bd. II/166.*

Bovon, François: New Testament and Christian Apocrypha. 2009. *Bd. 237.*

– Studies in Early Christianity. 2003. *Bd. 161.*

Brändl, Martin: Der Agon bei Paulus. 2006. *Bd. II/222.*

Braun, Heike: Geschichte des Gottesvolkes und christliche Identität. 2010. *Bd. II/279.*

Breytenbach, Cilliers: siehe *Frey, Jörg.*

Broadhead, Edwin K.: Jewish Ways of Following Jesus Redrawing the Religious Map of Antiquity. 2010. *Bd. 266.*

Brocke, Christoph vom: Thessaloniki – Stadt des Kassander und Gemeinde des Paulus. 2001. *Bd. II/125.*

Brunson, Andrew: Psalm 118 in the Gospel of John. 2003. *Bd. II/158.*

Büchli, Jörg: Der Poimandres – ein paganisiertes Evangelium. 1987. *Bd. II/27.*

Bühner, Jan A.: Der Gesandte und sein Weg im 4. Evangelium. 1977. *Bd. II/2.*

Burchard, Christoph: Untersuchungen zu Joseph und Aseneth. 1965. *Bd. 8.*

– Studien zur Theologie, Sprache und Umwelt des Neuen Testaments. Hrsg. von D. Sänger. 1998. *Bd. 107.*

Burnett, Richard: Karl Barth's Theological Exegesis. 2001. *Bd. II/145.*

Byron, John: Slavery Metaphors in Early Judaism and Pauline Christianity. 2003. *Bd. II/162.*

Byrskog, Samuel: Story as History – History as Story. 2000. *Bd. 123.*

Calhoun, Robert M.: Paul's Definitions of the Gospel in Romans 1. 2011. *Bd. II/316.*

Cancik, Hubert (Hrsg.): Markus-Philologie. 1984. *Bd. 33.*

Capes, David B.: Old Testament Yaweh Texts in Paul's Christology. 1992. *Bd. II/47.*

Caragounis, Chrys C.: The Development of Greek and the New Testament. 2004. *Bd. 167.*
- The Son of Man. 1986. *Bd. 38.*
- siehe *Fridrichsen, Anton.*

Carleton Paget, James: The Epistle of Barnabas. 1994. *Bd. II/64.*
- Jews, Christians and Jewish Christians in Antiquity. 2010. *Bd. 251.*

Carson, D.A., Peter T. O'Brien und *Mark Seifrid* (Hrsg.): Justification and Variegated Nomism.
  Bd. 1: The Complexities of Second Temple Judaism. 2001. *Bd. II/140.*
  Bd. 2: The Paradoxes of Paul. 2004. *Bd. II/181.*

Caulley, Thomas Scott und *Hermann Lichtenberger* (Hrsg.): Die Septuaginta und das frühe Christentum – The Septuagint and Christian Origins. 2011. *Band 277.*
- siehe *Lichtenberger, Hermann.*

Chae, Young Sam: Jesus as the Eschatological Davidic Shepherd. 2006. *Bd. II/216.*

Chapman, David W.: Ancient Jewish and Christian Perceptions of Crucifixion. 2008. *Bd. II/244.*

Chester, Andrew: Messiah and Exaltation. 2007. *Bd. 207.*

Chibici-Revneanu, Nicole: Die Herrlichkeit des Verherrlichten. 2007. *Bd. II/231.*

Ciampa, Roy E.: The Presence and Function of Scripture in Galatians 1 and 2. 1998. *Bd. II/102.*

Classen, Carl Joachim: Rhetorical Criticism of the New Testament. 2000. *Bd. 128.*

Claußen, Carsten (Hrsg.): siehe *Frey, Jörg.*

Clivaz, Claire, Andreas Dettwiler, Luc Devillers, Enrico Norelli with *Benjamin Bertho* (Hrsg.): Infancy Gospels. 2011. *Bd. 281.*

Colpe, Carsten: Griechen – Byzantiner – Semiten – Muslime. 2008. *Bd. 221.*
- Iranier – Aramäer – Hebräer – Hellenen. 2003. *Bd. 154.*

Cook, John G.: Roman Attitudes Towards the Christians. 2010. *Band 261.*

Coote, Robert B. (Hrsg.): siehe *Weissenrieder, Annette.*

Coppins, Wayne: The Interpretation of Freedom in the Letters of Paul. 2009. *Bd. II/261.*

Crump, David: Jesus the Intercessor. 1992. *Bd. II/49.*

Dahl, Nils Alstrup: Studies in Ephesians. 2000. *Bd. 131.*

Daise, Michael A.: Feasts in John. 2007. *Bd. II/229.*

Deines, Roland: Die Gerechtigkeit der Tora im Reich des Messias. 2004. *Bd. 177.*
- Jüdische Steingefäße und pharisäische Frömmigkeit. 1993. *Bd. II/52.*
- Die Pharisäer. 1997. *Bd. 101.*

Deines, Roland, Jens Herzer und *Karl-Wilhelm Niebuhr* (Hrsg.): Neues Testament und hellenistisch-jüdische Alltagskultur. III. Internationales Symposium zum Corpus Judaeo-Hellenisticum Novi Testamenti. 21.–24. Mai 2009 in Leipzig. 2011. *Bd. 274.*
- und *Karl-Wilhelm Niebuhr* (Hrsg.): Philo und das Neue Testament. 2004. *Bd. 172.*

Dennis, John A.: Jesus' Death and the Gathering of True Israel. 2006. *Bd. 217.*

Dettwiler, Andreas und *Jean Zumstein* (Hrsg.): Kreuzestheologie im Neuen Testament. 2002. *Bd. 151.*
- siehe *Clivaz, Claire.*

Devillers, Luc: siehe Clivaz, Claire.

Dickson, John P.: Mission-Commitment in Ancient Judaism and in the Pauline Communities. 2003. *Bd. II/159.*

Dietzfelbinger, Christian: Der Abschied des Kommenden. 1997. *Bd. 95.*

Dimitrov, Ivan Z., James D.G. Dunn, Ulrich Luz und *Karl-Wilhelm Niebuhr* (Hrsg.): Das Alte Testament als christliche Bibel in orthodoxer und westlicher Sicht. 2004. *Bd. 174.*

Dobbeler, Axel von: Glaube als Teilhabe. 1987. *Bd. II/22.*

Docherty, Susan E.: The Use of the Old Testament in Hebrews. 2009. *Bd. II/260.*

Dochhorn, Jan: Schriftgelehrte Prophetie. 2010. *Bd. 268.*

Downs, David J.: The Offering of the Gentiles. 2008. *Bd. II/248.*

Dryden, J. de Waal: Theology and Ethics in 1 Peter. 2006. *Bd. II/209.*

Dübbers, Michael: Christologie und Existenz im Kolosserbrief. 2005. *Bd. II/191.*

Dunn, James D.G.: The New Perspective on Paul. 2005. *Bd. 185.*

Dunn, James D.G. (Hrsg.): Jews and Christians. 1992. *Bd. 66.*
- Paul and the Mosaic Law. 1996. *Bd. 89.*
- siehe *Dimitrov, Ivan Z.*

Dunn, James D.G., Hans Klein, Ulrich Luz und *Vasile Mihoc* (Hrsg.): Auslegung der Bibel in orthodoxer und westlicher Perspektive. 2000. *Bd. 130.*

Ebel, Eva: Die Attraktivität früher christlicher Gemeinden. 2004. *Bd. II/178.*

Ebertz, Michael N.: Das Charisma des Gekreuzigten. 1987. *Bd. 45.*

Eckstein, Hans-Joachim: Der Begriff Syneidesis bei Paulus. 1983. *Bd. II/10.*
- Verheißung und Gesetz. 1996. *Bd. 86.*
-, *Christoph Landmesser* and *Hermann Lichtenberger* (Ed.): Eschatologie – Eschatology. The Sixth Durham-Tübingen Research Symposium. 2011. *Bd. 272.*
Ego, Beate: Im Himmel wie auf Erden. 1989. *Bd. II/34.*
Ego, Beate, Armin Lange und *Peter Pilhofer* (Hrsg.): Gemeinde ohne Tempel – Community without Temple. 1999. *Bd. 118.*
- und *Helmut Merkel* (Hrsg.): Religiöses Lernen in der biblischen, frühjüdischen und frühchristlichen Überlieferung. 2005. *Bd. 180.*
Eisele, Wilfried: Welcher Thomas? 2010. *Bd. 259.*
Eisen, Ute E.: siehe *Paulsen, Henning.*
Elledge, C.D.: Life after Death in Early Judaism. 2006. *Bd. II/208.*
Ellis, E. Earle: Prophecy and Hermeneutic in Early Christianity. 1978. *Bd. 18.*
- The Old Testament in Early Christianity. 1991. *Bd. 54.*
Elmer, Ian J.: Paul, Jerusalem and the Judaisers. 2009. *Bd. II/258.*
Endo, Masanobu: Creation and Christology. 2002. *Bd. 149.*
Ennulat, Andreas: Die 'Minor Agreements'. 1994. *Bd. II/62.*
Ensor, Peter W.: Jesus and His 'Works'. 1996. *Bd. II/85.*
Eskola, Timo: Messiah and the Throne. 2001. *Bd. II/142.*
- Theodicy and Predestination in Pauline Soteriology. 1998. *Bd. II/100.*
Farelly, Nicolas: The Disciples in the Fourth Gospel. 2010. *Bd. II/290.*
Fatehi, Mehrdad: The Spirit's Relation to the Risen Lord in Paul. 2000. *Bd. II/128.*
Feldmeier, Reinhard: Die Krisis des Gottessohnes. 1987. *Bd. II/21.*
- Die Christen als Fremde. 1992. *Bd. 64.*
Feldmeier, Reinhard und *Ulrich Heckel* (Hrsg.): Die Heiden. 1994. *Bd. 70.*
Felsch, Dorit: Die Feste im Johannesevangelium. 2011. *Bd. II/308.*
Finnern, Sönke: Narratologie und biblische Exegese. 2010. *Bd. II/285.*
Fletcher-Louis, Crispin H.T.: Luke-Acts: Angels, Christology and Soteriology. 1997. *Bd. II/94.*
Förster, Niclas: Marcus Magus. 1999. *Bd. 114.*

Forbes, Christopher Brian: Prophecy and Inspired Speech in Early Christianity and its Hellenistic Environment. 1995. *Bd. II/75.*
Fornberg, Tord: siehe *Fridrichsen, Anton.*
Fossum, Jarl E.: The Name of God and the Angel of the Lord. 1985. *Bd. 36.*
Foster, Paul: Community, Law and Mission in Matthew's Gospel. *Bd. II/177.*
Fotopoulos, John: Food Offered to Idols in Roman Corinth. 2003. *Bd. II/151.*
Frank, Nicole: Der Kolosserbrief im Kontext des paulinischen Erbes. 2009. *Bd. II/271.*
Frenschkowski, Marco: Offenbarung und Epiphanie. Bd. 1 1995. *Bd. II/79* – Bd. 2 1997. *Bd. II/80.*
Frey, Jörg: Eugen Drewermann und die biblische Exegese. 1995. *Bd. II/71.*
- Die johanneische Eschatologie. Bd. I. 1997. *Bd. 96.* – Bd. II. 1998. *Bd. 110.*
- Bd. III. 2000. *Bd. 117.*
Frey, Jörg, Carsten Claußen und *Nadine Kessler* (Hrsg.): Qumran und die Archäologie. 2011. *Bd. 278.*
- und *Cilliers Breytenbach* (Hrsg.): Aufgabe und Durchführung einer Theologie des Neuen Testaments. 2007. *Bd. 205.*
- *Jens Herzer, Martina Janßen* und *Clare K. Rothschild* (Hrsg.): Pseudepigraphie und Verfasserfiktion in frühchristlichen Briefen. 2009. *Bd. 246.*
- *Stefan Krauter* und *Hermann Lichtenberger* (Hrsg.): Heil und Geschichte. 2009. *Bd. 248.*
- und *Udo Schnelle* (Hrsg.): Kontexte des Johannesevangeliums. 2004. *Bd. 175.*
- und *Jens Schröter* (Hrsg.): Deutungen des Todes Jesu im Neuen Testament. 2005. *Bd. 181.*
- Jesus in apokryphen Evangelienüberlieferungen. 2010. *Bd. 254.*
-, *Jan G. van der Watt,* und *Ruben Zimmermann* (Hrsg.): Imagery in the Gospel of John. 2006. *Bd. 200.*
Freyne, Sean: Galilee and Gospel. 2000. *Bd. 125.*
Fridrichsen, Anton: Exegetical Writings. Hrsg. von C.C. Caragounis und T. Fornberg. 1994. *Bd. 76.*
Gadenz, Pablo T.: Called from the Jews and from the Gentiles. 2009. *Bd. II/267.*
Gäbel, Georg: Die Kulttheologie des Hebräerbriefes. 2006. *Bd. II/212.*
Gäckle, Volker: Die Starken und die Schwachen in Korinth und in Rom. 2005. *Bd. 200.*
Garlington, Don B.: 'The Obedience of Faith'. 1991. *Bd. II/38.*

– Faith, Obedience, and Perseverance. 1994. *Bd. 79.*

Garnet, Paul: Salvation and Atonement in the Qumran Scrolls. 1977. *Bd. II/3.*

Gemünden, Petra von (Hrsg.): siehe *Weissenrieder, Annette.*

Gese, Michael: Das Vermächtnis des Apostels. 1997. *Bd. II/99.*

Gheorghita, Radu: The Role of the Septuagint in Hebrews. 2003. *Bd. II/160.*

Gordley, Matthew E.: The Colossian Hymn in Context. 2007. *Bd. II/228.*

– Teaching through Song in Antiquity. 2011. *Bd. II/302.*

Gräbe, Petrus J.: The Power of God in Paul's Letters. 2000, ²2008. *Bd. II/123.*

Gräßer, Erich: Der Alte Bund im Neuen. 1985. *Bd. 35.*

– Forschungen zur Apostelgeschichte. 2001. *Bd. 137.*

Grappe, Christian (Hrsg.): Le Repas de Dieu – Das Mahl Gottes. 2004. *Bd. 169.*

Gray, Timothy C.: The Temple in the Gospel of Mark. 2008. *Bd. II/242.*

Green, Joel B.: The Death of Jesus. 1988. *Bd. II/33.*

Gregg, Brian Han: The Historical Jesus and the Final Judgment Sayings in Q. 2005. *Bd. II/207.*

Gregory, Andrew: The Reception of Luke and Acts in the Period before Irenaeus. 2003. *Bd. II/169.*

Grindheim, Sigurd: The Crux of Election. 2005. *Bd. II/202.*

Gundry, Robert H.: The Old is Better. 2005. *Bd. 178.*

Gundry Volf, Judith M.: Paul and Perseverance. 1990. *Bd. II/37.*

Häußer, Detlef: Christusbekenntnis und Jesusüberlieferung bei Paulus. 2006. *Bd. 210.*

Hafemann, Scott J.: Suffering and the Spirit. 1986. *Bd. II/19.*

– Paul, Moses, and the History of Israel. 1995. *Bd. 81.*

Hahn, Ferdinand: Studien zum Neuen Testament.
Bd. I: Grundsatzfragen, Jesusforschung, Evangelien. 2006. *Bd. 191.*
Bd. II: Bekenntnisbildung und Theologie in urchristlicher Zeit. 2006. *Bd. 192.*

Hahn, Johannes (Hrsg.): Zerstörungen des Jerusalemer Tempels. 2002. *Bd. 147.*

Hamid-Khani, Saeed: Relevation and Concealment of Christ. 2000. *Bd. II/120.*

Hannah, Darrel D.: Michael and Christ. 1999. *Bd. II/109.*

Hardin, Justin K.: Galatians and the Imperial Cult? 2007. *Bd. II /237.*

Harrison, James R.: Paul and the Imperial Authorities at Thessalonica and Rome. 2011. *Bd. 273.*

– Paul's Language of Grace in Its Graeco-Roman Context. 2003. *Bd. II/172.*

Hartman, Lars: Text-Centered New Testament Studies. Hrsg. von D. Hellholm. 1997. *Bd. 102.*

Hartog, Paul: Polycarp and the New Testament. 2001. *Bd. II/134.*

Hasselbrook, David S.: Studies in New Testament Lexicography. 2011. *Bd. II/303.*

Hays, Christopher M.: Luke's Wealth Ethics. 2010. *Bd. 275.*

Heckel, Theo K.: Der Innere Mensch. 1993. *Bd. II/53.*

– Vom Evangelium des Markus zum viergestaltigen Evangelium. 1999. *Bd. 120.*

Heckel, Ulrich: Kraft in Schwachheit. 1993. *Bd. II/56.*

– Der Segen im Neuen Testament. 2002. *Bd. 150.*

– siehe *Feldmeier, Reinhard.*

– siehe *Hengel, Martin.*

Heemstra, Marius The Fiscus Judaicus and the Parting of the Ways. 2010. *Bd. II/277.*

Heiligenthal, Roman: Werke als Zeichen. 1983. *Bd. II/9.*

Heininger, Bernhard: Die Inkulturation des Christentums. 2010. *Bd. 255.*

Heliso, Desta: Pistis and the Righteous One. 2007. *Bd. II/235.*

Hellholm, D.: siehe *Hartman, Lars.*

Hemer, Colin J.: The Book of Acts in the Setting of Hellenistic History. 1989. *Bd. 49.*

Henderson, Timothy P.: The Gospel of Peter and Early Christian Apologetics. 2011. *Bd. II/301.*

Hengel, Martin: Jesus und die Evangelien. Kleine Schriften V. 2007. *Bd. 211.*

– Die johanneische Frage. 1993. *Bd. 67.*

– Judaica et Hellenistica. Kleine Schriften I. 1996. *Bd. 90.*

– Judaica, Hellenistica et Christiana. Kleine Schriften II. 1999. *Bd. 109.*

– Judentum und Hellenismus. 1969, ³1988. *Bd. 10.*

– Paulus und Jakobus. Kleine Schriften III. 2002. *Bd. 141.*

– Studien zur Christologie. Kleine Schriften IV. 2006. *Bd. 201.*

- Studien zum Urchristentum. Kleine Schriften VI. 2008. *Bd. 234.*
- Theologische, historische und biographische Skizzen. Kleine Schriften VII. 2010. *Band 253.*
- und *Anna Maria Schwemer:* Paulus zwischen Damaskus und Antiochien. 1998. *Bd. 108.*
- Der messianische Anspruch Jesu und die Anfänge der Christologie. 2001. *Bd. 138.*
- Die vier Evangelien und das eine Evangelium von Jesus Christus. 2008. *Bd. 224.*
- Die Zeloten. ³2011. *Bd. 283.*

Hengel, Martin und *Ulrich Heckel* (Hrsg.): Paulus und das antike Judentum. 1991. *Bd. 58.*
- und *Hermut Löhr* (Hrsg.): Schriftauslegung im antiken Judentum und im Urchristentum. 1994. *Bd. 73.*
- und *Anna Maria Schwemer* (Hrsg.): Königsherrschaft Gottes und himmlischer Kult. 1991. *Bd. 55.*
- Die Septuaginta. 1994. *Bd. 72.*
-, *Siegfried Mittmann* und *Anna Maria Schwemer* (Hrsg.): La Cité de Dieu / Die Stadt Gottes. 2000. *Bd. 129.*

Hentschel, Anni: Diakonia im Neuen Testament. 2007. *Bd. 226.*

Hernández Jr., Juan: Scribal Habits and Theological Influence in the Apocalypse. 2006. *Bd. II/218.*

Herrenbrück, Fritz: Jesus und die Zöllner. 1990. *Bd. II/41.*

Herzer, Jens: Paulus oder Petrus? 1998. *Bd. 103.*
- siehe *Böttrich, Christfried.*
- siehe *Deines, Roland.*
- siehe *Frey, Jörg.*

Hill, Charles E.: From the Lost Teaching of Polycarp. 2005. *Bd. 186.*

Hoegen-Rohls, Christina: Der nachösterliche Johannes. 1996. *Bd. II/84.*

Hoffmann, Matthias Reinhard: The Destroyer and the Lamb. 2005. *Bd. II/203.*

Hofius, Otfried: Katapausis. 1970. *Bd. 11.*
- Der Vorhang vor dem Thron Gottes. 1972. *Bd. 14.*
- Der Christushymnus Philipper 2,6–11. 1976, ²1991. *Bd. 17.*
- Paulusstudien. 1989, ²1994. *Bd. 51.*
- Neutestamentliche Studien. 2000. *Bd. 132.*
- Paulusstudien II. 2002. *Bd. 143.*
- Exegetische Studien. 2008. *Bd. 223.*
- und *Hans-Christian Kammler:* Johannesstudien. 1996. *Bd. 88.*

Holloway, Paul A.: Coping with Prejudice. 2009. *Bd. 244.*
- siehe *Ahearne-Kroll, Stephen P.*

Holmberg, Bengt (Hrsg.): Exploring Early Christian Identity. 2008. *Bd. 226.*
- und *Mikael Winninge* (Hrsg.): Identity Formation in the New Testament. 2008. *Bd. 227.*

Holtz, Traugott: Geschichte und Theologie des Urchristentums. 1991. *Bd. 57.*

Hommel, Hildebrecht: Sebasmata.
Bd. 1 1983. *Bd. 31.*
Bd. 2 1984. *Bd. 32.*

Horbury, William: Herodian Judaism and New Testament Study. 2006. *Bd. 193.*

Horn, Friedrich Wilhelm und *Ruben Zimmermann* (Hrsg): Jenseits von Indikativ und Imperativ. Bd. 1. 2009. *Bd. 238.*

Horst, Pieter W. van der: Jews and Christians in Their Graeco-Roman Context. 2006. *Bd. 196.*

Hultgård, Anders und *Stig Norin* (Hrsg): Le Jour de Dieu / Der Tag Gottes. 2009. *Bd. 245.*

Hume, Douglas A.: The Early Christian Community. 2011. *Bd. II/298.*

Inselmann, Anke: Die Freude im Lukasevangelium. 2012. *Bd. II/322.*

Jackson, Ryan: New Creation in Paul's Letters. 2010. *Bd. II/272.*

Hvalvik, Reidar: The Struggle for Scripture and Covenant. 1996. *Bd. II/82.*

Janßen Martina: siehe *Frey, Jörg.*

Jauhiainen, Marko: The Use of Zechariah in Revelation. 2005. *Bd. II/199.*

Jensen, Morten H.: Herod Antipas in Galilee. 2006. ²2010. *Bd. II/215.*

Johns, Loren L.: The Lamb Christology of the Apocalypse of John. 2003. *Bd. II/167.*

Jossa, Giorgio: Jews or Christians? 2006. *Bd. 202.*

Joubert, Stephan: Paul as Benefactor. 2000. *Bd. II/124.*

Judge, E. A.: The First Christians in the Roman World. 2008. *Bd. 229.*
- Jerusalem and Athens. 2010. *Bd. 265.*

Jungbauer, Harry: „Ehre Vater und Mutter". 2002. *Bd. II/146.*

Kähler, Christoph: Jesu Gleichnisse als Poesie und Therapie. 1995. *Bd. 78.*

Kamlah, Ehrhard: Die Form der katalogischen Paränese im Neuen Testament. 1964. *Bd. 7.*

Kammler, Hans-Christian: Christologie und Eschatologie. 2000. *Bd. 126.*
- Kreuz und Weisheit. 2003. *Bd. 159.*

– siehe *Hofius, Otfried.*

Karakolis, Christos: siehe *Alexeev, Anatoly A.*

Karrer, Martin und *Wolfgang Kraus* (Hrsg.):
Die Septuaginta – Texte, Kontexte, Lebenswelten. 2008. *Band 219.*

– siehe *Kraus, Wolfgang.*

Kelhoffer, James A.: The Diet of John the Baptist. 2005. *Bd. 176.*

– Miracle and Mission. 2000. *Bd. II/112.*

– Persecution, Persuasion and Power. 2010.
Bd. 270.

– siehe *Ahearne-Kroll, Stephen P.*

Kelley, Nicole: Knowledge and Religious
Authority in the Pseudo-Clementines. 2006.
Bd. II/213.

Kennedy, Joel: The Recapitulation of Israel.
2008. *Bd. II/257.*

Kensky, Meira Z.: Trying Man, Trying God.
2010. *Bd. II/289.*

Kessler, Nadine (Hrsg.): siehe *Frey, Jörg.*

Kieffer, René und *Jan Bergman* (Hrsg.): La
Main de Dieu / Die Hand Gottes. 1997.
Bd. 94.

Kierspel, Lars: The Jews and the World in the
Fourth Gospel. 2006. *Bd. 220.*

Kim, Seyoon: The Origin of Paul's Gospel.
1981, ²1984. *Bd. II/4.*

– Paul and the New Perspective. 2002.
Bd. 140.

– "The 'Son of Man'" as the Son of God.
1983. *Bd. 30.*

Klauck, Hans-Josef: Religion und Gesellschaft
im frühen Christentum. 2003. *Bd. 152.*

Klein, Hans, Vasile Mihoc und *Karl-Wilhelm
Niebuhr* (Hrsg.): Das Gebet im Neuen Testament. Vierte, europäische orthodox-westliche Exegetenkonferenz in Sambata de Sus,
4. – 8. August 2007. 2009. *Bd. 249.*

– siehe *Dunn, James D.G.*

Kleinknecht, Karl Th.: Der leidende Gerechtfertigte. 1984, ²1988. *Bd. II/13.*

Klinghardt, Matthias: Gesetz und Volk Gottes.
1988. *Bd. II/32.*

Kloppenborg, John S.: The Tenants in the Vineyard. 2006, student edition 2010. *Bd. 195.*

Koch, Michael: Drachenkampf und Sonnenfrau.
2004. *Bd. II/184.*

Koch, Stefan: Rechtliche Regelung von Konflikten im frühen Christentum. 2004.
Bd. II/174.

Köhler, Wolf-Dietrich: Rezeption des Matthäusevangeliums in der Zeit vor Irenäus. 1987.
Bd. II/24.

Köhn, Andreas: Der Neutestamentler Ernst
Lohmeyer. 2004. *Bd. II/180.*

Koester, Craig und *Reimund Bieringer* (Hrsg.):
The Resurrection of Jesus in the Gospel of
John. 2008. *Bd. 222.*

Konradt, Matthias: Israel, Kirche und die Völker im Matthäusevangelium. 2007. *Bd. 215.*

Kooten, George H. van: Cosmic Christology in Paul and the Pauline School. 2003.
Bd. II/171.

– Paul's Anthropology in Context. 2008.
Bd. 232.

Korn, Manfred: Die Geschichte Jesu in veränderter Zeit. 1993. *Bd. II/51.*

Koskenniemi, Erkki: Apollonios von Tyana
in der neutestamentlichen Exegese. 1994.
Bd. II/61.

– The Old Testament Miracle-Workers in
Early Judaism. 2005. *Bd. II/206.*

Kraus, Thomas J.: Sprache, Stil und historischer
Ort des zweiten Petrusbriefes. 2001.
Bd. II/136.

Kraus, Wolfgang: Das Volk Gottes. 1996.
Bd. 85.

– siehe *Karrer, Martin.*

– siehe *Walter, Nikolaus.*

– und *Martin Karrer* (Hrsg.): Die Septuaginta – Texte, Theologien, Einflüsse. 2010.
Bd. 252.

– und *Karl-Wilhelm Niebuhr* (Hrsg.): Frühjudentum und Neues Testament im Horizont
Biblischer Theologie. 2003. *Bd. 162.*

Krauter, Stefan: Studien zu Röm 13,1–7. 2009.
Bd. 243.

– siehe *Frey, Jörg.*

Kreplin, Matthias: Das Selbstverständnis Jesu.
2001. *Bd. II/141.*

Kuhn, Karl G.: Achtzehngebet und Vaterunser
und der Reim. 1950. *Bd. 1.*

Kvalbein, Hans: siehe *Ådna, Jostein.*

Kwon, Yon-Gyong: Eschatology in Galatians.
2004. *Bd. II/183.*

Laansma, Jon: I Will Give You Rest. 1997.
Bd. II/98.

Labahn, Michael: Offenbarung in Zeichen und
Wort. 2000. *Bd. II/117.*

Lambers-Petry, Doris: siehe *Tomson, Peter J.*

Lange, Armin: siehe *Ego, Beate.*

Lampe, Peter: Die stadtrömischen Christen
in den ersten beiden Jahrhunderten. 1987,
²1989. *Bd. II/18.*

Landmesser, Christof: Wahrheit als Grundbegriff neutestamentlicher Wissenschaft.
1999. *Bd. 113.*

– Jüngerberufung und Zuwendung zu Gott.
2000. *Bd. 133.*

– siehe *Eckstein, Hans-Joachim.*

Lau, Andrew: Manifest in Flesh. 1996.
Bd. II/86.

Lawrence, Louise: An Ethnography of the Gospel of Matthew. 2003. *Bd. II/165.*

Lee, Aquila H.I.: From Messiah to Preexistent Son. 2005. *Bd. II/192.*

Lee, Pilchan: The New Jerusalem in the Book of Relevation. 2000. *Bd. II/129.*

Lee, Sang M.: The Cosmic Drama of Salvation. 2010. *Bd. II/276.*

Lee, Simon S.: Jesus' Transfiguration and the Believers' Transformation. 2009. *Bd. II/265.*

Lichtenberger, Hermann: Das Ich Adams und das Ich der Menschheit. 2004. *Bd. 164.*

– siehe *Avemarie, Friedrich.*

– siehe *Caulley, Thomas Scott.*

– siehe *Eckstein, Hans-Joachim.*

– siehe *Frey, Jörg.*

Lierman, John: The New Testament Moses. 2004. *Bd. II/173.*

– (Hrsg.): Challenging Perspectives on the Gospel of John. 2006. *Bd. II/219.*

Lieu, Samuel N.C.: Manichaeism in the Later Roman Empire and Medieval China. ²1992. *Bd. 63.*

Lincicum, David: Paul and the Early Jewish Encounter with Deuteronomy. 2010. *Bd. II/284.*

Lindemann, Andreas: Die Evangelien und die Apostelgeschichte. 2009. *Bd. 241.*

– Glauben, Handeln, Verstehen. Studien zur Auslegung des Neuen Testaments. 2011. *Bd. II/282.*

Lindgård, Fredrik: Paul's Line of Thought in 2 Corinthians 4:16-5:10. 2004. *Bd. II/189.*

Livesey, Nina E.: Circumcision as a Malleable Symbol. 2010. *Bd. II/295.*

Loader, William R.G.: Jesus' Attitude Towards the Law. 1997. *Bd. II/97.*

Löhr, Gebhard: Verherrlichung Gottes durch Philosophie. 1997. *Bd. 97.*

Löhr, Hermut: Studien zum frühchristlichen und frühjüdischen Gebet. 2003. *Bd. 160.*

– siehe *Hengel, Martin.*

Löhr, Winrich Alfried: Basilides und seine Schule. 1995. *Bd. 83.*

Lorenzen, Stefanie: Das paulinische Eikon-Konzept. 2008. *Bd. II/250.*

Luomanen, Petri: Entering the Kingdom of Heaven. 1998. *Bd. II/101.*

Luz, Ulrich: siehe *Alexeev, Anatoly A.*

– siehe *Dunn, James D.G.*

Lykke, Anne und *Friedrich T. Schipper* (Hrsg.): Kult und Macht. 2011. *Band II/319.*

Lyu, Eun-Geol: Sünde und Rechtfertigung bei Paulus. 2012. *Bd. II/318.*

Mackay, Ian D.: John's Relationship with Mark. 2004. *Bd. II/182.*

Mackie, Scott D.: Eschatology and Exhortation in the Epistle to the Hebrews. 2006. *Bd. II/223.*

Magda, Ksenija: Paul's Territoriality and Mission Strategy. 2009. *Bd. II/266.*

Maier, Gerhard: Mensch und freier Wille. 1971. *Bd. 12.*

– Die Johannesoffenbarung und die Kirche. 1981. *Bd. 25.*

Markschies, Christoph: Valentinus Gnosticus? 1992. *Bd. 65.*

Marshall, Jonathan: Jesus, Patrons, and Benefactors. 2009. *Bd. II/259.*

Marshall, Peter: Enmity in Corinth: Social Conventions in Paul's Relations with the Corinthians. 1987. *Bd. II/23.*

Martin, Dale B.: siehe *Zangenberg, Jürgen.*

Maston, Jason: Divine and Human Agency in Second Temple Judaism and Paul. 2010. *Bd. II/297.*

– siehe *Bird, Michael F.*

Mayer, Annemarie: Sprache der Einheit im Epheserbrief und in der Ökumene. 2002. *Bd. II/150.*

Mayordomo, Moisés: Argumentiert Paulus logisch? 2005. *Bd. 188.*

McDonough, Sean M.: YHWH at Patmos: Rev. 1:4 in its Hellenistic and Early Jewish Setting. 1999. *Bd. II/107.*

McDowell, Markus: Prayers of Jewish Women. 2006. *Bd. II/211.*

McGlynn, Moyna: Divine Judgement and Divine Benevolence in the Book of Wisdom. 2001. *Bd. II/139.*

McNamara, Martin: Targum and New Testament. 2011. *Bd. 279.*

Meade, David G.: Pseudonymity and Canon. 1986. *Bd. 39.*

Meadors, Edward P.: Jesus the Messianic Herald of Salvation. 1995. *Bd. II/72.*

Meißner, Stefan: Die Heimholung des Ketzers. 1996. *Bd. II/87.*

Mell, Ulrich: Die „anderen" Winzer. 1994. *Bd. 77.*

– siehe *Sänger, Dieter.*

Mengel, Berthold: Studien zum Philipperbrief. 1982. *Bd. II/8.*

Merkel, Helmut: Die Widersprüche zwischen den Evangelien. 1971. *Bd. 13.*

– siehe *Ego, Beate.*

Merklein, Helmut: Studien zu Jesus und Paulus. Bd. 1 1987. *Bd. 43.* – Bd. 2 1998. *Bd. 105.*

Merkt, Andreas: siehe *Nicklas, Tobias*

Metzdorf, Christina: Die Tempelaktion Jesu. 2003. *Bd. II/168.*

Metzler, Karin: Der griechische Begriff des Verzeihens. 1991. *Bd. II/44.*

Metzner, Rainer: Die Rezeption des Matthäusevangeliums im 1. Petrusbrief. 1995. *Bd. II/74.*

– Das Verständnis der Sünde im Johannesevangelium. 2000. *Bd. 122.*

Mihoc, Vasile: siehe *Dunn, James D.G.*

– siehe *Klein, Hans.*

Mineshige, Kiyoshi: Besitzverzicht und Almosen bei Lukas. 2003. *Bd. II/163.*

Mittmann, Siegfried: siehe *Hengel, Martin.*

Mittmann-Richert, Ulrike: Magnifikat und Benediktus. *1996. Bd. II/90.*

– Der Sühnetod des Gottesknechts. 2008. *Bd. 220.*

Miura, Yuzuru: David in Luke-Acts. 2007. *Bd. II/232.*

Moll, Sebastian: The Arch-Heretic Marcion. 2010. *Bd. 250.*

Morales, Rodrigo J.: The Spirit and the Restorat. 2010. *Bd. 282.*

Mournet, Terence C.: Oral Tradition and Literary Dependency. 2005. *Bd. II/195.*

Mußner, Franz: Jesus von Nazareth im Umfeld Israels und der Urkirche. Hrsg. von M. Theobald. 1998. *Bd. 111.*

Mutschler, Bernhard: Das Corpus Johanneum bei Irenäus von Lyon. 2005. *Bd. 189.*

– Glaube in den Pastoralbriefen. 2010. *Bd. 256.*

Myers, Susan E.: Spirit Epicleses in the Acts of Thomas. 2010. *Bd. 281.*

Myers, Susan E. (Hg.): Portraits of Jesus. 2012. *Bd. II/321.*

Nguyen, V. Henry T.: Christian Identity in Corinth. 2008. *Bd. II/243.*

Nicklas, Tobias, Andreas Merkt und *Joseph Verheyden* (Hrsg.): Gelitten – Gestorben – Auferstanden. 2010. *Bd. II/273.*

– siehe *Verheyden, Joseph*

Niebuhr, Karl-Wilhelm: Gesetz und Paränese. 1987. *Bd. II/28.*

– Heidenapostel aus Israel. 1992. *Bd. 62.*

– siehe *Deines, Roland*

– siehe *Dimitrov, Ivan Z.*

– siehe *Klein, Hans.*

– siehe *Kraus, Wolfgang.*

Nielsen, Anders E.: "Until it is Fullfilled". 2000. *Bd. II/126.*

Nielsen, Jesper Tang: Die kognitive Dimension des Kreuzes. 2009. *Bd. II/263.*

Nissen, Andreas: Gott und der Nächste im antiken Judentum. 1974. *Bd. 15.*

Noack, Christian: Gottesbewußtsein. 2000. *Bd. II/116.*

Noormann, Rolf: Irenäus als Paulusinterpret. 1994. *Bd. II/66.*

Norelli, Enrico: siehe *Clivaz, Claire.*

Norin, Stig: siehe *Hultgård, Anders.*

Novakovic, Lidija: Messiah, the Healer of the Sick. 2003. *Bd. II/170.*

Obermann, Andreas: Die christologische Erfüllung der Schrift im Johannesevangelium. 1996. *Bd. II/83.*

Öhler, Markus: Barnabas. 2003. *Bd. 156.*

– siehe *Becker, Michael.*

– (Hrsg.): Aposteldekret und antikes Vereinswesen. 2011. *Bd. 280.*

Okure, Teresa: The Johannine Approach to Mission. 1988. *Bd. II/31.*

Onuki, Takashi: Heil und Erlösung. 2004. *Bd. 165.*

Oropeza, B. J.: Paul and Apostasy. 2000. *Bd. II/115.*

Ostmeyer, Karl-Heinrich: Kommunikation mit Gott und Christus. 2006. *Bd. 197.*

– Taufe und Typos. 2000. *Bd. II/118.*

Pao, David W.: Acts and the Isaianic New Exodus. 2000. *Bd. II/130.*

Park, Eung Chun: The Mission Discourse in Matthew's Interpretation. 1995. *Bd. II/81.*

Park, Joseph S.: Conceptions of Afterlife in Jewish Insriptions. 2000. *Bd. II/121.*

Parsenios, George L.: Rhetoric and Drama in the Johannine Lawsuit Motif. 2010. *Bd. 258.*

Pate, C. Marvin: The Reverse of the Curse. 2000. *Bd. II/114.*

Paulsen, Henning: Studien zur Literatur und Geschichte des frühen Christentums. Hrsg. von Ute E. Eisen. 1997. *Bd. 99.*

Pearce, Sarah J.K.: The Land of the Body. 2007. *Bd. 208.*

Peres, Imre: Griechische Grabinschriften und neutestamentliche Eschatologie. 2003. *Bd. 157.*

Perry, Peter S.: The Rhetoric of Digressions. 2009. *Bd. II/268.*

Philip, Finny: The Origins of Pauline Pneumatology. 2005. *Bd. II/194.*

Philonenko, Marc (Hrsg.): Le Trône de Dieu. 1993. *Bd. 69.*

Pierce, Chad T.: Spirits and the Proclamation of Christ. 2011. *Bd. II/305.*

Pilhofer, Peter: Presbyteron Kreitton. 1990. *Bd. II/39.*
- Philippi. Bd. 1 1995. *Bd. 87.* – Bd. 2 ²2009. *Bd. 119.*
- Die frühen Christen und ihre Welt. 2002. *Bd. 145.*
- siehe *Becker, Eve-Marie.*
- siehe *Ego, Beate.*

Pitre, Brant: Jesus, the Tribulation, and the End of the Exile. 2005. *Bd. II/204.*

Plümacher, Eckhard: Geschichte und Geschichten. 2004. *Bd. 170.*

Pöhlmann, Wolfgang: Der Verlorene Sohn und das Haus. 1993. *Bd. 68.*

Poirier, John C.: The Tongues of Angels. 2010. *Bd. II/287.*

Pokorný, Petr und *Josef B. Souček:* Bibelauslegung als Theologie. 1997. *Bd. 100.*

Pokorný, Petr und *Jan Roskovec* (Hrsg.): Philosophical Hermeneutics and Biblical Exegesis. 2002. *Bd. 153.*

Popkes, Enno Edzard: Das Menschenbild des Thomasevangeliums. 2007. *Band 206.*
- Die Theologie der Liebe Gottes in den johanneischen Schriften. 2005. *Bd. II/197.*

Porter, Stanley E.: The Paul of Acts. 1999. *Bd. 115.*

Prieur, Alexander: Die Verkündigung der Gottesherrschaft. 1996. *Bd. II/89.*

Probst, Hermann: Paulus und der Brief. 1991. *Bd. II/45.*

Puig i Tàrrech, Armand: Jesus: An Uncommon Journey. 2010. *Vol. II/288.*

Rabens, Volker: The Holy Spirit and Ethics in Paul. 2010. *Bd. II/283.*

Räisänen, Heikki: Paul and the Law. 1983, ²1987. *Bd. 29.*

Rehkopf, Friedrich: Die lukanische Sonderquelle. 1959. *Bd. 5.*

Rein, Matthias: Die Heilung des Blindgeborenen (Joh 9). 1995. *Bd. II/73.*

Reinmuth, Eckart: Pseudo-Philo und Lukas. 1994. *Bd. 74.*

Reiser, Marius: Bibelkritik und Auslegung der Heiligen Schrift. 2007. *Bd. 217.*
- Syntax und Stil des Markusevangeliums. 1984. *Bd. II/11.*

Reynolds, Benjamin E.: The Apocalyptic Son of Man in the Gospel of John. 2008. *Bd. II/249.*

Rhodes, James N.: The Epistle of Barnabas and the Deuteronomic Tradition. 2004. *Bd. II/188.*

Richards, E. Randolph: The Secretary in the Letters of Paul. 1991. *Bd. II/42.*

Riesner, Rainer: Jesus als Lehrer. 1981, ³1988. *Bd. II/7.*
- Die Frühzeit des Apostels Paulus. 1994. *Bd. 71.*

Rissi, Mathias: Die Theologie des Hebräerbriefs. 1987. *Bd. 41.*

Röcker, Fritz W.: Belial und Katechon. 2009. *Bd. II/262.*

Röhser, Günter: Metaphorik und Personifikation der Sünde. 1987. *Bd. II/25.*

Rose, Christian: Theologie als Erzählung im Markusevangelium. 2007. *Bd. II/236.*
- Die Wolke der Zeugen. 1994. *Bd. II/60.*

Roskovec, Jan: siehe *Pokorný, Petr.*

Rothschild, Clare K.: Baptist Traditions and Q. 2005. *Bd. 190.*
- Hebrews as Pseudepigraphon. 2009. *Band 235.*
- Luke Acts and the Rhetoric of History. 2004. *Bd. II/175.*
- siehe *Frey, Jörg.*
- und *Trevor W. Thompson* (Hrsg.): Christian Body, Christian Self. 2011. *Bd. 284.*

Rudolph, David J.: A Jew to the Jews. 2011. *Bd. II/304.*

Rüegger, Hans-Ulrich: Verstehen, was Markus erzählt. 2002. *Bd. II/155.*

Rüger, Hans Peter: Die Weisheitsschrift aus der Kairoer Geniza. 1991. *Bd. 53.*

Ruf, Martin G.: Die heiligen Propheten, eure Apostel und ich. 2011. *Bd. II/300.*

Runesson, Anders: siehe *Becker, Eve-Marie.*

Sänger, Dieter: Antikes Judentum und die Mysterien. 1980. *Bd. II/5.*
- Die Verkündigung des Gekreuzigten und Israel. 1994. *Bd. 75.*
- siehe *Burchard, Christoph.*
- und *Ulrich Mell* (Hrsg.): Paulus und Johannes. 2006. *Bd. 198.*

Salier, Willis Hedley: The Rhetorical Impact of the Se-meia in the Gospel of John. 2004. *Bd. II/186.*

Salzmann, Jörg Christian: Lehren und Ermahnen. 1994. *Bd. II/59.*

Samuelsson, Gunnar: Crucifixion in Antiquity. 2011. *Bd. II/310.*

Sandnes, Karl Olav: Paul – One of the Prophets? 1991. *Bd. II/43.*

Sato, Migaku: Q und Prophetie. 1988. *Bd. II/29.*

Schäfer, Ruth: Paulus bis zum Apostelkonzil. 2004. *Bd. II/179.*

Schaper, Joachim: Eschatology in the Greek Psalter. 1995. *Bd. II/76.*

Schimanowski, Gottfried: Die himmlische Liturgie in der Apokalypse des Johannes. 2002. *Bd. II/154.*
–   Weisheit und Messias. 1985. *Bd. II/17.*
Schipper, Friedrich T.: siehe *Lykke, Anne.*
Schlichting, Günter: Ein jüdisches Leben Jesu. 1982. *Bd. 24.*
Schließer, Benjamin: Abraham's Faith in Romans 4. 2007. *Band II/224.*
Schnabel, Eckhard J.: Law and Wisdom from Ben Sira to Paul. 1985. *Bd. II/16.*
Schnelle, Udo: siehe *Frey, Jörg.*
Schröter, Jens: Von Jesus zum Neuen Testament. 2007. *Band 204.*
–   siehe *Frey, Jörg.*
Schutter, William L.: Hermeneutic and Composition in I Peter. 1989. *Bd. II/30.*
Schwartz, Daniel R.: Studies in the Jewish Background of Christianity. 1992. *Bd. 60.*
Schwemer, Anna Maria: siehe *Hengel, Martin*
Schwindt, Rainer: Das Weltbild des Epheserbriefes. 2002. *Bd. 148.*
Scott, Ian W.: Implicit Epistemology in the Letters of Paul. 2005. *Bd. II/205.*
Scott, James M.: Adoption as Sons of God. 1992. *Bd. II/48.*
–   Paul and the Nations. 1995. *Bd. 84.*
Shi, Wenhua: Paul's Message of the Cross as Body Language. 2008. *Bd. II/254.*
Shum, Shiu-Lun: Paul's Use of Isaiah in Romans. 2002. *Bd. II/156.*
Siegert, Folker: Drei hellenistisch-jüdische Predigten. Teil I 1980. *Bd. 20* – Teil II 1992. *Bd. 61.*
–   Nag-Hammadi-Register. 1982. *Bd. 26.*
–   Argumentation bei Paulus. 1985. *Bd. 34.*
–   Philon von Alexandrien. 1988. *Bd. 46.*
Siggelkow-Berner, Birke: Die jüdischen Feste im Bellum Judaicum des Flavius Josephus. 2011. *Bd. II/306.*
Simon, Marcel: Le christianisme antique et son contexte religieux I/II. 1981. *Bd. 23.*
Smit, Peter-Ben: Fellowship and Food in the Kingdom. 2008. *Bd. II/234.*
Smith, Julien: Christ the Ideal King. 2011. *Bd. II/313.*
Snodgrass, Klyne: The Parable of the Wicked Tenants. 1983. *Bd. 27.*
Söding, Thomas: Das Wort vom Kreuz. 1997. *Bd. 93.*
–   siehe *Thüsing, Wilhelm.*
Sommer, Urs: Die Passionsgeschichte des Markusevangeliums. 1993. *Bd. II/58.*

Sorensen, Eric: Possession and Exorcism in the New Testament and Early Christianity. 2002. *Band II/157.*
Souček, Josef B.: siehe *Pokorný, Petr.*
Southall, David J.: Rediscovering Righteousness in Romans. 2008. *Bd. 240.*
Spangenberg, Volker: Herrlichkeit des Neuen Bundes. 1993. *Bd. II/55.*
Spanje, T.E. van: Inconsistency in Paul? 1999. *Bd. II/110.*
Speyer, Wolfgang: Frühes Christentum im antiken Strahlungsfeld. Bd. I: 1989. *Bd. 50.*
–   Bd. II: 1999. *Bd. 116.*
–   Bd. III: 2007. *Bd. 213.*
Spittler, Janet E.: Animals in the Apocryphal Acts of the Apostles. 2008. *Bd. II/247.*
Sprinkle, Preston: Law and Life. 2008. *Bd. II/241.*
Stadelmann, Helge: Ben Sira als Schriftgelehrter. 1980. *Bd. II/6.*
Stein, Hans Joachim: Frühchristliche Mahlfeiern. 2008. *Bd. II/255.*
Stenschke, Christoph W.: Luke's Portrait of Gentiles Prior to Their Coming to Faith. *Bd. II/108.*
Stephens, Mark B.: Annihilation or Renewal? 2011. *Bd. II/307.*
Sterck-Degueldre, Jean-Pierre: Eine Frau namens Lydia. 2004. *Bd. II/176.*
Stettler, Christian: Der Kolosserhymnus. 2000. *Bd. II/131.*
–   Das letzte Gericht. 2011. *Bd. II/299.*
Stettler, Hanna: Die Christologie der Pastoralbriefe. 1998. *Bd. II/105.*
Stökl Ben Ezra, Daniel: The Impact of Yom Kippur on Early Christianity. 2003. *Bd. 163.*
Strobel, August: Die Stunde der Wahrheit. 1980. *Bd. 21.*
Stroumsa, Guy G.: Barbarian Philosophy. 1999. *Bd. 112.*
Stuckenbruck, Loren T.: Angel Veneration and Christology. 1995. *Bd. II/70.*
–, Stephen C. Barton und Benjamin G. Wold (Hrsg.): Memory in the Bible and Antiquity. 2007. *Vol. 212.*
Stuhlmacher, Peter (Hrsg.): Das Evangelium und die Evangelien. 1983. *Bd. 28.*
–   Biblische Theologie und Evangelium. 2002. *Bd. 146.*
Sung, Chong-Hyon: Vergebung der Sünden. 1993. *Bd. II/57.*
Svendsen, Stefan N.: Allegory Transformed. 2009. *Bd. II/269*
Tajra, Harry W.: The Trial of St. Paul. 1989. *Bd. II/35.*

– The Martyrdom of St.Paul. 1994. *Bd. II/67.*
Tellbe, Mikael: Christ-Believers in Ephesus. 2009. *Bd. 242.*
Theißen, Gerd: Studien zur Soziologie des Urchristentums. 1979, ³1989. *Bd. 19.*
Theobald, Michael: Studien zum Corpus Iohanneum. 2010. *Band 267.*
– Studien zum Römerbrief. 2001. *Bd. 136.*
– siehe *Mußner, Franz.*
Thompson, Trevor W.: siehe *Rothschild, Clare K.*
Thornton, Claus-Jürgen: Der Zeuge des Zeugen. 1991. *Bd. 56.*
Thüsing, Wilhelm: Studien zur neutestamentlichen Theologie. Hrsg. von Thomas Söding. 1995. *Bd. 82.*
Thurén, Lauri: Derhethorizing Paul. 2000. *Bd. 124.*
Thyen, Hartwig: Studien zum Corpus Iohanneum. 2007. *Bd. 214.*
Tibbs, Clint: Religious Experience of the Pneuma. 2007. *Bd. II/230.*
Toit, David S. du: Theios Anthropos. 1997. *Bd. II/91.*
Tomson, Peter J. und *Doris Lambers-Petry* (Hrsg.): The Image of the Judaeo-Christians in Ancient Jewish and Christian Literature. 2003. *Bd. 158.*
Tolmie, D. Francois: Persuading the Galatians. 2005. *Bd. II/190.*
Toney, Carl N.: Paul's Inclusive Ethic. 2008. *Bd. II/252.*
Trebilco, Paul: The Early Christians in Ephesus from Paul to Ignatius. 2004. *Bd. 166.*
Treloar, Geoffrey R.: Lightfoot the Historian. 1998. *Bd. II/103.*
Troftgruben, Troy M.: A Conclusion Unhindered. 2010. *Bd. II/280.*
Tso, Marcus K.M.: Ethics in the Qumran Community. 2010. *Bd. II/292.*
Tsuji, Manabu: Glaube zwischen Vollkommenheit und Verweltlichung. 1997. *Bd. II/93*
Twelftree, Graham H.: Jesus the Exorcist. 1993. *Bd. II/54.*
Ulrichs, Karl Friedrich: Christusglaube. 2007. *Bd. II/227.*
Urban, Christina: Das Menschenbild nach dem Johannesevangelium. 2001. *Bd. II/137.*
Vahrenhorst, Martin: Kultische Sprache in den Paulusbriefen. 2008. *Bd. 230.*
Vegge, Ivar: 2 Corinthians – a Letter about Reconciliation. 2008. *Bd. II/239.*
Verheyden, Joseph, Korinna Zamfir und *Tobias Nicklas* (Ed.): Prophets and Prophecy in Jewish and Early Christian Literature. 2010. *Bd. II/286.*

– siehe *Nicklas, Tobias*
Visotzky, Burton L.: Fathers of the World. 1995. *Bd. 80.*
Vollenweider, Samuel: Horizonte neutestamentlicher Christologie. 2002. *Bd. 144.*
Vos, Johan S.: Die Kunst der Argumentation bei Paulus. 2002. *Bd. 149.*
Waaler, Erik: The *Shema* and The First Commandment in First Corinthians. 2008. *Bd. II/253.*
Wagener, Ulrike: Die Ordnung des „Hauses Gottes". 1994. *Bd. II/65.*
Wagner, J. Ross: siehe *Wilk, Florian.*
Wahlen, Clinton: Jesus and the Impurity of Spirits in the Synoptic Gospels. 2004. *Bd. II/185.*
Walker, Donald D.: Paul's Offer of Leniency (2 Cor 10:1). 2002. *Bd. II/152.*
Walter, Nikolaus: Praeparatio Evangelica. Hrsg. von Wolfgang Kraus und Florian Wilk. 1997. *Bd. 98.*
Wander, Bernd: Gottesfürchtige und Sympathisanten. 1998. *Bd. 104.*
Wardle, Timothy: The Jerusalem Temple and Early Christian Identity. 2010. *Bd. II/291.*
Wasserman, Emma: The Death of the Soul in Romans 7. 2008. *Bd. 256.*
Waters, Guy: The End of Deuteronomy in the Epistles of Paul. 2006. *Bd. 221.*
Watt, Jan G. van der (Hrsg.): Eschatology of the New Testament and Some Related Documents. 2011. *Bd. II/315.*
– siehe *Frey, Jörg*
– siehe *Zimmermann, Ruben.*
Watts, Rikki: Isaiah's New Exodus and Mark. 1997. *Bd. II/88.*
Wedderburn, Alexander J.M.: Baptism and Resurrection. 1987. *Bd. 44.*
– Jesus and the Historians. 2010. *Bd. 269.*
Wegner, Uwe: Der Hauptmann von Kafarnaum. 1985. *Bd. II/14.*
Weiß, Hans-Friedrich: Frühes Christentum und Gnosis. 2008. *Bd. 225.*
Weissenrieder, Annette: Images of Illness in the Gospel of Luke. 2003. *Bd. II/164.*
–, und *David L. Balch* (Hrsg.): Contested Spaces. 2012. *Bd. 285.*
– und *Robert B. Coote* (Hrsg.): The Interface of Orality and Writing. 2010. *Bd. 260.*
–, *Friederike Wendt* und *Petra von Gemünden* (Hrsg.): Picturing the New Testament. 2005. *Bd. II/193.*
Welck, Christian: Erzählte ‚Zeichen'. 1994. *Bd. II/69.*

Wendt, Friederike (Hrsg.): siehe *Weissenrieder, Annette.*

Wiarda, Timothy: Peter in the Gospels. 2000. *Bd. II/127.*

Wifstrand, Albert: Epochs and Styles. 2005. *Bd. 179.*

Wilk, Florian und *J. Ross Wagner* (Ed.): Between Gospel and Election. 2010. *Bd. 257.*
– siehe *Walter, Nikolaus.*

Williams, Catrin H.: I am He. 2000. *Bd. II/113.*

Winninge, Mikael: siehe *Holmberg, Bengt.*

Wilson, Todd A.: The Curse of the Law and the Crisis in Galatia. 2007. *Bd. II/225.*

Wilson, Walter T.: Love without Pretense. 1991. *Bd. II/46.*

Winn, Adam: The Purpose of Mark's Gospel. 2008. *Bd. II/245.*

Wischmeyer, Oda: Von Ben Sira zu Paulus. 2004. *Bd. 173.*

Wisdom, Jeffrey: Blessing for the Nations and the Curse of the Law. 2001. *Bd. II/133.*

Witmer, Stephen E.: Divine Instruction in Early Christianity. 2008. *Bd. II/246.*

Wold, Benjamin G.: Women, Men, and Angels. 2005. *Bd. II/2001.*
– siehe *Stuckenbruck, Loren T.*

Wolter, Michael: Theologie und Ethos im frühen Christentum. 2009. *Band 236.*

Worthington, Jonathan: Creation in Paul and Philo. 2011. *Bd. II/317.*

Wright, Archie T.: The Origin of Evil Spirits. 2005. *Bd. II/198.*

Wucherpfennig, Ansgar: Heracleon Philologus. 2002. *Bd. 142.*

Yates, John W.: The Spirit and Creation in Paul. 2008. *Vol. II/251.*

Yeung, Maureen: Faith in Jesus and Paul. 2002. *Bd. II/147.*

Young, Stephen E.: Jesus Tradition in the Apostolic Fathers. 2011. *Bd. II/311.*

Zamfir, Corinna: siehe *Verheyden, Joseph*

Zangenberg, Jürgen, Harold W. Attridge und *Dale B. Martin* (Hrsg.): Religion, Ethnicity and Identity in Ancient Galilee. 2007. *Bd. 210.*

Zimmermann, Alfred E.: Die urchristlichen Lehrer. 1984, ²1988. *Bd. II/12.*

Zimmermann, Johannes: Messianische Texte aus Qumran. 1998. *Bd. II/104.*

Zimmermann, Ruben: Christologie der Bilder im Johannesevangelium. 2004. *Bd. 171.*
– Geschlechtermetaphorik und Gottesverhältnis. 2001. *Bd. II/122.*
– (Hrsg.): Hermeneutik der Gleichnisse Jesu. 2008. *Bd. 231.*
– und *Jan G. van der Watt* (Hrsg.): Moral Language in the New Testament. Vol. II. 2010. *Bd. II/296.*
– siehe *Frey, Jörg.*
– siehe *Horn, Friedrich Wilhelm.*

Zugmann, Michael: „Hellenisten" in der Apostelgeschichte. 2009. *Bd. II/264.*

Zumstein, Jean: siehe *Dettwiler, Andreas*

Zwiep, Arie W.: Christ, the Spirit and the Community of God. 2010. *Bd. II/293.*
– Judas and the Choice of Matthias. 2004. *Bd. II/187.*

Einen Gesamtkatalog erhalten Sie gerne vom Verlag
Mohr Siebeck – Postfach 2040 – D–72010 Tübingen
Neueste Informationen im Internet unter www.mohr.de